▲王業鍵院士（1930-2014）

史學研究叢書・歷史文化叢刊

承先啟後

王業鍵院士紀念論文集

陳慈玉　主編

出版感言

　　此次《承先啟後——王業鍵院士紀念論文集》承蒙先進於百忙之中惠賜鴻文，實在感激不盡。

　　回首與王老師相遇的點滴，至今依然歷歷在眼前。

　　記得我在一九八〇年八月自東京大學學成歸國，任教私立淡江文理學院（後改制為淡江大學）後，九月二十八日教師節那一天，我忽然接到王老師的電話，他要我帶著博士論文到中央研究院經濟研究所找他。掛上電話後，心裡頓時惶恐不安，因為對當時的我而言，王老師是一位研究經濟史卓然有成的大學者，親自打電話來約見我，難免有誠惶誠恐之感。見面當天我找了當時已在中研院三民主義研究所工作的劉石吉先生同行壯膽，約莫與王老師談了一個多鐘頭，即面呈我的博士論文請他斧正。直到一九八一年四月十日左右，我又接獲王老師的電話，他告訴我已看完我的博士論文，請我去拿回來。結果我拿回的除了博士論文之外，另有王老師手寫的二十幾頁修改建議，我非常的感動。

　　王老師自一九七〇年代即已展開清代糧價清單的蒐集及糧價資料庫的建置工程，那時他正與國立故宮博物院莊吉發教授和經濟所黃國樞教授合作，收集臺北國立故宮博物院所有的清代糧價清單，與部分北京第一歷史檔案館、中國社會科學院經濟研究所庋藏的糧價清單。這就是王老師後來主持「清代全國各省之糧價統計分析」、「清代糧價的統計分析與歷史考察」等計畫的基礎材料。因為他是一位如此忙碌的人，竟然肯花那麼多時間來看我的論文，並賜予那麼多的寶貴意見，我真的很感激。王老師當天也詢問我有無興趣到經濟研究所服務？其實在這之前，我早已向近史所的林明德、黃福慶、林滿紅等諸老師打聽過是否有機會到近史所工作，都沒得到正面回應。王老師提供至經濟所工作的機會，我當然要好好把握，加上教書工作對我來說實在太沈重了，因此在于宗先所長的大力支持下，我便在一九八一年八月到經濟研究所工作。由於我有博士學位，所以從副研究員起聘，同時我也辭

去了淡江歷史系的專任教職。

自此我開始了三十四年在中研院這學術殿堂的研究工作。王先生在我正式進入中研院之前已經回去美國了，但我仍然經常寫信向他報告研究概況。後來他當選院士，回到臺灣，我乃能定時向他請益。他正式進入經濟所後，與劉翠溶院士共同主持「中國經濟史研究會」，我們一群對經濟史有興趣的同行才有機會經常聚在一起，發表新作，互相切磋，也能夠當面得到王老師與劉老師的指導。

後來王老師退休搬到忠孝東路市政府附近，又遷移到關渡，我依然不時前往請教。猶記我曾經和美國胡佛研究所馬若孟先生（Roman H. Myers）在炎炎夏日中，搭乘擁擠的捷運前往拜訪他，看到眼睛不方便的王老師利用自美國購買的機器，從事閱讀與寫作時，我不禁為自己的怠惰感到慚愧，馬若孟先生也一時語塞。我也曾經伴隨著名的物價史研究學者李明珠（Lillian M. Li）教授伉儷去北投他的新寓所，在何漢威教授妙語如珠的輕鬆氛圍下，度過充實的一天。

我有幸再度聆聽王老師演講是在二〇一三年三月，當時香港中文大學歷史系請他去擔任「第二屆全漢昇先生講座」主講人，誠如主持人科大衛（David Faure）教授所言，王老師完全憑藉著記憶來講述他畢生的學術發現，這不是常人所能做到的！我記得自己聽講時熱淚盈眶，百感交集。不但感受到王老師對其師全漢昇先生的尊敬，也深深體會到王老師對學問的執著，並且親身體驗到臺灣、香港與廣州學界對王老師的敬重，更看到全先生弟子對王老師的尊敬與照顧。我想這是這本《承先啟後——王業鍵院士紀念論文集》所以能付梓的重要因素吧！

以上斷斷續續透漏了我個人的心聲，希盼今後仍不時能得到諸位先進的教誨。

後學 陳慈玉 謹識

二〇一六年八月二十二日

目次

漢代西南農業領域中的商品性生產

官德祥[*]

一　前言[1]

　　中國自古以農立國，到了漢代，農業領域的生產漸漸步向商品化。商人貿易利來利往，中間以商品作媒體交換，大量農產品乘機進入「商品」世界。[2]青銅時期，西南原居民只有微弱的農業商品化活動。降至漢代，不同類型的農業商產品已充斥西南市場，待價而沽。[3]本題目所討論的是漢代西南「廣義」的農業，它包括有稻作、漁、獵、農、牧、採集及林木等產業。這些產業直接和間接為漢代國內外市場注入大量商品，滿足著不同層面的消費者。漢代西南農業商品市場，大抵分成兩個，一是「國內」，另一是「國外」。「國內」市場又分有「區域性市場」及「基層性農村市場」。「國外」

---

[*]　香港新亞研究所助理研究員。

[1]　本文所涉時間由西元前二〇六年至西元二二〇年止，總共四二七年。西南區域所指範圍大抵以今日四川全省，雲南大部與貴州西部等地，即雲貴高原和四川盆地。其北以大巴山脈為界，西與西康高原毗連，南達今老撾越南邊疆，東迄今湖北湖南西界。

[2]　見拙作〈利來利往──論西漢四川大商家營商之道〉，載《新亞論叢》第15期（2014年），頁79-88。

[3]　參見林向〈近五十年來巴蜀文化與歷史的發現與研究〉一文，文中詳盡介紹了由三〇年代至八〇年代的有關的考古發學者的研究，收錄於李紹明等編：《巴蜀歷史、民族、考古、文化》（成都市：巴蜀書社，1991年），頁23-43。另見汪寧生：〈雲南考古簡要參考書目〉，《雲南考古》（昆明市：雲南人民出版社，1992年），頁289-310。又，參考張增祺：《洱海區域的古代文明──部落分治時期》（昆明市：雲南教育出版社，2010年），頁98-306。

市場，則以銷售西南土特產為主。

　　本論文主體亦分成兩部分，上半部分概述西南農業商品化的內容，並進一步探討其如何投入農業商品市場。[4]下半部分則介紹成都之「區域性市場」和文本〈僮約〉描繪之「基層農村市場」。透過此兩個典型個案，冀能更立體呈現漢代西南農業商品性生產的「實相」。

二　各農業領域中的商品生產

　　關於漢代西南廣義農業領域的具體內容，主要包括有以下五種：（一）稻作業、（二）林木業、（三）園圃種植業、（四）畜牧業、（五）漁業。現就此五個項目，簡述如下：

（一）稻作領域

　　漢代西南地區的主食糧是水稻。漢以前，李冰為秦蜀守「鑿離碓，……穿二江成都之中」，用以「溉灌三郡，開稻田，於是蜀沃野千里，號為陸海。」[5]隨後漢武帝開發西南，中原文化包括農耕文化移植西南各區。[6]按四川漢代畫像所載，有「播種」、「收割」和「舂米」。[7]筆者僅就《華陽國志》中

4　川東北至少在漢代已經有市場交易，位於渠縣縣城北面三十四公里的燕家場，舊名沈公灣(現屬漢碑鄉亭村)的東漢沈府君闕上有農商交易的石雕場面可以證明。見馬幸辛：《川東北考古與巴文化研究》(成都市：西南交通大學出版社，2011年)，頁78。二○一二至二○一三年考古隊在成都市天回鎮共發掘四座西漢時期土坑木槨墓當中發現木牘約五十枚（包括殘片）。此木牘M1:158釋文是記述有關商業活動的法律文書，文書是「大約因為某類物價太低，中央政府頒布命令要求增加十個五銖錢以平抑物價，令諸郡國遵行。」詳見成都文物考古研究所、荊州文物保護中心：〈成都市天回鎮老官山漢墓〉，《考古》2014年第7期，頁59-70。

5　劉琳：《華陽國志校注》(成都市：巴蜀書社，1984年)，卷3，〈蜀志〉，頁202。

6　參見朱宏斌：《秦漢時期區域農業開發研究》(北京市：中國農業出版社，2010年)，頁163-167。

7　高文：〈淺談四川漢代畫像磚藝術〉，《四川文物》1987年第1期，頁3。

有關四川稻田的臚列如下：

〈巴志〉載：

江州縣北，縣北有稻田，出御米。（頁65）

〈蜀志〉載：

又有綿水……東流過資中，會江陽，皆溉灌稻田，膏潤稼穡，是以蜀
川人稱郫、繁，曰膏腴，綿、洛為浸沃也。（頁210）

〈蜀志〉載：

繁縣，郡北九十里，有泉水稻田。（頁241）

〈蜀志〉載：

江原縣……小亭有好稻田。（頁242）

〈蜀志〉載：

廣都縣，……有漁田之饒。……江西有……稻田。（頁249）

〈蜀志〉載：

廣漢縣有山原田。[8]（頁265）

〈蜀志〉載：

廣都縣……有……漁田之饒……江西有（安）（好）稻田。（頁243）

〈蜀志〉載：

8　見洪适：《隸釋》（北京市：中華書局，1985年），卷15，〈廣漢太守沈子琚竹江堰
　　碑〉，頁161。與及《隸釋》卷十七〈廣漢屬國都府丁魴碑〉載：「……蜀汶水……溉
　　灌田畝」字，見《隸釋》，頁173。

什邡縣……，楊氏為大姓，美田。（頁261）

〈蜀志〉載：

郫縣有山原田。（頁263）

《東觀漢記》卷十四載：

張堪，字君游，試守蜀郡太守，遷漁陽太守，有惠政，開治稻田八千
餘頃，教民種田，百姓以殷富。（頁573）[9]

綜觀上列各條，反映出漢代西南之四川區域稻作業的興旺程度。至於雲南
和貴州處西南夷地方，看似落後偏遠，但據司馬遷載：此二地「耕田有邑
聚」，證明仍有人從事稻作。[10] 而該區大量出土之陂池水田模型，正好與史書
相配合，證實除四川外，雲、貴稻作業亦相當普遍。

關於漢代西南稻田的材料不算少，但關於稻米市場的材料卻不多，就算
有，也都是特殊時期的價格。有關米糧的價格，言人人殊，要視乎一地一時
的政局、天氣及市場需求等複雜問題。許多學者都舉出邊郡米糧價格，但筆
者對於邊郡與內地（包括西南）米價能否等量齊觀的看法仍有保留。[11] 因此之
故，筆者僅舉出與西南地區有關的價格如下：

《後漢書》卷八十六〈南蠻西南夷列傳〉載：

9　吳樹平校注：《東觀漢記校注》（鄭州市：中州古籍出版社，1987年），頁573。

10　《史記》（北京市：中華書局，1982年2版〔後從略〕），卷116，〈西南夷列傳〉，頁
2991。以貴州為例，張合榮：〈貴州古代民族農業發展略論〉中說：「漢魏之際，是
貴州古代農業較為發展的第一個重要時期，它的發展與中央王朝對西南夷地區的開發
緊密相聯，是中央開發的結果。……隨著夜郎的歸附，漢王朝正式在夜郎故地設置郡
縣，將貴州納入中央王朝版圖，加之整修的官道『南夷道』和其他道路的開通，為開
發貴州，發展貴州農業提供條件。」見張合榮：〈貴州古代民族農業發展略論〉，《貴
州民族研究》1996年第4期，頁48。

11　見丁邦友：《漢代物價新探》（北京市：中國社會科學出版社，2009年），頁8-11。

（景）毅初到（益州）郡，米斛萬錢，漸以仁恩，少年閒，米至數十
云。[12]

《華陽國志》卷四〈南中志〉載：

梓潼景毅為益州太守。承喪亂後，民夷困餓，米一斗千錢，皆離散。
毅至，安集，後米一斗八錢。[13]

若把此兩條材料合起來看，可見到西南（益州郡）米糧市場在亂世時及平時
的波動情況，由最高一斗萬錢至最低一斗八錢。順帶一提，稻米培植具有自
給性生產和商業性生產兩種成分。在政治穩定的時候，老百姓只要有足夠耕
地，大多能自給自足，甚至乎有剩餘拿到市場賣或用來釀酒。

釀酒行業是農業發達，糧食有了剩餘的表現。[14]漢代西南地區尤以巴人最
善釀。按《華陽國志》〈巴志〉載：「川崖惟平，其稼多黍。旨酒嘉穀，可
以養父。野惟阜丘，彼稷多有。嘉穀旨酒，可以養母。」[15]這裡釀酒業的原料
主要是穀物；具一定水平的釀酒業是需要發達的農業為其基礎。[16]漢代四川
農業經濟發達，便為釀酒提供了雄厚的物質條件。四川成都地下出土的有關
酒的材料較為豐富，特別是在畫像磚、畫像石上，無論於釀酒和酒肆的內容
都有所反映，典型例子包括有成都曾家包和四川新都等著名漢墓畫像石出土
地。[17]另外，曾家包位於成都市西郊金牛公社土橋鎮西側出土兩座墓葬，其中
M1西後室的後壁畫像下部為「釀酒圖」，自上而下，從女郎提水，牛車送
糧，炊者烹煮到列壇盛酒，組合緊密，生動地描繪了釀製美酒的過程。所餘

---

[12] 《後漢書》（北京市：中華書局，1965年〔後從略〕），卷86，〈南蠻西南夷列傳〉，頁
2847。

[13] 劉琳：《華陽國志校注》（成都市：巴蜀書社，1984年），卷4，〈南中志〉，頁349。

[14] 許進雄：《古事雜談》（臺北市：臺灣商務印書館，2013年，第2版），頁144-149。

[15] 劉琳：《華陽國志校注》（成都市：巴蜀書社，1984年），卷1，〈巴志〉，頁28。

[16] 見丁邦友：《漢代物價新探》（北京市：中國社會科學出版社，2009年），頁271。

[17] 楊泓、孫機：《尋常的精緻──文物與古代生活》（瀋陽市：遼寧教育出版社，1996
年）。

酒糟作為飼料，畫中把成群的禽畜分佈在周圍，增添了濃厚的生活氣息。[18] 此外，漢代大文豪司馬相如與卓文君的賣酒例子亦為文人所津津樂道。

《漢書》卷五十六〈司馬相如傳〉載：「相如與俱之臨邛，盡賣車騎，買酒舍，迺令文君當盧。」[19] 按《漢書》〈食貨志〉卷二十四下《注》云：「盧者賣酒之區也。」[20] 如淳〈注〉曰：「酒家開肆待客，設酒鑪，故以鑪為肆」。[21] 此酒肆遺址──文君井，至今仍保存完好。[22] 另外，晉葛洪《西京雜記》卷二〈相如死渴〉所載則與《史》《漢》不同，其載曰：「司馬相如初與卓文君還成都，居貧愁懣，以……裘就市人陽昌貰酒，與文君飲。既而文君為歡。既而文君抱頸而泣曰：『我平生富足，今乃以衣裘貰酒！』遂與相謀於成都賣酒。」[23]《西京雜記》雖比《史》、《漢》後出，但未必不足信。總之，司馬相如、卓文君二人曾賣酒維生，則可斷言，並能作為西南地區私人販賣酒商品的活生生例子。

有鑑於漢代西南地區酒價的史料較缺乏，筆者茲舉間接的史料以為旁證。據《漢書》〈昭帝紀〉載：「罷榷酤官，令民得以律佔租，賣酒升四錢」[24]，合一斗四十錢，居延新出土漢簡〈勞邊使者過界中費〉冊有「酒二石，直二百八十」，合一斗十四錢。[25] 漢代政府先後實行對酒的專賣和收稅制

---

[18] 成都市文物管理處：〈四川成都曾家包東漢畫像磚石墓〉，《文物》1981年第10期，頁25-32。

[19] 班固：〈司馬相如傳〉，《漢書》（北京市：中華書局，1962年〔後從略〕），卷57上，頁2531。另參考吉田光邦：〈素描──漢代の都市〉，《東方學報》（京都），第62冊（1990年3月），頁238。

[20] 《漢書》，卷24下，〈食貨志〉，頁1183；臨邛酒業興旺至唐尚存，《花間集》載韋莊〈河傳〉其二云：「……翠娥爭勸臨邛酒。纖纖手，拂面垂絲柳……。」

[21] 《漢書》，卷24下，〈食貨志〉，頁1183。

[22] 見張德全：〈漢代四川釀酒業研究〉，《四川文物》2003年第3期，頁64；及王清華：《西南絲綢之路考察記》（昆明市：雲南大學出版社，1996年），頁17。

[23] 〔晉〕葛洪輯，成林、程章燦譯注：《西京雜記全譯》（貴陽市：貴州人民出版社，1993年），卷2，〈相如死渴〉條，頁57。

[24] 《漢書》，卷7，〈昭帝紀〉，頁224。

[25] 宋傑：《《九章算術》與漢代社會經濟》（北京市：首都師範大學出版社，1994年），

度，規定私營酒肆要按政府的定價賣酒，據此可作為西南酒價的參考。

（二）林業領域

漢代西南地區天然資源得天獨厚，林業發展蓬勃，領域內商品生產類目相當豐富。現僅集中下列三種作出介紹：（一）桐木、（二）漆樹、（三）竹木。就此三種林產業，已可生產出各類不同的商品了。

1 桐木

先說桐木，在大量出土的漢代四川畫像磚中，載有「採桐木」、「採桐油」等經濟活動。《四川漢代畫像磚》載有「採桐」（出土於新都縣），其內容如下：「拓片，24x43釐米。圖的左下角有一屋門，門外一人（似女子）於桐樹林中採桐。」[26] 採桐是為了製油。在成都市郊便有出土「採桐」的畫像磚。拓片，24x37.5釐米。小屋前，桐蔭深處，一人手拿長竿，正在採桐子。桐油是西南特產，為農村主要副業之一。桐油在工業和日常生活中是用以照明。[27]

此外，桐除用來製油外，還用來製「布」。據《華陽國志》卷四〈南中志〉載：「有大竹名濮竹，節相去一丈，受一斛許。有梧桐木，其華柔如絲，民績以為布，幅廣五尺還，潔白不受污，俗名曰『桐華布』。」[28] 桐木所

頁72-73。及丁邦友：《漢代物價新探》（北京市：中國社會科學出版社，2009年），頁271。

[26] 高文編：《四川漢代畫像磚》（上海市：上海人民美術出版社，1987年），編號第「7」。

[27] 高文編：《四川漢代畫像磚》（上海市：上海人民美術出版社，1987年），編號第「8」。

[28] 哀牢是滇西地區的古代民族之一，主要分布在今保山地區至洱海區域的哀牢山區。見張增祺：《洱海區域的古代文明──部落分治時期》（昆明市：雲南教育出版社，2010年），頁299。《漢唐地理書鈔》所輯樂資《九州要記》載：「哀牢……有梧桐木葉，績以布幅廣五尺。」當地居民利用梧桐木，績以為布，實遠近馳名。繆啟愉研

製成的布不斷得到改良，於漢世及後仍廣泛地轉賣於北方。

綜上所述，漢代西南地區桐木能製布、產油，它們全都是含較高商品經濟成分的林業作物。

2　漆樹

漆樹分布古今有別，在唐以前中國漆樹遍及今之西北、西南、華北、華中等地。[29]漆器價格高，是西南眾林業中最具商業價值的農產商品。[30]漆樹在四川蜀地，人們皆奉之為寶物。[31]秦初營建上林苑，引種栽培蜀中漆樹，開漆樹作為庭園樹種之先河。[32]

漆的液即生漆，在常溫下容易乾燥，遇空氣即結成黑色、質堅、有光澤的漆膜。[33]漆膜具有獨特的耐久性、耐磨性、耐水性、耐油性，用途極廣，

究「梧桐木」，有以下見解。其曰：「裴淵《廣州記》原文曰：『採木綿為絮；皮圓當竹，剝古綠藤，績以為布。……《藝文類聚》卷八十五『布』引所記絮和布對舉，說明『木棉』的絮不能為布。……古綠藤是古終藤之誤，即『梧桐木』，是阿拉伯語棉花 Kutum 的音譯，古書上也省譯為『橦』木，所指為錦葵科的樹棉（Gossypium arboreum），即亞洲棉，這才是棉花。』」參見繆啟愉譯注：《東魯王氏農書譯注》，頁430-431。又，「哀牢地區出產一種特殊的竹子，名曰：濮竹。根據名從主人的原理，此竹以濮得名……」，詳見祁慶富：《西南夷》（長春市：吉林教育出版社，1990年），頁182。

29　熊松青：〈略談漆樹及漆利用源流〉，《四川文物》1996年第6期，頁10。

30　許進雄：《古事雜談》（臺北市：臺灣商務印書館，2013年第2版），頁110。

31　許進雄：《古事雜談》（臺北市：臺灣商務印書館，2013年第2版），頁111。

32　《韓非子》〈十過篇〉及《尚書》〈禹貢〉中提到漆和絲作為貢品，這說明四千多年前已經出現漆器，詳見趙海明、許京生主編：《中國古代發明圖話》（北京市：北京圖書館出版社，1999年），頁80-81；及熊松青：〈略談漆樹及漆利用源流〉，《四川文物》1996年第6期，頁12。

33　漆木是天然植物，鄭師許在《漆器考》中曾用科學方法去分析漆液成分，其主要有四種：（1）漆酸（2）卵白質淡氣（3）膠質（4）水分。漆若經一度乾潤之後，則任何強酸類皆可對抗。傳四川古代棺木，近有出土者，其中人骨已壞，木質全無，惟表面之漆，依然如故。漆的特性和用途由此可見。詳見鄭師許：《漆器考》（揚州市：江蘇廣陵古籍刻印社，1991年）。

是世界上一種極為奇妙、非常理想的天然塗色材料。漆作為農業產物大量生產，販賣予手工業，成為他們的主要原始材料。漆的採集，是先以刀割破樹皮，而後插入管道讓汁液順流入桶。漆汁產量有限，且採集有一定季節，加以製作過程繁瑣，又不利人體健康，所以成為貴重的商品。從漢代漆器銘文，知作坊中有素工、髹工、上工、黃塗工、畫工、清工、造工等專門分工，遠較其他工藝為細，每件器物需要多人之手才能完成。[34]

在許多漢代西南地區的出土墓地內都能找到漆器葬物，以下幾則地下出土例子，可反映漆產業在四川的普及情況：

> 成都鳳凰山園藝場磚廠工人發現了西漢木槨墓，此墓出土了大量漆器，計有漆棺、陶胎髹漆陶罐、漆耳杯、漆弓、漆盤及漆奩等，從此可見當時成都漆工業之發達。[35]

> 四川綿陽永興雙包山二號墓中除出土了經脈漆雕木人之外，還出土了100匹剽悍神駿的漆馬、漆車、騎俑等。[36]

> 四川出土麻布胎漆器外，還有竹、皮、角、藤、骨等胎漆器。成都鳳凰山漢墓曾出土的紅漆竹笥。[37]

> 成都市光榮小區於1990年3月發現4座磚室墓，隨葬物中有大量的

---

34 許進雄：《古事雜談》（臺北市：臺灣商務印書館，2013年第2版），頁110。

35 見徐鵬章：〈成都鳳凰山西漢木槨墓〉，《考古》1991年第5期，頁417-425；另見柯育彥：《中國古代商業簡史》（濟南市：山東人民出版社，1990年），頁93。

36 詳見綿陽博物館、綿陽市文化局：〈四川綿陽永興雙包山一號西漢木槨墓發掘簡報〉，《文物》1996年第10期，頁4-11。及四川省文物考古研究所及綿陽博物館：〈四川綿陽永興雙包山二號西漢木槨墓發掘簡報〉，《文物》1996年第10期，頁16。

37 傅舉有主編：《中國漆器全集》（福州市：福建美術出版社，1998年），第3卷〈漢〉，頁8；李正光編繪：《漢代漆器藝術》（北京市：文物出版社，1987年），頁1-9；徐鵬章：〈成都鳳凰山西漢木槨墓〉，《考古》1991年第5期，頁417-425。

紅、黑色漆皮……漆器有棍、編織物、盒等。[38]

四川綿陽雙包山出土漢代精美漆器，種類眾多，數量巨大。[39]

四川髹漆工藝從戰國至秦漢時期已由成熟階段發展到繁榮階段，考古大量發現圓盒、盤、耳杯、耳盒、壺、奩、屏風等。[40]

　　此外，《鹽鐵論》〈本議〉載：「隴、蜀之丹漆旄羽……待商而通」。[41] 又，《華陽國志》卷一〈巴志〉所載漆主要產於臨江郡和安漢郡。〈巴志〉載：「永興二年（154）……。江州以東，濱江山險，……敢欲分為二郡，一治臨江，一治安漢，各有……丹漆足相供給，兩近京師。」[42]「足相供給」便反映兩郡地「互通有無」和「互相依存」的商貿往來關係。又，劉琳注《華陽國志》〈巴志〉：「丹、漆、茶、蜜主要產於涪陵郡……」，其乃據〈巴志〉載：「涪陵郡……惟出茶、丹、漆、蜜、蠟……」。[43]《後漢書》卷二十三〈郡國五〉記：「涪陵出丹」，卻無載涪陵出漆，究竟是〈郡國五〉失載抑或漢以後才有栽培漆樹，則暫不得而知。[44]

　　總之，漆具商品特徵性格，被西南人士廣泛取用。漢代巴蜀山區盛產漆

[38] 見成都市文物考古工作隊：〈成都市光榮小區土坑墓發掘簡報〉，《文物》1998 年第 11 期，頁 21-22 及 27。另見熊松青：〈略談漆樹及漆利用源流〉，《四川文物》1996 年第 6 期，頁 10。

[39] 參見金普軍、趙樹、唐光孝：〈綿陽雙包山出土漢代漆器概述〉，《四川文物》2004 年第 2 期，頁 55-59。

[40] 李昭和：〈戰國秦漢時期的巴蜀髹漆工藝〉，《四川文物》2004 年第 4 期，頁 31-40。

[41]《鹽鐵論》〈本議〉，見馬非百注釋：《鹽鐵論簡注》（北京市：中華書局，1984 年），頁 7。

[42] 劉琳：《華陽國志校注》（成都市：巴蜀書社，1984 年），卷 1，〈巴志〉，頁 49。

[43] 劉琳：《華陽國志校注》（成都市：巴蜀書社，1984 年），卷 1，〈巴志〉，頁 53。

[44]《後漢書》，卷 23，頁 3507。另見，錢林書編：《續漢書郡國志匯釋》（合肥市：安徽教育出版社，2007 年），頁 295。

樹，漸漸變成全國漆業中心。[45]漆樹的大量培植，透過轉販賣到手工業區作原料，再進一步經過加工程序，最後造成美輪美奐的漆器，然後被拿到漆器市場出售。地下出土的各款漆產品，便是此西南地區農業商品化下的美麗遺產。

3　竹木[46]

談到西南地區的竹木種植，竹木可說是眾林木業中最廣為人使用的原料。[47]

東漢許慎《說文解字》中便保存很多西南地區「竹木」產物的名稱，如「枸」、「枒」、「梧」、「机」、「㮰」和「柹」等。[48]上述應是漢時期西南地區普遍和常見的「竹木」類，是西南農村市場中常見的農產竹木商品。[49]關於西南農民經常出售的竹木種類，主要有以下幾種：桃枝、桄榔木、邛竹杖、漆木、孟灘竹、濮竹、羌竹筒等，當中以西南桃枝和靈壽木屬最為珍貴。

---

[45] 鳳凰山和馬王堆漆器上的「市府」烙印與「成市」烙印並見於同一漆器上，故推定皆出自成都市府作坊，參見黃展岳：《南越國考古學研究》（北京市：中國社會科學出版社，2015年），頁18。

[46] 竹木是為漢代文書的主要載體，近廿年地下出土漢竹木簡繁多，最惹人注目。西南地區則一向簡牘發現相較其他區少，而是次成都市天回鎮老官山漢墓出土竹簡M3:121，共計七三六支（含殘簡），此大量西漢簡牘出土為四川地區首見，使成都地區成為中國又一處重要的漢代簡牘出土地。成都文物考古研究所、荊州文物保護中心：〈成都市天回鎮老官山漢墓〉，《考古》2014年第7期，頁59-70。

[47] 詳見拙作：〈漢時期西南地區竹木述要〉（上）、（下），《農業考古》1996年第1期，頁173-179及1996年第3期，頁168-172。

[48] 「枸可為醬，出蜀」，見《說文解字注》，頁244；「枒，蜀都賦曰枒」，《說文解字注》，頁246；「梧桐」，《說文解字注》，頁247；「机，蜀都賦曰春机」，《說文解字注》，頁248；「㮰」，《說文解字注》，頁239；「柹」，《說文解字注》，頁268。

[49] 見林鴻榮於其〈四川古代森林的變遷〉一文中，分析左思〈蜀都賦〉中的各類林木植被。據他研究所得，當時西南地區低處應分布著種類甚多的亞熱帶常綠闊葉林；在較高處分布著溫帶落葉闊葉林；在更高處分布著以冷杉為代表的亞高山暗針葉林；見林鴻榮：〈四川古代森林的變遷〉，《農業考古》1985年第1期，頁167。見李恆全：《戰國秦漢經濟問題考論》（南京市：江蘇人民出版社，2012年），頁234-235。

《華陽國志》卷一〈巴志〉載：「竹木之貴者有桃支（枝）、靈壽。」[50]

《華陽國志》卷三〈蜀志〉曰：「江陽郡……東接巴郡，南接牂柯，西接犍為，北接廣漢……有桃枝。」[51]

此外，《漢書》卷八十一〈孔光傳〉載：「……其令太師（孔光）毋朝，十日一賜餐。賜太師靈壽杖。……」孟康曰：「扶老杖。」服虔曰：「靈壽，木也。」顏師古注「靈壽」曰：「木似竹，有枝節，長不過八九尺，圍三四寸，自然合杖制，不須削制」。[52]

巴蜀竹既可為杖，還可做席。[53]西南地區的桃枝產地主要有江陽郡。該郡地處中心，與鄰郡毗連通達，具有貿易市場的先決條件。《竹譜》雖屬漢以後的作品，但其載記「桃枝皮赤編之滑勁」和「桃枝是其中最細者」，可反映漢時西南工匠已能巧手利用高質素的桃枝來製優秀的「席」。席在漢代流

---

50 劉琳：《華陽國志校注》（成都市：巴蜀書社，1984年），卷1，頁27。另，《文選》卷四左思〈蜀都賦〉中引劉逵注曰：「桃枝，竹屬也，出墊江縣，可以為杖。」《藝文類聚》卷八十九〈木部〉下「竹」條引《山海經》云：「嶓冢之山，囂水之山，多桃枝竹。」據元李衎《竹譜》卷四「桃枝條」對其形態、葉色、果實皆有詳細描述，並引《唐志》曰：「合州貢桃枝竹。……今蜀中亦以此桃枝竹。」見元李衎：《竹譜》（收入《四庫全書珍本・別輯》），卷6；鄧少琴：〈巴蜀史稿〉，《鄧少琴西南民族史地論集》（成都市：巴蜀書社，2001年），上冊，頁253-254。

51 劉琳：《華陽國志校注》（成都市：巴蜀書社，1984年），卷3，頁289。江陽郡治本犍為枝江都尉，建安十八年，劉璋立郡，見錢書林編：《續漢書郡國志匯釋》（合肥市：安徽教育出版社，2007年），「益州──犍為郡」條，頁309。

52 《漢書》，卷81，頁3363及注8。漢代杖的最高規格應是「王杖」，《後漢書》〈獨行列傳〉說李充：「年八十八，為國三老，安帝常特進見，賜以几、杖。」李充八十八歲時才作為國三老，受到安帝接見，獲賜王杖。這說明，賜王杖還要考慮道德修養方面的條件。參見汪桂海：〈漢代高年受王杖的資格〉，《秦漢簡牘探研》（臺北市：文津出版社，2009年），頁224。又，《文選》卷四左思〈蜀都賦〉中引劉逵注曰：「桃枝，竹屬也，出墊江縣，可以為杖。」《藝文類聚》卷八十九〈木部〉下「竹」條引《山海經》云：「嶓冢之山，囂水之山，多桃枝竹。」

53 據鄧其生曰：「古代人生活習慣是席地而坐，為防潮防塵和整潔，地面都鋪有竹席。」參考鄧其生：〈中國有關竹材應用與處利的發展〉，《農史研究》（北京市：農業出版社，1983年），第3輯，頁168-169。

行，桃枝席成當中極品，價值不菲，非一般農民家庭能有條件培植作自用。西漢王褒〈僮約〉載：「綿亭賣席，往來都洛」（詳見後文），筆者推測桃枝席的生產亦如〈僮約〉中所載，屬於商品性質。

又，西南竹木中還有可作為食用的「桄榔木」的培植。「桄榔木」屬熱帶喬木，其樹幹可製粉。[54] 從它產量之巨可反映出其在西南副糧食市場中曾擔當著重要的角色。

《後漢書》卷八十六〈西南夷列傳〉云：

> 句町縣，有桄榔木，可以作麵，以牛酥酪食之，人民資以為糧。欲取其木，先帝祠祀。[55]

左思〈蜀都賦〉曰：

> 布有橦華，麵有桄榔。

從「人民資以為糧」和左思的話，已見「桄榔木」在西南人士「食」方面的地位。

另，《華陽國志》卷三〈蜀志〉載：

> 興古、南漢縣有桄榔樹，峰頭生葉有麵，大都收麵乃至百斛。[56]

---

54 劉琳《華陽國志校注》（成都市：巴蜀書社，1984年），頁456，注6。張增祺按：桄榔木為熱帶或亞熱帶地區的常綠喬木，屬椰子科，俗稱砂糖椰子。樹高三四丈，樹杆之髓可製取澱粉，即桄榔麵，在糧食缺少的地區用作食用。見張增祺：《滇文化》（北京市：文物出版社，2001年），頁42。另參考藍勇：《西南歷史文化地理》（重慶市：西南師範大學出版社，1997年），頁267。

55 《後漢書》，卷86，〈南蠻西南夷列傳〉，頁2845。

56 《太平御覽》卷九六〇〈木部九〉載引魏王《花木志》云：「桄榔出興古國者，樹高七八丈，其大者一樹出麵百斛。」竹木可為食用桄榔樹是其一，還有其他竹木可作食料。據謝靈運《晉書》卷二十八〈五行志〉中載於曰：「惠帝元康二年春，巴西郡竹生花，紫色，結實如麥，外皮青，中赤白，味甘。」詳見《太平御覽》卷九六二〈竹部〉所引文。

　　若農民培植桄榔若僅為自給之用，便沒一次過種「收麵乃至百斛」的需要。據此百斛數量的生產，顯見其商品化的性格。

　　最後，西南竹木產物中還有一種著名珍貴的手工杖，這就是蜚聲國際的商品──邛竹杖。邛竹杖在中外交通史上早已名聞遐邇。[57]《史記》卷一一六〈西南夷列傳〉載道：「元狩元年，博望侯張騫使大夏來，言居大夏時見蜀布、邛竹杖，使問所從來，曰『從東南身毒國可數千里，得蜀賈人布』。[58]或聞邛西可二千里有身毒國。騫因盛言大夏在漢西南，慕中國，患匈奴隔其道，誠通蜀，身毒國道便近，有利無害。於是天子乃令王然于、柏始昌、呂越人等，使閒出西夷西，指求身毒國。……歲餘，皆閉昆明，莫能通身毒國。」[59]昆明諸郡引起武帝不滿，派郭昌、衛廣等攻打昆明諸部，此役使漢代政府更進一步了解西南邊地的情況。[60]林超文根據現存史料證明：蜀身毒道是中國與印度交往最早的道路。以成都為起點出邛（西昌）、僰（宜賓）、至滇，從滇越（雲南騰沖）出緬甸的孰忍乙（太公城）至曼尼坡入印度。蜀身毒道便是當時重要販賣特產的主要商道。[61]通過蜀──身毒道運往印度，然後又由印度商人轉售中亞及南亞地區，甚至遠達羅馬帝國。[62]漢代四川與印度的

---

[57] 《漢書》卷九十六下〈西域傳贊〉載於道：「竹杖則開牂柯、越嶲。」由此可見，邛竹杖在漢代通西域這件大事上的重要價值。另據《史記》卷三十三〈大宛傳〉及《漢書》卷六十一〈張騫傳〉共載於曰：「臣（張騫）在大夏時見邛竹杖。」江玉祥：〈古代中國西南「絲綢之路」簡論〉，伍加倫、江玉祥主編：《古代西南絲綢之路研究》（成都市：四川大學出版社，1990年），頁36。《漢書》卷六十一〈張騫傳〉中臣瓚曰：「邛山各生此竹，高節可作杖。」鄧少琴：〈巴蜀史稿〉，《鄧少琴西南民族史地論集》（成都市：巴蜀書社，2001年），上冊，頁254。另外，關於越嶲問題，參考石碩：〈漢代西南夷中「嶲」之族群內涵──兼論蜀人南遷以及與西南夷的融合〉，《複印報刊資料：先秦、秦漢史》2010年第2期，頁87-93。

[58] 劉琳校注曰：「大夏國，在今阿富汗北部。」見劉琳：《華陽國志校注》（成都市：巴蜀書社，1984年），卷4，〈南中志〉，頁341。

[59] 《史記》，卷116，〈西南夷列傳〉，頁2996。

[60] 《史記》，卷116，〈西南夷列傳〉，頁2996。

[61] 林超民：〈蜀身毒道淺探〉，《林超民文集》（昆明市：雲南人民出版社，2008年），第2卷，頁252-259。

[62] 張增祺：《中國西南民族考古》（昆明市：雲南教育出版社，2012年），頁204。

貿易大抵如此。

關於竹的培植宜補充一點說明，據《華陽國志》所載竹還有兩種特殊功能，對商業也有某程度上的貢獻。第一種功能是用來運載布料。〈蜀志〉載：「安漢上下，朱邑出好麻、黃潤細布，有羌筒盛。」[63]所謂「羌筒」亦即大竹筒，盛產於岷江上游羌中故名。[64]任乃強研究「黃潤行銷很遠，它為絲織品或絲葛交織的葛布。其時以竹筒將衣料捲成筒狀入，以便運輸。」[65]筆者同意任氏「竹筒作盛布器」的看法。第二種功能是用來盛火。〈蜀志〉載：「臨邛縣……有火井，……民欲其火，先以家火投之。頃許，如雷聲，火焰出，通耀數十里，以竹筒盛其光藏之，可拽行終日不滅也。」[66]據此可反映出西南竹木產品的用途十分廣泛，一方面可用作運輸「黃潤細布」的工具，另又可作為盛「天然火井氣」的盛器。

總括而言，西南竹木除作書寫載體之外，可造席、杖，桄榔則可製麵，也可作竹筒運布、盛火，這一切皆見西南林業領域中竹木培植對西南商業發展的正面貢獻。

（三）園圃種植業領域

1　種桑業

漢代西南農民普遍種植桑樹，乃農業商品化的重要表象。有學者認為《華陽國志》不但載什麼地方有蠶桑，連什麼地方沒有也談到，如〈南中志〉牂柯郡條：「畬山為田，無桑蠶。」[67]從此可以看到一個郡無蠶桑，會被特別

63　黃潤細布為蜀地織造業中的名貴商品。《文選》卷四〈蜀都賦〉載於：「黃潤比筒，贏金所過。」又揚雄〈蜀都賦〉云：「筒中黃潤，一端數金。」即可證明。劉琳：《華陽國志校注》（成都市：巴蜀書社，1984年），卷3，〈蜀志〉，頁242。

64　劉琳：《華陽國志校注》（成都市：巴蜀書社，1984年），卷3，〈蜀志〉，頁243，注3。

65　任乃強：〈蜀枸醬、蜀布、邛竹杖考辨〉，《四川歷史研究文集》，頁10-14。

66　劉琳：《華陽國志校注》，卷3，〈蜀志〉，頁244，注3。

67　劉琳：《華陽國志校注》，卷4，〈南中志〉，頁378。

加以說明。反過來說，有蠶桑就是正常的情形。巴蜀地區向為中國早期蠶桑絲綢起源中心。一般而言，蠶桑絲綢業發達地區則農業必定繁榮。[68] 這是因為農業解決吃，蠶桑絲綢業解決穿。筆者認為只要土地條件好，農民都樂於農桑並舉。一般農民根本是穿不起絲綢，他們種桑養蠶多不是為自給消費用，他們把蠶賣給商人或抽取蠶絲賣到市場，從中獲利以補家計。[69] 由此可知，桑業產品具備明顯商品化的特徵。又，漢代紡織業原料就是在植桑養蠶。絲織品的產地以「齊、蜀兩地為大宗」。蜀錦比臨淄錦、襄邑錦知名稍晚。到東漢末，蜀錦已與臨淄、襄邑的產品並駕齊驅，甚至有後來居上之勢。

漢代四川的農桑生產業，最先可以從揚雄五代仰賴農桑業生活中，得以反映。

《漢書》卷八十七上〈揚雄傳〉載：「揚季，官至廬江太守。漢元鼎間，避仇，復溯江上，處岷山之陽曰郫（位於成都平原中）。⋯⋯世世以農桑為業。自季至雄，五世而傳一子，故雄無它揚於蜀。」[70] 此外，王褒〈僮約〉中亦有栽培桑樹的事情。〈僮約〉載：「⋯⋯植種⋯⋯柘桑，三丈一樹，八赤為行，果類相從，縱橫相當。」[71] 由此得見，四川莊園栽培柘桑，并并有條，規模當不以「自給自足」為限。

另外，曹操到蜀買錦一例，亦反映蜀錦在東漢末時的貿易情狀。

《後漢書》卷八十二下〈左慈傳〉曰：

操又謂曰：「吾前遣人到蜀買錦，可過敕使者增布二端。」語頃，即

---

[68] 許進雄：《古事雜談》（臺北市：臺灣商務印書館，2013 年第 2 版），頁 176-181。

[69] 于琨奇曰：「種桑是為了養蠶，養蠶是為了獲取蠶絲，布了絲，方可織成素、帛、絹、縑、綾、綿，⋯⋯其間必經種桑、育蠶、繅絲、紡織、裁剪、縫紉等過程，必須投入大量的人力、物力，還需許多專門的技術，任何一個小農家庭都不可能包辦。⋯⋯因此他們所從事桑蠶生產，具有很明顯的商品生產的性質。⋯⋯」詳見于琨奇：《戰國秦漢小農經濟研究》（北京市：商務印書館，2012 年），頁 69。

[70] 《漢書》，卷 81 上，〈揚雄傳〉，頁 3513。

[71] 王褒：〈僮約〉，《全漢文》（北京市：中華書局，1958 年），卷 42，頁 359。另，見拙作〈從王褒〈僮約〉探析漢代中葉田莊商品經濟〉，《中國農史》第 29 卷第 4 期（2010 年）。

得薑還，並獲操使報命。後操使蜀反，驗問增錦之狀及時日早晚，若符契焉。

此段話是曹操對左茲說他從前曾遣人到蜀地買錦之事。這件事發生在曹操為司徒之時，說明東漢末蜀錦已成為當時重要的商品之一。[72]

前提及之成都市天回鎮老官山漢墓，推測屬漢景帝、武帝時期，其中出土有織工俑M2:200、織機四件，部分織機還保存有紡線。此四部織機模型是前所未見的蜀錦提花檯模型。[73]筆者曾寫過一篇文章關於四川「夜作」紡織的文章，探討了當地郡太守廉范如何配合「日入而不息」的紡織活動，贏取民心。兩漢蜀地盛產桑麻為紡織業提供了足夠的原料，桑樹培植與及地方官員的協助，對於西南成衣市場的興旺發展實功不可沒。[74]

除四川農業種桑養蠶外，西南夷地區亦有。益州郡、永昌郡便產毛織物、木錦布、火浣布（石棉布），這些都是在桑蠶基礎上發展出來。《後漢書》卷八十六〈西南夷列傳〉說：「土地沃美，宜五穀蠶桑。」《華陽國志》卷四〈南中志〉載永昌地區有「蠶桑、綿絹、彩帛、文繡。」[75]南中地區鮮見有紡織業，滇西永昌郡更為其中例外。[76]

雲南地區紡織業是以永昌郡為主要的紡織中心，亦是西南絲路的重要對

---

[72] 佐藤武敏：〈漢代絲織品的生產形態〉，《日本學者研究中國史論著選譯》（北京市：中華書局，1993年），第3卷〈上古秦漢〉，頁521。

[73] 成都文物考古研究所、荊州文物保護中心：〈成都市天回鎮老官山漢墓〉，《考古》2014年第7期，頁59-70。

[74] 參見拙作〈漢代紡織業——以四川紡織「夜作」現象作個案研究〉，載廖伯源主編：《邦計貨殖——中國經濟的結構與變遷——全漢昇先生百歲誕辰紀念論文集》（臺北市：萬卷樓圖書公司，2013年），頁1-36。另，佐藤武敏：〈漢代絲織品的生產形態〉，頁508。

[75] 劉琳：《華陽國志校注》（成都市：巴蜀書社，1984年），頁434。

[76] 黎小龍、徐難于：〈論秦漢時期西南地區域開發的差異與格局〉，《四川師範大學學報》1997年第3期，頁19；徐長安：《四川古代史話》（重慶市：重慶出版社，1992年），頁21-24。

外樞紐，[77]若根據桑樹栽培的多寡分布來看，整體西南地區以四川紡織業最為發達，雲南次之，貴州則最為落後。四川蜀地和雲南永昌郡為漢代西南紡織業的兩個重鎮，其產品多以外銷國內外市場為主。晉寧石寨山和江川李家山墓葬中均發現有絲織品殘片，當時滇池地區尚無養蠶業。張增祺認為這些「絲織品當係中原內地輸入」。[78]

2 果圃種植業

四川蜀地中的果圃種植業又以川東地區至為突出，《華陽國志》卷一〈巴志〉載：「……其果實之珍者：樹有荔芰，蔓有辛蒟，園有芳蒻、香茗、給客橙、葵。……」[79]。至於川西，果圃種植業亦有相當發展，同書卷三〈蜀志〉載：「……其山林澤漁，園囿瓜果，四節代熟，靡不有焉。」[80]揚雄〈蜀都賦〉載：「爾乃其裸羅諸圃……黃甘諸柘，柿桃、杏李、枇杷……栗奈棠梨、離支。雜以梃橙，被以櫻梅，樹以木蘭，……。」[81]又載：「爾乃五穀馮戎，瓜瓠饒多，卉以部麻，往往姜梔，附子巨蒜，木艾椒蘺，藹醬酴清，……。」[82]由此可見，漢代西南地區的果物之產種類繁多。漢政府有見及

---

77 參見鄒一清：〈近年南方絲綢之路研究新進展〉，《中國史研究動態》2014年第4期，頁46-47；及段渝：〈中國西南早期對外交通——先秦兩漢的南方絲路〉，《複印報刊資料：先秦、秦漢史》2009年第3期，頁20-36。

78 張增祺：《中國西南民族考古》（昆明市：雲南教育出版社，2012年），頁314。

79 劉琳：《華陽國志校注》（成都市：巴蜀書社，1984年），頁25。另，參見拙作〈漢末巴分三郡之物產分布考〉，《新亞論叢》第12期（2012年），頁62-72。

80 劉琳：《華陽國志校注》（成都市：巴蜀書社，1984年），頁176。

81 鄭文：《揚雄文集箋注》（成都市：巴蜀書社，2000年），頁317。

82 鄭文：《揚雄文集箋注》（成都市：巴蜀書社，2000年），頁318-319，注20。史游《急就篇》卷二載曰：「園菜果蓏，言園圃種菜，及殖果蓏，貧者食之，以免饑饉，故云助米糧也。」王應麟《補注》曰：「《說文》，在木曰果，在地曰蓏，又張晏云：有核曰果，無核曰蓏，應劭云：木實曰果，草實曰蓏。」〔漢〕史游著，曾仲珊校點：《急就篇》（長沙市：嶽麓書社，1989年），頁141。舒迎瀾：〈主要瓜類蔬菜栽培簡史〉，《中國農史》第17卷第3期（1998年），頁94-99。〔清〕段玉裁：《說文解字注》（杭州市：浙江古籍出版社，1998年），頁22。

此在其地置橘官、木官，足見西南地區果圃種植業如何備受朝廷的重視。

關於西南地區果圃業，下舉嚴道、江陽郡及僰道三例以作說明。

先說嚴道，《漢書》卷二十八上〈地理志〉載：「嚴道有木官。」[83]同書另載：「巴郡，……縣十一：……朐忍有橘官……魚復有橘官。」[84]「桔園」、「桔丞」、「桔監」是負責向京師供應水果。有學者說：西安漢城遺址中出土嚴道長、嚴道之印、嚴道桔園、嚴道桔丞、桔監等封泥最多，憑此指出「知西漢貢桔，取之於嚴道」，此證明嚴道的經濟作物收穫甚豐。[85]另一例子，江陽郡，其處蜀地，東接巴郡，南接牂柯，西接犍為，北接廣漢。〈蜀志〉載：「有荔枝、巴菽、桃枝、蒟、給客橙。」根據此話，雖然未能具體了解江陽郡的生果產量。然而，從其果物品種的多樣性，足反映西南生果市場的興旺現象。又，江陽郡地處巴郡、牂柯、犍為、廣漢中心，從其中心地望可推估江陽郡應是西南果物的重要集散市場。[86]說到僰道，還有荔枝園業。《華陽國志》卷三〈蜀志〉載曰：「僰道……有荔枝。」[87]王叔武《雲南古佚書鈔》引《南中八郡志》曰：「犍為僰道出荔枝。」[88]《太平寰宇記》卷七十九「僰道縣」引《郡國志》曰：「僰人多以荔枝為業，園植萬株樹收一百五十斛。」[89]

83 《漢書》，卷28上，〈地理志〉，頁1598。

84 《漢書》，卷28上，〈地理志〉，頁1598。另，參見拙作：〈漢末巴分三郡之物產分布考〉，《新亞論叢》第12期（2012年），頁62-72。

85 趙殿增、李曉鷗、陳顯雙：〈嚴道古城的考古發現與研究〉，《中國考古學會第5次年會論文集》（北京市：文物出版社，1985年），頁66。另見周振鶴編：《漢書地理志匯釋》（合肥市：安徽教育出版社，2006年），頁305。

86 見李恆全：《戰國秦漢經濟問題考論》（南京市：江蘇人民出版社，2012年），頁233。

87 劉琳：《華陽國志校注》（成都市：巴蜀書社，1984年），頁285。

88 《藝文類聚》卷八十七〈果部〉下「荔支」；劉復生：《僰國與瀘夷——民族遷、衝突與融合》（成都市：巴蜀書社，2000年），頁44-46。

89 劉琳：《華陽國志校注》，頁287，注5。另，參見張增祺：《洱海區域的古代文明——部落分治時期》（昆明市：雲南教育出版社，2010年），頁272-273。

僰人原係四川岷江流域的古代民族。[90]以其種樹「萬株」量計，絕非自給之用，其本質肯定屬商品性生產。

四川荔枝種植面積分布相當廣泛，品種也較多。[91]不同品種的荔枝生產，再加上給客橙、龍眼、巴菽、桃枝、蒟、橘柚、枇杷、柿、梅李等栽培生產，生產剩餘的果產便拿到生果市場出賣，刺激當地生果市場發展。[92]《史記》〈貨殖列傳〉載：「蜀、漢、江陵千樹橘。」[93]說的正是四川、漢中、江陵等地區於漢初期便已有果物的商品性生產的繁榮景象。

---

[90] 古代白子國的民族成分，至今史學界仍有種種不同看法。如林超民先生認為，白子國的先民即古代僰人，他們原居於四川南部的僰道縣，并建有僰侯國。自東漢晚期始，由於大量漢族移民湧入上述地區，僰人不得不被迫離開這一動盪多事之地，遷往相對安定的洱海地區，定居於洱海東南今大理鳳儀、彌渡、祥雲等地，建立起被稱為白國或白子國的酋邦，他們以白崖為中心，形成一個較大的酋邦制王國……」，參見張增祺：《洱海區域的古代文明──部落分治時期》（昆明市：雲南教育出版社，2010年），頁291。又，有關西爨白蠻的族屬爭議及其與僰人的族源關係，另參見同書頁265-273。此外，有關「僰人」與「僰文化」，可見張增祺另一書《中國西南民族考古》（昆明市：雲南教育出版社，2012年），頁39-56。

[91] 巴家雲：〈漢代四川人的飲食生活〉，《農業考古》1995年第1期，頁237。按今人藍勇〈從五種經濟植物分布變遷看兩千年來西南地區生態變遷及對經濟的影響〉中說：「我國西南地區是中國歷史上三大荔枝產地之一。據考證：在漢時，中國西南川西、川北、川東、滇東北都有大量荔枝種植，產量十分可觀，其中以四川宜賓和重慶為種植中心，到唐宋時，今西南荔枝在北緯三十一度以南的成都、重慶、宜賓、瀘州、涪陵、樂山、合州、萬縣、眉山、雅安、廣安、保山河谷地帶都有大量種植，種植最北可達北緯三十二度的今巴中縣一帶，其中以北緯三十度以南的宜賓、瀘州、涪陵、樂山四地產量最大，質量最好。四者中又以宜賓、瀘州最有盛名。」

[92] 李恆全曰：「儘管小農家庭剩餘產品有限，但不能因此否認漢代小農經濟含有商品生產的因素」，見李氏：《戰國秦漢經濟問題考論》（南京市：江蘇人民出版社，2012年），頁242。

[93] 《史記》，卷125，〈貨殖列傳〉，頁3272。另據吳郁芳研究發現「古代柑橘地理分布圖，也就是一幅楚國的疆域圖」，原因是橘樹歷來隨楚人而徙，見吳郁芳：〈從橘樹的分布看楚人的遷徙及楚疆的開拓〉，《江漢論壇》1987年第12期，頁78-80，《複印報刊資料：先秦、秦漢史》1988年第2期，頁53；竺可楨在《中國五千年氣候變遷》據「蜀漢江陵千樹橘」為氣候溫暖之證，其後牟重行反駁此說，詳見牟氏：《中國五千年氣候變遷的再考證》（北京市：氣象出版社，1996年），頁21-23。

3 種茶樹

最後要介紹園圃種植業中另一重要經濟作業——茶樹的栽植。茶業於漢代西南經濟深富意義。有學者認為茶在西南絲道上，曾比絲綢更為重要。[94]

茶的名稱有「荼」、「檟」、「蔎」、「茗」、「荈」等，到唐代陸羽《茶經》才將「荼」改為「茶」，統一了「茶」的名稱。[95]顧炎武《日知錄》有「自秦取蜀以後，始有茗飲之事」之說。[96]據漢揚雄《方言》載曰：「蜀西南人謂茶曰蔎。」[97]另《爾雅》下二〈釋木〉郝氏《義疏》曰：「荼荈出巴蜀。」其又引陸璣詩疏曰：「椒，蜀人作荼。」而王褒〈僮約〉亦有「武陽買茶」、「烹茶盡具」之語。[98]這說明西漢時西南地區的茶業早已盛行，武陽是西南的重要茶貿易市場。

武陽漢時屬犍為郡治地，即今日四川彭山縣，益州茶葉市場便是在此形成。武陽處在一個交通方便的樞紐要地，與成都僅距七十餘公里，距邛、灌、雅安、蒙山、樂山、資中等地也很近。所以在當時武陽地方，由於交通方便的關係，故成為一個上下物資交流頻繁的茶葉市場。《華陽國志》卷一〈巴志〉載：「（巴）其地東至魚復，西至僰道，北至漢中，南極黔、涪。……茶……皆納貢之。」劉琳〈校注〉云：「……茶……主要產於涪陵郡。」茶成為貢品，上貢中央，與商業似毫無相涉。不過，貴為貢品是質優

---

94 鄧廷良：《絲路文化——西南卷》（杭州市：浙江人民出版社，1995年），頁98。

95 陸羽：《茶經》（臺北市：金楓出版社，出版年份不詳），頁24；陳國生：〈茶樹起源湖南說〉，《中國歷史地理論叢》1994年第3期，頁62。

96 顧炎武著，黃汝成集釋：《日知錄集釋》（鄭州市：中州古籍出版社，1990年），頁172；陳國生：〈茶樹起源湖南說〉，《中國歷史地理論叢》1994年第3期，頁62。

97 古無茶字，只有荼字。荼見於詩者或指苦菜，見呂思勉：〈中國文化史六講〉，《呂思勉遺文集》（上海市：華東師範大學出版社，1997年），下冊，頁131。方健說：「《漢書》〈地理志〉的『荼陵』，二是王褒〈僮約〉中的『武陽賣茶』，義通今茶字，此外（荼）都不能釋為茶……」，詳見方健：〈關於馬王堆漢墓出土物考辨二題〉，《中國歷史地理論叢》1997年第1期，頁51-56。

98 孫星衍輯：《古文苑》，卷20；關履權：〈茶史漫談〉，載《農史研究》第3輯（北京市：農業出版社，1983年），頁156。另見拙作〈從王褒〈僮約〉探析漢代中葉田莊商品經濟〉，《中國農史》第29卷第4期（2010年）。

的保證，貢品之名也成商品的最佳「口碑」。除去上貢的必須產量數目後，剩餘的茶產遂成為商品推出市場售賣。

漢代西南地區茶產業的分布，綜合《華陽國志》所載述關於茶葉培植的資料，主要有在名山縣蒙山，為茶產核心產地之一。另有巴郡涪陵和蜀郡南安、武陽、成都及南中平夷等主要產地。[99]漢代西南巴蜀飲茶成了時尚，刺激當地茶葉消費市場。西南茶商紛紛大量種植茶樹，採摘茶葉以求售於市場。西南茶商持錢買茶，轉販運銷茶葉絡繹不絕。種植茶樹如其他園圃產業般具有雙重目的，一是為了獲得茶葉的使用價值和另一是為了獲得其交換價值。漢代西南巴蜀山區應有不少農業專戶以種植茶樹為主要經濟收入。

（四）畜牧業領域

漢代茶葉市場常常與馬的貿易雙提並論。茶和馬曾經是漢代西南地區漢族與少數民族商品交換的主要商品。西南山區少數民族喜歡漢人的茶葉，而漢人則需要牧民的馬產以作為運輸交通之用。漢人需要馬匹，少數民族愛茶，茶、馬自然成為商人互通有無的熱門商品。其實漢代西南畜牧還有養牛、養豬、養羊及養鹿等，與其相應的市場包括有肉食、皮革、動物毛及乳品市場等等。最廣為學者們徵引的例子載於《史記》卷五十六〈西南夷列傳〉，其文曰：「及漢興，皆棄此國而開蜀故徼。巴蜀民或竊出商賈，取其莋馬、⋯⋯髦牛，以此巴蜀殷富。」[100]從此段文字，司馬遷很明確地指

---

[99] 藍勇：《西南歷史文化地理》（重慶市：西南師範大學出版社，1997年），頁300。周振鶴編：《漢書地理志匯釋》（合肥市：安徽教育出版社，2006年），頁310。

[100] 余宏模據《史記會證》認為《史記》〈西南夷列傳〉中：「開蜀故徼」應為「閉蜀故徼」之誤，詳考可見余宏模：〈漢初夜郎社會性質淺析〉，《夜郎史探》（貴陽市：貴州人民出版社，1988年），頁263。王念孫案：「開當為關」，見《讀書雜志》（南京市：江蘇古籍出版社，1985年），頁156；瀧川龜太郎：《史記會注考證》（臺北市：洪氏出版社，1977年），頁1235。「買馬時有官私之別」，詳見陳偉：〈張家山漢簡〈津關令〉中的涉馬諸令研究〉，收載於中國社會科學院簡帛研究中心編：《張家山漢簡《二年律令》研究文集》（桂林市：廣西師範大學出版社，2007年），頁284。

出漢初巴蜀商賈已從事馬和牛的走私活動。其所載「竊出商賈」，顯然是不合法。若非利潤豐厚，商人絕不會甘願冒險犯禁。同時，它亦反映該區盛養馬、牛，否則走私活動不會如此猖獗。又，《後漢書》志二十三〈郡國五〉云：「巴郡，十四城，戶三十一萬六百九十一，口百八萬六千四十九。江州、宕渠、朐忍、閬中、魚復扞水有扞（扞）關、臨江、枳、涪陵出丹、墊江、安漢、平都、充國永元二年分閬中置。宣漢、漢昌永元中置。」張家山漢簡〈津關令〉載：「……禁民毋得私馬以出扞關……。」（簡506）扞關，整理小組注釋：「扞關，即江關，《漢書》〈地理志〉巴郡魚復縣有江關都尉，在今四川奉節東。」[101]

雖然，筆者未能直接找到西南馬價材料，不過如按正常情況，大概如《九章算術》卷六〈方程〉云：「馬價五千四百五十四錢」，而漢代居延地區的馬價在四千至七千之間，戰爭高峰期，亦不過萬錢，可作參考。[102]另外，成都市天回鎮出土簡牘M3：137，共有一八四支，整簡長約三十點五、寬零點六、厚零點一釐米。沒有書名，內容主要是治療馬病的獸醫書（包括少量相馬術），擬定名為《醫馬書》，從側面反映西漢初成都養馬業具有明顯商品化的表徵。在這方面，可從下面漢武帝開晉寧郡的另一則史料，得以反映。

按《華陽國志》卷四〈南中志〉載：「漢武帝元封元年初開晉寧郡，司馬相如、韓說初開得牛馬羊屬三十萬。」汪寧生認為武帝時司馬相如、韓說從益州郡得畜產三十萬。儘管此數字尚有可議地方，但三十萬畜產的背後

---

[101] 扞關即江關，《漢書》〈地理志〉巴郡魚復縣有江關都尉，在今四川奉節東，詳見〈津關令〉，《張家山漢墓竹簡〔二四七號墓〕》（北京市：文物出版社，2006年），頁83。又，見王子今、劉華祝：〈說張家山漢簡《二年律令·津關令》所見五關〉，載於《張家山漢簡《二年津令》研究文集》（桂林市：廣西師範大學出版社，2007年），頁364。另見顧祖禹撰，賀次君、施和金點校：《讀史方輿紀要》（北京市：中華書局，2005年），頁3270-3271。參見拙作〈漢末巴分三郡之物產分布考〉，《新亞論叢》第12期（2012年），頁62-72。

[102] 詳見于琨奇：《戰國秦漢小農經濟研究》（北京市：商務印書館，2012年），頁142。許進雄：《古事雜談》（臺北市：臺灣商務印書館，2013年第2版），頁81-82。

正好說明此地區之畜牧業是異常發達。[103]「筰馬」和「髦牛」，都是四川南部邛、筰地區的特產，由於牠們體形較少，其善於山地行走，且能負重。[104]故此，除官府外，西南人士等都對其需求殷切。

　　事實上，西南地區的馬、牛、豬、羊等畜產用途很廣泛，可作為食物、耕作、皮革、役使等用途。[105]對於在畜牧的肉食市場供應方面，汶山郡出產童牛肉重千斤成為最典型的例子。[106]郭璞《山海經》注：蜀山中有大牛，「肉重數千斤，名曰夔牛」。[107]古時蜀人養水牛主要是為了食肉、祭祀。當時蜀人的飲食結構中肉食較為豐富，肉食來源中水牛佔有較大比重。對於西南牧民來說，牛是滇人最重要的一項財產，牛可以在市場出售。牧民養牛數目越多，便表示其越富貴。肉食市場中除牛肉外，豬肉亦擁有很大的市場。揚

---

103 劉小兵此認為「常璩於《華陽國志》〈南中志〉中所載牛馬羊數字，在《史記》、《漢書》中不載，對常璩說法依據有懷疑。」《滇文化史》（昆明市：雲南人民出版社，1991年），頁38，注1和注2。

104 解德文在其〈雲南馬（兼西南馬）源流初探〉一文中根據「古生物學」、「比較解剖學」和「現代生物學」的研究對西南馬得出以下結論：西南馬系列是「短小精悍，靈活溫順，富有悍威，體質結實緊湊，平均體高在116釐米以下，其與蒙古馬（北方馬）是兩個不完全的系統。」見解德文：〈雲南馬（兼西南馬）源流初探〉，《農業考古》1995年第3期，頁300。近人郭聲波在其《四川歷史農業地理》論及西南馬認為其特點是「體格較小而緊湊，腿粗短，性情溫馴，機巧靈活，適用於山地乘駄、挽重。」見郭聲波：〈歷史時期四川大牲畜養殖的地理差異〉，《中國農史》第20卷第2期（2001年），頁86。另見拙作：〈東漢政府於西南地區設立牧苑與當地畜牧業的關係試探〉，《新亞論叢》第2期（2000年）。

105 任乃強：《羌族源流探索》（重慶市：重慶出版社，1984年），頁22；及張增祺：《洱海區域的古代文明——部落分治時期》（昆明市：雲南教育出版社，2010年），頁194-195。

106 樂資：《九州要記》，載於王謨輯：《漢唐地理書鈔》（北京市：中華書局，1961年影印清光緒刻本及鈔本），頁138。

107 揚雄〈蜀都賦〉載曰：「……其旁則有期牛兕旄。」章樵注曰：「郭璞《山海經》注：蜀山中有大牛，肉重數千斤，名曰夔牛。期、夔聲相近。兕如水牛，角在額上，古人以為爵，謂之兕觥。旄牛尾可以為麈。」見鄭文：《揚雄文集箋注》（成都市：巴蜀書社，2000年），頁309，注20。

雄〈蜀都賦〉載「糯米肥豬」和王褒〈僮約〉中「持梢牧豬」農話，表明至遲西漢中期成都已進入圈養育肥階段，而養豬技術改良對提高生產量也有幫助。從西南各地區出土的陶豬模型，可見其肉質肥厚，除卻一部分自給食用外，剩餘的豬產會被農民拿到市場售出流通，西南豬產在當地肉食市場佔重要位席。[108]另外，西南牧養動物還有藥用價值，按《華陽國志》卷三〈蜀志〉載：「汶山郡……有靈羊可療毒，又有食藥鹿，鹿麞有胎者，其腸中糞，亦療毒疾，特多雜藥……。」[109]汶山「靈羊」和「食藥鹿」兩者因其能入藥的特性，其零售價亦應較昂貴。

（五）漁業領域

隨著中土人士大量移民進入西南地區，當地漁業出現一番新的氣象。漢代長江流域一帶出現陂池水田的生產形式。「魚池以百數，家家有焉」，[110]更成為西南地區農業與漁業經濟相結合的寫照。[111]所謂陂池主要指的是人工塘堰，又稱陂塘、水塘、水池，是用作蓄積雨水、泉水之用。[112]蓄水目的是為灌溉農田。[113]陂池一般具備有水閘、水渠，包括攔水、排水、引流灌溉等

---

[108] 參見于琨奇：《戰國秦漢小農經濟研究》（北京市：商務印書館，2012年），頁66-67。

[109] 劉琳：《華陽國志校注》（成都市：巴蜀書社，1984年），卷3，〈蜀志〉，頁295。

[110] 劉琳：《華陽國志校注》，卷3，〈蜀志〉，頁292。又，《水經注疏》卷三十三〈江水一〉載：「江水逕漢安縣北，縣雖迫，山川土地特美，……魚鹽家有焉。」酈道元注，楊守敬、熊會貞疏：《水經注疏》（南京市：江蘇古籍出版社，1989年），頁1783。

[111] 參見拙作〈漢時期西南地區漁業活動探討〉，《中國農史》第16卷第3期（1997年），頁82-88。及見李恆全：《戰國秦漢經濟問題考論》（南京市：江蘇人民出版社，2012年），頁236。

[112] 塘壩亦稱「塘堰」、「陂塘」。山丘區的小型蓄水工程。是水土保持措施之一。規模小於十萬立方米。因修建位置不同而有山塘、平塘之別。用以攔蓄地面徑流，供灌溉及居民生活用水。詳見《辭海·農業分冊》（上海市：上海辭書出版社，1988年），頁104。另，參見王禎撰，繆啟愉譯注：《東魯王氏農書譯注》（上海市：上海古籍出版社，1994年），頁337，「陂塘」條。

[113]《後漢書》〈百官志〉載於陂池眾多之地設有「陂官」、「湖官」，種種措施都是為了推

一系列水利設施，更兼養殖水產[114]，形成了「農耕民式」的養魚業。[115]至於水田，南方水田以種稻為主。水田與陂池通常毗連相接，唇齒相依。[116]陂池和水田式農作業格局於漢代長江流域一帶非常流行，陂池一詞遂成為漢代時語。

　　由於陂池的盛行，漁池養魚逐漸發展成為當地主要的商品產業之一。[117]以下舉出巴郡一例以茲說明。

　　〈巴志〉引漢人但望〈請分郡疏〉載曰：「（巴郡）一治臨江（江州），一治安漢，各有……漁池……足相供給。」[118]此段文字反映出漢時西南地區漁池養魚不單止「自給自足」，更有見到其由「自給自足」發展到可「向外輸出」和「供應」的情況，文中「足相供給」四字便是剩餘的證明，同時反映兩地互通有無及互相依存的商貿往來關係。魚池養魚產量高剩餘多，保障有大量商產漁獲可作商業外銷之用。可惜的是關於漢代西南魚價的材料缺乏，只可依賴居延漢簡出土魚價內容作參照，據丁邦友的考察「……記錄反映的漢代內郡的魚價大致都在一枚（或一斤）數十錢」。[119]

　　魚池養殖對魚市場提供各種不同的漁產商品，這在下面列舉出土的陂池水田模型中有所反映（見表一）。[120]

動水利的發展吻合。莊園主壟斷河陂池塘，依仗莊園內充足的勞動力，開挖長渠，修建蓄水塘，利用水塘灌溉農田。詳見王方：〈從考古發現看漢化成都水利的發展〉，《四川文物》1999年第3期，頁87-91。

[114] 詳見郭聲波、陳鐵軍：〈秦漢時代四川的農業開發〉，《西南師範大學學報》（哲學社會科學版）1993年第4期，頁108-109。

[115] 詳見拙作〈漢晉時期西南地區漁業活動探討〉，《中國農史》第16卷第3期（1997年），頁82-88。有關魚價可參考丁邦友：《漢代物價新探》（北京市：中國社會科學出版社，2009年），頁117。

[116] 漢鄭玄〈箋〉云：「池之之澤，浸潤稻田，使之生殖。」詳見《毛詩正義》（北京市：北京大學出版社，1999年），中冊，頁929。

[117] 高維剛：《秦漢市場研究》（成都市：四川大學出版社，2008年），頁57-58。

[118] 劉琳：《華陽國志校注》，卷1，〈巴志〉，頁49。

[119] 丁邦友：《漢代物價新探》（北京市：中國社會科學出版社，2009年），頁315-325。

[120] 拙作〈漢代西南地區陂池水田模型的出土及其研究〉，《新亞論叢》第3期（2001年）。

表一　漢代西南地區陂池水產養殖之考古發現簡表

主要考古發現點	陂池養殖業 主要產品名稱	資料來源
（四川） 新都馬家山	蓮花、荷葉	王方：〈從考古發現看漢代成都水利的發展〉，《四川文物》1999年第3期，頁87-91。
新律縣堡子山	游魚和田螺	四川省博物館文物工作隊：〈四川新津堡子山崖墓清理簡報〉，《考古通訊》1958年第8期，頁35；徐鵬章：〈四川成都鳳凰山出土的西漢炭化水稻及有關遺物〉，《農業考古》1998年第3期，頁108。
成都天回山	蓮葉、水鴨	王方：〈從考古發現看漢代成都水利的發展〉，《四川文物》1999年第3期，頁87-91。
涼山西昌	魚、螺、龜、荷花、荷葉、蓮蓬、菱角、螺螄、鰱魚	涼山州博物館：〈四川涼山西昌發現東漢、蜀漢墓〉，《考古》1990年第5期，頁424。
禮州漢墓	水甲蟲、鯉魚、龜、鴨、菱藕	王兆祺：〈從出土文物看西昌古代農業發展〉，《農業考古》1991年第1期，頁97。
經久漢墓	魚、龜、鴨、菱藕	王兆祺：〈從出土文物看西昌古代農業發展〉，《農業考古》1991年第1期，頁97。
（雲南） 呈貢縣龍街七步場	蛙、龜、鴨、螺螄、荷葉、蓮蓬	汪寧生：《雲南考古》，雲南人民出版社，1992年2版，頁243-245。

主要考古發現點	陂池養殖業 主要產品名稱	資料來源
（貴州） 興義	荷葉、蓮蓬、菱角、荷花	貴州省博物館考古組：〈貴州興義、興仁漢墓〉，原載《文物》1979年第5期，後收入《貴州田野四十年》，頁268-279。
興仁	荷葉、蓮蓬、菱角、荷花	貴州省博物館考古組：〈貴州興義、興仁漢墓〉，原載《文物》1979年第5期，後收入《貴州田野四十年》，頁268-279。

　　根據上述簡表，筆者可從西南地區川雲貴的陂池水田模型中找到水產動植物超過二十餘種，可分為「水生動物」及「水生植物」兩大方面。水生動物有鯉魚、草魚、鱅魚、泥鰍、魚、靈龜、蚌蛛、螺螄、貝、蛙、魚鷹、水鳥、鴨、蝦、水甲蟲。水生植物禾苗、菱、蓮花、荷葉、藕、芋。儘管筆者未能確定上述所有水產均屬商品性產物，但肯定當中必有相當部分作為商品，於市場上出售。

三　西南區域性農商品市場——以「成都」作個案

　　漢代西南綜合性經濟職能的商業中心最突出例子是「成都」。筆者認為它是集農業、手工業、商業、交通樞紐和消費市場等「特殊職能」於一身的綜合性城市。[121] 成都「區域性市場」之衍生形成，毫無疑問與其地理位置有關。有學者歸因於當時關津制度。[122] 筆者很同意和欣賞此看法，但此論點有其偏限，其焦點僅集中在國內，未能展示出成都「國際性」的一面。[123] 若能再進一步開闊視野，把「成都」置放於更寬的國際平台上看待。它實在是處

---

[121] 見拙作：〈漢代西南特殊職能地區與商業〉，《新亞論叢》第11期（2010年）。

[122] 見楊建：《西漢初期津關制度研究》（上海市：上海古籍出版社，2010年），頁58-59。

[123] 高維剛：《秦漢市場研究》（成都市：四川大學出版社，2008年），頁116-117。

於全中國、南亞及西亞的「中心」位置。

成都市位於四川盆地的西部，其地土壤肥沃，雨水充沛，氣候溫暖濕潤，四季均宜農耕，加上長江支流岷山水系縱貫全境；與及得益於都江堰水利和郫江、檢江、湔水、文井江等大小河流；為其農業灌溉提供方便。[124] 蜀守李冰「鑿離碓避沫水之害，穿二江成都之中」為成都帶來「沃野千里號為陸海」的氣象[125]，同時亦為後來出現的「開稻田百頃」，打下良好的根基。[126]

成都是西南農業生產的重心，其農產業部門包括有稻作、林木、漁池養殖、畜牧等，這些都能在地下出土有所證明。如陶水塘模型出土遍佈成都，說明當地有著農耕民從事陂池養殖業。出土的木槨墓和船棺葬中大量利用楠木，反映出成都林木業的興旺景象。成都平原周邊山地和高原地區，如岷江上游「出名馬」，表示出其地有牧業進行。有學者注意到蜀郡專門在「成都市」設置「長」。「成都市」隸屬蜀郡，而非隸屬於成都縣，這有別於慣例縣衙門管理當地市場。[127] 又，成都商業區域集中在少城；《華陽國志》卷三〈蜀志〉載：「成都縣本治赤里街，（張）若徙置少城，內城營廣府舍，置鹽、鐵、市官並長丞，修整理要，市列張肆，與咸陽同制。」[128] 筆者認為成

---

124 詳見姜世碧：〈成都漢代農業考古概述〉，《農業考古》1992年第3期，頁93-98。

125 應劭《風俗通義》曰：「秦昭王聽田貴之議，以李冰為蜀守，開成都兩江，造興溉田，萬頃以上。」徐南洲認為李冰治水的成功與發揮天彭闕的功能有關聯，見〈天彭闕為古蜀國「觀象台」說〉，載李紹明編：《巴蜀歷史、民族、考古、文化》（成都市：巴蜀書社，1991年），頁239-252。

126 劉琳：《華陽國志校注》（成都市：巴蜀書社，1984年），卷3，〈蜀志〉，頁238。

127 羅開玉、謝輝：《成都通史》（成都市：四川人民出版社，2011年），卷2，頁99。

128 劉琳：《華陽國志校注》，頁196。史游《急就篇》載道：「肆謂坐市行列也，言販賣及買，皆因市肆以獲便宜也。」見〔漢〕史游著，曾仲珊校點：《急就篇》（長沙市：嶽麓書社，1989年），頁126。王念孫案：「市列、即肆也…〈食貨志〉亦作『坐市列』，師古曰：『市列、謂列肆』，是《史記》、《漢書》皆無肆字也」，見王念孫：《讀書雜志》（南京市：江蘇古籍出版社，1985年），頁98、392。楊愛國：《不為觀賞的畫作──漢畫像石和畫像磚》（成都市：四川教育出版社，1998年），頁39。黃今言：《秦漢經濟史述略》（北京市：中國社會科學出版社，1999年），頁218。《說文解字》〈冘部〉：「市居曰舍」，段注曰：「……此市字非買賣所之，謂賓客所之也……」，見〔清〕段玉裁：《說文解字注》（杭州市：浙江古籍出版社，1998年），

都市官的設立，正反映漢政府對成都商業方面的重視。隨著農業及手工業的蓬勃發展，專門生產的農商品加上剩餘產品，刺激起商業。成都亦因商業經濟得以起飛，成為全國新興商業城市之一。[129]至西漢末，成都漸漸上升為一獨立經濟區域。成都所出產的農商品和手工業商品更沿交通幹線向外輻射。以著名的四川「自造奇綿」便是農業手工業相結合下的著名商品性生產的顯例。

秦漢時期，成都與雲南之間通道主要有東西兩條，東道稱五尺道，經宜賓、筠連、大關、昭通而至曲靖，西道稱青衣道，又稱犛牛道，經雅安、漢源、西昌、會理，渡金沙江而抵晉寧。涼山地區地處川滇古道的西道上，早在秦代就已經成為成都平原通往雲南的商賈必經之地。[130]據此例可反映漢政府在成都建立一點四向的交通幹線促進「線」的輻射的努力。四通八達的交通使成都能處於長期對外開放的狀況，其與北面新都起著聯繫川西平原北部的作用。

成都商業貿易能蓬勃發展，與其地的交通網絡關係密切。[131]成都是西南地區「水陸所湊兼六合而交會」的交通總匯站。[132]成都位於蜀地，巴郡及入南中的兩條大路為成都輻射的延長線。南中的西邊、東邊都是邊陲。從商業交通的角度來看，它利用著綿密的水陸交通網絡與其餘職能的西南城市相互連接交換商品。如把中國看成為一盤棋，成都是中國位於西南的副中心，是西南經濟的「心臟」。從西南區域的地圖看，成都是一個「總匯站」，它透過公路網路為媒介與周邊落後地區之間作其「點」的輻射；當中包括了技

頁223。

[129] 羅開玉、謝輝：《成都通史》（成都市：四川人民出版社，2011年），卷2，頁98-99。

[130] 胡小柳：〈秦漢時期四川對雲南的經濟文化交流〉，《四川文物》2003年第5期，頁40-41。

[131] 〈蜀都賦〉，見蕭統選，李善注：《文選》（香港：商務印書館香港分館，1978年），頁89。另，參考高維剛：《秦漢市場研究》（成都市：四川大學出版社，2008年），頁120。

[132] 〈蜀都賦〉，見《文選》，頁89。

術、人才及資金的傳播。[133]「點」的輻射如石投入水面中，產生的波浪由中心
向外擴散，逐步擴散到較遠的地區。

以成都為中心，圍繞著成都的縣有臨邛、郫縣、江原、廣都、新都、什
方、雒縣、綿竹、武陽，這些中級商品市場都是與成都商業心臟毗連，其間
水道網絡滿佈如血脈般不斷地向各地市場輸液。總言之，成都是巴蜀市場最
繁榮的商業總中心。[134]按譚其驤先生《中國歷史地圖集》的比例量度，成都
與其鄰近城市之空中距離——郫縣[135]（約二十公里）、臨邛（約七十公里）、
新都（約二十公里）、繁縣[136]（約五十公里）。由此可知，成都與其他鄰近城
市地理上多不出七十公里範圍以外。成都所擔當的是整個西南商業貿易區總
樞紐和龍頭角色，其作用是集散來自區內外的各類商品。西南區內各具特色
的土、特產品會被各縣商人匯送到成都市肆內集中賣出。與此同時，區內商
人亦從成都中買來區外的商品，各取所需，巴蜀之絲織品、漆器等，流通全
國各地。長沙馬王堆、江陵鳳凰山等地都發現巴蜀生產的絲織品及漆器，即
為明證。[137、138]總之，在交通暢達情況下，成都對鄰近短距離及國外長距離的
貿易點都同受到其輻射，達成「天下熙熙，皆為利來；天下壤壤，皆為利
往」的情況。成都於國際商業貿易「中心」的地位確立，商貿市場正面向遠
方南亞、西亞。關於此方面，筆者特別要提到其與永昌郡的關係。

成都與緬、印兩者交通距離長遠，貿易存有困難。基於此，筆者認為東
漢永昌郡的設立是東漢政府有意為成都與印、緬國際商業架起一條「延伸
線」。憑藉永昌郡此一條延伸線，把原本鞭長莫及的邊陲距離拉近。從西南

---

[133] 厲以寧：《區域發展新思路》（北京市：經濟日報出版社，2000年），頁256。

[134] 高維剛：《秦漢市場研究》（成都市：四川大學出版社，2008年），頁120。

[135] 周振鶴編：《漢書地理志匯釋》（合肥市：安徽教育出版社，2006年），頁302，「郫」
條。

[136] 周振鶴編：《漢書地理志匯釋》（合肥市：安徽教育出版社，2006年），頁303，「繁」
條。

[137] 羅開玉、謝輝：《成都通史》（成都市：四川人民出版社，2011年），卷2，〈秦漢三國
（蜀漢）時期〉，頁99。

[138]《史記》，卷129，〈貨殖列傳〉，頁3256。

整體商業角度去看永昌郡，政府在該地區設郡顯明非歷史偶然。王莽時，確立了成都為西部大都會的地位。未幾，又設立永昌郡，外國商人及其商品在此時開始現於史乘中。聞名的永昌道段更是西南絲路中最令人觸目的必經之路。永昌郡成立後面向國際，成為大西南國際貿易的橋頭堡；更成為大西南方最早接觸外國商人的基地。政府在苦心經營成都及滇池之後，再設永昌郡，其目的自明。[139]

至於成都與國際貿易的農產商品，主要有茶、馬、蜀布、絲綢、漆器及邛竹杖等，前文已有講述，於此不贅。總之，成都能呈現出區域市場的宏觀格局，至於下文將要介紹之〈僮約〉一文，則能折射出田莊於基層市場的微觀生態。

四　基層農村商品市場──以〈僮約〉田莊個案為例子

〈僮約〉是描述西元前五十九年，王褒到湔辦事，途經寡婦楊惠家，導演了一幕滑稽劇。[140]〈僮約〉表面上是一篇遊戲文章，但其內容所具的各種真實性已被中外歷史學者們所肯定。在眾多關注〈僮約〉史實方面的研究成果中，以日本學者宇都宮清吉氏在約半個世紀前對〈僮約〉研究至為全面。[141]筆者同意宇都宮清吉氏，認為王褒在賣契券上所列舉田莊的方方面面，不是子虛烏有。[142]〈僮約〉券中所訂的無數苛刻條文，如僅針對田莊奴一人，條款

---

[139] 詳見拙作：〈東漢永昌郡之設立與西南地區的商業發展〉，《新亞論叢》第8期（2006年）。

[140] 王褒（約西元前90至前52年），字子淵，西漢著名辭賦家，蜀郡資中縣即今四川資陽市北墨池壩人。生活在西漢中葉，幼年在武帝時度過，少年時代正遇昭帝在位，青壯年時代躬逢宣帝執政。西元前六十五年以後，王褒遊歷成都，住了六年。

[141] 詳見宇都宮清吉：《漢代社會經濟史研究》（東京都：弘文堂書房，1967年，增訂版），第九章〈僮約研究〉，頁256-374。

[142] 宇都宮清吉氏在〈僮約研究〉第十一節「莊園經濟について」中對田莊經濟條分縷析，參見氏書《漢代社會經濟史研究》，頁354-369。另有著名西方學者Clarence Martin Wilbur(韋慕庭)對於〈僮約〉中的史實異常重視，並在其著作中把〈僮約〉全篇翻譯成英文，詳見其書 *Slavery in China During the Former Han Dynasty,* 206 B.C.-A.

當然誇張，不合常理。但順著王褒行文的獨特風格去思考，他不過把其耳聞目睹的眾多田莊訊息綑綁成一時一地產物，這是大有可能。再進一步說，筆者認為〈僮約〉的豐富內容，基本上可說是西漢中葉蜀地甚或全國其他田莊經濟現象的「綜合縮影」。[143]

根據王褒〈僮約〉內容，大家不難見到多條關涉商品貿易活動的史料，如「上至江州、下至湔主」、「綿亭賣席」、「往來都洛」、「販於小市」、「牽犬販鵝」、「武陽買茶」、「往來市聚」、「持車載轅」、「轉出旁蹉」等。〈僮約〉中提到僮奴便了需要依主人吩咐購買商品，包括有壟、席、臬、茶、荷、羊、牛。[144]他還要到農村基層市場販賣的商品，如索、犬、鵝、刀、矛等物。王褒〈僮約〉揭示出西漢中葉田莊經濟中蘊含商品貿易活動一環，而且這環在田莊經濟中舉足輕重。

西漢田莊經濟發展迅速，已成為一時趨勢。[145]有學者們認為田莊的流行是商業高利貸資本和土地問題扭結一起的結果。大地主手中掌握了土地，支配了奴婢、徒附和賓客的人身；並進行超經濟剝削。[146]最終產生自給性與商品性生產的相結合的田莊經濟。亦有學者強調田莊經濟是「封閉式」，其

D.25 (Anthropological Series Field Museum of Natural History, Vol.34, 1943), pp. 383-388.

[143] 有學者詳細考證〈僮約〉的筆者、版本流行及其可信性，詳見楊生民：〈〈僮約〉新探〉，《中國史研究》1986年第3期，頁15-20。

[144] 關於漢代物價，詳見丁邦友：《漢代物價新探》（北京市：中國社會科學出版社，2009年），頁236-250。

[145] 詳見杜慶餘：《漢代田莊研究》（濟南市：山東大學出版社，2010年），頁1-37。有學者對中西兩方的田莊作出仔細的比較，並為中國古代莊園下了一個較可為人接受的定義：「封建莊園是以大地產為基礎，以超經濟人身強制的勞役地租或實物地租為剝削形態，有嚴密的生產管理體系，以自給自足目的的封建生產的一種組織形式。」張竹雲：〈漢代田莊與西歐莊園比較研究〉，《史學集刊》2002年第2期，頁29-33。另，「一個莊園實際上就是一個以士人為領袖，以宗族為紐帶，包容貧賤富貴、士農工商等各個階層、各種行業的小社會，所以我將這一時期的莊園經濟生存特點歸納為『宗族的聚棲之地』。」馬良懷：〈漢晉之際莊園經濟的發展與士大夫生存狀態之關係〉，《中國社會經濟史研究》1997年第4期，頁8。

[146] 田昌五：《中國歷史體系新論》（濟南市：山東大學出版社，1995年），頁271。

「向內性」味重;而商業經濟則「開放性」和「向外性」。筆者則認為田莊不可能完全自給自足,並與外界不相交通;問題關鍵在於其對外進行商品貿易究竟到了那個程度?[147]

　　一般人簡單地認為田莊是「自給自足」並與外間隔絕,此說法應與歷史現實不符。有學者傾向把漢代商業發展慢歸咎於「田莊經濟的出現」;其認為田莊經濟縮小了商品生產的範圍、削弱了商品流通的基礎。田莊經濟是自給自足,不須他求。不過,筆者從〈僮約〉所載,發現田莊經濟對商品經濟不是絕對負面。相反,田莊經濟在某程度上還帶有商品性;不是純粹「自給自足不須他求」一話所能概括。因此之故,探討田莊經濟其「商品性格」是不得迴避的關鍵項目。

　　有關〈僮約〉中提到自給自足的農業生產有:種菜、編牛皮、編葦作篝、織麻織布、設網捕鳥鴉和魚、射野鴨、登山射鹿、入水捕龜、放養魚、雁、鴨、放豬、種薑種芋、養馬養牛、種瓜茄蔥等。但是在別的地方它又談到商品性的生產;詳細參見下表:

表二　〈僮約〉中所涉的商品內容

商品類別	商品名稱
蔬果食物	荷、藕、黃甘橘、板粟
日常用品	棕索、席、苧麻、蒲葉
牲畜	馬、牛、豬、狗、鵝、羊
飲料	酒、茶
農具、武器	刀、矛
其他	脂澤

　　據上表可見,成都田莊經濟仿如一塊銀元具有雙面。一方面,田莊內的

---

[147] 田昌五:《中國歷史體系新論》(濟南市:山東大學出版社,1995年),頁272。

農業及農副產品如種菜、織麻織布、捕魚射鴨、放養雁鴨、放豬、種薑種
芋、養馬養牛、種瓜茄蔥，主要是屬自給自足範疇的經濟活動。[148]但，另一
面又見到田莊主們把其中部分農產品拿到市場作商品售出。換句話說，田莊
生產物品許多時具有商品與自給消費品的雙重性格。

　　根據王褒〈僮約〉其所涉及的商業貿易地點共九個。若以〈僮約〉所載
犍為資中為中心點，此等商品貿易網範圍便不過以約三百多公里為直徑地
區（益州除外）；朝向交通相連的鄰近貿易市場輻射開去。根據〈僮約〉所

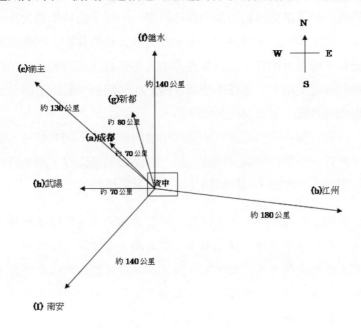

載，西漢中葉，四川九個主要商品貿易活動中心為下列各地：（a）成都、
（b）江州、（c）湔主、（d）益州、（e）綿亭、（f）雒水、（g）新都、（h）
武陽、（i）南安。

---

[148] 孫機：《漢代物質文化資料圖說》（上海市：上海古籍出版社，2008年），頁226-228。

圖一 〈僮約〉中商品流布里程示意圖[149]

田莊對外進行農村商業貿易，其目的是滿足他們及其家族的實際需要。〈僮約〉中所描述的田莊主到農村市場交換所需的物品，原因是在每個田莊的生產亦有不同。故此，他們需要依賴市場作商品流通媒介。根據《華陽國志》所載，許多「大姓」田莊所居地區天然資源差異很大，故此「大姓」田莊生產方向各有不同。[150]另有一些從事專門化生產的田莊，如種桑、種桐、採礦、採鹽或冶鑄等則把勞動力集中投放於單一生產。由於生產力集中於一種生產活動，故該等田莊便要仰賴市場來買其所欠缺的貨物，如衣服布匹、蔬果、牲畜及米糧等。田莊主是具有實力的大生產者，同時間是一個龐大的消費者；他們既是生產者；也是消費者。他們如個體農民般除了能自給自足外，還依賴市場購買所需和賣出剩餘產品。

王褒〈僮約〉有一段描寫漢代中葉四川境內農村城市間的貿易，其筆觸所涉及的地方有——商貿地區、商貿交通、商品行銷範圍等，均為研究四川田莊商業化提供重要線索。現把該段文字抄錄並闡釋如下：

> 舍後有樹，當栽作船，上至江州、下至湔主，主為府掾求用錢。推紡堊販椶索。綿亭賣席，往來都洛，當為婦女求脂澤，販於小市，歸都擔枲，轉出旁蹉。牽犬販鵝，武陽買茶。楊氏擔荷，往來市聚，慎護奸偷，入市不得夷蹲旁仰臥，惡言醜詈。多作刀矛，持入益州，貨易羊牛……南安拾栗採橘，持車載輳。[151]

根據材料最少可反映四川生活市場的兩種功能，第一是由於某地盛產某種土特產品，因而具有了某種商品集散地的作用，如綿亭集市就是席的集散地，

---

149 有兩點注意地方，由於（d）益州郡距離最遠，不便在此〈示意圖〉一并繪出。另（e）綿亭因具體地點無考，亦不標示。

150 參考黎明釗：《輻輳與秩序——漢帝國地方社會研究》（香港：香港中文大學出版社，2013年），及拙作〈漢代西南大姓的分佈與產業〉，《新亞論叢》第5期（2003年）。

151《全漢文》（北京市：中華書局，1958年），卷42，頁359。

商人們便把那裡的席集中收購，然後轉移往外地銷售。第二是一些基層農村
市場本身又成為城市手工業品的終端銷售市場。如「當為婦女求脂澤，販於
小市」。筆者同意高維剛作出的以下看法：「概言之，秦漢時期的基層農村
市場在秦漢小農經濟中發揮了一種很好的槓桿作用，廣大小農和小手工業者
依靠基層農村市場完成了相互間及自身內部的交換，獲得了他們各自所需的
一些生活資料和生產資料，從而使他們的生活水準得到一定改善，再生產條
件得到了一定的補償。……秦漢某些大的基層農村市場已具有某些商品集散
地的作用，這是秦漢時期農業商品生產有所發展的標誌。這一定反過來又
給農業商品以一定刺激，從而促進了秦漢時期農業商品經濟的良性循環發
展。」[152]筆者贊成高氏論點，並贊成一些學者對商業活動作出以下的論斷：
「西漢中後期商業資本是非生產性的資本，當其通過流通領域得增殖、積聚
後，必然會向其他經濟領域內流動轉移。」[153]不少田莊主能在流通領域中獲
利，並把利潤轉投其他商業活動，再求進一步的圖利，循環不息。

　　總之，〈僮約〉所載之田莊經濟是把農、工和商三業結合在一起。隨著
田莊經濟的流行，重商思想遂以另一種姿態出現在田莊主身上生根萌芽。漢
代田莊主人從事商品貿易活動，從沒間斷。

五　結束語：西南地區農產品的商業貿易格局

　　根據上述探究所得，筆者認為漢代西南地區農業包括稻作業、林木業、
畜牧業、漁獵業和果圃種植業等均有著不同程度的商品化趨勢。這趨勢並不
限於在小農家庭中發生，並在田莊主中見其身影。筆者現就上文探究所得，
歸納出以下幾點看法：

　　第一點，漢代西南農產商品以土特產為主角。漢代西南商品市場中可找

---

[152] 高維剛：《秦漢市場研究》（成都市：四川大學出版社，2008年），頁112。
[153] 張弘：〈戰國秦漢時期商業資本的發展與積聚研究〉，《江漢大學學報》第18卷第1期
　　（2001年2月），頁83。

到來自各農村地方的土特產品，如梧桐木、桃榔木、羌竹筒、漆木、靈壽木、笮馬、旄牛、嘉魚、黃魚、蚌蛛、胸忍龜、荷葉等，這些都成為充斥西南市場的主要農產商品。農業領域的商品生產發展也活絡了商業流通。城鄉與城鄉之間彼此存有更頻繁的農產商品貿易活動。更多坐商行賈居中流通，把大量剩餘的農村商產品及高檔次土特產商品帶到市場去售賣，如邛竹杖、枸醬、茶、絲綢、蜀錦，更成為當時炙手可熱的商品暢銷國內外市場。漢代西南地區知名度，憑此大大提高。

第二點，漢代成都乃西南農商品貿易的「龍頭」市場。成都同時作為西亞、南亞和中國組成之同心圓的「中心」，不斷向外輻射出農、工業相結合的商產品貿易圈，肩負著（a）西南區域內、（b）國內其他區域及、（c）國際三個貿易圈的歷史重任。首先，成都於（a）西南區域圈內，它扮演政治經濟的「先進者」。由於成都與南部雲南、貴州之少數民族區，彼此物質生活水平差距大，物產類型和生產質量皆呈不平衡的現象，故此存在「互通有無」的貿易可能。它與雲、貴等地相互貿易，並在商貿交易過程中，體現一文化經濟較先進的內地區如何帶動落後區域。成都商人透過商品作媒，進入少數民族市場。中原文明隨順著商貿同時擴展到他們的居地，加速該區民族的漢化。至於成都與（b）國內其他區域的貿易，當中以土特產品成為商品貿易之大宗，深受他區歡迎。蜀的絲織品及漆器等物，流通全國各地。最後，成都於（c）國際貿易圈，因處於正中心區位，令它成為歷史時期上至今天仍屹立不搖的商貿大都會。成都在國際貿易上是南絲路的總站，為加強其對南亞、西亞各國商業貿易之輻射力度，東漢永昌郡的成立及各主線幹道的築成，大大拓寬成都商業至國際層面。

第三點，漢代西南田莊經濟乃自給性與商品性生產的相結合。漢代大多數的田莊是進行多種經營兼商品生產。田莊主為了增加其收入，會進行一系列商品生產。文中提到的「販棕索」、「賣席」、「販脂澤於小市」、「牽犬販鵝」、「武陽買茶」、「擔荷往來市聚」等商品貿易活動，正反映出田莊主在某程度上進行著自給性以外的商品生產，此等商品生產主要屬農業領域中的消費性產物。特別值得一提的是，〈僮約〉「多作刀矛，持入益州，貨易羊

牛」中「多作刀矛」的「多」字。田莊主多製造刀和矛，目的顯然非為自
給，乃為商品貿易，是商品生產的直接例證，堅持田莊經濟屬「封閉性」的
論者，其論點不攻自破。根據〈僮約〉中所描述，楊姓田莊主對商品市場資
訊表現熟諳，對市場內容如數家珍，足反映漢代田莊主與商品生產及商品市
場是分不開的。田莊的收入除了用於家庭、家族消費、交納租賦，擴大生
產、支付僱傭勞動外，當有大量剩餘產品投放市場，參與商業活動。一言蔽
之，田莊主對外面市場的態度，極其積極。

最後，漢代西南地區農產品有著商品化的趨向，不論是基層小農抑或大
型田莊主，都在某程度上參與農業商品性生產，促進西南區域內或外的農業
商品市場向前邁進。商人和商品川流不息地進出各大小區域市場，為全國農
業商品經濟的良性循環發展作出了重大貢獻。

唐代海南島的海上貿易

葉顯恩[*]

關於古代中國海上貿易，由於文獻記載的闕如，幾乎都侷限於朝貢貿易。文獻上只有談及海盜時，於無意中透露出一些海商的史跡。

從南海交通的最早文獻記載《漢書》〈地理志〉看，西漢朝廷曾派遣譯使率領船隊從徐聞、合浦港出海。船隊途經北部灣，沿海岸航行。海南島處於航線的左邊，當是擦邊而過，未必上岸。海南島成為絲路的途經地，恐怕要到西元三世紀，孫吳開通了自廣州啟航，經海南島東部海面，直穿西沙群島海面而抵達東南亞各地的便捷航線之後。[1]自三世紀始，海南島處於聯結亞、歐、非洲的「廣州通海夷道」上，其地位愈顯重要。八世紀中葉，以東方的唐帝國和西方的阿拉伯帝國為軸心的國際海洋貿易圈形成，廣州是這一貿易圈的東方中心。以廣州為始發港的海上絲路穿過海南島的東部，必將在海南東南部停船以補給船上生活之需，更發揮著中轉補給、航線定向和避風港的作用。海南東南部的臨振州和萬安州（今三亞、陵水一帶）便成為這一航線的中間站。

關於唐代中期海南島海上貿易的情況，在唐代文獻中有一些零星的記載。現摘抄兩則較為典型的資料如下：

一、真人元開《唐大和上東征傳》[2]記載：

---

[*] 廣東社會科學院研究員。

[1] 拙作：〈海上絲綢之路與廣州〉（與張難生合著），《中國社會科學》1992年第1期，頁207-223。葉顯恩主編：《廣東航運史（古代部分）》（北京市：人民交通出版社，1989年）。

[2] 真人元開：《唐大和上東征傳》（北京市：中華書局，2000年），頁68。

（鑒真一行）到振州江口泊舟。其經紀人往報郡，其別駕馮崇債遣兵四百餘人來迎。引到州城別駕來迎……迎入宅內，設齋供養。又於太守廳內，設會授戒，仍入州大雲寺安置。其寺殿壞廢，眾僧各捨衣物造佛殿，住一年造了。別駕馮崇債自備甲兵八百餘人送。

經四十餘日，至萬安州。州大首領馮若芳請住其家，三日供養。若芳每年刼取波斯舶二、三艘，取物為己貨，掠人為奴婢。其奴婢居處，南北二日行。東西五日行，村村相次，總是若芳奴婢之住處也。若芳會客，常用乳頭香為燈燭，一燒一百餘斤。其宅後，蘇芳木露積如山，其餘財物，亦稱此焉。

行到崖州界，無賊，別駕乃回去。榮睿、普照師從海路經四十餘日到崖州，州游奕大使張雲出迎，拜謁，引入。令住開元寺。官寮參省設齋，施物盈滿一屋。

彼州遭火，寺並被燒，和上受大使請造寺。振州別駕聞和上造寺，即遣諸奴，各令進一椽，三日內一時將來，即構佛堂、講堂、磚塔。椽木有餘，又造釋迦丈六佛像。

這是《唐大和上東征傳》一書中敘述鑒真和尚（688-763）於唐天寶七年（748）十月十六日做第五次東渡日本之行，遇颶風，經漂流十七天，至「振州江口」（振州即臨振郡，郡治於今崖三亞市崖城；江口，指今崖城鎮寧遠河口）。再從臨振郡、萬安郡（郡治在今陵水）至珠崖郡（今瓊山）[3]沿途所受接待和見聞的一段話。

　　此書作者真人元開，乃日本天智天皇的後裔，著名的文學家，佛教居士淡海三船（722-785）。他是在鑒真親信弟子思託寫的《大唐傳戒師僧名記大和上鑒真傳》（簡稱《大和尚傳》）一書基礎上，受作者之請求，經簡化、加工而成的。成書於七七九年，即鑒真圓寂後十六年。此書所載的可信度，應該是很高的。

3　天寶元年（742），改振州為臨振郡；鑒真到臨振時，當稱臨振郡。崖州改為珠崖郡。
　　肅宗乾元元年（758），改郡為州；因此真人元開寫此書時，誤將郡稱州。

二、房千里《投荒雜錄》「陳武振」條記載：

> 唐振州民陳武振者，家累萬千，為海中大豪。犀象玳瑁倉庫數百，先
> 是西域賈漂泊溺至者，因而有焉。海中人善咒術，俗謂得牟法。凡賈
> 舶經海路，與海中五郡絕遠，不幸風漂失路，入振州境內，振民即登
> 山披髮以咒咀。起風揚波，舶不能去，必漂於所咒之地而止，武振由
> 是而富。招討使韋公幹（唐文宗大和間即828–835年，任瓊州都督兼五州招討游奕使及瓊州刺
> 史。五州即瓊、崖、振、儋、萬等州。）以兄事武振，武振沒（沒原作犀象。據明
> 抄本改。）入。公幹之室亦竭矣。[4]

房千里《投荒雜錄》「韋公幹」條記載：

> （瓊州）郡守（當時稱州，官州刺使）韋公幹者，貪而且酷，掠良家
> 子為臧獲，如驅犬豕。有女奴四百人，執業者太半，有織花縑文紗
> 者、有伸角為器者、有鎔鍛金銀者、有攻珍木為什具者。其家如市，
> 日考月課，唯恐不程。……牧瓊，多烏文（黑檀）、咄陀，皆奇木
> 也。公幹驅木工沿海探伐，至有不中程以斤自刃者。前一歲，公幹以
> 韓約婿受代，命二大舟，一實烏文器，雜以銀，一實咄陀器，雜為
> 金，浮海東去。且令健卒護行。將抵廣，木既堅實，金且重，未數百
> 里，二舟俱覆，不知幾萬萬也。[5]

房千里，於唐文宗朝（828-840）謫任嶺南高州刺史。與引文中的當事
人韋公幹同朝為官，且其任所高州與瓊州相鄰，分處海峽的兩岸。以上所引
的資料，顯然是他據傳聞而撰寫，似無個人好惡摻雜其間，其史料的真實性
當是很高的。

以上徵引的文獻資料，雖是歷史的片斷，卻透露出豐富的資訊。現試作
如下詮釋。

---

4 《太平廣記》（北京市：中華書局，1961年），卷286，陳武振條，頁2282。
5 《太平廣記》（北京市：中華書局，1961年），卷269，韋公幹條，頁2113。

一、海上貿易掌控在少數族酋長、土豪和地方帥臣手中

前引的資料中所說的馮崇債、馮若芳、陳武振和韋公幹四人都各有來頭。馮崇債和馮若芳，當是洗夫人的後裔。洗夫人自幼「善讀閫外春秋」，受到中原儒家文化的影響，以「信義結於本鄉」，「由是怨隙止息，海南、儋耳歸附者千餘洞」。這裡的「海南」[6]指雷州半島一帶，「儋耳」指海南島。為洗夫人的德行所感，雷州半島至儋耳一帶未歸順的千餘洞俚人紛紛前來降附。此事在蕭梁初年。海南島自此時起納入洗夫人的勢力範圍。如果說，蕭梁時期洗夫人的勢力已經伸展到海南島；那麼，隋唐期間其對海南的控制力越發加強。臨振郡是隋文帝楊堅賜與洗夫人的「臨振縣湯沐邑一千五百戶」的所在地。又是其孫馮盎的「八州」中的振州之地。萬安與臨振相連。正是馮洗家族重點掌控的地區之一。從馮崇債和馮若芳皆生活在唐玄宗朝看，當與玄宗朝大太監高力士（馮君衡之子）平輩，同屬馮盎玄孫，即馮寶和洗夫人的五世孫。[7]

馮崇債是臨振郡別駕，一郡最高長官的副職。從他派遣他家奴婢每人送去一根橡木，三日內不僅足以建構一座佛寺的構佛堂、講堂和磚塔，還有餘木建造釋迦丈六佛像看，可見他擁有奴婢數量之眾多，財力之雄厚。能積聚如此巨量財富，非從事海洋貿易不可。他無疑也是一大海商。他先是遣兵四百恭迎鑒真一行，鑒真將「寺殿壞廢」的大雲寺修造完畢要北上時，他又親率「自備甲兵八百餘人」護送。他擁有如此眾多的家兵，當是俚族的首領。

馮若芳，是「州大首領」，也許身有官銜，因從事海洋劫掠活動，文獻上故意隱去。他亦盜亦商，商盜一體，是一大海商，固不待言。馮崇債和馮若芳當是馮洗家族勢力在海南島的代表。

陳武振其人，是「海中大豪」。從身任瓊州都督兼五州招討游弈使及瓊

6　關於「海南」一詞在歷代不同含義，可參閱李勃：〈海南考〉，《海南島歷代建置沿革考》（海口市：海南出版社，2008年第2版），頁533。

7　參見王興瑞：《洗夫人與馮氏家族》（北京市：中華書局，1984年），頁64，插頁。

州刺使的韋公幹[8]也事之如兄長看，可見其威勢之顯赫，是地道的豪酋。

韋公幹，操有掌控海南島軍政大權。他從生產商品、造船，到海上販運，一條龍地經營海洋貿易。他是一個地方帥臣與海商結為一體的代表。

掌控海上貿易的馮崇債和馮若芳史事，距陳武振和韋公幹海上商業活動的時間，要早了約百年。他們或為地方帥臣，或為少數族酋長，或為當地的大土豪。這在嶺南沿海是普遍現象。從筆者涉獵的資料看，在唐代，從珠三角沿海至廣西沿海的海上貿易，就分別掌控在洗氏和寧氏兩家少數族豪酋手中。[9]海南島屬洗氏勢力範圍，海上貿易最大掌控者也當在洗氏家族手中。海上貿易，獲利大，風險亦大，且需要巨額的投資，尤其需要強大的政治勢力做後盾，並非平民百姓、素封之家所能染指。據《隋書》〈食貨志〉所載：「嶺南酋帥，因生口（奴隸）、翡翠、明珠、犀象之饒，雄於鄉曲者，朝廷多因而署之。」地方豪酋和地方帥臣，由於掌控海上貿易而富饒，並稱霸鄉里。朝廷也多為土酋授以政府官員的身分，使之如虎添翼，越發為所欲為。這種由土酋和地方帥臣掌控海上貿易的情況，要到明中葉以後，民間海商的興起，才有所改變。

二、亦盜亦商，商盜一體

馮若芳和陳武振，利用海南島東部萬寧、陵水、三亞一帶航線上的要衝，劫掠路過商船的貨物為己有，掠人為奴隸。馮若芳，從「其奴婢居處，南北二日行。東西五日行，村村相次，總是若芳奴婢之住處」看，他擁有的奴隸數量甚巨。奴隸也是商貨，同樣可以販賣，也可能利用奴隸進行海洋貿易商品的生產。

馮若芳，其宅後蘇芳木堆積如山，其他財物也如山般積聚。每當客臨，用名貴的乳頭香來當燈燭，一燒即百餘斤，奢侈之至。蘇芳木作為一種染料，唐代以後依然由南方源源輸入中國內陸。乳頭香是一種稱為薰陸的香料

8　參見李勃：《海南島歷代建置沿革考》（海口市：海南出版社，2008年第2版），附錄〈海南考〉，頁204-205。

9　拙著：《珠江三角洲商業化與社會變遷》（未刊稿），第五章〈廣州的傳統海貿中心港市地位及其於明後期的轉型〉。

之一種，唐宋時期大量輸入國內各地，為豪門巨室所廣泛享用。波斯、阿拉伯的商船正是為販運這一類商貨而活躍在南海絲路上。[10]

　　陳武振，家中積有萬千巨貲，為當地的一位大富豪。犀牛角、象牙和玳瑁之類的奇珍異寶，在倉庫堆存成百上千。他是靠劫掠阿拉伯商人遇險溺船的貨物起家的。他利用當地的一種叫「牟法」的咀咒術，來進行劫掠。凡來船遇風浪漂流至三亞一帶沿海時，當地善於念咒術者便登山施「牟法」，使迷失方向的船，漂到其指定的地點，再刮奪之。當然，這種所謂「牟法」，乃是掩人耳目，迷惑視聽的幌子罷了。馮若芳和陳武振都是從事海上劫掠和商業活動的。在古代，海貿商人和海盜，本是一家，中外概莫例外。對此，中國的學術界近年才開始關注並正在熱論之中。

　　在世界古代歷史上，特別是近代化發展初期，商業是與海盜、走私、掠奪和奴隸販賣聯繫一起的。十六世紀，歐洲人對海盜擄掠和合法貿易是不加區分的，貿易就是擄掠，擄掠就是貿易。到了十八世紀，歐洲理論界才開始談論國際法上海盜和合法貿易的區別。[11]馮若芳和陳武振之所為，與西方各國東印度公司在亞洲海域的行徑，沒有實質性的區別。海上商船，在茫茫的大海中，有機可乘時，往往就劫掠對方。[12]他們之間的不同是：十六世紀以降，西方的公司有本國政府作後盾，得到政府政治、經濟、技術的支援；享有特許狀、軍事、殖民地等特權；在重商主義支配下，有尋找商機，建立商業殖民地的明確目標。陳武振等中國海貿商人積累的商業資本，不僅沒有受到官府的保護，促進其不斷發展，反而最終被官府抄沒而陷入敗落的歷史命運。這是中國歷代皇朝的既定政策。從另一意義上說，這是當時歷史條件下，處於弱勢的海洋文化挫敗於農耕文化的一種表現。

---

[10] 參閱小葉田淳著，張迅齊譯：《海南島史》（臺北市：學海出版社，1979年）。

[11] 弗萊克、納桑塔拉（Bernard H. M. Vlekke, Nusantara）：《印尼史》（A History of Indonesia）（海牙，1959年），頁82。轉引自嚴中平：《科學研究方法十講》（北京市：人民出版社，1986年），頁187。

[12] 可參見程紹剛譯注：《荷蘭人在福爾摩莎》（臺北市：聯經出版事業公司，2000年），頁211。

三、從生產商品、造船到經營海上貿易形成一條龍，由一家商人獨自完成

韋公幹以地方帥臣身分經營海上貿易，甚具典型性。而他利用奴隸，設置工工場、生產商品、自造海舶、經營販運；這些環節形成海貿一條龍，由他獨自經營，尤其具有特色。

韋公幹掠奪良家子為臧獲（奴隸），如同豬狗般驅使其從事手工勞役；還有女奴四百，其中大半用於紡織等行業。開設有生產不同產品的手工作坊，如織花縑文紗作坊、伸角為器的作坊、鎔鍛金銀作坊、製作珍木什具作坊等，還有製造海舶的作坊。這些作坊設有監工頭，對服勞役的奴隸進行「日考月課」的督課考察，以保證製造出合乎預定規程的商品。其商品的種類，有紡織品、象犀角器品、金銀工藝品、珍奇木具品等。前來商談買賣的人，熙來攘往，「其家如市」。為了造船，他驅使木工沿海邊勘探砍伐預定規模式樣的烏木（黑檀）、咭陀等珍奇樹木。規程嚴格，以致做不合規程者畏懼而自殺。他曾在唐文宗大和（828-835）間，有一年製造兩艘大船。運載自製商品，出海販賣，懷疑因超載而沉沒。

四、對外貿易方式的轉向

八世紀上半葉至九世紀前半葉，海南土酋和地方帥臣經營海上貿易的情況，也從海上絲路的一個節點，反映了中國的對外貿易從傳統的以陸上絲路為主轉向以海上絲路為主。

我們不僅從海南的少數族首領、土酋和地方帥臣經營海貿的情形，看到海上絲路的活躍，而且從三亞至陵水一帶現今留下的唐宋至元的伊斯蘭教徒的墓群，以及文獻上有關東南亞各國公差使臣途經東部沿海時，指定專供貢船停泊地點的記載，還可見證阿拉伯商人以及南海各國貢船，頻繁途經海南的情狀。

前引的第一則資料，所說的是鑒真一行的見聞：馮若芳從事海上劫掠，其擁有的商貨，侷限於海上絲路的舶來品，時在八世紀中葉。經過近百年之後，即到九世紀中葉，海商活動的內容就豐富多了。除從事海上劫掠外，還進行品種多樣的商品生產，甚至自造船舶，販運自己的產品，出海經貿易。

說明九世紀中葉，海南島已經不單純是一個海舶停泊補給站，或轉運港。海南商人已經將本地的產品投入海上貿易活動，較之於近百年前的天寶初年有所進展。

　　如果我們將眼光投向當時的陸上絲路，便可發現唐代中後期海南絲路的活躍，是同陸上絲帶路的通阻密切相關的。我們知道，中西方交通，除內陸絲路外，還出現了先以交趾的龍編（今河內東），三世紀後以廣州為啟發港的海上絲路。但是，直到唐代初期 ，一直以橫貫中西的陸上絲路為主。到了八世紀，這條傳統的貫通中西的內陸絲路出現了通阻無常的狀況。唐皇朝與絲路經過的一些中亞國家關係正常，即通；一旦生變，即阻。當時正處於對峙狀態的唐帝國和阿拉伯帝國，都力圖控制中亞地區。一場爭奪中亞的戰爭，終於天寶十年（751）在怛羅斯城下爆發了。高仙芝率領的唐軍，在中亞怛羅斯城被阿拉伯軍隊擊敗後，唐皇朝失去對中亞的控制。陸上絲路就更不能正常通行了。再是，陸上絲路靠駱駝馱運，其貨量少，自難適應貨運日益增長的需求。加之成本昂貴，不利於中西貿易的發展。發展海上絲路，以之取代陸上絲路，便成為歷史發展的必然趨勢。因此，海南島陵水、三亞一帶於八世紀中葉至九世紀前半頁出現海上絲路空前活躍，中西交通從陸上向海上為主的轉變，並非偶然。

　　五、海商及其驅使從事勞役者所屬族群之探討

　　從韋公幹作坊的紡織、角器、五金、木具，舟船等製作工藝，以及韋公幹、陳武振行駛船舶的航海技能看，都已經達到相當高的水準。在海商麾下從事手工製造業、航海業和商務活動的工匠、技師、船工、員役等，是什麼人呢？這是筆者特別關心，並希望得到回答的問題。

　　歷來都認為宋代閩南族群移居海南之前，海南島的土著居民是黎族。而從事這些工藝和商業活動的商人、員役，是同直至二十世紀五〇年代仍然處於原始父系家長制合作組織的所謂「合畝制」的黎族人是風牛馬不相及的。他們還遠遠沒有達到這樣的水準。學術界有人說，俚族是宋代之後改稱為黎族的。事實上，海南的黎族較之於海狹北岸的俚族，其文化發展水準要低得

多。[13]洗夫人的俚與海南島的黎並非處於同一文化水準的族群。

值得我們注意的是，據文獻記載，秦漢至唐，海南島的農業和紡織業，較之長江流域，並非遜色，且有過之無不及。《漢書》卷二十八下〈地理志八〉記載：

> 民皆服布，如單被，穿中央為貫頭。男子耕農，種禾稻紵麻，女子桑蠶織績。

真人元開《唐大和上東征傳》記載：

> 十月作田，正月收粟，養蠶八度，收稻再度。

在長江流域廣大地區，自秦漢，歷魏晉南北朝，至隋代，《史記》、《漢書》、《晉書》、《隋書》等正史都用相同的文字記載：

> 楚越之地，地廣人稀，飯稻羹魚，或火耕而水耨。

就是說經歷約千年，依然沿用「火耕而水耨」。（用火燒荒，在其間點播種子，雜草叢生時引水淹芟除之。）而海南島卻已經達到「養蠶八度，收稻再度」的農耕水準。兩相比較，孰高孰低，自可立見。

紡織業方面，漢代海南島土著居民交納的廣幅布[14]，唐代的白疊布，皆屬貢品。《漢書》〈西域傳下〉說：漢武帝「能睹犀、布、玳瑁，則建珠崖七郡」。是說為了得到犀、布、玳瑁而建置珠崖等七郡，賈捐之主張廢罷珠崖郡的理由是「又非獨珠崖有珠、犀、玳瑁也，棄之不足惜。」[15]從此可推知唯「布」是七郡中海南以外各郡之所缺，是海南之特產。

秦漢已達到如此高度的農耕文化，到了唐代竟是「養蠶八度，收稻再

---

13 見班固《漢書》〈賈捐之傳〉。賈捐之認為土著居民尚未開化，對其實行統治，成本太高，得不償失。據此，漢元帝保留其在中國版圖內，罷去珠崖、儋耳郡。但仍設朱盧縣，屬合浦，以安置島上慕義欲內屬之民。

14 《後漢書》，〈南蠻西南夷列傳〉。

15 《漢書》，〈賈捐之傳〉。

度」。如此輝煌的業績，究竟是海南島什麼人創造呢？海南土著除黎族之外，是否還有更高文化的另一族群存在呢？

據中外人類學學者的研究，海南的確存在一個長期被湮沒了的族群。前提到的海商和製作工藝、航海、經商等員役，正是由這一族群勝任擔當。

法國傳教士薩維納在上世紀二〇年代在海口近郊實地調查，稱這一族群為「翁貝」人。上世紀八〇年代資深教授梁敏等學者則稱之為「臨高人」（以地名稱之。這一族群今約占臨高縣人口的九成五）。筆者姑且把這一族群稱之為翁貝人（或稱臨高語族群）。

據人類學家的研究成果，他們自秦漢至唐代，是以南渡江以西的地域為其活動的基地，即約相當於今的瓊山、澄邁、臨高和儋州一帶。並在環島其他地方與黎族人雜居。

自秦漢以來，翁貝人在融合登島零星的漢人中，不斷地提升自身的文化。尤其是蕭梁大同年間洗夫人降服土人之後，洗夫人是俚族首領。她與馮寶聯姻後，馮氏俚族化。洗氏家族為實施對海南的管轄，帶來了一批家人、隨員，以及戍守軍士，為翁貝人所融合，即「俚人」翁貝化。翁貝人也從俚人得到文化的提升。出自對洗夫人的感念、追思和崇拜，翁貝人在其住地（南渡江以西地域），廣建洗夫人廟，並年年舉行隆重的祭典儀式。而洗夫人生前死後與土著「黎」，卻彼此沒有瓜葛。也許因此而引發歷代文獻上把翁貝人稱為俚，或熟黎。[16]儘管戶籍上稱「民」。

唐宋貶官文士到海南落戶的，是在翁貝人的家園。最早領略中原方化溫馨和滋潤的也是翁貝人。有學人感慨說：「文化海南從臨高（指臨高語族群，亦即翁貝人）起航」。應當說是確切的。翁貝文化主宰海南歷一千餘年。直至宋代，閩南人帶來先進的儒家文化和商業文明，並與翁貝人相嫁接後，終於結出明清兩代人文鬱起，以丘濬、海瑞為代表的文化碩果。

人類學家對海南的研究成果，引發了「翁貝學」（臨高學）的興起。為了發覆翁貝人的歷史，二〇一二年十一月份在海口召開有國內各地，以及港

---

[16] 見道光《瓊州府志》，卷4，〈輿地志〉〈山川〉〈臨高下〉。

臺地區，澳大利亞等地有關學者出席的「首屆臨高學（亦即翁貝學）學術研討會」，並成立臨高縣文化研究會。會上散發的陳江主編《一個族群曾經擁有的千年輝煌——臨高學研究初集》（海南市：海南出版社，2012年）一書，反映了現階段翁貝學的研究成果。

二〇一四年九月十八日於海龍灣幽篁室

宋代轉運使的財務職權

謝興周[*]

　　宋代轉運使的設置，最初只隨軍應副軍須，其後發展成為掌控一路的最高地方長官，一路之內的行政、財政、司法、軍事等事務，無所不包，職權繁重。本文只在闡述其財務方面的權責。

一　稅收

　　宋初期的轉運使，其中一項主要工作是主錢穀，所謂錢穀就是今人之所謂稅收，故稅收為宋代轉運使之主要職務之一。李燾《續資治通鑑長編》（以下簡稱《長編》）卷六云：

> （乾德三年）自唐天寶以來，方鎮屯重兵多以賦入自贍，名曰留使、留州，其上供殊鮮。五代方鎮益彊，率令部曲主場院，厚斂以自利，其屬三司者，補大吏臨之，輸額之外輒入己，或私納貨略，名曰貢奉，用冀恩賞。上始即位，猶循常制，牧守來朝，皆有貢奉，及趙普為相，勸上革去其弊。是月，申命諸州，度支經費外，凡金帛以助軍實，悉送都下，無得占留。時方鎮闕守帥，稍命文臣權知，所在場院，間遣京朝官廷臣監臨，又置轉運使、通判，為之條禁，文簿漸為精密，由是利歸公上而外權削矣。[1]

---

[*]　新亞研究院副教授。
[1]　《太平治蹟統類》卷二十九同。

可知轉運使之置乃為削外財權，使主稅收，直輸中央，使地方財賦全歸朝廷，其影響至深且遠，故（宋）呂中在其《類編皇朝大事記講義》卷四評及此事時云：「此我宋三百餘年無藩鎮之患者，蓋以此也」。《長編》卷一一五云：「（景祐元年）罷淮南、江、浙、荊湖制實發運使，仍詔淮南轉運使兼領發運使司事，其制置茶鹽礬稅，各歸逐路轉運使司。」則知仁宗時漕使掌稅收事。

又《長編》卷三三九云：「（元豐六年）京東都轉運使吳居厚乞並提舉京東路鹽稅司入轉運司為鹽事案：又乞青州等十二處監鹽官，今本司奏差兩次，及非州縣處場務獨員闕官，亦令本司選差。並從之。」知神宗時漕使仍掌稅收，且權力日益擴大。

《慶元條法事類》三十六云：「諸稅務以收稅法並所收物名稅錢則例，大書版牓揭務門外，仍委轉運司每半年一次再行體度市價增損適中行下應創立者審定申尚書戶部，……」見南宋時轉運使仍掌稅收，稅收範圍已及商稅。漕使收稅有其一定則例依循。

前引《慶元條法事類》三十六及《宋會要輯稿補編》（徐松輯，陳智超整理，見《永樂大典》卷一七五五七）云：「詔令兩浙江西都轉運諸路轉運司取索本路應于稅物則例……」可見漕使依則例收稅，不可隨意收稅。轉運使之置本為革去地方截財之弊，使財歸中央，令國家運作恢復正常化，本為極好之官制，惜其後運使為突出其主錢穀才能，於是不斷獻議，增大稅網，不斷搜刮地方財利，以至能獻羨餘，祈得遷賞，造成民不聊生。《長編》卷一百云：

> （天聖元年）鹽鐵判官俞獻卿亦言：天下穀帛日益耗，物價日益高，欲民力之不屈，不可得也。今天下穀帛之直，比祥符初增數倍矣。人皆謂稻苗未立而私糴，桑葉未吐而私買。自荊湖、江、淮間，民愁無聊。轉運使務刻剝以增其數，歲益一歲……皆出於民，是以物價益高，民力積困也。

則仁宗時已有轉運使專務刻剝而收稅之現象，致令民貧困。所謂刻剝者，其

一為擴大稅網，《長編》卷一二四云：「（仁宗天寶二年）太子中允直集賢院富弼上疏曰……外則轉運司……惟財賦是務，盡農畝之稅，竭山澤之利，舟車屋宇，蟲魚草木，凡百所有，無一不徵，共知困窮，都為賦斂……」又《長編》卷一二七云：「先是，轉運使韓瀆急於籠利，自薪芻、蔬果之屬皆有算……」。[2]《長編》卷一五一云：「（慶曆四年）包拯言……天下茶鹽酒稅，逐處長吏曲徇轉運使之意，以求課額羨溢，編民則例遭配買，商族則信行誅剝，為國斂怨，無甚於此……其諸處茶監稅，亦乞除元額外，不得擅增課利，搔撓人戶。」此云之「擅增課利」究有多少？

《長編》卷一六〇云：

> （慶曆七年）上封者言：諸路轉運司廣要出剩，求媚於上。民輸賦稅，已是太半之賦，又令加耗，謂之潤官。江西諸路州軍體例，百姓納米一石，出剩一斗，且以江西一路歲百萬石為準，若每石取米一斗，以一百萬石計之，所收已及一十萬石。若於民間取十萬石耗米入官，則下民必食貴米。此只粗引一路之弊，況天下之廣，賦稅之饒，其弊無極。臣恐諸路轉運使尚有似此無名刻削。願陛下閱其奏目，或有橫加收斂，名為出剩，乞賜黜貶……必然止絕。上覽之……下詔止絕之。

於是，有詔禁絕。《長編》卷一七四：「詔：如聞諸路轉運使多掊克於民，以官錢為羨餘，入助三司經費，又高估夏秋諸物，抑人戶輸見錢，並宜禁絕之。」據上各條，可知轉運使在有權訂定稅值，所收項目及收額外之稅下，並因轉運使為突出其職，獻羨餘以求恩寵之心態下，造成於仁宗時，稅收苛削，民不聊生情況，此非原置運使以革地方財弊之意也。現分漕使稅收工作範圍及稅收項目等詳言之。

（一）工作範圍計有多種：改革稅弊、訂定稅值、改創稅法、增減稅收、擴大稅收、稅利商度、稅官之監差、催稅、諭民輸稅條例及日期、立簿及上

---

[2] 《東都事略》卷四十四及《宋史》卷二百八十八略同。

計等

1. 改革稅弊：前云運使之置，本為革去地方財弊，故改革地方稅弊為運使稅收中重要之工作。《長編》卷三十七云：「詔除兗州歲課民輸黃蓍、荊子、菱芡十六萬四千八百圍。因令諸路轉運使，檢按部內無名配率如此類者以聞，當悉蠲之。」又《長編》卷四十三云：「遣使乘傳與諸路轉運使、州軍長吏按百姓逋欠文籍，悉除之。」[3]《長編》卷五十一云：「江南轉運使……陳靖……（言）江南自李氏橫賦於民，凡十七事，號曰『沿納』，國朝因之，而民困不能輸。靖極論其弊，詔為罷其尤甚者數事。」《宋史》卷二百六十五張齊賢傳云：「……先是，江南諸州小民……猶納勾欄地錢，編木而浮居者名水場錢，皆前代弊政，齊賢悉論免之。」據上各條，知運使稅收工作之一有革去前代弊稅之責。

2. 訂定稅值：稅收之物品，其稅值均由漕使制定。《長編》卷六十云：「自有事二邊，戍兵浸廣，師行餽運……其入中之價，靈州斗粟有至千錢以上者……邊地市估之外，別加抬為入中，價無定，皆轉運使視當時援急而裁處之。」見定米價。

《長編》卷九十五云：「三司言福州官莊舊止隨私產一例收租，請估宜見田民買之。詔……與轉運使依漳、泉州例，均是租課。」見定租課之值。

又《長編》卷三三九云：「戶部言：侍郎蹇周輔言：『河北鹽稅太輕，宜倍增稅錢，乞下所屬參較立法。』本部欲下河北轉運司相度。從之。」見商度鹽稅。

《慶元條法事類》三十六云：「諸稅務以收稅法並所收物名稅錢則例……委轉運司每半年一次再行體度市價增損適中行下應創立者審定……」則商稅之值亦為漕使所定。由是可知稅值均由漕使訂定。

3. 稅法改革：《長編》卷一七〇云：「初，四稅法止行於並邊諸州，而內地諸州，有司蓋未嘗請，即以康定元年詔書從事。自是三稅、四稅二法並行於河北。未幾，茶法復壞，芻粟之入，大約虛估居十之八。米斗七百，甚者

---

3 《太平治蹟統類》卷五略同。

千錢……知定州韓琦及河北都轉運司皆以為言……」見對稅法之獻議。

《宋史》卷二八四云：「（陳）堯叟上言曰……今其民除耕水田外，地利之博者惟麻苧爾……然布之出，每端止售百錢，蓋織者眾，市者少……欲望自今許以所種麻苧頃畝，折桑棗之數，諸縣令佐依例書歷為課，民以布赴官賣者，免其算稅……詔從之。」見奏改收稅之法。

又《宋史》卷二九九〈李仕衡傳〉云：「……為河北轉運使……建言：河北歲給諸軍帛七十萬，而民難於得錢，悉預假於里豪，出倍償之息，以是工機之利愈薄。方春民不足，請戶給錢，至夏輸帛，則民獲利而官用足矣。詔優其直，仍推其法於天下。」見創改稅法以利天下。及至南宋，更改稅法之責仍為運使所掌。李心傳《建炎以來繫年要錄》（以下簡稱《繫年要錄》）卷一八七云：「初，兩浙民戶歲輸丁錢，而湖州為紬絹八萬匹有奇，每二丁輸一匹，其始丁少，遂均科之，休兵日久，丁口多，而科猶如故，由是諸邑增收丁錢，以資他用，民甚苦之，左司郎中呂廣問之為兩浙轉運副使也……乞自今增丁不得增絹。丁亥，從之。」觀此，轉運使有議改稅收之法之責任。

4. 體量稅收之增減：稅收之增加或減免，乃有各種不同原因，其增加者，多因運使要搜刮遺利而出現，而減罷則因災傷、民貧、遇有赦命、作為獎賞等。而增減之權操於漕使之手。《長編》卷八十八云：「大名府、澶相州民伐登聞鼓訴霜旱，宰臣請令轉運使體量，上曰：比者轉運使固言無災傷，故州縣不為蠲減……」則知減稅權決取於漕使之奏。《長編》卷一三〇：「初，夔州路提點刑獄盛京言：忠州鹽井三場，歲出三十六萬一千四百餘斤，近歲轉運司復增九萬三千餘斤，主者多至破產……」見增稅權在轉運使。以下略舉數例，以見運使執行增減稅收之情況。「京東、京西、河北轉運使言河決壞民田，輸稅艱阻。詔應經水州縣，夏稅許從便送納，田產壞者特倚閣之。」[4]「上封者言河中府、同華州比歲旱災，民多流徙，請免支移稅賦……特詔轉運司量減其數。」[5]「廣西轉運使王罕言，右江丁壯隨蕭注擊賊未

---

4 《長編》卷九十四。
5 《長編》卷一百二。

經賞者，乞特免夏稅一年，從之。」[6]以上為北宋轉運使執行減稅之情況。南宋時，運使亦有奏請減稅之情況。《繫年要錄》卷九十四云：「詔商販米料往旱傷州縣者，所過免收力勝稅，時江東漕司以為請。」則可知兩宋間，漕使有權責奏減稅錢。

5. 擴大稅收：此指運使為增稅收，有職責擴大稅區、稅網及創行稅法。《長編》卷六十一云：「三司言利州轉運使稱閬州素出瓷器，請約所售價，收其算……」《宋史》卷三三四季稜傳云：「……為陝西轉運使……秦民作舍道傍者，創使納『侵街錢』……」知漕使積極擴大稅網。長編卷一○六云：「析荊湖北路安州隸京西路。先是，京西轉運使言，本路供億費多而賦入少，故有是請，從之。」見擴大稅區之請。亦有搜刮遺利以擴增稅收者。《長編》卷八十六云：「陝西轉運副使張象中言：安邑、解縣兩池見貯鹽三千二百七十六掩，計三億八十八百八十二萬八千九百二十八斤，計直二千一百七十六萬一千八百緡。竊慮尚有遺利，望條約。」則見搜遺利以增稅收。北宋末亦有創立稅法以增稅收事。《繫年要錄》卷十八云：「陳亨伯為陝西轉運使，始創經制錢……」據此，北宋轉運使對地方財賦之搜刮，可謂無孔不入。

6. 商度稅利：朝廷當要更稅收之法時，須命運使商度其利害始作決定。《長編》卷二十二：「王文壽建議：李氏取民稅錢二十以上及丁口多者，抽點義師……乃詔……與轉運使商度：條上其利害。（張）齊賢奏……例皆稅戶……不若且仍舊貫。」見漕使向朝廷獻議稅制利害。

7. 催稅：《長編》卷一七四云：「詔江南東路、淮南路皇祐四年，京東路慶曆八年、皇祐元年，人戶通貸糧見行催納者，其令轉運司候夏秋豐熟舉行之。」見有催民納稅之責。

8. 稅官之差監：轉運使有權差委監稅之官，並有責監察之。《長編》卷九十二云：「判三司都催欠憑由司……宋綬言：本司屢經恩赦除放欠負，差官詳定，內有事節末圓者，凡六十八州軍，共六百七十三萬貫石斤兩，

---

6 《長編》卷一百八十五。

計三千二百餘人，至報應未備。望令轉運司選官與長吏，催欠官詳酌……」
《長編》卷一〇六云：「河北轉運使言，天下場務歲課三千緡以上者，請差
使臣監臨。」又卷三三九云：「京東都轉運使吳居厚乞並提舉京東路鹽稅司
入轉運司為監事案：又乞青州等十二處監鹽官，令本司奏差兩次，及非州縣
處場務獨員闕官，亦令本司選差，並從之。」由是可知漕使有請置監稅官及
差選稅官之權。此職權至南宋中期不變。《慶元條法事類》三十六云：「諸
商稅監官躬親檢視收納即時附曆令客人垂腳書字，州委職官，縣委令佐常切
點檢察，轉運司覺察。」又《慶元條法事類》四十七云：「諸受納二稅官轉
運司委知通前期於本州縣官內公共選差訖申本司檢察。」可知對稅官有選差
與監察職權，因之漕使於稅官之賞獎亦有責，此可從其上申「稅租虧失酬賞
狀」得知。《慶元條法事類》四十八云：

> 某路轉運司　據其州申據某官姓名狀准某處搓磨勘出其州某縣某年夏
> 或秋料稅租某物虧失陳乞酬賞今勘今下項
> 一某官某年月日准某處差磨勘其州某縣夏或秋稅租鈔旁簿曆等
> 一某縣稅租共管若干戶於某年月日磨勘至某月日畢
> 一磨勘出虧失稅租下項
> 　　某鄉村某戶姓名下係某年月日如何虧失某料租稅某物若干至今計
> 　　若干料共計虧失若干
> 一審計院磨勘司審磨並同官吏姓名
> 一干繫人姓名等各已如何勘斷及追理
> 一磨助吏人姓名等已如何給賞（各詳具之）
> 一檢准令格一云云
> 右件狀如前勘會某官磨勘出其州縣虧失某年縣料稅租某物共若干准令
> 格該某酬賞本司保明並是謂實謹具申尚書戶部謹
> 狀
> 年　月　日依常式

可知推賞稅官之職權在運使。

9. 根括逃稅：《長編》卷三〇三云：「詔權發遣淮南路轉運副使、都官員外郎李琮根究逃絕戶下虧陷稅役等錢。」知根究欠稅役之事。

10. 輸稅地點之審度：宋代輸稅，有移他州輸之者，故交通成一問題，因此，運使須上奏議定地點。《長編》卷三十五云：「令諸路轉運使，每歲部內諸州民租轉輸他郡者，通水運處，當調官船，不通水運處，當計度支給，勿得煩民轉輸。」見有責助民轉輸。同書卷二七八云：「河北西轉運司言，欲以懷州武涉縣五等以上人戶，秋稅移赴邢、趙州闕糧倉輸納。從之。」此為議請移輸納地點。南宋亦然。《慶元條法事類》四十七云：「人戶稅租應付他處輸納而願就本縣納者，轉運司量地理定則例，令別納實費腳錢即艱於輸送而人戶願納錢或改折物者具利害申轉運司，無妨闕聽從民便。」見可決定輸納稅租地點權。

11. 折納之執行：李心傳《建炎以來朝野雜記》卷十四云：「祖宗時民戶夏秋輸錢米而已……咸平三年度支計殿前諸軍及府界諸色人春冬衣應用布帛數百萬，始令諸路漕司於管下出產物帛諸州軍於夏秋稅錢物力科折……自此始以夏秋錢米科折綿絹而於夏科輸之……」《長編》卷四十三云：「（咸平元年）先是，有詔諸路課民種桑棗，廣西轉運使陳堯叟上言曰……今其民除耕水田處，地利之博者，惟麻苧耳……臣以國家軍需所急布帛為先，因勸諭部民廣植麻苧，以錢監折變收市之……欲望自今許以所種麻苧頃畝，折桑棗之數，諸縣令佐依例書歷為課……詔從之。」可知折納之法，始建於轉運使之手，並為執行此法之職司。運使對折值亦得獻議。《長編》卷一五八云：「初，鹽課聽以五分折銀、紬、絹，鹽一斤計錢二十至三十，銀一兩、紬絹一匹，折錢九百至一千二百。後嘗詔以課利折金帛者從時估，於是梓州路轉運司請增銀、紬、絹之直（值）……」《繫年要錄》卷九十三云：「前權樞密院計議官……馮戢言：遂寧諸縣，自康定年立法，以稅雜錢一千一百一十文折一匹綢，今潼川路隨軍漕司行下新科，約乃以六百文折一匹絹，又不許納正色……乞改正……」《慶元條法事類》四十八云：「諸人戶輸納稅租應折變物，轉運司以納月上旬時估中價……」見運使有估折值之權責。

12. 制定稅法則例：《慶元條法事類》三十六云：「諸稅務以收稅法並所收

物名稅錢則例……仍委轉運司每半年一次再行體度市價增損適中行下應創立
者審定申尚書戶部……」又《慶元條法事類》四十七云:「諸人戶稅租應付
他處輸納而願就本縣納者,轉運司量地理定則例……」可見漕使有權責訂定
有關稅法則例。

　13. 示曉稅法與輸納期限:《長編》卷三○○云:「詔諸路轉運司,支移、
科折二稅,並具行下月日上中書。以中書言熙寧八年詔支移二稅於起納半年
前行下,而轉運司多逼近起納方行,如開封府界五月十五日起納夏稅,五月
十二日方下諸縣,妨民以時輸納故也。」《慶元條法事類》四十七云:「諸稅
租起輸納畢日限每科轉運司前期行下依元限月日分三限,災傷放免不盡者限
外展三十日,所屬月日亦通分為三限,起輸限內五日一次州輸知州通判,縣
輸令佐,詣倉點檢。」見運使須有明確輸納日期與期限與州縣之責。而稅例
之揭示於商旅亦為漕使之責。又《慶元條法事類》三十六云:「諸稅務以收
稅法並所收物名稅錢則例,大書版牓揭務門外,仍委轉運司每半年一次再行
體度市價增損適中行下應創立者審定申尚書戶部,仍並給文牓於要鬧處曉示
客旅通知。」

　14. 上奏與上計:在缺乏財用時,運使須上奏解釋,即使由於欠稅,亦須
上奏言明如何追討。《宋會要》〈食貨〉四十九云:「尚書省勘會近年以來州
縣所收稅務失於催收及諸般場務坑冶課利夫於督責,致遞年次漸虧少。詔令
諸路轉司各具析財賦闕乏因依及稅租等合如何拘催……」由此可知運使須解
釋財乏及如何追索之責。《慶元條法事類》四十七云:「諸縣歲造稅簿正額
外,其人戶蹙零之稅別總都數,縣於起納百日前限五日申州、州限十日,轉
運司本司類聚一路限半月報尚書戶部。」見申報稅簿之責。有關上申稅計則
有三種,可從計帳及稅租狀得知大概。《慶元條法事類》四十八記轉運司申
夏秋稅管額計帳云:

　　某路轉運司
　　今具某年諸州夏稅或秋稅管額計帳
　　某州

一貨催

　正稅

　　某色若干

　　雜錢若干

　　餘色依此

　　增收錢物

　　租課

一戶口人丁

　　主戶若干計若干丁

　　客戶若干計若干丁

　　餘州依此

右見狀如前今攢造到某年諸州夏稅或

秋稅管額計一道謹具

尚書某部謹狀

　年　　月　　日依常式

又記轉運司申夏秋稅納畢計帳云：

　某路轉運司

　今具某年諸州夏稅或秋稅管額計帳

　某州

　一實納

　　正稅

　　　某色若干

　　　若干正

　　　若干麼零耗剩

　　　餘色並見錢依此

　　　增收錢物

　　　租課

一災傷減放倚閣

　　減放

　　倚閣

　　餘州依此

右件狀如前今攢造到某年諸州夏稅或

秋稅納畢計帳一道謹其中

尚書某部謹狀

年　月　日依常式

又記轉運司比較稅租狀云：

某路轉運司

今總計去年稅租，

本路管若干州

某年應管

夏

　稅

　開閣

　麥

　賃管

秋

　稅

　開閣

　實管

某年

新收

析生歸業請佃等

分隸合併

開閣

分併

興造除放

逃絕

災傷

倚閣

展限

拖欠

實收

夏

　稅

　　租

秋

　稅

　　租

右件狀如前謹其申

尚書戶部謹狀

年　月　日依常式

據此，知運使有上租稅之計於尚書省之責及其上計內容與式樣。

（二）收入之數、錢物、種類之名稱及稅法：此為非常複雜之事項，約略分述如下：

1. 收入總數：以至道末及天禧五年為例。《長編》卷四十二云：

至道末歲，收穀二十一百七十一萬七千餘碩，錢四百六十五萬餘貫，絹一百六十二萬餘疋，紬絁二十七萬二十餘疋，絲線一百四十一萬餘兩，棉五百一十七萬餘兩，茶四十九萬餘斤，芻茭支三千萬圍，薪二百六十八萬圍，薪二十八萬束，炭五十萬秤，鵝翎六十一萬餘莖，箭簳八十七萬隻，黃蠟三十餘萬斤，此皆輸十萬數者，他不復紀。

同書卷九十七則云：

> （天禧五年）所收租稅，比至道末，穀增一百七萬五千餘石，錢增
> 二百七十萬餘貫，絹減萬餘匹，紬絁減九萬二千餘匹，布增五十萬
> 六十餘匹，絲線減五萬五千餘兩，綿減一百一十七萬五千餘兩，茶增
> 一百一十七萬八十餘斤，芻茭減一千一百萬五千餘圍，藁減一百萬餘
> 圍，炭減五十萬四千餘秤，鵝翎、襍翎增十二萬九十餘莖，箭簳增
> 四十七萬隻，黃蠟增五萬餘斤，又八十一萬六千餘量，麻皮三十九萬
> 七千餘斤，鹽五十七萬七千餘石，紙十二萬三千餘幅，蘆廢（按：廢
> 字上有草花頭）三十六萬餘張，大率名物約此。

上為北宋初期稅收數目之大概。

2. 所收錢物之種類：此隨時代不同而變增。《朝野雜記》卷十四云：「祖
宗時民戶夏秋輸錢米而已」。知太祖時之稅收，只有錢及米。及至道末，所
收稅錢物已大不相同。《長編》卷四十二云：

> （至道三年）凡租稅有穀帛金鐵物產四類：穀之品七：一曰粟，二曰
> 稻，三曰麥，四曰黍，五曰稷，六曰菽，七曰雜子；布帛絲⋯⋯之品
> 十：一曰羅，二曰綾，三曰絹，四曰紗，五曰絁，六曰紬，七曰雜
> 折，八曰絲線，九曰綿，十曰布；金鐵之品四：一曰金，二曰銀，三
> 曰錫鑞，四曰銅鐵；物產之品六：一曰畜，二曰齒革翎毛，三曰茶
> 鹽，四曰竹木麻草芻茭，五曰果藥油紙薪炭漆蠟，六曰雜物。

知太宗末，稅收之物已相當繁雜，從而知漕使稅收工作不易為，亦知其盡刮
地方財物之能事。至南宋時稅收之物品最主要為鹽、酒及茶三種。

3. 稅收之名目：宋代稅收名目繁多，不下三十餘種，綜合分之，則有八大
種類。

（1）物產類：指以其地之特產而徵收之稅。

　　蓮荷錢：指從河塘採得之蓮荷出賣而得錢者徵之。（見《長編》卷
　　　　四十五）

鹿角稅：顧名思義，徵收鹿角之稅。（見《長編》卷七五）

羊毛稅：羊毛亦徵之。（見《宋會要補編》卷一〇〇五七）

茶稅：為宋代主要稅收之一。（見《長編》卷四八）

歇馱錢：茶稅之屬。（見《長編》卷二八九）

酒稅：宋初並不榷賣，後有之。《長編》卷三十五云：「（淳化五年）先是，陳滑蔡潁郢鄧金房州、信陽軍，皆不禁酒，太平興國初，京西轉運使程能請榷之。」是徵酒稅之始見。至南宋時成為重要稅收之一。

鹽稅：據《長編》卷四十八知流行於神宗時。為主要稅收。《宋會要》〈食貨〉二十四云：「（徽宗建中靖國元年）戶部言六路轉運司每年鹽額錢：淮南二十七萬七十餘貫，兩浙二十萬一千餘貫，湖南四十五萬餘貫，湖北五十九萬一千餘貫，江東一十八萬九十貫，江西三十萬五千餘貫……」可知此項稅收比宋初已大大增加。《朝野雜記》卷十四云：「廣東轉運判官范正國亦言本路上供及經費皆仰於賣鹽息錢。」知高宗時，鹽錢為主要國計。

礬稅：為重要礦產稅收。（見《長編》卷四十八）

石炭稅：石炭為貧民賴以為生者，但亦須徵稅。（見《宋名臣言行錄》卷六）

（2）苗穀稅：此指由苗至成米所徵之稅。

苗穀稅：（見《繫年要錄》卷一五七）

水腳錢：與苗稅有密切關係。（見《慶元條法事類》三十六）

營田錢：可謂為農地之徵。（見《長編》卷一〇三）

賣斛錢：《慶元條法事類》三十云：「諸賣斛斗升合稱等尺錢，轉運司留功料之直外，以五分上供，餘給本司。」見賣斛斗得錢。

入中錢：此為應軍興而命民輸米穀而設之稅收。（見《長編》卷六十）

（3）過境稅：凡運物過境，須抽稅錢。

打撲錢：此指商貨過境，須徵收稅錢。（見《長編》卷二七九）

通貨錢：此指運鹽過境所抽之稅款。（見《宋史》卷三十四）

　　力勝稅：指運米過境所收之稅。（見《繫年要錄》卷九十四）

（4）地產稅：指田土、樓宅、地基租買及佔用公共空間所徵之稅錢。

　　水場錢：為五代舊稅，至太宗時仍舊。《長編》卷二十二云：「……民
　　　　　　舊於江中編木為筏以居者，量丈尺輸稅，名水場錢……」

　　侵街錢：於道傍作舍所收之稅。《宋史》卷三三四云：「秦民作舍道傍
　　　　　　者，創使納『侵街錢』，一路擾怨……」

　　牙稅：賣田宅時所徵之稅。（見《宋會要》〈食貨〉三十四）

　　頭子錢：亦為田宅買賣時之稅種。（同見上卷）

　　契紙本錢：相信即今之契約費用。（同見上卷）

　　地基與樓務稅：即樓店及地基租錢。（見《宋會要》〈食貨〉四十九）

（5）河道稅：指使用河道時所徵收之稅錢。

　　渡錢：即渡河時所收之稅錢。（見《長編》卷四十六）

　　河務稅：（見《宋會要》〈食貨〉十七）

　　竹木務：指竹木利用河道運送時所收之稅。（見上卷）

（6）力役錢：指民應副力役時以錢代替者。

　　免役錢：指戍邊之徵或運糧應軍之力役以錢代替之。（見《長編》卷
　　　　　　一三三）

　　免夫錢：《長編》卷三五〇云：「京西轉運司言：每歲於京西河陽差刈
　　　　　　芟梢草夫，納免夫錢應副洛口買梢草。」知為替代割草之力役
　　　　　　錢錢。

（7）其他：

　　荻柴稅：民採伐荻柴時十稅其二。（見《長編》卷六十五）

　　丁身稅：《長編》卷一七〇云：「減湖南郴、永、桂陽監丁身米。初，
　　　　　　馬氏科民採木，不以貧富，皆計丁取數。國初，量給其直，令
　　　　　　隨稅輸米，而重輕不等，貧者苦之。」

　　月樁錢：（見《宋史》卷二四七）

4. 收稅之法：計有折納、支移、三稅及四稅等。

（1）折納：指本輸錢或米，惟某地區乏錢或米者，許其以出產之物折直錢

米價而輸以物產。此法始於真宗時，地區性行之，東南地區則於南宋初用此法。《朝野雜記》卷十四云：「祖宗時民戶夏秋輸錢米而已……咸平三年度支計殿前諸軍及府界諸色人春冬衣應用布帛數百萬，始令諸路漕司於管下出產物帛諸州軍於夏秋稅錢物力科折……自此始以夏秋錢米折綿絹而於夏科輸之……建炎三年苗劉作亂，兩浙轉運副使王琮言本路上供和買綢絹每歲為一百七十餘萬匹，乞令民戶每匹折納錢二千……東南折帛錢蓋自此始……」則知折納之法始於真宗間，而並非全國性行之，只因需要而採用之。

（2）支移：即本應輸稅於某地，但為應另一些地區需要而轉輸之該地。《長編》卷一五八云：「詔諸路轉運司，凡夏秋稅支移折變……」同書卷三四八云：「陝西轉運司言：今秋 民戶稅，乞許本司酌遠近支移，以實緣邊。從之，毋過三百里。」見支移法之運用。

（3）三稅法：《長編》卷一七○云：「薛向言：祖宗之法，塞下入粟，三司出茶、鹽、香藥、象牙、雜物稱其直，號三稅法。」見行三稅法。

（4）四稅法：《長編》卷一七○云：「四稅法止行於並邊諸州……用四稅，是歲常倍出中都錢，而茶、鹽、香藥、象牙之物出多而用有極……」見四稅法行用於沿邊地區。

5. 收稅之時期：以一般賦稅而言，兩宋間，均於夏、秋收納租稅。《長編》卷一五八云：「詔諸路轉運司，凡夏秋支移折變，自今並於未赴納半年前揭牓曉諭之。」並見前引《朝野雜記》卷十四有關之記載。南宋時，交稅亦於夏秋間進行，見前引《慶元條法事類》四十八「計帳條」可知。

綜合言之，稅收為轉運使之重要職責之一。其工作非常艱苦繁複，這從其稅收錢物種類及名目之眾多可知。此工作亦影響宋代國計至大。宋初置漕使主錢穀以革去前代地方財賦之弊，漸使地方財賦重拾正軌，民生改善，亦有消去藩鎮之患的功能。其後惜運使過於苛刻，搜刮地方錢財至盡，令地方財竭，這對民生影響極大，甚至有民無以為生，無以交稅而逃避者，在在可見，故常須下詔運使輯民復業；亦使地方軍備弛鬆，尤以備邊費用困乏為擾，這對國防有至大影響，此從朝廷常賜錢地方備邊可知。故運司主稅收工作，本為善制，惜後演為削刮地方財賦之組織，影響民生與邊防，此非早能預料。

二　鑄錢

宋代錢幣，大抵有鐵錢與銅錢兩種，而籌鑄工作，雖非自宋初便為轉運使所掌，惟大部分時間均為其所籌鑄。此一工作非易為，緣於常有缺鐵及銅料之現象，又有私鑄錢之情況，引致轉運使在鑄錢工作上，甚為困難。蘇轍《龍川略志》卷第八云：「元祐七年，劉忱、張景先以漕（陝西）事同至京師……予問之曰：聞鐵錢甚為漕司之患，今欲罷鑄一百萬貫，漕司既收鑄本五十萬貫矣，其餘五十萬貫，以內藏納絲綿上據元價折充，漕司自以人般運於邊郡，依時價出賣，以收軍糧……景先起謝曰：本司之幸也。」知鑄錢一事為漕司之患。其所以為患者，缺銅興鑄為一大原因。《長編》卷三三三云：「（元豐六年）詔：陝西轉運司錢監闕銅興鑄，累申金部，尚未支降。今軍事未已，經費所入，豈宜虧耗？戶部失於應辦，其稽滯所由，御史臺根究以聞。」見銅料甚缺，致漕司鑄錢工作困難。另亦因用料比例問題，亦致運司鑄錢陷於停滯。《雞肋編》卷中云：

> 蔣仲本論鑄錢事云，熙寧、元豐間，置十九監，歲鑄六百餘萬貫。元祐初，權罷十監。至四年，又於江、池、饒三監權住添鑄內藏庫錢三十五萬貫。見今十監，歲鑄二百八十一萬貫，而歲不及額。自開寶以來鑄宋通、咸平、太平錢，最為精好。今宋通錢，每重四斤九兩。國朝鑄錢料例凡四次增減。自咸平五年後來用銅鉛錫五斤八兩，除火耗，收淨五斤。景祐三年，依開通錢料例。每料用五斤三兩，收淨四斤十三兩。慶曆四年，依太平錢料例，又減五兩半，收淨四斤八兩。慶曆七年，以建州錢輕怯麤弱，遂卻依景祐三年科例。至五年以錫不足，減錫添鉛。嘉祐三年，以有鉛氣，方始依舊。嘉祐四年，池州乞減鉛錫各三兩，添銅六兩。治平元年，江蘇轉運司乞依舊減銅添鉛錫。提點相度乞且依池州擘畫，省部以議論不一，遂依舊法，用五斤八兩收淨五斤到今。

據此，如鑄錢料例之屢變，致漕司鑄錢進展停滯不前。另一重要使漕司鑄錢

困難之原因，乃在錢荒及軍興用錢多下，須多鑄錢，造成錢賤物重之現象，而使鑄錢工作困在進退間，間接造成私鑄問題出現。同書卷上又云：「黃魯直送張漠河東漕使詩云：紫參可掀宜包貢，青鐵無多莫鑄錢。時范忠宣帥太原，方論冶多鑄廣，故物重為弊。其子子夷亦能詩，嘗云當易「無」字作「雛」乃可。

則民間亦要求漕使不要多鑄錢，故可知漕使鑄錢工作甚為艱巨。但此工作對朝廷而言非常要緊，故漕使往往因處理不當而被降職。《長編》卷一五七云：

> 降梓州路轉運使、司封員外郎崔輔知邠州，轉運判官、太常博士張固小知處州。初，輔等言，欲於廣安軍魚子鐵山採礦炭，置監於合州以鑄錢，及銷舊小錢鑄減輕大錢，未得報，乃先牒合州，度地置監，合州奏其事，特降之。

知朝廷特重鑄錢事，亦因之，有漕使因鑄錢得寵於皇帝。《石林燕語》卷七云：「范侍郎純粹，元豐末為陝西轉運判官。當五路大舉後，財用匱乏，屢請於朝。吳樞密居厚時為京東都轉運使，方以冶鐵鼓鑄有寵，即上羨餘三百萬緡，以佐關輔。神宗遂以賜范。」《宋史》卷三四三〈吳居厚傳〉云：「……元豐間……為京東轉運判官，升副使。天子方與監、鐵，居厚精心計，籠絡勾稽，收羨息錢數百萬。即萊蕪、利國二冶官自鑄錢，歲得十萬緡。詔褒揭其能。擢天章閣待制、都轉運使……」。[7]可知一貶一褒，鑄錢對漕使之重要性。現分轉運使領職鑄錢之年代及工作範疇二項述之。漕使在鑄錢工作範圍上，可分為鑄錢之改議、請置錢監、錢監利害之規度、鑄錢用料之籌措、工人之募招及防私鑄等。

（一）鑄錢為職之起始年代：轉運使在宋代，並非自始便掌鑄錢工作，其正式任命始於咸平三年，惟於此年之前，轉運使並非絕不涉及鑄錢事。《宋會要》〈食貨〉十一云：「（太平興國二年）江南轉運使樊若水言江南舊用

---

7 《東都事略》卷九十七略同。

鐵錢，於民非便，望於昇川、饒州出銅處置官鑄錢……」。[8]此為漕使參議鑄錢之最早見者。及至八年，張齊賢為使，則親行鑄錢工作。同卷云：「……饒州……常患銅少不充用，（張）齊賢任轉運使求得江南……山谷出銅鉛錫處，齊賢即調發縣丁男採之，因雜用鉛錫歲鑄錢三十萬貫……」《宋史》卷二六五〈張齊賢傳〉云：

> （太平興國）六年，為江南西路轉運副使，冬改右補闕，加正使。齊賢至官，詢知饒、信、虔州土產銅、鐵、鉛、錫之所，推求前代鑄法，取饒州永平監所鑄以為定式，歲鑄五十萬貫，凡用銅八十五萬斤，鉛三十六萬斤，錫十六萬斤，闕面陳其事，敷奏詳確，議者不能奪。

按此，可知轉運使非正式掌管鑄錢務，始於太宗太平興國二年之江南轉運使。及至真宗咸平三年，朝廷始正式任命轉運使掌管鑄錢事。《宋會要》〈食貨〉十一云：「東南諸路鑄錢，國朝承南唐之舊為之，未廣也。咸平三年馬忠肅亮以虞部員外郎出使，始於江、池、饒、建四州歲鑄錢百三十五萬貫……真宗即位，以宗肅為江南轉運使兼都大提點江南福建路鑄錢，四監凡役兵三千八百餘人……」。[9]其所以有此命。又同卷云：「宰臣張齊賢言今錢貨未多，望擇使臣……置監鑄錢，乃命虞部員外郎馬亮等至建州置豐國監……明年（咸平三年）……乃以亮為江南轉運使提點江南福建鑄錢事。」知以錢不充，故命漕使提點鑄之。自此，漕使便得掌之。神宗間亦然。《長編》卷二八〇熙寧十年條云：「詔永興、秦鳳等路轉運使副、判官，並兼提舉銀銅坑冶鑄錢，提點刑獄司更不兼領。」《宋史》卷三七四云：「張浚……素知（趙）開善理財，即承制以開兼宣撫處置使司隨隨轉運使……於秦州置錢引務，興州鼓鑄銅錢……」則知轉運使於南宋初仍掌鑄錢務。同書卷三九九李祥傳云：「……淮西運判。兩淮鐵錢比不定，辟疏乞官賜錢米銷濫惡者，廢

---

8 《皇宋十朝綱要》卷二略同。

9 《朝野雜記》卷十六及《文獻通考》卷六十二略同。惟「馬忠肅亮」分別作「馬忠肅」及「馬亮」。

定城……監，更鑄紹熙新錢，從之。」則南宋中期，轉運使仍掌鑄錢務。

（二）工作範疇：由鑄錢之獻議，以至防私人盜鑄等，均須掌之。

1. 鑄錢之議：此指漕使對鑄錢之更改，作出建議。《長編》卷八十二云：「（大中祥符七年）。西川用景德新鑄錢將十年，以鐵重，民多鎔為器，每一千得鐵二十五斤，鬻之直二千。轉運使趙禎言其非便，請鑄大銅錢一當十，詔三司議，未決。」知請議改鑄大錢之事。同書卷二五五云：「（熙寧七年）成都府路轉運司言：嘉、邛州罷鑄錢累年，民間見錢闕乏。乞下三司詳度，減半鑄，與交子相權。從之，仍令轉運司歲終具所鑄錢數，比較本息以聞。」見對鑄錢所作出之意見。

2. 請置錢監：此類事例甚多，現略舉數條以見其詳。

（熙寧七年）秦鳳等路轉運司請於鳳翔府斜谷置監，鑄折五、折十錢，乞降御書字樣。詔惟折二錢。（《長編》卷二五四）

（元豐七年）京東路都轉運使吳居厚言：徐州利國監鐵柔良堪用，乞置寶豐下監，每歲降供給公使外，鑄折二錢二十萬緡，委清河輦運司以附帶上京寄納，卻令三門輦運司具舟載至河中府，因回腳鹽車入陝府轉移用度。歲歲如此，不為無助。乞從臣相度條畫點法。（《長編》卷三四五）

除集賢殿修撰、河東轉運使（劉）庠計一路之產，鐵利為饒，請復舊冶鼓鑄，通隰州鹽礬，博易以濟用……（《宋史》卷三二二〈劉庠傳〉）

具見請置鑄錢監之事例。

3. 規度置監利害：此指朝廷每要設置錢監，漕使便得規度置監之利害以上聞，以便朝廷斷決置監與否。《長編》卷二一三云：「（熙寧三年）遣發運司管勾運鹽、屯田郎中劉忱同陝西轉運司相度本路興置鑄錢監利害以聞，以發運使薛向等請出上供錢帛二十萬貫匹，買岑水場銅鉛四百餘萬斤，運至陝西增鑄錢百萬餘緡，以備邊計也。」同書卷三五〇云：「（元豐七年）倉部郎中

韓正彥言，河北、河東各止有銅錢一監，乞兩路各增置一監，歲鑄折二錢各十萬緡封樁。詔轉運司相度以聞。轉運司言其不便，遂寢之。」又卷二九四云：「（元豐元年）經制熙河路邊防財用司請移岷州滔山鎮錢監，於岷州置鐵錢監，及通遠軍威遠鎮錢監改鑄銅錢，比之冶鐵，歲收淨利十四萬餘緡，仍乞取永興軍華州鐵監作匠教習。詔移滔山鎮錢監依奏外，餘令本路轉運司相度以聞。」據上三條，可知轉運使須規度置錢監之利害，錢監改鑄他料、工匠之移配等責。

4. 規度鑄錢之數量：漕使對鑄錢之數量，亦須規度。《長編》卷二六一云：「詔秦鳳等路都轉運司相度所鑄大鐵錢，約補足所廢監錢數及充交子本錢外，不須廣鑄，委熊本總制管辦。」又卷二九一云：「利州路轉運使言：興州濟眾監每歲舊鋳錢四萬一千緡，計支本錢二萬四千緡，得息萬七十緡，應副茶場司。今依蒲宗閔奏請增鑄常使錢三萬一千餘緡，通舊鑄及額錢總七萬二千餘緡，共支本錢四萬二千三百餘緡，可得錢息三萬緡。其宗閔所乞鑄一半大錢，欲並鑄折三大錢，不惟便於行用，兼省工費，得收息入茶場司足用，及乞限一年撥還本錢。從之，仍令止鑄本路見使錢。」知漕使須規度鑄錢之數及其所鑄本息之比例事務。

5. 驗試鑄料：漕使須驗試石碌以作烹煉為銅料。《長編》卷一二〇云：「三司言：東頭供奉官錢遜奏，信州鉛山產石碌，可烹煉為銅。今池、饒、江三川錢監並闕銅鑄錢，請遣遜與本路轉運使試驗以聞。從之。」

6. 支付本錢：漕使有責支付鑄錢本錢或買鑄料所用之費。《長編》卷二九〇云：「江、浙等路提點坑冶鑄錢公事錢昌武言：潭州瀏陽縣永興銀場自去年銀銅興發，乞下諸路轉運司應副本司收買銅銀增鑄錢。從之。仍借支湖南上供錢十萬緡，候所鑄錢撥還……」《繫年要錄》卷八十七云：「……所有鑄錢司合用鼓鑄數，仰資錢赴坑場依價收買，本錢依舊令轉運司支撥。」知鑄錢之本，由漕使負責籌支。

7. 募工鑄錢：鑄錢工人之招募，亦為漕使之責。《長編》卷一七九云：

「詔三司，韶州岑水場銅大發，其令轉運司益募工鑄錢。」[10]

8. 禁防盜鑄：鑄錢事務在宋代引起很多問題，其中以盜鑄最為困擾，而負責禁防之者為漕使。《長編》卷二七四云：「永興軍等路轉運使皮公弼言：比者改鑄私錢，悉為省樣，盜鑄屏跡，人情少安。今又許通使私錢，恐盜鑄復起，錢色經久難辨。」見對防盜鑄之議。《宋史》卷三三一周沆傳：「……徙河東轉運使。民盜鑄鐵錢，法不能禁，沆高估錢價，鑄者以無利，自息。」見有責設法禁絕盜鑄鐵錢之行為。

9. 對所鑄錢之用途建議：《長編》卷二五四云：「廣東轉運司言：韶、惠州永通阜民二監歲鑄錢八十萬，此文增鑄錢三十萬，近有旨改鑄折二錢，一歲比小錢可增二十萬。欲乞以所募舟運至發運司，改見小錢入京，以為軍國之計。」見有議鑄得之錢之用途。

10. 廢監權：轉運使如要廢罷錢監，須得朝旨，但亦有運用便宜權而廢罷錢監者。《繫年要錄》卷十六云：「成都府路轉運判官靳博文權罷邛州鑄鐵錢……先是……博文以利州路增屯西兵。軍食不繼，權罷鼓鑄，不待報遂行，復以便宜增印錢引六十二萬緡……」

綜合言之，轉運使負責鑄錢工作，自太宗時始，至南宋不改。其工作由議置錢監以至權罷錢監均掌之。其工作非常複雜而艱鉅，其中防禁盜鑄錢為一大難題，故有因鑄錢事處理不當被降罷之漕臣，但亦有因鑄錢而受寵於朝廷者。可知鑄錢為轉運使重要職務之一。

現附轉運司申鑄錢計帳狀於尚書省之內容及式樣。

> 某路轉運司
> 今具某年某州某監鑄錢計帳
> 一前帳應在見管數已在今帳應在項作舊管聲說
> 一前帳見在（只撮計都數）
> 某色若干
> 餘色依此

---

[10] 又見於《宋會要》〈食貨〉三十四。

一收

物料（只具銅鉛　餘項准此）

銅若干

鉛錫依此

錢若干

若干銅鉛錫本腳錢

若干諸色糜費錢

若干轉運司錢

若干某處錢

一支（如係支前帳見數亦依或開破）

物料

銅若干

鉛錫依此

一應在

舊管（謂前帳見管名數撮計逐色都數如今帳開破不盡即併入見管項內收）

新收

開破（并前帳見管如今帳開破亦如此項）

見管

一見在（并前帳見在如今帳開破所盡主併入此項）

右件狀如今攢造到某年某州某監鑄錢物料計帳一道謹具申

尚書某部謹狀

　　年　　月　　日依常式[11]

---

[11]《慶元條法事類》三十二。

三　貨幣管理

　　宋代轉運使之建置，在第二階段時，主要職務在主諸路錢穀，故貨幣之更張及推行，當為其職責之一。惟宋代幣制多種，計初期有鐵錢、銅錢並行，惜其幣值不同，引致推行上不能暢達，稍後有大鐵錢之出現，以其與銅錢近值，故推行之，又有交子之置用，至南宋則因軍興，國用不足，不斷印製錢引、錢鈔及會子，以應軍需，致物重錢輕現象日益嚴重。在此貨幣混亂情況下，作為管理貨幣官之轉運使，要不斷設法去解決困難，包括以銅錢代鐵錢，鑄大鐵錢，收鐵錢，變錢法，改鑄鐵錢之用料比例，推行交子，印製錢引等。其間轉運使亦因推改不得法，而自困法中，甚至得罪罷官。《長編》卷二十三云：

> 太平興國四年，始開其禁，令民輸租及榷利，每鐵錢十納銅錢一……其明年，轉運副使、右贊善大夫張諤言：舊市夷人銅，斤給鐵錢二百，望增為千錢……詔許市夷人銅，斤止給錢五百……而轉運副使、右補闕聶詠、同轉運判官秘書丞范祥皆言：民樂輸銅錢……後十歲即全取銅錢。詔從其請。詠、祥因以月俸所得銅錢市與民，厚取其直……召聶詠、范祥及東川轉運使宋覃、同轉運卜倫皆下御史獄……覃、倫亦以月俸銅錢市與民，厚取其直故也。

可知在銅錢值高於鐵錢情況下，民愛銅錢而惡鐵錢，惟銅錢不多，故轉運使設法籌措銅錢以代鐵錢，以迎民愛好，惜做得不當，而致下獄，此非轉運使所願。現分北宋及南宋兩期，述說轉運使在貨幣管理上之角色。

　　（一）調衡鐵錢、銅錢之值：大抵宋代銅錢值高，鐵錢值低，故民喜用銅錢而不接受鐵錢，惟青銅產地、產量均有限，不足應用，故轉運使須設法平衡之。

　　1. 以銅錢折易鐵錢：《長編》卷二六〇云：「（熙寧八年）永興軍等路轉運司言：見管私鐵錢，轉運司九萬餘……先是，安撫、轉運司出榜收買四等私錢，一切禁斷舊通用錢，而以銅錢易之……轉運司條具來上……」《長編》

卷一八八云：「自慶曆鑄大鐵錢行陝西，而民間盜鑄不已，三司請榷鐵，曹穎叔（陝西都轉運使）謂鐵錢輕而貨重，不可久行，況官自榷鐵乎？請罷諸州鑄錢，而以三當銅錢之一。從之」（《宋史》卷三〇四略同）見轉運使以銅錢折鐵錢之法。

2.廢鐵錢：《燕翼詒謀錄》卷三云：「江南末年，鐵錢十僅直銅錢一，江南平，民間不肯行用，轉運使樊若水請廢之」。可知地區性廢鐵錢不用。

3.改鑄大錢：為使鐵錢與銅錢值近，轉運使請鑄大錢。《長編》卷一六四：「陝西都轉運使張奎、知永興軍范雍請鑄大錢，與小錢兼行，大錢一當小錢十……」見改善法之一。

4.變錢法：《長編》卷一七二云：「慶曆末，（傅）永自梓州路轉運使移陝西。時關中用折十鐵錢，盜鑄不可勝計，公私患之，永獻策請變錢法。至境，問民所乏，貸以種糧錢，今麥熟納償，而薄取其息，民大悅。永亟檄州縣，凡散二百八十萬緡，大錢悉盡，乃以聞。」（《宋史》卷三三〇略同）知運使貸錢助民種耕之法，以解錢患。《長編》二二一云：

> （熙寧四年）（皮）公弼（權陝西轉運副使）在陝西嘗建言：陝西見行當二文銅錢，頃歲西邊用兵，始鑄當十錢，後兵罷多盜鑄者，乃以當三，猶私鑄，乃減當二行之。至今銅費相當，民無冒利，盜鑄衰息。請以舊銅鉛盡鑄當二錢。從之。其後折二錢遂行天下。

知改鑄法之獻議。

5.推行交子：交子之務，大中祥符末，為轉運使薛田所議官行之。《長編》卷一〇一云：

> 初，蜀民以鐵錢重，私為券，謂之交子，以便貿易，富民十六戶主之。其後，富者貲稍衰，不能償所負，爭訟數起。大申祥符末，薛田為轉運使，請官置交子務以權其出入，久不報。寇瑊守蜀，遂乞廢交子不復用。會瑊去而田代之，詔田與轉運使張若谷度其利害。田、若谷議廢交子不復用，則貿易非便，但請官為置務，禁民私造……詔從

其請，始置益州交子務。(《宋史》卷三〇一略同)

則交子務為轉運使所請置於天聖元年，以絕民私造之患。其後推行之責，亦為轉運使所掌。《長編》卷二五四云：「(熙寧七年)中書言……今若於陝西用交子……則交子與錢行用無異，即可救緩急……詔永興路皮公弼、秦鳳路熊本(都轉運使)並兼提舉推行本路交子……」既受命推行交子，轉運使則須負起規度之責。《長編》卷二五九云：

> (熙寧八年)權永興軍等路轉運使皮公弼言：交子之法，以方寸之紙飛錢致遠，然不積錢為本，亦不能以空文行。今商、虢、鄜、耀、紅崖、清遠鐵冶所收極廣，苟即冶更鑄折二錢，歲除工費外，可得百萬緡為交子本……上批：可如所乞，委公弼總制營辦。

則轉運使總制交子務之責可知。及至熙寧九年，因交子價賤而罷行之。《長編》卷二七二：「(熙寧九年)詔：陝西交子法更不行，官吏並罷。已支交子，委買鹽官納換。先是，措置熙河財利孫迥言：緣邊交子價賤，多贏官錢。又永興軍、秦州相去不遠，商人貪販交子，少肯買錢，故錢價更減……故宜愛惜見錢。」知北宋交子務罷行於是時。及至南宋紹興六年復置，時轉運使之責在使民信用交子。《繫年要錄》卷九十八云：「置行在交子務。先是都督行府主管財用張澄請依四川法，造交子與見緡並行，仍造三十萬用於江、淮矣。至是中書言交子錢引並沿邊糴買文鈔，皆係祖宗舊法，便於民間行使……印造交子，分給諸路……期於必信，決無更改。詔諸路漕司榜諭……」。

（二）印製錢鈔及管視會子：此時期轉運使除須負起如北宋時轉運使收鐵錢、收換鐵銅錢、定鐵錢之值及鑄新鐵錢等職責外，更須負責印製錢引、造鈔及推行會子之責。

1. 印製錢鈔：《繫年要錄》卷六十七云：「(紹興三年)川陝宣撫司隨軍轉運使趙開增印錢引一百五十萬緡，以錢引未通流於路故也。」同書卷六十九：「川陝宣撫司隨軍轉運使趙開壇印錢引二百萬緡，於夔路市糧及金

銀，以宣撫司於恭、涪州糴米三十萬斛故也。俄又增印二百萬緡。」見印製錢引之責。同書卷一三五云：「命陝西都漕司印造陝西紹興錢五十萬貫，應陝西州縣官錢，除省計外，不以有無拘礙，盡數起赴鳳翔圍併……」見造錢責。

2. 管視會子：《宋史》卷四三〇云：「……漕司以十四界會子新行，價目損，乃視民稅產物力，各藏會子若干，官為封識，不時點閱……」見監管會子之責。

綜言之，轉運使在宋代須負起改革錢幣，推行交子、印製錢鈔及禁絕私鑄錢幣之職責。

四 賑貸

宋代天災人禍，無代無之，故賑貸工作兩宋間均屢見不鮮。但賑貸之責，非自始就由轉運使執掌。太祖、太宗年間，每有災傷流民，必遣使賑貸，如太祖建隆元年「命使往諸州賑貸」，開寶七年「詔通事舍人杜繼儒赴揚等州開倉賑貸」[12]，太宗雍熙二年「遣監察御史安國祥等分往虔言洪撫饒信等州典長吏度人戶闕食賑貸」，至道二年「遣將作監丞榮京範馳往漳泉州興化軍賑貸貧民」。[13]可見太祖、太宗時，轉運使仍未執掌賑貸職權。但其間亦有轉運使因有「便宜從事」權而設法救災者，如陝西轉運使鄭文寶於淳化二年，因歲歉，於是「誘豪民出粟三萬斛，活饑者八萬六千餘人」。[14]轉運使正式得掌賑貸權責，應始於真宗咸平元年九月，於是年，有詔「兩浙轉運使察管內七州乏食處賑貸訖以聞」。[15]其後漕使遂掌諸路賑貸工作。如仁宗慶曆二年詔「京西轉運司速發省倉粟貸民，戶二石」[16]，神宗熙寧四年「詔河北轉運

---

[12] 《宋會要》〈食貨〉五十七。

[13] 《宋會要》〈食貨〉五十七。

[14] 《長編》卷三十二及《宋史》卷二七七。

[15] 《宋會要》〈食貨〉五十七。

[16] 《長編》卷一三五。

體量欠冀徹邊少雨雪州軍乏食饑歉人戶多方賑貸存恤」[17]，八年又詔「永興軍等路轉運判官葉康直往鄜延、環慶路賑濟饑民」[18]，元豐四年，河決小吳埽，「令轉運司救護城郭，并差官以船械濟人」[19]，時漕使只須救城濟人，未見賑濟工作。這是因為當時的賑災工作，已由提舉司執行，如此條下有「今東、西路提舉司速賑濟」。[20]故知神宗後期賑貸工作已非漕使專掌。至南宋孝宗時，轉運使重掌賑貸工作，如隆興三年詔「近來連日陰雨，切慮民田有被水，可行下兩浙漕臣展限半月，許今人戶陳訴」[21]，又五年時「兩浙路計度轉運副使公事劉敏士奏溫、台二州近因水，將義倉米賑濟」[22]，均見運使掌賑貸工作。及至宋末，漕使此職權仍掌，如德祐二年江東轉運使吳淵曾購濟兩淮流民入江東者四十餘萬人。[23]據此，宋代轉運使，自真宗始至宋末，得掌賑貸工作。

　　轉運使雖有權賑貸，但凡開倉賑濟，則須朝廷批准始可開倉貸派米糧。如咸平二年，常潤州有饑民，兩浙轉運使須請准朝廷，始出米十萬石賑之[24]；如咸平三年，潭州饑缺，知州李允則「欲發廩先賑而後奏，轉運使以為不可。明年又飢，復欲先賑，轉運使固執不可」。[25]可見開倉發廩，須先得朝旨始可賑貸。漕使亦須上報賑濟情況。如神宗熙寧七年詔「聞鎮、趙、邢、磁、相之民南涉者，人數不少，可令河北西路轉運常平倉司疾速具見今賑濟次第以聞」[26]，見賑濟情況須上報。漕使對災傷地區，亦有責「分路巡察」[27]，「督州縣營濟之」，并「察不稱職者」。[28]漕使除於災傷發生時賑濟外，朝廷亦

[17] 《宋會要》〈食貨〉五十七。
[18] 《長編》卷二六四及《太平治蹟統類》卷十二。
[19] 《長編》卷三一二。
[20] 《長編》卷三一二。
[21] 《宋會要》〈瑞異〉三。
[22] 《宋會要》〈瑞異〉三。
[23] 《宋宰輔編年錄》卷十六。
[24] 《長編》卷四十五。
[25] 《長編》卷四十七。
[26] 《長編》卷二五五。
[27] 《長編》卷一七二。
[28] 《長編》卷一九一。

常命其「預為賑救之術，無使乏食，以致逃移」[29]，故河北路常有詔「轉運司預計置拯濟饑民」。[30]見轉運使須預計拯濟災傷之責。

轉運司賑貸之物資，通常來自官方或義倉米，官誘募豪展出米，朝廷賜米、度僧牒市米等。義倉米本以備水旱，其「始於仁宗時，每正稅二斗，別輸一升，領於轉運使」[31]，故宋代賑貸災民以倉米為最主要。舉例如下：

> 詔嶺南管內諸州官倉米……以防水旱饑饉賑貸與民。[32]
> 今京西轉運司出倉粟米賑貧民。[33]
> 詔：聞恩冀莫雄滄州、永靜信安保定乾寧軍自夏災傷，其令轉運副使王廣廉……發廣惠倉粟賑濟饑民。[34]
> 命鄂州發惠民倉粟賑饑民。[35]

見以倉米賑濟災民。轉運使時亦自己設法籌集米糧，故有勸豪民出穀之事，如前引《長編》卷三十二鄭文寶條，又如天禧二年，「陝西轉運使段煜，言勸誘慶成軍豪民，出穀萬一千九百石減價賑饑民」。[36]有關朝廷賜米或度僧牒以賑災之史料亦多，現舉例如下：

> 賜兩浙、淮南東路常平米各五萬石，付轉運司以賑饑民。[37]
> 江南東路轉運司乞米三五萬石賑濟饑民。詔淮南東西、兩浙、江南東路共更留上供米十五萬石賜災傷州軍。[38]
> 給度僧牒五百，付兩浙轉運司，分賜經水災及田薄收州軍，召人納米

---

29 《長編》卷一九四。
30 《太平治蹟統類》卷十二。
31 《燕翼詒謀錄》卷四。
32 《宋會要》〈食貨〉五十七。
33 《宋會要》〈食貨〉五十七。
34 《長編》卷二二三。
35 《宋會要》〈食貨〉五十七。
36 《長編》卷九十一。
37 《長編》卷二四七。
38 《長編》卷二六八。

　　或錢賑濟饑民。[39]

見朝廷賜物以賑災。據此,知轉運司賑災物資來自倉米、朝廷之賜及募民出
穀三方面。

　　賑濟之數量則視路份、災情、年代而有別。如景德二年,賑濟天雄軍饑
民,共用米一萬九千五百餘斛,澶州計四萬二千二百餘斛[40];四年,賑濟雄州
安肅廣信軍饑民米萬斛[41],以上例子以州軍作單位,若以口戶計,則於景德二
年為「口一斛,戶五斛」[42],慶曆二年時為「戶二石」[43],皇祐五年為「戶貸米
一石」。[44]知時代不同所賑之數亦變。

　　轉運司賑濟饑民之物,除上述之米粟賑貸外,亦有其他物資或優待之
法。如給舍宇暫居,以船濟水災之民、給災民工作以賺錢、減賦役租稅、醫
藥及修葺城樓等。其中免放租稅,初由轉運使體量施行,但其後則容許災民
陳訴,以定放數。如咸平五年時,「詔水災州軍,宜令轉運使體量,即與蠲
放」[45],但神宗元豐五年時,則有詔京東路轉運司分析本司未容徐沂二州災民
陳訴檢放租稅事以聞[46],又南宋孝宗初亦有限期令民陳訴災情事(見前引《宋
會要》〈瑞異〉三)。現舉數例以明之。

　　詔梓州路:今春饑,夏秋閡雨,其人戶訴災傷者,令轉運使速遣官體
　　量,蠲其賦租。[47]
　　上批:聞衛州極旱,其令轉運使賑卹,仍蠲租稅。[48]

[39] 《長編》卷二一〇及《宋史》卷十五。
[40] 《長編》卷五十九。
[41] 《長編》卷六十五。
[42] 《長編》卷五十九。
[43] 《長編》卷一三五。
[44] 《長編》卷一七四及《宋史》卷十二。
[45] 《長編》卷五十二。
[46] 《長編》卷三二六。
[47] 《長編》卷一九二。
[48] 《長編》卷二一四。

詔河東路災傷州縣第四等以下戶去年秋稅，及第三等以下戶和雜糧草，

除已倚閣外，尚理殘零數，其令轉運司不限災傷分數，並與倚閣。[49]

具見以放租賦為賑濟災民之一法。至給舍宇，如「詔京東西荊湖北路轉運
使，分行賑貸水災州軍，若漂蕩廬舍，聽於寺院及官屋寓止」。[50]以船濟災
民，如「河決小吳埽，令轉運司差官以船械濟人」。[51]給以工作然後支給亦為
賑濟法一種，此類事例多，略舉例如下：

> 賜兩浙轉運司常平穀十萬石，賑濟浙西水災州軍，仍募貧民興修
> 水利。[52]
> 詔淮南東路轉運司募闕食貧民，興修揚州江都、高郵天長界河及古
> 鹽河。[53]
> 蔣之奇，淮東路轉運副使，歲饑，募民興水利以食流民。[54]

亦有給以醫藥者，如哲宗元祐三年，「都省言渡江之民溢于道路，其饑餓者
無飲食，疾病者無醫藥」，遂詔「今淮南江浙轉運司量給其病患者差官醫
治」。[55]轉運使如在地震發生之處，則須負責修葺城壁等，如熙寧元年，河北
都轉運司須「葺治東路地震摧損城壁樓櫓等事」。[56]據此，可見轉運使賑貸災
民的措施有多種，由物資以至人力皆有。有時災傷嚴重，運司甚至須遣官收
葬僵尸，如神宗熙寧八年，詔「陝西近經雪寒，僵尸滿道，深可憫傷，其令
永興、秦鳳、河東路都轉運司速分遣官收瘞」。[57]

49 《長編》卷二六〇。
50 《長編》卷一八三。
51 《長編》卷三一二。
52 《長編》卷二三〇。
53 《長編》卷二四八。
54 《東都事略》卷九十七。
55 《宋會要》〈食貨〉五十九。
56 《宋會要》〈瑞異〉三。
57 《長編》卷二五九。

　　觀此，凡水旱之災、賊亂後、蝗災、地震後等災害，轉運使須負起救濟之責，甚至須救及他路，如仁宗嘉佑四年詔「諸路轉運使，凡鄰路鄰州災傷而輒閉糴者，以違制坐之」。[58]因此，轉運司有時須「雇客船轉粟，以賑饑民」。[59]而賑貸對象，不限國籍，惠及蕃部與契丹之民。真宗大中祥符九年就因上封者之言，而貸借延州蕃部闕食之民米糧。[60]又仁宗天聖七年，「契丹歲大饑，民流過界河。上謂輔臣日：雖境外，皆吾赤子也，可不賑救之！乃詔轉運司分送唐鄧襄汝州，處以閒田，所過州縣給食，人二升」。[61]可知惠及外族之民。

　　綜言之，轉運使為宋代賑貸工作之主要執行者。其責不止賑貸災傷，更須預先計置如何賑貸。工作之繁重，難以估計，但籌集米糧、體量放租稅、修葺屋舍城壁，募貧民興水利以給食，親督救濟，巡察災區等為常見職責，可見其工作艱巨一斑。而轉運使對宋代民生之重大貢獻，可從江少虞《宋朝事實類苑》卷三十四引用王禹偁詩句「養活疲民肉漸肥」描述轉運使工作可知。

---

[58] 《長編》卷一八九及《宋史》卷十二。

[59] 《長編》卷七十五。

[60] 《長編》卷八十六。

[61] 《長編》卷一○七。

從田土科則看明清田賦性質的轉型

——以徽州府為例的分析

劉志偉＊、申斌＊＊

一　引言

　　明代沿用唐宋以來的兩稅法，以夏稅秋糧為正賦，按田畝徵收，每畝徵收的稅糧定額，謂之起科等則（簡稱科則）。不同地方、不同類別的田土，其田賦科則輕重各異，大致的標準如《明史》〈食貨志〉所記：「官田起科每畝五升三合五勺，民田每畝三升三合五勺，重租田每畝八升五合五勺，蘆地每畝五合三勺四抄，草塲地每畝三合一勺，沒官田每畝一斗二升」。入清以後，田賦科則的表達有明顯的改變，一般「每畝科銀若干、科米（麥豆等）若干」，如康熙《大清會典》中記：「順天等八府二州額內田地，畝科銀四釐七毫至二錢四分九釐七毫不等，科米二合二勺至一斗二升不等，科豆三勺至六合六勺不等，科草折銀一釐六毫至三分六釐二毫不等。」從田賦科則的形式上看，清代與明代最明顯的差別是徵收由以實物為單位，變為以白銀貨幣與實物為單位。這一改變的契機，乃眾所周知的一條鞭法改革。學界對一條鞭法的理解，歷來都著重於從「役併於賦」和賦稅折銀這兩方面，於是，明清科則的這種改變，也自然可以理解為是一條鞭法下田賦折銀的結果，而清代田賦科則中仍保留的本色米，則不言而喻為原來的實物田賦中

＊廣州中山大學歷史人類學研究中心教授。
＊＊北京大學歷史系博士生。

未折銀的部分。如此一來，明清田賦科則由單一的實物單位到「白銀──實物」兼徵的變化，可以簡單解釋為實物田賦大部分折銀，再加上役併於賦的部分，又同時部分保留實物本色，從而置於「從實物稅到貨幣稅」以及從差役到田賦這樣一個現代化邏輯中理解。[1]

　　然而，如果我們仔細比較分析明清兩代田賦科則，可以發現，清代田賦科則並非簡單地由明代的實物單位科則分拆為白銀貨幣和實物兩部分，而且許多地方田賦科則中的本色米，也不是直接由明代田賦中未折銀部分構成。從明代田賦科則到清代田賦科則的這種改變，不只是徵納物單純地從實物到貨幣的轉變，更包含著田賦性質由「差役」到土地財產稅的變質。對於這種變質，我們較難直接從王朝典制的條文中釋讀出來，需要對田賦的會計徵收資料做細緻的分析。但是，由於明清之際的田賦資料雖然浩繁，卻大多不易解讀，加上各地情況差異變化很大，前人對這個問題頗多誤解。本文試圖對明末清初均有《賦役全書》存世，且有方志資料可以引證的徽州府的田賦科則演變作一點分析，以期能提出一些值得深入探討的問題。

二　明初「賦中有役」的田賦徵解、編派體制

　　明初，田賦為夏稅與秋糧，以麥與米為本色。土地按照其自然性質劃分為田、地、山、塘，依照其社會性質劃分為官、民，又據其原阪沃瘠沙鹵之別定不同等第，依畝科稅糧不等，是為田地科則。

　　科則除了田地山塘與官民這種全國一致的劃分外，各地還有更進一步細緻的區分。以徽州府為例，乙巳（1365）改科後，各縣田土先依「官田、民田、官地、民地、官山、民山、官塘、民塘」分類，官田土再分為舊官田土、原抄沒官欽免五分則田土、全徵續沒官民項下還官學院續置寄莊等項田土，每小類下再有細目。民田土相對簡單，但也進一步區分為上、中、下三級，而且各鄉

---

[1]　參見袁良義：《清一條鞭法》（北京市：北京大學出版社，1995年）。

上則與中則田土起徵數量也不相同[2]。下面選取部分內容，以為例示。

表一　乙巳（1365）改科官民田地山塘各起科則例（部分）

官田	舊官田則	秋糧	一等官田	折斛田	每畝七斗四升六合五勺
				居養院田	每畝六斗七升四合五勺
				……	
			一等學院田		每畝正米四斗五升
		……			
	欽免五分則	……			
	全徵則	……			
民田		秋糧	民德鄉		上田每畝正米七升五合三勺
					中田每畝正米六升四合一勺
			登瀛鄉		上田每畝正米七升三合四勺
					中田每畝正米五升六合八勺
			……		
		夏稅			每畝正麥二斗，絲四錢

來源：弘治《徽州府志》卷三。

前引《明史》〈食貨志〉所載田地科則的原則規定本之洪武初年的命令[3]，但只規定了數量，沒有指明是麥還是米。在後來的科則規定中，有時分

2　彭澤、汪舜民：《徽州府志》（弘治十五年刊本），卷3，葉26a-43b。

3　萬曆《大明會典》（萬曆十五年刊本），卷17，葉13a。

別標識麥、米各自的數量[4]，有時標明該科則下夏稅、秋糧的徵收比例[5]。在江南地區，科則一般指的就是每畝徵收秋糧米額[6]，江南方志上記載的田土起科等則，一般也是用秋糧表示的每畝稅糧徵收額[7]。

對納糧戶而言，所需交納的田賦額就是以該戶名下登記的各類田土面積與其科則的乘積之和；在州縣會計層面，全縣應徵田賦總額是全縣不同種類田土面積與其科則乘積之和。如果單純看以科則為基礎的田賦額的話，那麼確定每項田賦徵收額的會計算式就是「田畝數 × 土地科則＝田賦額」，據此，明初田賦是以土地為課稅客體的土地稅似乎是沒有什麼疑問的，科則也自然是土地稅稅率。但對田賦性質的理解，不能只從徵收賦額的會計形式去看，正如王毓銓先生指出的，「中國古代稅糧（夏稅秋糧）不是一個公民向其國家繳納的所得稅，而是一個人身隸屬於或依附於帝王的編戶民服事其君父的封建義務。故曰納糧也是當差。」[8]王先生這裡說的「納糧當差」是一個編戶向王朝國家承擔的賦役負擔的整體，是指基於身分上的依從關係而產生的一種資源供應關係。當然，就實際承擔的方式而言，可分為屬於「納糧」即繳納田賦和「當差」即承擔差役兩大類，[9]但繳納田賦的本質，是百姓為王

4　如「永樂三年，令凡開墾官湖做官田。每畝夏稅麥二升，秋糧米三斗。」萬曆《大明會典》，卷17，葉14a。

5　如「（嘉靖）二十年題准，陝西查勘過朝邑縣地方潼關以西鳳翔以東黃河退灘堪以耕種地二百九十一頃八十三畝六分，令居民照舊領種，收入實徵冊內。自嘉靖二十年為始，每畝起科三升，夏秋中半，上納邊倉，接濟軍餉。」萬曆《大明會典》，卷17，葉16a。

6　如「正統元年，令浙江直隸蘇松等處官田准民田起科。每畝秋糧四斗一升至二石以上者減作二斗七升，二斗一升以上至四斗者減作二斗，一斗一升至二斗者減作一斗。景泰七年定浙江嘉湖杭官民田則例。官田每畝科米一石至四斗八升八合、民田每畝科米七斗至五斗三升者，俱每石歲徵平米一石三斗。」萬曆《大明會典》，卷17，葉14a。

7　參見森正夫：《明代江南土地制度の研究》（京都市：同朋舍，1988年），頁51、139。中譯本前一處翻譯不當，見江蘇人民出版社二〇一四年版，頁35。

8　王毓銓：〈納糧也是當差〉，《王毓銓史論集》（北京市：中華書局，2005年），頁777。

9　在明代史料中的「役」和「賦」是明確區分的，如朱元璋確實曾說「民有田則有租，有身則有役」（《明太祖實錄》〔臺北市：中央研究院歷史語言研究所，1962年〕，卷

朝國家種田，其性質不是現代意義上的土地稅，只是「當差」的一種方式，而應當差役，其實也是隨其事產厚薄而輕重不等的，即也包含了由擁有土地財產而產生的負擔。

田賦的「當差」性質，在江南重賦的由來、農桑絲絹的罰款性質等很多方面都可以窺見[10]，不過最集中的表現還是在納糧戶承擔的解運責任和在里甲體制中因著戶中的事產厚薄而承擔的責任上。繳納田賦的編戶要承擔的責任，不只是根據田地科則繳納固定數額的土地稅，而是要把其承擔的賦額上納到指定衙門或倉口的全部責任[11]。由於倉口有遠近緩急的差異，解運等額實物田賦到不同倉口的運輸勞役負擔輕重有別，故而不同稅目（倉口）的單位田賦額實際負擔並不均等。田賦額固然是以土地為對象，根據科則計算得出的，但田賦稅目（倉口）的編派卻是以戶為對象的。糧長、里長除了根據納糧戶名下登記土地的數額及該土地的科則計算出應向納糧戶徵收的實物田賦額，更重要的是根據人丁事產情況確定各納糧戶的戶等，酌量納糧戶的戶等高下和田賦倉口的輕重，把與倉口綁在一起的田賦額分派給相應的納糧戶出辦。原則上，重倉口田賦派給富戶，輕倉口田賦派給貧戶，以取得均平，保證民運的順利完成[12]。明初田賦本質上是納糧戶承擔的差役這一點，不僅體現在田賦不只以土地為課稅客體上，而且體現在對土地的課徵是透過納糧戶組成的里甲體系來實現，里甲承擔催徵運納的責任並實行連帶責任制上。這都表明，明初的田賦的本質是戶役，而不是土地財產稅。[13]

165，頁2545）。

[10] 劉志偉：〈從「納糧當差」到「完納錢糧」明清王朝國家轉型之一大關鍵〉，《史學月刊》2014年第7期。

[11] 梁方仲：〈田賦史起運存留的劃分與道路遠近的關係〉，《梁方仲文集‧明清賦稅與社會經濟》（北京市：中華書局，2008年），頁267-269。

[12] 例如，據《明宣宗實錄》記載，虞謙「又奉命督兩浙蘇松諸郡運賦輸南北京及徐州淮安。先是，富民略有司率得近地，而貧民多運北京。謙建議為四等，富民而糧最輕者運北京，次輕者運徐州，又次者運南京、淮安，貧民而糧重，存留本郡縣倉。」《明宣宗實錄》，卷26，頁693。

[13] 參見劉志偉：《在國家與社會之間》（廣州市：中山大學出版社，1997年），頁75-76。

　　明代田賦本質上是一種差役的性質，決定了其演變趨勢圍繞著三點展開：第一，解運差役負擔，後來透過加耗轉變為田賦附加稅，或透過折銀的方式合併到田賦額中；第二，隨著運送勞役賦稅化，坐派倉口的田賦負擔因民解改為官解而名存實亡；第三，不同稅目單位田賦額的實際負擔差異趨於消失，不同類別土地單位面積負擔額趨於劃一化。上述三項變遷，或可以看作賦稅表現形式的改變，但其造成的結果，卻是戶役性田賦體制的解體和作為土地稅的現代田賦制度的確立。

三　田賦折銀：糧額與銀額關係的改變

　　明代田賦將根據土地出產物而定的標準徵納物叫做本色，實際徵收取代標準徵納物的折納物叫做折色。最初，折銀只是折色的一種形式而已，後來折銀規模日益擴大，幾乎成了折色的代名詞。田賦折銀的演進歷程背後是整個國家財政運作手段從實物到白銀的轉移。作為折色的一種形式，折銀在明初已經出現了。這一時期改徵折色（包括折銀）主要有以下理由：當地不出產本色作物，本色的倉儲量太多，當地百姓交納本色不方便，為方便偏遠地方運輸，以及國家物資需求臨時改變。由此可見，明初的改折是以物的使用價值為基準進行的，折色用銀不代表著財政的貨幣化，只是實物財政實際運作中的一種變通方式。真正具有財政貨幣化意義的改變，是從正統元年徵收金花銀開始的。金花銀的徵收，意味著白銀不再以一種實物的角色出現在財政中，而是以貨幣形式成為國家財政運作手段。後來，折銀逐漸擴大化，從起運項目延伸到存留項目，在地域上也不斷擴展。下面具體考察徽州府的情況。

　　在州縣會計層面，從原則上講，戶部派給各州縣的起運、存留款下不同稅目（倉口）的總額應該與前述該縣田土應徵稅糧總額一致。故而州縣賦役冊籍、方志中一般採取按照稅目（倉口）分類的方式記載田賦額。如下表所示成化十八年徽州府的田賦項目構成。

表二　成化十八年徽州府田賦結構

夏稅	麥51498石	存留	本府永豐倉麥4998石
		起運	京庫折銀麥22000石折正銀5500兩
			南京光祿寺麥500石
			南京倉麥3000石
			南京庫收闊白苧布30000疋准小麥21000石
	絲175582兩		南京庫收歙縣絲折生絹8779疋[14]
	茶376觔		
秋糧	米120131石[15]	存留 17231石	本府永豐倉米8271石
			本府慶積庫收折銀米3560石，折銀2086兩
			本府儒學倉米800石
			各縣儒學倉米2350石
			各縣存留倉米2250石
		起運 102800石[16]	京庫折銀米71000石，折正銀17750兩
			南京供用庫芝麻800石
			南京各衛倉米32000石

來源：弘治《徽州府志》卷三，數字均省略小數。

　　雖然該表中數字加總未能完全吻合，但由其顯示的田賦稅目結構，我們可以確認以下兩點：第一，在田賦額會計上，以本色為基準。夏稅、秋糧總額以及起運、存留的分項數額都是用本色稅糧的數量標識的。即便所徵不是本色，也要被換算成本色計算，如南京庫收闊白苧布三萬疋，被「准」為小麥二萬一千石。第二，由於准、折的存在，不同稅目雖然均以本色稅糧額標

---

[14] 據同卷弘治十四年記載，「絲二十兩折絹一疋」。

[15] 起運、存留加總為一二〇三一石，六縣加總為一二〇一二七石。一二〇一三石應為正確數字。

[16] 京庫與南京各衛倉米加總為一〇三八〇〇石。

示其標準稅額，但實際徵收物並不相同。如「京庫折銀麥」一項，照本色糧
額為二萬二千石，但實際折徵銀五千五百兩，其他還有闊白苧布、芝麻等折
徵實物的稅目。不同稅目單位糧額的實際負擔，除了因前文所述因倉口導致
的運輸勞役差異之外，又增添了實際交納物差異這一因素[17]。

正統元年在周銓等建議下，南直隸等處四百餘萬石稅糧折銀徵收，自
此以後，各地稅糧項目陸續折銀。如下表所示，徽州府弘治十四年和嘉靖
四十一年徽州府歙縣田賦構成顯示出這個進展過程。

表三　弘治十四年歙縣田賦

夏稅	麥11510石	存留麥 1298石	本府永豐倉麥 抵斗納米	1298石	
		起運麥 10211石	京庫折銀麥	4830石，石折銀2錢5分	1207兩
			南京光祿寺麥	135石	
			南京倉麥	518石	
			南京庫收闊白苧布	6755疋，准麥4728石	
	絲10974 觔，折絹 8779疋				
秋糧	米31103石	存留米 5325石			
		起運米 25778石	京庫折銀米	18530石，石折銀2錢5分	4632兩
			南京供用芝麻	203石	
			南京各衛倉米	7044石	

來源：弘治《徽州府志》卷三

---

[17] 參見申斌：〈《山東經會錄·稅糧》的解讀方法及由其所見明嘉隆時期山東官府錢糧運
作——以「稅糧石」和「稅糧原額」的含義與機能為中心〉，「第六屆北京大學史學
論壇」論文（北京市：北京大學歷史學系，2010年4月17日）。

表四　嘉靖四十一年歙縣田賦

總目		細目	實物（石）	銀（兩）	每石折銀率（兩）
夏稅麥 11512.7048 石徵銀 3515.5019 兩	存留	本府永豐倉麥	1319.608	593.8221	0.45
		本府撥剩麥價並抵解農桑絲絹銀		26.0297	
		京庫折銀麥	4821	1205.25	0.25
		改北光祿寺太倉銀庫麥	135	135	1
	起運	南京倉麥	517	206.8	0.4
		南京庫收闊白本色紵布6743疋准小麥	4720.1	1348.6	0.28
秋糧米 31107石2 斗5升5合 4勺，徵銀 13633.9947 兩	存留米 4260.3554 石折銀 3351.5647 兩	本府永豐倉本色米	1867.73	1120.638	0.6
		本府永豐倉折色米	1867.7254	1120.635	0.6
		本府儒學倉折色米	166.1	132.88	0.8
		本縣儒學倉折銀米	358.8	287.04	0.8
		本縣存留倉米，府牒未載，系附廓並徵本府永豐倉米下			
		本府撥剩米價並補塩鈔銀		690.3714	
	起運米 26846.9 石徵銀 10282.43 兩	京庫折銀米	18511	4627.75	0.25
		南京供用庫芝麻抵正米	127.1	127.1	1
		南京各衛倉本色米	6607.6	4625.32	0.7
		改解北京太倉銀庫米	1016.6	609.96	0.6
		改解安慶府米	584.6	292.3	0.5

來源：嘉靖《徽州府志》卷七。

對照表二、三、四可以發現以下情況：

第一，徽州府起運京庫麥、米和部分存留米至遲在成化十八年時已經折

銀徵收，此後一直到弘治十四年，折銀項目並未增多，但及至嘉靖四十一年，歙縣所有夏稅秋糧稅目已經全部折銀。

第二，不同稅目（倉口）折銀率不同，田賦折銀總額是將各倉口折銀額加總得出的，不存在統一的田賦折銀率。

第三，田賦的折銀率體現了倉口輕重的因素，即重倉口折銀率高，輕倉口折銀率低。我們看到「改北光祿寺太倉銀庫麥」、「南京供用庫芝麻抵正米」稅目的折銀率不但高於存留項目折銀率，也高於同樣解往南京的「南京各衛倉本色米」的折銀率（每石〇點七兩）。這是因為光祿寺、供用庫倉口乃供應皇室、朝廷典禮之用，而衛倉乃是兵糧，自然前者對米的品質、解運及時程度等要求更高，而且辦納芝麻應比辦納本色米費用更高。明代田賦實際負擔構成是「倉口＋繳納物種類＋實物額」，銀額將原本標準本色糧額無法反映的運輸勞役和繳納物種類造成的負擔差異表示出來。由於折銀率包含了倉口和繳納物因素，所以百姓交納的田賦折色銀，不只是根據科則計算出來的糧額的折銀，而是田賦真實負擔的貨幣化表達[18]。

第四，成化十八年徽州府田賦中的京庫折銀麥、京庫折銀米均每石折銀零點二五兩，此後折銀率一直保持不變。在表四中，這兩項比任何一個存留項目的折銀率都要低，似乎與前述第三點的討論相矛盾。其實，所謂京庫麥、米折銀，就是宣德年間開始折徵的金花銀，其折銀率主要參照當時的糧價而定[19]，這個折銀率各地均同，也不隨著後來糧價升高而調整變化。[20]京

---

[18] 又參見申斌：〈《山東經會錄‧稅糧》的解讀方法及由其所見明嘉隆時期山東官府錢糧運作──以「稅糧石」和「稅糧原額」的含義與機能為中心〉。

[19] 唐文基根據周忱用金花銀調整官民田負擔反向推測稅糧折銀價低於糧食的市場價格，參見唐文基：〈明代「金花銀」和田賦貨幣化趨勢〉，《福建師範大學學報》1987年第2期。

[20] 明代糧價在總趨勢上緩慢上升，田賦折銀率也在逐漸提高，大致上越晚折銀的項目，折銀率越高。目前對明代以白銀表示的米價之討論，最可信賴的仍然是彭信威編製的三份《明代米價表》，見彭信威：《中國貨幣史》（上海市：上海人民出版社，1958年），頁497-498。具體到江南地區，參見蕭少秋、陳景彪：〈十五至十七世紀蘇松地區農戶生產生活狀況初探〉，南開大學歷史系等編：《中外封建社會勞動者狀況比較

庫麥、米折銀率的固定化，意味著金花銀不再是實物財政下的臨時性折徵，與原來的實物田賦數額所代表的使用價值及其價值波動徹底脫離了關係[21]，金花銀額成為真正的稅額和徵納依據。由此，我們可以說，金花銀是明代田賦脫離當差的性質，向土地稅轉變的嚆矢。

第五，雖然以本色稅糧為會計基準的原則並未改變，但是到嘉靖四十一年，由於銀額才是實際徵收數額，所以它已經被作為重要的會計資料，在分項細目、起運存留、夏稅秋糧三個層次上被核算出來，與實物糧額一併記載，銀子在田賦會計中的地位明顯提高。以銀為會計標準的意義之一，在於不同稅目的單位銀額實際負擔達到了均一。

第六，雖然田賦的具體派徵方式並不明確，但針對全體納糧戶的坐定倉口、親身解運制度應該已經不存在了。此時，解運不再是全體納糧戶的責任，而專門編派解戶差役，同時也出現了官解的建議[22]。不過，在納銀時是否已經採取了「總收」方式，目前還未找到直接證據，有待今後考察。

第七，對比表三與表四的夏稅麥、起運麥、京庫折銀麥、秋糧米、起運米、京庫折銀米六項實物田賦額，可以發現變動甚微，尤其是夏稅、秋糧總額變動分別僅為二石與四石。這一方面顯示田賦存在定額化特點，另一方面也說明，在全面折銀，銀子成為實際徵收物的情況下，銀額成為納糧戶實際負擔和州縣實際應徵稅額的基準，實物田賦額不但不能反映實際賦稅額度，而且在不調整實物田賦額情況下也可以透過冊籍操作進行實際稅負調整，如下一部分所見，田賦額固化不會影響行政靈活性。

研究論文集》（天津市：南開大學出版社，1989年），頁215-218。不過由於現有明代糧價研究多採用稅糧折銀史料為論據，故據之推斷田賦折銀率變化與糧價波動關係難免有循環論證之嫌，但參照其他史料，可以說每一時期田賦折銀率的確定基本參考當時糧價的判斷大致無誤。

[21] 又參見劉志偉：《在國家與社會之間》（廣州市：中山大學出版社，1997年），頁149。

[22] 汪尚寧等：《徽州府志》（嘉靖四十五年刊本），卷8，葉40b-41b。

四 加總派徵方式的出現、擴大與一條鞭法

萬曆時期，我們正式看到了加總攤派的田賦會計方式，〈萬曆十六年歙縣稅糧條編由票〉鮮明地體現了早期賦役加總派徵方式的特點。

〈萬曆十六年歙縣稅糧條編由票〉[23]

> 直隸徽州府歙縣為給由票以便輸納事。遵奉府帖申允會計派徵萬曆拾伍年分稅〔糧〕：麥每石徵銀三錢壹分貳釐捌毫，扛銀三釐玖絲；米每石徵銀肆錢壹分壹釐三毫，扛銀肆釐壹毫；絲每壹兩徵銀伍釐，扛銀三毫肆絲。十六年條編：有免員役每丁止納物料銀壹分貳釐壹毫，扛銀柒絲玖忽；（米）每石止納物料銀陸分伍毫，扛銀三毫玖絲；無免人戶每丁總納物料、徭費銀柒分壹釐柒毫，扛銀捌絲柒忽；（米）〔每石〕總納物料徭費銀三錢伍分捌釐伍毫，扛銀肆毫三絲柒忽。奉此，給由票，填注各戶應納銀數，散給小民，照數榆納。如有派徵不合官則，許令告究。須至由票者。
>
> 計開
>
> 一戶吳正宗，系十七都二圖四甲民籍，成丁一口
>
> 官民麥二斗七升四合八勺，絲一兩二錢一分三釐四毫，官民米八斗八升三合，稅糧共該銀四錢九分六釐五毫，條編共該銀三錢八分八釐八毫
>
> 右給付納戶
>
> 萬曆十六年二月（縣印）日戶給
>
> 縣（押）承行吏口口
>
> 口派口汪文口

23 中國社會科學院歷史研究所收藏整理：《徽州千年契約文書・宋元明編》（石家莊市：花山文藝出版社，1993 年），卷 3，頁 200。最早引用這份文書的是汪慶元，他恰當地擬補了若干缺字，但是略去了一些尾數，並有個別文字顛倒錯誤。參見劉和惠、汪慶元：《徽州土地關係》（合肥市：安徽人民出版社，2005 年），頁 281-282。又周曉光、王燦：〈論明代中後期徽州一條鞭法的實施〉（《東北農業大學學報》2015 年第 1 期）也引用了該文書。

將由單所載派徵比率列表如下：

表五　萬曆十六年歙縣稅糧條編派徵率

		單位徵銀率（兩）	扛銀（兩）
稅糧	麥	每石0.3128	0.00309
	米	每石0.4113	0.0041
	絲	每兩0.005	0.00034
條編	有免員役	每丁物料0.0121	0.000079
		米每石物料0.0605	0.00039
	無免人戶	每丁物料徭費0.0717	0.000087
		米每石物料徭費0.3585	0.000437

該由票顯示，以田賦各項目全面折銀為基礎，在縣級官府會計層面，不同稅糧（田賦）項目的折銀額被加總起來，得出田賦的總應徵銀額，然後分別攤派到以麥、米、絲表示的本色田賦額上，形成了「麥每石徵銀三錢壹分貳釐捌毫，扛銀三釐玖絲；米每石徵銀肆錢壹分壹釐三毫，扛銀肆釐壹毫；絲每壹兩徵銀伍釐，扛銀三毫肆絲」的攤派率。用算式表示為：

稅目 I 的糧額 × 稅目 I 折銀率 ＋ 稅目 II 的糧額 × 稅目 II 折銀率
＋……＝全縣田賦的折銀總額＝實際應徵稅額

全縣田土額 × 田土科則＝實物田賦額

田賦總銀額 ÷ 實物田賦額＝單位實物田賦額的徵銀率

如第三部分所言，銀額才是實際徵收的田賦稅額，而根據全縣田土額及其科則計算出來本色田賦額，則只是扮演了帳冊上攤派對象的角色。在徵收過程中，需要做的是根據每個納糧戶名下登記的實物田賦額和官府算定的單位實物田賦額的徵銀率，計算出該戶應納銀額即可，不再與某一倉口的對應。用算式表示，就是：

納糧戶甲的實物田賦額 × 單位實物田賦額的徵銀率＝納糧戶甲的應

繳銀額＝納糧戶甲的田賦稅負

在會計應徵總銀額的過程中，不同稅目的單位折銀率仍舊不同，但是通過加總攤派的帳面會計操作，在徵收層面，單位糧額的田賦負擔均一化了。至此，第二部分末尾指出的田賦制度演變的三個趨勢中：第一個，賦中之役經過折銀賦稅化了；第二個，坐派倉口制度消亡了；第三個，雖然單位土地實際稅負是否一致尚不能確認，但是不同稅目單位田賦額的實際負擔差異已經消失，在徵收交納層面，所有一石米的負擔都是一致的某個銀額。

在田賦制度變化的同時，徽州的上供物料（歲供）、徭役制度也在改變。至嘉靖三十一年，歲供、歲役項目多已折銀徵收，歲供中的「不時坐派」部分還採取了「通粟縣丁糧而徵之」的辦法[24]。上引由票顯示，物料和徭費也在折銀基礎上分別加總，得出應徵總銀額，稱作條編銀，向丁、米分別攤派。其會計過程與田賦類似。需要強調的是這個時候向田賦額（米）攤派的賦稅內容，除了稅糧，還有物料和徭費的一部分。只是，儘管攤派對象相同，但此時兩個向實物田賦額攤派的不同項目（稅糧、物料徭費）並未合併。

萬曆三十六年，張濤出任歙縣知縣，他注意到歙縣條編的含義與全國多數地方不同，他在〈條鞭議〉中指出「條鞭之法，四海通行，惟歙不然。既曰徵糧，又曰徵條，派徵之法分為兩端，彼此混帳，易生奸弊。」他按照「總計丁糧，清查優免，斟酌存解，確定徭役，一切協濟併科第盤纏補平等項會計若干、逐款若干，總與撒合，撒與總符」的原則改革賦役制度[25]。經過張濤改革，歙縣原來的稅糧銀與條編銀被加總在一起，再向田賦額和丁額攤派。下面我們結合萬曆三十七年《歙志》卷三的相關內容觀察下張濤後的

---

24 汪尚寧等：《徽州府志》，卷8，葉19b。

25 張濤、謝升等：《歙志》（萬曆三十七年刻本），卷3，葉2b-3a。

26 《歙志》將這些項目統一稱為「錢糧」，這個微妙的變化頗值得吟味。參見劉志偉：〈從「納糧當差」到「完納錢糧」——明清王朝國家轉型之一大關鍵〉，《史學月刊》2014年7月期。

賦役結構。

在該卷〈條鞭議〉之後，開列了全縣賦役細目及其銀額[26]，但是開列方式迥異於以往。傳統的志書對賦役細目的分類排列方式一般是先按照田賦、上供物料、徭役等賦役類別區分，然後逐層劃分類目。以嘉靖《徽州府志》為例，大體結構如下表：

表六　嘉靖《徽州府志》賦役項目結構（部分）

歲賦	夏稅之麥	存留之麥
		起運之麥
		南京承運庫收絲絹
		帶徵茶
	秋糧之賦	存留之米
		齊雲之米
		農桑絲絹之賦
		各項課程之賦
歲供	歲辦	戶部軍需
		禮部軍需
		工部軍需
	歲供	……
	歲供	……
歲役	均徭	……
	里甲	……
	糧長	……
	……	……

而萬曆《歙志》的結構如下表：

表七　萬曆三十七年《歙志》錢糧項目結構（部分）

類目	細目
本縣並縣學各項款目錢糧	……
本府並府學新安衛各項錢糧款目	……
兵道各項款目錢糧	……
撫按各院各項款目錢糧	撫院合用心紅油燭紙札供應等銀95.36兩
	京庫折米銀4578.25兩
	南京倉折麥銀204兩
	北京甲丁二庫銀珠靛花桐油生漆等料銀415.84兩
	……

　　顯然，錢糧不再按照田賦、物料、徭役等明前期以來的賦稅項目來源劃分，而是打亂這些分類，按照起解項目重新分類。比如撫按各院各項款目錢糧這一類下既有田賦的起運部分，又有上供物料，還有用於撫院行政的徭役公費。這一記載形式變化意味深長，暗示著整個政府間財政關係和國家財政行政體制的變動趨勢。

　　在依照上述分類開列了全部錢糧款目後，記載了稅糧、物料、徭役等全部賦役項目的應徵總銀額：「共徵正扛補平銀四四〇四八點七兩，除去不派於丁田的銀兩外，實徵銀四一二八〇點五兩」[27]。接下來是萬曆三十七年的徵銀規則，列表如下。

---

[27] 張濤、謝升：《歙志》，卷3，葉32a。

表八　萬曆三十七年歙縣派銀規則

通計邑糧 31110.1 石	每石有免徵銀 0.56 兩 無免徵銀 0.88 兩 有閏月徵銀 0.89 兩 無閏月徵銀 0.88 兩 有免有閏月徵銀 0.57 兩 有免無閏月徵銀 0.56 兩 無免有閏月徵銀 0.89 兩 無免無閏月徵銀 0.88 兩
通計邑丁 72160 丁	每丁 有免徵銀 0.04 兩 無免徵銀 0.1 兩 有閏月徵銀 0.1 兩 無閏月徵銀 0.1 兩 有免有閏月徵銀 0.04 兩 有免無閏月徵銀 0.04 兩 無免有閏月徵銀 0.1 兩 無免無閏月徵銀 0.1 兩
通計邑絲 175582 兩	每兩徵銀 0.01 兩
通計邑麥 11514.4 石	每石徵銀 0.31 兩

來源：萬曆《歙志》卷三。

　　綜合以上資料，我們分析下整個會計過程、不同性質數字彼此間的計算關係及其在賦役會計、派徵中的角色。

　　第一步，根據各個賦役細目的田賦額（或物料額或役夫額）及其各自折銀率，計算出各賦役項目的應徵銀額，即表七。

　　第二步，將表七各項銀額加總，得出全縣應徵總銀額，即「共徵正扛補平銀」的額度，再減去不派於丁田的銀兩，得到實際應該向丁和田土派徵的總銀額，即「實徵銀四一二八〇點五兩」。

　　第三步，將總銀額向丁額、米額、絲額、麥額分別攤派，得出各項單位

徵銀率,即表八。關於為何強調是攤派,略作解釋如下。萬曆《歙志》卷三糧丁款下記載「優免閏月,原於丁糧二項增減銀數,而不及於絲麥。蓋優免員役、升遷事故,年年不同,又有各項協濟,或停徵或加派,又有北京閏月鹽鈔補平扛銀一年除一年加,又有南京西倉水兌二糧或段本色折色,其每名徵銀之則不能硬定。此則乃以三十七年之數為率,而加閏月之數開之。」[28]這段話透露出如下信息:第一,每年具體稅目(各項協濟,或停徵或加派)、稅目的額度(北京閏月鹽鈔補平扛銀一年除一年加)、稅目的辦納方式(南京西倉水兌二糧或段本色折色)都在變動,因而會計出來的應徵總銀額每年不同;第二,「優免員役、升遷事故,年年不同」,也就是說作為課稅對象的丁額每年也在變動。第三,由於前兩個原因,「每名徵銀之則不能硬定」。這就告訴我們,表八所見「稅糧每石徵銀若干」、「每丁徵銀若干」的「徵銀率」,不是計算稅額的起點,而是應徵總銀額,向全縣的丁額、田賦額(米額、麥額、絲額)分別攤派的結果。

第四步,根據丁、米、絲、麥各自的單位徵銀率,查照不同納稅戶名下登記的丁、米、絲、麥額度,計算出其應納銀額,一總徵收。

第五步,將全部徵得銀兩,再查照表七,按照存留本縣或縣學、交給府、交給兵備道、交給撫按衙門的區分,將各自銀額分別起解交納。

對照表五和表八,儘管各項徵銀率普遍提高,但還是可以發現,每石麥徵銀率基本保持穩定,而每石米徵銀率有了很大提高,提高的原因在於表五中條編銀派向米的銀額被與稅糧中派向米的銀額加起來再向米攤派。這說明在攤派和徵收層面,部分物料、徭役負擔開始向糧額派徵,這時候的「每石米徵銀率」包含的不只是折銀田賦的負擔,而且包含了徭役負擔。這就是賦役合併徵收,徭役銀分攤入丁糧。

---

28 張濤、謝升等:《歙志》,卷3,葉34b-35a。

五 《泰昌徽州府賦役全書》與簡明科則的登場

一六二〇年，泰昌《徽州府賦役全書》纂成刊刻，該書可以說反映了明代徽州府賦役制度改革的到達點。下面先用幾個表格簡要概括該書所載歙縣的賦役會計結構，然後再做分析。

表九 泰昌元年歙縣賦役項目銀額表

項目	該實物	該徵銀（兩）	實徵銀（兩）
夏稅麥	11514.4石	3739	3739
夏稅人丁絲	175582兩	6438.6	4488.2
秋糧米	31110.1石	14763.77	14763.77
條編物料		9086.85	9086.85
徭費		13989.5	13773.5
合計		48017.72	45851.32

表十 泰昌元年歙縣人丁田土科派方案及徵收總銀額

項目	額	科實物	科銀（兩）			該實物	該銀（兩）
戶口人丁	72647丁		每丁科銀0.1054117712				7657.848942
田歙	353556.803	每歙科麥0.0219345石	折科銀0.007122736	共科銀 0.0801118846		該麥7755.0895石	2518.2911
		每歙科絲0.35909475兩	折科銀0.0091792			該絲126960.39055兩	3245.360809
		每歙科0.063706529石	折科銀0.063899486			該米22523.8765石	22560.44203
地歙	135402.476	每歙科麥0.0185石	折科銀0.00600746	共科銀 0.047438932		該麥2504.9458石	813.4249
		每歙科絲0.35909475兩	折科銀0.0091792			該絲48622.3182兩	1242.8822
		每歙科0.0322石	折科銀0.032252272			該米4359.9597石	4367.03748
山歙	100557.581	每歙科麥0.0095石	折科銀0.0030849	共科銀 0.0331336		該麥955.297石	310.2112
		每歙科0.03石	折科銀0.0300487			該米3016.7274石	3021.624635
塘歙	14520.707	每歙科麥0.0206石	折科銀0.0066894	共科銀 0.0897363		該麥299.1266石	97.1346
		每歙科米0.0833石	折科銀0.0830469			該米1209.5749石	1205.899246
合計							47040.15714

從預算應徵總銀額方向看，根據表九的各賦役項目折銀額加總，得出「條編內編派該徵銀四八〇一七點七二兩」，除去「不派於民」的銀額，「實徵四五八五一點三二兩」。從實際派徵方向看，根據表十，通過「人丁額×每丁科銀率＋田地山塘面積×單位科實物率×單位折科銀率」的算式，得出全縣該徵銀額四七〇四〇點一兩，除去免丁、免米合銀一一八八點七兩外，實徵於民四五八五一點四兩，恰好與根據表九計算出的條編實徵銀額相

等。在第四部分，由於表八缺乏必要資料，所以我們無法進行計算，只能透過分析得出會計過程。在此，我們從數量計算關係角度證明了第四部分的結論。而且，合計田地山塘徵銀額三九三八二點一三兩，不但遠遠超過夏稅、秋糧二項合計該徵銀額二四九四一點三七兩，也超過了夏稅、秋糧、條編物料三項合計該徵銀額三四〇二八點二二兩，這也從數量關係角度確證了第四部分的另一結論──萬曆三十七年之後向田土派徵的條鞭銀中包含了徭費的折銀額。

在這裡，我們特別想強調的是，在派徵會計中一種全新內涵的「科則」開始萌發。

首先是實物起科等則的變化。仔細觀察表十，可以發現當時的田土種類只區分田地山塘，相對表一大為簡化。而這時「單位土地面積起科實物額」的尾數極為瑣細，至於粒、塵等小數點後九位、七位，而不似表一起科等則至多到小數點後四位。雖然從形式上看，表十中起科實物等則與表一起科實物等則一般無二，似乎只是將表一中不同土地科則進行了一次扒平（平均化）的改革而已。實則不然，如此細碎的科則怎能用於實徵呢？結合第四部分我們對應徵銀額向田賦額攤派得出「稅糧每石徵銀額」的分析可知，這時的實物起科等則，扮演的只是溝通田土數額與應徵銀額之間的一個仲介角色而已，只是在帳冊會計計算上發揮作用。這些極為瑣細的實物起科等則，其實是透過「實物稅糧額÷土地額＝土地單位面積徵實物額」算式計算出的結果。這個作為冊籍上攤派結果的實物起科額在實際徵收中只是一個計算媒介而已，與明初科則在實徵中的作用完全不同。

更為重要的是，出現了以銀為計算手段的新科則。「科米／麥／絲若干，折科銀若干」的記載形式看似實物科則折銀，實則不然。結合第四部分就知道，這個「折科銀率」其實是應徵銀額向實物田賦額攤派的結果。而且每類土地在分列每畝科實物率及其折科銀率後，還給出了一個加總得出的「共科銀」額，甚至在每個縣的末尾，還列出了一個「簡明科則」。列表如下：

表十一　泰昌元年歙縣簡明科則

人丁	每丁徵銀0.1054117712兩
田	每畝徵科銀0.0801118846兩
地	每畝徵科銀0.047438932兩
山	每畝徵科銀0.0331336兩
塘	每畝徵科銀0.0897363兩
若以麥米照石起科	
麥	每石徵銀0.3247275302兩
米	每石徵銀1.00148962246兩
絲	每兩徵銀0.0255619877兩
丁數照前	

在表十一中，直接刪除了每畝科實物額和每石折科銀額，將合計每畝科麥、科絲、科米之折銀額得出的「共科銀額」作為簡明科則加以記載。一條鞭法的會計原則是「加總、派徵」，「每畝徵銀率」即是條鞭法下攤派的產物，此時它作為簡明科則正式在地方官定財政冊籍中登場了。回顧第四部分，我們知道，歙縣的銀額攤派，是先以田賦額為對象進行的，泰昌時才以田土額為對象，作為對這一會計歷史的保存，在田地山塘的簡明科則後又給出了「若以麥米照石起科」的起科則例。無論實物田賦額，還是田土額，此時在官府會計上，都變成了一個攤派對象，無法單純以其自身數額來表達實際賦稅負擔或額度，只有與攤派得到的單位徵銀率結合，才能表達賦稅負擔的比例。

　　只是，儘管在賦役全書中，「每畝徵銀率」已經被看作簡明科則，明末田賦實際徵收也是依據新出現的「簡明科則」進行的[29]，但以實物數量標識科則、稅額的祖制仍被遵循，出現在賦稅票據中[30]。「每畝徵銀率」真正取

---

[29] 如〈天啟二年歙縣吳氏宗祠派徵錢糧由單〉，《徽州千年契約文書·宋元明編》，卷4，頁5。錄文見劉和惠、汪慶元：《徽州土地關係》（合肥市：安徽人民出版社，2005年），頁282-285。

[30] 比如崇禎十七年戴盛戶收稅票仍以「麥二升一合四勺、米五升三合五勺」標明買賣田土的稅額，見《徽州千年契約文書·宋元明編》，卷4，頁497。

代明初的科則，獲得科則的法定地位，還要等到清朝。

六　順治賦役全書：本色米的回歸與新內涵科則的定型

（一）新內涵科則的定型

　　清朝以賦役全書為基礎重建財政體制，自然就接受了明末實際徵收中使用的「加總、派徵」所得的單位土地徵銀率。

　　入清後，連泰昌《徽州府賦役全書》中那作為派徵結果的「每畝科麥絲米」的實物科則也不再被保留了，而是繼承「共科銀若干」的簡明科則，以「每畝科銀若干」為科則記入賦役全書。例如順治十四年《江南徽州府總賦役全書》「六縣田畝起科各項錢糧大總」項下記載歙縣情況：

表十二　順治十四年歙縣田畝起科各項錢糧大總

折實田	每畝科則	總額		
490453.744畝	科銀0.0843778808104兩	該徵銀41383.447554251495兩	外科船稅茶稅祠租等銀820.432兩	總共實科稅糧地畝條編折色銀42203.8795兩
	科米0.01542408452石			總共實科解司西倉水兌本色米7564.8石
	科黃豆0.00085634987石			總共實科芝麻改徵黃豆420石

三者共同構成土地科則。這一科則形式為後世長期沿用。這個條鞭法的成果就取代了明初意義上的科則，正式被記入《大清會典》，取得了法定的「科則」地位。至此，田賦才真正成為以土地為課稅客體，以科則為稅率的土地稅。

（二）本色米的回歸方式

如上面所見，順治朝科則中除了「每畝科銀若干」外，又出現了「每畝科本色米若干」等單位土地實物徵收率，賦役全書的匯總項目中除了條鞭銀（丁銀、地銀）也出現了本色米豆麥的項目。那麼，以「本色米」為代表的這種實物科則與徵收額是怎麼出現的呢？

原來，順治二年，由於兵餉需要，部分田賦項目被從徵銀恢復為徵收本色。但由於此時在實徵層面早已不將納糧戶或納糧地與特定田賦項目對應，所以只能在應徵總銀額中將回徵本色田賦項目的折銀額剔除，然後將這部分實物數額再向全縣土地攤派。其會計算式為

原應徵田賦銀額－回徵本色項目實物田賦額 × 原單位折銀率＝現應徵田賦銀額

現應徵田賦銀額 ÷ 田土總額＝新的單位土地面積徵銀率＝新的每畝科銀額

回徵本色項目實物田賦額 ÷ 田土總額＝單位土地面積實物率＝每畝科米額

這種處理方式的結果就產生了清代賦役全書中「每畝地徵條銀（地銀）若干，徵米豆若干」這種銀與實物混雜的科則形式。而在全縣田賦匯總會計中，由於此時財政會計以銀為手段，米豆與銀無法通融核算，所以就出現了與丁銀、地銀並列的本色米項目。下面結合順治朝檔案和賦役全書略作闡述。

清軍佔領江南之初，「江南既多駐兵馬，又常有大兵往來，費用浩煩」[31]，洪承疇回顧說「維時江南地方初附，大兵需用糧餉，經費不足，職屢次具

---

[31] 順治三年三月二十八日〈招撫江南大學士為兵餉需用浩大等事〉，張偉仁主編：《中央研究院歷史語言研究所現存清代內閣大庫原藏明清檔案》（臺北市：中央研究院歷史語言研究所，1986 年），A4-55（6-4）。

疏,蒙戶部覆議,不拘各府州縣地畝等項錢糧,俱准通融支用,奉有俞旨」[32]。在此情況下,南糧被用充兵餉[33],這一改革開始於順治二年底[34]。作戰環境下,兵餉發放自然以實物為宜[35]。順治三年,徽州府額解南米因為軍需吃緊,由徵銀改徵本色[36]。在順治《江南徽州府總賦役全書》中也可以找到對應記載。「六縣總共起科本色米大總」項記載「一起徵本色米。全書府總原載六縣西倉水兌二糧共米二萬九千三百四十一石六斗,原編折色,徵銀起解,嗣後改徵本色,其原額折色銀摘出,不入編派,照原編米數起徵本色,折實田畝派徵,各縣科則不等。」[37]「六縣解布政司本色米數」記載「順治二年續改徵本色,解布政司,發解兵運二糧,其原編正耗價銀摘出」。[38]

關於這兩項回徵本色稅糧的具體情況,順治《江南徽州府歙縣賦役全書》「丁田銀兩大總」項下記載「除南米原編折色銀五一八一兩八錢四分,嗣後改徵本色,應將原編折色銀除編不派」。計算可知,扣除的即是泰昌《徽州府賦役全書》中歙縣南京府軍西倉本色正米、加耗平米和南京水兌本色正米這三項的折銀額。「本色米大總」項下記載:

---

[32] (順治四年六月初十日到)〈彙報江南起解錢糧事揭帖〉,國立北京大學研究院文史部編:《洪承疇章奏文冊匯輯》(上海市:商務印書館,1937 年),葉 6b。

[33] 順治四年正月二十日江南總督馬鳴珮〈為彙報三省錢糧徵解情形仰祈聖鑒事〉,中國第一歷史檔案館藏 02-01-02-2051-005;順治八年正月二十八日江南總督馬鳴珮〈為奏繳解南錢糧完欠以別有司勤惰事〉,中國第一歷史檔案館藏 02-01-02-2052-021;順治十五年七月初四日管戶部尚書事車克〈為南糧收解維艱等事〉,中國第一歷史檔案館藏 02-01-02-2074-010。

[34] 《世祖章皇帝實錄》,卷 22,葉 11b。《清實錄》(北京市:中華書局,1985 年),第 3 冊,頁 197。

[35] 順治十七年三月十一日陝西巡撫張自德〈為直陳本折錢糧利弊事〉,中國第一歷史檔案館藏 02-01-02-2075-007。

[36] 順治十三年四月二十八日戶部尚書孫廷銓〈為地方疾苦已甚南糧採辦維艱事〉,中國第一歷史檔案館藏 02-01-02-2068-018。

[37] 《江南徽州府總賦役全書》(順治十四年刻本),葉 13b。

[38] 《江南徽州府總賦役全書》(順治十四年刻本),葉 75b。

一起徵本色米。全書刊載原額西倉水兌二糧共米七五六四石八斗，原編折色，徵銀起解，嗣後改徵本色，其原額折色銀摘出，不入編派，實該徵本色米照折實田畝派徵。前件每折實田一畝科徵本色米一升五合四勺二抄四撮八粟四粒五顆二穎，共該實徵本色米七五六四石八斗。[39]

「本縣解布政司本色米數」項下記載：

> 江南西倉米一〇三二石，耗平米一〇三石二斗，共米一一三五石二斗，篩曬腳費共銀四一點二八兩。（全書原編南米折色銀六八一點一二兩，篩曬腳費銀三四點〇五六，解官費用銀七點二二四，原係徵銀輸解，本折起解南部，續改徵本色，解布政司，撥解兵運二糧，其原編價銀摘出，不入編派，止將篩曬腳用銀兩照舊徵給解米員役，雇募船隻挑運腳費。）
>
> 江南水兌米六四二九石六斗，損費盤纏等銀一五七點二〇七二兩。（全書原載水兌米原徵折色銀四五〇〇點七二兩，損銀四五點〇〇七二兩，解官鋪墊盤纏銀一一二點二兩，原係徵銀解折色，續改徵本色解布政司，撥解兵運二糧，其原編價銀摘出，不入編派，止將損費盤纏等銀照舊徵給解米員役雇募船隻挑運腳費）

以上西倉水兌二項，解布政司，撥解兵運二糧，共米七五六四石八斗，給解米篩曬腳費，共銀一九八點四八七二兩。[40]

上述會計過程說明，雖然部分稅目回徵本色，但是其在派徵實現方式上，則是採取了一條鞭法的核心會計原則「加總攤派」。只要跳出「實物稅到貨幣稅」這樣的單一視角，著眼於整個財政體制，就會發現，田賦已經完成了從戶役性田賦向現代田賦制度的轉換，本色米的出現並不意味著財政體制的倒退。

---

[39] 《江南徽州府歙縣賦役全書》（順治十四年刻本），葉4a。

[40] 《江南徽州府歙縣賦役全書》（順治十四年刻本），葉19b-20a。

七　結論

在明代初年制定的賦役制度下，「納糧也是當差」[41]、田賦科則雖然是以田畝為單位確定繳納的稅額，但田賦的實質並非現代意義的土地財產稅，而是編戶對王朝承擔的一種差役，與其他差徭交織在一起，構成一種戶役。在這種體制下，按田畝定的田賦科則，只是上納到指定倉口的實物數額，而編戶的實際負擔，除了繳納的實物數額之外，還體現在通過里甲糧長制度以及坐定倉口、民收民解的徵解體制而產生的負擔，田賦在本質上是明代以役中有賦，賦中有役[42]為特徵的戶役體系的組成部分。這樣一種戶役性質的賦役體制，到宣德年間周忱推行平米法開始發生變化，這個變化後來隨著一條鞭法改革而形成新的體制，田賦性質由此根本改變。在一條鞭法下，田賦的不同項目陸續折銀徵收，折銀率因不同的賦項而異，影響折銀率高低的因素很複雜，其中一個因素是上納倉口（用途）負擔輕重；同時，對於仍舊徵收實物的賦項，則以加徵腳耗運費這種附加稅的方式取代解運差役。在此基礎上，田賦由民解改為官解，不再坐定倉口，再將田賦稅目的折銀部分合併加總，進而與四差等徭役項目折銀按地畝派徵部分合併，將所得總銀額向土地攤派，得出「單位土地徵銀率」。同樣，仍然徵收實物的田賦項目也以類似方式加總得出應徵實物稅額，然後攤派到田土額上，得出「單位土地徵米（或其他實物本色）率」。這個「單位土地徵銀／米率」其實是一個以同類徵收物（銀、米）為基礎對不同田賦、徭役項目合併加總、再行攤派的結果，

---

[41] 王毓銓：〈納糧也是當差〉，《王毓銓史論集》（北京市：中華書局，2005年），頁756-777。

[42] 參見梁方仲：《明代一條鞭法年表》（北京市：中華書局，2008年），頁261；湯明檖：〈从戶籍制度看中國封建制下的小農〉，《學術研究》1983年第2期；劉志偉：《在國家與社會之間》（廣州市：中山大學出版社，1997年），頁71、78。梁先生此文中「役中有賦」指明初丁稅也以田賦作課稅標準，「賦中有役」指條鞭以後田賦中包含有明初役的負擔。但結合梁先生對倉口的研究，即可發現「役中有賦、賦中有役」的表述其實蘊含著揭示明初賦役制度特質的意涵，湯先生文章即在此意義上使用這一法，劉志偉則做了進一步闡釋。

官府以其為實際徵收的依據。根據這個「單位土地徵銀率」徵收上來的銀子，被總稱為折色銀，由於是向土地課徵的結果，又稱「地銀」。同理，根據「單位土地徵米率」徵收上來的米被總稱為本色米。

萬曆以降，雖然在府州縣的賦役全書中，出現了將這一攤派結果視為「簡明科則」的情況，但終明一世，這一「簡明科則」都沒有得到戶部明確承認，成為國家正式的制度化規制。直到清初，作為條鞭法成果的「簡明科則」，也就是「每畝徵銀若干、徵米若干」的派徵率才固化成土地稅率，正式獲得了法定「科則」的地位。這時候的田賦才以土地為唯一課稅客體，成為真正的土地稅，田土科則也成為了真正的土地財產稅徵收的稅率。正是基於這一點，梁方仲先生認為一條鞭法是「現代田賦制度的開始」，形成了「近代以至現代田賦制度上主要的結構」。

從《清江縣志》看晚明三餉徵收
的情況

楊永漢*

一　前言

拙著《論晚明遼餉收支》[1]論及中央收取遼餉的政策與困境，未及討論地方縣鎮的徵收情況。遼餉、練餉、剿餉是導致明朝滅亡的其中因素之一，其徵收情況，可解釋中央財政困乏之原因及理解當時民間無力繳稅的狀況。

近日檢視明秦鏞《清江縣志》[2]八卷，崇禎刻本（兩淮馬裕家藏本），內有敘述三餉的徵收情況。秦鏞，無錫人，崇禎丁丑進士，官清江縣知縣。清江向無縣志，崇禎壬午，鏞始創修。凡分八目，內容簡明。從《清江縣志》所載，可窺見三餉在民間的徵收情況。縣志所說的三餉，與一般的理解不同，所記的三餉是指太倉舊餉、遼餉、練餉，沒有剿餉的。

二　遼餉

明代自行「一條鞭法」後，以銀作為稅收的主要貨幣。本來是利多於弊，明顧炎武更指出此法有十大優點[3]。可是，此法推行一段時間，即出現流

---

* 香港樹仁大學中國語言文學系助理教授。

1　一九九八年由臺灣天工書局出版。

2　〔明〕秦鏞：《清江縣志》（崇禎刻本），收在《四庫全書存目叢書》，史部二一二。

3　明崇禎六年（1633）年刊刻的《歷乘》卷七〈賦役考〉言「一條鞭法」有十大優點：

弊，例如「花派」，即官吏利用人民對新制度的無知，而額外加徵稅收。萬曆以後，更因遼事告急，政府在原額以外，進行「加派」，即遼餉、練餉、剿餉三餉加派。

所謂「加派」，是指在正常的田賦外加若干額數作為軍費之月。最初的徵派，不限定是田賦。弘治時，戶部侍郎韓文已論及：

> 正統以前，國家用儉，故百姓輸納皆不出常額之外。自景泰至今，供應日盛，科需日增，有司應上之求，不得已往往額外加派徵納，如河南、山東等處之添納邊糧，浙江、雲南等處之添買香燭，皆昔年所無者。[4]

加徵事例，包括正德九年（1514）「加天下賦一百萬兩」[5]，嘉靖二十九年（1550）共加賦一一五萬兩等[6]。實施的「加派」，是按畝數增加的「附加稅」，不論省分貧富，田土肥瘠等，劃一徵收[7]。雖然對較貧窮省分造成負擔及不公平，但的確能解決一時緊急軍需的窘狀。嘉靖二十九年（1550）秋，由於俺答進犯京師，政府須興兵防禦，京師諸邊軍餉驟增至五九五萬兩[8]，在

「通輕重苦樂於一里十甲之中，則丁糧均而徭戶不苦難，一也；法當優免者不得割他地以私蔭，二也；錢輸於官而需索不行，三也；又折閱不賠累，四也；合銀、力二差並公私諸費，則一人無叢役，五也；去正副二戶則貧富平，六也；且承粟有制而侵漁無所穴，七也；官給銀於募人，而募人不得反覆抑勒，八也；富者得弛擔而貧者無加額，九也；銀有定例，則冊籍清而詭寄無所容，十也。」

4 韓文：〈會計足國裕民疏〉，見御選《明臣奏議》，卷10，轉引自郭松義：《民命所繫──清代的農業與農民》（北京市：中國農業出版社，2010年），頁525-526。

5 張廷玉：《明史》（北京市：中華書局，1974年），卷16，〈武宗紀〉。

6 張廷玉：《明史》，卷202，〈孫應奎傳〉。

7 正德年間因建乾清宮，加天下賦一百萬兩，據《武宗實錄》卷一一九「正德九年（1514）十二月甲寅」條載：「營建宮室料價工役當用銀百萬兩，宜派浙江等布政司並南北直隸府州縣，均賦於民，每年帶徵十之二。恐輸不及，請暫於內帑借其半，以濟急用。詔內帑銀不必動。」（頁2408）這次的加派只為建宮殿，且分五年徵收，與後來加派只獨為軍餉籌措而行有所不同。

8 《明史》，卷78，〈食貨二〉：「二十九年（嘉靖，公元1550），俺答犯京師，增兵設戍，餉額過倍。三十年（1551），京邊歲用至五百九十五萬，戶部尚書孫應奎萬目無

南畿、浙江州縣增賦。自此以後，京邊的歲月，多則五百萬，少則三百餘萬，而當時天下財賦歲入太倉者約二百萬兩以下，而以十分之三作為軍餉儲備，即六十餘萬兩[9]。自嘉靖二十年至三十六年（1551-1557），每年餉額均過三百萬兩[10]。

　　加上嘉靖三十四年（1555），倭患漸熾於浙江沿海一帶，故又需於南畿浙閩的田賦加額外提編。其方法是以銀力差排編十均徭[11]。初時在應天、蘇、松等處的加派銀為三五九二〇兩，四十一年（1562）因水災減徵一八九三〇兩，四十二年（1563）將原加派派兵餉減三分之一，止徵銀二九〇六〇〇兩[12]。至四十四年（1565），南直隸巡按溫如璋條陳江南兵食事宜，奏請裁減加派數目，但裁減數目卻沒有記載。

策，乃議於南畿、浙江等州縣增賦二十萬，加派於是始。」（頁1901）

9　《明史》，卷78，〈食貨二〉：「京邊歲用，多者過五百萬，少者亦三百萬餘，歲入不能充歲出之半。由是度支為一切之法，其箕斂財賄、題增派、括贓贖、算稅契、折民社、提編、均徭、推廣事例興焉。」（頁1901）

10　梁方仲〈明代十段錦法〉列嘉靖三十年至三十六年（1551-1557）及京邊用之數表如下：

嘉靖三十年　　　5,950,000兩
　　三十一年　　5,310,000兩
　　三十二年　　4,720,000兩
　　三十三年　　4,550,000兩
　　三十四年　　4,290,000兩
　　三十五年　　3,860,000兩
　　三十六年　　3,020,000兩

見《梁方仲經濟史論文集》（北京市：中華書局，1989年），頁259。

11　《明史》，卷78，〈食貨二·賦役〉：「是時，東南被倭，南畿、浙、閩多額外提編，江南至四十萬。提編者，加派之名也。其法以銀力差排編十甲，如一甲不足，則提下甲補之。」（頁1902）

12　《世宗實錄》卷五二五「嘉靖四十二年（1563）九月己丑」條載：「巡撫應天周如斗言：江南自有倭患以來，應天、蘇松等處，加派兵餉銀435,900餘兩。今地方已寧，乞減三分之一，少甦民困。戶部覆，言加派兵餉原以濟急，事已宜罷，不但當減徵分數而已，請下酌議悉除之。報可。」（頁8565）

胡宗憲曾「創編提條之法，加賦額外」[13]，令到民生困乏。此次徵賦相信是發生在嘉靖三十六年（1557）胡氏任浙江總督時，據《萬曆會計錄》載：

> 三十六年（嘉靖，1557），總督胡宗憲奏議處兵勇工食，尚書方鈍覆查得前項工食合銀肆拾柒萬伍仟玖百兩（475,900兩）。議於概省官民田地山蕩，起辦其提編均徭里等項，盡行革去，合行各府清查。田地一畝，應否概徵銀玖厘；山壹畝，應否徵銀肆厘陸毫零；蕩壹畝，應否概徵銀柒厘。或田與地可以量增，或山與蕩可以量減[14]。

其法是每畝分等級，計畝徵銀，而當時浙江提編已達四七五九〇〇兩之多。

至於其他地方的加派，難有完整記錄，但嘉靖三十四年（1555）的加派很可能已遍及全國，據《世宗實錄》載：

> 浙直督撫儲臣以江南倭寇侵擾，調兵日多，糧餉不給，請借留淮浙餘鹽及南贛餉銀，各省庫接濟。戶部覆……今日江南軍餉孔亟，固當計應，京邊歲費日增，尤當議應。宜行各行司府編派均徭銀接濟，內除順天、應天、蘇、松、常、鎮等免編外，其餘司府俱預編一年。令南直隸淮、揚、鳳、徐四府州，浙江、福建、廣東、廣西、雲南五省銀解南直隸浙江軍門；陝西銀解延綏；山西銀解三關；北直隸，直保定七府，以備邊用。詔可。[15]

上列預編均徭一年，除指定數府外，範圍幾及全國。加派實施以來，賦額日增，而最不便者為提編銀[16]。及三十六年（1557）工科給事中徐浦指出提編只宜濟一時之急，兵事過後，應該取消提編，另外尋找方法解決軍餉以便人民

---

[13] 《明史》，冊18，卷205，〈胡宗憲傳〉，頁5414。
[14] 《萬曆會計錄》，卷2，頁110，〈浙江布政司田賦、沿革事例〉。
[15] 《世宗實錄》，卷422，頁7319-7320，「嘉靖四年（1525）五月丁未」條。
[16] 見〈兵部奉旨覆議九卿科道條陳禦倭事宜〉，《世宗實錄》，卷433，頁7471，「嘉靖三十五年（1556）三月丙子」條。

休息，不應毫無撙節任由官員加派[17]。可是當時戶部尚書方鈍認為倭患比加派更加傷害民生，因此贊成加派以備軍需[18]。

　　遼事發生，明政府引用前例，於田賦外加徵稅收。萬曆期間，加徵遼餉，第一次遼餉加派在萬曆四十六年（1618）：

> 戶部以遼餉缺乏，援征倭、征播例、請加派，除貴州地磽有苗變不派外，其餘浙江十二省、南北直隸、照萬曆六年《會計錄》所定田畝總計七百餘萬頃，每畝權加三厘五毫。惟湖廣、淮安額派獨多，另應酌議，其餘勿論優免，一概如額通融加派，總計實派額銀二百萬三十一兩四錢三分八毫零。[19]

《明史》〈志五十四〉〈食貨二〉〈賦役〉：

> 其後接踵三大征，頗有加派，事畢旋已。至四十六年（1618），驟增遼餉三百萬。時內帑充積，帝靳不肯發。戶部尚書李汝華乃援征倭、播例，畝加三厘五毫，天下之賦增二百萬有奇。明年復加三厘五毫。明年，以兵工二部請，復加二厘。通前後九厘，增賦五百二十萬，遂為歲額。所不加者，畿內八府及貴州而已。[20]

其後徵收遼餉的內容，在丁、田的銀額數上徵收，天啟元年（1621），給事中甄淑言：

---

[17] 《世宗實錄》卷四五四「嘉靖三十六年（1557）十二月癸未」條載：「浙直福建近因軍興，經費不敷，額外提編，以濟一時之急。比以奉行匪人，因公倍斂，民不堪命。今事勢稍寧，正宜培植休息，別求生財之道。而督撫胡宗憲，阮鶚乃於加徵存留之外，仍前提編，節年所費，漫無稽考。……乞嚴諭宗憲、阮鶚，事從撙節，毋濫費以益民困。」（頁7683-7684）

[18] 方鈍：「民困固所當恤，倭情尤為可慮。設使地方無備，一時倭患突至，則其焚劫殺傷之慘，將有甚於提編加派之苦。」同前註。

[19] 《神宗實錄》，卷574，「萬曆四十六年（1618）九月辛亥」條，頁10862。

[20] 張廷玉：《明史》〈志五十四〉〈食貨二〉〈賦役〉，頁1903。

「遼餉加派，易致不均。蓋天下戶口有戶口之銀，人丁有人丁之銀，田土有田土之銀，有司徵收，總曰銀額。按銀加派，則其數不漏。東西南北之民，甘苦不同，布帛粟米力役之法，徵納不同。惟守令自知其甘苦，而通融其徵納。今因人土之宜，則無偏枯之累。其法，以銀額為主，而通人情，酌土俗，頒示直省。每歲存留、起解各項銀兩之數，以所加餉額，按銀數分派，總提折扣，裒多益寡，期不失餉額而止。如此，則愚民易知，可杜奸胥意為增減之弊。且小民所最苦者，無田之糧，無米之丁，田鬻富室，產去糧存，而猶輸丁賦。宜取額丁、額米，兩衡而定其數，米若干即帶丁若干。買田者，收米便收丁，則縣冊不失丁額，貧民不致賠累，而有司亦免逋賦之患。」下部覆議，從之。[21]

前後三次，每畝達九厘之多。有關遼餉的討論，請參考拙著《論晚明遼餉收支》[22]。雖然加派之賦稅可備戰時之用，但民間能否承擔是另一問題。在嘉靖四十一年（1562）各處已出現逋欠提編加派銀。此情況同樣出現三餉加派中，自天啟以後，逋欠情況相當嚴重。

三 剿餉

崇禎期間，再徵練餉、剿餉，郭松義〈明末三餉加派〉[23]，亦有論及。剿餉、練餉的徵收時間較短，但直至明亡，仍在計畫徵收中。剿餉是楊嗣昌所提出，《明史》〈列傳一百四十〉〈楊嗣昌傳〉[24]：

---

[21] 張廷玉：《明史》〈至五十四〉〈食貨二〉〈賦役〉，頁1903。

[22] 楊永漢：《晚明遼餉收入》（臺北市：天工出版社，1998年）。

[23] 郭松義：〈明末三餉加派〉，《民命所繫——清代的農業和農民》（北京市：中國農業出版社，2010年），頁525-551。

[24] 張廷玉：《明史》〈列傳一百四十〉〈楊嗣昌傳〉（北京市：中華書局，1974年），頁6514-6515。

初，嗣昌增剿餉，期一年而止。後餉盡而賊未平，詔徵其半。至是，
督餉侍郎張伯鯨請全徵。帝慮失信，嗣昌曰：「無傷也，加賦出於土
田，土田盡歸有力家，百畝增銀三四錢，稍抑兼併耳。」大學士薛國
觀、程國祥皆贊之。於是剿餉外復增練餉七百三十萬。

論者謂：「九邊自有額餉，概予新餉，則舊者安歸？邊兵多虛額，今
指為實數，餉盡虛糜，而練數仍不足。且兵以分防不能常聚，故有抽
練之議，抽練而其餘遂不問。且抽練仍虛文，邊防愈益弱。至州縣
民兵益無實，徒糜厚餉。」以嗣昌主之，事鉅莫敢難也。神宗末增賦
五百二十萬，崇禎初再增百四十萬，總名遼餉。至是，復增剿餉、練
餉，額溢之。先後增賦千六百七十萬，民不聊生，益起為盜矣。」

剿餉徵收始於崇禎十年（1637），是針對晚明各地的農民動亂，徵收二八〇
萬兩[25]。至十二年（1639），仍在徵收中[26]。剿餉來源有四[27]：

第一是「因糧」，在納糧銀上，通因量輸則，不分多少，上下一
例，故又稱「均輸」。大致是「畝輸六合，石折銀八錢」，歲得「銀
百九十二萬九千有奇」；解說第二是「溢地」，依萬曆九年通行清丈
釐革後，未有加派的田地，稱為「溢地」，一律核實輸賦，歲得銀
「四十六萬六千有奇；第三是「事例」，又稱「寄學監生事例」，即由
富民輸銀與政府，取得監生之名，只行一歲；第四是「驛遞」，裁減
郵驛費用二十萬兩。

楊嗣昌所徵「溢地」，受到當時給事中王猷的批評：

兵部尚書楊嗣昌進均糧溢地之議，戶部尚書程國祥進溢地書冊，下撫
按恪遵徵解。臣敢指不便有五：以溢地為實耶？某戶隱欺，非大加清

---

25 張廷玉：《明史》〈列傳一百四十〉〈楊嗣昌傳〉，頁6510。

26 《楊文弱先生集》，卷32，〈欽奉上傳疏〉。

27 郭松義：〈明末三餉加派〉，見氏著《民命所繫——清代的農業與農民》，頁534。又
    見張廷玉：《明史》〈列傳一百四十〉〈楊嗣昌傳〉，頁6510。

丈不可；此時一望赤地，重之騷擾，一不便也。以溢地為虛耶？是誰
奏聞，或僥幸從報，或誤罹不赦，二不便也。計畝定溢耶？肥瘠莫
辨，輕重失宜，三不便也。計糧派溢耶？加以何名？小民鳴冤鼎沸，
四不便也。遼餉、新餉，年甚一年，一皮兩剝，五不便也。[28]

所言五不便，最恰當的說法是遼餉、新餉，後又再加派，真是「一皮兩
剝」。雖然有此奏疏，不竟推行了剿餉。

表一　崇禎十一年（1638）剿餉徵收銀表

項目	銀額（兩）
省直溢地銀	45,670+
裁站	200,000
督餉、再開事例	100,000
揚州新增鹽課	160,000+
均糧	1,800,000+
總數	2,305,670

資料來源：楊嗣昌《楊文弱先生集》，卷二十五，〈遵旨再議剿餉疏〉。

註：楊嗣昌所報數是二七一萬兩，與呈報徵收額細項數目不符。不足之數從
「裁扣」、「納贖」等項補回。

崇禎十三年（1640），因加徵練餉，詔免徵剿餉，《太倉州志》載崇禎
十三年（1640），奉撫院黃明示：奉旨減編均糧、溢地，剿餉銀免派於民。
就是因為徵收過度，減免剿餉。

---

[28] 孫承澤：〈溢地加派〉，《山書》，卷10，見謝國楨：《明代社會經濟史料選編》（福州
　　市：福建人民出版社，2004年），頁271。

四　練餉

崇禎十一年（1638），清軍攻入畿輔的山東等地，京師戒嚴。楊嗣昌定議由九邊各鎮及北直等地的總兵、總督訓練邊兵，估計兵數在七十三萬以上[29]，並開徵訓練邊兵的稅項，稱為「練餉」。從楊德政的建議可知，練餉所訓練的兵士，主要是應付農民的動亂：

> 嗣昌所議兵凡七十三萬有奇，然民流餉絀，未嘗有實也。帝又采副將楊德政議，府汰通判，設練備，秩次守備，州汰判官，縣汰主簿，設練總，秩次把總，並受轄於正官，專練民兵。府千，州七百，縣五百，捍鄉土，不他調。嗣昌以勢有緩急，請先行畿輔、山東、河南、山西，從之。於是有練餉之議。[30]

練餉的來源主要是田賦，原是依錢糧每兩加一分，據孫承澤《山書》[31]記載：「大江南北地狹糧重……，乃照地畝，每畝加一分。」是次徵收得銀四八一一八〇〇兩。[32]

表二　崇禎十二年（1639）擬徵練餉細分項

項目	銀數（兩）
賦役	700,000
兵部所裁站銀	500,000
關稅量增	200,000
鹽課	400,000
契稅	240,000
贓罰	200,000

---

[29] 張廷玉：《明史》〈列傳一百四十〉〈楊嗣昌傳〉，頁6510。

[30] 張廷玉：《明史》〈列傳一百四十〉〈楊嗣昌傳〉，頁6510。

[31] 《楊文弱先生集》，卷13，〈議加練餉〉。

[32] 《楊文弱先生集》，卷13，〈議加練餉〉。

典稅	30,000
公費節省	10,000
總數	2,780,000

　　練餉的總數是七百餘萬兩，規定從崇禎十二年（1639）開始徵收。這樣的徵收，無疑是令百姓百上加斤，而楊嗣昌卻認為「無傷也，加賦出於土田，土田盡歸有力之家，增銀三、四錢，稍抑兼併耳」[33]。說得輕鬆容易，但實際情況卻不是這樣。

　　楊嗣昌在〈交待錢糧疏〉就說到：「十年（1637）分未解到剿餉一萬三百九十三兩（10,393兩）；十一年（1638）分全未解到剿餉二十四萬一千七百二十兩有奇（241,720+兩）」；十二年（1639）分未解到剿餉三十五萬一千兩（351,000兩）。是三年剿餉共尚存銀六十萬三千一百一十三兩（603,113兩）」[34]。由此可見，朝廷如何加派，民間就是繳不上，加上地方胥吏上下其手，民變自然出現。郭松義舉例說明，雖然額數不足，但民間的賦稅卻沒有減輕[35]：

　　1. 江西豐城縣，田地共一四五七二頃，崇禎四年（1631）以前，每畝加派遼餉九厘，銀數一三一一四兩，但實派數一八六七〇兩。「歲視部額多派五千五百五十餘金」該省吉安府的遼餉，由於照糧派徵，「蓋每糧一石，多至五分，計糧四十八萬，每年多派二萬餘兩」。

　　2. 崇禎四年（1631）陝西臨潼縣，萬曆中以前，「每畝不過五分」，自遼餉以後「歲歲有加派，今年加二厘，明年加三厘，因事而派，事已而派不去，……迄今則每畝八分三厘，連加耗科索，則每畝一錢餘」[36]。

　　3. 江南一些地區合剿、練餉，每畝達四分以上。

　　4. 浙江秀水縣，一畝達二、三分；崇禎十五年，三餉合併，每畝高達一錢二分。

---

[33] 張廷玉：《明史》〈列傳一百四十〉〈楊嗣昌傳〉，頁6510。

[34] 《楊文弱先生集》，卷35，〈交待錢糧疏〉。

[35] 郭松義：〈明末三餉加派〉，見氏著《民命所繫──清代的農業與農民》，頁538-539。

[36] 《崇禎長編》，卷43，「崇禎四年二月戊申」條。

由上例證可知，朝廷所定的額數，與民間實收的額數，有所不同。

五　清江縣徵收三餉的情況

明秦鏞《清江縣志》[37]卷四、賦役志記載崇禎時該縣的本色稅糧是46,873+石，折色銀是34,361+兩。《賦役全書》載正副腳耗米四〇八八一點八八四石，加遼、練、關米5,991.92+石。《賦役全書》是萬曆期間製作，從此數可知，正常本色稅收大致不變。但，繳納銀則差別很大，《賦役全書》原糧銀15,077.97+兩，但加編漕南二糧、解官使費、加增農桑絹價、惠、桂二府贍租、遼餉、練餉等銀，共19,119.97+兩。崇禎時的折色銀較原先繳納的銀15,077.97+兩，增加超過百分之一二〇，不可謂不高[38]。

另外，繳納秋糧，另有遼米及練米的記錄，此處徵收是否納入遼餉及練餉，尚未清晰。有一現象就是，軍事緊迫，地方會特別開徵稅項，以應所需。

表三　秋糧遼米

年份	原額正米（石）	加耗（石）	折銀（兩）	總額（石）
天啟二年（1622）	2,337.55+	356.63+	1,751+	2,694.18
崇禎九年（1636）	2,337.55+	467.51+	1,542+	2,805.06

資料來源：〔明〕秦鏞：《清江縣志》，卷四，頁221。

註：天啟二年（1622），每石腳耗加一點五斗，崇禎九年（1636）加耗每石二斗。

天啟二年（1622），每石折銀六點五錢；崇禎九年（1636）每石折銀五點五錢。

---

[37] 臺灣中央研究院藏明崇禎刻本，見《四庫全書存目叢書》（臺南縣：莊嚴文化事業公司，1996年），史部第212冊。

[38] 〔明〕秦鏞：《清江縣志》，卷4，頁221。

表四　秋糧練米

年份	原額正米（石）	加耗（石）	折銀（兩）	總額（石）
崇禎十三年（1640）	1,246.69+	187+	931+	1,433.69+

資料來源：〔明〕秦鏞：《清江縣志》，卷四，頁221。

註：減銷遼餉銀931+兩，則秋糧練米，未必要上繳。

　　〈表三〉及〈表四〉的遼米及練米，是在秋糧徵納時，一同繳付，估計應是列入遼餉及練餉數目內。

　　〈表五〉所列遼餉，當是萬曆開徵時所定九厘額數。遼餉依制是有一定的數目，在清江縣加派遼餉銀是10,720+兩，天啟及崇禎期間紀錄字缺或不清晰，估計當不少於10,827+兩，另外二朝再加遼米，相信是額外加徵，但政府會還民若干銀，估計每石在六錢之間。

表五　遼餉

年份	銀（兩）	加耗（兩）	總額（兩）
萬曆三十八年 （當是四十八年）（1610）	10,720+	107+	10,827+
天啟二年（1622）	字缺／不清晰	字缺／不清晰	
崇禎十三年（1640）	字缺／不清晰	字缺／不清晰	

資料來源：〔明〕秦鏞：《清江縣志》，卷四，頁225。

註：天啟二年（1622）加編遼米1,1□□石。

崇禎十三年（1640）加編遼米1,4□□石，是年還民810+兩。

39　原書載遼餉開徵於萬曆三十八年，九厘銀開徵當在萬曆四十八年。

表六　練餉

年份	畝數	應課米（石）	派銀（兩）
崇禎十二年（1639）	8,114+	54,083+	10,222+

資料來源：〔明〕秦鏞：《清江縣志》，卷四，頁225。

　　據《明史》載，練餉是每畝應繳銀數加一分。縣志記載該縣正副腳耗米四〇八八一點八八四石，加遼、練、關米5,991.92+石，總數當在四六八七二石左右。〈表六〉所記數目，不知如何計算得出？

　　總結三餉銀數，清江縣除正常納稅外，更有為三餉建立的政策。這裡的所謂三餉，是指太倉舊餉、遼餉、練餉。

表七　本欸（款）三餉並腳耗

項目	銀數（兩）
太倉舊餉	580+
遼餉	10,720+（內裁減遼轉米銀7,303兩）
練餉	10,324+
總數	18,208+

資料來源：〔明〕秦鏞：《清江縣志》，卷四，頁240。

〈表七〉的記載當是三餉合併繳納，應是政府所定數字，需上繳中央。

表八　裁抵三餉銀數

項目	銀數（兩）
稅糧充餉銀	197+
里甲充餉銀	1,388
均徭充餉銀	1,119+
驛傳充餉銀	1,855+

民兵充餉銀	1,056+
鹽鈔充餉銀	55
總數	5,674+

資料來源：〔明〕秦鏞：《清江縣志》，卷四，頁240。

註：另加本省充餉銀1,384+兩。

表九　雜項三餉

項目	銀數（兩）
牙稅充餉銀	41+
稅契充餉銀	600
房號充餉銀	245+
錢典鋪充餉銀	89+
紙贖助餉	20
積穀扣三充餉銀	30
兩陵工充餉銀	150
總數	1,175+

資料來源：〔明〕秦鏞：《清江縣志》，卷四，頁240。

〈表八〉及〈表九〉的數字，應是正常三餉外，特別徵收以充餉用。所涉層面非常廣闊，亦表示影響民生頗深。其實此情況，均發生在不同地方，只是情況與項目不同。試舉康熙《寧化縣志》的記載，可見一斑，雜項包括：藩府膳田、漳南道書手工食銀、鋪兵告增工食銀、再加鋪兵告增工食銀、皇陵工料、均糧、溢地、房號稅、稅契、典鋪、撙節、積穀春夏額及秋冬額等。

---

40 康熙《寧化縣志》卷五〈度支〉，轉引自鄭學檬：《中國賦役制度史》（上海市：上海人民出版社，2000年），頁575。

表十　崇禎年間雜項三餉

年份	項目	銀數（兩）
崇禎四年（1631）	積穀扣三銀	30
崇禎五年（1632）	紙贖助餉銀	20
崇禎九年（1636）	陵工銀	150
崇禎十一年（1638）	缺俸銀	14+
崇禎十一年（1638）	缺廩銀	11+
崇禎十三年（1640）	□□（員生？）優免銀	154+

資料來源：〔明〕秦鏞：《清江縣志》，卷四，頁239。

〈表十〉所列的數據，是清江縣於不同時期，特別徵收，用以應付餉銀。其中有書明用於舊餉，或充於新餉不等，但很明顯，所謂新舊餉，已混為一談，最終目的是應付政府的需索。

六　結論

　　歸納三餉徵收的失敗，主要有三點：數額過高，人民難以承擔；貪官污吏，上下其手；行政失誤，漕運及解餉未達應有效果。

　　《明史》〈食貨二〉〈賦役〉記載：

> 崇禎三年（1630），軍興，兵部尚書梁廷棟請增田賦。戶部尚書畢自嚴不能止，乃於九厘外畝復徵三厘。惟順天、永平以新被兵無所加，餘六府畝徵六厘，得他省之半，共增賦百六十五萬四千有奇。後五年（1635），總督盧象升請加宦戶田賦十之一，民糧十兩以上同之。既而概徵每兩一錢，名曰助餉。越二年（1637），復行均輸法，因糧輸餉，畝計米六合，石折銀八錢，又畝加徵一分四厘九絲。越二

41　張廷玉：《明史》〈食貨二〉〈賦稅〉，卷志五十四，頁1903-1904。

年（1639），楊嗣昌督師，畝加練餉銀一分。兵部郎張若麒請收兵殘
遺產為官莊，分上、中、下，畝納租八斗至二三斗有差。御史衛周胤
言：「嗣昌流毒天下，剿練之餉多至七百萬，民怨何極。」御史郝晉
亦言：「萬曆末年，合九邊餉止二百八十萬。今加派遼餉至九百萬。
剿餉三百三十萬，業已停罷，旋加練餉七百三十餘萬。自古有一年而
括二千萬以輸京師，又括京師二千萬以輸邊者乎？」疏語雖切直，而
時事危急，不能從也。

上列記載，說明崇禎初年徵收餉銀的大致發展情況。崇禎三年（1630），梁
廷棟於九厘外，再加三厘，當時戶部尚書畢自嚴認為不可行，但最終通過。
畢自嚴任職戶部多年，深知徵收的困難，朝臣每每認為加徵之後，政府財政
便增多；可是地方又實在難於應付，畢自嚴於天啟四年（1624）曾一度引
退，希望退休，遠離此徵收困境，但被留任。如此，崇禎三年（1630）的加
派是達至十二厘，雖然一些省分減半，始終大部分省分受其影響。

　　盧象升於崇禎八年（1635）提出「助餉」，但很快由「均輸」取代，應
推行不順。崇禎十年（1637），由楊嗣昌推行「練餉」，向全國徵收。

　　崇禎十六年（1643），戶部尚書倪元璐提議將邊餉、新餉、練餉、雜餉
之名，止開正賦、兵餉二則。很明顯，徵收兵餉已到繁雜的地步。自崇禎四
年（1631）遼餉達一千萬兩後，崇禎十年（1637），剿餉二八〇萬兩，十二
年（1639）練餉七三〇餘萬兩，短短八年，餉銀暴升一倍，達二千萬兩。較
萬曆四十八年（1620）加派遼餉的五百多萬兩高出四倍。

　　欠餉在萬曆年已出現，從《神宗實錄》已知，自萬曆十五年（1587）至
四十七年（1619）止，九邊年例銀約在三百萬至四百萬兩之間，但自二十七

42　〔明〕畢自嚴：〈積病沉劇萬難供職疏〉，《餉撫疏草》（影印明天啟刻本），收入《四
　　庫禁燬書叢刊》（北京市：北京出版社，2000年），史部第75冊，頁46。

43　見《倪文貞公奏疏》〈併餉裁餉疏〉。

44　〔明〕畢自嚴：〈欽奉上傳覆查外解拖欠疏〉，《度支奏議》，〈堂稿二〉，頁20-30。可
　　參考拙著《論晚明遼餉收支》，頁87-89。

年（1599）始，每年均欠餉，到四十四年（1612），欠餉達五百餘萬兩之多。

崇禎元年（1628），各省直該徵新餉銀為二五五四七八一兩，而已解完銀，只有五〇一八六一餘兩，完全沒有解銀的省直包括浙江、福建、江西、池州、蘇州、松江、常州、鎮江、鳳陽、淮安、揚州、徐州、除州、和州、廣德、保安等各地，山東因島餉酌議，未解。如此情況，可謂非常嚴重。我們試看看崇禎元年（1628）的欠餉情況：

表十一　崇禎元年（1628）各省直舊餉拖欠表

地方名稱	該徵解銀（兩）	尚欠款項（兩）	已解完解（兩）
浙江省	56,054	56,054	0
河南省	418,850	418,850	0
山東省	494,922	472,547	22,375
湖廣省	67,567	67,567	0
江西省	47,886	47,886	0
廣東省	9,316	9,316	0
南直隸，應天府	23,251	23,251	0
安慶府	5,388	5,388	0
徽州府	9,070	4,273	4,797
蘇州府	149,070	149,070	0
松江府	50,363	50,363	0
常州府	48,255	48,255	0
鎮江府	3,299	3,299	0
廬州府	3,459	3,459	0
鳳陽府	13,550	13,550	0
淮安府	18,671	18,671	0
揚州府	19,057	19,057	0
徐州	6,614	6,614	0
除州	716	716	0
和州	547	547	0

廣德州	8,952	8,952	0
北直隸，順天府	26,272	26,043	229
河間府	21,732	20,544	1,188
順德府	12,350	14,350	0
保定府	1,830	0	1,830
真定府	30,040	30,040	0
廣平府	22,642	22,642	0
大名府	72,642	62,642	10,000
永平府	1,640	1,640	0
兩淮等運司	1,103,127	1,026,274	76,853
總數	2,749,132	2,631,860	117,272

資料來源：《度支奏議》，〈堂稿卷二〉，第1函，第2冊，〈欽奉上傳覆查外解拖欠疏〉，頁3-19。

上表顯示有二十三州府，完全欠銀，超過百分之七十五的地方欠繳，還再加徵稅項，能有效嗎？所謂民不聊生，可見一斑。餉額過高，民眾是否能支持，又是一大問題。

因為邊餉的緊絀，徵收稅項，可謂有點巧立名目。所收款項，已不分條理，混支兵餉，太倉空虛，貪官乘勢私肥，《明史》〈食貨志三〉：

> 萬曆三十年（1602），漕運抵京，僅百三十八萬餘石。而撫臣議截留漕米以濟河工，倉場侍郎趙世卿爭之，言：「太倉入不當出，計二年後，六軍萬姓將待新漕舉炊，倘輸納愆期，不復有京師矣。」蓋災傷折銀，本折漕糧以抵京軍月俸。其時混支以給邊餉，遂致銀米兩空，故世卿爭之。自後倉儲漸匱，漕政亦益弛。迨於啟、禎，天下蕭然煩

---

45 張廷玉：《明史》〈食貨三〉〈漕運〉，卷志五十五，頁1921。

46 參考拙著：《論晚明邊餉收入》，頁112-114。

47 《熹宗實錄》卷四十二「天啟四年二月甲戌」條載戶科給事中楊維新言。

費，歲供愈不足支矣。

拙著《論晚明遼餉收支》曾探討除九厘銀外，政府加徵的稅項，包括雜項、地畝銀、關稅、鹽課等，擾民程度幾及各階層。其他的籌措方法，包括鼓鑄、帶運糧、搜括、捐助、捐俸等。史載李自成破秦地，地方政府仍在徵收新餉、均輸、間架等稅項，可謂諷刺。

項目愈多，奸吏的機會就愈多，民生則愈艱。地方吏胥作弊可謂無日無之。如天啟四年（1624）：「外解虧百六十餘萬，非盡在民也，或州縣解府，府解司府，各移而用之，相下相蒙，撫按不核，安得不愈欠愈多耶？」崇禎時，戶部尚書呂維祺亦指出各省逋欠多達三百多萬，不盡是民欠，實在吏胥豪猾。部分地方豪強，更倚著政治勢力，拒不繳納。就算被逼繳納，又會將自己應課的數目加諸佃戶身上。至於貪贓枉法的官蠹情況，可看時人的記載：「百姓所最苦者，不肖官吏之比徵愈急，輸輓愈緩，私橐愈贏，公賦愈虧。」，「怯於格上，而勇於誅下，加派如鱗，徵求到骨」。

除上述在行政及施行上攫取利益外，更在徵收工具上使詐，如正常徵收額數上，加多若干數；或所用戥子比正常重量高二分，又於徵收時額外加收高抬至六七分。據《熹宗實錄》記載登萊巡撫在位一年，就侵吞貪污遼東軍需費用幾十萬兩。因徵餉而大貪的官員，可謂屢見於史冊。

其次，又有軍前私派，則是正稅以外，私自徵收的加派，孫承澤《春明夢餘錄》：

48　呂維祺：〈請免加賦疏〉，《明德先生文集》，卷3，轉引自郭松義：《民命所繫——清代的農業與農民》，頁541。

49　鹿善繼：〈與范夢章書〉，《鹿忠節公集》，卷16，轉引自郭松義：《民命所繫——清代的農業與農民》，頁541。

50　郭松義：《民命所繫——清代的農業與農民》，頁541。

51　《熹宗實錄》卷三十八「天啟三年九月壬寅」條載李春華劾奏是「侵餉十萬」，其餘文獻則是數十萬。

52　孫承澤：《春明夢餘錄》，卷36。

53　載於《新亞論叢》第1期（臺北市：天工出版社，1999年）。

近者軍前派徵益屬，甚至小縣派米稻三千石者，黑白豆二千石者，計價不下二萬餘兩。

在困拙中，危機處處時，不獨是官員貪污，商人亦乘時取利。拙著〈從畢自嚴《督餉疏草》看明代海運之困難〉已指出當時的商人多方使詐，希望多取利益，包括摻雜劣米等。明畢自嚴另一紀錄《餉撫疏草》同樣載有當時的困境：

> ……天啟三年（1623）十一月二十日，據監督天津糧儲戶部員外郎王若之呈稱，新餉向因本倉收貯截漕粳米每月搭放本折兼支，用銀還少。自閏十月粳米盡絕，以後新餉全支折色，比照往日用銀便多見。今十一月十二月分共該餉銀四萬二千餘兩，時值隆冬，待哺愈切。本職初任，無可給發相應，呈請各咨部堂，蚤發前銀接濟。

畢氏亦清楚沒有糧餉，軍士如何作戰：

> ……顧糧餉一日不發，則兵馬一日難行……軍令雖具，法難概施，或以情面而稽邊防，或以饑饉而生洶動，臣且無死所矣。

可是國家危難之際，兵糧又出現問題：

> 近見邸報上年十二月內御史瞿學程一疏，條議兵餉內云解來本色率腐爛不可食，且收者一人，放者又一人，遂令奸徒侵損，插足其間，臭聞街市，無益於兵，而有害於國。最為可恨，又傳言船至天津，每船出銀五十兩，方准收入。不則，暴露原野，略無珍惜，及至壞日，取

54　畢自嚴：《餉撫疏草》（影印明天啟刻本），收入《四庫禁燬書叢刊》（北京市：北京出版社，2000年），史部第75冊，頁13。

55　畢自嚴：〈津兵調發無餉疏〉，《餉撫疏草》（影印明天啟刻本），收入《四庫禁燬書叢刊》（北京市：北京出版社，2000年），史部第75冊，頁15。

56　畢自嚴：〈轉餉多愆聞言增惕疏〉，《餉撫疏草》（影印明天啟刻本），收入《四庫禁燬書叢刊》（北京市：北京出版社，2000年），史部第75冊，頁40-41。

商人繫之，即老死獄中，何益哉？……國家費百萬金錢以轉餉於關門，方將望其馬騰士飽，以坐收犁庭掃穴之效，而臭爛不可食至不堪飼駑馬，於官帑為虛耗，於軍需為暴殄。

除上述原因，大臣之間的不協調，亦是關鍵因素。時楊廷麟不滿楊嗣昌，楊嗣昌即趁機推薦廷麟管兵事，恨之冀其死。《明史》〈楊廷麟傳〉：

其冬，京師戒嚴。廷麟上疏劾兵部尚書楊嗣昌，言：「陛下有撻伐之志，大臣無禦侮之才，謀之不臧，以國為戲。嗣昌及薊遼總督吳阿衡內外扶同，朋謀誤國。與高起潛、方一藻倡和款議，武備頓忘，以至於此。今可憂在外者三，在內者五。督臣盧象升以禍國責樞臣，言之痛心。夫南仲在內，李綱無功；潛善秉成，宗澤殞命。乞陛下赫然一怒，明正向者主和之罪，俾將士畏法，無有二心。召見大小諸臣，咨以方略。諭象升集諸路援師，乘機赴敵，不從中制。此今日急務也。」時嗣昌意主和議，冀紓外患，而廷麟痛詆之。嗣昌大恚，詭薦廷麟知兵。帝改廷麟兵部職方主事，贊畫象升軍。象升喜，即令廷麟往真定轉餉濟師。無何，象升戰死賈莊。嗣昌意廷麟亦死，及聞其奉使在外，則為不懌者久之。

上貪下貧，軍士無飽食，無暖衣，於明朝衰亡中，仍要鎮守邊防，其窘迫可以想像得到。無論誰是主政者，兵餉不繼，貪污處處，人事鬥爭，人主猜忌，相信難以隻手救難。三餉之徵收，我認為不懂節制，是明朝步向滅亡的主因。三餉項目太多，又引出一大批貪官，民不聊生。可是，行政上又沒法消除貪污，卒至引起民變，明朝不是先亡於外族，而是李自成的民變滅明。

57　張廷玉：《明史》〈楊廷麟傳〉，列傳卷一六六，頁7114。

清代開港前安平的經濟發展 *

謝美娥**

一　安平之稱與港口研究

安平，歷經十九世紀中期開港與日治時期的建設規劃後，其名稱與空間似限於港口範圍。但如上溯開港前的歷史，安平涵蓋的空間概念應與傳統熟知的鹿耳門並同視之。安平之稱及其區域四至，從清領至康熙六十一年（1722），稱安平鎮保，隸屬鳳山縣。內有安平鎮城，位於一鯤身，是水師駐地的鎮。康熙六十一年（1722）起，安平鎮保改稱效忠里，仍隸鳳山縣。雍正十二年（1734）至光緒十四年（1888）改隸臺灣縣（臺灣府的附郭），仍稱效忠里。光緒十四年（1888）至清末，臺灣建省調整行政區域，臺灣縣改稱安平縣，為臺南府附郭，效忠里隸屬安平縣。可以說，在開港前的清代時期，以安平為名稱的區域概念漸有擴大。以安平為縣名的時期，是指原臺灣縣的範圍，含臺灣府城（或臺南府城）在內，是廣義的安平。在此之前，安平是指在一鯤身的安平鎮，居鹿耳門口內，可謂狹義的安平。然而無論是狹義的一鯤身安平或廣義的臺灣縣／安平縣地區，座落於此區最重要的對外口岸，應是先以鹿耳門而後以安平為進出的港口，筆者認為可以以鹿耳門／安平一體稱之。清代官定的臺灣貿易進出正口，乾隆四十九年（1784）以前為

*本文為「國立成功大學人文社會科學中心‧臺灣沿海聚落安平的歷史調查研究」計畫之子計畫「清代開港前安平的經濟發展」的研究成果。
**成功大學歷史系副教授。

鹿耳門獨口對渡時期，其後陸續增開鹿港、八里坌等口，到十九世紀中期新式海關開港以前可稱為多口對渡時期。可以想知，鹿耳門獨口對渡時期，鹿耳門／安平在臺灣對外商貿的重要性。

做為港口研究，早期對清代鹿耳門／安平的探討主要在港口地理變遷的考證，一九六〇年代有關鄭成功開臺登陸地點的爭議論戰中，大體釐清了清代鹿耳門／安平的港道變遷面貌，[1] 其後，著重港口系統與港口的經濟角色及其所在地的區域經濟關係。其中有關港口系統方面，論者認為開港前鹿耳門／安平一直都居於其中一個主系統。有關港口與所在地的區域經濟關係方面，論者已勾勒安平自十七世紀以來的區域經濟發展，認為開港前具備轉口商港、漁業（漁港）兩種經濟角色。然而後者所謂安平，是以現今臺南市安平區為範圍，大致是一鯤身安平。所稱轉口商港，是指安平港（本文界定的鹿耳門／安平）與臺灣府城之間商品的轉口，也就是說經貿中心在臺灣府城，不在一鯤身安平，而漁業（漁港）才是在地的主要經濟命脈。還稱十九世紀中後期安平港由盛趨衰，安平所在的區域經濟也不如前昔。這與港口系統論述稱開港後安平（與打狗）成為二個主系統之一，且為一級港口的看法（亦即開港後的安平更為興盛）明顯不同。[2]

無論如何，若將清代官定正口開放時程與前述港口研究並觀，開港前，不特是獨口對渡時期，即使在多口對渡時期，鹿耳門／安平的轉口商港角色都相當重要。那麼，轉口商品是什麼？據前述安平區域經濟關係的看法，認為既然進出口經貿中心在臺灣府城，因而府城三郊營運的商品即安平的轉口

---

1 顏興：〈臺江續考〉，《南瀛文獻》第7期（1961年12月），頁1-11。許丙丁等：〈鹿耳門古港道里方位考〉，收於鹿耳門志編輯委員會：《鹿耳門志》（臺南市：安南區土城正統鹿耳門天上聖母廟，1962年），頁2-33。盧嘉興：《鹿耳門地理演變考》（臺北市：中國學術著作獎助委員會，1965年）。古亭書屋編：〈報章介紹「鹿耳門地理演變考」〉，盧嘉興：《臺灣研究彙集》，第18冊（1978年7月），頁87-89（收於盧嘉興：《臺灣文化集刊》，第2冊，臺北市：古亭書屋，出版年不詳）。范勝雄：〈三百年來臺南港口之變遷〉，《臺灣文獻》第29卷第1期（1978年3月），頁43-48。

2 林玉茹：《清代臺灣港口的空間結構》（臺北市：知書房，1996年）。林朝成、鄭水萍主修：《安平區志》（臺南市：臺南市安平區公所，1998年），卷5，〈經濟產業志〉。

商品——出口以糖、米為主，進口商品以手工業製品為主。[3]然而應該注意，乾隆四十九年（1784）以前，經鹿耳門流通的進出口商品及貨量的變化，與鹿耳門所在的臺灣府、臺灣縣，乃至臺灣全域的經濟發展實密切相關。米、糖是出口大宗，米穀主要從臺灣府熟墾地區運來，隨著拓墾的向北、向內山擴張而增加輸出量；糖則是以植蔗為主的南部主要的農產品。換言之，鹿耳門／安平之所以能發展，其所依賴的經濟腹地，除了南部地區，相當長時期是以全島已開發地區（至少是臺灣西部）為其腹地。

上述研究大致已宏觀處理了開港前鹿耳門／安平的港口地理、港口與區域經濟關係等面向，本文努力之處在於：首先，以上述研究為基礎，將所見史料彙整，對十九世紀中期前鹿耳門／安平及其周邊地區的經濟生產、商品流通的經濟圖像予以較為完整的呈現。其次，關於鹿耳門／安平的進出口商品，前人研究多以方志、雜記為本，形塑該港商品類項。這是因為開港前的清代史料中，至今還未見精確的、系統化的數量史料可茲憑據，本文仍受囿於此一困境，僅試圖增補前人研究較少用到的清代官方檔案的相關記錄，盡可能拼湊出流通於鹿耳門／安平的商品結構與規模，使臻完備，並根據幾筆概括性的數據史料，估計開港前鹿耳門／安平的總體貿易量的變動。以下將先概述安平地區的區域經濟格局，再及於商品部分的討論。

二　安平的區域經濟格局

一鯤身安平的經濟主要靠漁業，本地沒有農業，農業主要在臺灣本島，商業雖然也有發展，但主要是供應日常生活所需物品，至於以鹿耳門／安平進出口的商品（農產品），是從臺灣縣／安平縣地區流通而來，以為轉口，亦即以進出口為目的的大型商業機能在府城發展，一鯤身安平是否形成港口

3　林朝成、鄭水萍主修：《安平區志》，頁656-657。山本進：〈海禁と米禁——清代閩浙沿海の米穀流通〉，《社會經濟史學》第55卷第5號（1989年12月），頁81-110。收入山本進：《清代の市場構造と經濟政策》（名古屋市：名古屋大學出版會，2002年），頁134-156。

城市（port city），[4]值得再商榷。

（一）聚落的形成與經濟生產

據十八世紀初周元文〈申禁無照偷渡客民詳稿〉所述，「奸頑商艘并營哨船隻輒將無照之人，每船百餘名或多至二百餘名偷渡來臺。其自廈門出港，俱用小船載至口外僻處登舟。其至臺，亦用小船於鹿耳門外陸續運載，至安平鎮登岸。」[5]安平鎮保即一鯤身安平，是內地民人移渡臺灣的中途站，無照偷渡客的登岸處，由於離府治才十里，[6]就地留居或過渡暫時居住，隱匿戶籍乃為常態。雍正九年（1731）臺灣縣編造丁口清冊時，發現安平、效忠里保甲冊內有水師三營兵丁藏匿眷口，附雜民居者達五十五名之多，保甲冊內「一人二名，十居其九」。[7]

然而研究顯示，此地聚落最早形成於十七世紀晚期，與軍營駐紮、漁業生計的聚居有關。[8]康熙二十三年（1684）任臺灣知府的蔣毓英稱七個鯤身「相踞十餘里，其山勢如員珠遞下……每山麓各有民居……山之下，偽時

4　港口城市（port city）與只是貨客轉運的港口有區別，見包樂史著，賴鈺勻、彭昉譯：《看得見的城市：東亞三商港的盛衰浮沈錄》（杭州市：浙江大學出版社，2010年），頁116-117，註10。

5　周元文：《重修臺灣府志》（康熙五十一年〔1712〕序，康熙五十七年〔1718〕增補刊行；《臺灣文獻叢刊》第六十六種），卷10，〈藝文志〉〈公移〉，頁325。

6　高拱乾：《臺灣府志》（康熙三十三年〔1694〕修，康熙三十五年〔1696〕刊行；《臺灣文獻叢刊》第六十五種），卷2，〈規制志〉〈坊里〉〈鳳山縣〉，頁36。周元文：《重修臺灣府志》，卷2，〈規制志〉〈坊里〉〈鳳山縣〉，頁42。劉良璧輯：《重修福建臺灣府志》（乾隆六年〔1741〕序；《臺灣文獻叢刊》第七十四種），卷5，〈城池〉〈坊里〉〈臺灣縣〉，頁78。

7　洪安全主編：《清宮宮中檔奏摺臺灣史料》（臺北市：國立故宮博物院，2001-2003年），雍正九年十二月十三日，頁2657。

8　楊一志：〈從大員市鎮到臺灣街仔：安平舊街區的空間變遷〉（桃園縣：私立中原大學建築學系碩士論文，2000年），頁97-100。

居民千餘家。」[9]清領後安平鎮為臺灣水師三營駐紮之所，主要人口是兵丁軍眷，但是從地方政府於此地也能徵得「瓦厝三十間」的陸餉可知，十七世紀晚期也有一定的民居聚落形成。[10]十八世紀初《鳳山縣志》稱「安平鎮街……商賈輳集。近海街市，惟此為最大。」[11]至一七三〇年代，安平鎮仍是「人烟亦密」之處。[12]與一鯤身安平相聯的其他六個鯤身相較，此地相對繁榮，志稱：「七鯤身：在縣治西南十里。一鯤身與安平鎮接壤，自七鯤身至此，山勢相聯如貫珠，不疏不密。雖在海中，泉甘勝於他處，多居民。距里許，為二鯤身，有居民。再里許，為三鯤身。又里許，為四鯤身。又里許，為五鯤身。又里許，為六鯤身。又里許，為七鯤身。自打鼓山下起，七峰宛若堆阜；風濤鼓盪，不崩不蝕；多生荊棘，望之鬱然蒼翠。外為大海、內為大港，採捕之人多居之。」[13]可知，七鯤身中有居民者在一二鯤身，其餘各鯤身為採捕之人居處。十八世紀前半期六十七、范咸的《重修臺灣府志》和王必昌《重修臺灣縣志》的臺灣郡治八景即有「沙鯤漁火」（圖一）、「鯤身集網」（圖二），圖中繪有類似叢草之物，示意七鯤身的自然環境沒有農作，漁船匯聚則顯示該地區域經濟主要在漁捕。

至十九世紀前半期，一鯤身安平仍然是「多產蒜茶、桃榔」，「一鯤身地最廣，即安平鎮紅毛舊城在焉。今水師營駐於此，有居民、街市。二鯤身至七鯤身，居者多漁戶。」[14]基本上延續了十八世紀以來的經濟格局。

9　蔣毓英撰，陳碧笙校注：《臺灣府志》（廈門市：廈門大學出版社，1985年），卷之二，〈敘山〉〈臺灣縣山〉，頁30。

10　高拱乾：《臺灣府志》，卷5，〈賦役志〉〈陸餉〉〈鳳山縣〉，頁134。周元文：《重修臺灣府志》，卷5，〈賦役志〉〈陸餉〉〈鳳山縣〉，頁182。

11　北京市天龍長城文化藝術公司編：《臺灣史料輯》（北京市：學苑出版社，1999年），第4冊，康熙五十七年五月十一日，覺羅滿保疏，頁975。陳文達編纂：《鳳山縣志》（康熙五十九年〔1720〕；《臺灣文獻叢刊》第124種），卷2，〈規制志〉〈街市〉，頁27。

12　尹士俍著，李祖基點校：《臺灣志略》（乾隆三年〔1738〕序）（北京市：九州出版社，2003年），中卷，〈民風土俗〉，頁44。

13　六十七、范咸纂輯：《重修臺灣府志》（乾隆十二年〔1747〕序；《臺灣文獻叢刊》第一〇五種），卷1，〈封域〉〈山川〉〈臺灣縣〉，頁9。

14　謝金鑾、鄭兼才：《續修臺灣縣志》（嘉慶十二年至道光元年〔1807-1821〕；《臺灣文

圖一　沙鯤漁火

資料來源：六十七、范咸纂輯：《重修臺灣府志》上（乾隆十二年〔1747〕）、〈卷首〉、〈臺灣郡治八景圖〉，載《臺灣史料集成：清代臺灣方志彙刊》（臺北市：行政院文化建設委員會、遠流出版事業公司，2005年），第8冊，頁76-77。

獻叢刊》第一四○種），卷1，〈地志〉〈山水〉，頁22。

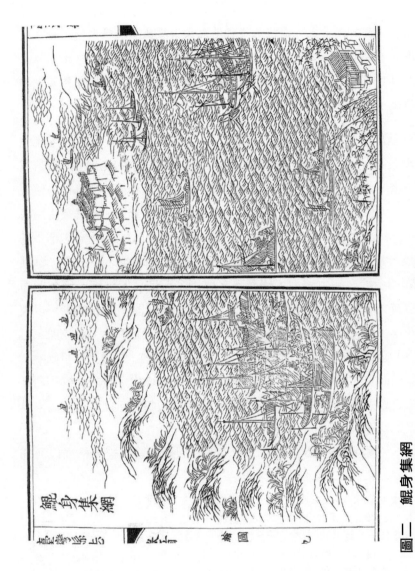

圖二　鯤身集網

資料來源：王必昌總輯：《重修臺灣縣志》上（乾隆十七年〔1752〕）、〈卷首〉、〈繪圖〉，載《臺灣史料集成：清代臺灣方志彙刊》（臺北市：行政院文化建設委員會、遠流出版事業公司，2005年），第10冊，頁66-67。

　　除了漁捕，七鯤身或一鯤身安平也沒有發展農業，既沒有糧食作物也沒有經濟作物的種植與生產，此與其自然地土環境及近海洋流烏魚魚群必經路線有關。《臺海使槎錄》稱：

> 烏魚於冬至前後盛出，由諸邑鹿仔港先出，次及安平鎮大港，後至瑯
> 嶠海腳，於石罅處放子，仍回北路。鳳山雜餉，給烏魚旗四十九枝。
> 旗用白布一幅，刊刷「烏魚旗」字樣，填寫漁戶姓名，縣印鈐蓋，插
> 於船頭，帶網採捕。[15]

冬至時節烏魚群自北而南，游經一鯤身安平，魚群南至瑯嶠產卵後回流向北，七鯤身最為受益。而「七鯤身嶼……相距各里許，沙線遙連，勢若貫珠，不疏不密……皆沙土。風濤鼓盪，不崩不蝕。多生菻荼、桄榔樹，望之鬱然蒼翠，泉尤甘美。」[16]沙土上的綠意並非農作，而是菻荼、桄榔叢生造成的。菻荼亦曰林投，是一種器作植物，也可「密種園邊以為籬」。[17]志稱「其樹直幹無枝，長葉利刺。刺參列如鋸齒，叢心結實如鳳梨，不可食，擘其實，子顆顆如金鈴。初生著地，榛莽蘆之屬也，漸長高如栟櫚，年久老而成木，堅緻有文理，宜作筯及朝珠、歌板、月琴、諸樂器。」[18]桄榔則用以製器，其「花落生葉，質堅，皮中有屑如麩。木性如竹，紫黑色，有紋理，可製為器」[19]，「桄榔子樹若鐵蕉，葉亦如之，花淡黃而差白，結子至五月始熟，色黑如山茱萸而甘，核亦彷彿之。其結子時土民即種埔尖，是歲桄榔子若多生，即是歲之穀亦有年。」[20]兩者構成的自然地景一目瞭然，此地沒有尚未具備發展農業的條件。

歸言之，一鯤身安平為非農人口聚落，其周邊的區域經濟格局以漁捕

---

[15] 黃叔璥：《臺海使槎錄》（乾隆元年〔1736〕序；《臺灣文獻叢刊》第四種），卷1，〈赤崁筆談〉〈賦餉〉，頁22。

[16] 王必昌：《重修臺灣縣志》（乾隆十七年〔1752〕；《臺灣文獻叢刊》第一一三種），卷2，〈山水志〉〈澳嶼〉，頁38-39。

[17] 王必昌：《重修臺灣縣志》，卷12，〈風土志〉〈土產〉〈木之屬〉，頁424。

[18] 謝金鑾、鄭兼才：《續修臺灣縣志》，卷1，〈地志〉〈物產〉，頁53。

[19] 王必昌：《重修臺灣縣志》，卷12，〈風土志〉〈土產〉〈果之屬〉、〈風土志〉〈土產〉〈木之屬〉，頁419、423。

[20] 蔣毓英：《臺灣府志》，卷之4，〈物產〉〈果之屬〉，頁75。周鍾瑄修，陳夢林等編纂：《諸羅縣志》（康熙五十六年〔1717〕序；《臺灣文獻叢刊》第一四一種），卷10，〈物產志〉〈物產〉〈果之屬〉，頁207。

為主。

（二）商業、交通與地方財政

　　由於一鯤身安平沒有什麼農業，此地非農人口的消費仰賴外地（府城、臺灣縣）輸入糧食以及日用百貨。《臺海使槎錄》記稱「安平、七鯤身，環郡治左臂；東風起，波浪衝擊，聲如雷殷。諺云：『鯤身響，米價長』，謂海湧，米船難於進港。」[21]因物資運轉所形成的街為安平鎮街，即市仔街，主要是「府中市物轉聚於此」而有。[22]從此區最主要的交通設置聯結點也可明瞭。從一鯤身安平到府城之間隔著臺江內海，設有安平鎮渡，設渡船三十四隻，「自安平鎮至大井頭相去十里。……大井頭水淺，用牛車載人下船。鎮之澳頭淺處，則易小舟登岸。」[23]志書所述，正如圖三：〈康熙臺灣輿圖〉、〈康熙四〇年代地圖〉（圖三、圖四）圖示，安平鎮渡與府城的大井頭對渡，渡船皆小艇，靠近大井頭水岸處，由於水淺，可易換牛車涉水登岸。康熙三十六年（1697）郁永河記其進入鹿耳門行程也是這樣的情形：

> 丁丑春王，遂戒裝行……望鹿耳門……既驗，又迂迴二三十里，至安平城下，復橫渡至赤崁城，日已晡矣。……二十五日，買小舟登岸，近岸水益淺，小舟復不進，易牛車，從淺水中牽挽達岸，詣臺邑二尹蔣君所下榻。[24]

21 黃叔璥：《臺海使槎錄》，卷1，〈赤崁筆談〉〈形勢〉，頁6。

22 高拱乾：《臺灣府志》，卷2，〈規制志〉〈市鎮〉〈鳳山縣〉，頁48。周元文：《重修臺灣府志》，卷2，〈規制志〉〈市鎮〉〈鳳山縣〉，頁54。余文儀：《續修臺灣府志》（乾隆二十九年〔1764〕；《臺灣文獻叢刊》第一二一種），卷2，〈規制〉〈街市〉〈臺灣縣〉，頁84。

23 高拱乾：《臺灣府志》，卷2，〈規制志〉〈津渡〉〈鳳山縣〉，頁43；卷5，〈賦役志〉〈水餉〉〈臺灣府〉，頁136；〈賦役志〉〈水餉〉〈鳳山縣〉，頁137。周元文：《重修臺灣府志》，卷2，〈規制志〉〈津渡〉〈鳳山縣〉，頁49-50；卷5，〈賦役志〉〈水餉〉〈鳳山縣〉，頁185。

24 郁永河：《裨海紀遊》（康熙三十六年〔1697〕；《臺灣文獻叢刊》第四十四種），卷

小舟指的是「渡頭更上牛車坐，日暮還過赤崁城」。[25]

至於一鯤身安平與府城之間的陸路交通線，要到十九世紀初期起才有，由府城向西，「陸，自七鯤身有路可至，計二十里。」[26]

臺灣縣的區域經濟格局則大異於一鯤身安平。該縣：

> 西至於海，曰鹿耳門（在臺灣港口，形如鹿耳，分列兩旁；中有港門，鎮鎖水口。凡來灣之舟，皆從此入，泊舟港內。其港門甚隘，又有沙線；行舟者皆以浮木植標誌之）、曰北線尾（在鹿耳門南，與鹿耳門接壤。其南，即安平鎮也。離安平鎮未上里許，中有一港，名大港，紅毛時甚深，夾板船從此出入，今淺），南轉與安平鎮七鯤身會。[27]

縣境西界轄鹿耳門、大港（荷治的大員港），清領以後，在一府時期，臺灣縣為府城附郭，府治設於此，臺廈道、臺灣鎮都在縣城（見圖四），其後海防廳署亦設於此（見圖五），不僅具政治中心的角色，其民居及商業繁榮程度亦為諸縣之冠。尹士俍記稱：

> 自鹿耳門抵郡治，崁下內澳寬廣，可泊數千艘，有舸艦迷津之盛。……至附郭內外，多煙寺花潭，商賈交易，成燈街夜市。民物豐盈，光景富麗，他邑鮮有及者。[28]

此區的商業規模，非一鯤身安平可比。無論是臺灣縣或府治，鹿耳門是其對外之口，也是黃叔璥所稱的「臺灣之內門戶」，而一鯤身安平面向府治／縣城所在的港澳，則是「水師戰艦、商民舟楫止宿之地」，[29]於此大舟更易小船、以牛車接泊進入府城／縣城。從交通聯結點來看，一鯤身安平依賴府城

上，頁8。

[25] 郁永河：《裨海紀遊》，卷上，頁14。

[26] 李元春：《臺灣志略》（《臺灣文獻叢刊》第十八種），卷1，〈地志〉，頁7。

[27] 高拱乾：《臺灣府志》，卷1，〈封域志〉〈山川〉〈臺灣縣山〉，頁10。

[28] 尹士俍著，李祖基點校：《臺灣志略》，上卷，〈全郡形勢〉，頁4。

[29] 黃叔璥：《臺海使槎錄》，卷1，〈赤崁筆談〉〈形勢〉，頁5。

所在的區域發展而成。據此,鹿耳門作為府城、臺灣縣或臺灣的對外之口與內門戶,帶動此港興盛的發展其實是在臺灣本島,府城及臺灣縣。

郁永河《裨海紀遊》謂「望鹿耳門,是兩岸沙角環合處,門廣里許,視之無甚奇險,門內轉大,有鎮道海防盤詰出入,舟人下椗候驗。」[30]證如圖五〈清雍正朝臺灣圖附澎湖群島圖〉、圖六〈清乾隆朝臺灣輿圖〉、圖七〈臺灣民番界址圖〉所示,洋船入口處「港道紆迴,下皆鐵板沙,兩旗為標,南礁白旗,北礁黑旗」(圖五文字),其港門狹小,「在臺灣,港形如鹿耳鎮□,口甚隘,內為內港,外為大洋,水潮深一丈五尺,可容□,水汐一丈五寸,止容一船舡□出入,沙線灣曲,水中俱插□纜為號,行人慎之。安平鎮港內大湖可泊數千舡,有水師弁兵輪防,以青水垾□。」(圖七文字,□表原圖文字無法辨識。)入港門後,在北線尾島北側設有文汛、武汛(文館、武館,圖五、圖六),船隻須先於此掛驗,始得進入內海。如《小琉球漫誌》所稱:

> 既進鹿耳門,海中突出一嶼,周圍加以纍石,寬平約一二里。內立二稅館,海防同知及安平鎮副將管理。海舶至此,仍將藩司所給票呈稅館掛號驗訖,始得換小舟至府。[31]

文汛(館)是指海防同知管理的稅館,武汛(館)則是水師安平鎮副將管理。十八世紀鹿耳門正口進出口暢旺,其洋船入口之盛亦成臺邑一景,如王必昌《重修臺灣縣志》繪「鹿耳連帆」(圖八),港門入口位於南礁、北礁之間的隙仔口,入港門後右側有文武館掛驗(與圖六同),千帆萬檣連綿而入。

下至十九世紀初,原十八世紀鹿耳門港道入口右側陸地原名為北線尾者改稱鹿耳門嶼(南汕),其南出現四草嶼,其北才是北線尾(北汕):

> 鹿耳門嶼:在邑西北三十里大海中,浮沙橫亙,形如鹿耳尾,迤南為

---

30 郁永河:《裨海紀遊》,卷上,頁8。

31 朱仕玠:〈泛海紀程〉,《小琉球漫誌》(乾隆三十年〔1765〕序;《臺灣文獻叢刊》第三種),卷1,頁13。

四草嶼，首枕北為鹿耳門（筆者按：嶼）。鹿耳門（筆者按：嶼）之
北有嶼，曰北線尾，亦沙嶼橫互，與鹿耳門南北遙接。中隔大港曰隙
仔港，港之中有石礁在水底。北線尾既稱北汕，鹿耳門（筆者按：
嶼）亦稱南汕，隙仔港中石礁，所以暗接南北二汕，故港雖大而水淺
徑狹，舟必插標以行，觸礁則船立碎。[32]

文中稱南北兩汕中間的隙仔港，正是十八世紀的鹿耳門口。圖九〈臺灣府鹿
耳門海圖〉是嘉慶九年（1804）閩浙總督玉德等的呈圖，為臺江未陸浮前的
鹿耳門港道圖，圖示以深暗的曲道標示進港水道，並可清楚看到上述新浮出
的四草嶼，位於南汕與安平鎮城之間。無論如何，嘉慶年間鹿耳門的地位還
有一定的重要性，此時「凡往內地之舟，皆於黎明時出鹿耳門放洋。」[33]圖十
是道光初年刊布的「臺灣海口大小港道總圖」，可能也是臺江未陸浮前的情
形，圖中四草嶼雖然已經浮現，可是「鹿耳門：此港與廈門對渡商船及舟彭
船往北路各港，臺防同知及水師協標中左右營輪防」（圖十文字），雖兼沿
岸運輸的角色，但仍是洋船放洋主要出入道，而其南邊的「大港口：此港舟
彭船往南路各港，經歷及水師協標中營把總稽查」（圖十文字），仍具臺灣
西岸沿岸貨品流通的角色，尚未具備取代鹿耳門的功能。圖十文字所述西岸
沿岸船隻航規與志書所載「若往南路，俱由大港汛出入，係新港司巡檢掛
驗，仍報臺防廳查考；如赴北路，俱由鹿耳門掛驗出入」，指的是舟彭仔、
三板頭，一封書等沿岸運輸小船。[34]臺灣西部沿海大小口岸甚多，加上河流西
注，需出口或南下的商品多沿水路西下，於沿岸南北運輸，海上交通繁忙。
以區段而言，「北路之麻豆社、笨港，南路之東港、竹仔港等處，為府城販
運糧米通衢」，即是西岸沿岸運輸網的一部分。[35]

---

[32] 謝金鑾、鄭兼才：《續修臺灣縣志》，卷1，〈地志〉〈山水〉，頁22。

[33] 李元春：《臺灣志略》，卷1，〈地志〉，頁15。

[34] 六十七、范咸纂輯：《重修臺灣府志》，卷2，〈規制〉〈海防〉〈附考〉，頁90。

[35] 北京市天龍長城文化藝術公司編：《臺灣史料輯》，第7冊，頁1880-1882，乾隆
五十二年七月初十日。

然而，影響鹿耳門地位最關鍵的因素應是道光三年（1823）海岸地景的驟變使然：

> 道光三年七月，臺灣大風雨，鹿耳門內，海沙驟長，變為陸地。……今（道光四年）則海道變遷，鹿耳門內形勢大異。上年七月風雨，海沙驟長。當時但覺軍工廠一帶沙淤，廠中戰艦不能出入；乃十月以後，北自嘉義之曾文、南至郡城之小北門外四十餘里，東自洲仔尾海岸、西至鹿耳門內十五、六里，瀰漫浩瀚之區，忽已水涸沙高，變為陸埔，漸有民人搭蓋草寮，居然魚市。自埔上西望鹿耳門，不過咫尺。北線內深水二、三里，即係淺水，至埔約五、六里。現際春水潮大，水裁尺許，秋冬之後，可以撩衣而涉。自安平東望埔上魚市，如隔一溝。昔時郡內三郊商貨，皆用小船由內海驟運至鹿耳門，今則轉由安平大港外始能出入。[36]

臺江內海大部分範圍浮覆，漸演為陸埔，居民在埔上搭蓋草寮以漁捕為生，魚市活絡；而「軍工廠一帶沙淤，廠中戰艦不能出入」應指位於如圖六所示的府城水門一帶的船廠。昔年可泊千艘，號稱連帆的鹿耳門港至此廢港，鹿耳門「港內浮淺，往來船隻，俱泊港外矣。……洲仔尾原迫海墘，高處多漁戶居焉。低處則產蠣、蚶、蟶、蛤，漁人或造小艇，或設竹筏，取為生業。」[37]安平大港成為府城、臺灣縣的主要對外港。

一八六〇年代的輿圖史料記載，「鹿耳門嶼……北為北汕尾……中一港頗寬，而港道紆迴……從前正口由此，今時潮漲水二、三尺」，[38]然而十八世紀中期時，鹿耳門入口水潮深一丈五尺，今已非昔比。新興的四草嶼，

36 姚瑩：〈籌建鹿耳門砲臺〉，《東槎紀略》（道光九年〔1829〕序；《臺灣文獻叢刊》第七種），卷1，頁30-31。

37 陳國瑛等：〈鹿耳門港〉，《臺灣采訪冊》（道光九至十年〔1829-1830〕；《臺灣文獻叢刊》第五十五種），頁27-28。

38 《臺灣府輿圖纂要》（同治初年；《臺灣文獻叢刊》第一八一種），〈臺灣府輿圖冊〉〈山水〉〈臺灣縣〉，頁22。

在鹿耳門嶼之末，迤南與安平對峙，出安平大港，即四草湖，冬、春可以繫舟。南為公界仔，洋船泊此通商。[39]

四草嶼與安平大港之間有四草湖可泊大船，鹿耳門港自然環境條件益趨弱勢，舊時的安平大港地位則漸為抬頭。如同治《臺灣府輿圖纂要》所稱：

> 至若鹿耳、鯤身港道漸淤淺，唯安平一口舟楫可通，故昔人籌防為倍密。又有四草湖者，地近外洋，冬、春間風濤較順，他港尚可通舟。如安平迫交秋、夏，南風與港道相違，加以北汕南潮多所沖觸，舟行於此蓋無幾矣。[40]

儘管十九世紀中期府城、臺灣縣的對外口岸由鹿耳門港轉為安平港，然理論上這是口岸地點在臺江陸浮後有所轉移，並不影響原本以府城、臺灣縣為腹地的商貿發展。

---

[39] 《臺灣府輿圖纂要》，〈臺灣府輿圖冊〉〈山水〉〈臺灣縣〉，頁22。
[40] 《臺灣府輿圖纂要》，〈臺灣縣輿圖險要說〉，頁117-118。

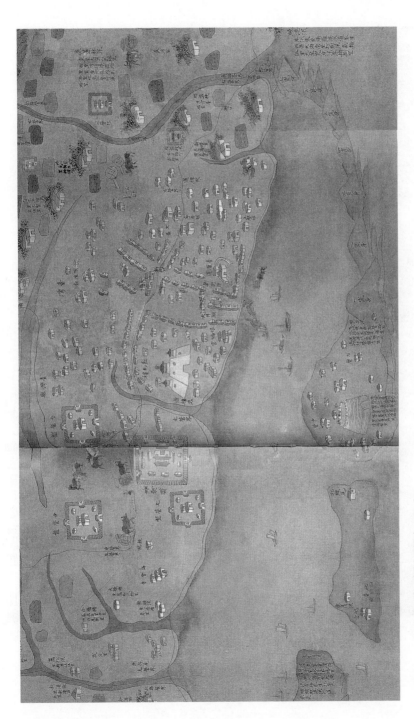

圖三 〈康熙臺灣輿圖〉局部

資料來源：國立臺灣博物館藏，見高賢治、黃光瀛總編輯：《縱覽臺江：大員四百年輿圖》（臺南市：臺江國家公園管理處，2010年），頁58-59。

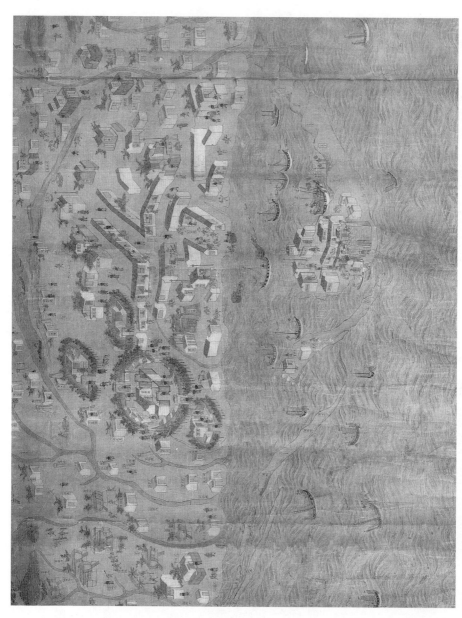

圖四 〈康熙四○年代地圖〉局部

資料來源：美國國會圖書館藏，見高賢治、黃光瀛總編輯：《縱覽臺江：大員四百年輿圖》（臺南市：臺江國家公園管理處，2010 年），頁 56-57。

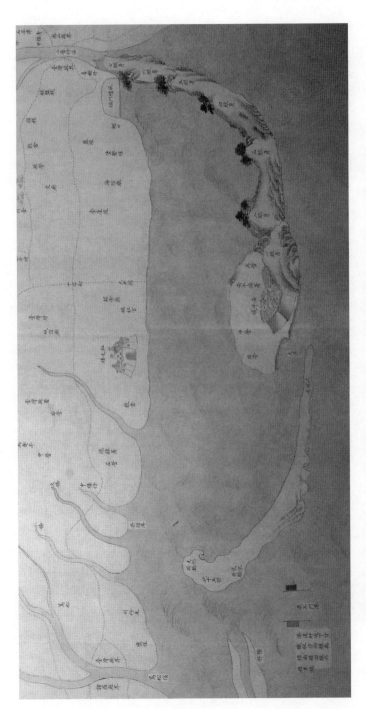

圖五 〈清雍正朝臺灣圖附澎湖群島圖〉（雍正元年至五年，1723-1727）局部

資料來源：臺北市：國立故宮博物院，出版年不詳。

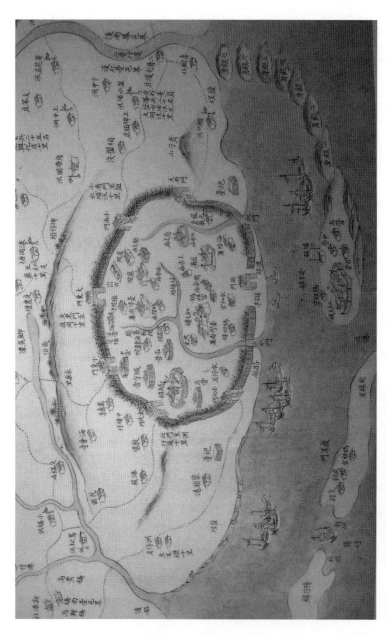

圖六 〈清乾隆朝臺灣輿圖〉局部

資料來源：國立故宮博物院，出版年不詳。輿圖繪製時間上限可能為乾隆三十二年（1767），見謝美娥：〈十九世紀淡水廳、臺北府的糧食市場整合研究〉，淡江大學歷史學系編：《第五屆淡水學國際學術研討會──歷史、社會、文化──會議手冊暨論文集》（臺北縣淡水鎮：淡江大學歷史學系，2010年10月15-16日），頁131，圖13。

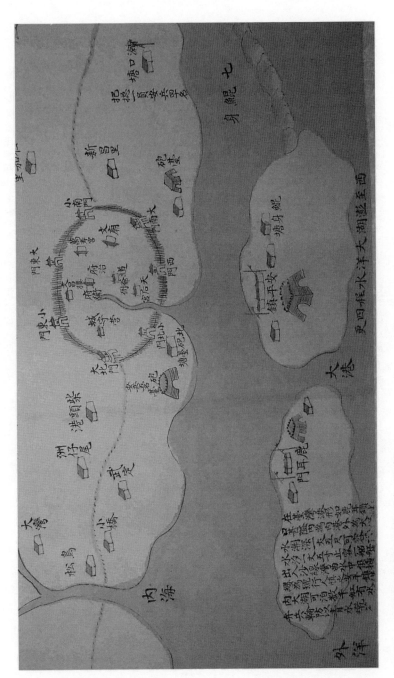

圖七　〈臺灣民番界址圖〉局部

資料來源：乾隆二十五年（1760）版（臺北市：南天書局、中央研究院歷史語言研究所出版，2003 年）。

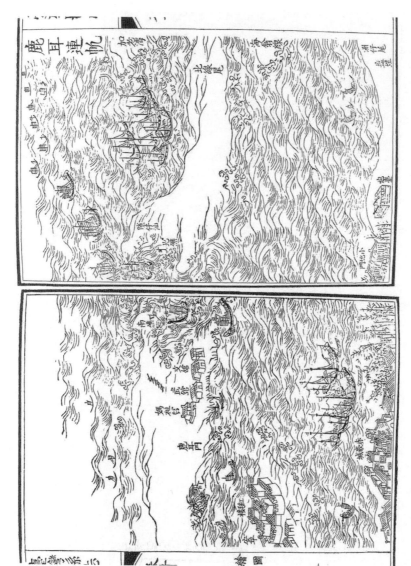

圖八 鹿耳連帆圖

資料來源：王必昌總輯：《重修臺灣縣志》上（乾隆十七年〔1752〕）、〈卷首〉、〈繪圖〉，載《臺灣史料集成：清代臺灣方志彙刊》（臺北市：行政院文化建設委員會，遠流出版事業公司，2005年），第10冊，頁64-65。

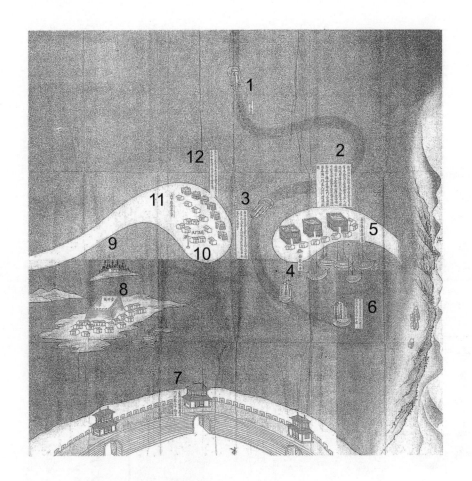

圖九 〈臺灣府鹿耳門海圖〉

資料來源：閩浙總督玉德等呈圖，嘉慶九年（1804）五月十八日（中國第一歷史檔案館、海峽兩岸出版交流中心編：《明清宮藏臺灣檔案滙編》〔北京市：九州出版社，2009年〕，第103輯，頁254-259）

圖碼說明：1. 進口港路　2. 北汕頭海口迎面船隻出入經過處建木寨三座，每座搭蓋草寮六間，正面砲門三箇　3. 南汕頭，船隻出入港道約三四里　4. 新挖水井　5. 兵丁住居草　6. 此處淡水大船不能行走，須換小船　7. 臺灣府城，離鹿耳門水程三十餘里　8. 安平城　9. 四草　10. 鹿耳門汛　11. 兵丁住居草寮　12. 南汕添建木寨七座每座寬二丈高一丈五尺中安砲門兩旁搭蓋草寮

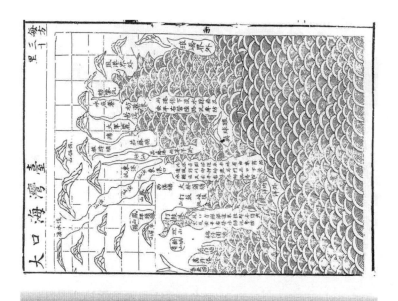

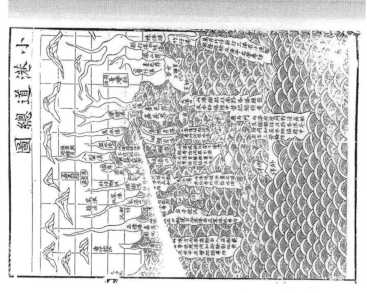

圖十　臺灣海口大小港道總圖（局部）

資料來源：陳壽祺總纂：《道光福建通志臺灣府》（道光九年〔1829〕），〈繪圖〉，載《臺灣史料集成：清代臺灣方志彙刊》（臺北市：行政院文化建設委員會，遠流出版事業股份有限公司，2005年），第25冊，頁50-51。

　　另，以地方財政設施而言，雍乾之際，為了兵食問題，一鯤身安平酌量起蓋倉廒，貯粟三萬石。[41]此地倉儲設備究竟有多少？據志書所記：「鳳山縣倉廒共六十一間，在安平鎮紅毛城內十間」或「鳳山縣倉廒共七十三間，在安平鎮紅毛城內十間。」[42]可知十七世紀晚期至十八世紀初，安平鎮城備有隸屬鳳山縣倉廒數量約六分之一或七分之一。十八世紀中期時，大致維持這個比例。[43]至十九世紀初，「鳳山縣倉（《舊志》作四所），一在錢局者，今改為府倉；一在大埔者，今圮；一在東安坊；一在安平鎮：凡二十五間。」[44]鳳山縣屬總倉數減少，設於安平鎮的數量似乎也相對減少。此外，安平鎮城也設有隸屬臺灣縣倉廒的數量，惟其比例僅百分之一左右。據十八世紀中期的志書記載，「臺灣縣倉廒四所：一在縣治左，計九十一間；一在紅毛樓，計九十八間；一在安平鎮，計二間；一在羅漢門，計四間。」[45]府城所在的臺灣縣所有倉廒數量幾乎都設置在縣治，其規模之大，遠非一鯤身安平能及。可知府城及臺灣縣本地所需以及供給轉運出口的糧食儲存庫，並不考慮離鹿耳門港較近的一鯤身安平，而是以府城及臺灣縣為中心，一鯤身安平的區域經濟其實是從屬於更大範圍的臺灣縣區域經濟。

　　臺灣縣的區域經濟格局主要是商業，地方政府從此地街坊瓦厝可徵得陸餉二六九四間，[46]為一鯤身安平的八十九倍之多，這從圖十一乾隆十七年（1752）王必昌《重修臺灣縣志》呈現的府城城池圖，可見其街市的數量規

---

41 張本政主編：《清實錄臺灣史資料專輯》（福州市：福建人民出版社，1993年），頁111，雍正十一年八月十一日。《題本：倉務》（北京市：中國社會科學院經濟研究所），第5冊，頁196-198，乾隆二十年二月十一日；第5冊，頁199-202，乾隆二十年四月七日。

42 高拱乾：《臺灣府志》，卷2，〈規制志〉〈倉廒〉〈鳳山縣〉，頁34。周元文：《重修臺灣府志》，卷2，〈規制志〉〈倉廒〉〈鳳山縣〉，頁38。

43 余文儀：《續修臺灣府志》，卷2，〈規制〉〈倉庫〉，頁68。

44 謝金鑾、鄭兼才：《續修臺灣縣志》，卷2，〈政志〉〈倉庫〉，頁90。

45 六十七、范咸纂輯：《重修臺灣府志》，卷2，〈規制〉〈倉庫〉，頁65。

46 王禮主修、陳文達編纂：《臺灣縣志》（康熙五十九年〔1720〕；《臺灣文獻叢刊》第一○三種），〈賦役志七〉〈陸餉〉，頁185。

模。此外，臺灣縣境的府城所在還有從事兩岸大規模商品販運的郊商設點進行商務，與商務相關的施設和金融服務會在府城或其周邊相續發展，這與一鯤身安平的街市僅發展成為地方性服務的商業極為不同。例如，首見於雍正三年（1725）的三郊，即位於府城大西門城外。[47] 再如，雍正五年（1727）當官方檢討臺灣米價何以連豐收之年仍日漸高昂時，福建巡撫毛文銓提及臺灣府城周邊靠海的礱戶群對於抬高出口米價的巨大影響力：

> 查臺灣礱戶悉在海邊，不下千有餘家，而內地商賈往臺買米，由來問之礱戶。如伊等所礱之米稍有積聚，即云我們今日每石減三分、五分，各戶即減三分、五分。如伊等所礱之米稍無積聚，即云我們今日每石增一錢、二錢，各戶即增一錢、二錢。此唱彼和，眾口同聲，牢不可破。臣查礱戶共居海邊，隔離郡縣，既無稽察，即無忌憚，故或減或增，任其意之所欲為，此等皆不肖之徒也，使之隨意高昂，害及窮簷，必無此理。且伊等若各挾多貲，豈能安分？欲除此弊，惟有將礱戶遷置府城，散其團結之勢，庶幾臺灣之米價得少平。……臣檄明道府，令查明礱戶中之素來出頭者，先遷若干戶於府城，次第行之。[48]

據此摺，內地商賈赴臺買米尚未進入府城，就受到府城外群居共生於海邊的礱戶的介入操作，礱戶視其囤積穀量決定出口米價，並彼此團結合作以壟斷價格，由於這個擁有龐大資金的行業群不在府城內，未受規章稽查，因此可以任意抬高米價。官方的解決策略是將其遷離海邊，令移入府城管轄，不使群聚共居，以防其聯手哄抬米價。按毛文銓此摺，這「千有餘家」礱戶似乎

---

[47] 道光年間稱三郊指北郊、泉郊、廈郊，見丁紹儀：《東瀛識略》（道光二十七年〔1847〕；《臺灣文獻叢刊》第二種），卷3，〈學校〉〈習尚〉，頁3。咸豐初年稱三郊指北郊、南郊、糖郊，見劉家謀：〈海音詩〉（咸豐2年〔1852〕），《臺灣雜詠合刻》（光緒七年〔1881〕刊；《臺灣文獻叢刊》第二十八種），頁20。晚清日治初的三郊則是指北郊、南郊、港郊，見林真編：《臺灣私法商事編》（《臺灣文獻叢刊》第九十一種），頁11。

[48] 中國第一歷史檔案館：《雍正朝漢文硃批奏摺彙編》（南京市：江蘇古籍出版社，1986年），第9冊，頁910-911，雍正五年六月初四日。

不是分散在臺灣西海岸各口，而是集中於府城外靠海之處，其數不可謂少。由於米穀為臺灣輸出大宗，鹿耳門獨口對渡時期南北路生產的米穀會流通至臺灣縣及府城以待出口，礜戶聚居於府城外的海邊（而不是一鯤身安平）發展生理不難理解。當鹿耳門港道通暢時，「郡內三郊商貨，皆由小船由內海駁運至鹿耳門」，而臺江陸浮後，才轉由安平大港外出入。[49]儘管如此，安平鎮城所在的街市還是深帶地方性，這依舊與出口商品匯聚府城而郊商以府城為據點活動有關，無論是鹿耳門或安平大港，都只具流通通道的轉口必經路線而已。

臺灣縣由於是府治所在及集數個軍政中心於境內，非農人口甚眾，該地雖然也有農業，主要糧食作物也有一季晚稻生產，可是此地糧食自我供給不足，常仰賴外地輸來米糧。臺灣縣「邑地狹而眾，常仰食於南北二路」，[50]南路是指鳳山，北路則是諸羅。康熙末年，南北路米穀輸入臺灣縣，「北路米由笨港販運，南路米由打狗港販運。壬寅（康熙六十一年）六月，臺邑存倉稻穀無幾，每日減糶數百石，不敷民食，暫借鳳山倉穀支放。自東港運至臺邑，進大港，不由鹿耳門……」[51]，意即南路米由打狗港運出到安平大港，再由此輸往臺灣縣，這是臺灣西岸熱絡的沿岸商品運輸的一環。而安平大港海路運來的米糧就在大井頭上岸入城，所以在大井頭北的關帝廟前街，就「市多糧食」。[52]十八世紀初，地方官報告農情時也常稱「諸羅地廣，產糧多，臺灣一府所食皆以賴之」，或謂「諸羅地方頗寬，向多出米……行令設法運至臺郡地方，則明春兵民食米接濟有備。」[53]然而若以全臺而言，十八世紀臺灣

[49] 姚瑩：〈籌建鹿耳門砲臺〉，《東槎紀略》，卷1，頁31。

[50] 李元春：《臺灣志略》，卷1，〈物產〉，頁36。

[51] 黃叔璥：《臺海使槎錄》，卷1，〈赤崁筆談〉〈賦餉〉，頁23。

[52] 高拱乾：《臺灣府志》，卷2，〈規制志〉〈市鎮〉，頁47。周元文：《重修臺灣府志》，卷2，〈規制志〉〈市鎮〉，頁54。

[53] 中國第一歷史檔案館：《康熙朝滿文硃批奏摺全譯》（北京市：中國社會科學出版社，1996年），頁978。中國第一歷史檔案館：《康熙朝漢文硃批奏摺彙編》（北京市：檔案出版社，1984-5年），第5冊，頁858，康熙五十三年十月初一日、康熙五十三年十一月十二日。

島內的糧食供需形勢，米糧流動方向是北糧南流，鳳山、諸羅（嘉義）南北兩路的糧食流向臺灣府治和臺灣縣，臺灣縣糧食輸往缺糧的臺灣府治，而淡水、彰化的糧食則在鳳、諸（嘉）不濟時流入臺灣縣，平常則南流到臺灣府治。[54]

　　進入十九世紀，臺灣縣糧食供給不足的情形並未改變。據姚瑩〈覆曾方伯商運臺米書〉（道光二十一年，1841年）所稱：

> 臺灣一縣附郭穀少賦重，亦仰食於南北兩路。此一廳一縣無可為者。蘭、淡二廳，自給之外，稍有餘穀。蘭之烏石港、淡之八里坌，皆出米，交福州商船運省。然每年二廳出米，亦不過十餘萬。其米多可糶者，惟鳳山、嘉義、彰化三縣而已。鳳山無大口，其東港、打鼓港僅容數百石之澎湖船，內地商船從無到者。米皆載至郡中，俟廈門商船夏至國賽港、冬至四草湖，以為出糶。……嘉、彰二邑，產米雖多，然二邑人民亦最繁庶，食之者眾，又外販紛來，故蓋藏絕少。[55]

南北兩路流來的米糧除了供應臺灣縣所需之外，特別是南路鳳山有餘的米穀，主要目的還是經由已取代鹿耳門港的國賽港、四草湖出口到廈門。直到晚清，臺灣縣（改稱安平縣）的農業仍然撐不起本地所需，糧食生產不足，每逢陳報農成季節，地方官總需特別交待「安平向無栽種早稻」，只收一季晚稻，並且端賴鳳山供給糧食。[56]

　　臺灣縣／安平縣田園較之其他各縣相對的少，糧食作物生產並非其地生產專擅，但是以經濟作物加工為貨的商貿活動卻極為繁榮，佔經濟部門重要的地位。此區的貨，「糖為最，油次之。糖出於蔗，油出於落花生，其渣粕

---

54 謝美娥：〈十九世紀淡水廳、臺北府的糧食市場整合研究〉，《淡江史學》第23期（2011年9月）。

55 姚瑩：《中復堂選集》（道光三十年〔1850〕刊，同治六年〔1867〕重刊；《臺灣文獻叢刊》第八十三種），《東溟文後集》，卷7，頁135-136。

56 中國第一歷史檔案館編：《光緒朝硃批奏摺》（北京市：中華書局，1995-1996年），第92冊，頁804，光緒十六年九月初九日。

且厚值，商船賈販以是二者為重利」，臺灣縣生產的冰糖，即白糖烹煉凝結成霜，品質最佳。其他像澱菁、薯榔皆能產，所以「皂布甲於天下」。[57]

三　開港前安平的進出口商品結構與規模

鹿耳門／安平於獨口對渡時期的出口商品是以全臺農業生產為腹地而流通的，米、糖為大宗，進口商品則主要是器用百貨等手工業製品或奢侈品，如〈赤崁筆談〉所言「海壖彈丸，商旅輻輳，器物流通，實有資於內地」。[58]這種進出口商品結構特徵在多口對渡時期亦大致如是，例如《噶瑪蘭志略》稱：

> 臺灣生意，以米郊為大戶，名曰「水客」。自淡、艋至蘭，則店口必兼售彩帛或乾果、雜貨……蘇、浙、廣貨南北流通，故水客行口多兼雜色生理。而蘭尤較便於淡，以其舟常北行也。[59]

淡蘭一帶店口生理兼賣布帛、乾果、雜貨，這些貨品都是來自大陸沿海，由米郊大戶從噶瑪蘭直接出口順帶商販而來。

---

[57] 王必昌：《重修臺灣縣志》，卷12，〈風土志〉〈土產〉，頁413。李元春：《臺灣志略》，卷1，〈物產〉，頁36。

[58] 黃叔璥：《臺海使槎錄》，卷2，〈赤崁筆談〉〈商販〉，頁48。

[59] 柯培元：《噶瑪蘭志略》（道光十七年〔1837〕序；《臺灣文獻叢刊》第九十二種），卷11，〈風俗志〉，頁117。

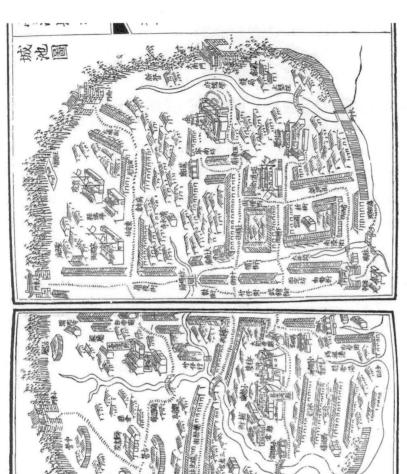

圖十一 城池圖

資料來源：王必昌總輯：《重修臺灣縣志》上（乾隆十七年〔1752〕）、〈卷首〉、〈繪圖〉，載《臺灣史料集成：清代臺灣方志彙刊》（臺北市：行政院文化建設委員會，遠流出版事業公司，2005年），第10冊，頁54-55。

　　十八世紀臺灣「向之所少者，布帛耳」，本地則「穀多價賤，藉商販而易內地之布帛、貨財；在漳、泉，田少人多，資商販而得臺灣之稻、粱、菽、麥。」[60]可是鹿耳門／安平所在的臺灣縣是缺糧區，其「五穀悉運自南北諸港，百貨皆取資於內地」，生活必需的「布帛取給內郡，其價高，亦耗財之一端」。[61]其他各縣各能有餘糧輸出，惟器用百貨依賴內地的情形與臺灣縣大同小異。

　　器用百貨依賴內地的進口商品結構，到十九世紀前半期仍然可見。道光晚期，劉韻珂奏請臺灣府民用茶葉、絲斤、紬緞照舊例販運輸入不增稅時，就提到臺地「民間所需茶葉紬緞絲斤，均由商民航海運往」，可見一斑。[62]除生活物用外，匠造所需特殊物料亦在在由內地輸入，如姚瑩〈臺廠戰船情形狀〉（道光二年，1822）稱「臺地不產松杉，木料購自內地，須遣人至延平、建甯、邵武山中採買。」[63]

　　清領後臺灣被規範在大陸的沿岸貿易網內，必須透過內地以交換本地所缺物資。透過鹿耳門與廈門對渡，十七世紀晚期輸出米、穀、麻、豆、鹿皮、鹿脯，十八世紀出口的商品更多元，將米、麥、菽、豆、黑白糖觔、番薯、鹿肉等輸出到福建的福、興、泉、漳一帶，將糖、靛北運寧波、上海、姑蘇；進口品來源地最北可達山東、關東等地，進口商品為紡織品、建材、器皿、日用品、奢侈品等各類。[64]茲列如下表：

60 中國第一歷史檔案館編：《宮中硃批奏摺·財政類·倉儲》（北京市：中國第一歷史檔案館，1987年），第15冊，頁184，浙江道監察御史陳大玠摺。江日昇：《臺灣外記》（康熙四十八年〔1709〕序；《臺灣文獻叢刊》第六十種），卷10，頁445。

61 王必昌：《重修臺灣縣志》，卷12，〈風土志〉〈風俗〉，頁397。王禮主修、陳文達編纂：《臺灣縣志》，〈輿地志〉〈風俗〉，頁57。

62 中國第一歷史檔案館編：《嘉慶道光兩朝上諭檔》（桂林市：廣西師範大學出版社，2000年），第48冊，頁638，道光二十三年十二月二十二日。

63 姚瑩：《中復堂選集》，《東溟文外集》，卷1，頁178。

64 郁永河：《裨海紀遊》，卷下，頁31。黃叔璥：《臺海使槎錄》，卷2，〈赤崁筆談〉〈商販〉，頁47-48。

表一　開港前鹿耳門／安平出口商品

出口地		出口商品	
		食品	其他
未載		米、穀、麻、豆、鹿皮、鹿脯	
福建	廈門等口	米、麥、菽、豆、黑白糖䬷、番薯、鹿肉	豆餅
浙江	寧波、鎮海	糖	
江蘇	上海、蘇州、鎮江、石浦	糖、魚翅	靛
直隸	天津	糖	
山東	糖		

資料來源：郁永河：《裨海紀遊》（康熙三十六年〔1697〕，臺灣文獻叢刊第四十四種），卷下，頁31。黃叔璥：《臺海使槎錄》（乾隆元年〔1736〕序，臺灣文獻叢刊第四種），卷2，〈赤崁筆談〉〈商販〉，頁47-48。James W. Davidson 著，蔡啟恒譯：《臺灣之過去與現在》（*The Island of Formosa, Past and Present*, 1903 年序，臺北市：臺灣銀行，1972 年），頁47。佚名編：《嘉慶年間奏稿》（抄本，北京國家圖書館文津分館藏）。中國第一歷史檔案館編：《宮中硃批奏摺‧財政類》〈倉儲〉（北京市：中國第一歷史檔案館，1987 年），第72 冊，頁97-100，道光四年六月十七日。

表二 開港前鹿耳門／安平進口商品

進口地		進口商品			
		食品	紡織品 衣用原料等	器皿、日用品、啫食品等	建材
福建	漳州	柑、柚、青果、橘（桔餅）、柿餅	絲線、漳紗、剪絨、布	紙、煙、草蓆、雨傘、鼎鐺	磚瓦、小杉料
	泉州			磁器、紙張	
	興化				杉板、磚瓦
	福州	乾筍、香菇			大小杉料
	建寧	茶			松杉木料
	延平				松杉木料
	紹武				松杉木料
浙江			綾羅、棉綢、縐紗、湖帕、絨線		
	寧波		棉花、草蓆		
江蘇	上海蘇州	牛油、金腿、包酒、惠泉酒	布疋、紗緞、枲棉、涼煖帽子		
山東		麥、豆、鹽、肉、紅棗、核桃、柿餅、藥材	繭綢	白蠟、紫草	
關東		瓜子、松子、榛子、海參、銀魚、鯉乾、藥材			

資料來源：黃叔璥：《臺海使槎錄》（乾隆元年〔1736〕序，臺灣文獻叢刊第四種），卷2，〈赤崁筆談〉〈商販〉，頁47-48。姚瑩：《中復堂選集》（道光三十年〔1850〕刊，同治六年〔1867〕重刊，臺灣文獻叢刊第八十三種），《東溟文外集》，卷1，頁178。

　　表一可以看出，出口商品的確集中於米、糖兩大物產，商品的終端售點主要為沿海各省。按府城三郊的商貿空間，「來往福州、江、浙者曰北郊，泉州者曰泉郊，廈門者曰廈郊。」[65]米的出口方面，據定性史料的推估，自十七世紀晚期（或十八世紀初期）至十九世紀中期，臺灣糧食長期有餘，可供輸出，而以十八世紀中期為輸出旺盛期，此時期的出口規模可達一百萬石米。[66]米穀的運輸，「南北路各廳縣所產米穀，必從城鄉車運至沿海港口，再用舟彭仔、杉板等小船，由沿邊海面，運送至郡治鹿耳門內，方能配裝橫洋大船，轉運至廈，此即臺地所需之小船、車工、運腳。不特官運米穀為然，即民間貨物、米穀，亦復如此轉運。」[67]在獨口對渡時期，無論是商業領域動員的糧食的供需流動，或政府支配動員的糧食（額運內地的兵眷米穀），無論來自何處，毫無疑問的必須從鹿耳門出口：

> 鹿耳門為全郡門戶，而南北各港口亦其統轄者。……（海防同知）司四縣額運內地府廳縣倉兵眷米粟，歲計九萬四千四百八十八石有奇，逢閏加運粟四千九百六十九石有奇。臺灣縣附郭，粟貯郡城。其鳳山縣粟石，自茄藤港運至府澳。諸羅縣粟石，自笨港運至府澳。彰化縣粟石，自鹿子港運至府澳。[68]

臺鳳諸彰四縣配運的兵米穀，一律經鹿耳門出口。進入多口對渡時期，新開正口雖然多少分擔了集中由鹿耳門出口的貨運量，但是若比較開港前各正口配運的兵眷米穀量，則八里坌佔百分之十六，鹿仔港百分之二十六，鹿耳門負擔百分之五十八。[69]北糧南流至臺灣縣、府城，再由鹿耳門／安平出口者仍

---

[65] 丁紹儀：《東瀛識略》，卷3，〈學校〉〈習尚〉，頁3。

[66] 謝美娥：《清代臺灣米價研究》（臺北市：稻鄉出版社，2008年），「米糧總輸出量的估計」，頁394-406。

[67] 洪安全主編：《清宮宮中檔奏摺臺灣史料》，第7冊，頁287-288。

[68] 朱研北：《海東札記》（乾隆三十八年〔1773〕；《臺灣文獻叢刊》第十九種），卷2，〈記政紀〉，頁18。

[69] 據周凱《廈門志》（《臺灣文獻叢刊》第九十五種）卷六〈臺運略〉〈額數〉稱「鹿耳門口歲運穀四萬九千餘石，鹿仔港口歲運穀二萬二千餘石，八里坌口歲運穀一萬四千

居半數以上。

　　米之外，臺灣的經濟作物以甘蔗加工製糖為出口農產品中之大宗，表一可見臺糖在國內市場可遠銷到山東。其實，清領以前，臺糖早就商路遠播於國外，入清版圖後臺糖仍然有國外市場。據郁永河，十七世紀晚期臺糖年產五十至六十萬觔，主要銷往日本、呂宋各國。[70]康熙時期，在臺灣墾地植蔗以及硤蔗製糖所帶來的比較利潤，能吸引內地民人渡臺尋利，正是「臺灣白糖之利，遠及三江、兩浙」。[71]康熙末年藍鼎元為征伐朱一貴之變，自南路打狗港登岸，進兵中路（臺灣縣），一路旱田百餘里，夾道蔗林景象，這一帶是「臺民以蔗為生，糖貨之利上資江浙」的主要生產基地。[72]可知植蔗有其區域性，以南路顯著。不過，並不是南路以北之地不種植甘蔗、沒有糖廍手工業。莊英章、陳運棟研究的一份光緒年間頭份陳家帳簿，就是糖廍的帳務記錄，可能是目前學者已知分布最北的糖廍作坊。[73]

　　據〈赤嵌筆談〉，十八世紀時「三縣每歲所出蔗糖約六十餘萬簍，每簍一百七、八十斤」，全臺計約一〇八〇萬斤，甚為可觀；銷至蘇州的臺糖色赤而鬆，發賣上海、寧波、鎮江的糖則色黑較濕。[74]至十九世紀前期，江浙仍然是臺糖的市場，行銷點多在江蘇石浦、浙江鎮海，十八世紀臺糖常至的鎮江和蘇州已非其運銷終點。[75]地方官經常奏報「江浙兩省民間所需糖貨，均仰賴臺地帆販貿易」，[76]不僅福、興、泉、漳商人每年在臺灣行商，從閩海關廈

　　餘石」計算。（頁186）

[70] 郁永河：《裨海紀遊》，卷下，頁31。

[71] 全祖望：〈大理悔廬陳公神道碑銘〉，見錢儀吉：《碑傳選集》（道光年間；《臺灣文獻叢刊》第二二〇種），第3冊，頁403，陳汝咸條。

[72] 藍鼎元：〈與制府論進兵中路書〉，《東征集》（雍正十年〔1732〕序，康熙六十一年〔1722〕藍廷珍舊序；《臺灣文獻叢刊》第十二種），卷1，頁2。

[73] 莊英章、陳運棟：〈清末臺灣北部中港溪流域的糖廍經營與社會發展：頭份陳家的個案研究〉，《中央研究院民族學研究所集刊》第56期（1983年12月），頁59-110。

[74] 黃叔璥：《臺海使槎》，卷3，〈赤嵌筆談〉〈物產〉，頁57。

[75] 陳淑均：《噶瑪蘭廳志》（道光二十年〔1840〕序；《臺灣文獻叢刊》第一六〇種），卷6，〈物產〉，頁326。

[76] 洪安全主編：《清宮宮中檔奏摺臺灣史料》，頁256，雍正二年九月初三日。

門稅口所課糖稅銀兩的報告中亦可知，其糖稅係「江浙客民赴臺灣買糖，裝往各該地方銷賣，過關輸稅之項」，雍正初年據報每年約有糖船五百至七百條過關。[77]海關糖稅一項，是各省商民往臺灣販買黑白糖觔回各省販賣，由廈門掛號，按船收取糖稅，稱為「驗規」，每船不論糖觔多寡都須繳納銀十六點二兩，官員提到糖船如果不在廈而在臺完納糖稅，則每年糖船尚不只五百至七百之數。[78]再，James W. Davidson根據十八世紀中葉清朝官員盧焯的記錄稱，內地移民在臺主要從事糖米耕作，每年約有四百條船隻往返兩岸，臺糖供給北方各省消費的大部分。[79]

　　表二之中，進口商品來源地與出口地相似，還是以沿海各省為貿易範圍，不同的是，臺灣還進口遠從東北來的商品。進口商品中，食品類有青果、乾蔬（南北貨）、海產品、藥材、酒、特產等，以及臺灣不太生產的麥；紡織衣用等商品主要來自福建、江蘇、浙江所產，差別在於江浙輸入者可能是較高檔織品；器皿日用啫食品等類為煙、紙、磁器等，主要自福建輸入；至於建材原料，則完全仰賴福建所製。

　　此外，府城三郊，無論是道光年間的三郊（北郊、泉郊、廈郊）或咸豐初年的三郊（北郊、南郊、糖郊），其自雍正三年（1725）興起至同治年間，商務皆持續興盛，三郊經營的商品最能代表鹿耳門／安平的輸出入內容，可惜沒有有關開港前三郊的貿易史料可用，只好參考晚清時期的三郊（北郊、南郊、港郊）經營的商品內容，示如表三。三郊所營既按商品也按貿易地區的不同而分，北郊務於糖業，貿易於天津、寧波、上海、煙臺、牛莊等地；南郊以油、米、什子為商，貿易於金、廈、漳、泉、香港、汕頭、

[77] 中國第一歷史檔案館：《康熙朝滿文硃批奏摺全譯》，頁854，康熙五十二年五月二十四日。中國第一歷史檔案館：《雍正朝漢文硃批奏摺彙編》，第6冊，頁279，雍正三年十月初六日。

[78] 中國第一歷史檔案館：《雍正朝漢文硃批奏摺彙編》，第6冊，頁360，雍正三年十月二十五日。

[79] Lames W. Davidson著，蔡啟恒譯：《臺灣之過去與現在》(*The Island of Formosa, Past and Present*, 1903年序，臺北市：臺灣銀行，1972年)，頁47。

南澳等地；港郊採羅臺灣各港貨物配運內地。[80]表三中，港郊因是在臺灣各港採買，其進貨和出貨會包含本地所產和外地輸入的商品再出口，故應觀察的是北郊和南郊的營業內容。輸出商品方面已顯多元，雖仍見米糖，但不似十八世紀那般集中於這兩項產品。輸入商品方面，增加了以通商口岸轉得的商品，但是仍然可以看到來自蘇、浙、閩的紡織衣用品以及福建的建材、紙、磁器，與十八世紀的進口品項目有強烈的延續性，亦即內地的手工業製品仍是臺灣重要的進口品。

表三　晚清臺南三郊進出口商品表

	出口商品	進口商品
北郊	白糖、福肉、姜黃、樟腦	寧波紬緞、上海縐紗、蘇杭絲帶、四川藥材、浙紹、中莊膏藥、火腿、江西紡葛、寧波紫花布、上海哖呀，香港大小塗、天津棉花什物
南郊	苧、豆、麻、菁子、米、笋干、青糖、魚膠、魚翅膠、豆粕（穀）	漳州生原煙、泉州棉布、龍岩州紙類、福州杉木、福州杉木、香港洋布什貨、廈門藥材磁器、永寧葛、汀州條絲、漳州絲線、深滬鹽魚、神南什貨、香港哖呀、廣東什貨、泉州磚瓦
港郊	漳州豆粕（穀）、泉州豆、紙（本地）、米（本地）、青糖（本地行郊）、笋干（香港）、菁子（泉州）、麥（本地）	豆粕（穀）、豆、紙（嘉義）、米、青糖、笋干、麻、菁子、麥

資料來源：林真編：《臺灣私法商事編》（臺灣文獻叢刊第九十一種），頁14。

以上所述為進出口商品的類項結構和個別商品的大概數量，以下將根據幾筆

80　林真編：《臺灣私法商事編》，頁13。

概括性的數據史料，大略看看開港前鹿耳門／安平的總體貿易量的變動，如下所列（劃黑點者）：

1. 米、穀、麻、豆、鹿皮、鹿脯，運之四方者十餘萬。（康熙36年，1697）[81]

2. 商船出入臺灣，俱有掛驗陋規。此弊宜剔除之。在府則同知家人書辦掛號，例錢六百；在鹿耳門則巡檢掛號，例錢六百；而驗船之禮不在此數。若舟中載有禁物，則需索數十金不等。查六百錢之弊，屢經上憲禁革，陽奉陰違。……臺船每歲出入數千，統而計之，金以數千兩矣。（雍正2年，1724）[82]

3. 臺郡素稱產穀之區……漳泉民食向藉臺穀濟……夫每年出口商船通計約有三千餘隻……（乾隆6年，1741）[83]

4. 根據在手邊的最完善的記事，那是有名的中國政治家盧焯寫的，在十八世紀中葉將近2,000,000華人……在臺從事糖米耕作，而約有400條船隻往返大陸沿岸與此島之間。（乾隆）[84]

5. 澎湖居臺、廈之間，而西嶼尤為衝要。……余復以興修郡邑各工，接踵多費，未克獲獨擎。因念鹿耳門口歲集商船不下數百計，而於澎之西嶼，非其所止泊，即其所經行也。酌以每船勸捐番鏹二元，不費之力，以成不朽之惠。（乾隆43年，1778）[85]

6. 廈門商船對渡臺灣鹿耳門向來千餘號，配運兵穀、臺廠木料、臺營馬四、班兵臺餉、往來官員人犯，海外用兵所需尤甚，然皆踴躍

---

81 郁永河：《裨海紀遊》，卷下，頁31。

82 藍鼎元：〈與吳觀察論治臺灣事宜書〉（雍正二年〔1724〕），《平臺紀略》（雍正十年〔1732〕序；《臺灣文獻叢刊》第十四種），頁51。

83 中國第一歷史檔案館編：《宮中硃批奏摺・財政類・倉儲》，第13冊，頁206，乾隆六年九月二十六日。

84 James W. Davidson著，蔡啟恒譯：《臺灣之過去與現在》，頁47。

85 〈澎湖西嶼浮圖記〉，見黃典權：《臺灣南部碑文集成》（《臺灣文獻叢刊》第二一八種），頁117。

從事。近因臺地物產漸昂，又因五口並行，並以鹿耳門沙線改易，往往商船失利，日漸稀少，至遍年渡臺商船，僅四、五十餘號矣。（道光12年，1832）[86]

7. 昔年廈門商船渡臺，年有三、四百號，近止數十號而已。職道自十八年閏四月到任後，遣丁胥往省、廈購料配運來臺，至本年二月止，除配運府廠料物之船外，其配運道廠料船裁七十餘號，不勝焦灼。（道光20年，1840）[87]

　　史料一應指出口商品總容量或重量，但因沒有單位，只能參考，其餘各筆都可以視為船次，有了船次就可約略估計貨物量。不過，七條史料中只有史料三、六、七所述數據為可計算之數，其中史料七所述因是廈門商業至道光朝衰落之故，自廈門渡臺商船數自然受到影響。[88]因此史料三、六才是較可利用者。此處估計的基準以臺廈間的橫洋船、透北的糖船噸位為主。

　　橫洋船、糖船是沿岸貿易的帆船，據周凱《廈門志》的記述：

商船，自廈門販貨，往來內洋及南北通商者，有橫洋船、販艚船。橫洋船者，由廈門對渡臺灣鹿耳門，涉黑水洋。黑水南北流甚險，船則東西橫渡，故謂之「橫洋」，船身樑頭二丈以上。……橫洋船亦有自臺灣載糖至天津貿易者，其船較大，謂之糖船，統謂之透北船。……販艚船，又分南艚、北艚。南艚者，販貨至漳州、南澳、廣東各處貿易之船。北艚者，至溫州、寧波、上海、天津、登萊、錦州貿易之船，……統謂之販艚船。[89]

可知糖船較大（且為違例，商船船身樑頭不能超過丈八），橫洋船稍小，但

86　周凱：《廈門志》，卷5，〈船政略〉〈商船〉，頁171。

87　姚瑩：〈臺廠戰船情形狀〉（道光二十年〔1840〕），《中復堂選集》，《東溟文外集》，卷1，頁179。

88　謝美娥：《清代臺灣米價研究》，頁369。

89　周凱：《廈門志》，卷5，〈船政略〉〈商船〉，頁166。

糖船也是橫洋船的一種。清人以船身樑頭計船隻大小，但是這兩種船到底可以合理地載運多少商貨？若以清朝實施的臺灣必須輸出內地兵眷米穀的商船配運制度來看，在多口對渡時期的商船配運量，都較獨口對渡時期增加，鹿耳門糖船配穀三六〇石、橫洋船配穀一八〇石。[90]然而這個配運量並非船隻的合理載貨量。清政府規定了商民販運臺米的每船上限容量，這個上限經過數次調整後愈來愈放寬。多口對渡時期規定每橫洋船一隻載米四百石，但十八世紀晚期臺灣販回內地的米船，每船實際上均裝載一千餘石、二千石，官雇專運壓欠臺穀的大船則為二千、三千石，最高也有六千、七千石者。晚清往來於內地與淡水海關的商船，有三千至五千石的大船，也有一千至二千石的小船，進打狗、安平海關的商船平均有一千石，出港者四百至一千石不等。[91]

以上述認知為底，筆者試由道光四年（1824）商船配運臺米運送天津一案的船隻載運量來推估。該案是因京倉存糧僅可再支一年餘，於是中央諭令閩省籌糧，招商專赴天津，動用上海、廈門糖船以及鹿耳門、鹿仔港、淡水等處商船，為淡水、鹿港、彰化、嘉義商民請運，可半糖、半米勻載運津，到津之船計七十隻，運米十三萬餘石。[92]據此，每糖船／商船平均載米、糖各二千石，也就是每隻糖船／商船載貨四千石，容量可觀。與上述船的石數認知比較，四千石的糖船／商船屬於中等容量，以此基準估計總體貿易量並不會太過。

表四是筆者的估計數，史料三視為十八世紀中期之數，史料六視為十八世紀晚期至十九世紀初期之數。如果此估計值還不算太過的話，那麼鹿耳門／安平的進出口貿易在十八世紀中期是最樂觀的，到了十九世紀初期（1830年代以前）則榮景欠佳。看起來，如果考量多口對渡時期其他正口分去鹿耳門／安平的進出口量，以及道光三年（1823）以後鹿耳門沙線的更易對港道功能的不良影響，那麼此一估計值顯示的趨勢似乎可以接受。不過，筆者仍

---

[90] 周凱：《廈門志》，卷6，〈臺運略〉〈配運〉，頁188-189。

[91] 謝美娥：《清代臺灣米價研究》，頁378-388。

[92] 謝美娥：《清代臺灣米價研究》，頁352-353。

認為，應該保守謹慎以待的是，這樣的估計值所顯示的貿易趨勢，可視為假
設，是否成立則有待驗證。

表四　開港前鹿耳門／安平的總體貿易量（估計值）

單位：石

時期	總體貿易量 （估計值）	說明
18世紀中期	28,000,000	「每年出口商船通計約有三千餘隻」，以3,500隻計，每船以往返1次計，即出口＋進口。
18世紀晚期至19世紀初期	12,000,000	「廈門商船對渡臺灣鹿耳門向來千餘號」，以1,500隻計，每船以往返1次計，即出口＋進口。

四　結論

　　本文旨在完整呈現十九世紀中期開港前鹿耳門／安平地區的經濟圖像，
及其進出口商品的結構、規模與總體貿易量。此一課題，前人研究多以方
志、雜記指論該港商業和商品類項，本文則試圖增補較少用於此題的清代官
方檔案的記錄，建構出鹿耳門／安平的商品流通情形以及估計其貿易變動大
勢，同時兼顧港口賴以繁榮的腹地經濟型態（廣狹二義的安平地區個別的經
濟型態以及兩者的經濟關係）。而史料增補和總體貿易量的推估這一部分，
正是本文稍有突破之處。

千古奇災

——乾隆五十三年荊州大水研究

倪玉平*、賈啟博**

　　乾隆五十三年（1788），長江中下游流域爆發了一場特大水災，荊州城受災尤甚，人員傷亡極為慘重。此次水災給時人留下難以磨滅的印象，嘉慶年間曾任湖廣總督的汪志伊在《湖北水利篇》中寫道：「恫瘝念切哀洪集，大江代決萬城堤，未有乾隆五十三年奇。」俞昌烈在《楚北水利堤防紀要》中收錄汪的文章，並記載當時荊州被災的慘狀：「號泣之聲曉夜不輟，登城全活者露處多日，艱苦萬狀」，認為這場水災「誠千古奇災也」[1]。據測算，乾隆五十三年（1788）宜昌地區檢測到的洪水水位高達五十七點五米，洪峰流量每秒八六〇〇〇立方米，大大超過荊江河道的安全洩水量五萬立方米，而發生在一九九八年的長江特大洪水中，荊江流域的數值分別為五十四點五米和每秒六三六〇〇立方米，從數值對比來看，也足見此次水災的嚴重。[2]為應對此次災害，清政府調動大量人力、物力，並對水災的成因進行深入調查。與此相伴隨的，則是湖北地區爆發一場巨大的官場「地震」，自督撫以

---

　*北京清華大學歷史系教授。

**北京師範大學歷史學院研究生。

1　俞昌烈：《楚北水利堤防紀要》（影印同治四年〔1865〕刻本），收入馬寧主編：《中國水利志叢刊》（揚州市：廣陵書社，2006年），第24冊，頁3。

2　荊江分洪工程志編纂委員會：《荊江分洪工程志》（北京市：中國水利水電出版社，2000年），頁29。

下二十多名官員遭受處分。目前,學界關於這一事件的論述尚不多見。[3]本文將主要依託相關檔案資料,力圖全面分析水災的成因、政治走勢及善後等相關問題,以求正於方家。

一

自乾隆五十三年五月以來,湖北省即大雨不停,江水上漲,早在荊州被水之前,湖北的一些州縣已經被災。荊州以西的宜昌府長陽縣,「於五月二十一兩等日,大雨如注,山水陡發,縣內平地水高八九尺至丈餘不等,沖塌城牆」,以至城內儒學、衙署、監獄、民房等被「沖汕坍塌」,溺水身亡者甚眾,直至二十三日後水退。[4]布政使陳淮奉命前往查看賑災,後經統計,長陽縣被災百姓四四九九戶,多達一五七四一人,塌房八二七七間,賑災耗銀五千兩,倉谷三百餘石。[5]

到了六月,大雨仍未停歇,沿江的低窪地帶「中晚二稻多被淹」,情況十分危急。[6]二十日,荊江水猛漲,潰決堤塍,恰逢布政使陳淮辦理長陽縣賑災事宜完畢,在返回省城時路過荊州,便會同荊州駐防將軍圖桑阿督促地

3　據筆者所及,僅有三篇相關學術論文:日本學者宮崎洋一〈圍繞乾隆五十三年荊州大洪水談清代十八世紀的水災及其對策〉(收入何滿潮、蔣宇靜主編:《三峽庫區地質環境暨第二屆中日地層環境力學國際學術討論會論文集》〔1996年〕,頁31),該文簡略論述水災的賑濟及其善後;徐凱希〈乾隆五十三年的荊州大水及善後〉(《歷史檔案》2006年第3期)從制度史的角度了分析了賑災的基本資訊;徐爽〈清政府善災決策形成機制研究──以乾隆五十三年荊州大水為例〉(《華中師範大學學報》2013年第5期)則探討清代賑災決策機制的特點與侷限性。

4　(北京)中國第一歷史檔案館藏:《清代賑災史料彙編》,乾隆五十三年六月初一日,湖北巡撫姜晟奏明長陽縣猝被水淹沒情形事,檔案號:02-12728。(以下同類檔案省略收藏單位)

5　《清代賑災史料彙編》,乾隆五十三年六月二十七日,湖北巡撫姜晟複奏查辦長陽縣被水情形事,檔案號:02-12737。

6　水利電力部水管司科技司、水利水電科學研究院:《清代長江流域西南國際河流洪澇檔案史料》(北京市:中華書局,1991年),頁481-482。

方官員，加緊搶修各個堤塍。延至傍晚酉時，城西萬城堤決口，大水湧入城下，衝破西、北兩城門，城西地勢較低的漢城首先遭殃，「未及兩時，漢城內水深一丈七八尺不等」；城西的滿城因地勢相對較高，且有界牆一道，「水勢稍緩」，城內兵民，「多有奔赴城上躲避，亦有爬伏屋頂、樹上逃生。其奔走不及者，先被淹斃」[7]。隨陳淮辦事的州同婁業耀於西門「督夫閉閘」時被洪水捲走，溺水身亡。陳淮隨即組織人員趕製竹筏，並派人至沙市雇傭船隻，搶救災民，以便安置於城上。二十四日，又將府倉內所能撈出的存米分發，「雖已浸濕，尚可充食」，故仍作為賑災口糧。至二十五、六日，洪水「消去丈餘，城內高處水深三四尺，低處亦不過六七尺」[8]。

湖北當局得到消息也算快捷。此前，跟隨陳淮前往長陽的家丁鄭琴「病虐在船」，看到長江水勢太大，便於二十一日趕回省城報信。湖北巡撫姜晟在得知此消息後，親自查問鄭琴，在鄭琴「言之鑿鑿」後，便與傍晚剛剛回署的湖廣總督舒常共同商議對策。不料遲至二十七日仍未有消息傳至省城，這使舒常、姜晟深感憂慮，「不勝疑慮，急宜親往查視」[9]，由水路啟程前往荊州查看，並下令調動地方藩庫銀一萬兩、錢一千串運至荊州府作救災資金之用。[10] 二十八日晚，宜昌鎮總兵馬定嘉也接到了荊州守將所派兵丁的面稟，得知荊州被水情況嚴重，因「荊州係臣管轄地方，應親往查辦」，馬遂立即啟程，前往荊州。七月初一日，馬定嘉抵達荊州。舒常抵達荊州的時間則稍晚一些，係因「臣因乘小舟……詎值頂風逆水，未能迅速，心甚焦灼，計無所出」[11]，直到七月六日，舒常才到達荊州參與賑災。

自七月四日起，陳淮、圖桑阿、舒常、薑晟等人的奏報開始一封封地出

---

[7] 《清代賑災史料彙編》，乾隆五十三年六月二十四日，湖北布政使陳淮奏報荊州府城被水情形事，檔案號：02-12841。

[8] 《清代長江流域西南國際河流洪澇檔案史料》，頁477-478。

[9] 《清代賑災史料彙編》，乾隆五十三年六月二十七日，湖廣總督舒常、湖北巡撫姜晟奏為聞有荊州被水信馳赴查勘事，檔案號：02-12736。

[10] 《清代賑災史料彙編》，乾隆五十三年七月初一日，湖廣總督舒常奏為途次得知荊州被水實情及辦理事，檔案號：02-12740。

[11] 《清代長江流域西南國際河流洪澇檔案史料》，頁477-478。

現在乾隆帝的面前。但這些奏報顯然不能令乾隆帝滿意，尤其是針對水災成因、具體災況都不明所以。尤其是水災爆發的地點，讓乾隆帝深感不解。七月初五日，乾隆帝發佈上諭在七月五日的上諭中提到：「再閱圖桑阿等摺內稱，堤塍潰決時，衝開西北兩門，水遂入城等語。以所奏情形而論，堤應在江之南，而府城又應在堤之南，乃興圖並一統志圖內，荊州府城，又繪在江之北，與所奏情形不符。並著該督等，即將荊江在府城何方，相距遠近若干，堤塍在何處潰決，詳細繪圖貼說呈覽」[12]。初七、初九兩日，乾隆帝又連加兩道上諭，提出乾隆四十四、四十六年，荊州城亦曾兩次被水，「水勢亦曾至城下」，但並未如此次洪水破門而入以致全城被淹。乾隆帝斷言，之所以如此，必係「城門並未固土，辦理不善所致」。而此前荊州兩次被水時，湖北都曾興修過堤塍，共計耗銀十一萬兩。耗費十一餘萬兩修築的堤壩，僅隔七年竟如此不堪，這一定是「因例歸民修，向無保固，督撫等既不慎重揀派妥員辦理」，而承辦之員也並不認真修築，必有「草率浮冒情弊」。故而他要求「該督等務遵前旨，即將現沖堤工，係何員承修，查明嚴參著賠，以示懲儆」[13]。由此可見，乾隆帝在未有任何證據的情況下，就先行得出承辦堤壩的官員怠忽職守、偷工減料的結論。

七月初十日，舒常對荊州的被災情況進行詳細奏報：「現在城上搭棚居住者，尚有一萬餘人」，「淹斃大小男婦民人共一千三百六十三名口」，「坍塌瓦草房屋共四萬零八百一十五間」，「被水乏食貧民共二萬餘戶」，又「西屬漢城此次被沖甚重，西北、小北、東四門城俱倒塌，各處城牆共塌卸二十餘處，各寬數丈至二三十丈不等」，「沿江堤工已漫潰二十餘處，各寬十餘丈至數十丈不等，水勢不循敵道，直逼郡城衝激」，由於洪水仍通過決口湧入，以致「目下四鄉猶屬一片汪洋」[14]。而姜晟在十一日的奏摺中，除了報告

---

[12] （北京）中國第一歷史檔案館編：《乾隆朝上諭檔》（北京市：中國檔案出版社，1998年），第14冊，頁387，乾隆五十三年七月初五日。（以下同類檔案省略收藏單位）

[13] 《乾隆朝上諭檔》，第14冊，頁390，乾隆五十三年七月初七日。

[14] 《清代賑災史料彙編》，乾隆五十三年六月二十七日，湖廣總督舒常奏為荊州被水撫恤情形事，檔案號：02-17172。

於七月三日再調藩庫銀二萬兩、錢四千串至荊州救災外，也特別提到，導致水災的原因，「究由堤塍不固，被水潰決所致」[15]。

就在同一天，乾隆帝又連發三道諭旨，一方面動用庫銀二百萬兩用作賑災款項，解送荊州；一方面又明顯地顯示出對舒常、姜晟等人的不信任：「撫恤事宜所關甚 。恐舒常、姜晟等見識未能周到」，「荊州堤塍，修理未久，如果工程堅實，何至屢被水沖？已有旨交舒常等、查明嚴參。恐該督意存迴護，或任令地方官捏稟，以所修堤塍已被沖潰、無從查考為詞，希圖朦混」，遂命大學士阿桂與侍郎德成前往荊州，負責賑濟和調查等項事宜[16]。

七月十三日，阿桂在奏摺中也提出了類似疑問：「乃十年之間三被淹浸，其故殊不可解」，「而此次江水竟至沖入城內，是否因江流又有遷移，密邇城垣以致頂沖受患」？阿桂特意向一個熟悉當地情形的人詢問，得知荊府治對岸一帶，向有泄水之路八處，但現在惟有虎渡一處尚可泄水，其餘七處「俱久就涇廢」，出水困難。沙市對岸有地名窖金灘，向來止係南岸小灘，近來沙勢增長，日加寬闊，江流為其所逼，漸次北趨，「所謂南漲北坍，以致府城瀕江堤岸多被沖塌，屢致淹浸。其故或由於此。」[17]從而得出了水災原因，可能受是泄水之路堵塞以及窖金灘的影響。

七月十五日，舒常在接到乾隆帝的諭旨後，馬上意識到皇帝的不滿與憤怒，立即連奏三摺，首先報告二十日潰堤的具體地點，即先為西南上游之萬城堤漫溢，以致洪水沖破西北二門，而郡城南方的玉路口在此後被沖潰，因水勢較緩，「是以南門未被沖塌」。其次，他又解釋荊州以前兩次被水，但「水至城根不過三、四尺」，是故大水並未沖破城門，而此次大水「陡高

---

[15] （北京）中國第一歷史檔案館藏：《軍機處錄副奏摺》，乾隆五十三年七月十一日，湖北巡撫姜晟複奏辦理荊州被水情形事，檔案號：03-1064-049。（以下同類檔案省略收藏單位）

[16] 《乾隆朝上諭檔》，第14冊，頁401-403，乾隆五十三年七月十一日。

[17] （北京）中國第一歷史檔案館藏：《宮中檔全宗‧朱批副奏摺》，乾隆五十三年七月十一日，大學士阿桂奏為遵旨前往湖北荊州查勘城垣被淹由事，檔案號：04-01-37-0044-011。（以下同類檔案省略收藏單位）

兩丈有餘」,「水勢形同建瓴」,儘管陳淮督促官兵全力搶救,挖土囤塞,甚至用棉絮逐層囤塞,終因「風狂浪湧,各堤聯翩潰決,瞬息之間,水頭高至一丈餘尺,直激郡城,立將西北兩門衝開」,並導致堤壩決口二十一處,總之「實屬人力難施」。但是,對於乾隆帝懷疑的修築堤塍官員偷工減料問題,則並未能給出肯定答覆。乾隆帝又特意朱批「奏多有不實」。[18]可惜在當時的通訊條件下,這一份能夠解決乾隆帝大部分疑惑的奏摺尚未到達京師。十八、十九兩日,乾隆帝已經再次連下諭旨,繼續質問水災為何首先發生在西、北兩門外。他認定,此前荊州堤塍的兩次修築「如果工程鞏固,何致屢被潰決?」必然是「外官習氣不堪,官工尚且思肥己」,「承辦之員,並不認真妥辦,草率從事。甚或侵漁入己,均屬事所必有。」[19]他再次要求阿桂到達荊州後,會同舒常「將十年以內之承修堤工官員暨該管各上司,一體詳查嚴參,分別從重治罪」[20]。

七月二十日,乾隆帝開始對湖北當局採取行動。在追究堤塍責任時,除舒常、姜晟難逃其咎外,前任巡撫李封也被牽連。乾隆帝除了在諭旨中將他們大罵一通外,還正式下令由惠齡補受湖北巡撫,畢沅補放湖廣總督。[21]二十二日,乾隆帝在看過舒常十五日的奏報後,表示萬城堤、玉路口兩處堤工「是何年何人所修?舒常何以並不奏明」,舒常「原非長才」,「益無主見」[22]。對於舒常所奏修理各項工程共需銀十九點六萬兩的奏報,[23]乾隆帝命阿桂核查辦理,又強調現已發二百萬兩庫銀用作賑災及修堤,「似可敷用」,

---

[18] 《清代賑災史料彙編》,乾隆五十三年七月十日,湖廣總督舒常複奏查勘荊州被水辦理撫恤情形事,檔案號:02-17173。

[19] 《乾隆朝上諭檔》,第14冊,頁419-420,乾隆五十三年七月十八日。

[20] 《乾隆朝上諭檔》,第14冊,頁424,乾隆五十三年七月十九日。

[21] 《乾隆朝上諭檔》,第14冊,頁424,乾隆五十三年七月二十日。

[22] 《乾隆朝上諭檔》,第14冊,頁442,乾隆五十三年七月二十二日。

[23] 《清代賑災史料彙編》,湖廣總督舒常奏呈荊州府撫恤工程等項約估清單,檔案號:02-17319。該摺中收錄了舒常關於該奏報的詳細內容,但缺少奏報日期,而根據實錄與上諭檔的記載來看,筆者推測該奏報應於十五日左右發出。

如果湖北官員趁機中飽私囊，則「太無良心矣」。[24]

七月二十二日，已看過阿桂十三日奏摺的舒常經過勘查，也得出了自己的結論。他先於府城兩岸勘查，發現除了虎渡口一處外，並未發現其餘的泄水故道，而《荊州府》〈江防志〉中所記載的沿江八穴，因年代久遠，又未記載地點，「實難稽考」。而窖金洲（即窖金灘）位於沙市南岸，在先前的兩次大水災中，沙市地區的觀音寺、太山廟兩堤均被沖潰；相反此次大水，兩處堤工「俱照常堅固」，所以水災實「與窖金洲無涉也」。因此，他認為導致水災的原因「實係萬城堤潰口之所致也」，治理的方法則是將萬城堤加高培厚，再利用萬城堤外的龍尾洲，在此處與玉路口加築挑水磯頭，「可無虞水患矣」。可見舒常仍堅持自己原先的看法，對於水災成因的認識，與阿桂有著巨大分歧。[25]二十八日，舒常還應乾隆帝要求，奏報一份詳細闡述被水經過和附地圖的奏摺。這份奏摺無疑為他的觀點提供了有力論據。[26]

乾隆帝將舒常的解釋及修堤建議轉發阿桂，讓其便宜行事。[27]八月初七日，阿桂抵達荊州。這位欽差大臣顯然對舒常不是很友好。阿桂在前往荊州的途中遇到了採買馬匹的荊州佐領德楞阿。德楞阿並非荊州本地人，阿桂便向其詢問此次水災的原因，德楞阿認為「窖金洲沙漲，日益增廣，江水漸逼北岸隄根，堤外沙灘都被沖刷，是以屢有漫潰。」[28]這再次印證了阿桂此前的猜想。經過十餘天的勘查，八月二十一日，阿桂發出了一份數千字的奏報。在奏報中，阿桂聲稱，經過本人詳細勘察，再諮詢當地官兵百姓，「幾於眾口一詞」認為水災的罪魁禍首就是窖金洲。窖金洲自從雍正年間至乾隆二十七年被荊州本地的蕭姓民人「陸續契買洲地，種植蘆葦」，因蘆葦「環

---

[24] 《乾隆朝上諭檔》，第 14 冊，頁 443，乾隆五十三年七月二十二日。

[25] 《軍機處錄副奏摺》，乾隆五十三年七月二十二日，湖廣總督舒常奏為遵旨勘查荊州府內泄水情形事，檔案號：03-1064-055。

[26] 《軍機處錄副奏摺》，乾隆五十三年七月二十八日，湖廣總督舒常奏為遵旨繪圖複奏荊被水情形事，檔案號：03-1065-005。

[27] 《乾隆朝上諭檔》，第 14 冊，頁 470，乾隆五十三年七月十九日。

[28] 《軍機處錄副奏摺》，乾隆五十三年七月二十八日，大學士阿桂複奏查辦荊州被水情形並經過地方雨水苗情事，檔案號：03-1035-053。

洲而生，江水不能刷動」，致使二十餘年來，窖金洲「日益寬闊，侵佔江面」，目下窖金洲「長有十里餘，寬處約有五里」，江面愈發狹窄。據阿桂測量，「洲之迤南江面不及二里，迤北江面最窄處，並不及一里，而此洲所占江面已居十分之六七」，以致「溜勢日益北趨」，之前荊州兩次被水「其故實由於此」。此次大水，上游方城口首先潰決，卻不能緩解水勢，遂致使下游接連潰決十九處，都是「下游頂阻、疏消不及之明驗」，總之，「下游愈壅，則暴漲之水愈在上游潰決，豈得以此次潰決處所在沙市稍上，而沙市之觀音塔、太山廟堤並未沖潰，即以為與窖金洲無涉！」直接駁斥了舒常的觀點。至於修築堤工的方法，阿桂認為，既然窖金洲是水災產生的根本原因，就應在正對窖金洲的楊林洲地方修築堤工。至於窖金洲本身，更應「將洲地入官」，並豁免蘆課，「將蘆根刨挖盡淨，嗣後永遠不准再行栽種，並不准一人居住洲上」[29]。至此，阿桂與舒常的分歧與矛盾趨於白熱化。

八月二十七日，阿桂的奏報送達北京。對於阿桂所提及的窖金洲，乾隆帝在的奏摺上朱批「此受病之源也」，「此舒常之罪何辯？」並於當日發佈諭旨，指出窖金洲將下游阻塞，「則上流自然沖決」，故而「病源在此，自當急為治理」。窖金洲既然是罪魁禍首，「豈可復留此洲」。乾隆帝給阿桂的建議是，在洲上開挖引河，或是盡量將洲尾鏟挖。他還認為舒常水準有限，「伊固何能計及此也」[30]。雙方的爭論最終以阿桂的勝利而告終。

九月一日，乾隆帝又下兩道諭旨，指責湖北官員對於窖金洲一事多年來不聞不問，「致郡城被水成災」，「實屬辜負任使」，將舒常翎頂、姜晟頂戴革去。此次荊州堤工款項及倉米等損失，則由歷任督撫藩司及該管道府等，分別賠補。其次，「將蕭姓查產入官，照例治罪」[31]。至於布政使陳淮，本應一併革任，但念其在荊州被水之時全力救災，辦理撫恤事宜，「尚屬認真。

---

[29] 《軍機處錄副奏摺》，乾隆五十三年八月二十一日，大學士阿桂奏為查勘窖金洲實在情形酌建石壩挑溜刷洲以衛堤工事，檔案號：03-1065-010。

[30] 《乾隆朝上諭檔》，第14冊，頁517，乾隆五十三年八月二十七日。

[31] 《乾隆朝上諭檔》，第14冊，頁522，乾隆五十三年九月初一日。

不辭勞瘁」。故免革頂戴，革職留任，「八年無過，方准開復」[32]。

隨著乾隆帝的最終決斷，荆州善後事宜步入正軌。阿桂查辦荆州城工、堤工事宜結束後，於九月二十七日啟程回京。其後，堤工的修築主要由新任湖廣總督畢沅負責。而整體的修築方案也是基本按照阿桂和乾隆帝的意見進行：將被水沖決之處重新修補，挑水沖刷窰金洲，於楊林洲修築雞嘴壩等。直至乾隆五十五年四月，湖北巡撫惠齡奏報「窰金洲復以次刷削，則北岸永保無虞，實覺挑溜護岸之功大著成效」[33]。至此，荆州水災的善後事宜畫上句號。

二

此次水災善後開銷包括兩部分，一是災後工程的花銷，一是對災民的賑濟撫恤。

九月七日，阿桂、德成、畢沅等人向乾隆帝上奏，「此次漫潰堤塍缺口二十一處，又上溪沙續潰一處，共計二十二處」，重新統計了決口數量為處，並詳敘述各處決口以及楊林洲、黑窯廠等處的修築方案和所需物料等事宜及修復萬城堤工的總方案：中方城、上漁埠、中獨楊等被水漫潰共七處，「應外越補築，接還舊堤」；玉路口地方，先做柴壩，在於壩內修補；上方城、洪家灣、及萬城三處舊堤，雖未潰決，也應「各築順水壩，以挑水勢」；其餘決口之十四處，「俱補還舊址，復行培高」，「通共估銀十八萬九千五百三十八兩二錢二分四厘」[34]。得到批准後，災後水利重建正式開工。

十一月初九日，乾隆帝下諭令畢沅在荆州萬城堤及沙市等處，於「形勢扼要處所，相度緊要頂沖，酌量鑄置鐵牛」作為「鎮水之物」以消弭水

---

[32] 《清高宗實錄》（北京市：中華書局，2012年影印版），卷1312，乾隆五十三年九月庚申。

[33] 《清代長江流域西南國際河流洪澇檔案史料》，頁486。

[34] 《軍機處錄副奏摺》，乾隆五十三年九月七日，大學士阿桂奏報估計補還荆州堤工各潰口等料物費價事，檔案號：03-1035-061。

患。[35]後據《荊州萬城堤志》記載，畢沅於十二月製成鐵牛九具，分別置於萬城、中方城、上漁埠頭、李家埠、中獨陽、楊林磯、玉路口、黑窰廠、觀音磯九處。[36]十一月十二日，乾隆帝收到畢沅有關工程進展的奏報，荊州修築堤工，玉路口堤塍，「已有七分工程」，楊林洲雞嘴壩，黑窰廠裹頭，「亦次第築做」，「石磯已出江面約長七丈」。畢沅認為「溜勢稍覺南趨，將來接長做去，似可冀挑溜得力」。乾隆帝很為高興：「此是極好機會，正當乘此水弱之時，趕緊進做，得尺則尺。」而萬城堤既要加高培厚，則在堤工上搭建廬舍居住的萬餘戶百姓，應由官府「給與屋價」，「拆卸讓出」，並規定此後禁止再於堤上私住。[37]可見堤工修築的進展很快，並在一定程度上達到了「逼流南趨」的目的。

　　乾隆五十四年二月一日，乾隆帝再次收到畢沅的奏報，此時楊林洲雞嘴壩已按計畫修建十五丈，窰金洲也被江水沖刷掉三四〇多丈；黑窰廠處所修築的碎石裹頭，原估長五丈。現已築七丈，其對面的沙灘，亦被江水沖刷掉一二〇丈，「溜勢愈覺南趨」。窰金洲已被江水沖刷掉了一部分，畢沅認為接下來「總當極力做出，俾溜勢日挑日遠，以期浮沙盡去，刷動窰金洲老土礎」。乾隆帝同意畢沅將黑窰廠碎石裹頭改為雞嘴壩並繼續略向東南方向修築的辦法，以加大江水沖刷窰金洲力度。乾隆帝還表示，荊州大水「總由窰金洲之上種植蘆葦，以致淤淺日漲日寬，逼溜北趨，堤塍因而沖決」[38]，從而更加認定了水災的根本原因。

　　三月初七日，畢沅奏稱工程已進入收尾階段。黑窰廠堤工改築為雞嘴壩，沿東南方向修築，總共長十八丈；楊林洲堤工砌出江面達二十一丈，而「自兩壩接出後，對面窰金洲浮沙已刷去東西長四百七八十丈，南北寬六十五六丈，江面較前寬闊」，兩處工程總計用銀五三一〇〇餘兩。萬城堤工程「現在做有九分工程，三月內即可一律告竣」，目前還需雇傭岳州工

35 《乾隆朝上諭檔》，第14冊，頁670，乾隆五十三年十一月初九日。

36 〔清〕倪文蔚：《荊州萬城堤志》（光緒二年〔1876〕刻本），卷3，〈建制〉〈鐵牛〉。

37 《乾隆朝上諭檔》，第14冊，頁673-674，乾隆五十三年十一月十二日。

38 《乾隆朝上諭檔》，第14冊，頁753-754，乾隆五十四年二月初一日。

人進行夯硪。乾隆帝認為畢沅「所辦甚屬妥協，即添估多需銀兩，亦所不惜」，硪工給價也不要有「惜費之見」，「惟期工程鞏固，足資挑刷淤沙，俾大溜南趨，窖金洲逐漸刷盡，江流復舊，最為緊要」[39]。後據畢沅的奏報，硪價每方給銀三分，萬城堤、楊林洲等處土壩共硪土一四一一六九方有零，硪價共四二三三五兩有零[40]。

三月二十八日，畢沅上奏各項工程皆已竣工，「嗣後沙市街岸，可冀穩固無虞」。乾隆帝「覽奏欣慰」，頒佈上諭對參與工程的官員進行獎勵。[41]災後堤工修建工作如期完成。

災後工程的花銷，阿桂預估一八九五三八兩有零，但並未包括畢沅所奏的硪價四二三三五兩有零，因此萬城堤等處的工程費用總計二三一八七三兩，顯然比在四十四、四十六兩年修堤所用銀七萬兩和四萬兩的總和要高出許多。[42]除修建水利工程外，對荊州城內以及荊州府屬下的江陵、監利等縣的災民賑濟、城牆修補、房屋重建等工作，也耗費了大量資金。這些資金作為荊州善後適宜的開銷，第一時間由乾隆帝所撥的帑銀中支出，即阿桂所奏「先行動項」。而其中阿桂所預估得水利工程開銷、荊州城門的修補以及部分官員衙署的修補經費是由帑銀先行墊付，再有制定官員日後償還，其中前兩項由舒常等涉事官員賠補，第三項中的大部分由協領、佐領、防禦、驍騎校等官員的養廉銀中逐漸扣還。

關於帑銀的花費，根據阿桂、畢沅等人的奏報，可列出下表：

---

39 《乾隆朝上諭檔》，第14冊，頁792，乾隆五十四年三月初七日。

40 〔清〕倪文蔚：《荊州萬城堤志》，卷6，〈經費〉〈支銷〉。

41 《清高宗實錄》卷一三二五，乾隆五十四年三月乙酉。

42 《乾隆朝上諭檔》中所記載的具體數位分別為七八五四九〇餘兩和四四四六〇餘兩，見《乾隆朝上諭檔》，第14冊，頁390-391，乾隆五十三年七月初七日。

表一　荊州大水賑災及善後事宜所用帑銀清單（單位：兩）

花費專案	奏報人	銀兩	花費專案	奏報人	銀兩
撫恤滿城官兵	阿桂	149,000	修補監利縣堤工	畢沅	30,000
撫恤綠營兵丁	阿桂	1,304	修補江陵縣、公安縣堤工	畢沅	19,200
荊州水利工程*	阿桂	189,538	萬城堤等處碴工	畢沅	42,335
修補滿城營房等	阿桂	122,982	撫恤江陵等縣災民以及修補修理費用	阿桂	91,000
修補辦事公所、演武廳等	阿桂	4,953	修繕南門內關帝廟	阿桂	16,026
修補協領等衙署*	阿桂	30,973	合計		897,311
修補荊州城牆城門等*	阿桂	200,000			

資料來源：《清高宗實錄》、《荊州萬城堤志》、《清代長江流域西南國際河流洪澇檔案史料》、《阿文成公（桂）年譜》、《清代賑災史料彙編》、《軍機處全宗‧錄副奏摺》。

加*號項為先由帑銀墊付，日後由官員補還。

上表的統計還存在一定的遺漏，但所耗帑銀已經高達八十九萬七千餘兩。五十三年九月初七日，阿桂曾向乾隆帝奏稱：「臣等通盤約略計算，除著落分賠及應行借項各款外，其餘一切已經動用及應續行動項銀數總在一百萬兩以內。」[43]可見這一估測大致可靠。

官員的勒賠也是本次善後的重要內容。阿桂曾統計過荊州城內漂失米七二七六八石有零，穀六四八三石有零，折銀七六〇一〇兩有零；江陵縣漂失米四六〇二石有零，穀三〇〇一六石有零，折銀一九六一〇兩有零，合計共計損失九五六二〇兩有零，經奏請後均由相關官員攤賠。[44]荊州府城和江陵

[43] 《清代賑災史料彙編》，乾隆五十三年九月初七日，大學士阿桂奏為撥解銀兩敷用毋庸另請撥款事，檔案號：02-17176。

[44] 《軍機處錄副奏摺》，乾隆五十三年九月七日，大學士阿桂奏為荊州潰堤督修查驗各員

縣的倉廠監獄，共須銀四千兩，也是由革職知府俞大猷、知縣屈振甲兩人分賠修建。[45]同樣根據阿桂、畢沅等人的奏報，可列出如下表格：

表二　荊州大水官員攤賠銀數表（單位：兩）

賠補、扣還款項	賠補官員	所需銀兩（單位：兩）
修建荊州水利工程	舒常、李封、陳淮、李天培、沈世燾、甘澍、雷永清、王嘉謨、孔毓檀、李侍堯、李綬、圖薩布、永慶、陳大文	189,538
修補荊州城門、城牆	張廷化	200,000
賠補漂失米穀	舒常、李封、沈世燾、俞大猷、屈振甲、甘澍、雷永清、王嘉謨、孔毓檀	95,620
修補倉廠、監獄	俞大猷、屈振甲	4,000
修補官員衙署	協領、佐領、防禦、驍騎校	30,511
合計	519,669（兩）	

據上表亦可以看出，此次水災所牽涉的官員賠補、扣還共高達五十餘萬兩，也是一筆鉅款。

另一方面，前文已經指出，乾隆帝曾下旨發帑銀二百萬兩用於此次賑災事宜，不過在看過阿桂的奏報後，他下令將一百萬用於賑濟，其餘的一百萬兩中，五十萬仍留湖北備用，另外的五十萬運至四川，作為辦理西藏軍需事物的資金。[46]。因為本年湖北全省多達三十六處州縣處遭受水災，其中二十餘處需要賑濟，故這筆銀子最終很可能仍是用於賑濟。

共二十三人分別參革治罪著賠事，檔案號：03-1035-062。
[45] 《清代賑災史料彙編》，湖廣總督舒常奏呈荊州府撫恤工程等項約估清單，檔案號：02-17319。
[46] 《乾隆朝上諭檔》，第14冊，頁567，乾隆五十三年九月十六日。

三

除了對賑濟和善後投入大量資金外，清廷還隨之建立起了一套歲修制度，用以鞏固荊州堤工以及日後的防災。

自大水發生以來，乾隆帝就意識到荊州堤防在修築的過程中存在嚴重的管理問題。五十三年七月七日，乾隆帝在諭旨中提到：「該處堤工因例歸民修，向無保固，督撫等既不慎重揀派妥員辦理，而承辦之員，又以此項工程，係動用民力，並不認真修築，外省官辦工程，尚有草率浮冒情弊，何況民修之工。官員等從中偷減浮開，尤屬事之所有，以致堤塍不能鞏固。」[47]雖然主要的目是指責湖北官員和責令承辦官員賠補，但乾隆帝無疑也意識到了民修堤工導致官員不認真監督這一弊端。

七月十八日，乾隆帝在給阿桂下達的諭旨中再次提到：「該處堤塍⋯⋯從前因係民修，以致地方官辦理不善，任意克減，屢被沖淹。況該處人民，現在被災較重，朕心方為惻然。亦不忍再令其自行修理。所有此次應修各堤工，竟著動項興修，官為辦理」，「其將來每歲修理，需費無多，再照例辦理」，並且規定以後當以十年為期，「如在限內沖潰者，即照此嚴行參處，以示懲儆」[48]。堤工官修，以及十年為期的問責制度，成為荊州堤工日常的管理的基本模式。

不過，既然民修堤工存在弊端，乾隆帝為何只是強調加強官員的監督，明確責任，同時又要求堤工還是「照例辦理」，仍歸民修呢？在七月十九日的上諭中，乾隆帝詳細說明瞭他的顧慮：湖北吏治腐敗，使得他對湖北的官員集團極不信任，「不肖官吏，於官工尚思侵克肥己。矧此項工程，例歸民修，並無保固。官員等不特於需費之外，可以藉端加倍灑派，入其囊橐，而且草率從事，偷減侵漁，均屬事所必有。其該管上司，又因係民修之工。遂爾漫無查察，殊非慎重堤防，保護民命之道」。為了防止官員貪贓舞弊，他

---

[47] 《乾隆朝上諭檔》，第14冊，頁391，乾隆五十三年七月初七日。
[48] 《乾隆朝上諭檔》，第14冊，頁420，乾隆五十三年七月十八日。

不敢把以後堤工的歲修事宜完全交由官修，又不能因此而使當地官員找到可以推卸負責的理由，所以才想出這種辦法。另一方面，沿江堤工係為保護百姓田廬而設，「固應動用民力」，但是「若竟歸民修，不復官為經理，則百姓等誰肯首先出貲，踴躍從事」？這無疑體現出乾隆帝的矛盾的心態，因為無論哪種情況，都會降低堤工品質，並有可能再次引發大水。有鑑於此，他才認為應當「定立章程，於應修時，派委大員，確加勘估，借項興修，俟報部核准後，再按畝攤徵歸款。並定以保固年限，如在限內有潰決之事，即嚴參治罪著賠。庶工程可期永固，而官員亦不敢有侵蝕情事，方為妥善」[49]，並命阿桂、舒常等人詳細商議。

七月二十六日，乾隆帝在上諭中規定：「嗣後民修各工⋯⋯在五百里兩以上者，俱著一體報部查核，予以保固限期，興修後再行酌令百姓出貲歸款」[50]，規定官督民修的界線為五百兩。八月十二日，乾隆帝在看過舒常關於堤工各潰口的修築年份及都修查驗人員清單時發現，督修和查驗的官員多為知縣、縣丞等低品級官員[51]，顯然不符合乾隆帝「派委大員，確加勘估」的要求，於是乾隆帝發佈諭旨，質問「該處同城有道府大員，何以並不就近督查？而督撫等亦竟置之不問」[52]，這也對阿桂日後對歲修制度的規定產生了影響。

在乾隆帝的追問下，阿桂、畢沅先後上奏〈歲修章程疏〉與〈駐工防守疏〉，對歲修制度做了極為詳盡的規定，包括每年歲修工程的指標、工程資金來源和徵收過程、從官員到士兵以及民間對堤工的保護及問責等諸多方面，成為荊州地區興修水利的固定制度。

工程方面，阿桂對關於荊州堤工修築進行總結性的奏報，將萬城堤工程分為四段，並詳盡開列每段加高培厚的具體數字，見下表：

[49] 《乾隆朝上諭檔》，第14冊，頁425，乾隆五十三年七月十九日。

[50] 《乾隆朝上諭檔》，第14冊，頁440，乾隆五十三年七月二十六日。

[51] 《清代長江流域西南國際河流洪澇檔案史料》，頁485。

[52] 《乾隆朝上諭檔》，第14冊，頁491，乾隆五十三年八月十二日。

表三　荊州萬城堤歲修工程規格表

工程地段	加高	加寬	備註
得勝台至萬城	2-4尺	4-7丈	
萬城至劉家巷	3-5尺	8丈	
劉家巷至魁星閣	3-5尺		加築土堰
魁星閣至塘樓橫堤	3-4尺		加築土堰

資料來源：〔清〕倪文蔚：《荊州萬城堤志》（光緒二年〔1876〕刻本），卷四，〈歲修〉〈估驗〉。見馬寧主編：《中國水利志叢刊》，第22冊，頁223。

　　根據部議「嗣後按年歲修，均照此次……查萬城堤工此後歲修應照現辦土石各工，一律加高培厚」[53]，可見表格中的資料也成為日後對堤工歲修維護的標準。

　　歲修工程的資金來源，係按照乾隆帝旨意，開支在五百兩以上者，「准其借項，官為代辦」，嗣後歲修萬城大堤，「需用銀兩應先於司庫借支給發，俟下年於業戶名下按畝攤繳歸款。其動用何款之處，應令該督預為籌酌，先行報部。仍將按畝攤繳歸款細數，造冊送部查核」。經費既由民間承擔，徵收過程亦由民間自行辦理，「嗣後歲修堤工一應銀錢冊檔，令公舉誠實諳練紳耆三四人專司其事」，讓地方「誠實諳練紳耆」負責，目的也是為防止官員「有加倍灑派之弊」，並強調「如有書役擾越侵漁等弊，許紳耆等據實具稟，嚴行究辦」[54]。

　　官員方面，則正式確立保固期限為十年，並明確規定歲修堤工由荊宜施道負責，其中萬城堤由荊州同知專管，令其衙署「於中方城、李家埠等處擇地移駐」。由於萬城堤「段落遼闊，里數綿長」，因此也如同歲修工程一樣實施分段負責制：逍遙湖至玉路口段，由江陵縣縣丞看管；玉路口至黃家場段由沙市巡檢看管；黃家場至拖茆埠段，由郝穴巡檢看管。在歲修過程中，

---

[53]〔清〕倪文蔚：《荊州萬城堤志》，卷4，〈歲修〉〈估驗〉。

[54]〔清〕倪文蔚：《荊州萬城堤志》，卷6，〈經費〉〈攤征〉。

官員的職責是籌錢，先由官府出資，再由民間攤返，「歲修估計工程，給發夫工價值等項，仍由該同知督令董事經手，不得以佐雜微員妄行干預」[55]。藩司於每年奏銷後，例須查驗一次，督撫於每年春汛，再輪流查驗一次，「如有偷減浮鬆情弊，即行查參著賠」。此外，畢沅還奏準將荊州水師營的官兵二百餘名撥受荊宜施道節制，於每年夏秋二汛時上堤駐守，自得勝台至魁星閣每二里設一卡房，駐兵二名，與圩甲協同稽查，以加強防備水患的力量。[56]

堤工的日常保護，則實行民間與官方共同管理的辦法：在民間設立堤長、圩甲看護堤工，仿照江南豫東等省的河工、海塘設立堡夫、堤長，並建造堡房以供住宿；規定每五百丈設立堤長、圩甲各四人，堤長、圩甲「按年輪流僉點」，在堤上設立卡房居住，「如有獾洞蟻穴，隨時報明修補。汛漲時須多備守水器具，協同業民晝夜防守」[57]；圩甲通常與每年八月十五後上堤檢查，每年輪換免除雜徭，並有「圩甲田」提供役食。[58]此外，對於窖金洲，清廷也規定須嚴格管理，不許百姓在洲上栽種居住，每年春季須將洲面犁翻一次，以促進江水沖刷的效果。

綜上可見，荊州五十三年大水之後，清廷在此地建立了一套較為嚴密的官督民修體系，以達到乾隆帝「保護民生、節省民費」的目標。雖然該制度在日後也現出了一些弊端，但此後的數十年內，荊州堤工再未發生重大潰決，萬城堤也沿用至今（即現在的荊江大堤），依然是長江防洪重點確保工程，可見歲修制度的深遠影響。

---

[55] 《軍機處錄副奏摺》，乾隆五十三年九月七日，大學士阿桂奏為酌定荊州臨江堤工歲修條款並一切善後章程事，檔案號：03-1035-066。

[56] 〔清〕倪文蔚：《荊州萬城堤志》，卷7，〈官守〉〈責成〉。

[57] 《軍機處錄副奏摺》，乾隆五十三年九月七日，大學士阿桂奏為酌定荊州臨江堤工歲修條款並一切善後章程事，檔案號：03-1035-066。

[58] 〔清〕倪文蔚：《荊州萬城堤志》，卷5，〈防護〉〈備患〉。

餘論

乾隆五十三年的荊州大水是一次嚴重的自然災害，造成重大人命和財產損失，為應對災害，清政府調動大量人力、物力，進行賑濟和實施善後，與此相伴隨的，則是乾隆帝借機整頓湖北官場，自督撫以下二十多名官員遭受處分。其後推行的歲修制度，也對荊江的防洪發揮重要影響。

當然，傳統帝制體系下的諸多弊端，不可能因為一次水災而得到徹底解決。正如前文指出的，窖金洲被乾隆帝認定是此次水災的直接原因，在治理過程中受到高度重視。但隨著時間的推移，官場因循玩忽的特點再次顯現。嘉慶十七年（1812），湖北官員奏報，窖金洲和其西的新淤洲（合稱新老二洲）上，竟然發現「棚居之戶，日益眾多」，且「種植雜糧，遍洲竟無餘地」[59]，雖然他們隨即將洲上居民驅散，但管理的鬆弛可見一斑。嘉慶二十二年，時任湖廣總督的阮元在〈窖金洲考〉所寫道：「計自造磯後保護北岸誠為有力，但不能攻窖金之沙，且沙倍多於三十年前矣。昔江流至此分為二，一行洲南一行洲北，今大派走北者十之七八，洲南夏秋尚通舟，冬竟涸焉。議者多所策，餘曰無庸也，惟堅峻兩岸堤防而已」[60]，可見窖金洲並沒有被水流沖刷消失，反而面積越來越大，這與大水之後畢沅的奏報和乾隆帝的預期完全不符。

為「節省民費」而設計的攤徵制度，在實施過程中也存在諸多問題。朝廷為防止官吏、書役中飽私囊和多加攤牌，明確要求紳耆負責攤徵，但「徵收土費之弊，紳耆甚於書吏，書吏甚於地方官」，「同里之人，非親即友，彼此援引，倚勢招搖，官不能禁」，最後仍是改歸官府辦理，「若外屬承用，舊法工程，虛應故事，而浮冒之弊所在皆然」[61]。另一方面，原本為提供役食而設的圩甲田，至道光中期以後，「大半轉售，為官為私亦不可考」，

---

59 〔清〕倪文蔚：《荊州萬城堤志》，卷5，〈防護〉〈備患〉。
60 〔清〕倪文蔚：《荊州萬城堤志》，卷9，〈藝文考〉。
61 〔清〕倪文蔚：《荊州萬城堤志》，卷6，〈經費〉〈攤徵〉。

在這種情況下，再組織民間看護堤工實在難以推行，最終導致「空籍無存，屆期由堤差雜書姓字，填給腰牌，賣富僉貧，虛應故事，遊民無藝，往往樂為藉索」[62]。而最初查抄蕭姓家產白銀九四九九一兩，乾隆帝規定專項用於生息，每年可得生息銀六三一九兩，專款用於歲修萬城堤工[63]，但自道光二十一年（1841）起，該款項就被逐漸挪用，至咸豐二年（1852），生息本銀已被「先後提用，並無存款」[64]。可見對堤工的維護，也隨著時間的推移而慢慢廢弛了。

　　乾隆五十三年荊州大水，對時人影響甚深，而當時清廷對被災地區的救濟的流程和事後為善後所建立的一系列制度，可以說是清政府對在救災模式和治洪制度的典範。簡言之，這對於我們瞭解、認識清代的荒政模式，有著重要意義。

---

62 〔清〕倪文蔚：《荊州萬城堤志》，卷5，〈防護〉〈備患〉。

63 《軍機處錄副奏摺》，乾隆五十三年九月十六日，大學士阿桂奏為查抄蕭姓民人家產請治罪事，檔案號：03-1065-021。

64 〔清〕倪文蔚：《荊州萬城堤志》，卷6，〈經費〉〈支銷〉。

清代中期中國的貨幣使用情況

——以東南諸省為中心

岸本美緒[*]

一 前言

　　王業鍵教授的中國經濟史研究成果極其豐碩，其涉及的範圍也十分廣泛，特別在目前呈現盛況的清代貨幣、物價、市場、金融等研究方面，王業鍵教授堪稱是最早開拓此分野的奠基者之一。在筆者四十年前剛開始研究清代物價史時，日本國內幾乎沒有相關的研究，對我們後學來說，全漢昇教授和王業鍵教授的研究就是最好的嚮導。此後王教授對清代經濟史學界發揮了領導作用，特別在他的主導下、於二〇〇八年完成的《清代糧價資料庫》對國內外經濟史學界提供了絕大的學術貢獻。

　　由於清朝官方的糧價調查以銀兩為單位，因此至今廣為研究者利用、按照時間順序所排列的清代糧價長期性數據幾乎都是用銀兩標示的。但眾所周知，清朝的貨幣制度相當複雜，特別在清代中期以後，不僅銀兩，甚至銅錢、銀元、錢票也在人民經濟生活中發揮了重要作用。那麼，關於銅錢、銀兩、銀元等各種貨幣的使用地區和使用階層，其實際情況究竟為何？本文作為探討清代物價問題的基礎工作，試圖作成若干統計表，藉此概略地釐清清代中期，即乾隆（1736-95）、嘉慶（1796-1820）時期中國的貨幣使用情況。

---

[*] 日本御茶之水女子大學教授。

　　本文分為兩個部分。在第一部分，筆者將用刑科題本等官方史料來概略地探討全國貨幣流通的地區性特徵；第二部分則是以東南地區四個省分為例，深入地討論各種貨幣的流通情況。本文使用多樣史料，例如刑科題本、奏摺、契約文書、方志等，其目的為從多方面來釐清當時貨幣流通的實際情況，另外還要通過比較對照，評估各種史料的可靠性與優缺點。

二　清代中期貨幣使用的地區性特徵和時期性變化
　　——以官方史料為中心

（一）地區性特徵

　　清代中期貨幣流通史上的一個重要現象是乾隆（1736-1795）中期以後銅錢經濟的發達。不少學者用奏摺和隨筆等記述史料已經指出：十八世紀中葉在許多地區，銅錢替代白銀而成為日常生活上的主要貨幣。[1]下列的表一是以杜家驥主編《清嘉慶朝刑科題本社會史料輯刊》[2]所收的嘉慶年間刑科題本為材料，調查各省貨幣使用情況的統計表。由於刑科題本是攸關人命案件的報告書，並非以經濟方面的調查為目的，因此其中述及的貨幣記載（大都與加害者和被害者之間的糾紛原因相關）零碎且沒有系統性，但由於資料的數量較多且分佈於全國，足以窺見當時各省貨幣流通的概略情況。

---

[1]　參看黑田明伸：《中華帝國の構造と世界經濟》（名古屋市：名古屋大學出版會，1994年）；黨武彥：《清代貨幣政策史の研究》（東京都：汲古書院，2011年）等。

[2]　全三冊，二〇〇八年由天津古籍出版社出版。這本史料集收錄一六六四件題本，其中大約一千件涉及貨幣的問題。由於部分題本包括多種貨幣的記載，因此表一的貨幣資料數將近一二〇〇件。

表一　嘉慶年間中國各省的貨幣使用情況：件數（％）

省分	銅錢	銀兩	銀元	其他	備註
直隸	90（96）	4（4）	0	0	銅錢：大錢、京錢、東錢等
山西	47（78）	13（22）	0	0	銀兩：紋銀、元銀等
奉天	62（95）	2（3）	0	錢票1（2）	銅錢：市錢、大錢等
江蘇	36（84）	1（2）	1（2）	七折錢4（10）錢票1（2）	
浙江	45（79）	5（9）	7（12）	0	
安徽	53（85）	5（8）	0	七折錢4（7）	
福建	31（57）	7（13）	16（30）	0	
江西	53（83）	9（14）	2（3）	0	銀兩：元銀等
山東	39（100）	0	0	0	
河南	40（98）	1（2）	0	0	
湖北	48（87）	6（11）	1（2）	0	
湖南	47（63）	28（37）	0	0	銀兩：元絲等
廣東	24（53）	7（16）	14（31）	0	
廣西	16（52）	15（48）	0	0	
四川	152（74）	53（26）	0	0	
貴州	12（23）	41（77）	0	0	
雲南	4（21）	15（79）	0	0	
陝西	71（69）	32（31）	0	0	銀兩：圓絲銀，銅錢：大錢等
甘肅	29（91）	3（9）	0	0	銅錢：大錢、小錢等
全國	899（75）	247（21）	41（3）	10（1）	

從表一可以窺見明顯的地區性差異，即：（1）在華北東部和華東諸省，銅錢佔絕對優勢。（2）在華南諸省，銅錢和白銀（包括銀元）的使用率幾乎相

等。（3）在貴州、雲南等西南諸省，白銀佔絕對優勢。（4）在西南諸省以外的內陸諸省如山西、陝西、湖南、四川等，銅錢佔相對優勢，但可說是處於東部和西南之間。

那麼，這些地區性特徵形成於何時呢？下面我們用乾隆年間的刑科題本史料集來探討乾隆初年以來各省貨幣使用情況的變化。這裡使用的史料集是中國第一歷史檔案館和中國社會科學院歷史研究所合編的《清代地租剝削型態》（上、下冊，北京市：中華書局，1982年）和《清代土地佔有關係與佃農抗租鬥爭》（上、下冊，北京市：中華書局，1988年）。這兩本史料集收錄的題本共有六七八件，不如上述嘉慶年間史料集收錄的題本件數多，但乾隆年間，不少地方官員的奏摺提及各省貨幣流通的情況，因此我們可以互相比較記述史料和統計數據，來檢驗雙方史料的可靠性。

表二　乾隆年間中國各省的貨幣使用情況：件數（％*）

省分	乾隆前期（元年-30年）			乾隆後期（31年-60年）		
	銅錢	銀兩	銀元	銅錢	銀兩	銀元
直隸	7（50）	7（50）	0	12（71）	5（29）	0
山西	4（22）	14（78）	0	4	3	0
奉天	1	0	0	6	0	0
江蘇	4（22）	14（78）	0	18（69）	8（31）	0
浙江	5（24）	16（76）	0	14（74）	5（26）	0
安徽	8（44）	10（56）	0	15（71）	6（29）	0
福建	9（30）	17（57）	4（13）	8（33）	9（38）	7（29）
江西	7（21）	26（79）	0	16（73）	6（27）	0
山東	2	5	0	3	2	0
河南	4	5	0	7	0	0
湖北	5（29）	12（71）	0	16（70）	7（30）	0
湖南	0	23（100）	0	11（44）	14（56）	0
廣東	12（32）	26（68）	0	5（42）	6（50）	1（8）
廣西	3（27）	8（73）	0	2	2	0

四川	1（6）	15（94）	0	14（82）	3（18）	0
貴州	0	6	0	4	3	0
雲南	0	2	0	2	4	0
陝西	1	2	0	4	0	0
甘肅	0	2	0	1	0	0
全國	73（25）	210（73）	4（2）	162（64）	83（33）	8（3）

＊對於該時期的總數未達10件的省分，並未計算其百分率。

首先，我們將表二中各省的數字和乾隆年間若干奏摺進行對比，來略看這些數字所呈現的趨勢和當時官員們的觀察有多少程度是互相吻合的。乾隆十七至十八（1752-1753）年，清朝政府面臨京師附近的錢貴問題，將其原因歸於富家囤積錢文的行為，並且向各省督撫咨問該省貨幣流通的情況與解決錢貴問題的方法。[3] 對此，華北諸省的督撫回報銅錢較佔優勢，例如：

> 直屬（直隸）富戶積錢之弊，所在多有，鄉村富民尤甚。緣銀色平法，鄉愚罕能辨識，一切行使俱以錢文為便。錢質重百倍於銀，貯藏在家，可免盜竊之虞。是以凡田房交易、糧食買賣，價至數十百兩，有一概用錢。（直隸總督方觀承奏摺，乾隆十七年九月六日）[4]

> 豫省（河南）人民安於耕鑿，少事經營，其存積錢文，雖不至如直隸等省之多，而鄉民不諳銀色戥頭，習慣用錢，不特零星買賣，概用錢文，即置買田產價值數百金者，亦多用錢。（河南巡撫蔣炳奏摺，乾隆十八年五月十日）[5]

3　關於乾隆前期的錢貴問題，上田裕之《清朝支配と貨幣政策》（東京都：汲古書院，2009年）和黨武彥《清代經濟政策史の研究》（東京都：汲古書院，2011年）都有詳細的分析。

4　國立故宮博物院編印：《宮中檔乾隆朝奏摺》，第3輯，頁779。關於以下奏摺的內容，黨武彥上揭書內已有介紹。

5　《宮中檔乾隆朝奏摺》，第5輯，頁299。

但華北諸省中，山西的情況似乎有些不同，山西巡撫胡寶瑔指出：

> 若晉省，所在皆山地，多磽瘠，出產米糧不敷食用，少有糶賣積錢之
> 事，況山西之民工於貿易，即鉅賈富室亦以懋遷有無、計權子母為
> 事，停本積錢，又非所樂。（乾隆十八年四月二十八日）[6]

南方諸省的督撫大致強調華北和南方之差異，例如兩江總督鄂容安和江蘇巡
撫莊有恭引用上述直隸總督方觀承的奏摺之後指出：

> 此亦北省則然，若江南則民多識字，村農孺子多知平色書算，寔與直
> 屬不同。……再查通省情形，民間買賣，江、蘇、松、常、鎮、太六
> 府州，零星交易則用錢，為數稍多，則用銀。揚、通二府州，民間各
> 製小戥，雖分釐亦皆用銀。淮、徐、海三府州，市集之上雖多用錢，
> 然亦少有至數十千以上者。錢多宜莫過於典舖，而江省典舖質當物
> 件，不過當錢數千文而止。又如田房交易、通那借貸，皆以銀成交，
> 不聞以錢書券。（乾隆十八年七月十三日）[7]

另外，廣東、福建、湖北、湖南、江西、四川、貴州的報告分別如下：

> 粵東地方物產饒裕，小民逐末者多，貿易經營及置買產業，均係用
> 銀，惟零星使用，乃用錢文。……民間只零數用錢，自十兩以外概用
> 花邊番銀，現閱各屬所送契尾產價，俱用銀兩，並無用錢之事。（署
> 兩廣總督班第、廣東巡撫蘇昌奏摺，乾隆十八年五月十八日）[8]

> 閩省民情精心計利，善於經營，下游福、興、漳、泉、福寧各郡，濱
> 臨海洋，非業漁鹽，則販外洋，富商巨賈貿遷交易，專重外番銀錢，
> 以銀作錢，仍按銀兩輕重行使。民情久已相安，所以囤藏錢文非其所

6　《宮中檔乾隆朝奏摺》，第5輯，頁202。
7　《宮中檔乾隆朝奏摺》，第5輯，頁769。
8　《宮中檔乾隆朝奏摺》，第5輯，頁372。

利。其上游延、建、汀、邵各郡、永、龍二州，廣產竹、木、茶、紙，遠販異地，比戶皆然，民間交易雖銀錢兼用，而各郡跬步無非崇山峻嶺，錢文質重，搬運艱難，民間行使，以銀為便，是以歷來上游錢價較賤於下游。（閩浙總督喀爾吉善、福建巡撫陳弘謀奏摺，乾隆十八年五月二十九日）[9]

楚省民風，舉凡交易，用銀者居多。即各典當內零星出入，或有數至一二百串者，亦皆旋進旋出，仍復質散民間，尚無囤積錢文之事。（署湖廣總督湖北巡撫恆文奏摺，乾隆十八年五月二十九日）[10]

湖南民俗，一切零星交易始用錢文，其餘概係用銀，即各典舖，數在一兩以下，間或當錢，多者盡係當銀，是以湖南歷來尚無積錢之弊。……復加確查，湖南素習用錢者較少，又兼地氣卑濕，積錢恐致銹損，實與北省情形不同。（署理湖南巡撫範時綬奏摺，乾隆十八年五月二十六日）[11]

江西一省……界連閩浙江南楚粵，為四通八達之區，商賈善於經營，不肯藏積錢文，坐失子母，是以民間一切交易買賣，價至數十兩者，未聞概用錢文之事。（署兩江總督江西巡撫鄂容安奏摺，乾隆十八年五月十一日）

川省邊地，素鮮富戶，且地氣潮濕，埋藏易致銹壞，積錢之家原少。……川民一切買賣，惟零星交易或數拾文及數百文，始用制錢，如數至壹千文上下，則多用銀而不用錢，再物值拾兩以外，悉用銀成

---

9 《宮中檔乾隆朝奏摺》，第5輯，頁517。
10 《宮中檔乾隆朝奏摺》，第5輯，頁513。
11 《宮中檔乾隆朝奏摺》，第5輯，頁470。

交,無用錢之事。(署理四川總督印務黃廷桂奏摺,乾隆十八年七月
十二日)[12]

黔省介在邊末,民苗家鮮厚蓄,情形與內地不同。凡交易貿易,新疆
各苗大率習於用銀,其附近城市之熟番有用錢者,亦皆隨入隨出,尚
無壅滯。雖近年以來聞江楚客民及本地生計稍豐之家,間有收買存
貯,然細為體察,此等之人既甚少而存貯之數更不能甚多。(貴州巡
撫開泰奏摺,乾隆十八年五月十五日)[13]

以上奏摺的記載和表一乾隆前半期的數字大致符合,表示當時中國貨幣使用
情況有如下地區性特徵:在華中、南諸省,白銀處於優勢,而銅錢的使用只
限於零星交易,然而在直隸、河南等華北諸省,卻是傾向使用銅錢,鄉民中
不辨銀色平法者為多,富家有囤積銅錢的習慣。值得注意的是:華中、南地
區內部也有些許不同,例如:(1)在廣東和福建,番銀廣泛流通,儘管「仍
按銀兩輕重行使」。[14](2)在江蘇、江西等諸省,使用白銀的優勢被歸因於
「村農孺子多知平色書算」、「四通八達之區」等經濟、文化的高度發達。換
句話說,華北鄉民之所以使用銅錢,其原因被認為是經濟、文化相對落後。
(3)另一方面,在福建山區、湖南、四川等省,官員們以「崇山峻嶺」、
「地氣潮濕」等自然條件上的限制來說明這些地區不適合銅錢的行使。貴州
的報告也指出「新疆各苗大率習於用銀」,但「其附近城市之熟番有用錢
者」,而「江楚客民及本地生計稍豐之家,間有收買存貯」。銅錢的使用被
認為與城市商業有關,而非人民文化水準不足的結果。

---

[12] 《宮中檔乾隆朝奏摺》,第5輯,頁740。

[13] 《宮中檔乾隆朝奏摺》,第5輯,頁356。

[14] 表一廣東、福建欄中銀元的數字不太多,這大概因為在按重量使用番銀的時候,刑科
題本只記為「銀幾兩」,因此統計上不得不歸入銀兩。

（二）時期性變化

比較表一和表二的話，除了貨幣使用的地區性特徵以外，我們還能夠釐清其時期性變化。表一和表二的「全國」（最下欄）貨幣使用率顯示：銅錢使用率從乾隆前期的百分之二十五增加到乾隆後期的百分之六十四，接著攀升至嘉慶年間的百分之七十五；與此相應，白銀（包括銀兩和銀元）使用率則是急速下滑。其中銅錢使用率當中變化幅度較大的是長江中下游諸省，例如：

江蘇：22%→69%→84%

浙江：24%→74%→79%

江西：21%→73%→83%

湖北：29%→70%→87%

湖南：0%→44%→63%

在乾隆年間江南地區發生了「從白銀到銅錢」的變化，此現象已經受到不少學者的關注，[15]因此避免累述，但在這裡筆者想指出：這個變化的範圍與其說是江南地區，不如說是擴及長江中下游的較大地域。我們姑且把這個變化類型稱為「長江流域型」。

除了「長江流域型」以外，我們還可以歸類出若干假設性類型，例如：
「華北型」：銅錢的使用率較高，並且呈現上昇趨勢。

直隸：50%→71%→96%

河南：（44%）→（100%）→98%（表二中樣本數太少，因此用括弧表示。以下相同）

「華南型」：可見銅錢、銀兩、銀元兼用的現象，儘管銅錢的使用率逐漸上昇。

福建：30%→33%→57%

15　注1所引黑田明伸和黨武彥的著作以及岸本美緒：《清代中國の物價と經濟變動》（東京：研文出版，1997年）。

廣東：22%→42%→53%

「西南型」：銅錢的使用率不高，雖然乾隆後期有些微增加的趨勢，但此後再
　　　　　度下降。

　　貴州：（0%）→（57%）→23%

　　雲南：（0%）→（33%）→21%

以上是充滿假設性、比較籠統的四個類型。無庸置疑各個省分內部應該存在
更為複雜的情況，例如，山區和沿海的地區性差異、城市和農村之間的不
同、產業交易和日常買賣之間的差別，等等。本文沒有太多篇幅對所有省
分進行探討，因此在下一節，筆者將選擇貨幣流通情況較為複雜的四個省
分──即「長江流域型」的江蘇、浙江和「華南型」的福建、廣東──來進
行較為詳細的分析。

三　清代中期東南各省的貨幣使用情況[16]

（一）江蘇

　　關於江蘇內部的地區性差異，上述乾隆前半期的奏摺中存在著饒富趣
味的記載，即：「江、蘇、松、常、鎮、太六府州零星交易則用錢，為數稍
多，則用銀。揚、通二府州，民間各製小戥，雖分釐亦皆用銀。淮、徐、海
三府州，市集之上雖多用錢，然亦少有至數十千以上者」。江蘇北部諸府州
的情況似乎類似華北。但在乾隆中期以後的江蘇，銅錢佔絕對優勢，並無明
顯的地區性差異。在這裡我們利用契約文書中貨幣記載，來探討城市和農村
的差異。圖一和圖二分別為蘇州農村和蘇州城區的契約文書中貨幣使用情況。

16 第二節的內容以筆者在下述兩個學術研討會宣讀的英文論文的一部分為基礎。在
　此，對與會學者的寶貴指教表示衷心感謝：The Third European Congress on World and
　Global History (at the London School of Economics, April, 2011) 和 2012 Asian Historical
　Economics Conference (at Hitotsubashi University, Tokyo, September, 2012).

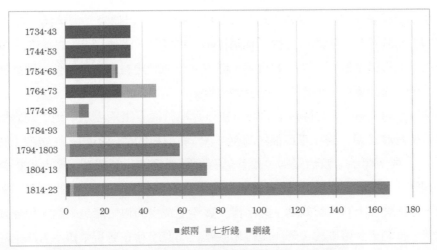

圖一　蘇州農村契約文書中的貨幣使用情況（件數）

出處：〈世楷置產簿〉（元和縣），見洪煥椿編：《明清蘇州農村經濟資料》（南京市：江蘇古籍出版社，1988 年），頁 90-145。

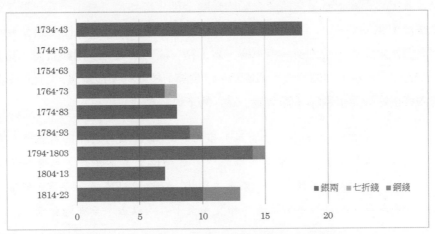

圖二　蘇州城區契約文書中的貨幣使用情況（件數）

出處：東京大學東洋文化研究所所藏周氏文書和金氏文書[17]

---

[17] 關於周氏文書和金氏文書，參看濱下武志等編：《東洋文化研究所所藏中國土地文書目錄、解說》（東京都：東京大學東洋文化研究所附屬東洋學文獻センター，1983 年），下冊。

以上兩個圖表呈現出明顯的不同。在農村（圖一），以乾隆三〇年代（1765-1974）為分水嶺，明顯可見從「銀兩標示」轉換為「銅錢標示」的變化。圖中的「七折錢」是以「七折錢幾兩」等方式出現於史料的貨幣單位，雖然使用「兩」這一單位，但實際上授受的是銅錢，其一兩相當於七百文或是七二〇文、八百文等。「七折錢」的標示往往登場於從「銀兩標示」到「銅錢標示」的過渡時期，圖一正是很好的例子。[18] 與農村的情況不同，在城市（圖二），「銀兩標示」較佔優勢，儘管仍有少數契面將貨幣種類記載為七折錢和銅錢。值得注意的是：契面的貨幣種類未必表示實際上支付的貨幣，例如，即使契面上有「銀幾兩」的字樣，實際上授受的也可能是銅錢。但無論如何，我們至少可以說，蘇州農村和城區之間似乎存在著貨幣標示方法上的不同。[19]

乾隆中期的江蘇地方發生了從銀兩轉換為銅錢的變化，此論點已為大多數研究者所承認，但關於發生轉換的精確時期，尚無深入的研究。就個人淺見，最早的相關記載是黨武彥介紹的乾隆十年（1745）二月二十五日浙江布政使潘思榘的奏摺，其中潘思榘舉「江浙」的例子指出：以往用銀交易之物，例如松江布、杭湖絲、浙東麻、炭、楮、漆等，現在多用錢買賣，甚至民間的田房交易，契價雖然用銀標示，但實際上授受的卻是銅錢。[20] 這件奏摺的內容正好印證了黃卬《錫金識小錄》的下述記載[21]：

> 邑中（常州府無錫、金匱縣）市易，銀錢並用，而昔則用銀多於用錢，今則有錢而無銀矣。康熙中，自兩以上率不用錢，雖至分釐之細，猶銀與錢並用。……雍正中猶然。……自乾隆五六年後，銀漸少錢漸多，至今日率皆用錢，雖交易至十百兩以上，率有錢無銀。

---

[18] 關於七折錢，參看岸本美緒上揭《清代中國の物價と經濟變動》第九章補論。

[19] 由於該時期江蘇其他地區的契約文書史料不多，這裡未能製作圖表。又，上海市檔案館編《清代上海房地契檔案彙編》（上海市：上海古籍出版社，1999年）收錄十多件乾隆、嘉慶時期的文書，其中大多數以銅錢標示。

[20] 黨武彥上揭《清代經濟政策史の研究》，頁72。

[21] 黃卬：《錫金識小錄》（乾隆十七年修），卷1，〈交易銀錢〉。

　　但我們不應該草率地下結論認為江蘇全省的貨幣使用於乾隆初年開始發生變化。相較於潘思榘、黃卬等人的報告，圖一的轉換時期晚了二十年左右，儘管圖一中一部分的銀兩標示可以解釋為契面和實際狀況不一致。[22]表二的統計也未必符合「江蘇在乾隆五、六年已經開始發生變化」這一看法；又，乾隆十八年七月十三日鄂容安等上述奏摺的內容也與潘思榘的乾隆十年的奏摺有明顯的矛盾。目前尚無充分史料足以釐清何時開始發生變化，還需待日後研究。

　　關於清代中期江蘇貨幣流通的另一個重點是外國銀幣流通的問題。[23]雖然表一、二中江蘇省的銀元[24]標示僅一例而已，並且此例為結婚時的「財禮洋銀八十個」，與一般交易有所不同。儘管如此，若干記述史料指出：清代中期江蘇省內部地區已有使用銀元的習慣。蘇州府常熟縣人鄭光祖在道光年間寫的隨筆中指出：「至（乾隆）四十年（1775）時，洋錢用至蘇、杭，其時我邑廣用錢票，銀猶兼用。……洋錢中馬劍……、雙柱、佛頭……，五十年後，但用佛頭一種」。[25]另一位上海人在道光二十二年（1842）寫的記錄指出：「洋錢自嘉慶間僅行閩、廣、蘇、松，則以貿易故，洋船來，不得

22　如果將「九七銀」、「九五銀」等有關銀色的記載認為是實際用銀交易的證據，那麼實際用銀的交易可說是絕大部分。

23　關於外國銀幣在清代中國的流通，百瀨弘在一九三〇年代所寫的論文（後收入百瀨弘：《明清社會經濟史研究》〔東京都：研文出版，1980年〕），至今也十分實用。此外，亦可參見增井經夫：《中國の銀と商人》（東京都：研文出版，1986年）。近年幾位經濟史學者在關於道光年間經濟問題的研究中，詳細地討論了外國銀幣於十九世紀前期中國的流通情況，即：Man-houng Lin, *China Upside Down: Currency, Society, and Ideologies, 1808-1856* (Cambridge Mass. and London: Harvard University Press, 2006. （中文版：《銀線》〔臺北市：國立臺灣大學出版社，2011年〕）；Richard von Glahn, "Foreign Silver Coins in the Market Culture of Nineteenth Century China," *International Journal of Asian Studies*, 4.1 (2007): 51-78 等。

24　嘉慶刑科題本中對外國銀幣的稱呼按地區有所不同：在福建、廣東，以「番銀」為多；在浙江、江西，皆為「洋錢」；江蘇、湖北分別是「洋銀」、「銀元」。

25　鄭光祖：《一斑錄雜述》，收入《一斑錄》（北京市：中國書店，1990年），卷4，〈洋錢通用〉，頁11b-12a。

不用，他處均無，且無識低昂者」[26]，據此人的說法，在嘉慶年間，江蘇省內洋錢流通的範圍並不大。這些都是後代的文章，而作為當時的記錄，有嘉慶二十年（1815）刊行的《珠里小志》。這是松江府青浦縣朱家角鎮的鎮志，其中有與洋錢相關的詳細記載：

> 珠里錢多銀少，昔年用銀曰圓絲……，今惟洋錢盛行，洋錢舊有馬劍……、雙燭、佛頭……，今惟佛頭盛行，佛頭三工……、四工……、廣版……、爐底……、大頭……，次者為蘇版……、土版……、鬧版……、灌鉛……，最下噴銀……，又有爛印、啞洋、銼邊……。市中行用，惟花米市最雜，價亦惟花米市最昂。[27]

這裡列舉的各種洋錢中，馬劍、雙燭、佛頭分別指荷蘭銀幣、西班牙的 pillar dollar、西班牙的 Carolus dollar。據作者的註釋（引用文中從略的部分），從「三工」到「噴銀」的各種銀幣，除了「三工」和「大頭」以外都是中國製造的仿造品，產地和質量各有差異，最下等的「噴銀」不過是鍍銀的銅幣。作者對「爛印、啞洋、銼邊」加註為「銀色皆佳，惟兌價少減」，這些應該是指由於過度戳印導致形狀破爛的銀幣。作者列舉這些銀幣的目的似乎不是排除仿造品，而是把握各種銀幣的品質，針對瑕疵的程度予以折扣。當時所謂的洋錢，未必是從海外進口的純正洋錢，而是包括仿造品的各種銀幣。我們動輒以為洋錢的使用足以提高交易的效率，但實際的情況未必如此單純。

江蘇不動產契約中，銀元首次出現的時間較晚，蘇州城區是道光初年，上海城區則是光緒初年。[28]

---

[26] 曹晟：《夷患備嘗記》，收入沈雲龍主編：《近代中國史料叢刊》（臺北市：文海出版社），正編，第二十三輯，〈事略附記〉，頁21a。

[27] 周郁濱：《珠里小志》，收入《中國地方志集成·鄉鎮志專輯》第2冊（上海市：上海書店，1992年），卷3，〈風俗〉，頁9b-10a。

[28] 上揭周氏文書和《清代上海房地契檔案彙編》。

（二）浙江

　　浙江布政使潘思榘在乾隆十年寫成的上述奏摺指出「江浙」地區貨幣使用情況的轉換。關於浙江一省，稍早已有奏摺述及「從銀到錢」的變化，即：廣東糧驛道朱叔權於乾隆六年（1741）二月的奏摺提到故鄉浙江的情況，指出：在寧波、溫州、台州等府，向來無論規模大小，都用銀進行交易，雖分釐之微，亦皆用銀，但現在連一兩十兩的交易，都用錢取代銀了。[29]

　　下面我們從不動產契約來看這個轉換的情況。關於清代浙江省不動產契約，已有幾種史料集，其中張介人編，《清代浙東契約文書輯選》（杭州市：浙江大學出版社，2011年）和曹樹基編，《石倉契約》第一至四輯（杭州市：浙江大學出版社，2011-2015年）這兩種史料集收錄較多該時期的文書，因此在這裡選擇收錄於前者的寧波府慈溪縣文書和後者第一輯的處州府松陽縣文書，來製作下述兩個圖表。

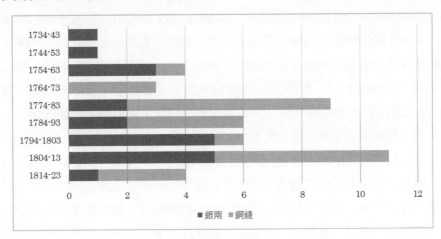

圖三　慈溪縣契約文書中的貨幣使用情況（件數）

---

[29] 黨武彥上揭：《清代經濟政策史の研究》，頁65。

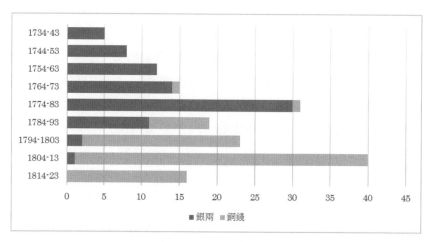

圖四　松陽縣石倉村契約文書中的貨幣使用情況（件數）

　　圖三和圖四都反映農村的情況，但慈溪在沿海地區，而松陽在內陸山區，可窺見浙江省內的地區性差異。從圖三大致上可知從銀兩到銅錢的變化，其變化時期與圖一的蘇州農村差不多，但變化程度不如蘇州農村明顯，在嘉慶年間以銀交易的比率也相當高。另一方面，圖四從銀兩到銅錢的變化十分劇烈且顯而易見，但轉換時期較晚，到了一七九〇年代才有明顯的變化。由此可知：「長江流域型」諸省或多或少經歷了從銀兩到銅錢的變化，但其變化的幅度和時期有較大的差異。

　　下面我們將探討銀元在該時期浙江的流通情況。據表一的統計，浙江有七件題本述及銀元，較江蘇多。銀元的記載集中於浙江北部，即：嘉興、平湖、山陰、諸暨、臨安、仁和、長興等縣。雖然圖三、圖四的契約文書中並未出現銀元，但從刑科題本可窺見在嘉慶年間的浙江北部，銀元已經不是罕見的貨幣了。有關銀元的記述也以浙江北部的史料為多，其中最有名的是紹興府蕭山人汪輝祖《病榻夢痕錄》嘉慶元年（1796）條的記載：

　　　　餘年四十歲（引用者按：1771年）以前，尚無番銀之名，有商人自閩粵攜回者，號稱洋錢，市中不甚行也。惟聘婚者取其飾觀，酌用無

多，價略與市銀相等。今錢法不能劃一，而使番銀之用，廣於庫銀。
番銀又稱洋銀，名亦不一，曰雙柱，曰倭婆，曰三工，曰四工，曰小
潔，曰小花，曰大戳，曰爛版，曰蘇版，價亦大有低昂，作偽滋起。[30]

這條記載與二十年後的上述《珠里小志》的文章頗有類似之處，但佛頭的特
別地位似乎尚未確立。

另外，嘉興府桐鄉縣濮院鎮人楊樹本在嘉慶十三年（1808）所撰的《濮
院瑣志》提到：

市間交易，四十年前，一色用銀。後有銀錢參半者，然凡遇慶賀致
分，若見孔方，率謂村俗。近則一例用錢矣。（原註：按，此余初作
風土記時事耳。近今十餘年來，又各以洋錢為尚，零星買賣用錢而銀
更不能多得矣）。[31]

正如許多研究者所指：浙江、江蘇地方與使用番銀已久的福建、廣東不
同，到了十八世紀末期才開始使用外國銀幣。江浙人使用洋錢的特徵是重視
其計數貨幣的性質。如下所述，在廣東、福建，用重量來表示番銀的習慣相
當普遍。相較於此，在浙江、江蘇，幾乎未見以「兩」表示外國銀幣的例
子。至少在嘉慶年間，江浙人一般稱外國錢幣為「洋錢」，而非採用廣東、
福建普遍使用的「番銀」，大概是因為比起外國銀幣的金屬性質（例如銀的
含量），江浙人更重視其作為硬幣（「錢」）的性質。

（三）福建

如上所述，乾隆十八年報告福建省內貨幣使用情況的奏摺強調了省內的

---

[30] 汪輝祖：《病榻夢痕錄》（臺北市：華文書局，1970年《叢書彙編》影印清光緒十五
年〔1889〕江蘇局刊本），卷下，頁79a-b。

[31] 《濮院瑣志》，收入《中國地方志集成・鄉鎮志專輯》第21冊（上海市：上海書店，
1992年），卷6，〈習尚〉。

地區性差異，即：「下游福、興、漳、泉、福寧各郡，……專重外番銀錢，以銀作錢，仍按銀兩輕重行使……。其上游延、建、汀、邵各郡、永、龍二州，……民間交易雖銀錢兼用，而各郡跬步無非崇山峻嶺，錢文質重，搬運艱難，民間行使，以銀為便」。下面將以土地契約文書為史料，來探討福建內部的地區性差異。圖五至圖八分別為閩南漳洲府龍溪、海澄兩縣，臺灣府，閩東（福寧府、福州府），閩北（邵武府、延平府、建寧府）的貨幣使用情況。

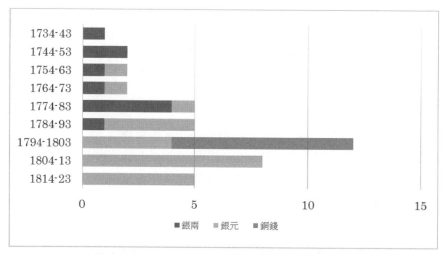

圖五　龍溪、海澄縣契約文書中的貨幣使用情況（件數）
出處：楊國楨編：〈閩南契約文書總錄〉，《中國社會經濟史研究》，1990年增刊

　　圖五和圖六都明顯地呈現出從銀兩到銀元的變化，但臺灣比龍溪、海澄較早發生變化。漳州府的龍溪、海澄兩縣是明末海外貿易的中心，早在萬曆四十一年（1613）刊《漳州府志》已有記載指出：漳州人使用外國銀幣作為貨幣。[32] 圖五明確地顯示，銀元在乾隆中期替代銀兩成為不動產交易的主要貨幣。但我們不應該單純地認為這是從銀塊到銀幣的變化。如上述乾隆十八

---

[32] 萬曆《漳州府志》，卷9，頁18a。

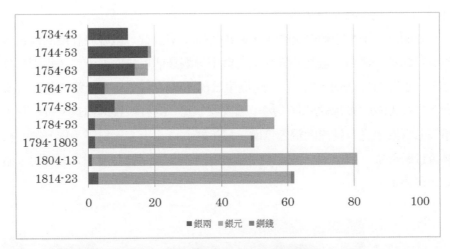

圖六　臺灣契約文書中的貨幣使用情況（件數）

出處：王世慶編：《臺灣公私藏文書影本》，第 1 至第 7 輯。

年的閩浙總督的奏摺所指，閩南人有「以銀作錢，仍按銀兩輕重行使」的習慣。雖然龍溪、海澄契約文書中貨幣記載方法比較單純，但鄰近諸府如泉州的記載方法更為複雜。陳支平編《福建民間文書》（桂林市：廣西師範大學出版社，2007 年）第二冊收錄的該時期泉州契約文書裡面同時出現「番銀八十兩九駝足折紋庫六十四兩」、「新番銀六十大元折紋銀庫它四十兩正」等記載，前者可認為是番銀的秤量式用法，而後者則是計數式用法，但兩者之間的區別實際上相當模糊不清。即使契面有「銀幾兩」的記載，實際授受的未必是銀塊。因此嚴密來說，圖五的標示轉換，與其說是貨幣使用的轉換，不如說是貨幣標示上的轉換。

　　在臺灣契約文書裡面，「銀十六大員」、「佛面銀二十八大元」比較簡單的記載為多，不過透過契尾的記載可以大略推算出銀元和銀兩的換算比率，其比率分佈於每元〇點六四五兩和〇點八兩之間，其中〇點七六兩最多。

　　關於外國銀幣的種類，龍溪、海澄地區的契約中，「佛面銀」的記載較多。在臺灣，「劍銀」（即上述的「馬劍銀」）首次使用於一七八〇年前後，其後「花邊」（按：相當於上述的「雙柱」）增加，一七九〇年以後「佛頭

（佛面）銀」的記載佔絕對多數。

在閩南、臺灣的契約文書中，銅錢的使用率很低，但基於嘉慶刑科題本的統計顯示：閩南、臺灣的貨幣使用例中，銅錢佔百分之五十二（銀兩百分之四，銀元百分之四十四）。一起發生於龍溪縣的案件起因於銀錢兌換的糾紛，據被害者的母親的供詞「兒子攜番銀一元，向林拔錢店換錢，按照時價應錢七百五十文，林拔因銀色低潮，只給錢七百三十文。兒子不依爭鬧」被林拔打傷殞命。[33] 二十文的差異對庶民來說十分重大。這是貨幣問題逼出人命的一個例子。

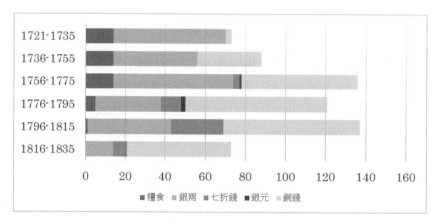

圖七　閩東契約文書中的貨幣使用情況（件數）
出處：李紅梅：〈清代における福建省の貨幣使用實態——土地賣劵類を中心として——〉，《松山商大論集》第 18 卷第 3 號（2006 年）。

圖七和圖八為李紅梅基於福建師範大學歷史系編，《明清福建經濟契約文書》（北京市：人民出版社，1997 年）製作的統計。圖七、八與圖五、六的差異十分明顯，即：與漳州、臺灣的「從銀兩到銀元」的變化不同，閩東、閩北的統計呈現出「從銀兩到銅錢」的緩慢推移。其情況與浙東慈溪縣等「長江流域型」較為接近。

---

[33] 上揭《清嘉慶朝刑科題本社會史料輯刊》，第 2 冊，頁 644。

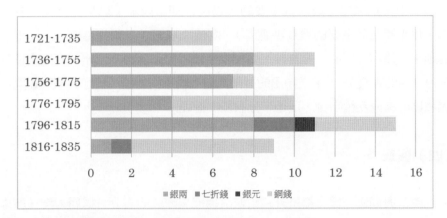

圖八　閩北契約文書中的貨幣使用情況（件數）

出處：李紅梅上揭論文。

　　閩東、閩北的特色是多種貨幣的並存。雖然在圖七和圖八，銀元的使用率較低，但根據嘉慶年間刑科題本的統計，在閩北三府（邵武府、延平府、建寧府）的貨幣使用例中，銀元卻佔百分之十六（銅錢百分之五十八，銀兩百分之二十六）。另外，從福州人林賓日的嘉慶末年的日記，我們能夠窺見當時多種貨幣混合流通的情況。林賓日是林則徐的父親，當時住在福州城內。他在書院講課的脩金，有時候用銀兩記載（兩季脩金一百廿兩、兩季脩金六十兩），有時候用銀元記載（脩金一百廿元、脩金貳百元外聘金六元）。日常物價以銅錢標示者居多（市上有新米，一門口錢一百九十文等），但在犒賞時，則是使用多種貨幣（家人賞碎銀五錢，馬夫五十文，長班八十文，抬槓錢一百廿文、茶金三元，跟隨數人賞封共一元，簥錢〔轎錢〕一百八十文）。[34]

　　總結福建省的情況，地區性差異較大可說是其特徵。其差異未必歸因於沿海區和山區的自然條件不同。王業鍵教授曾在分析十八世紀福建糧食市場

---

[34]《林賓日日記》（南京市：江蘇古籍出版社，2000年），頁29、103、193、198、229、303、306。

的論文中，把福建分成三個主要的市場區，即：南區（以泉州和漳州為核心，以臺灣為其主要的糧食供應者）、閩江流域區（以福州為核心，以上游的延平、建寧、邵武三府為其主要糧食供應者）和西區（汀州一府完全依靠來自江西的糧食）。[35] 本文指出的貨幣流通上的不同地區，恰好與南區和閩江流域區的區分互相吻合，這是十分有趣的問題。

（四）廣東

廣東與福建一樣，都是外國銀幣流通歷史較久的省分。據屈大均《廣東新語》指出：外國銀幣在十七世紀末已經開始流通於廣州府市場，而偽造的銀幣也同時出現。[36] 但如表一、表二所示，廣東亦有銅錢使用率逐漸增加的傾向。陳春聲利用超過二百部的廣東地方志中糧價記載，針對所用貨幣單位，進行了統計。據其研究，以銅錢標示價格的比率如下：順治年間為 36.7%；康熙年間為 30.6%；雍正年間為 26.9%；乾隆年間為 72.7%；嘉慶年間為 80.0%。[37]

由於目前可以利用的清代中期廣東契約文書史料為數不多，因此下面僅登載廣州府的統計（圖九）。

---

[35] 王業鍵：〈十八世紀福建的糧食供需與糧價分析〉，《中國社會經濟史研究》1987 年第 2 期。

[36] 《廣東新語》（北京市：中華書局，1985 年），卷 15，頁 406。

[37] 陳春聲：《市場機制與社會變遷》（廣州市：中山大學出版社，1992 年），頁 167。

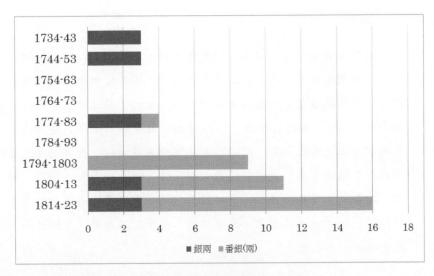

圖九　廣州府契約文書中的貨幣使用情況（件）

出處：譚棣華等編：《廣東土地契約文書》（廣州市：暨南大學出版社，2000年）。

　　圖九未見以銅錢標示價格的文書，但這並不意味著清代中期廣東的契約
文書裡沒有銅錢的記載。在同一史料集內其他地區——即：惠州府惠陽縣、
韶州府曲江縣、瓊州府等——的契約中，我們都能確認許多以銅錢標示的價
格。

　　圖九中值得注意的是用番銀標示價格的方法。廣東省是外國銀幣流通最
多的省分之一，但廣東的特點在於使用番銀時不用「元」、專門用「兩」的
方法較福建普遍。正如表二所示，以「元」標示的價格也不少，但契約文書
中記載價格的方法，大都如「價銀一千五百兩，番銀司馬平兌」一般，多用
重量單位來標示價格。這個方法雖然使用「番銀」這一語詞，但基本上多使
用番銀為秤量貨幣，這可說是有別於福建契約文書的廣東特色。乾隆中期以
前，廣州府契約文書一般不寫「番銀」而只寫「銀」（例如「銀價一十七兩
正銀水九五色」）。「番銀」的名稱到十八世紀末才出現，在十九世紀成為主
流。

　　另一個問題是關於番銀的種類。廣州府香山人黃芝的隨筆《粵小記》

（嘉慶二十三年序）裡有如下記述：

> 粵中所用之銀不一種，曰連，曰雙鷹，曰十字，曰雙柱，此四種來自
> 外洋；曰北流錠，曰鏹，此二種出自近省，皆乾隆初年以前所用。其
> 後外洋銀有花邊之名，後又有鬼頭之名（原註：花邊來自米西哥，鬼
> 頭來自紅毛），亦謂之公頭。……時福公康安節制兩粵，爵嘉勇公，
> 有司以公頭之名犯公爵，禁之，令民間呼為番面錢。自有花邊、番面
> 兩種，而諸銀不用。近時廣、南、韶、連、肇各府多用番面銀，潮、
> 雷、瓊各府多用花邊銀。凡夷船到廣，謀利家每員□去半分散之，各
> 肆復摩□之，或鏟其銀面，或插鉛釘，甚至以銅為質，外飾銀箔，狡
> 獪之謀不一而足也。[38]

以上記述提到了地區性差異，但就契約文書來看，關於「花邊」和「番面」
的流通地區，幾乎大同小異。在廣州府新會縣的契約文書裡，直到十九世紀
末，「花邊」、「花銀」等記載不斷出現。但在其他地區，有關番銀種類的記
載較少。相較於福建人，廣東人似乎不太注意到銀幣的種類，這大概是因為
廣東人習慣使用番銀為秤量貨幣的緣故。

四　代結語

　　本文主要釐清清代中期中國各地貨幣流通的實際狀態，因此地區性特徵
形成的歷史背景等問題尚待後日研究。在第一節，筆者使用刑科題本史料，
以省為單位，針對貨幣流通的地區性特徵，提出若干類型，即：「長江流域
型」、「華北型」、「華南型」、「西南型」。但第二節對於東南諸省貨幣流通
的分析卻顯示了如上以省為單位的研究之缺點。各省內部的貨幣流通情況並
不一樣，城市和農村之間，或是沿海和山區之間，都有不容忽視的差異。但

---

[38] 黃芝：《粵小記》，收入《清代廣東筆記五種》（廣州市：廣東人民出版社，2006
年），頁393。

這些差異不能單用「城市－農村」、「沿海－山區」的一般性模式來解釋，必須通過對於市場圈和貨幣流通方向的詳細研究才能達到充分的理解。這些都是今後的課題。

本文的另一個目的是互相對照多種史料，藉此評估各種史料的可靠性以及優缺點。過去，已有諸位學者利用刑科題本，對清代糧價、地價、工資等進行定量分析，[39] 但由於其零碎且分散的性質，難以製作可靠的長期性糧價數據。相較於此，本文利用刑科題本的目的是為了釐清貨幣使用的地區性差異，毋須使用到按照時間序列的長期性數據，因此其零碎且分散的史料性質對於本文未必是很大的障礙。又，統計結果與其他史料亦無嚴重的矛盾，可將其評價為較為實用的史料。另外，從時間序列（time-series）這一觀點來說，不動產契約明顯地優異於刑科題本，但契約文書反映的貨幣使用習慣往往侷限於小地區，無法輕易予以一般論。再者，契面的記載和實際授受的貨幣不一定完全一致這一問題也是需要留意的難點。

記述史料中，地方住民的觀察紀錄提供我們不少有用的資訊，但關於這些記述反映了一個市鎮的特殊情況還是反映了更大地區的一般情況這一問題，我們應該加以慎重的考量。在奏摺等官方文獻，地方官員往往概略地報告全省的情況，對研究者來說是十分方便的史料，但這些史料的內容有時候過於籠統，不一定能夠掌握省內各地的精確情況，還需要與其他史料相互參照。

總而言之，這些史料各有長短，但清代貨幣史的史料十分豐富，如果我們能夠適當地運用多樣史料來描寫清代貨幣流通的全貌，對於清代經濟史研究應該是極大貢獻。

---

39 例如李文治、周遠廉、謝肇華、劉永成、趙岡等研究。有關詳細情況，參看岸本美緒上揭《清代中國の物價と經濟變動》第一章的研究整理。

參考文獻（包括史料集）

上海市檔案館編　《清代上海房地契檔案彙編》　上海市　上海古籍出版社　1999年

中國第一歷史檔案館、中國社會科學院歷史研究所合編　《清代地租剝削型態》上、下冊　北京市　中華書局　1982年

中國第一歷史檔案館、中國社會科學院歷史研究所合編　《清代土地佔有關係與佃農抗租鬥爭》上、下冊　北京市　中華書局　1988年

王世慶等編　《臺灣公私藏文書影本》第一輯至第七輯　一九七七年至一九八四年美國亞洲學會臺灣研究小組影照本

杜家驥主編　《清嘉慶朝刑科題本社會史料輯刊》全三冊　天津市　天津古籍出版社　2008年

汪輝祖　《病榻夢痕錄》　收入《叢書彙編》第一編之五　臺北市　華文書局　清光緒十五年（1889）江蘇局刊本影印　1970年

周郁濱　《珠里小志》　收入《中國地方誌集成・鄉鎮志專輯》第二冊　上海市　上海書店　嘉慶二十年（1815）刻本影印　1992年

屈大均　《廣東新語》上、下冊　北京市　中華書局　1985年

林賓日　《林賓日日記》　南京市　江蘇古籍出版社　2000年

洪煥椿編　《明清蘇州農村經濟資料》　南京市　江蘇古籍出版社　1988年

曹　晟　《夷患備嘗記》　收入上海通社編：《上海掌故叢書》第一輯　上海市　中華書局　1936年

曹樹基編　《石倉契約》第一至四輯　杭州市　浙江大學出版社　2011年

張介人編　《清代浙東契約文書輯選》　杭州市　浙江大學出版社　2011年

陳支平編　《福建民間文書》　桂林市　廣西師範大學出版社　2007年

國立故宮博物院編　《宮中檔乾隆朝奏摺》全七十五冊　臺北市　國立故宮博物院　1982-1988年

黃　卬　《錫金識小錄》　乾隆十七年（1752）修　光緒二十二年（1896）刊本

黃　芝　《粵小記》　收入《清代廣東筆記五種》　廣州市　廣東人民出版社
　　　　　2006年

楊國楨編　〈閩南契約文書總錄〉《中國社會經濟史研究》　1990年增刊

楊樹本　《濮院瑣志》　收入《中國地方誌集成・鄉鎮志專輯》第二十一冊
　　　　　上海市　上海書店　浙江省圖書館藏抄本影印　1992年

福建師範大學歷史系編　《明清福建經濟契約文書》　北京市　人民出版社
　　　　　1997年

萬曆《漳州府志》三十八卷附一卷　萬曆四十一年（1613）序刊本（崇禎元
　　　　　年〔1628〕修）

鄭光祖　《一斑錄雜述》　收入《一斑錄》　北京市　中國書店　1990年

濱下武志等編　《東洋文化研究所所藏中國土地文書目錄、解說》下冊　東
　　　　　京　東京大學東洋文化研究所附屬東洋學文獻センター　1983年

譚棣華等編　《廣東土地契約文書》　廣州市　暨南大學出版社　2000年

近人論著

上田裕之　《清朝支配と貨幣政策》　東京　汲古書院　2009年

王業鍵　〈十八世紀福建的糧食供需與糧價分析〉《中國社會經濟史研究》
　　　　　1987年2期　頁69-85

百瀨弘　《明清社會經濟史研究》　東京　研文出版　1980年

李紅梅　〈清代における福建省の貨幣使用實態——土地賣券類を中心とし
　　　　　て——〉《松山商大論集》　18.3：131-173　2006年

岸本美緒　《清代中國の物價と經濟變動》　東京　研文出版　1997年

林滿紅　《銀線》　臺北市　國立臺灣大學出版社　2011年

陳春聲　《市場機制與社會變遷》　廣州市　中山大學出版社　1992年

黑田明伸　《中華帝國の構造と世界經濟》　名古屋　名古屋大學出版會
　　　　　1994年

增井經夫　《中國の銀と商人》　東京　研文出版　1986年

黨武彥 《清代貨幣政策史の研究》 東京　汲古書院　2011年

Lin, Man-houng 2006, *China Upside Down: Currency, Society, and Ideologies, 1808-1856*, Cambridge Mass. and London: Harvard University Press.

von Glahn, Richard 2007, "Foreign Silver Coins in the Market Culture of Nineteenth Century China," *International Journal of Asian Studies*, 4.4: 51-78.

清代牙行淺論

詹益光[*]

一 牙人、牙行名義、清代及以前牙行發展簡述

牙人即指那些為人撮合買賣的從業者，最早的記載可能是《漢書》〈食貨志〉中提及的駔儈[1]。從漢朝稱駔儈以來，牙人有許多別稱。本文為統一概念，統稱為牙人或牙行。

明太祖曾用塌房來代替牙人[2]。到了明中葉以後，由於商業發展，許多私人充當的牙人出現，不受政府控制，他們組成了一些機構，稱為牙行。清人入主中國，大體沿用明人對牙行的辦法，不設牙稅的數額，只登記一定數目的牙行，稱為官牙，發出牙帖的工作由布政司負責[3]。康熙十一年（1672）開始針對私牙越來越多的情況，下詔禁止。當時御史李贊元說牙人有「斗子、秤子、經紀、集頭、保長」等名目[4]。康熙帝先後於康熙二十五年（1686）及四十一年（1702）重申要每五年審核牙行身分，以杜絕牙行的弊害[5]，大抵沒

---

[*] 香港新亞研究所歷史組碩士。

[1] 劉重日等：〈對「牙人」「牙行」的初步探討〉，本文原載《文史哲》1957年第8期，後收入南京大學歷史系明史研究室編：《明清資本主義萌芽研究論文集》（上海市：上海人民出版社，1981年），頁187-204。

[2] 《洪武實錄》，卷37。

[3] 《光緒會典事例》，頁919。

[4] 〈請禁無藝之徵疏〉，《皇清奏議》，頁1711-1718。

[5] 《光緒會典事例》，頁920。

有完全成功。雍正帝正式把牙帖發行的權力收歸中央[6]。不過，牙行為禍的報告仍然很多，乾隆帝一面確定各地牙稅銀額[7]，一面加強抑制牙行數目的膨脹[8]。

清代牙稅稅率大抵不高，一般在三錢左右。下表可見乾隆間蘇州府各縣牙稅平均稅率：

表一　乾隆間蘇州府各縣平均牙稅率表

縣名	牙稅（兩）	牙戶	平均稅率	資料來源（卷／冊／頁）
長洲	165.30	551	0.3（兩）	乾隆長洲縣志（13／89／152）
元和	275.00	912	0.3（兩）	同治蘇州府志（17／2／432）
常熟	80.00	384	0.21（兩）	光緒常昭合志稿（12／16／164）
昭文	84.40	630	0.13（兩）	同上
吳江	118.00	303	0.39（兩）	乾隆吳江縣志（17／31／16）
震澤	98.58	405	0.24（兩）	乾隆鎮澤縣志（11／13／107）

據《乾隆吳江縣志》的記載，稅率應在零點四兩至一兩之間，可是上表所見的平均牙稅率實際上遠低於此，可見清廷在牙稅方面的收入是比正常低的。朝廷沒有特別鼓勵牙行的發展，不過也不至於壓迫牙行。有需要的地方如安南，乾隆帝仍准其開辦牙行[9]。乾隆時期曾創行「設簿用截互報」的方法，凡有交易，由牙行與商人訂立紀錄冊，一式兩份，互相稽核，以保證金額、貨品的質量[10]。但是這一辦法沒有載諸官方典籍，很難確定已推行於全國。

嘉慶以後牙行制度並無重大發展。嘉慶十九年（1814）曾經不許無力繼

---

6 《光緒會典事例》，頁921。
7 《道光崑新兩縣續修合志》，頁134。
8 《同治蘇州府志》，頁432。
9 《光緒會典事例》，頁899-900。
10 《明清佛山碑刻文獻經濟資料》，頁368。

續經營的牙行歇業[11]，除此之外，嘉慶帝就沒有什麼針對牙行的新措施。而自嘉慶以後，清廷內憂外患迭生，牙行問題也只好不聞不問。未幾太平軍起，地方政府受到莫大的衝擊，清廷也任由牙稅無著，直到同治年間，才因為收復了江南廣大地區，重新釐定牙稅，稅率由零點五兩至二兩不等，同時牙戶領帖時還要繳納五十到二百兩不等的帖費[12]。這比乾隆時提高了許多。除了提高稅率以外，在監管方面不見有什麼改善的地方。光緒時稅率又一次提高，每張牙帖收費從一百兩到三百兩不等[13]。光緒年間可能因為稅率提得太高，所以牙行「矇充」（不改名而把牙帖頂讓給別人充當）和「朋充」（一班人用同一張牙帖經營幾家牙行）的情況很普遍[14]，這自然令牙稅收入實質減少。

除了不斷增稅外，太平軍以後清代牙稅制度對牙行的枷鎖是減輕了的，加上五口通商，洋商、買辦等人的出現，使朝廷更難用傳統的方法來加以操控[15]。於是，本地商人在競爭中一面改變本身的營運方式，一面開拓新的經營範圍，結果直到清末，牙行不但沒有被淘汰，反而出現了許多的、新的、大規模的牙行。如清末民初天津的竹竿巷聚集了三十九家行號，總資金額在三千萬兩銀以上[16]，又如廣東佛山新興的苧麻行、柴欄行、煙葉行、油豆行、羊毛行[17]等，規模均十分巨大。

牙行制度在民國時期仍有不少改革，總而言之，牙行是一直在發展著的。就清代來看，清前期從立國到乾隆間，越來越有意加強對牙行的控制，不過始終不能減低人們對牙行批評。嘉慶以後，尤其是太平軍興以來，清廷已無暇兼顧牙行的發展，牙行在變化的局勢中，反而比以前更形發達。

---

[11] 《光緒會典事例》，頁 928。

[12] 《同治蘇州府志》，頁 432。

[13] 《光緒宜荊續志》，頁 400。

[14] 《民國泰縣志》，頁 345。

[15] 郝延平：《中國近代商業革命》（上海市：上海人民出版社，1991 年），頁 390-396。

[16] 蕭乾主編：《貨殖札記》（香港：商務印書館，1992 年），頁 29。

[17] 《明清佛山碑刻文獻經濟資料》，頁 348-378。

二 過去歷史家對牙行的評價

牙行在經濟發展的作用，國內史家在討論資本主義萌芽問題時，曾經予以注意。較早而有份量的論文，當推五〇年代劉重日與左雲鵬合著的〈對「牙人」「牙行」的初步探討〉。在這篇論文中，作者認為牙人、牙行僅起到中介作用，其對商業破壞多於建樹。作者旨趣所在，是要證明牙人、牙行的負面作用，尤其要指出牙行並不能如西方經濟史家所說的「包買商」那樣起到改變社會經濟模式之類的作用。

八〇年代中期，吳奇衍撰〈清代前期牙行制度試述〉一文[18]，吳氏認為清代牙行廣泛存在，以商品經濟發展為條件，又與清王朝厲行「重農抑商」，利用牙行來管制商人的政策有極大關係。官私牙的數目加起來非常巨大，吳氏據《戶科題本》（直隸總督胡季堂嘉慶三年十月二十二日題）指出，單是湖北省在乾隆五十八年（1793）統計的數目便達到一三六〇二名。

吳氏在其論文的第三節討論牙行對商業與社會的不良影響。吳氏先歸納清前期牙行的特點，第一，他們有官府支持，行使職能時帶有一定的權力基礎與暴力因素；第二，官私牙行為取得更大利潤，與官府的矛盾越來越深；第三，由於濫發牙帖，導致城鄉的封建勢力把持牙行經紀的承充權。在這幾點認識之下，吳氏詳細舉例說明牙行的種種不良表現。這些表現有盤剝農民、小生產者和商人；操縱物價，貴賣賤買；私創斗秤，破壞市場規律等等。由於牙行的表現如此「惡劣」，所以對商人資本的發展，起著嚴重的阻礙作用。首先是使民營中小商人的商業活動陷於更加困難的境遇。其次，在牙行經紀居間壟斷的情況下，切斷了商人與手工業生產者的直接聯繫，使商人無法按市場需要直接組織商品生產，是導至商人資本不能向工業生產轉移的原因之一。第三，牙行經紀的盤剝，儘管使商人資本的成長道路更加坎坷，但在當時的條件之下，商人資本根本不能擺脫牙紀的束縛，反而要與之

---

[18] 〈清代前期牙行制度試述〉，載中國社科院清史研究室編：《清史論叢》第 6 輯（北京市：中華書局，1985 年），頁 26-52。

緊密勾結，對商品生產與及消費者實行剝削，共同分沾利潤。這就是吳奇衍對清前期牙行作用的結論。

吳氏的結論有不少值得商榷的餘地。他的意見總的來說就是認為商業的發展受到牙行的干擾，乃致破壞。但是在吳氏的考證中，他卻一再指出官府制度縱容了牙人的活動，為什麼吳氏對於官方的活動，比方說法律的制定與執行的缺陷不加討論呢？此其一。吳氏一方面說在清前期的條件下，商人資本根本不能擺脫牙紀的束縛，另一面卻不肯承認牙人存在的必要性，沒有從反面去論證如果沒有牙人牙行，商業資本的發展是否有更進一步發展的可能。

不久，陳忠平在〈明清江南市鎮的牙人與牙行〉一文中[19]認為江南牙人是在宋代農村市場出現的。由牙人組成的牙行則到元代才在江南市鎮形成。例證是濮院鎮的四大牙行。牙行的大量湧現要到明中葉以後，其背景是江南農村經濟商品化的蓬勃發展。作者舉出絲綢業、棉布業及米豆、雜糧等行業牙行發展為例，說明牙行的存在。陳氏在所著文的第二部分，以南潯絲經行為例，指出南潯絲經行到清末民初發展成以南潯為中心，又「聯結浙西各城鎮絲業牙行的網絡組織」（頁34）。同樣棉布業也有較小規模的經營網絡。最後陳氏綜合說牙人牙行「在當時的市鎮經濟生活中主要起了積極的作用」（頁38），不過當市鎮發展起來後，牙行的介作用便告下降，所以在鴉片戰爭後有向商人資本家及買辦商人演變的傾向。這一結論頗倉促。清後期以至民國間牙行是否減少了？從《江蘇省鑑》看，牙行種類多，稅收也大幅增加，牙行作用似乎並未減少。

九〇年代初，潘君祥撰〈近代上海牙行的產生、發展和演變〉[20]論述上海十種牙行的產生，指出均在上海開埠之後，雖然作者也指出這些牙行表現了某些落後性，諸如剝削小商販，控制物價等等。但是，這些牙行已逐漸脫離政府的控制，自行發展成有利競爭的形式：從介紹買賣向自行購銷，一部分

---

[19] 《中國經濟史研究》1987年第2期，頁31-38。
[20] 《中國經濟史研究》1993年第1期。

牙行並成為批發商。作者沒有正面評價這種轉變，也沒有討論這種轉變對上海乃至清末民初社會經濟有什麼影響。這是非常可惜的。

同年，王廷元撰〈論明清時期的徽州牙商〉一文[21]，論述徽州人在許多行業中充當牙商，如花布行、木材、茶葉、棉布、外貿等都可以找到許多徽人經營的資料。作者並論述為什麼徽州人熱中於充當牙商，其原因共有三個：其一，充當牙商給予徽籍小商人致富的門徑。其二，充當牙商可以便利徽人經營其他行業。第三個原因，作者認為是商牙結合的經營方式，為徽州富商盤剝小生產者提供了方便。該文無疑為讀者揭示出徽人經營牙行的動機與原因，所可惜的是作者並沒能深入的指出這種經營的具體影響。

由上面所舉的例子，可以看見國內學者對於牙行的作用，探究的越來越深入，其評價隨之而有所改變，並非一面倒的指責牙行的落後性與破壞性。只是國內學者持論的立足點十分接近：是以貶抑而不完全否定牙行的貢獻為基調。

三　牙行負面作用的辯解

清代牙行被批評得最多的地方，主要有三：殘害民生，盤剝商販和侵蝕稅源。有關牙人牙行殘害民生的指控，一部分源於牙人流品複雜，有時簡直就與流氓地棍沒有分別，有些牙人會想盡辦法漁利。道光十一年（1831）廣東南海縣因米價昂貴，當地耆紳出米放賑，准許無業貧民領取。不過當局恐防有業之人，或者「奸牙市儈」也混在其中冒領，特別刊刻碑文，加以禁止[22]。這一禁令本身未能分清奸牙與貧民之別，卻把牙人列為禁止受惠的一類，從中可以反映出當時貶抑牙人已是一種人人都採納的觀點。

乾隆年間，嘉興府因為商業蓬勃發展，嘉屬新豐鎮的布市營業從日間逐漸延展到晚上，結果引來嘉興縣民周亮揆等的控訴，指稱「夜市之害，民累

---

[21] 收於《中國社會經濟史研究》1993年第2期，頁54-60。

[22] 《明清佛山碑刻文獻經濟資料》（廣州市：廣東人民出版社，1987年），頁417。

莫鳴」，因為開夜市會引至水陸巷柵不能關閉，匪徒就可以橫行。因此要求官府刻碑禁止牙行舖戶在晚上開市[23]。居民的控訴可能別有用心，如果單從治安方面立論，理據是不充分的，因為不應該把治安不佳諉過於從事商業的牙行舖戶。要知道牙人也是有受到保護的權利，現在反過來把治安的責任壓在他們身上，那又怎說得過去？可是縣官竟然支持這些人的說法，准許立碑禁止夜市。

　　光緒年間揚州府因為災荒，當局於高郵州設立「當牛局」，用意是讓農民典當耕牛以度難關。在局旁立有一塊「永禁私宰耕牛碑記」，提及有些「奸牙」乘機引誘農民賣斷耕牛，引起了打鬥紛爭之類的案件[24]。這件事件的判斷純粹是觀點與角度的問題。農民把耕牛賣斷，所得的金錢肯定比典當來得高，可能只有這樣才能捱過災荒。雖然其中容或有牙人佔了農民便宜的時候，但總的來說不可能完全不利於農民。耕牛是農民的全副財產，農民再笨也不會輕易賣斷。走到這一步誰能說不是最後一著？如果有需要，而牙人能為他介紹買主，總好過坐以待斃。因此本質上不能說牙人的做法不對。

　　牙行之能戕害民生，還有被指責與有勢力人士串通，用不公平的手法來欺壓商民。康熙十一年（1672）左副都御史李贊元奏請禁止所謂「無藝之徵」，矛頭直指那些與不良吏役勾結的牙人，利用地方所發的「私帖」對平民百姓擁有的日用品進行徵稅的劣行[25]。李贊元的奏章中更引出了另一位官員所奏陳的另一些事例，以反映情況的嚴重。牙人在這個事例中應負的責任最多只是一半，地方吏役則應該負上另一半的責任。清代地方官員薪俸微薄，要應付朝廷所定的稅額，又要解決個人的生活，自然傾向在既有稅收外另闢財路。揚州府從清初開始規定了牙稅銀二百兩，乾隆時因為河道淤塞，商旅不通，稅入大減，地方官不能改變朝廷所定的稅額，惟有增設牙行二百五十

23　浙江省社科院歷史研究所等編：《嘉興府城鎮經濟史料類纂》（出版地、出版者不詳，1985 年），頁 415-417。

24　《光緒再續高郵州志》，頁 215。

25　《皇清奏議》，頁 1711-1718。

戶，各負責零點八兩的稅銀，填補了二百兩稅額[26]。這樣一來，就會出現前面李贊元請求禁止的無藝之徵。類似的例子十分之多，如順治十年（1653）定松江府牙稅，並無定額，到康熙十五年（1676）因為軍需急切，就定為二百七十兩。政府財政的需要不可免，結果因為牙行生意不好，「縣司無可取盈，民間未免賠累」[27]。所以，本質上引致戕害民生的，並不是牙人牙行，而是清政府無理的徵斂。奉天府尹楊超在所著的〈革除陋規記〉中有一段話很能概括上述的情況。他說：「上司取足於州縣，州縣取足於里地行戶，行戶取足於百姓舖家。更有奸書蠹役，指一派十，上下相蒙，牢不可破。」[28]這段話道盡了清代戕害民生的各個層面的人物，始作俑者則為那些居於高位的「上司」。

至於所謂盤剝商販，簡單說來就是指責牙人牙行用不正當的手段，來謀取厚利，而結果必然是商販蒙受重大的損失。這類例子亦十分之多，有指責牙人牙行在貨船未到埠就上船包攬，聲稱可以代為納稅，結果使商人因為沒有繳稅而受罰[29]。有借牙人之名，遠遠迎住商販，強逼繳稅[30]。有指牙人在代報商稅的過程中誇大稅額，乘機貪污的[31]。有指牙人控制度量衡與及在貨幣換算上佔便宜的。康熙五十五年（1716）嘉興府曾立碑禁止牙人牙行在秤量油茶筍果的時候用上「重秤」[32]，付鈔時則用「潮銀」[33]。

以上盤剝商人的例子之中，最後一例特別值得詳細介紹。這件案例其實是從康熙五十四年就開始的，要到次年二月才能通過立碑示禁。文中主調自

---

[26] 《續增高郵州志》，頁647。

[27] 《嘉慶松江府志》（上海市：上海書店，1991年《中國地方志集成・上海府縣志輯》影印清嘉慶年間松江府學明倫堂刻本），頁608。

[28] 《盛京通志》，頁2389。

[29] 《皇清奏議》，頁423-427。

[30] 〈順治年間設關權稅檔案選（上）〉，《歷史檔案》1982年第4期，頁27-28。

[31] 〈順治年間設關權稅檔案選（下）〉，《歷史檔案》1983年第1期，頁31。

[32] 即收貨以超過十六兩為一斤，賣貨則用標準的秤，參看蕭乾主編：《貨殖札記》（香港：商務印書館，1992年），頁31，有關魚行的記敍。

[33] 即指成色不足的銀兩。《嘉興府城鎮經濟史料類纂》，頁408-410。

然是對牙人牙行的痛詆極詆，但卻也說出這個行業無論生意怎樣，「其間買賣必由牙」，可見不可能把牙人排除於交易之外。同時那些買賣中的貨物，碑文最後也明確規定須由牙舖行估成色。這件案例足以反映當時的商業往來十分依賴牙人牙行。這塊碑文由商人張孝志及牙行陳氏等同立，正反映出牙人在商界具備了重要的地位。所謂盤剝商人縱有其例，也是不可免的罪惡。商人當然希望把交易成本降到最低，所以傾向誇大和醜化牙人的收費。

有關牙行侵蝕稅源的指控不很多，但從《光緒會典事例》所記各直省的牙稅，從清初至光緒的兩百年間幾乎沒有變動，總共只有一五二六七六點五五兩[34]。單看江蘇一省，也發現許多州縣的牙稅銀幾乎百年不變，或變動輕微的。下表列出二十七個有比較數字的府州縣，不算松江府，當中十三處牙稅數字下降，不變的有十二縣，上升的只有十一處。除了揚州府寶應縣錄得顯著的升幅外，其餘各處的升幅都是很有限的。

表二　江蘇省州縣牙稅增長比較表

縣分	前期牙稅*（年分）	後期牙稅*（年分）	增減數量*及比率	前後期牙稅資料來源（卷/頁）
六合	175.50（1775）	111.50（1883）	-64.00（-36.5%）	嘉慶新修江寧府志（14/132），光緒六合縣志（2/47）
江浦	65.90（1725）	27.50（1878）	-38.40（-58.3%）	光緒江浦埤乘（10/9-10）
上元	366.60（1775）	366.60（1821-50）	+/- 0（+/- 0%）	嘉慶新修江寧府志（14/132），道光上元縣志（8/491）
長洲	165.30（1754）	194.00（1821-50）	+28.70（+17.4%）	乾隆長洲縣志（13/152），同治蘇州府志（17/432）

[34] 卷245，頁898-899。

常熟	223.09 （1676）	87.90 （1821-50）	-135.19 （-60.6%）	康熙常熟縣志（9/160），光緒常昭合志稿（12/164）
昭文	84.40 （1736-95）	91.20 （1821-50）	+6.8 （+8.1%）	光緒常昭合志稿（12/164）
吳江	200.00 （1706）	261.00 （1875）	+61.00 （+30.5%）	乾隆吳江縣志（17/16），光緒吳江縣續志（11/393）
震澤	98.58 （1738）	119.82 （1821-50）	+21.24 （+21.5%）	乾隆震澤縣志（11/107）；宣統太倉州鎮洋縣志（7/130）
太倉	65.80 （1736）	105.00 （1876）	+39.00 （+59.2%）	宣統太倉州鎮洋縣志（7/130）
鎮洋	108.00 （1726）	70.50 （1875）	-37.50 （-34.7%）	民國震洋縣志（4/57）
沭陽	15.00 （1796-1820）	15.00 （1912）	+/-0 （+/- 0%）	嘉慶海州直隸州志（16/294），民國重修術沭陽縣志（3/85）
江都	486.76 （1736-95）	486.76 （1875-1908）	+/- 0 （+/- 0%）	嘉慶江都縣志（2/527），光緒江都縣志（14/215）
甘泉	394.43 （1796-1820）	394.93 （1875-1911）	+/- 0 （+/- 0%）	嘉慶重修揚州府志（20/343），民國甘泉縣志（4上/291）
儀徵	89.20 （1796-1820）	79.60 （1821-50）	-9.6 （-10.8%）	嘉慶重修揚州府志（20/344），道光儀徵縣志（13/174）
高郵	340.00 （1796-1820）	268.00 （清末）	-72.00 （-21.2%）	嘉慶高郵州志（3/164），民國三續高郵州志（1/282）
興化	67.80 （1796-1820）	165.30 （1851-61）	+97.50 （+143.8%）	嘉興重修揚州府志（20/344），咸豐重修興化縣志（3/97）
寶應	46.60 （1796-1820）	612.30 （清末）	+568.70 （+1220.4%）	嘉慶重修揚州府志（20/344），民國寶應縣志（4/18）

泰州	656.80 （1796-1820）	349.60 （1863）	-307.20 （-46.8%）	嘉慶重修揚州府志 （20/343），民國續纂泰州志 （7/614）
溧陽	106.00 （1813）	153.50 （1863）	+47.50 （+44.8%）	嘉慶溧陽縣志（6/156），光 緒重修溧陽縣續志（4/450）
江陰	289.60 （1662-1722）	227.50 （1878）	-62.10 （-21.4%）	康熙常州府志（8/182），光 緒江陰縣志（4/167）
武進	229.56 （1662-1722）	122.03 （1875-1908）	-107.53 （-46.8%）	康熙常州府志（8/182），光 緒武進陽湖縣志（2/108）
宜興	92.40 （1662-1722）	94.00 （1875-1908）	+1.60 （+1.7%）	康熙常州府志（8/182），光 緒宜興荊溪新志（3/97）
松江府	1008.83 （1682）	695.97 （1815）	-312.86 （-31.0%）	嘉慶松江府志（28/607-8）
華亭	218.43 （1682）	65.20 （1815）	-153.23 （-70.2%）	嘉慶松江府志（28/608）
奉賢	88.25 （1736-95）	100.69 （1815）	+12.44 （+14.1%）	嘉慶松江府志（28/608）
婁縣	330.09 （1682）	79.06 （1815）	-251.03 （-76.1%）	嘉慶松江府志（28/607-8）
金山	100.68 （1736-95）	107.00 （1815）	+6.32 （+6.3%）	嘉慶松江府志（28/608）
上海	340.50 （1682）	151.54 （1815）	-188.96 （-55.5%）	嘉慶松江府志（28/608）
青浦	117.78 （1682）	68.00 （1815）	-49.78 （-42.3%）	嘉慶松江府志（28/607-8）

＊牙稅單位為：兩

　　清代經濟從清初發展到光緒，特別是五口通商以後，商業貿易是十分發達的[35]。按道理牙稅也應該水漲船高才對，可是以江蘇省為例的許多縣分，牙

---

[35] 清代商業從前期到後期，發展了許多，經濟的規模也擴大了許多，這一點幾乎已是

稅不升反降，有些人就懷疑是牙人瞞上壓下，既瞞騙朝廷，又壓迫商人，以致稅源日漸虧缺。順治四年（1647）有商人要求蠲免杭州南北二關關稅，理由是津頭牙店擅抽私稅，商人大困，無力完稅。負責官員向朝廷解釋津頭牙店的惡行源自明嘉靖年間，不能據為蠲免的藉口。官員建議仍舊徵稅，但嚴厲打擊擅抽私稅的牙店[36]。這一例子反映出牙店擅抽私稅的事實，也反映出地方官員未能杜絕由來已久的難題。清廷在順治年間還未普遍推行牙帖定額制度，所以也就不能對牙行加以有效的管制，結果牙行串通低級官吏，私自向商人索取稅款，便造成稅收的流失。這類例子表面上應由牙人負上罪咎，實際上只是清廷商稅制度不完善的結果。江蘇蘇州府太倉州從雍正十一年（1733）開始採行牙帖定額制度，到宣統二年有牙行一六五戶，稅銀一六八兩，較之光緒時的一〇五兩上升不少，較之雍正時的六十五點八兩更是大幅上漲，可是有人指責牙稅收入無多，卻縱容了一般無資本的牙戶，利用牙帖向小商販勒索錢文。因此，評論者就認為應加以限制[37]。從這一類評論中，我們可以知道直到宣統年間，儘管有些州縣牙稅實際已大幅增長，仍有人認為牙稅收入很微，而引起的社會問題則遠為嚴重得多。由此看來，如果清廷牙稅收入不能與商品經濟同步發展，應該不是由於牙人作祟，而是當時人比較看重治安問題，或者不懂得開闢牙稅收入而已。

總而言之，清代牙行隨著社會經濟的發展而發展，牙稅本應有所增長，實際上牙稅增長不多，牙行惹來的詬病則不少。有學者認為主要因為清廷視牙行為控制地方市場的一種手段，而不以增加收入為目標[38]。這個觀點實有其可信性。

　　史學界的定論。可參看王方中：《中國近代經濟史稿》（北京市：北京出版社，1982年），頁31-51。

[36]〈順治年間設關榷稅檔案選（上）〉，《歷史檔案》1982年第4期，頁26。

[37]《宣統太倉州鎮洋縣志》，卷7，頁159-160。

[38] Susan Mann, *Local Merchants and the Chinese Bureaucracy,1750-1950* (Standford University Press, 1987), pp. 44-51.

四　牙人牙行的貢獻

在商場上，牙人的職能是介紹買賣雙方，撮合交易。買賣雙方認為有利於己，就會僱用牙人代其尋找適合的買賣對象。牙人在清代繼續存在，而且不斷增加，有可能是他們能滿足社會經濟發展的需要。不過，從找到的資料來看，清代牙人牙行對社會所作出的貢獻，事實上是多方面的。

首先，牙行有促成交易的功能。明中葉以來長途販運隨著運河而不斷發展，清朝的長途販運路線開闢的更多。不過，商販遠行始終要負上一定的風險，有了牙行，就可以為遠方來的客商做嚮導，減低商販的風險，所以清代人有直接說乘船不能沒有「埠頭」，僱用車輛車夫不能沒有「腳頭」。要是希圖省一點牙佣，招來盜匪，便得不償失[39]。除了旅途風險外，匯兌風險也是很大的。有時候商旅在途中向不可靠的錢莊買得錢票，晚上這個錢莊就閉門逃走[40]，如果有牙行作公證，不但票據比較穩妥，還可以作白銀成色的擔保[41]。

其次，牙行有刺激經濟的貢獻。貨物的價格往往繫於需求，而牙行能撮合買賣，自然能提高商品的需求。例如烏青鎮東南西北四鄉都有蠶絲出產，但是因為缺乏牙行收購，甚至連上門收買零碎絲貨的牙人也不多，以致絲價比其他地方同等的貨色平宜[42]。反過來，牙行活躍的地方，如杭州在胡雪巖的經營下，華商從蠶絲上賺取到巨額的利潤，甚至有能力和外來絲商競爭[43]。廣東南海縣賦稅據說十分之六來自商業。佛山、石灣與及廣州等城鎮出現了大批的行舖，其中主要的業務就是為各種商貨撮合生意，南海地方在清末保持民物繁富，幾乎可以說全賴商業蓬勃的商業貿易[44]。

---

[39] 〔清〕李虹若著，楊華整理點校：《朝市叢載》（北京市：北京古籍出版社，1995年），卷4，〈行路〉，頁71。

[40] 〔清〕李虹若著，楊華整理點校：《朝市叢載》（北京市：北京古籍出版社，1995年），卷4，〈行路〉，頁69。

[41] 《嘉興府城鎮經濟史料類纂》，頁148-149。

[42] 《嘉興府城鎮經濟史料類纂》，頁329。

[43] 《浙江籍資本家的興起》（杭州市：浙江人民出版社，1986年），頁20-21。

[44] 《明清佛山碑刻文獻經濟資料》（廣州市：廣東人民出版社，1987年），頁342。

　　第三，由於牙行的積極鑽營，許多行業出現了。如晚清江陰人錢維錡為了推廣養蠶繅絲的風氣，便開設了一間繭行，收買鮮繭，並僱人繅絲。由於賺了許多錢，許多人起而效法，不到二十年繭行成為一大行業，不但刺激了繅絲行業，也使江陰地方多了一種生產部門[45]。清末各種新興的行業不斷湧現，如煙葉行、糟食行、桑秧行、稑陳行、平碼行、豬欄行、雞鴨欄行、苧麻行、油豆行等等，十分蓬勃[46]。

　　第四，由於各行業陸續發展，各地長途販運日漸發達，自然也使百貨暢通。其間牙行的作用也是不可少的。以日用的炭為例，南海佛山鎮的四周都有炭行，可以收買也可以出售柴炭，對於商販和用戶同樣方便[47]。

　　最後，由於牙行在清代的發展日盛一天，牙人所能賺到的金錢也很多，他們也自願捐錢做些慈善事業。如光緒年間（1875-1908）泗陽縣牙行就採用一種「九九底串」辦法，每項買賣抽百分之一的利潤來資助學堂經費[48]。這種辦法發展成民國初年的牙帖捐，以附加費的形式向牙行徵收若干費用，主要作為學校與警察的經費[49]。有時候牙行也會犧牲短期利益來完成公益事務，例如廣東佛山要修濬河道，河兩岸商舖都不肯捐出舖址，最後由行商何應琨率先拆去本身沿河三四丈的舖面，於是牙戶千餘家一起響應，修河的工作遂能完成[50]。這一例子比較特殊，不過在能力之內捐錢出力做點善事，有利於洗刷牙行不好的形象，因此相信這類例子並不孤立。牙人也少不了組織自己的行會，而捐款助成其事，也就如其他商幫一樣的普遍[51]。

---

[45] 《民國江陰縣續志》，卷11，頁135。

[46] 《明清佛山碑刻文獻經濟資料》，頁352-354；《嘉興府城鎮經濟史料類纂》，頁150-151。

[47] 《明清佛山碑刻文獻資料》，頁343。

[48] 《民國泗陽縣志》，頁402。

[49] 《民國江都縣志》，頁423。

[50] 《明清佛山碑刻文獻經濟資料》，頁377-378。

[51] 《嘉興府城鎮經濟史料類纂》，頁159。

五　結論

　　清代牙行是從明朝發展而來的。清廷的政策，前期主要是控制與利用，太平軍以後則無暇顧及，而使牙行能在較自由的環境中發展。牙行對清代經濟貢獻相當大，刺激了商品經濟，促進了行業誕生與貨物流通。更甚者，牙行也有從事慈善事業的。因此說牙行戕害民生，是以偏概全之論。說牙人品格卑劣，指責牙行非法漁利都是企圖以表面的、個別的例子來否定牙行的貢獻。縱有若干牙行用上不法的手段來經營，但是不要忘記在清代不合理管理制度下，別的範疇也不乏為達目的，不擇手段的人物與行業。牙行經營手段有些不光彩也是可以理解的。深入一層看，牙行的功能既在促成買賣，如果買賣成功，交易蓬勃也就可以肯定牙行的貢獻。所以，牙行對清代商業與經濟的發展的貢獻是其根本的特點。

社會經濟史課題方法理論的反思：從現代化到區域研究

劉石吉*

一　前言：回首江南路

　　一九七八年我首度發表五篇江南市鎮的相關研究（刊於當年的《食貨》月刊及《思與言》學刊）。一九八二至一九八四年在哈佛大學訪學時，拜識韋慶遠、葉顯恩教授，經由他們推薦，以上各文輯為專著《明清時代江南市鎮研究》，一九八七年中國社科出版社印行（定價人民幣一點一元的小書）。與此題較相關的，另有一文〈小城鎮大問題：江南市鎮研究的回顧與展望〉，發表於華中師大主編的《近代史學刊》第二輯，二〇〇五年出版。另以英文綜論，參見：Liu, Shih-chi, "Some Reflections on Urbanization and the Historical Development of Market Towns in the Lower Yangtze Region, ca. 1500-1900," *The American Asian Review*, vol.2, no.1（Spring,1984）, pp.1-27.

　　在此僅就「社會經濟史課題方法理論的反思：從現代化到區域研究」題綱扼要說明。關於個人多年來對江南區域研究的心得感想，已另文另處發表（以〈回首江南路〉為題），這裏不再贅述。

*　中央研究院人社中心暨近代史研究所研究員。

二　西方衝擊與中國反應：現代化理論的批判

我研究江南市鎮其實有點「無心插柳」，雖早植根苗，但迄未成蔭。想研究社會經濟史倒是很早就決心的。一九七〇年我從臺灣大學本科畢業繼續讀研究所，那時歷史學界普遍以革命史、政治史的研究為主幹，海峽兩岸歷史學研究的主流可說異曲而同工，而國外正流行哈佛學派的理論「西方衝擊──中國反應」（Western Impact vs. China's Response）模式，也就是現代化史觀。兩邊注重的都是帝國主義侵略中國（清朝），中國怎麼做反應；一方面是內憂外患，一方面救亡圖存的過程。一部中國近代史就是一部國民革命的奮鬥歷史，也就是反帝、反封建的歷史。

回憶一九七〇年在臺灣大學歷史研究所選修郝延平先生的「近代化與中國近代史專題」。當時「現代化」或「近代化」（Modernization）理論，在七〇年代的美國算是比較末流了，可是在臺灣卻方興未艾。社會學家金耀基寫過《從傳統到現代》、《現代人的夢魘》這一類書，當年臺灣的大學生幾乎人手一冊，在那個時代非常時髦。大陸近年來一直介紹西方現代化理論，事實上西方社會科學領域中已經不講這一套了。當年我在郝先生的課上看了很多現代化理論的書，如：C. E. Black, *The Dynamics of Modernization*、Maron Levy, *Modernization and The Structure of Societies*、S. N. Eisenstadt, *Modernization: Protest and Change.*而以 *A History of Modern World*（《近代世界歷史》）之類的鉅著，做為近代史實的比較參照讀本。

現代化理論的背景源起，簡單說這個理論其實是為帝國主義做辯護的。因為十六世紀以來西方文明超越了亞非國家。歐洲對外擴張，他們自認為打開中國門戶，是為了使東亞地區變成現代化國家，他們自以為懷抱著「文明使命」和「白種人的負擔」。後來柯文（Paul Cohen）寫了《在中國發現歷史》，檢討了以哈佛學派為中心的這種理論。當時哈佛的費正清（John K. Fairbank）與賴世和（Edwin O. Reischauer）寫的《東亞：傳統與變革》是美國各大學中國與亞洲史必用的書，套用湯因比的模式就是「挑戰vs.反應」的過程。也就是說西方挾著優勢的現代化文明到東方來，是為了要使東亞、

南亞這些「異教徒」地區變成「現代化國家」。這樣一套理論持續了很久，所以對中國近代歷史的早期研究幾乎都集中在中外關係史。

與現代化理論密切相關的是經濟發展的「階段論」，階段論也就是如何從傳統社會到近代社會、農業社會到工商社會的轉變過程。經濟學家羅斯托（W. W. Rostow）一九六〇年出版《經濟成長的階段》（*The Stages of Economic Growth*）一書，認為經濟發展是有階段性的，每一個國家要具備某些「先決條件」（preconditions）才可能像飛機一樣「起飛」（take-off）。最早的是英國，後來是西歐國家、美國、日本，很多國家到了二十世紀初才take-off，這就是階段論。哈佛著名的經濟史專家喬欣克隆（Alexander Gerschenkron）在一九六二年也出版《經濟落後的歷史透視》（*Economic Backwardness in Historical Perspective*），這本書前幾年已翻成中文出版。他批判這種階段論，以為後進國家經濟發展不一定需要具備各個階段條件才能起飛，才能在結構上起了變化；個別國家在工業化過程中，引導部門（leading sector）是不一樣的：英國可能是私人資本家；在德國就是中央銀行扮演重要的角色；日本以及滿清時代的中國，政府的角色非常重要。明治維新時代的日本，政府角色是較為成功的，可是清朝就比較失敗和遲緩，所以發展中國家自有其「落後的優勢」，其經濟發展不見得要完全具備先進國家經驗的那幾個階段。

三　社會經濟史研究的課題方法與理論評述

上世紀六〇至七〇年代，國際學界研究社會經濟史，基本上是用量化的方法，就是很強調新經濟史，新社會史也是這其中的一部分。計量史學派就是Cliometric School，Clio是希臘神話中管歷史的女神，metrics就是數量的方法，這個字翻譯成「計量歷史學」。一九七八年美國《經濟史學報》（*Journal of Economic History*）集中檢討近半個世紀以來經濟史研究的三大學派。首先提到的就是用數量方法來研究經濟史的Cliometric School，其次是馬克思學派（Marxist School）、年鑑學派（Annales School）。所以研究

計量經濟史、新經濟史，似乎是經濟學家的專長。典型的例子是羅伯・福格（Robert Fogel），以精密的計量方法與迴歸分析，專門研究十九世紀美國鐵路與經濟成長。另外一個是有名的制度學派的道格拉斯・諾斯（Douglass North），這兩位後來同時得到了諾貝爾經濟獎（1993年），這是該獎項首次頒發給研究經濟史的學者，可見當時數量方法非常盛行。這是社會經濟史研究的顯學。*

關於上一世紀美國新經濟史（亦即計量歷史學派）的成果與展望，劉翠溶教授已在一九七五年《美國研究》（中研院歐美所）中，有較詳盡的介紹可參考。中國歷史上，二十世紀以前可資量化的資料十分缺乏。明清經濟史方面，自從何炳棣、蕭公權、柏金斯（Dwight Perkins）的宏觀巨著以降，各種專題著作頗富新義，成果豐碩，但主要仍以社會經濟史（Socioeconomic History）為主，從史料中爬梳考證為論述基礎。國人全漢昇、王業鍵、郝延平、劉翠溶、侯繼明、趙岡教授都卓有成就，成一家言。清代經濟史料的量化分析，最有成就並取得豐碩成果的是王業鍵教授過去三十年來所致力整理分析的清代宮中檔糧價資料，其次是劉翠溶、李中清（James Lee）教授利用族譜資料所做的人口史研究。上一世紀較有系統的經濟史料之調查蒐集，除大量的海關貿易統計資料外，以卜凱（John L. Buck）為主的金陵大學農學院，陶孟和、陳達、陳翰笙為首的中研院社會科學所，以及日本南滿鐵道株式會社的中國農村舊慣調查（包括日據臺灣），為其中最具代表者。

一九七〇年我開始在臺大當中國近代史專業的研究生時，就考慮到應該另闢蹊徑，也在許倬雲、郝延平、王業鍵教授（三位均先後被選為中研院院士）的薰陶影響下，較多關注社會經濟史的理論方法及中英日文的新作。當時正值青春歲月，懷著濃重的知識饑渴，在此新領域中趣味橫生，探求尋索，著實下了一番功夫。但臺灣當時卻找不到很好的參考作品，而這方面研究最具成果的有兩個地區：一是中國大陸以馬列為主的政治經濟學來解釋中國社會經濟史，特別集中在資本主義萌芽問題的討論。大陸學界受馬克思主義影響，長久以來，社會經濟史的研究為其重點。在六〇年代以來探討中國資本主義萌芽問題時，也整理不少社會經濟史料叢書，如近代農業、手工

業、工業史、礦業史、海關史、錢莊史、各類銀行史、物價史、水利史、航運史、外貿史、外債史、鐵路史，以及各地碑刻史料、契約文書等資料。前輩學者梁方仲、傅衣凌、彭雨新、彭澤益、吳承明、李文治、嚴中平、章有義、孫毓棠、巫寶三、湯象龍、何廉、方顯廷、張仲禮、宓汝成、聶寶璋、張國輝、汪敬虞、洪煥椿、韋慶遠等，均做了開創性貢獻。而吳承明教授關於中國資本主義發展史與明清至近代國內市場的研究，以及經濟史研究方法論的闡述，頗多創意，在理論上已大大超越了傳統馬克思主義的範疇。另外是日本學者的相關研究，例如：加藤繁、旗田巍、天野元之助、宮崎市定、周藤吉之、藤井宏、寺田隆信、西嶋定生、村松祐次、重田德、小山正明、田中正俊、佐伯富、斯波義信等的作品。美國也有上述三部綜合論述明清及近代社會經濟史的劃時代著作：何炳棣《明初以降人口及其相關問題，1368-1953》，柏金斯《中國農業發展，1368-1968》，蕭公權《十九世紀的中國鄉村》。而費慰愷（Albert Feuerwerker）、施堅雅（G. W. Skinner）、馬若孟（Ramon Myers）、羅友枝（Evelyn Rawski）、張仲禮、侯繼明、郝延平、王業鍵等經濟史家的著作也在當時出版。

四　新左派（新馬克思學派）與區域研究的興起

到了上個世紀六〇年代末期，隨著美國越南戰爭的失敗，社會科學界「新左派」興起，周錫瑞（Joseph Esherick）、裴宜理（Elizabeth Perry）、黃宗智（Philip Huang）、李中清（James Lee）、王國斌（R. Bin Wong）、彭慕蘭（Kenneth Pomeranz）等都在「新左派」影響下對中國歷史重新提出解釋。「新左派」在西方史學界影響更早更大，其主要論著集中發表在《過去與現在》（*Past and Present*）、《新左派評論》（*New Left Review*）學刊中。最著名的是霍布斯鮑姆（Eric J. Hobsbawm），他是英國傑出的新馬克思主義學者。此外還有湯普森（E. P. Thompson）的《英國工人階級的形成》（1968），這本書在當時非常通行和暢銷。周錫瑞當年主編一個刊物叫《關心亞洲學人論集》（*Bulletin of Concerned Asian Scholars*，現改名 *Critical Asian*

Studies），其中有一專文〈哈佛論中國──為帝國主義做辯護〉，可以說檢討了以哈佛學派費正清為主的這種挑戰──反應模式。到了七〇、八〇年代以後，西方學者就比較專注於研究中國社會內部，要探討沒有西方影響下的中國歷史、中國文化到底是怎麼回事──即所謂中國的「傳統內變遷」（change within tradition）。這幾年來研究焦點集中在中華帝國晚期（Late Imperial China），也就是近世史的明清時期。這一、二十年來，有關中國歷史，特別是明清歷史的英文書名大概都會加一個「中華帝國晚期」，這可說是美國學術界對中國歷史研究的一個再檢討與新詮釋。

「新左派」主要強調區域發展及地域社會的特徵及歧異性。這種區域研究主要是二戰之後，美國在冷戰時代深感對第三世界的瞭解不足，區域研究（Area Studies, Regional Studies）應運而興，各大學及研究機構普遍設立區域研究中心。這對區域經濟史與地域社會研究產生甚大影響。經濟史研究由以 W. W. Rostow 為代表的階段論漸走向區域研究，如 developed、developing、underdeveloped area（已開發、開發中、低開發地區）等別類，或如華勒斯坦（Immanuel Wallerstein）所謂的「世界體系」（World-System）中的 core、periphery、semi-periphery（核心、邊陲、半邊陲）的分類法，及所謂的「依賴理論」（dependency theory ── Andre G. Frank）；或取法於社會人類學有關鄉村及城市的小社區（little community）研究法（如芝加哥學派 Robert Redfield、Robert Park、Louis Wirth 等學者）。近年日本學界森正夫、岸本美緒、山田賢、山本英史、上田信、松田吉郎、三木聰等人強調近世中國的「地域社會」理論等。中國新一代學者為主的「華南區域研究」學派，如 David Faure（科大衛）、Helen Siu（蕭鳳霞）、陳春聲、劉志偉、鄭振滿等，以及為數眾多的江南、華中、華北研究及閩臺區域研究學者，茲不列舉。區域經濟史及地域社會文化史，以致庶民社會及大眾文化（popular culture）的研究蔚為熱潮，逐漸成為當前主要關注的課題。

附記

　　這篇短文原是近年應約在南京、復旦、武漢、浙大、華東師大等校演講的錄音稿，再稍作修飾而已，主要是作一些個人學術歷程的回憶與反思。

　　我的學術志趣與專業，大致在社會經濟史方面；但長久以來，「博（雜）而寡要，勞而少功」，殊無足道。回想四十幾年來，在這一領域中深受許倬雲、王業鍵、郝延平先生的學術薰陶啟迪，往事歷歷，如在目前。我雖未能正式列位王業鍵先生師門，但情誼深厚，堪稱亦師亦友。

　　一九七〇年，我在臺大歷史系本科畢業前後，已常在中研院史語所集刊上拜讀他與全漢昇先生合寫的論文，深受啟發。此後開始書信往返，請益論學，多歷年所。一九七四年初，並承賜贈《清代田賦》英文大作兩冊。直到一九七八年始在中研院正式拜識見面（記得是在首屆中國經濟史國際研討會上）。一九八三年赴哈佛訪學後，曾往俄州 Kent 拜謁。爾後王先生回臺定居，見面商談機會更多。先生晚年眼力日衰，以致失明，但生性豁達樂觀，談笑論學興緻頗高。如今天人永隔，豈只以私誼哀傷而已。先生於我可謂知己之交，大概極少有人像他那樣瞭解我在「做」什麼與「懂」什麼學術研究工作。在經濟史研究方面，他對我個人的啟蒙教導與觀念思想影響，遠遠超越形式上的師生名分關係。

十九世紀前期重慶城的債務與合夥訴訟

邱澎生[*]

一 前言

位處四川東部的重慶，原本即具有總匯長江上游眾多水路幹道與支流的優越水文條件，在宋代全國商品經濟發展過程中，重慶雖遠比不上成都在四川省內的重要性，但也仍逐步成為重要商貿城市，許多源出四川本省及雲南、貴州等地貨物，在當時都經重慶轉口販運。到了明代中期之後，特別是隨著十六至十九世紀中國全國市場規模以及內河與沿海航運路線的日形擴大，長江上游地區更大程度地被長程貿易網絡所捲入，輸出與輸入商品的種類與數量都有更多增長，從而也使重慶的商貿中心地位日漸顯著。

由長江中、下游運入四川的磁器、棉花、棉布，以及自四川出口銷售的稻米、井鹽、木材、山貨（包括皮革、桐油、白蠟、木耳、竹筍）、藥材、染料（靛青、紅花）以及借道四川向外販售的雲南「滇銅」、貴州「黔鉛」，都加速了重慶成為四川全省商品輸出入中心的經濟地位，這個趨勢在十八世紀後半到十九世紀前期變得更加顯著，不僅讓重慶成為長江上游與西南地區最大的商品流通中心，也愈來愈挑戰成都做為全省經濟中心的地位，致使四川商業重心由原本省境西部轉移到省境東部。[1]

---

[*] 香港中文大學歷史系教授。

[1] 林成西：〈清代乾嘉之際四川商業重心的東移〉，《清史研究》1994年第3期，頁62-

重慶城在十八、十九世紀之交發展成為長江上游最重要商業中心，其原因主要有二。一是重慶城地當嘉陵江與長江交滙處的水文優勢，兩江交匯為重慶帶來豐厚水量，使重慶城以下的長江水段得以行駛載運量更大的船隻，連帶使得重慶城發展為四川全境貨物最大的轉運集散港。到了十八世紀後半的乾隆年間，不僅陝西、雲南、貴州以重慶城為交通轉運站，長江中下游的湖北、江蘇，乃至浙江、福建、兩廣都是重慶城可以水運通連的區域。

致使重慶城成為長江上游商業重心的第二個主要原因，則可歸諸清政府的用心整治長江上游水路。至少自十八世紀前期的乾隆初年開始，清政府即著力整治包含金沙江在內的長江上游航道，許多駐轄雲南、四川的地方官員紛紛投入此項水利交通事業，尤其是雲南巡撫張允隨（約1693-1751）自乾隆五年至十三年間（1740-1748）的積極任事與統合協調，使得金沙江能更安全穩妥地行船運貨，從而幾乎打通了整段長江上游航道。[2]這項長期投入人力與物力的水運整治工作，奠定了四川乃至雲南、貴州等省物產可以大量而且快速進入長江水路的基礎。這項政治因素也連帶讓重慶城既有優越水文位置可以更加發揮其經濟功能。結合水文優勢與水運整治這兩項因素來看，重慶城的興起實可謂是十八、十九世紀之間發生的一個經濟與政治相輔相成的歷史進程。[3]

本文以「巴縣檔案」收錄清代乾隆、嘉慶年間幾件商業訴訟檔案為基礎，分析十八世紀末、十九世紀初在重慶這個當時中國長江上游地區最重要的水運商業城市裡，一旦發生商業方面的債務與合夥糾紛時，商人彼此間的

69。但也有學者認為重慶在四川的首要經濟地位其實出現較晚，在十九世紀下半葉之前，成都仍是四川的「中心都市」，而重慶只是「區域都市」。見王笛：《跨出封閉的世界──長江上游區域社會研究，1644-1911》（北京市：中華書局，1993年），頁263。

[2] 羅傳棟主編：《長江航運史（古代部分）》（北京市：人民交通出版社，1991年），頁86-91。

[3] 以上內容主要節錄另一篇拙文：〈國法與幫規：清代前期重慶城的船運糾紛解決機制〉，收入邱澎生、陳熙遠合編：《明清法律運作中的權力與文化》（臺北市：中央研究院、聯經出版公司，2009年），頁275-344。

衝突、對抗與協商究竟如何反映在司法運作的程式上？而地方官員受理商業訴訟時，又是如何借助重慶城內商人團體力量來處理商業契約、帳冊與書信等「證據」問題？同時，重慶商人團體當時協助官員進行調查與調解商業證據的這一現象，如何能夠藉以論證清代中國社會團體「公共性」的相關議題？本文也將一併做些討論。

二　重慶城的經濟與社會

　　本文所指的重慶城，同時包括重慶府治所在的巴縣縣城、嘉陵江南岸的巴縣縣城城郊地帶以及嘉陵江北岸屬於「江北鎮」（後稱「江北廳」）的部分地區。以清代地方行政區劃而論，重慶城的主體實為「巴縣縣城」，但因為重慶府署位於其所管轄巴縣的縣城內，故也可泛稱為重慶城。同時，以城市經濟功能而論，則重慶城範圍並不限於巴縣縣城，而應再加上嘉陵江北岸的「江北廳」城鄉地區，這才是完整意義的重慶城。

　　佔重慶城主體的巴縣縣城，是座築有不規則四方形城牆的城市。有學者估計：清代巴縣縣城「東西約四公里，由南至北約一點五公里」，城牆圍合面積則約為二點四一平方公里。[4] 以地理形勢看，巴縣縣城位於一座有如伸入嘉陵江與長江交會間的小半島上。至於「江北廳」城鄉地區，則位於巴縣縣城北邊，兩者隔嘉陵江甚近，之間「不過一里」。[5]

　　重慶城主要是座「河港移民型城市」，從事經濟活動的人口多半來自外省移民。隨著長江上游整合到全國市場，愈來愈多從事商業與航運業的外來移民，定居或是較長時間停留於十八、十九世紀的重慶城。乾隆年間來到重慶城的外省商人，至少包括江南、湖北、福建、廣東、雲南、貴州、陝西、河南。隨著外來人口的聚集，加速擴充了城內商業街區的數量，酒樓、茶館

4　何智亞：《重慶湖廣會館——歷史與修復研究》（重慶市：重慶出版社，2006年），頁105-106。
5　民國《巴縣志》，卷1上，頁45上。

與店鋪相互銜接。商業繁榮也帶來更多城市治安與交易安全方面的問題,諸如:文武官吏介入保護民間開設的賭場、牙行仲介商人侵奪外來客商財貨。此外,眾多謀充水手工作的移民也大量進入重慶城。[6]

外省商人乘船來到重慶,因為裝卸運載貨物而出入於重慶城四周的「九門」內外。[7]這些外省客商或在城內開店,成為各行業的「坐賈」;或者委請船戶託運商品,變成經營商品進出口貿易的「行商」;又或是自己開辦航船業務,成為安排各式商船業務的航運業老板。至於在「附郭沿江」尋找工作機會的水手,則是「千百成群,暮聚曉散」,構成重慶城的重要景觀。無論是來自各省客商的開設店鋪、行船販貨甚至是經營航運業,或者是眾多水手聚集碼頭區找尋上船機會,乃至於碼頭區協助裝卸貨物的眾多挑夫、腳夫,興盛的航運業活動,這些經濟活動在在促使重慶城在清代前期快速發展成為一座商業發達的內河港口型城市。

重慶城雖然是座內河港口型城市,但在地勢上卻基本是座山城。重慶的行政與商業中心都不在城市的中心區位,如川東道署、重慶府署、巴縣署,以及府學、縣學等各級文、武衙門,大都分布於重慶城「岸埠的毗近處」。同時,最能反映重慶商業繁華的那些由外省商人捐款建成的會館,也都位於城門「以內」的「毗近岸埠處」。[8]因而,有學者即據以指出:重慶城的「社區中心」其實「是在地理的邊緣」,[9]指的正是這個行政與商業區位居於城市地理邊緣的沿江碼頭附近這一現象。

不僅政府公署與商鋪密集於碼頭區附近,不斷增加的外來移民也主要居住此地段,乃至促成都市住宅出現更為顯著的貧富分區化現象:一方面是朝

---

6 乾隆《巴縣志》(有清乾隆二十五年〔1760〕序文,中研院史語所傅斯年圖書館藏本),卷2,〈坊廂〉,頁24上。

7 巴縣城有十七座城門,平常「九開八閉」,只開放九門。開放「九門」為朝天、東水、太平、儲奇、金紫、南紀、通遠、臨江、千廝;常閉「八門」則為翠微、金湯、人和、鳳凰、太安、定遠、洪崖、西水。見民國《巴縣志》,卷2上,頁1下。

8 竇季良:《同鄉組織之研究》(重慶市:正中書局,1943年),頁82。

9 竇季良:《同鄉組織之研究》,頁82。

天門與太平門兩大碼頭區附近的貨棧與商鋪林立，促使地價與房租上昂；另一方面則是許多民眾無力於城內租賃房舍，並不斷進佔沿江岸邊的無主土地，逐漸變成碼頭區附近的「沿江棚民」。[10]沿江棚民愈聚愈多，使原即不敷使用的公共設施與不甚良好的衛生條件更加惡化，不僅易有疾疫流行，這些居民更成為每年季節性洪水侵襲的主要犧牲者。[11]

重慶城人口職業結構可大概反映於清乾隆三十八年（1773）一份記載當時城內「定遠廂」居民職業狀況的史料上。[12]在該地登錄居住的三百家商鋪中，從事「駕船、駕戶、渡船、抬木、抬石、抬米、背貨」等運輸行業者有七十一戶，佔總戶數（三百家）的百分之二十三點七，充分表明當時重慶是個水運碼頭的商業城市。[13]雖未見到朝天門、太平門碼頭區的相關資料，但這兩處商業與航運既較定遠門碼頭區繁榮，則肯定不僅有更多外來水手與外省商人。如此，則朝天門、太平門附近居民的船運職業比重，應比乾隆三十八年定遠廂百分之二十三點七居民從事運輸職業的比率更高。而與船運業密切相關的職業，如倉儲、仲介、零售等，也勢必隨船運業發展而增加，這使重慶城的商業人口顯得更加可觀。

許多重慶城居民從事船運業與商業。而在船運與商業人口中，則有很高比率為外來移民。外來移民的大致比率，或可由從事仲介業務的牙行數字做些推估。明清政府規定合法從事商業仲介業務的「牙行」，必須領取政府頒發「官帖」。[14]一般說來，從事牙行這類商業仲介事務，不僅要熟悉本地市場

---

10 隗瀛濤主編：《近代重慶城市史》，頁424-425。

11 隗瀛濤主編：《近代重慶城市史》，頁425。

12 《清代乾嘉道巴縣檔案選編》，下冊，頁310-311。

13 許檀：〈清代乾隆至道光年間的重慶商業〉，頁37-38。當時重慶城也有紡織機房、漕房等手工業作坊，不過，城內區域基本上仍以牙行與各類店鋪為主，郊區則是「無牙行，作坊多」。參見冉光榮：〈清前期重慶店鋪經營〉，收入葉顯恩主編：《清代區域社會經濟研究》，下冊，頁802。

14 清代官牙制度實施概況，參見吳奇衍：〈清代前期牙行制試述〉，《清史論叢》第6輯（北京市：中華書局，1985年），頁26-52；鄧亦兵：〈牙行〉，收入方行、經君健、魏金玉主編：《中國經濟通史・清代經濟卷》（北京市：經濟日報出版社，2000年），中

的買主與賣家相關訊息，還要能掌握本地交易習慣與市場行情變動，因此，經常是以長期居住本地居民為牙行職業的主要人口。[15]但重慶這個移民城市的情形卻頗為不同，外來移民反而構成牙行的主體：「各行戶，大率俱係外省民人領帖開設者」；嘉慶六年（1801）巴縣核定設置了一五一張牙行官帖，但其中由江西、湖廣、福建、江南、陝西、廣東等外省移民領取者，即在這一五一張官帖中信到了高達一〇七家。[16]以此兩個數字比率做估算，則外省商民開設牙行人數竟佔重慶城官牙總數的七成以上，這對重慶市場制度應該產生很大的影響。[17]

當外來移民於重慶城從事航運與商業人數持續增加，不僅商人移民之間出現更多團體組織並且彼此進行各種商業競爭，在本地居民與外來移民之間也產生更多經濟互動以及連帶而來的經營合作或是商業糾紛。然而，當移民定居重慶城的時間愈來愈長，如何界定「外省移民」與重慶城「本地居民」？有時候恐怕也會變得比較困難。

如重慶城朝天門附近主持馬王廟的道士譚來悅，在道光六年（1826）控

冊，頁1311-1352。

[15] 如明清山東的市鎮牙行即常為地方士紳或商人家族所掌握，可見山根幸夫：《明清華北定期市の研究》（東京都：汲古書院，1995年）；Susan Mann, *Local Merchants and the Chinese Bureaucracy, 1750-1950* (Stanford: Stanford University Press, 1987), pp. 72-89.

[16] 包括有銅鉛行、藥材行、布行、山貨行、油行、麻行、鍋行、棉花行、靛行、雜糧行、磁器行、花板行、豬行、酒行、煙行、毛貨行、紗緞行、絲行等，可見：《清代乾嘉道巴縣檔案選編》上冊，頁253。

[17] 牙行對於清代重慶市場制度的具體影響，學者有許多不同看法，可見山本進：〈清代四川の地域經濟──移入代替の棉業と巴縣牙行〉，收入氏著：《明清時代の商人と國家》（東京都：研文出版，2002年）；足立啟二：〈牙行經營の構造〉，收入氏著：《明清中國の經濟構造》（東京都：汲古書院，2012年），頁569-590；劉錚雲：〈官給私帖與牙行應差──關於清代牙行的幾點觀察〉，《故宮學術季刊》第21卷第2期（2003年），頁107-123；范金民：〈把持與應差：從巴縣訴訟檔案看清代重慶的商貿行為〉，《歷史研究》2009年第3期，頁59-81；周琳：〈「便商」抑或「害商」──從仲介貿易糾紛看乾隆至道光時期重慶的「官牙制」〉，《新史學》第24卷第1期（2013年），頁59-106；周琳：〈清代重慶史研究述評〉，《西華師範大學學報》（哲學社會科學版）2014年第6期，頁20-28。

告一位從屬於「福建館」而承租自己廟旁空地經營「悅來油行」的福建商人時，為調查並解決這件訟案，巴縣知縣乃找來另一位福建商人官永年做證，官永年證詞如是說：「小的年五十八歲，自曾祖由閩省來渝，到小的手上，已數輩了」，[18] 像官永年這類移居重慶城已然「數輩」的「福建人」，與所謂本地「重慶人」之間的分別恐怕也愈來愈少。無論重慶城本地居民如何看待這類已定居重慶好幾代的「外省移民」，也不管這些定居「數輩」的外省移民究竟如何界定自己與「本地居民」的異同，[19] 可以大概肯定的是：當重慶商業因全國市場擴展而趨向繁榮之際，重慶城本地與外來居民彼此共同的經濟利益增加，這將更容易促使重慶城居民摸索出較多的合作管道與更好的協商模式。

除了與本地居民接觸，重慶城的眾多外省移民之間也有許多經濟與社會互動。在這些經濟社會互動中，尤以成立各種名稱某某「會、宮、庵、館」或是「會館、公所」的團體組織最引人注意。[20] 重慶城內至少有「三元廟」（即陝西會館）、「準提庵」（即江南會館）、「禹王宮」（即湖廣會館）、

---

18 《清代乾嘉道巴縣檔案選編》，上冊，頁61。

19 到了二十世紀四〇年代，有學者「據實地訪問」指出：重慶外來移民「早已與四川土著同化，通婚結好，共營商業，在語言風俗習慣上居然土著了」，他們視「新來的同鄉為『旅渝同鄉』，而自名為『坐渝同鄉』，以示區別」，這些「坐渝同鄉」多半早已成為地方士紳「辦理著地方的公益事業，只能憶及其為某省原籍而已」（竇季良：《同鄉組織之研究》，頁83）。

20 何炳棣綜理三千餘種方志做成以下觀察：清代外省移民進入四川，在定居若干時間後，經常集資建立「會館」（其中，又以江西人「最喜建會館」），但是，這些會館在方志記錄中經常不直接稱做「會館」，而是「隱藏在壇廟寺觀等卷」，如江西會館類稱「萬壽宮、許真君廟、真君宮、江西館」，陝西會館常稱「武聖宮、三聖宮、三官廟」甚或有稱「朝天宮、地藏祠」者，湖廣會館常稱「禹王宮」，福建會館常稱「天后宮、天上宮、福建館」，廣東會館常稱「南華宮、廣東公所、天后宮」（何炳棣：《中國會館史論》〔臺北市：臺灣學生書局，1966年〕，頁68-69、78-97）。至少與蘇州城相比，外省移民在四川建立的會館除了名稱與「壇廟寺觀」有更緊密的連結之外，還有何炳棣標示之特殊現象：以成都一府十六縣為例，不僅每縣皆有異省會館，而且「四鄉會館有往往早於州縣城內者」（何炳棣，同上書，頁92），於鄉村地區也建「會館」，應是這類「移民會館」與其他地區會館極不相同的特色。

「列聖宮」（即浙江會館）、「天后宮」（即福建會館）、「山西館」、「南華宮」（即廣東會館）、「雲貴公所」等團體組織。[21]

外省移民於重慶設立之「會館」，大致「創建於康熙，鼎盛於晚清」。隨著創建會館數目增加，重慶城逐漸出現所謂「八省會館」的名稱；「八省會館」之「八省」，指的是湖廣（湖南、湖北）、江西、江南（江蘇、安徽）、浙江、福建、廣東、山西、陝西等清代分界方式的省分（若依民國時代建置，則為十省）。[22] 上開「雲貴公所」不在「八省會館」名單中，即可反映「八省會館」所列「八省」名稱，其實並非任意選出，而是十八、十九世紀「八省」移民不斷介入重慶城公共事務並於當地取得重要影響力的明證，也正顯示百餘年間外省移民在重慶城經濟與社會中出現更密切的合作與協商。[23]

所謂的「八省會館」，在當時重慶城內可能有廣義與狹義之別。以廣義而論，「八省會館」指的是清代重慶陸續成立的八座省級會館，分別是湖廣會館的「禹王宮」（建於康熙年間，奉祀大禹）、江西會館的「萬壽宮」（奉祀許遜，即許真君）、福建會館的「天后宮」（奉祀林妃）、廣東會館的「南華宮」（奉祀六祖惠能）、浙江會館的「列聖宮」（奉祀伍員、錢鏐）、江南會館的「準提庵」（奉祀準提）、陝西會館的「三元廟」（奉祀關羽）、以及山西會館的「關帝廟」（奉祀關羽）；這些會館與神廟的建築基本上同在一處，其具體位址分別位於「城內朝天門、東水門、太平年、儲奇門、金紫門以內毗近岸埠處」。[24]

至於狹義的「八省會館」，則可用以泛指清代重慶城內上述八個省分所有會館組織的整體稱謂，本來並未興建一座特定的專屬建築物，但卻逐漸成

---

21 民國《巴縣志》，卷2下，〈建置〉下，頁4-5。

22 何炳棣：《中國會館史論》，頁41、112。

23 重慶「八省會館」的近年新出研究，可見梁勇：〈清代重慶八省會館初探〉，《重慶社會科學》2006年第10期，頁93-97；梁勇：〈清代重慶八省會館〉，《歷史檔案》2011年第2期，頁56-65跳116。

24 竇季良：《同鄉組織之研究》，頁82。

為代表外省移民參與重慶行政與公共事務的一種介於社團與半官方之間的組織。[25]

　　無論廣義或狹義的「八省會館」，隨著這些捐款成立會館的許多商人長期參與重慶城各種地方公共事務，以及乾隆年間以後重慶地方官員經常賦予「八省客長」種種行政與司法職能，[26]特別是當原告與被告各執一詞時，官府常令八省客長居中協調訴訟，或是代替官府出面調查與搜集證據，甚至是出庭作證。隨著「八省客長」參與包括司法協商在內各種公共事務機會的增加，以及「八省」商人累積更豐厚的經濟實力，「八省會館」這樣一種不以專屬建築物為基礎的社團名稱乃更深入地嵌植在重慶城市居民的認知當中。然而，若以捐款成立與維修建築物這項「會館」團體組織最基本的特徵而論，[27]則重慶城直至清末則始終只有做為團體概念上的八省「會館」，恐怕並無所謂「八省會館」這樣一棟實體的建築物。[28]

　　簡而言之，重慶城內「八省」之內與之外的會館，以及「八省會館」的

25　竇季同：《同鄉組織之研究》，頁 34-35、45-46。

26　「八省客長」或稱「八省首士、八省局紳」，但這些名詞主要是做為官府使用的「他稱」；這些人稱「客長、首士」的特定外省移民，在公文書裏則常「自稱」是「八省客民」。（如見《清代乾嘉道巴縣檔案選編》，上冊，頁 252、403）。

27　專屬建築物對「會館、公所」的重要性，有學者以漢口情形為例，綜理出「擁有或長期租用一個會所」等三個基本因素，用以界定「會館、公所」如何在十九世紀漢口變成一種同業或同鄉的「正式組織」（參見羅威廉〔William Rowe〕著，江溶、魯西奇譯：《漢口：一個中國城市的商業和社會（1796-1889）》〔北京市：中國人民大學出版社，2005 年〕，頁 314）。十八世紀以降蘇州城內眾多「會館、公所」，也經常透過購置專屬建築物以強化社團組織，並演變成一種兼具「自發性、常設性、合法性」等組織特徵的工商業團體（參見洪煥椿：〈論明清蘇州地區會館的性質及其作用〉，《中國史研究》1980 年第 2 期，頁 40-59；邱澎生：《十八、十九世紀蘇州城的新興工商業團體》〔臺北市：國立臺灣大學出版委員會，1989 年〕，頁 35-46）。

28　做為「八省會館」的一棟專屬建築物，大概要到十九世紀後半才逐漸出現，有學者根據二十世紀重慶的口述資料而指出：隨著官府委託八省客民處理司法糾紛機會的增加，位於重慶城內「半邊街」的長安寺乃逐漸成為八省客民的「辦公」處所。參見黃友良：〈四川同鄉會館的社區功能〉，《中華文化論壇》2002 年第 3 期，頁 43。

陸續成立與持續運作，致使這些商人團體逐漸成為重慶城的重要社團組織。[29]

以下將介紹一件重慶城商業訴訟，既可展示「證據」問題在當時官員審理商業訟案時所佔有的重要位置，也能藉以檢視受理官員委派「八省」等外省商人團體領袖協助調查各項商業「證據」的具體過程。

三　重慶商人債務訴訟的證據問題

拜現存卷帙與內容豐富的「巴縣檔案」之賜，[30]清代重慶城留下不少的商業訴訟資料，本節主要選取其中一件乾隆年間訟案進行較仔細的分析。

乾隆五十六年（1791），重慶城發生了一件〈余均義控告劉集賢案〉。[31]從事銅鉛買賣生意的余均義（在巴縣經商的江西人，監生），向巴縣衙門呈遞狀紙，指控劉集賢（也是於巴縣經商的江西人，又名劉廷選，也是監生）「訛詐滋事」。原告余均義聲稱：自己曾經是銅鉛行店主劉聲聞（即被告的父親）的合夥人，但被告劉集賢接手劉聲聞的銅鉛行生意之後，即不承認其

29　本節內容主要節錄一篇拙文：〈國法與幫規：清代前期重慶城的船運糾紛解決機制〉，收入邱澎生、陳熙遠合編：《明清法律運作中的權力與文化》，頁 275-344。

30　現存「巴縣檔案」約有十一萬三千卷，排架長度達四五〇公尺，檔案起迄時間約為乾隆十七年（1752）至宣統三年（1911），這些案卷主要包括了超過九萬九千六百件案件，而且大約有百分之八十八左右的案卷都是當時審理過程的全宗資料。對此份珍貴地方行政與司法檔案的簡介，可見四川檔案館編：《清代巴縣檔案匯編：乾隆卷》（北京市：檔案出版社，1991 年），〈緒論〉，頁 1；賴惠敏：〈清代巴縣縣署檔案：乾隆期 (1736-1795) 司法類〉，《近代中國史研究通訊》第 28 期 (1999 年 9 月)，頁 124-127；Yasuhiko Karasawa, Bradly W. Reed, and Mathew Sommer, "Qing County Archives in Sichuan: An Update from the Field," *Late Imperial China* 26.2 (December 2005): 115-116。至於清代乾隆以至光緒各朝代按年份的巴縣檔案案件數量統計，則可見夫馬進：〈中國訴訟社會史概論〉，收入夫馬進編：《中国訴訟社会史の研究》（京都府：京都大學學術出版會，2011 年），頁 24。

31　此案可見：中研院近史所購藏「清代巴縣縣署檔案：乾隆期 (1736-1795) 司法類」微卷，蓋有四川省檔案館編碼：6-1-1857。有關此案原始史料的簡介，可見邱澎生：〈十八世紀巴縣檔案一件商業訟案中的證據與權力問題〉，收入劉錚雲主編：《明清檔案文書》（臺北市：國立政治大學人文中心，2012 年），頁 421-491。

合夥身分，並且拒絕歸還其股金。相隔三天，被告劉集賢也呈遞狀紙，強調余均義並非合夥人，而是被自己父親劉聲聞辭退的離職夥計。巴縣知縣受理後，開始展開調查，並委派重慶城的外省商人，針對原告、被告提出的各種證據，進行查核與協商。巴縣知縣在釐清各項證據之後，最後乃做成判決。

本案發生於乾隆五十六年（1791）三月至同年六月之間，原、告雙方都曾提出人證與物證。而由本案包含各種相關文件看來，不僅可考察當時巴縣知縣如何處理這類商人提交有關商業糾紛的各種證據，也能反映當時包括知縣在內的地方各級官員，以及原被告商人、抱告、證人、客長、代書、歇家乃至於廁身背後的訟師，如何在當時既有的司法與商業制度之下，分別發揮各自的影響力。最後，知縣查明此案實情：余均義其實是被告劉集賢父親劉聲聞聘請的「夥計」，而不是「合夥股東」，余均義因為被辭退，並向劉集賢借錢不遂，心生不滿，故而誣告劉集賢。此案的審理過程，可大概區分為六個階段，以下分別稍做陳述。

第一個階段。乾隆五十六年（1791）三月二十六日，余均義在告詞中表明：自己在乾隆三十八年（1773）曾與劉聲聞「夥開銅鉛行」，並且曾為此家店鋪「不辭勞瘁」做出許多貢獻，當劉聲聞兒子劉集賢接手生意之後，余均義起初也照常合夥並且幫理行務，但當乾隆五十二年（1787）余均義想回家照顧母親，而提出退股要求時，劉廷選卻始終避不見面，在經過屢次請求「客長、行鄰」向劉集賢理論之後，也都無效，因而才控告劉集賢。在告詞之外，余均義並附上兩份書面證據：一份是節錄的乾隆四十二年「管帳劉靜山親錄帳單」，另一份是乾隆四十年（1775）劉聲聞開設銅鉛行經營生意時，受到「奸行」與「訟師」假造該行「圖記、印票」而引起債務糾紛的一份告詞。由第一份證證的帳單顯示：這家銅鉛行的股金高達萬兩白銀，並且該店在某年「二三四五等月生意計長銀貳千兩零」，余均義在節錄帳本後面寫道：「原單沐訊日呈驗，乞吊行簿查對」，巴縣知縣看完告詞與節錄帳單後，批准受理，知縣批文寫道：「合夥生理多年，顯未拆分，劉廷選一旦用計避距，殊乖情理。准喚訊奪」，要求胥役陳倬、楊洪二人，「限三日內」將被告、證人等「逐一喚齊」。

　　第二個階段。乾隆五十六年三月三十日，被告劉集賢呈上訴詞，並附上兩份書面證據：一份是乾隆三十九年（1774）「廣貨行」商人公呈，控告余均義，另一份則是劉聲聞給余均義一封私人書信，意圖證明余均義是劉聲聞昔日以「每年脩銀四百兩」聘請的夥計，並非合夥人，劉集賢訴詞寫道：「試問合夥何年？伊曾出工本若干？合約何在？」同時，劉集賢還欲證明：余均義不僅只是父親之前聘請的夥計，而且還曾遭到眾多巴縣「廣貨行」商人公呈，舉發他是一位「無弊不作」素行不良的夥計；至於余均義提出的乾隆四十年協助劉聲聞銅鉛行打官司的證據，其實是父親之前「時因差事涉訟，均義在案有名，並未合夥」。劉集賢並且指出：余均義先是要求自己重新聘請他「入行得修」，遭到自己拒絕，繼而又向自己「求借銀兩」，又受到拒絕，因為兩次所求不遂，故而誣告自己。巴縣知縣裁定「准訴，候訊」。

　　第三個階段。原告余均義第二次提出告詞，表明他確實是在乾隆三十八年與劉聲聞合夥接手了之前姜宣才的銅鉛行生意，但當時因為劉聲聞「年長」，故在承接姜宣才生意時，「帖更伊父（劉聲聞）之名」，但是，所有資本則「皆夥內辦出」，都是他與劉聲聞共同出資，余均義向知縣強調：當年這份兩人合夥的合約，「載憑行簿，懇調查驗」。同年四月三十日，巴縣知縣批示：「仰合夥行中、客長、行鄰，秉公據實查覆奪」，要求這些外來商人與鄰居民眾，共同協助調查案情。五月四日，巴縣知縣正式下令「客長田文燦並行鄰等」，協助調查案情，並且要求「秉公理處，據實具稟」。

　　第四個階段。乾隆五十六年五月六日，原告余均義邀請「客民」田文燦等人，到「府廟」（即重慶府城隍廟）確查相關事證（「祈查行帳」），以證明自己確係合夥。大約隔天，被告劉集賢也請「客民」田文燦等人到「府廟」說明案情，強調余均義實乃父親劉聲聞當年聘請「在行幫貿」的夥計，故而「亦無行帳可查」。五月十一日，田文燦邀請原、被雙方「仍在府廟理論」，雙方都拿出合同契約，並且各執一詞，難辨真假，並且雙方都不願和解。經過調查與協商，田文燦在五月二十五日呈覆官府：原、被雙方「各執出合同，民等查看兩造之約，均係同年同月同日，一人筆跡，書寫無異」，同時還寫道：「民等查得：（余）均義回籍復來，（劉）廷選以銀三百兩贈均

義另貿，廷選令均義書立會約，均義不允，故有是控。民等理勸廷選，仍以銀三百兩給均義免訟，兩相執拗不遵」，田文燦等人最後強調：原、被雙方，「民等民難治民，不敢徇延，理合據實繳委」。知縣批示：「候訊奪」。

　　第五個階段。被告劉廷選提出稟詞，並抄附兩份最為關鍵的書面證據：一是乾隆三十九年九月，劉聲聞以及楊楚珩、姜斐才三人各出八百兩整的「三股均分」合夥合約，三人議明由劉聲聞出名接替姜宣才的銅鉛行生意，證明余均義確實並無參與此項合夥；二是乾隆四十一年（1776）姜宣才將義子余均義逐出銅鉛行的私人信件，表明要請余均義「另尋買賣，毋得霸占在行」。五月二十九日，知縣批示：「候訊。抄呈爾父合約並姜宣才信，存」。

　　第六個階段。乾隆五十六年六月二日，巴縣開庭審理，先訊問多位江西籍貫而在巴縣經商的客民，包含了廣貨行的劉梓青，以及田文燦、曾天榮、劉靜山、吳西載等四位人證的口供，然後再訊問余均義與劉集賢；經過核對口供證詞以及證據之後，斷定余均義的合夥主張並不成立，並做成以下判決：「訊得：……查目今行帖是（劉）集賢之名……（余）均義事隔多年，並無銀本在行……欲向集賢行中算帳，真可謂憑空訛詐，須責抱告二十板示辱。惟余均義與集賢，誼同鄉梓，酌量幫銀八十兩，資其贐儀，以便返棹江右。仍取均義永斷葛藤甘結在卷，倘均義以為……猶敢執拗，本縣定照〈訛騙例〉嚴究」。六月二日，分別取得余均義願意領取劉集賢「幫銀八十兩」並且「日後永遠再不敢向集賢行內滋生事端」的甘結，以及劉集賢願意遵造判決的兩份甘結文書。

　　綜合本案審理過程的六個階段看來，「證據」始終是全案關鍵；具體而論，此案真相到底是原告主張自己為「合夥人」身分，還是如被告抗辯的原告其實只是「夥計」？正是巴縣知縣以及原告、被告三方面共同最關心的事項。在審理此案過程中，為了爭取巴縣知縣信任，原告與被告都不斷拿出各種最有力的證據，最後雖然是被告劉集賢（又名劉廷選）以乾隆三十九年九月的「三股均分」合夥合約以及乾隆四十一年姜宣才將義子余均義逐出銅鉛行的私人信件這兩份證證，徹底說服了巴縣知縣，不過，這是到了本案審理過程第五階段的事。在此之前，當原、被告雙方在證據問題上爭持不下之

際，巴縣知縣決定委任「客長田文燦並行鄰等」協助調查案情，特別希望能由田文燦這位在重慶城經商較久的外來商人領袖，主持此案的證據調查以及爭議協調工作，然後再將調查及協調結果報告官府。這便使此案由第三進入了第四階段。

客長田文燦主持的調查與協調工作其實並未成功，田文燦在寫給巴縣知縣的報告上，無奈地表示自己與余均義、劉集賢同為一般百姓，不是官員，因而無法更有力量地主持調停工作，只好將調查及協調過程據實報告知縣：「民等民難治民，不敢徇延，理合據實繳委」。然而，不管身為「客長」商人的田文燦的工作如何無效果，這類將商業糾紛委任命令「客長」介入調查與協調的做法，特別是讓同鄉商人與「客長」共同聚集在重慶城內的府城隍廟，在地方官指派胥役從旁監督的制度下，涉訟商人各自提供商業證據相關文書，大家共同進行帳本、契約、信件等證據的調查工作，並進而由「客長」試著提出雙方可接受的調停方案，最後再將結果呈報地方官。這套商業糾紛的調查與調停流程，在十八世紀末的重慶城內，看來已是一種已然確立的地方司法流程或是商業訴訟體制。

進入十九世紀前期，在商業訟案審理過程中，委派外省商人團體領袖調查相關證據，並由這些委任商人負責協調原、被告雙方試著和解，已是重慶城內經常發生的現象。這類商業訟案的審理、調查與和解過程，不僅發生在巴縣知縣衙門，同樣位於重慶城內的重慶知府衙門也會將類似工作委任這些商人團體的領袖。如清嘉慶十一年（1806）的〈監生章景昌等稟列聖宮武聖廟會首李定安侵吞公款〉案，重慶知府在批閱巴縣知縣送上此案審理的司法文書之後，理解到將此案提請上控的商人何以對於巴縣知縣的判決感到不公允，決定接受上控將此案發回要求巴縣知縣再做審理，這位知府批示道：「應將此案仍由巴縣轉發八省客總，秉公清算」，[32] 做為商人團體領袖的「八省客總」成為重慶知府特別點名委任賦予調查與調停商業訟案任務的重要人士。

---

32 清嘉慶十一年（1806）的〈監生章景昌等稟列聖宮武聖廟會首李定安侵吞公款〉案，四十三張。藏於四川省檔案館，編號：6-2-0175，頁 0391-0470。

　　值得注意的是：嘉慶十一年（1806）〈監生章景昌等稟列聖宮武聖廟會首李定安侵吞公款〉案提及的「八省客總」，比起乾隆五十六年（1791）〈余均義控告劉集賢案〉出現的「客長」田文燦，在商人團體領袖身分上，兩者似乎略有不同。比起「客長」而言，「八省客總」在整個重慶城可能更有知名度，或者是說：在商人團體領袖的社會身分層級上，「八省客總」可能要比某一特定省分商人團體領袖的「客長」更有代表性。不過，無論是委派「客長」，或是委派「八省客總」，這都反映重慶地方法官在審理商業訟案過程中，試圖借助商人團體領袖的既有聲望以及他們在商業經營領域上的專業知識，用以加快解決商業訟案的審理過程。

　　儘管本文只由「巴縣檔案」選取了一、兩個商業訟案為例證，但以筆者所見「巴縣檔案」有關商業訴訟的其他案例以及學界現有研究成果而論，至少到了十八世紀末、十九世紀初之間，重慶城內各級官府委派「客長、八省客總」等商人團體領袖協助調查並調解商業訟案的現象，確實不是特例，有一定程度的普遍性。[33] 從這個角度看，無論是委派單一省分外來商人支持的「客長」，或是委派多個省分外來商人支持的「八省客總」，兩者都係屬同類做法，既構成當時重慶司法審理工作的有機一環，也成為當時重慶城市日常生活經常上演的場景。

四　一些初步觀察與比較

　　本文以「巴縣檔案」保存乾隆五十六年（1791）〈余均義控告劉集賢案〉

---

[33] 相關研究可見陳亞平：〈清代巴縣的鄉保客長與地方秩序——以巴縣檔案史料為中心的考察〉，《太原師範學院學報》第 6 卷第 5 期（2007 年），頁 123-127；張渝：《清代中期重慶的商業規則與秩序——以巴縣檔案為中心的研究》（北京市：中國政法大學出版社，2010 年）；周琳：〈城市商人團體與商業秩序——以清代重慶八省客長調處商業糾紛活動為中心〉，《南京大學學報》（哲學社會科學版）2012 年第 2 期，頁 80-99；戴史翠（Maura Dykstra）：〈帝國、知縣、商人以及聯繫彼此的紐帶：清代重慶的商業訴訟〉，收入王希編：《中國和世界歷史中的重慶：重慶史研究論文選編》（重慶市：重慶大學出版社，2013 年），頁 166-180。

以及嘉慶十一年（1806）〈監生章景昌等稟列聖宮武聖廟會首李定安侵吞公款〉案為例證，說明十八、十九世紀重慶城在商業債務或合夥訟案審理的過程中，不僅可見到涉訟雙方商人提供各種書面證據對於官員審案所能起到的關鍵作用，也能發現「客長」與「八省客總」等商人團體領袖協助官府調查帳本、契約、書信各項商業證據文書以及調停商業訟案等方面所扮演的重要角色。到了十九世紀前期，這些現象應該都已構成重慶商業經營、司法審理乃至城市生活當中的重要一環。[34]

相較於重慶城而論，十八、十九世紀的蘇州城，更是人口眾多與工商業繁榮的大城市；當時蘇州不僅也曾發生各類商業訟案，而且在商人捐款成立「會館、公所」等各種不同名稱商人團體的數量與規模上，也都要比重慶城商人團體更為眾多與龐大。然而，很令人好奇的是：在現存記錄商人訟案與會館、公所涉入司法運作的蘇州碑刻等資料裡，幾乎很難發現類似重慶地方官委派「客長」等商人團體領袖調查或協調商業訟案的記錄。[35]

在現存記錄蘇州商人團體各種集體活動的碑刻資料裡，何以很少見到類似前述重慶城地方官委派「客長、八省客總」商人團體領袖協助調商業證據的事例？一個最簡單的答案或許是蘇州沒有留存類似「巴縣檔案」這樣卷帙龐大而又內容豐富的史料，故而許多當日可能也於蘇州發生的商業訟案審理細節現在已無法找到。現今尚未發現史料，當然並不代表當時即不曾存在相關史實。特別是：當我們同時考慮現存清代臺灣「淡新檔案」也有類似「巴

---

[34] 這方面較新的綜合研究，可見陳亞平：《尋求規則與秩序：18-19世紀重慶商人組織的研究》（北京市：科學出版社，2014年）。戴史翠（Maura Dykstra）：〈帝國、知縣、商人以及聯繫彼此的紐帶：清代重慶的商業訴訟〉，收入王希主編：《中國和世界歷史中的重慶：重慶史研究論文選編》（重慶市：重慶大學出版社，2013年），頁166-180。

[35] 當時蘇州各類經商衝突及相關訟案，可見邱澎生：〈由蘇州經商衝突事件看清代前期的官商關係〉，《文史哲學報》（臺北）第43期（1995年12月），頁37-92。蘇州會館、公所等商人團體的情況，可見邱澎生：〈會館、公所與郊之比較：由商人公產檢視清代中國市場制度的多樣性〉，收入林玉茹主編：《比較視野下的臺灣商業傳統》（臺北市：中央研究院臺灣史研究所，2012年），頁267-313。

縣檔案」前述史料時，則蘇州情況更加顯得奇怪；類似重慶城地方官委派商
人領袖調查或協調商業訟案的事例，確實也存在於十九世紀中期的北部臺
灣。[36] 由此而論，則若蘇州也能留存類似「淡新檔案、巴縣檔案」地方政府檔
案文書的話，或許我們也能發現當時蘇州同樣存在乾隆五十六年（1791）重
慶城內出現在〈余均義控告劉集賢案〉的類似官府委任商人團體領袖調查商
業訟案的例證。

因為相關檔案不存在而失載類似史實，這應該是一個可能的答案。不
過，筆者對此還是不禁有些懷疑：現存蘇州碑刻中的商業訟案數量其實也並
不算少，特別是這些碑刻史料也經常刊載當時各類商業訟案相關司法文書的
「節錄文本」，有時候甚至還刊錄了仿冒棉布商標牌記案件中的當事人「口
供」，但在這些碑刻史料裡，卻很難看到類似重慶地方官委派「客長、八省
客總」協助調查商業訟案的任何蛛絲馬跡，這還是令筆者極為納悶。[37]

無論是乾隆五十六年（1791）〈余均義控告劉集賢案〉，或是嘉慶十一
年（1806）〈監生章景昌等稟列聖宮武聖廟會首李定安侵吞公款〉案，這些
發生在重慶城的委派「客長、八省客總」調查證據並協調商業訟案的處理模
式，在「巴縣檔案」中其實並不少見，但在蘇州這樣經濟更加發達的大都市
裏，卻反而不太留下可供考察的線索。如果我們暫時先不考慮前面提及蘇州
並未留下類似「巴縣檔案」這樣豐富地方檔案性質史料的史料有關這層因
素，這裡面是否可能還有其他重要原因存在呢？會不會是因為重慶城人口規
模比蘇州為小，或是外來人口在蘇州城的影響力遠比重慶城為小，所以才在
兩個城市產生了不同的商業訟案處理模式？筆者認為這似乎是未來值得繼續

---

36 相關情形可查考艾馬克（Mark A. Allee）著，王興安譯：《十九世紀的北部臺灣：晚
　清中國的法律與地方社會》（臺北市：播種者文化出版公司，2003年）；林玉茹：〈清
　代竹塹地區的商人團體：類型、成員及功能的討論〉，《臺灣史研究》第5卷第1期
　（1999年），頁47-90。

37 范金民教授在所著《明清商事糾紛與商業訴訟》（南京市：南京大學出版社，2007年）
　利用了極豐富的史料討論明清商業訟案，但在蘇州、上海等地，似乎也未發現蘇州、
　上海的會館、公所商人團體領袖曾像重慶城那樣由地方官府委任介入調解商業訟案的
　事例。

深入探究的課題。

　　蘇州城所在地的吳縣、長洲、元和三縣都未留下檔案，但在蘇州城附近的其他鄉村地區則留存有同治年間形成的「太湖廳檔案」。有學者以蘇州地區的「太湖廳檔案」對比重慶城的「巴縣檔案」，發現到兩份訴訟檔案存在一項很有趣的差異：「只要閱讀兩者並進行比較，任何人都會發現：生活在這兩個地方的民眾所進行的訴訟以及官府的審判方式迥然不同」，太湖廳在清代同治年間涉及訴訟的民眾，「與同時期的巴縣人比較而言，溫和穩重得多，對作出判決的地方官可以說相當順從」；在同治年間的巴縣，則訴訟給人的感覺「就像是被捲入到巨大的黑色漩渦中一樣」，確實像是一種民眾極為愛好訴訟的「好訟社會」，而與蘇州地區的太湖廳民眾進行訴訟方式極不相同。[38]

　　何以兩份不同地方司法檔案反映的訴訟情況差異竟然如此之大？夫馬進從時間與空間兩方面做了不少頗有說服力的推測。在時間方面，十九世紀後半的同治年間其實是與十八、十九世紀之際的乾隆、嘉慶年間存在變化，即使是在嘉慶時期的巴縣，審判方式其實是「與太湖廳比較接近」。而在空間方面，則比起同治年間「太湖廳檔案」反映涉案民眾經濟社會生活比較類似鄉村的地區，「巴縣檔案」反映了三個頗不相同的社會經濟特殊性：人口壓力更大、社會的都市性質更強、新的外來移民佔當地人口比重較高。[39]

　　夫馬進指出時間變化以及空間差異的上述兩方面因素，提示了日後研究清代中國法律與社會關係的重要線索。王志強則曾以「巴縣檔案」同治朝的一些錢債案件為例，發現當時地方官府幾乎完全不憑藉民間力量協助調查「證據」，故而像是一種「家長官僚型」司法體制，此與近代早期（early modern）英格蘭司法程序能夠有效調動各種社會資源的情形很不相同。王志強強調：在當時的英格蘭，民事案件的事實與當事人在法律上提出的主張，

---

38 夫馬進著，范愉譯：〈中國訴訟社會史概論〉，收入中國政法大學法律古籍整理研究所編：《中國古代法律文獻研究》第6輯（北京市：社會科學文獻出版社，2013年），頁1-74，引文見頁6。

39 夫馬進：〈中國訴訟社會史概論〉，頁8-10。

以及案件相關證據、糾紛救濟的要求，都必須要由當事人及其律師向法院提出，法院在此過程中只承擔形式審核、監督庭審以及傳喚證人等責任，故而是一種能夠有效結合「自治」（self-government）與「法治」（rule of law）的司法體制。[40]清代中國司法體系雖然與近代早期英格蘭確實存在種種制度上的差異，但以本文研究「巴縣檔案」的乾隆五十六年（1791）〈余均義控告劉集賢案〉為例證，則若認為當時中國地方官完全不借助民間力量協助調查證據，似乎也並非實際情形。

如何評估清代社會力量在司法審判中的作用、地位與性質？一直是不少學者關注的重要議題。只是，這可能也是一個屬於歷史比較的課題，王志強持與英格蘭比較是一例證，足立啟二也曾以「巴縣檔案」訴訟案件對比日本的熊本藩「古文書、古記錄」，論證了清代中國「專制國家」與江戶日本「封建社會」之間存在極不相同的國家與社會互動關係：當時日本是以小農和村落力量來發展出以農民為主體的自治團體，從而導致原先的「領主統治」名存實亡，並使日本的社會團體不斷發展壯大；而當時中國雖然出現了商品經濟的發展，但因為專制國家的作用，人數龐大的書吏、差役滲透到種種社會職能之中，中國社會無法出現相應於商品經濟發展的具有「公共性」的社會團體。[41]這種來自歷史比較的綜合性看法也有一定程度的啟發性，但若放在前述夫馬進指出太湖廳與巴縣的地區性差異來看，則似乎還可以對此方面議題再做更深入的思考。

以東南沿海地區為例，自晚明福建地區開始普遍實施一條鞭法以後，上繳中央稅收增多，以致地方政府財政規模銳減，故而只能「授權」更多公共事務給予當地的宗族。[42]至於與巴縣同樣位於四川的南部縣，這是一個商業

---

[40] 王志強著，田邊章秀譯：〈清代巴県債案件の受理と審判——近世イギリス法を背景として〉，收入夫馬進編：《中國訴訟社会史の研究》（京都府：京都大學學術出版會，2011年），頁821-855。

[41] 足立啟二：〈十八——十九世紀日中社会編成の構造比較〉，收入氏著：《明清中國の經濟構造》（東京都：汲古書院，2012年），頁593-645。

[42] 鄭振滿：《鄉族與國家：多元視野中的閩臺傳統社會》（北京市：三聯書店，2009年）。

不若巴縣發達的地方，並且同樣留下豐富的清代地方司法文書「南部縣檔案」，有學者研究其中的民事糾紛與司法案件，強調地方政府在「低成本治理」的現實考量下，也時常借助宗族與鄉里組織，來共同維護法律權威以及地方社會秩序；無論在訴訟尚未到達衙門之前的處理，或是訴訟到達衙門之後的官府裁決，宗族與鄉里組織都「發揮著重要的調處作用」。[43] 然則，團體成員的互動關係究竟要到達什麼樣的標準，才能算是具有「公共性」的社會團體呢？在不同國家或地區裡，這種社會團體的「公共性」是否都只能有同樣一種標準？[44]

以「巴縣檔案」所見到乾隆五十六年（1791）〈余均義控告劉集賢案〉以及嘉慶十一年（1806）〈監生章景昌等臬列聖宮武聖廟會首李定安侵吞公款〉案為例，可以清楚見到當時重慶城發生這種地方官委派「客長、八省客總」協助調查證據並努力促使原被告尋求和解的商業訟案處理模式。以商業發展程度而論，十八、十九世紀之間的巴縣，肯定比南部縣為好，但卻比不上同時期的蘇州、松江等江南地區，但巴縣這類商業訴訟卻仍然是一種都市社會的產物，商人自願捐款而組成社會團體，並在地方官委任之下介入商業訟案的調查與協調。不管這些商人團體領袖在每個具體案件是否真能讓訴訟雙方當事人滿意其調查過程與協調結果，這類社會團體與地方政府的經常性互動關係，是否只能簡單地視為類似於「差役」性質而減損其「公共性」？同時，在當時重慶地方官眼中，「客長、八省客總」的地位是否有如「鄉約、地保」一般難以稱為是某種具備一定社會地位的社會菁英？這可能仍要透過更多案件並結合具體時間與空間變化再做仔細探究。

以目前狀況而論，若想針對明清中國五百五十年間各地社會團體「公共性」的整體發展做出全面性論斷，甚至是與歐洲、日本或其他地區社會團體「公共性」做成較貼切的比較，恐怕仍然有些為時過早。

---

[43] 吳佩林：《清代縣域民事糾紛與法律秩序考察》（北京市：中華書局，2013年），頁91、123。

[44] 這方面較全面與更細緻的反思，可見王國斌：〈近代早期到近現代的中國：比較並連結歐洲和全球歷史變遷模式〉，《文化研究》第19期，頁18-57。

Statistics of Tributary Trade of Ryukyu (Loochoo) at Fuzhou in 1851 *

Takeshi Hamashita**

1 Introduction: Historical Background on Tributary Relation of Ryukyu with Qing China

On 18th June 1851, Chas. A. Sinclair at British Consulate Foochow sent a report to Sir George Bonham at Beijing. He wrote, "Sir, Bearing in mind the expressions of approbation which Your Excellency was pleased to address me on the Report I had the honor to make, in the month of November last, of the Imports in the two Tribute Junks from Loochoo, I have now much satisfaction being able to hand Your Excellency Return of the Cargo exported by these Junks, which left the Port yesterday to return to their country."[1]

---

* In 1982, Professor Yeh-chien Wang, when he was at Kent University kindly invited me to join his panel on modern Chinese economic history at the 8th World Economic History Congress held at Budapest Hungary. Several years later, I happened to meet Professor Wang at the First Historical Archives at Beijing. Professor Wang focused his research on statistical data on local finance and its relation with the central finance. Professor Wang emphasized the importance of statistical analysis in the economic history studies and is a pioneer who accomplished the methodology to analyze statistical data in economic history studies.

** Sun Yat-sen University, Professor Emeritus, University of Tokyo

[1] Chas. A. Sinclair at Foochow: British Consulate Foochow, to The His Excellency Sir George Bonham, KCB, Her Britannic Majesty's Plenipotentiary (18, June, 1851, FO228/128, pp.72-82).

Tributary system in Asia has been working more than ten centuries from the Tang Dynasty as a traditional principle of regional system which Japan tried to avoid involved from the beginning of 17th century by taking a seclusion policy. Since the Ryukyu kingdom kept tributary relation with China from the beginning of the 15th century, Satsuma domain of Kyushu-island of the southern end of Japan, which is the closest one to Ryukyu Islands, took the affiliation policy of the Ryukyu kingdom by sending troops in 1609. On the other hand, Satsuma and Tokugawa Shogunate allowed the Ryukyu King to pay tribute to the Qing court to maintain trade relation with China through the Ryukyu Kingdom until 1866.

Consul at Fuzhou wrote their recognition of tributary relation of Ryukyu with Qing China as follows:

> The Loochoo Trade has been, since a long period of years, restricted to this Port, no doubt, according to the policy of the Chinese Government of confining the intercourse of Foreign Nations tack each to one separate Port, probably with a view to prevent combination of different Nations at the same Port, or to divide fairly amongst the maritime Provinces the gains arising from such commercial intercourse. Thus, we observe that the English and the other Western people were limited to Canton — the Loochoo Trade to Foochow—the Siamese to Ningpo, and, I believe the Corean to a Port in Shantung. So positive are these Regulations, and so strict are the authorities in the observance of them, that when, for instance, Loochoo Junks, with Tribute on board, happen to be blown on the coast

---

See Okamoto Takashi, Modern China and the Chinese Maritime Custom、岡本隆司『近代中国と海関』Nagoya U.P. 名古屋大学出版会、1999年、Appendix 1-3, On Tributary Trade of Ryukyu 附章I-三、琉球の朝貢貿易をめぐって、頁233-238。Also see, Carolyn Cartier, *Globalizing South China*, Blackwell, 2001, Chapter 4, Open Ports and the Treaty System, pp.108-111.

of another Province, they are allowed no dealings with the shore, and the Authorities send them down under escort to Foochowfoo.[2]

Relating to tributary trade in tributary system with Ming-Qing China at the center, there are three major issues to be clarified in our research.

In general, there are three tiers in tributary trade. They are:

1) First and basic tier is: tributary trade among tributary countries and outside of tributary countries to prepare tributary commodities to China. For example, Ryukyu trade with Siam for the former part and Ryukyu trade with Manila for the latter part.

2) Second tier is port trade: It is Fuzhou in the case of Ryukyu. Port for respective tributary country to enter is strictly stipulated. Fuzhou is not only the place of entrance and transfer of tributary missions to Beijing. Fuzhou port trade is separated from Beijing trade and the most lucrative place of trade for Ryukyu missions.

3) Third tier is the Beijing Trade at Huitongguan, official trade between privileged merchants of China and the tributary country. This used to be understood as ceremonial exchange between tribute and reward. However this part is also important part of trade transactions.

Tributary trade has been understood as ceremonial exchange between kings of tributary countries and Ming-Qing Emperors. Also it is understood as imbalanced exchange of gifts as a token of status. Also, it is understood as meeting of missions of tributary countries at Beijing. As a whole it is understood as a symbolic ceremony of exchange of gifts to confirm superior emperor and obedient tributary king.

The understanding of tributary trade at Beijing above summarized is only a

---

[2]   Ibid., p.73.

portion of whole tributary trade.[3]

Among these three tiers above mentioned, the second tier is not well investigated in tributary trade relations. Also, it is also considered that after open port, tributary trade was terminated and trading ports were opened under treaty relations. However, it is not the historical reality but tributary trade has been maintained even after treaty ports were opened. For example, Ryukyu trade was maintained even after treaty ports were opened.

In this paper the second tier of tributary trade will be examined through the report and trade return by Fuzhou Consul Sinclaire after tracing the first tier briefly.[4]

2　Ryukyu Tributary Trade-Tier one: Ryukyu Trade among Tributary Countries and Non-tributay Countries — Cases with Siam and Manila

A. Trade Relations between Ryukyu and Siam seen from Lidai bao'an

Merchant ships (*manaban*) from Southeast Asia became a familiar sight in the Ryukyu Kingdom during the latter half of the fourteenth century. In response, Ryukyuan traders began to engage in return expeditions. Records of these began to appear in the *Lidai baoan* in the fifteenth century, during which abundant references were made to contacts with Siam, Patani, Malacca, Palembang, Java,

---

[3]　Takeshi Hamashita, *China, East Asia and the Global Economy--- Regional and historical perspectives* (Routledge, 2008), chapter 5, The Ryukyu Maritime Network from the 14th to 18th Century.

[4]　Ibid.

Sumatra, Vietnam and Sunda. Pioneers of this trade were also accompanied on their voyages by letters containing the King's seal and gifts in anticipation of establishing formal trade relations with sister ports.

The entrêpot trade that subsequently developed involved the export of goods such as Japanese swords and gold, which were traded for ivory, tin, jewels, pepper, spices, and *caesalpinia sappan* for medicine or dyes, many of which were subsequently re-exported to China, Japan or Korea. Many of the Ryukyu Kingdom's Southeast Asian trading partners shared a similar tributary relationship with the Ming Dynasty and as a result Chinese became a *lingua franca* for official communication and trade negotiations.

> The King of Chūzan, Country of Ryukyu, has received a dispatch from the Country of Siam in the sixth month of Xuande 5 [1430] [in which it was stated:]
>
> We have read [the dispatch from Ryukyu, which stated:] "With reference to the matter of tribute to the Great Ming and other matters, we have few goods which are appropriate [as articles of tribute], and we still suffer great inconvenience. We are specially dispatching our envoy Nanzatu Utchi and others aboard a seagoing ship, with a cargo of porcelains and local products, to proceed to the country [Siam] and purchase such goods as pepper and sappanwood, and then to return to our country to prepare our needs. We have also prepared our presents for you."
>
> We have received this dispatch. Heretofore, you have purchased goods to make [necessary] preparations. Your [present envoys] are now departing at this convenient time with a favourable wind. Therefore, we list our return presents below and inform you through this dispatch. Let this dispatch be given to the addressee.
>
> The goods are as follows:

Sappanwood	3000 jin
Red oiled cotton cloth	20 bolts
Variegated velvet carpets	2
Soft Western silk	1 length

Dispatch to the King of Chūzan, Country of Ryukyu

Xuande 5/3/21 [April 13, 1430] [5]

We can find foreign goods for Siam which are not produced there such as Soft Western silk. This suggests that trade relation among tributary countries already extended beyond tributary trade itself.

Both the Ryukyuan and the Siamese king recognised each other very clearly and understood the purposes of trade. They both expected trading activities under tributary relations with Ming China. These correspondences were regular and formal between two kings.

Ryukyu ships searching tributary commodities such as pepper and sappanwood in the South China Sea had to understand the changing networks of trade and had to find more lucrative and safer trade partners and trading ports.

B. Trade Relations between Ryukyu and Manila: Silver for Silk

In 1571, an expeditionary force led by Spanish General Miguel Lopez de Legazpi entered Manila and made it the seat of government. At that time, Luzon and Sulu were already bound in tributary relationship with China, with their own Chinatown and Japanese-town. When Spanish galeons connected Manila with the

---

[5] Lidai Baoan (Lidai Baoan editorial committee, Education Board of Okinawa, Naha, 1992), First Series, Vol. XXXIX, Doc. No.1

"New World" large amounts of silver flowed into Asia. In return, the New World obtained Chinese raw silk, pepper and other special products from Southeast Asia.

In 1494, as stipulated in the Treaty of Tordesillas, Spain and Portugal split the world in half. The whole of central South America, not including Brazil, came under Spain, while Asia was basically given to Portugal. After setting up base in Manila, Spain could not trade directly with Asia. But she recruited Chinese merchants to participate in China-Manila trade exchanging silver for raw silk. It is expected that Ryukyu merchants also participated in this trade; transporting into China not the usual products from Southeast Asia, but silver transiting at Luzon. Ryukyu was cited fifty-nine times in Spanish records of a 220-year period (from 1519 to 1738) of trade with Ryukyu, including:

(1) Name and location of Ryukyu

(2) Locations of exchange/trade

(3) Shapes/forms of the various islands and their living conditions

(4) Spain-Ryukyu relations

(5) Japan-Ryukyu relations

(6) China-Ryukyu relations [6]

Besides the above, tributary relationship with China and Satsuma invasion were also mentioned.

Let us now chronologically arrange records that document the silver-raw silk trade between Ryukyu and Luzon.

—a record that notes that every year, six to eight Ryukyuan junks called

---

[6] *The Philippine Island* (55-volumes), Emma Blair and James Alexander Robertson Blair, Emma Helen, ed, Cleveland, Ohio, The A. H. Clark company, 1903-09d.1911. Vol.29, pp.30-31.

at Luzon island.The editor notes that "The Ryukyu people here refer to the Chinese." Depending on situation, there may not be contradiction between the two.

―a material that argues for the Spanish to extend their influence (in competition with the Portuguese) by spreading Christianity, also targeting the wealth of China, Ryukyu, Java and Japan.

―a material that observes that Ryukyu became rich by selling Japanese silver for Chinese raw silk. But it also suggests that since Ryukyu is a small country it could not possibly have a vigorous external trade.

―a material which notes the historical presence of Chinese and Japanese in northern Luzon and the supremacy of the Chinese in the South China sea and their influence on neighbouring countries.[7]

From the above materials (though not necessarily immediately relevant), we gather that in the latter half of the 16th century, Ryukyu secured the conditions to expand their trade from one which was hitherto restricted to procuring tributary goods from Southeast Asia to much a bigger network with silver in Manila. Such conditions were created when large amount of silver was supplied by Japan and the New World, making East Asia a silver currency zone focused on China. The price ratio between gold and silver at that time was: Spain 1: 13; China 1:6; Japan 1:9. It was thus profitable not only to trade with the Chinese for raw silk, but it was also profitable to trade silver for gold.

In such a way, when Ryukyu expanded to a more widely popular, silver-based exchange system, its trade network was no longer limited to the framework determined by the tributary system. Trade activities of Ryukyu became more versatile: at times getting closer to the network of the Chinese traders, at other times specializing in Japanese trade. However, it is true that such expansion was

---

[7] Ibid., Vol.24, pp.208-211, Vol. 33, p.349, and others.

not necessarily premeditated by the Ryukyu kingdom.

3   Ryukyu Tributary Trade: Tier 2, Tributary Mission in 1851 and Foochow Trade

A International Trade by Tributary Ships of Ryukyu at Foochow: Through Eyes of Sinclair at British Consulate Foochow

In 1851, when almost ten years has passed after opening of Foochow Port to foreign countries and the Chinese Imperial Customs has not yet opened, British Fuzhou Consul. Sinclair at British Consulate at Foochow wrote to British Consul Sir George Bonham, KCB, Her Britannic Majesty's Plenipotentiary at Peking on June 18, 1851. It is about Trade Return of the Cargo exported by Loochoo Junks, which left the Port one day before of his report. At Foochow, Tributary commodities are checked by local officials before their departure to Beijing to meet Emperor, which we call this trade is as tier 3 within whole tributary trade and this will be organized at huitongguan at Beijing among licensed merchants from both sides.

Sinclair focused on Foochow trade and unveiled its internationalized aspects by examining the role of Foochow Brokers on Loochoo trade (Qiushang) as follows:

A. Tributary Mission from Loochoo

On their arrival into Port, the Tribute Bearer, a Loochoo Officer of Magistrate's rank, prior to his departure to Peking, waits, according to ancient custom, on the Fantai or Minister of Finance, it would appear, that in the last Dynasty, this Province had no Governor General or Lieutenant Governor at this

Port, the Minister of Finance being, at that time, the Highest Functionary in office here. The old formality, therefore, is still kept up of offering the Tribute bearer an entertainment, which however, the Minister of Finance does not honor with his presence, the Marine Magistrate is, generally speaking, the Mandarins deputed to do the honors to the guest. A list of the Tribute and presents, together with that of the Imported and armament of the two vessels, is in for the inspection of the authorities. Their approval being obtained, the Tribute bearer starts under escort with the Tribute to Peking, whilst authority is issued for the breaking of bulk. The mode of procedure on the visits of the Loochoo Tribute Junks is regulated in the following manner.[8]

B. Foochow Broker and Purchase of Goods at Canton and Soochou

The purchase of goods for Loochoo necessitating the visit of a Broker to Canton and Soochou, and the moderate charge of transport of merchandize, must in a measure account for a large portion of the European manufactures having been laid in at other markets than Foochow, where I presume, the Brokers could supply themselves more readily than here, and probably at cheaper rates. It appears, on this occasion, that the Brokers deputed to these places have taken, respectively, Amoy and Shanghai in their way, and have collected their stock of goods in proportion as the difference between the market price of each place and the rates agreed to by the Loochoo Traders turned to their own profit.[9]

---

[8] Chas. A. Sinclair, British Consulate Foochow, to Sir George Bonham, KCB, Her Britannic Majesty's Plenipotentiary (18, June, 1851, FO 228/128, p.74).

[9]

C. Foochow Brokers

Ten Foochow Brokers are named for life, with the sanction of the Emperor, for the conduct of the Loochoo Trade. Similar to the old Canton Hong system, the body of Loochoo [Foochow] Brokers is responsible for the failure of any member of their body. The office, I understand, is hereditary, and a part of their duty consists in making the reports of the Trade to government, and in seeing that the Regulations of the Port are properly attended to during the stay of the Loochoo traders. They are men who, individually, possess no large amount of property, but they are persons acquainted with commercial matters generally, and through their semi-official situation command considerable credit. Every item of Import or Export in the Loochoo Trade is monopolized by this body of Brokers, which must place the Trade on a very unfavorable footing for Loochoo, but no doubt highly profitable to themselves.[10]

From these Sinclair's description above cited, we can understand of the detailed procedure of the Ryukyu Mission to China. Two junks arrived from Ryukyu and stayed at Foochow until return of their tributary mission to Beijing and they conducted trading business with Canton and Soochow.

One of the most interesting and important parts of his report is very the detailed and precise statistics of commodities with price records purchased by the Ryukyu missions which were imported to Ryukyu.

---

[10] Ibid., pp.73-74.

Table 1　Return of Merchandise Exported by Two Tribute Junks from Loochoo in the Month of June 1851. [11]

Cargo purchased by the Brokers at Canton		
British manufacture	Average prices	Observations
Broad cloth (plum color)	50 pieces	$1.10 per yard	
do　(green)	30 pieces	$1.10 per yard	
do　(black)	50 pieces	$ 0.95 per yard	
Long ells　(red)	400 pieces	$9.50 per piece	
do　(green)	200 pieces	$7.50 per piece	
Camlets　(red)	50 pieces	$25 per pieces	
do　(green)	40 pieces	$25 per pieces	
do　(yellow)	10 pieces	$23 per pieces	
do　(black)	30 pieces	$23 per pieces	
Bombay elles	100 pieces	$23 per pieces	
White long cloths	3,000 pieces	$3.60 per pieces	each piece weight 6 catties 12 mace
Grey long cloths	3,000 pieces	$3.20 per pieces	each piece weight 6 catties & 12 mace
Dyed cottons (red)	1,000 pieces	$5.20 per pieces	
do　(yellow)	500 pieces	$4.00 per pieces	
Chintz	600 pieces	$5.20 per pieces	
Cotton yarn	30 Bales	$40 per bale	
Produce of China		
Rhinoceros horns, medical drug	6 piculs	$9 or $12 per picul	From 8 inches to 1 foot long Without root
Buffalos　do do	10 piculs	$3 per picul	
Ivory	25 piculs	$150 per picul	Weight 30 catties up to 100 each piece

[11] Ibid., pp.79-82.

Hartshorn med, drug	20 pairs	$4 per pair	
Caustic cuttings do.	1000 cuttings	$2.20 per catty	
Putchuck do	5000 catties	$3.20 per 100 catties	
（Tsangmuk）	8000 do	$-.10 ₵ per catty	
Ma-hwang do	3000 do	$2.50 per catty	
Kan-sung do	10,000 do	$10 per 100 catties	
Siguarice	20,000 do	$10 per 100 catties	
Rhubarb med. drug	8000 catties	$7 per 100 catties	
China root do	40,000 catties	$1.60 per 100 catties	
Miscellaneous drugs	6000 catties	total 750,000 cash	
Cloves	2000 catties	$14 per 100 catties	
Tortoise back shell	50 catties	$8 per catty	
do feet shell	200 catties	$8 per catty	
do belly shell	200 catties	$2.50 per catty	
Vermillion	3000 catties	$1.20 per catty	
Quicksilver	3000 catties	$1.10 per catty	
Sub borate of Soda	3000 catties	$68 per 100 catties	used in medicine
Snake Skins	10 skins	400 cash each	
Silk of the white worm	2 piculs	$500 per picul	Finest quality, used for fine embroidery- is produced in the
& do	20 piculs	$350 per picul	Tsing yuen dist. in Canton Province
Hainan glasscloths	60 bolts	$12 per bolt	(Hainan)is close to Canton
Foreign imports			
Foreign Jinseng 1st Quality	1000 catties	$800 per 100 catties	
Do n 2nd do	1000 catties	$500 per 100 catties	
Sapan wood	20,000 catties	$2.20 or $3 per picul	

N.B. One of the ten Foochow Brokers, specially appointed for the Loochoo Trade; was deputed to Canton to purchase the above goods; they were chiefly carried overland from Canton to Chang chowfoo, near Amoy at the rate of 4000 cash each coolie; for a load averaging 90 to 100 catties. From Chang chowfoo, these goods were sent to Foochow in Junks, The most bulky were brought up direct in Canton Junks.			
Cargo purchased by the Brokers at Soochow			
Crape, red and white	400 pieces	480 cash per tael	each piece weight 9 taels
Silk piece goods	400 pieces	480 cash per tael	each piece weight 8 or 9 taels
Hangchow bombagettes	20 pieces	480 cash per tael	each piece weight 25 taels
White Lutestring (piece goods)	20 pieces	320 cash per tael	each piece weight 5 taels 6 mace
Velvet	300 pieces	$2.30 per piece	
Silk piece goods and Satins for the King bought for 20,000 dollars.			
Hangchow fans	10,000 fans	240 cash each	
Coarse Fans	12,000 fans	50 cash each	
Red felt carpets	600 carpets	11 each	manufactured at Soochow
Porcelain tea	1600 caddies	140 or 200 cash each	Fabricated at E.hing man of Reiss in Kiang
Red dye	70,000 leaves	$42 per 10,000 leaves	also a lip-salve for the fair
British manufacture			
Long cloths (white)	2,000 leaves	$3 per piece	

N.B the above cargo was purchased, partly at Soochow, partly at Shanghai, by one of the Loochoo-trade Brokers sent for the purchase. They were brought down in native Junks to Foochow.			
Cargo purchased at Foochowfoo,			
British manufacture			
White long cloths	4,500 pieces	$3.10 or $3.30 per piece	
Long ells (red)	120 pieces	$8.40 per piece	
N.B. In this quantity are included 2000 pieces bought by the Broker at Amoy on his way to Canton, 2000 pieces purchased from the native hongs here, payable in 2 months and the rest of this cargo either bought from Mr. Compton's Hong or from the Dealers in the city.			
Produce of China			
Fukkien Paper	400 bundles	1500 cash per bund	
Coarse do	500 reams	250 cash per ream	
Writing paper	400 bundles	1355 cash per bundle	
do do	500 bundles	1500 cash per bundle	
Color'd paper	10,000sheets	50 cash each	used chiefly for inscriptions and ornamental writing
Oil paper	300 sheets	200 cash or 300 per sheet	
White sugar	10,000 catties	5600 cash per 100 catties	
White loaf sugar	5,000 catties	6800 cash per 100 catties	
Sugar candy	4,000 catties	9600 cash per 100 catties	

Writing brushes	25,000 brushes	16 cash up to 80 each	made at Foochow
Indian Ink	10,000catties	480 cash per catty	
Bamboo combs	6,000 combs	10 cash each	
Bamboo chopsticks	20,000 pairs	16 cash per pair	
Varnished trays &c	4,600 pieces	70 cash per each	
Varnished wooden Trunks	100 trunks	400 cash per each	
Course Porcelain Cups &c	6,000 sets	70 cash per set	
Porcelain flower vases	100 vases	800 cash each	
N.B. These are manufactured at the District town of Tih-hwa in Fokien, distant about 8 days journey from Foochow			
Pewter tea canisters	700 canisters	300 cash each	
Kittysols	6,000 kittysols	200 cash each	
Second hand clothes	100 garments	Total 451,000 cash	
Needles	60,000 needles	3000 cash per every 10,000	
Candied Oranges	600 catties	8000 cash per 100 catties	
	1,000 catties	9,600 cash per 100 catties	
Small dyed drums	100 drums	100 cash each	
Tea black	20,000 catties	320 or 960 cash per catty	
Tea green	6,000 catties	$9 per 100 catty	
Foochow grasscloth	2,000 bolts	$2.50 per bolt	
Hemp	1,400 catties	160 cash per catty	
Cassia	20,000 catties	$4.50 per 100 catties	
Red dye	20,000 catties	$77 per 100 catties	

Incense sticks	102 cases	Or 6 cash a bundle	Each case containing 500 bundles
Birds nests	10 catties	$40 per catty	
Sugar and Drugs bought with the Junks sent by the King and Court amounting to $10,000			
	British Consulate		
		Foochou.18th June 1851	
	Chas.A. Sinclair(signature)		

4   Procedure and Nature of Foochow Trade

A. Treatment of Foochow Trade

A list of the Imports being furnished the Brokers, for the purpose of ascertaining the rates they can obtain for the cargo, compatible with the profit to themselves for their labor, they then tender in to the Loochoo Traders, according to the portion each undertakes to dispose of, the several rates which they are prepared to give, or if exports, the prices they have fixed upon to charge. The specie which the Loochoo Traders import to cover the purchase of return cargo consists of small Japanese gold coin, containing much alloy, and in the form of thin square leaves of a copper color. It being very light and portable, it is, when not converted into Sycee for payments at this port, carried by the brokers to Canton and Soochow to be sold there.[12]

---

[12] Ibid., p.75.

B. Loss and Compensation by Loochoo Traders

The Loochoo Trade is consequently in the hands of a stringent monopoly, which subjects the Loochoo traders to considerable losses. Should I have to suspect any inaccuracy in the enclosed Return of Exports, my doubts would be apt to fall on the prices which are quoted against the various items, which, I believe, are rated far below the prices which the brokers have charged.

The sole compensation which the Loochoo Traders appear to acquire is the entire exemption of import and export duties or other charges, excepting, however, the unavoidable fees and presents to the greedy mandarins.[13]

C. Custom Duty and "Smuggling"

Notwithstanding the exemption granted them of the import and export duties on unprohibited cargo, still, strange to say, not half the quantity of either cargo is accurately reported at the Customhouse. It appears to be the result of old custom, the same reports being presented every year with very slight alterations the largest portion of the goods is, if it can be so called, smuggled on board by the brokers with the knowledge of the Authorities. The reason of this may however proceed from a law having been passed in former days which limited the trade with Loochoo to a certain figure. But this, and many other points of real interest, it is impossible to ascertain correctly, whilst the Chinese and the Loochooans themselves study to keep Foreigners aloof from them.[14]

---

[13] Ibid., p.75.

[14] Ibid., p.76.

5 Departure and after: Emperor's Mission to Loochoo

Sinclair summarized the final part of tributary mission from Beijing and back to Loochoo. And then, the "Emperor send mission to Loochoo to authorize the new king of Loochoo kingdom. Five hundred taels of silver is paied to Loochoo tribute mission for travel to Beijing and from Beijing to Foochow and Loochoo needs to prepare the cost of the mission of Emperor to come to Loochoo about no less than Thirty thousand taels of Silver." Sinclare wrote as follows:

A. Payment of Expenditure for Travel to and from Beijing

Their accounts being closed on the return of the Tributes bearer a few days before the sailing of the Junks, all their dealings with the share are stopped until their next visit.

But prior to their departure he obtains an interview with the Minister of Finance, in order to receive authority to leave the Port. He is, as previously, entertained, which comes under the head of those "tender mercies and hospitality to strangers from afar" which the Chinese are so fond of quoting. On this occasion, the Tribute bearer received a gratification of five hundred taels of Silver, paid to him out of the Treasury of this Province by Imperial Command, towards defraying his road expenses to and from Peking.[15]

---

[15] Ibid., pp.76-77.

B. Departure Ceremony at Foochow

The last ceremonial which is inflicted on the Tribute-bearer ere his departure is no less than the performance in full official Loochooan costume of the solemn prostration, or grand kotow to Emperors (of 3 kneelings and 9 knockings of head) before an altar on which Incense is burning, it is a formality purporting to express his gratitude to the Emperor on account of the exemption of charges on his cargo and vessels, and for that reason this ceremony takes place at the Customhouse on the river side on an elevated stand overlooking the water. But one is more inclined to view it in the light of a renewed act of obeisance and submission which China exacts from the ambassador of a dependent and tributary kingdom.[16]

C. Emperor's Mission to Loochoo Costs Thirty Thousand Taels of Silver

The King of Loochoo died two or three years ago, and the present possessor of the Throne, his son, being still a minor, he has not been inaugurated by the Emperor of China. I understand, however, that the young King having attained the age of seventeen, it has been fixed with the Emperor's consent, that this ceremony shall take place next year. An Imperial commissioner of high rank will then be deputed to Loochoo with the Imperial Document investing the youth with royal rank, together presents of silk and satin in congratulation of the event.

According to custom, the Mandarin sent on this Mission will be nominated from the Province of Fukken. He will take his departure from this Port with two large war Junks and with an escort of 500 picked soldiers.

---

[16] Ibid., p.77.

It is calculated, what with presents to the Ambassador and his escort, their maintenance and the cargo which the Loochooans are forced to purchase at heavy prices from the members of the Embassy, that it will cost Loochoo no less than Thirty thousand taels of Silver.[17]

6 Conclusion: British Failure to Contact with Loochoo at Foochow and Satsuma Channel

Sinclair, after his exceptionally lengthy report with exceptionally detailed trade statistics on already internationalized tributary trade of Loochoo, closed his report as follows:

> Should the present Report I have the honor to submit contain perchance any inaccurate information, I pray Your, Excellency will indulgently consider the small dependence there is to be placed on Chinese communications, whilst I would apologize for the lengthy details and statements which may properly not appertain to a commercial Return. I have the honor to be, Sir, Your most obedient Humble Servant, Chas. A Sinclair [18]

He seems to be confident his detailed report which made the direction and possibility of British trade clear to open the market to Japan through Loochoo. He himself tried to get contact with Loochoo officer at Foochow in vein. He recollected experience as follows:

> But leaving the Junks to depart home, I would fain crave permission to add a few interesting notes on the political intercourse of this people with

---

[17] Ibid., p.78.
[18] Ibid., pp.78-79.

China, and others connected with the subject.

Like all Foreign Nations, the Loochoo people come under the same appellation of 夷 (é) (meaning Barbarian in the sense used by the ancient Greeks) which the Chinese also apply to every foreign people it being an equivocal expression, which may be made to convey a disparaging idea, it has been abolished at all our Consulates and is not tolerated from the Mandarins.

The Loochoo Consulate being the residence of the Tribute bearer, and of a Cashier relieved annually, is restricted to the suburbs, and on no account whatever are they permitted to dwell within the city walls, and they are strictly forbidden to wander into the Interior. At one time an inferior officer was stationed at their residence to watch their movements, but the Loochooans never giving cause of complaint, he has been withdrawn.[19]

The reputed poverty of the Loochoo Country may cause Your Excellency to wonder at so considerable an amount of exportation, but Your Excellency should be apprized that half of it is far re-exportation to Japan on the annual Tribute visit from Loochoo to that Country, and that a portion of their own Cargo is made payable either in two months, or on the visit of the Junks in four or five months.[20]

At around the same period, an American diplomat in Japan described the situation of increase of trade by Satsuma and Choshu in their report on Increase of

---

[19] Ibid., pp.77-78.

[20] Ibid., pp.75-76.

Trade by Satsuma and Choshu Clan through Lew Chew in the latter half of the 19th century in the letter to Hon. William H. Sreward, Secretary of State from Robert H. Bruin in Tokyo.[21]

Sinclair wrote on 17 June, 1851 at Foochow wrote as follows:

> Last night on receiving the English Despatch which you sent me for transmission by the Loochoo Officer to the High Minister at Loochoo, I ordered the attendance of the proper Linguist (Broker) and delivered it to him for transfer on board. The broker has however just brought it back to me, saying that the Loochoo Officer declines to take charge of the despatch, because there has hitherto never been any Official Intercourse with England.[22]

British consulate failed to open up direct diplomatic channel with Ryukyu official at Foochow, though they confirm Ryukyu imported quite a few amount of British product such as cotton textile goods. Particularly kind of ells of cotton textile is large in amount, which has a long history to open the market in Asia from the period of British East India Company (EIC). However it was not successful for EIC to expand the market. Since in Foochow tributary trade from

---

[21] The Prince of Satsuma, once represented to be the head of Sako or anti-foreign party, is now known to favor an extended trade. I believe such has already been his preference. When Nagasaki was only open to a very restricted trade with Holland, Satsuma imported largely from China through his princely domain, the Lew Chew islands. The highest-priced and most largely used cotton fablic is called Satsuma, partly manufactured in and partly received through his dominions.

Letters from Nagasaki now represent it as undoubtedly true that Choshu was equally favorable to an enlarged trade with foreigners, and is determined to participate in such trade, even if obliged to do so clandestinely. (United States Department of State / *Executive documents printed by order of the House of Representatives, during the first session of the thirty-ninth Congress, 1865-'66* (1865-1866), Japan, p. 249).

[22] Ibid.17 June,1851, p.69.

Loochoo extended to Japan through Canton market, Sinclare at British Consulate at Foochow found the new possibility and wrote his report. From the history of tributary trade, this phenomenon raised the necessity of reinterpretation on tributary trade which used to be confined within Beijing mission, which is tier 3 in this paper. The report showed the importance of Foochow port trade under the tributary system which combined international trade after open port and historical way of tribute system.

Urbanization in Modern Yunnan from a Perspective of Environmental History[*]

Ts'ui-jung Liu[**]

Introduction

Yunnan is located in southwestern China with a land area of 394,000 km² (4.1% of China's total land area) covering between north latitude 21.08-29.15 degrees and east longitude 97.31-106.11 degrees. Yunnan has a complex natural environment. The topography shows that 94% of the total land area in Yunnan consists of mountains (84%; 330,000 km²) and plateaus (10%; 40,000 kmkm²), while basins and plains (bazi 壩子), where most human settlements and production activities are located, share only 6% (24,000 km²). In terms of gradient, lands with a slope of 8-15 degree share 13.71%, lands with a slope of 15-25 degree share 37.41%, lands with a slope of 25-35 degree share 28.74%, and lands with a slope above 35 degree share 10.53% of the total land area of Yunnan. There are 669 rivers each has a basin area around 100 km² and these rivers are

---

[*] This article was originally presented at International Academic Workshop on "Ethnic and Environmental Change in China's Southwestern Frontier: A Global Perspective" held at Yunnan University on 18-20 August 2014. I would like to thank Professor Zhou Qiong 周 琼 for inviting me to participate in the 2014 conference and later agreed to have the English version contributed to the collection in memory of late Professor Yeh-chien Wang.

[**] Institute of Taiwan History, Academia Sinica.

belonging to six major river systems: Jinsha jiang 金沙江（the upper and middle reaches of Yangzi River）, Nanpan jiang 南盤江（the upper reaches of Pearl River）, Yuan jiang 元江（i.e., Honghe 紅河）, Lancang jiang 瀾滄江, Nu jiang 怒江, and the upper reaches of Yilowadi jiang 伊洛瓦底江（i.e., Dulong jiang 獨龍江 and Longchuan jiang 龍川江）. These major rivers flow across the border to reach either the Pacific Ocean or the Indian Ocean. There are 37 lakes each with an area more than 1 km². These lakes are distributed in central, northwest, south and east parts of Yunnan. To the north and east, Yunnan is neighboring with Tibet, Qinghai, Sichuan and Guizhou, while to the south and west, Yunnan is bordering with Vietnam, Laos, and Burma, and thus it has been in a strategic position for connecting to Southeast Asia since the ancient times.[1]

The climate in Yunnan shows the following characteristics: no clear seasonal variations but sharp differences in dry and wet seasons（the annual precipitation is around 1,100 mm but 85% of rainfalls concentrate in the rainy season from May to October）; annual variation of temperature is small（the temperature of the hottest months is 19-22℃ and the coldest months is 5-7℃）; the quantity and quality of sunshine is abundant and good（average sunshine time is 2,200 hours per year）.[2]

Yunnan is one of the origins of humankind as *Homo erectus yuanmouensis*（元謀人）was found to be existed more than 1.7 million years before present. Yunnan is also one of the provinces in China where a large number of residents are

---

[1] Chen Yongsun 陳永森 (ed.), *Yunnan Shengzhi: Dilizhi*《雲南省志：地理志》[*Gazetteer of Yunnan Province: Geography*] (Kunming: Yunnan People's Press 雲南人民出版社, 1998), pp. 1-2, 283-284, 297. Shi Yao 石瑤 (ed.), Y*unnan Shengzhi: Tudizhi*《雲南省志：土地志》[*Gazetteer of Yunnan Province: Land*], (Kunming: Yunnan People's Press, 1997), pp. 26-27. For a history of Yunnan, see Bin Yang, *Between Winds and Clouds: The Making of Yunnan* (*Second Century BCE to Twentieth Century CE*) (Columbia University Press, 2008), available at: www.gutenberg-e.org/yang/. Accessed on 22 January 2014.

[2] Chen Yongsun (ed.), *Yunnan Shengzhi: Dilizhi*, p.2; Shi Yao (ed.), *Yunnan Shengzhi: Tudizhi*, p. 26.

minority nationalities; there are 52 nationalities living in Yunnan today and the Yi 彝 nationality is the largest among them.[3]

A crucial factor affecting the level of urban development in a locality is its population. Although it is difficult to obtain a consistent time series of population in Yunnan from historical records as the criteria of statistics are different, it is known that the population in Yunnan increased steadily during 1840-1855 but afterwards turmoil and epidemic events caused a decline in population and there was no record for more than 30 years. It is also known that in 1890 the population in Yunnan was 12,020,000 persons, but it declined to 9,467,697 persons in 1912 and reached a peak of 13,821,000 persons in 1931 and then decreased to 10,178,876 in 1940. As for the population density, it was 24 persons per square kilometer（persons/km^2）in 1912 and increased to 35 persons/km^2 in 1931, and then decreased to 26 persons/km^2 in 1940.[4]

For an observation of differences between Yunnan and China as a whole, here the available data of population during 1949-2012 are used to calculate population density and the curves of China and Yunnan are illustrated in Figure 1. Thus we can see during 1949-2012, the population density in China and Yunnan changed in a similar trend with the density of Yunnan being lower than that of China. During this period, the population density in Yunnan increased from 40.47 to 118.25 persons/km^2 while that in China from 56.42 to 141.05 persons/km^2; the gap between the two was increasing from 15.95 in 1949 to 25.28 in 1990 and then decreasing to 22.80 in 2012.

Another factor affecting urban development is economic condition of a locality. Here, the data of gross domestic product（GDP）is adopted as an

---

[3] Wu Yun吳雲 and Wang Guangming 王光明 (eds.), *Yunnan Shengzhi: Renkouzhi*《雲南省志：人口志》[*Gazetteer of Yunnan Province: Population*] (Kunming: Yunnan People's Press, 1998), pp. 1-2; 150-151.

[4] Wu Yun and Wang Guangming (eds.), *Yunnan Shengzhi: Renkouzhi* (1998), pp. 31-32.

indicator of economic development. Based on the data available of GDP during 1952-2012 in China and Yunnan in statistical yearbooks, the curves of index （calculated with the previous year as the base year）are illustrated in Figure 2. We can see that during 1952-2012, the curves of GDP index of China and Yunnan are moving in the same direction although the fluctuations in Yunnan are more drastic than those in China during 1968-1990.

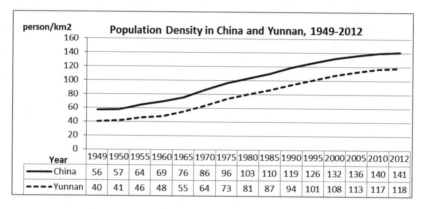

Figure 1: Population Density in China and Yunnan, 1949-2012

Source: For total population of China see, National Bureau of Statistics, *Zhongguo tongji nianjian* 中國統計年鑑 2013 年 [*China Statistical Yearbook, 2013*], Table 3-1. For the population of Yunnan, see Wu Yun and Wang Guang-ming（eds.）, *Yunnan shengzhi: Renkouzhi*, Table 1-5, p. 37; *Yunnan tongji nianjian*《雲南統計年鑑》, 2013 年 [*Statistical Yearbook of Yunnan, 2013*], Table 15-1.

Note: The population density is calculated with the total land area of China as 9,600,000 km² and that of Yunnan as 394,000 km².

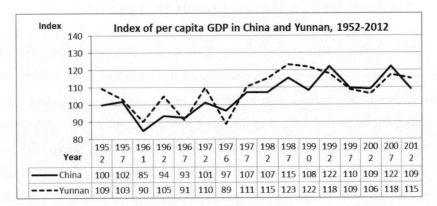

Figure 2: Indices of Per capita GDP in China and Yunnan, 1952-2012

Source: Department of Comprehensive Statistics of National Bureau of Statistics 國家統計局國民經濟綜合統計司 (ed.), *Xin Zhongguo wushiwu nian tongji zulian huibian*《新中國五十五年統計資料匯編》[*China Compendium of Statistics 1949-2004*], (Beijing: China Statistics Press, 2005), Table 1-6: Gross Domestic Product; and Table 26-5: Gross Regional Product of Yunnan. National Bureau of Statistics, *Zhongguo tongji nianjian*《中國統計年鑑》[*Statistical Yearbook of China*] 2006, Table 3-9; 2007, Table 3-13; 2008 -2011, Table 2-15; 2013, Table 2-1. *Yunnan tongji nianjian*《雲南統計年鑑》, 2013 年, Table 2-1.

Note: GDP is used to identify gross regional product (GRP) in original data of Yunnan province.

With the above geographic, historic, and economic conditions as a background, the progress of urban development in Yunnan will be discussed in below.

1　Modern Urban Development in Yunnan

This section will focus on urban development in Yunnan since the late nineteenth century, although the appearance of city around the Dianchi滇池 area can be traced back to more than 2,000 years before the present.[5] Modern urban development in Yunnan started in the late nineteenth century when some treaty ports were opened for foreign trade. After the Sino-French War, Mengzi蒙自 and Hekou河口 were opened for trade in 1886-1887; After the third Burma-British War, customs were set up at Simao思茅 and Tengyue 騰越（today's Tengchong 騰沖）in 1897-1900 for the trade between China and Burma under agreements with Britain; and Kunming昆明 was opened for trade in 1905 by the Qing government.[6] During the Sino-Japanese War（1937-1945）, a large number of people moved from east to southwest China and pushed some cities to grow more rapidly. For instance, the population of Kunming was 140,000 persons in 1936 but increased to more than 300,000 persons in 1946. Undoubtedly, the government

---

[5] For urban development in Yunnan since ancient times, see Jiao Shuqian 焦書千, "Lun woguo zhongnan xinan minzu diqu chengshi de lishi yanbian 論中國中南、西南民族地區城市的歷史演變 (On changes in the history of cities in mid-south and southwest regions in China)", *Zhongnan Minzu Xueyuan Xuebao*《中南民族學院學報》（哲學社會科學版）[*Journal for South-Central University for Nationalities (Humanities and Social Sciences)*], No. 3 (1990): 45-52. Jiang Meiying 蔣梅英, Xiong Liran 熊理然, and Yang Maoqing 陽茂慶, "Yunnan chengshihua jincheng de teshu lishi lujing ji qi lishi techeng fenxi 雲南城市化進程的特殊歷史路徑及其歷史特徵分析 (Analysis on special historical process and characteristics of urbanization in Yunnan)," *Jingji Luntan*《經濟論壇》[Economic Forum], No. 2 (2011): 89-91.

[6] Dai Angang 戴鞍鋼, "Jindai Zhongguo xibu neilu bianjiang tongshang kouan lunxi 近代中國西部內陸邊疆通商口岸論析 (On Trading Ports Along Western Border Areas in Modern China)," *Fudan Xuebao*《復旦學報》[*Fudan Journal (Social Sciences)*], No. 4 (2005): 71-79. Jiang Meiying et al., "Yunnan chengshihua jincheng," (2011), p. 90.

played a crucial role in the urban development during this period.[7]

In China's first five-year plan period（1953-1957）, the central government allocated 4 of the 156 important items of industry in Yunnan at Gejiu 箇舊, Dongchuan 東川, and Huitze 會澤. At the same time, the government invested enormously in constructing transportation infrastructure which in turn pushed forward the modern urban development in Yunnan. Obviously, the urban development in Yunnan is featured with the pushing force from the government rather than from the market force; this is a factor of limitation.[8]

For an overview of urban development in China and Yunnan during 1949-2012, based on the available statistics, the percentages of urban population are illustrated in Figure 3.

We can see that the percentage of urban population in Yunnan was lower than that in China in most years under observation, except for 1984-1999. The curve of Yunnan turned up drastically in 1984 and again in 1988 and then decreased suddenly in 1999. This exceptional phenomenon will be explained later, but it is notable that a study has pointed out that the rate of urban population in Yunnan increased from 10.48% in 1978 to 21.1% in 1999.[9] These two rates are both lower than those（12.15% and 47.50%）shown in Figure 3. It is quite clear

---

[7]   He Yimin 何一民, "Kanzhan shiqi renkou 'xijin yundong' yu xinan chengshi de fazhan 抗 戰時期人口「西進運動」與西南城市的發展 (The 'westward movement' of population during the Sino-Japanese War and urban development in the Southwest)," Shehui Kexue Yanjiu《社會科學研究》[Journal of Social Sciences], No. 3 (1996): 101; Jiang Meiying et al., "Yunnan chengshihua jincheng," (2011), p. 91.

[8]   Jiang Meiying et al., "Yunnan chengshihua jincheng," (2011), pp. 90-91.

[9]   Linghu An 令狐安, "Nuli jiakuai Yunnan chengzhen jianshe cujin jingji shehui xietiao fazhan 努力加快雲南城鎮建設促進經濟社會協調發展 (Making efforts to speed up construction of cities and towns in Yunnan for pushing the coordinated economic and social development)," Yunnan Shehui Kexue《雲南社會科學》[Social Sciences in Yunnan] No. 5 (2000): 8-9.

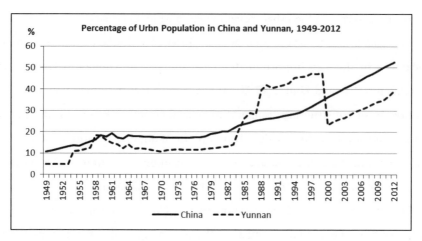

Figure 3: Percentages of Urban Population in China and Yunnan, 1949-2012

Source: Department of Comprehensive Statistics of National Bureau of Statistics ed.,
Xin Zhongguo wushiwu nian tongji zulian huibian, Table 1-3: Population of China ;
Table 26-2: Population of Yunnan.

China Statistical Yearbook, 2013, Table 3-1.

Statistical Yearbook of Yunnan, 2011, Table 3-1

Statistical Yearbook of Yunnan, 2012, Table 15-2.

Statistical Yearbook of Yunnan,2013, Table 15-2.

that different sources of statistics are used. Nevertheless, the fact that the rate of urban population in Yunnan is lower than the national level has been discussed by scholars in recent years. For instance, a study points out that in 2008 the rate of urbanization estimated with the population of cities and towns was 45.7% in China while it was only 33.0% in Yunnan.[10]

In order to understand the reason for exceptional rates of urban population

---

[10] Jiang Meiying et al., "Yunnan chengshihua jincheng," (2011), p. 89.

in Yunnan shown in Figure 3, I have tried to reorganize the data of population in cities and towns available in a collection of statistics based on the 2000 census. With these data, it is possible to reorganize the population of each city [shi市 where there are streets（jiedao街道）in districts（qü區）], town（zhen鎮）, and rural township（xiang鄉）in each prefecture. With statistics reorganized from the original data, the percentages of population in cities, towns and rural townships are illustrated in Figure 4.

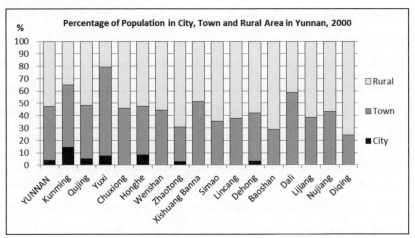

Figure 4: Percentage of Population in City, Town, and Rural Area in Yunnan, 2000

Source: Department of Population, Social, Science and Technology Statistics, National Bureau of Statistics 國家統計局人口和社會科技統計司（ed.）, *Zhongguo xiang zhen jiedao renkou ziliao*《中國鄉鎮街道人口資料》(*China Population by Township*), （Beijing: China Statistics Press, 2002）, Yunnan Province, pp. 791-821.

In terms of administrative unit, in 2000 when the census took place, Yunnan had 16 prefectures and under their jurisdictions there were 3 prefectural-level cities（dijishi 地級市）which together had 31 streets; 12 county-level cities （xianjishi 縣級市）and pf which 3 cities together had 10 streets. Thus, these

6 cities together had 41 streets. The other 9 county-level cities did not have population in streets but only population in towns and rural townships. These cities and 109 counties（xian 縣）together had 457 towns and 1,103 rural townships.

With available statistics of the population in cities, towns, and rural townships in 2000 illustrated in Figure 4, we can see that in 2000, the population living in cities was 4.22% of the total population in Yunnan, in towns was 43.25%, and in rural townships was 52.53%. In other words, the share of urban population （in cities and towns）was 47.47%. This estimation is close to 47.50% in 1999 as shown in Figure 3.

This finding is crucial for understanding the higher part of Yunnan's curve shown in Figure 3. It should be noted that in the 2000 census, the populations in cities and towns include the registered permanent population（changzhu renkou 常住人口）which also includes the people who have lived at a locality for more than half a year but whose household registrations are not yet in that locality.[11] These people are mostly migrant laborers from rural areas（nong-min-gong 農民工）who are working in towns and cities and are waiting for obtaining formal household registrations in the locality they work.[12] This is a key factor for

---

[11] See the editorial explanations in Department of Population, Social, Science and Technology Statistics, National Bureau of Statistics 國家統計局人口和社會科技統計司 (ed.), *Zhongguo xiang zhen jiedao renkou ziliao*《中國鄉鎮街道人口資料》(*China Population by Township*), (Beijing: China Statistics Press, 2002).

[12] For recent studies on migrant laborers in Yunnan, see for example, Wang Shipo 王世波, Chen Feimin 陳斐敏, He Lei 賀磊, and Geng Hong 耿紅, "Yunnan sheng nongmingong shehui baozhang zhidu xianzhuang fenxi ji duice yanjiu 雲南省農民工社會保障制度現狀分析及對策研究 (Analysis of Status and Countermeasures on the Social Security System of Migrant Workers in Yunnan Province)", *Baoshang Xueyuan Xuebao*《保山學院學報》 [*Journal of Baoshan University*], No. 6 (2010): 19-25. Dong Shu 董樹, Zhou Tingting 周婷婷, and He Shan 何珊, "Yunnan xinshengdai nongmingong jiuye qudao buchang yuanyin tanxi ── jiyu Kunming shi de bufen diaocha 雲南新生代農民工就業渠道不暢原因探析──基於昆明市的部分調查 (The Research of the Reason that Cenozoic Era

understanding different estimations of urban population.

Moreover, in Figure 4 the 16 prefectures are arranged by taking Kunming as center for dividing Yunnan into central, eastern and western parts. From Kunming to Chuxiong 楚雄 are 4 prefectures in central Yunnan; from Honghe 紅河 to Zhaotong 昭通 are 3 prefectures in eastern Yunnan（note that Honghe and Wenshan 文山 are autonomous prefectures of nationalities）; from Xishuang Banna 西雙版納 to Diqing 迪慶 are 9 prefectures in western Yunnan（note that there are 6 autonomous prefectures of nationalities except Lincang 臨滄, Simao 思茅, and Baoshan 保山）. Figure 4 shows that in 2000, central Yunnan had urban population distributed in both cities and towns in Kunming, Qujing 曲靖 and Yuxi 玉溪 prefectures where the three prefectural-level cities were located. In eastern Yunnan, the same condition was also found in Honghe prefecture with two county-level cities（Gejiu and Kaiyuan 開遠）and Zhaotong prefecture with one county-level city（Zhaotong）, but in Wenshan prefecture the urban population was only in towns. In western Yunnan, except for Dehong 德宏 prefecture where there were two pseudo-streets in a county-level city（Ruili 瑞麗）, the urban population was all in towns.

Taking cities and towns together, the percentage of urban population in Yunnan was 47.47% on average. The rate above this provincial level was found only in 3 prefectures with prefectural-level cities: Kunming（65.04%）, Yuxi （79.21%）, and Qujing（48.30%）. But the percentage of urban population in Honghe prefecture（47.41%）was very close to the provincial level. Moreover, the percentages in Dali 大理（58.88%）and Xishuang Banna（51.42%）were above the provincial level but these were counted only with the town population. The

---

Migrant Workers from Yunnan Have Narrow Channels of Employment: Part Investigation in Kunming City)," *Jiazhi Gongcheng*《價值工程》[*Value Engineering*], No. 36 (2013): 309-311.

lowest rate of urban population was found in Diqing (24.31%).

In regard to the size of cities in Yunnan, the statistics reorganized from the 2000 census data show that the 3 prefectural-level cities had the population as follows: Kunming City had 841,064 persons, Qujing City had 282,258 persons, and Yuxi City had 153,564 persons. In the 4 county-level cities with streets, the populations were as follows: Kaiyuan City had 190,692 persons, Gejiu City had 158,996 persons, Zhaotong City had 125,189 persons, and Ruili City had 34,156 persons. These data reveal that in 2000, Yunnan had not yet a city with a population of one million and most cities had the population below 200,000 persons.

As for the size of towns, based on the 2000 census data, Figure 5 illustrates the town populations classified into six ranges as follows:

Range A: 200,000-299,999 persons;

Range B: 100,000-199,999 persons;

Range C: 50,000-99,999 persons;

Range D: 20,000-49,999 persons

Range E: 10,000-19,999 persons; and

Range F: Below 10,000 persons.

Figure 5 shows that in 2000, the 457 towns in Yunnan were distributed with population of different ranges in the following order: (1) Range D (59.96%, 274 towns), (2) Range C (19.47%, 89 towns), (3) Range E (14.22%, 65 towns), (4) Range B (3.2%, 15 towns), (5) Range F (2.63%, 12 towns), and (6) Range A (0.44%, 2 towns). In other words, in 2000, the size of towns in Yunnan was still rather small. As calculated from the census data, the average population per town was 40,088 persons in Yunnan and in most prefectures the average was in the range of 20,000-49,999 persons, except for Kunming prefecture (58,382 persons) and Qujing prefecture (57,514 persons).

There are five notable points concerning regional variations. (1) The 2 range A towns were all in Kunming prefecture; and Kunming was the only prefecture where six ranges of towns were all found. (2) The 15 range B towns were found in six prefectures—Kunming, Qujing, Chuxiong (in central), Zhaotong (in east), Xishuang Banna, Simao and Dali (in west). (3) In most prefectures the largest share was found in range D, except for Qujing where the share of range C (46.34%) was larger than that of range D (41.46%). (4) The highest share of range D (86.67%) was found in Xishuang Banna, although this prefecture had one town of range B. (5) Range F towns were found in seven prefectures and the shares in Dehong (22.22%) and Diqing (25.00%) were notably high.

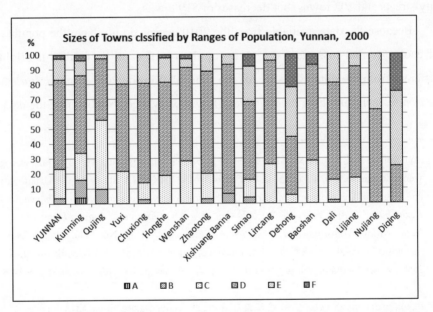

Figure 5: Shares of Towns classified by Ranges of Population, Yunnan, 2000

A study has summarized the characteristics of urban development in Yunnan by the end of 2000 as follows: (1) the size was small; (2) the density was low

（only 0.38 city per square km）；（3）the distribution of population was scattering;
（4）the function was weak; and;（5）the gap between the largest city（Kunming）
and the small ones was too large.[13] Nevertheless, the progress of urbanization in
Yunnan continued steadily after 2000 as shown in Figure 3.

The available data of the 2010 census provide the number of city-streets,
towns, and rural townships but no population figure in each location. Based on
available data from websites of each prefecture, in 2010 Yunnan had 122 city-
streets, 659 towns, and 584 rural townships. These city-streets were located in 7
prefectural-level cities（76 streets）, 7 county-level cities（20 streets）, and 16
counties（26 streets）.[14] Compared with the year 2000, there are increases of 81
city-streets and 202 towns, but decreases of 519 towns.

Because the data available from the 2010 census do not have the population
of each city and town and the total population of each prefecture is slightly
different from the data available for the year 2010 in the 2011 *Yunnan Statistical
Yearbook*, therefore, here the *Statistical Yearbook* is used for obtaining the data of

---

[13] Hou Ruilin 侯蕊玲 and Ke Shitao 柯士濤, "Yunnan chengshihua yu quyu fazhan rogan wenti de tantao 雲南城市化與區域發展若干問題的探討 (A Study of the Urbanization and Regional Development in Yunnan)," *Yunnan Minzu Xueyuan Xuebao (Zhexue Shehui Kexue ban)*《雲南民族學院學報 (哲學社會科學版)》[*Journal of Yunnan University of the Nationalities (Philosophy and Social Sciences Edition)*], Vol. 19, No. 4 (July 2002): 38-41.

[14] zh.wikipedia.org/zh-tw/ 昆明市 ; zh.wikipedia.org/zh-tw/ 曲靖市 ; zh.wikipedia.org/zh-tw/ 玉溪市 ; zh.wikipedia.org/zh-tw/ 楚雄彝族自治州 ; zh.wikipedia.org/zh-tw/ 紅河哈尼族彝族自治州 ;
zh.wikipedia.org/zh-tw/ 文山壯族苗族自治州 ; zh.wikipedia.org/zh-tw/ 昭通市 ;
zh.wikipedia.org/zh-tw/ 西雙版納傣族自治州 ; zh.wikipedia.org/zh-tw/ 普洱市 ;
zh.wikipedia.org/zh-tw/ 臨滄市 ; zh.wikipedia.org/zh-tw/ 德宏傣族頗族自治州 ;
zh.wikipedia.org/zh-tw/ 保山市 ; zh.wikipedia.org/zh-tw/ 大理白族自治州 ; zh.wikipedia.
org/zh-tw/ 麗江市 ; zh.wikipedia.org/zh-tw/ 怒江傈僳族自治州 ; zh.wikipedia.org/zh-tw/ 迪慶藏族自治州 .
All accessed on 5 May 2014.

urban population. Thus, we can see in 2010 the urban population in Yunnan was 34.81% of the total population. There were five prefectures which had the rate above the provincial average: Kunming（63.60%）, Yuxi（37.77%）, Xishuang Banna（35.77%）, Qujing（35.45%）, and Honghe（35.24%）; and the lowest rate was found in Nujiang（21.50%）.

Based on the data of the *Yunnan Statistical Yearbooks*, Figure 6 illustrates the percentage of urban population in 1990, 2000, and 2010 for a comparison with the 2000 census data（2000c）. From Figure 6, we can see the percentage of urban population increased notably from 2000 to 2010 in most prefectures except for Dehong where the rate in 2000 was close to that of 2000c and was higher than that in 2010. The increases were rapidly in three prefectures: Qujing（from 18.84% to 35.45%）, Lincang（from 9.07% to 29.07%）, and Baoshan（from 9.89% to 22.28%）. Moreover, the rates in 1990 and 2000c were both higher than those in 2000 and 2010 in most prefectures except in Diqing. And a particular high rate of 2000c（79.21%）was found in Yuxi. The reason for the difference between the 2000c and the data obtained from the *Statistical Yearbooks* was mostly due to the factor of migrant workers as mentioned earlier.

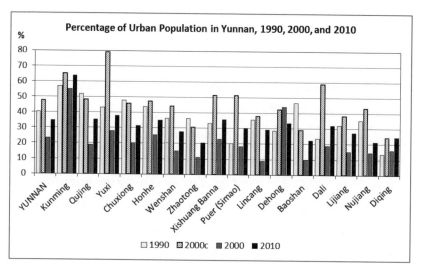

Figure 6: A comparison of Urban Population in Yunnan, 1990, 2000, and 2010

Source: *Yunnan Statistical Yearbook 1991*, p. 96, available at:

http://www.apabi.com/sinica/?pid=yearbook.detail&db=yearbook&dt=EBook&filter
=YearBookIdentifier:y.00780000199100000000&sql=list&cult=CN. Accessed on 14
May 2014.

It is notable that a study has used the logarithmic correlation model to analyze the lagged degree of urbanization in Yunnan during 1979-2003. It is found that in most years, the level of urbanization in Yunnan lagged behind the level of economic development. In 1979, the lagged degree was only 2.03%, but it was 4.71% in 1990, and enlarged to 15.61% in 2003. According to the estimation of this model, the level of urbanization in Yunnan should be 37.24% in 2001, but in fact it was only 23.4%. Compared with the level of urbanization in China（31%）, in the world（46%）, in the middle income countries（58%）and the high income countries（78%）, the level of urbanization in Yunnan in 2001 legged apparently far behind that of the world. Thus, it is reiterated that to raise urbanization level in

Yunnan is a weighty task for healthy social and economic development in Yunnan in the long run.[15]

In short, the data presented above show that, in general, the urbanization level of Yunnan lagged behind that of China and the world. Moreover, regional variations are obvious and this will be discussed further in the next section.

2 Regional Variations of Urbanization in Yunnan and Related Environmental Factors

Regional variations of urbanization in Yunnan are closely related to the environment of each region. Some studies have discussed this issue and the findings will be presented briefly in below.

2.1 Regional variations of urbanization in Yunnan

Due to the fact that urbanization level differed regionally, in 1995 a study group proposed to construct some secondary central cities（erji zhongxin chengshi 二級中心城市）in Yunnan to play the role of "development step"（fazhanji 發展級）, that is, a city with good functions of absorption, radiation, promotion, and service, in order to speed up modern development. In considering transportation, industrial and commercial basis, development potential, and socio-economic characteristics, it is proposed to select the following places for the development of secondary central cities with special emphases.（1）In northeast Yunnan, Qujing City is selected to develop industries of energy, machinery, metal, chemical-

---

[15] Li Jiyun 李繼雲 and Sun Liangtao 孫良濤, "Yunnan sheng chengshihua shuiping zesuan ji zhihou chengdu fenxi 雲南省城市化水平測算及滯後程度分析 (The Survey on Urbanization Level and Lagged Degree in Yunnan Province)," *Shangye Yanjiu*《商業研究》 [*Commercial Research*], No. 6 (2007): 80.

engineering, tobacco, food, light textile and motor car for establishing a new city with beautiful environment and synthetic service capacity. (2) In southeast Yunnan, Kaiyuan City is selected to develop coal mining, electricity, architectural materials, machinery, chemical- engineering, food, and paper making for establishing an open city with multiple functions with integrated social progress and environmental protection. (3) In south Yunnan, Yuxi City is selected to develop tobacco, chemical-engineering, electrical machinery, light textile, food, and architecture materials for establishing a prosperous cultural city featured with music of lantern. (4) In southwest Yunnan, Simao City is selected to develop processing industries of forest, agricultural, and animal products as well as architectural materials for establishing a city of forest and garden. (5) In west Yunnan, Chuxiong City is selected to develop tobacco, chemical-engineering, machinery, light textile, metal, and energy industries for establishing an outward-looking city featured with culture of Yi 彝 nationality. (6) In northwest Yunnan, Dali City is selected to develop electricity, metal, architectural materials, chemical-engineering, tobacco, food, light textile, and tourist industries for establishing a city with historical and cultural features of Bai 白 nationality.[16]

In 2006, a study pointed out that there are more cities in eastern Yunnan as this area has more basins and has been developed earlier, has more population and better economic conditions; while in western Yunnan where there are more high mountains, the development is comparatively backward and the density of city is low. The distribution of major cities in Yunnan shows that in central region, Kunming, Qujing, and Yuxi are locating within a radius of 0.5-2 hours

---

[16] The group for studying the development of secondary central cities in Yunnan 雲南二級中心城市佈局、建設、功能研究課題組, "Yunnan erji zhongxin chengshi buju, jianshe, gongneng yanjiu 雲南二級中心城市佈局、建設、功能研究 (A study on arrangement, construction, and functions of secondary central cities in Yunnan)," *Yunnan Xueshu Tanso* 《雲南學術探索》[*Yunnan Academic Exploration*], No.4 (1995): 69-74.

of road transportation and these three cities have the best multiple conditions. In western region, Dali, Chuxiong, Baoshan, Ruili, and Wanding 畹町 are distributed linearly along the road leading to western border. Moreover, there are Gejiu and Kaiyuan in the south, Simao and Jinghong 景洪 in the southwest, and Zhaotong and Xuanwei 宣威 in the northeast; these cities are basically distributed along the transportation routes but they are scattering and lack of inner economic connection.[17]

Moreover, in 2007, a study pointed out that in 2003, among 16 cities in Yunnan, there were 2 cities（12.5%）with the population of 1-2 million persons（extra-large-sized）; 4 cities（25%）with the population of 0.5-1 million persons（large-sized）; 7 cities（43.75%）with the population of 0.2-0.5 million persons（medium-sized）; and 3 cities（18.75%）with the population below 0.2 million persons（small-sized）. Thus, medium- and small- sized cities together shared 62.5%. It is suggested that Yunnan should pursue to establish six urban agglomerations（chengshiqun 城市群）in central, northeast, west, southwest, west border, and south regions of the province. In addition to have Kunming developed into a super-large-sized city, and to have Qujing, Dali, Yuxi, and Gejiu-Kaiyuan-Mengzi become large-sized cities, it is necessary to develop some medium-sized cities such as Jinghong and Lijiang and a number of small-sized cities. Moreover, a priority should be given to develop cities along highways and borderland and some cities with special characteristics. As for the strategies of raising urbanization level in Yunnan, five points are made:（1）to promote urbanization for absorbing surplus labor from rural area;（2）to strengthen urban planning and to draw up planning which should be implemented without interference from

---

[17] Chen Zhengping 陳征平, "Xinan bianjiang shaoshu minzu diqu chengshihua jiegou chayi yu fazhan jueze 西南邊疆少數民族地區城市化結構差異與發展抉擇 (Structural differences and choices of urban development in nationality regions of southwest borderland)," *Jingji Wenti Tanso*《經濟問題探索》[*Inquiry Into Economic Issues*], No. 9 (2006): 43-48.

administrative authority; (3) to carry out reform of household registration system and employment system; (4) to reform investment system for the construction of infrastructure with market operation; and (5) to improve and strengthen macro-economic control.[18]

Based on quantitative analysis of 126 counties (cities) in Yunnan, a study in 2011 points out factors of regional variation in urbanization as follows: (1) the natural geographical conditions differ among regions; (2) the special historical heritage of Kunming helps the development of this city; (3) the local policies of development are different; some emphasize tourist industry while others rely on mining industry. In addition, factors of population, culture, technology, available investment, capability of allocating the resources, and international policies are also affecting regional variation of urbanization in Yunnan.[19]

2.2 Urban agglomeration in central Yunnan

In October 2009, Yunnan Development and Reform Commission drew up a "Plan for Regional Coordination in the Development of Economic Circle in Central Yunnan (雲南滇中城市經濟圈區域協調展規劃)" for the period 2009-2020.[20] The fact is that in 2010, central Yunnan shared 37.4% of the

---

[18] Li Ji-yun and Sun Liang-tao, "Yunnan sheng chengshihua shuiping zexuan," (2007), pp. 80-82.

[19] Wang Xueliang 王學良 and Peng Yanmei 彭燕梅, "Xianyu chengshiha shuiping quyu chayi shizheng yanjiu —— yi Yunnan sheng weili 縣域城市化水平區域差異實證研究——以雲南省為例 (A Study on regional difference of counties urbanization —— Take Yunnan Province as an Example)," Qujing Shifan Xueyuan Xuebao《曲靖師範學院學報》[Journal of Qujing Normal University], Vol. 30, No. 4 (July 2011): 48-51.

[20] Chen Tao 陳濤, "Dianzhong chengshi jingjiquan chengxiang tongchou fazhan de jingjixue fenxi 滇中城市經濟圈城鄉統籌發展的經濟學分析 (An economic analysis of integrated urban-rural development in the urban economic circle of central Yunnan)," Sixiang zhanxian

total population, 59% of the GDP, and 66.4% of the fiscal revenue in Yunnan Province.[21] Some studies also suggest that it is important to construct an urban agglomeration in central Yunnan（Dianzhong chengshiqun 滇中城市群）in order to speed up the development not only in Yunnan but also in Southwest China.

With a concern of natural resources（such as arable land, fresh water, forest and mine）and environmental basis, a study in 2011 pointed out that limitations for developing the urban agglomeration in central Yunnan are as follows: the total quantity of resources is limited, the per capita amount of resources is not sufficient, the structure has deficiency, and the amount of waste is enormous. Thus, it is critical to usher in new strategies at present stage. The policies proposed for solving problems include:（1）In the development of heavy industries, it is necessary to transform methods of exploring and utilizing natural resources from traditional wasteful ways to high efficient ways;（2）To strengthen the degree of protecting the natural environment of lakes and mineral resources;（3）To change the pattern of using energy in rural area by shifting from cutting trees to use gas, solar, and wind energy;（4）To reform the system of evaluating officials' performance by emphasizing not only economic growth but also environmental protection; and（5）to draw up a master plan for the integrated development of cities with different conditions.[22]

《思想戰線》[*Thinking*], Vol. 38, No. 2 (2012): 131.

[21] Editorial Remarks 本刊綜述, "Dianzhong chengshi jingjichuan, duodian kuayue dafazhan 滇中城市經濟圈，多點跨越大發展！(Economic circle of urban agglomeration in central Yunnan, great development crossing multiple points!)," *Chuangzao*《創造》[*Creation*], No. 220 (2012.12): 54.

[22] Ding Sheng 丁生, Pan Yujun 潘玉君, and Zhao Xingguo 趙興國, "Dianzhong chengshiqun fazhan de zuyuan yu huanjing jichu fenxi 滇中城市群發展的資源與環境基礎分析 (An Analysis of the Resource and Environmental Base of Yunnan Central Urban Agglomeration Development)," *Diyu Yanjiu yu Fazhan*《地域研究與開發》[*Areal Research and Development*], Vol. 30, No. 1 (Feb. 2011): 59-64.

In October 2012, a meeting for planning the economic circle of urban agglomeration in central Yunnan was convened and the strategy of "one district, two belts, four cities, and multiple points（一區、兩帶、四城、多點）" was proposed for the first time. "One district" means the core; it is planned to develop an area of 10,800 km², covering Anning City 安寧市（in Kunming）, Yimen County 易門縣（in Yuxi）, Lufeng County 祿豐縣（in Chuxiong）, and Chuxiong City, into a new city of one million population with an integrated urban and industrial development. "Two belts" are two wings; it is planned to develop green economy in 16 city-districts and counties along the Kun-Qu 昆曲 highway and railway to serve as two wings of the economic circle. "Four cities" are Kunming, Qujing, Yuxi and Chuxiong; it is planned to speed up the development of these four cities to play the role of knots in the economic circle. It is aimed at reinforcing the radiation function of Kunming, developing Qujing into a big city in the upper Pearl River, constructing Yuxi as a modern eco-city, and developing Chuxiong as a central city in central Yunnan. As for "multiple points", they are 42 counties（cities and districts）in central Yunnan and they serve as the basis of development.[23]

Moreover, some policies are proposed based on economic theory for the operation of an integrated urban-rural development（chengxiang yitihua 城鄉一體化）in central Yunnan.（1）The local governments of the four cities should strengthen their functions for the coordination among each other.（2）It is necessary to improve related institutions and regulations for implementing the plans.（3）It is necessary to plan rationally and scientifically in order to acquire the benefit of population concentration.（4）It is necessary to increase revenue of rural area in order to improve education, medical care, and infrastructure.（5）It is necessary to reform the rural land property system for rational utilization of

---

[23] Editorial Remarks, "Dianzhong chengshi jingjichuan," (2012), pp. 54-55.

land resources. And (6) it is necessary to reform the institutions of household registration and employment in order to strengthen the capacity of absorbing surplus labor from rural area.[24]

2.3 Strategy of speeding up urbanization in Yunnan

As for the strategy of speeding up urbanization in Yunnan, scholars have emphasized the need for taking into consideration the reality of Yunnan and the priority of developing the medium- and small-sized cities.

In 2000, a study pointed out the problems regarding urban development in Yunnan as follows: (1) the level of urbanization was low; (2) the size was small and the distribution was scattering; (3) the infrastructure was backward; and (4) the economic vitality was weak, the industrial structure was irrational, and the function of radiation was poor. For solving these problems, it is suggested that the urbanization in Yunnan should aim at three goals: (1) to build a strong province of green economy, (2) to build a big province of ethnic culture, and (3) to build a passageway for connecting China and Southeast Asia and South Asia. By regional economic planning, it is proposed to develop the large-sized city rationally, the medium-sized city positively, and the small-sized city rigorously so as to gradually integrate all cities in the province for a rational urban system.[25]

Another study points out that the small-sized cities and towns in Yunnan are facing the following problems: (1) the development is comparatively lagged behind the coastal area; (2) the spatial distribution is uneven; (3) it is needed to strengthen the single function of small-sized cities and towns; (4) the

---

[24] Chen Tao, "Dianzhong chengshi jingjichuan chengxiang tongchou fazhan," (2012), pp. 131-132.

[25] Linghu An, "Nuli jiakuai Yunnan chengzhen jianshe," (2000), pp. 8-10.

government's economic and fiscal management systems are not able to meet the requirement of development and thus causing problems of poor infrastructure, wasteful resources, and serious environmental pollutions. It is suggested that at present stage, the development of small-sized cities and towns is crucial for a breakthrough of urbanization in rural Yunnan. The reasons for developing small-sized cities and towns in Yunnan are as follows:（1）it is an important way for solving the problem of rural surplus labor;（2）it can help to narrow down the gap between urban and rural areas, and to expedite integrated urban-rural development; and（3）it can be helpful in promoting productivity and commercial economy in rural area. Moreover, as cities of different sizes have different functions and it is only in a harmonious urban system that the functions of large-, medium-, and small-sized cities can be fully manifested to achieve a critical total effect.[26]

In regard to high altitude mountain area, including Diqing, Lijiang, and Dali, a study in 2001 pointed out that it would be disastrous to develop densely distributed small-sized cities and towns in this area, but it would be appropriate to adopt a pattern of low urban density by developing some medium-sized "central places"（zhongxindi 中心地）. It is not necessary to develop "central places" into large-sized cities or urban circle in this area.[27]

Moreover, a study in 2002 suggested that in considering Yunnan's reality,

---

[26] Na Qi 納麒 and He Jun 何軍, "Tuidong Yunnan chengshihua jincheng de sikao 推動雲南城市化進程的思考 (Some Ideas on Quickening the Process of Urbanization in Yunnan)," *Yunnan Minzu Xueyuan Xuebao (zexue shehui kexue ban)*《雲南民族學院學報 (哲學社會科學版)》[*Journal of Yunnan University of Nationalities (Philosophy and Social Sciences Edition)*], Vol. 17, No.6 (Nov. 2000): 27-30.

[27] Mao Gang 毛剛 and Fan Sheng 樊晟, "Xinan gaohaiba shanqu chengshihua diyuxing celue tantao 西南高海拔山區城市化地域性策略探討 (On the Regional Strategy for Urbanization in the Southwest China of High Elevation)," *Chengshihua Yanjiu*《城市化研究》[*Urbanization Studies*], Vol. 25, No. 10 (2001): 47.

it is necessary to take the route of building cities of all sizes but put emphases on the development of medium- and small-sized cities. Three focal points are highlighted: （1）to construct and strengthen central cities with Yunnan's capability;（2）to stress on developing medium- and small-size cities; and（3）to take appropriate plans and steps to speed up construction of small-sized cities and towns.[28]

Similarly, another study in 2002 proposed to develop medium- and small-sized cities of specific characteristics（tese zhongxiao chengshi 特色中小城市）. It pointed out that to develop this category of cities in Yunnan had encountered the following problems:（1）the construction teams could not adapt to requirement of speedy urban development and the planning was not farsighted, scientific, and long-term oriented;（2）the cumulative investment for urban construction was seriously insufficient;（3）the quality of urban residents could not adapt to the requirement of development; and（4）the urban management system was not sound and good enough.[29]

3　Strategies for Promoting Sustainable Urban Development in Yunnan

Facing the problems of urbanization in Yunnan, many scholars have proposed their ideas for sustainable urban development. Some examples will be discussed

---

[28]　Ba Chunsheng 巴春生, "Yunnan chengshiha daolu de xianshi xuanze 雲南城市化道路的現實選擇 (The Realistic Choice for the Mode of Urbanization of Yunnan Province)," *Qujing Shifan Xueyuan Xuebao*《曲靖師範學院學報》[*Journal of Qujing Teachers College*], Vol. 21, No.2 (March 2002): 32-35.

[29]　Fang Yugu 方玉谷 and Wang Lijie 王麗傑, "Guanyu fazhan Yunnan tese zhongxiao chengshi de jidian sikao 關於發展雲南特色中小城市的幾點思考 (A few points regarding development of medium and small cities of specific characteristics in Yunnan)," *Chuangzao*《創造》[*Creation*], No. 11 (2002): 36-37.

below.

3.1 Emphasis on cultural characteristics and technological innovations

In 2001, a study proposed to promote the development of small-sized cities and towns by stressing cultural construction. This study points out that Yunnan should construct small-sized cities and towns with special cultural characteristics and the strategy contains three major aspects. (1) To cultivate cultural conceptions among the residents so that they can act according to circumstances, to have global perspective of time and space, to deal with concrete matter with open mind, to operate business with innovation, and to keep promise when obtaining profit. (2) To establish institutional culture by having a government that can function with efficiency, legal system, and services. (3) To construct material culture with rational urban planning, green ecological residential culture, consumption, and standard of sustainable development. The above three elements —— concept, institution, and material culture —— should interact with each other in order to push forward the development of small-sized cities and towns in Yunnan.[30]

In 2006, a study suggested that innovative ways for dynamic mechanism of urbanization should include three aspects. (1) To enlarge the strength of adjusting to economic structure in order to solve the dilemma of irrational economic and urban-rural structure as well as the weakness of infrastructure. It is necessary to

---

[30] Li Xijing 李喜景 and Sun Gang 孫剛, "Wenhua jianshe shi Yunnan xiaochengzhen jianshe de zhongyao neirong zhiyi: Zhejiang yu Yunnan xiaochengzhen wenhua jianshe bijiao 文化建設是雲南小城鎮建設的重要內容之一：浙江與雲南小城鎮文化建設比較 (Cultural construction is an important content of constructing small cities and towns in Yunnan: a comparison of cultural construction of small cities and towns in Zhejiang and Yunnan)," *Xueshu Tanso*《學術探索》[*Academic Exploration*], No. 5 (September 2001): 79-82.

apply modern scientific technology for the exploitation of Yunnan's biological, water, and tourist resources. (2) To speed up information development for driving the progress ofindustrialization. This is a major way for narrowing down the gap between Yunnan and advanced industrialized region and for pushing industrial development and urbanization in Yunnan's rural area. Moreover, information development can strengthen communication and cooperation among cities for establishing a rational urban system. (3) With the "Strategy of Great Development in West China (xibu dakaifa 西部大開發)" initiated by the central government in 2000, Yunnan should grasp firmly this opportunity to speed up adjustment in economic structure, to establish pillar industrial groups, to participate in global economic cooperation, to reinforce economic strength, and to bring about sustainable development.[31]

In 2009, a study presented the qualitative and quantitative indicators of modern urbanization in Yunnan by comparing the data of years 1996, 2001, 2006 and 2007. The estimations of four indicators, including the level of environmental development, the level of economic modernization, the level of residents' livelihood quality, and the level of technology and information modernization, reveal that the level of urbanization in Yunnan lags far behind the national level. Particularly, among the four indicators, the level of environmental development is lower than the national level in every year; this reflects that the sustainability of urbanization in Yunnan needs to be strengthened further. Moreover, in regard to the integrated urban-rural development in Yunnan, the estimations of income variation coefficient and Engel's coefficient reveal that the dual structure of urban-rural dichotomy still prevails in Yunnan. Thus, it is suggested to consider

---

[31] Xiong Yan 熊炎, "Yunnan chengshihua de dongli jizhi tantao 雲南城市化的動力機制探討 (An inquiry into dynamic mechanism of urbanization in Yunnan)," *Jingji Wenti Tanso* 《經濟問題探索》 [*Inquiry Into Economic Issues*], No. 9 (2006): 126-129.

the following strategies for raising the quality and quantity of urbanization in Yunnan: (1) To speed up the development by the coordination between the economy and the environment; (2) To make a great effort to construct cities with special characteristics; (3) To improve the structure of urban system and regional distribution; (4) To proceed in implementing cultural construction for raising humanistic quality of rural area; and (5) to coordinate an integrated urban-rural development by speeding up reforms of political, economic, distribution, and household registration policies.[32]

Moreover, a study in 2012 highlights the economic predicaments of Yunnan's urbanization. In terms of economic basis, urbanization in Yunnan is constrained by three factors. (1) The backward development in rural area. It is reported that in 2008, there were 5.55 million persons in rural Yunnan living below the poverty line and the poverty ratio was 15.2% which was much higher than the national average. (2) The low level and irrational structure of industrial development. Because of insufficient industrial development, cities could not provide enough jobs for absorbing rural surplus labor. Thus Yunnan had fallen into a predicament of backwardness in both industry and agriculture as well as in urban and rural areas. (3) The false high level of tertiary industry, in particular, insufficient development of service industry, not only affects the development of secondary industry but also regional urban development. For a healthy urban development in Yunnan, the supporting industries should be chosen according to the environment and resource endowments. In rural area, the choices should be high-class special agricultural products; in small-sized cities and towns, the choices should be primary processing industries; and in medium- and small-

---

[32] Xu Hong 許宏 and Zhou Yingheng 周應恒, "Yunnan chengshihua zhiliang dongtai pingjia 雲南城市化質量動態評價 (An evaluation of quality and quantity of urbanization in Yunnan)," *Yunnan Shehui Kexue*《雲南社會科學》[*Social Sciences in Yunnan*], No. 5 (2009): 115-118 and 142.

sized cities, the choices should be labor-intensive textile industry and capital-intensive chemical-engineering and energy industries. As for the extra-large- and large-sized cities, such as Kunming, the best choice is manufacturing industry. However, the manufacturing industries in Kunming have produced stresses on urban transportation, environmental pollution, high consumption of energy, and availability of land. Thus, it is better to transfer some of these industries to neighboring smaller cities in order to solve the problem of diseconomies of scale in large city and to help the development of manufacturing industry in medium and small cities.[33]

Another study in 2012 highlights the contradictory problems faced by urbanization in Southwest China, with a special emphasis on Yunnan. It is pointed out that at the 17th National Congress of the Communist Party of China（held in October 2007）, the route of urbanization in China was confirmed: To follow the principle of overall planning of urban-rural development, rational layout, land saving, perfect functions, and the large leads the small, in order to promote a coordinated development of large-, medium-, and small-sized cities as well as small-sized cities and towns.（按照統籌城鄉、佈局合理、節約土地、功能完善、以大帶小的原則，促進大中小城市和小城鎮協調發展）. In Southwest China, however, due to various historical, social, and natural environmental factors

---

[33] Xiong Liran 熊理然 and Jiang Meiying 蔣梅英, "Yunnan chengshi fazhan de jingji kunjing ji qi cengji zhicheng chanye xuanze yanjiu 雲南城市發展的經濟困境及其層級支撐產業選擇研究 (A study on economic predicaments and choices of supporting industries in urban development in Yunnan)," *Taiyuan Chengshi Zhiye Jishu Xueyuan Xuebao*《太原城市職業技術學院學報》[*Journal of TaiYuan Urban Vocational College*], No. 6 (2012): 1-3. It is notable that in 2013, the ratio of poverty in China was 8.5%, while in Yunnan it was 17.8% which was lower only than Xinjiang (19.8%), Guizhou (21.3%), Qinghai (23.8%), and Tibet (28.8%); the gap between Yunnan and China's national average was still quite large. The data are available at: http://www.cpad.gov.cn/ sofpro/ewebeditor/uploadfile/2014/04/11/20140411095556424.pdf. Accessed on 10 June 2014.

there are still five striking contradictory problems regarding urbanization. Firstly, there is a contradiction between the level of urbanization and industrialization. For instance, in Yunnan the level of industrialization was 42.4% but that of urbanization was only 35.2%. Secondly, there is a contradiction between quickening urban expansion and the mountainous topography. In Yunnan, hilly land shares 94% of the total land area. With a pushing forward in urbanization, cultivatable land gradually diminished and the contradiction between land utilization and protection become more striking. Thirdly, there is a contradiction between the existed urban system and the basis of coordinating urban-rural development. In Yunnan, the existed urban system is distributed according to administrative divisions with only one extra-large city (Kunming), and urban distributions in the east and the west are apparently imbalanced. But according to estimations based on the theory of Beckman and Berry, the ideal urban system in Yunnan should have 1 extra-large-sized city, 4 large-sized cities, 8 medium-sized cities, and 16 small-sized cities. Fourthly, there is a contradiction between urban carrying capacity and the sustainable development. In Yunnan, except for Kunming, Qujing, Zhaotong, and some cities in Honghe prefecture, most counties (cities, districts) have rather low level of carrying capacity when consideration factors of regional habitat environment, carrying capacity of land resources and water resources, as well as level of material accumulation. Fifthly, there is a contradiction between crude urban construction and development of special characteristics. A common shortcoming of urbanization in Southwest China is that cities are lacking special characteristics, neglecting the reality of mountainous landscape, multiple cultures, biodiversity, and resources endowments.[34]

---

[34] Chen Guoxin 陳國新 and Lo Yingguang 羅應光, "Xinan diqu goujian juyou tese de chengzheng- hua daolu yanjiu-yi Yunnansheng weili 西南地區構建具有特色的城鎮化道路研究──以雲南省為例 (A study on establishing urbanization with special characteristics in Southwest region ── the example of Yunnan)," *Xixiang Zhanxian*《思想戰線》

Thus, a plan of "merging five into one（wuwei yiti 五位一體）" is proposed for the route of urbanization in Yunnan. Firstly, To build cities and towns in the mountain areas（山地城鎮）is a major way of urban construction in the future. Secondly, a spatial layout with multiple steps（多極化空間佈局）is the best strategy for constructing cities and towns with special characteristics. The best way for breaking through the current reality is a layout of "one circle, one belt, six groups and seven corridors（一圈、一帶、六群、七廊）." "One circle" is the economic circle of central Yunnan. "One belt" is the opening economic belt of borderland. "Six groups" are the six urban agglomerations in central, west, southeast, southwest, northeast, and northwest. "Seven corridors" are economic corridors linking Kunming to Hanoi（河內）, Bangkok（曼谷）, Rangoon（仰光）, Myitkyina（密支那）and Chittagong（吉大港）, the Yangzi Delta, the Pearl River Delta, and to Sichuan and Tibet. Thirdly, an urban system with multiple layers（多層次城市體系）is the basis for sustainable urban development in Yunnan with special characteristics. When developing regional central cities, attentions should also be paid to the neighboring medium- and small-sized cities. Fourthly, construction of small towns with special characteristics（特色小鎮建設）can provide important links and points for breaking through in urbanization. Yunnan had already developed some small towns with special characteristics, such as Shuhokuzhen 束河古鎮（in Lijiang）, Heshunzhen 和順鎮（in Tengchong）, Xinhuacun 新華村（in Dali）, and Doushaguan 豆沙關（in Yanjin 鹽津）. These successful cases prove that their constructions are suitable for the reality in Yunnan. Fifthly, the comprehensive reform package of institutional reforms （綜合配套制度改革）is a guarantees for carrying out urbanization with special characteristics. Institutional reforms are necessary in four aspects: social insurance regarding housing, medical care and old age; policies regarding industrial development; household registration system; and land property system.[35]

3.2 Urban development in the area of nationalities

A study in 2006 pointed out that a general view was that in Southwest China, the agricultural backwardness has constrained industrial and urban development in the area of nationalities. It is suggested that a basic countermeasure is to improve regional layout of agriculture. For instance, along the Nan-Kun 南昆 Railroad, the complicated topography and diverse climate zones are decisive for developing "vertically distributed agriculture（立體農業）" in order to finely utilized the superior regional resources. Another countermeasure is to develop local specialized products. For instance, flower in Chenggong 呈貢, duck in Yiliang 宜良, goat milk in Lunan 路南, fruit in Fuyuan 富源, wood products in Luliang 陸良, horticulture products in Shizong 師宗, and oil, honey, and sericulture in Loping 羅平. Based on these special agricultural products, the cities where the county governments located can have different choices for urban development, such as:（1）to develop cities of heavy industry（e.g., Fuyuan and Shizong）;（2）to develop cities of tourist industry（e.g., Loping, Yiliang and Chengjiang 澄江）; and（3）to develop cities of green light industry（e.g. Luliang and Jiangchuan 江川）. Thus, through a linkage between the processing industries in cities and exploitation of biological resources in rural areas, the urbanization level in Yunnan can be raised as a whole.[36]

It is notable that a comprehensive survey was conducted since March 2011 for understanding the basic conditions and affairs of nationality in 1,455 communities in 16 prefectures, 126 counties, and more than 300 townships.

---

[35] Ibid., pp. 122-123.

[36] Chen Zhengping, "Xinan bianjiang shaoshu minzu diqu chengshihua," pp. 45-46.

According to the statistics, in Yunnan there are 23.7 million persons of nationalities living in cities, of them 17.4 million persons are registered permanent population and 6.3 million persons are internal migration population. As for the share of nationality people among the registered permanent population, the shares above 30% are found in 377 communities and the shares above 10% are found in 918 communities. After analyzing the survey data, it is proposed that for strengthening the community works, the attention in each community should be paid to three groups of people: (1) the registered permanent population of nationality, (2) the migration population of nationality, and (3) the nationality people who lost their land. By stressing the establishment of perfect service system for urban nationality, to improve livelihood, to insure legal rights and interests, and to strengthen works of grass-roots level, in order to reach the goal of promoting unity among the nationality and establishing a homeland for living and working with peace and contentment.[37]

3.3 Further development of existed cities and pollution control

As for further development of existed cities, an important basis is the assemblage of industry. It is necessary to consider the environment of resources and markets in order to transfer the secondary industry, public enterprises, and architectural industry to suitable locations and to promote the tertiary industry during the process of urban expansion. For the integration and reorganization of cities, it is proposed to implement a framework of "one belt five groups (一帶五群)" in Yunnan by the year 2020. "One belt" is to take Kunming as a center

---

[37] Li Zhenfhong 李正洪, "Jiaqiang shequ minzu gongzuo cujin minzu diqu chenghsihua fazhan 加強社區民族工作促進民族地區城市化發展 (To strengthen the community works of nationalities for promoting urbanization development in nationality regions)," *Jinri Minzu* 《今日民族》 [*Ethnic Today*], No. 10 (2012): 15-18.

for an urban belt in central Yunnan by including Kunming, Qujing, Yuxi, and Chuxiong. "Five groups" are（1）the urban agglomeration in west Yunnan with Dali as a center by including Dali, Lijiang, Baoshan, and Hsiangyun 祥雲；（2）the urban agglomeration in southwest Yunnan with Jinghong and Simao as centers by including Simao, Jinghong, and Mengla 猛臘；（3）the urban agglomeration in south Yunnan with Gejiu as a center by including Gejiu, Kaiyuan, and Mengzi；（4）the urban agglomeration in northeast Yunnan with Zhaotong as a center by including Zhaotong, Huize, and Shuifu 水富；and（5）the urban agglomeration in west Yunnan with Luxi 潞西 as a center by including Luxi, Ruili, and Tengchong. This structure of "one belt five groups" should be able to perform the function of radiation through their own strong economic basis and to bring forth co-evolution of regional economy and urban development.

In practice, three concrete methods have been proposed. Firstly, it is the strategy of developing extra-large- or large-sized city as a center of urban agglomeration; for instance, Kunming in central Yunnan and Gejiu-Kaiyuan-Mengzi in southern Yunnan. Secondly, it is the strategy of constructing central cities and urban reorganization by ways of "expansion（擴極）", "connection（連極）" and "creation（造極）". For instance, Gejiu-Kaiyuan-Mengzi is a good case of "connection". And thirdly, it is the strategy for the reorganization of small-sized cities and towns by stressing "re-urbanization（再城市化）" and the alternative ways include:（i）to combine towns into a city（合鎮為市）,（ii）to change a town into a city（改鎮為市）,（iii）to remove a town and change it to a district of city（撤鎮改區）,（iv）to include neighboring towns into a city（劃鎮入城）, or（v）to combine neighboring towns into a large town（合鎮為鎮）.[38]

For a sustainable urban development, it is important to bring problems of environmental pollution under control. Here, the pollution of Lake Dianchi in

---

[38] Chen Zheng-ping, "Xinan bianjiang shaoshu minzu diqu chengshihua," pp. 45-48.

Kunming and the pollution in Gejiu City are taken as examples.

Since the late 1960s, Lake Dianchi had become a seriously polluted water system in Kunming. In 1973, it was already inspected that the water of Lake Dianchi was contaminated by arsenic, mercury, phenol, chromium, and sulfides and all of them had exceeded the standards. In 1970-1975, Yunnan Provincial Bureau of Health conducted a survey on the water pollution of Lake Dianchi with some notorious results. (1) The water pollution was becoming more and more serious and the water quality was deteriorated, the dissolved oxygen (DO) was decreasing, the toxic elements such as mercury, phenol, and cyanide were found in large amounts and had exceeded the standards for more than 20 times. (2) The most seriously polluted parts were around Tanglangchuan 螳螂川 and Tsaohai 草海 where pollutants such as mercury, phenol, cyanide, arsenic, lead, chromium, and fluorine were found to be more than 29 times of the standards. (3) The situation of water pollution had already produced great impacts on aquatic plants and animals as well as creatures on the bank, drinking water, soil, and agricultural products.[39]

At present, Lake Dianchi is one of the most seriously polluted lakes in China. Water pollution control of Lake Dianchi has become one of the 20 important items of inspection in Yunnan. It is planned to invest more than CNY 100 billion for the water pollution control of Lake Dianchi during 2008-2020. Therefore, a study has pointed out that it is important to improve the effectiveness of audit system related to water pollution control around Lake Dianchi by (1) to change the way of thinking and to push forward the practice of audit system; (2) to study the effective method of audit system on water pollution control, and (3) to implement

---

[39] Li Guangren 李廣潤 (ed.), *Yunnan shengzhi: Huanjing baohu zhi*《雲南省志：環境保護志》[*Gazetteer of Yunnan Province: Environmental Protection*] (Kunming: Yunnan People's Press, 1994), p. 17; p. 70.

a unified audit system and to improve the quality of audit personnel.[40]

A report on 29 December 2012 pointed out that around CNY 30 billion had been invested in water pollution control of Lake Dianchi since 1993 with little actual progress. The records of Kunming Water Authority showed that from 1994 the water quality of Lake Dianchi was "Grade V" and from 1998 to 2000, it was "Worse than Grade V", which meant that all functions of water had been lost. The largest source of water pollution came from daily life of urban residents. Available statistics showed that in Kunming City there were 0.63 million persons using water in 1949, but the number increased to 3.50 million persons in 2009. At the same time, the amount of water consumed daily increased from 1,100 m³ to 800,000 m³, an increase of 727 times. An expert of hydrology points out that the major reason for water pollution of Lake Dianchi was due to insufficient water resource as the annual amount of water flowing into Lake Dianchi was only 0.483 billion m³ but the amount consumed was 0.813 billion m³, the balance was achieved mainly by using recycling water. In April 2012, the State Council agreed to invest CNY 42.014 billion for the water control project of Lake Dianchi by emphasizing a shift of control to urban waste water, that is, urban waste water was treated before flowing into Lake Dianchi. However, the amount of un-treated waste water in Kunming was still quite large by 2012.[41] In a meeting held on 14

---

[40] Song Shasha 宋莎莎 and Hua Wenjian 華文健, "Jiyu Yunnan Dianchi shuiwuran zhili de huanjing shenji fangfa 基於雲南滇池水污染治理的環境審計方法 (The environmental auditing method based on the treatment of water pollution in Dianchi, Yunnan), " *Hozuo jingji yu keji*《合作經濟與科技》[*Cooperative Economy and Science*], No. 399 (August 2010): 74-75.

[41] Qin Yue 秦玥, "Yunnan Dianchi wuran zhili 19 nian shubaiyi wei qude shizhi jinzhan 雲南滇池污染治理19年數百億未取得實質進展 (Water pollution control in Danchi has spent several billion in 19 years but has no real improvement)," *Zhongguo Jingying Bao*《中國經營報》[*China Management News*], Dec. 29, 2012, available at: http://finance.sina.com.cn/china/20121219/002114452467.shtml. Accessed on 2014/06/13.

April 2014 in Kunming, a document revealed that the water quality of Tsaohai worsened since 1988 and was recorded as 'Worse than Grade V' and the water quality of Waihai 外海 was fluctuated between 'Grade V' and 'Worse than Grade V'. A Professor of Environmental Science told the reporter: "Before 1986, the water quality of Lake Dianchi was Grade III and it could be used as a source of drinking water according to the standard; in 1987-1988, the industries developed radically in Kunming and a large amount of waste water was discharged directly into Lake Dianchi; in 1988 Cyanobacteria（藍藻）appeared suddenly and the water turned green and the water quality deteriorated; in 1994 the water became Grade V and it could be used only for agriculture; from 1998 to 2000 the water quality become 'Worse than Grade V' and lost all functions of water." A large amount of money has been assigned for water pollution control of Lake Dianchi and it shared about 30% of Kunming's fiscal budget in 2011. According to the Kunming Environmental Protection Bureau, the goal of water control of Lake Dianchi is: "By 2015, to have the water quality of Tsaohai becomes Grade V, that of Waihai becomes Grade IV, and that of rivers flowing into Lake Dianchi improved and basically to eliminate Grade V." [42]

As for the case of Gejiu City, the tin mining started to grow faster after 1890 following the opening of Mengzi for trade in 1889 and the completion of railroad connecting Yunnan and Vietnam in 1910. However, the large scale exploitation of tin mines have destroyed the forest of Gejiu, Mengzi, Kaiyuan, Jianshui 建水 and Shiping 石屏 areas, and have polluted the tin mining area in Gejiu and affected

---

[42] Huang Yu 黃榆, "Dianchi zhiwu zhikun: zhili 20 nian touru yu 600 yi nanfu wangxi rongyan 滇池治汙之困：治理20年投入逾600億難複往昔容顏 (The predicament of water pollution control at Dianchi: Water pollution control for 20 years and spent more than 60 billion but hardly recovering its old appearance)," *Kongren ribao*《工人日報》[*Workers' Daily*], May 20, 2014, available at: . http://env.people.com.cn/n/2014/0520/c1010-25038571. html. Accessed on 13 June 2014.

the health of miners and residents. The environmental problems of Gejiu include three aspects: (1) the soil was seriously polluted by heavy metal and the erosion worsened; (2) the surface water was seriously polluted and the flooding occurred frequently; and (3) the radioactive pollution was serious and endemic disease prevailed. The most serious radioactive pollution in Gejiu is produced by radon （氡氣） and its decay product. An investigation about the concentration of radon in tin mines around Gejiu city revealed that the rate fulfilling the standard was 70-80%, and that of radon decay product was 75-80%; both have the largest amount beyond the international standard（7.4 KB q/m³）.[43]

Other studies show that the concentration of radon in the soil of Gejiu was 2-10 time and that inside the houses was 1-2 times above the international standard. Moreover, in the atmosphere, the concentration of radon in Gejiu was 193.4Bq/m3 which was 23 time higher than in Beijing（8B q/m³）, 43 times higher than the average in the land surface of the world（4.44B q/m³）. In addition, the rocky soil, especially granite, in Gejiu contains radioactive elements such as Uranium（鈾）and Thorium（釷）which are more than several times to several ten times of the world. The decay of these elements will produce radon and its decay product. The radioactive pollution causes endemic in Gejiu, that is, the prevalence of lung cancer. According to the materials of the Gejiu Cancer Prevention Office （箇舊市防癌辦公室）, a four-year average of lung cancer detection rate among the residents of Gejiu was 271.2 persons per 100,000 persons. For a sustainable development in Gejiu, it is suggested that the following countermeasures should be taken: (1) to implement the strategy of sustainable development, (2) to

---

[43] Tan Gang譚剛, "Gejiu xiye kaifa yu shengtai huanjin bianchien, 1890-1949 箇舊錫業開發與生態環境變遷, 1890-1949 (On the Connection between Tin Industry Development and Changes of Ecological Environment in Gejiu and Surrounding Areas, 1890-1949)," *Zhongguo lishi dili luncong*《中國歷史地理論叢》[*Journal of Chinese Historical Geography*], Vol. 25, No. 1 (January 2010): 16-25.

establish environmental management and the education system for sustainable development; (3) to establish science and technology research system for sustainable development, and (4) to establish an environmental governing system for sustainable development.[44]

Another study points out that since the 1970s, lung cancer was found to be a prevailing disease among tin miners in Yunnan. In 1974, a recording system was established for patients of lung cancer. It is found that in 1954-2002, the Yunnan tin mine recorded 3,194 cases of lung cancer, of which 3,059 cases also had professional records. During the same period, there were 3,024 cases of death caused by lung cancer. By the classification of miners' type of work, it is found that of 3,059 cases of lung cancer, 2,660 cases (86.96%) had the experience of working in the tin mining wells.[45]

3.4 Construction of eco-city

It should be noted that an eco-city has been developed in Yunnan. This is the case of Yuxi. The strategy was adopted in 2006. The achievements so far can be seen from six aspects. (1) At the end of the period of 11th five-year plan (2006-2010), Yuxi constructed an area of 20 km² at the City's center into an eco-city

---

[44] Tan Shucheng 談樹成 et al., "Yunnan sheng Gejiu shi de huanjing wenti yu kechixu fazhan 雲南省箇舊市的環境問題與可持續發展 (Environmental Problems and Sustainable Development in Gejiu City, Yunnan Province)," *Zhongguo Renkou Ziyuan yu Huanjing*《中國人口資源與環境》[*China Population, Resources and Environment*], Vol. 10, Special Issue (2000): 89-90.

[45] Yao Shuxiang 姚樹祥 et al., "Yunnan xikuang gongren feiai gaofa de liuxingbingxue diaocha, 1954-2002 雲南錫礦工人肺癌高發的流行病學調查, 1954-2002 年 (Epidemiologic Investigation of Occupational Lung Cancer in Yunnan Tin Miners during 1954-2002," *Huanjing yu Zhiye Yixue*《環境與職業醫學》[*Journal of Environment and Occupational Medicine*], Vol. 24, No. 5 (October 2007): 465-468.

suitable for modern living. It had won the honors of "National garden city" and "Ten best eco-cities for leisure life". Six locations including Tonghai xian 通海縣, Jiangchun xian 江川縣, Chengjiang xian 澄江縣, Hongta qu 紅塔區, Yimeng xian 易門縣, and Huaning xian 華寧縣 have been approved by the Ministry of Environmental Protection of PRC as experimental points of constructing eco-city. The rate of urbanization in the entire Yuxi City reached 40% and that of central district reached 58%. (2) Yuxi has gone ahead in the process of its urbanization with its own characteristics of mountain and water as well as culture and history. (3) Based on the reality, a practice of "cities and towns go into mountains and industries go into gardens (城鎮上山、工業入園)" has become a new pattern of land-use. The rate of hilly land-use has been increased from 50.11% to 61.36%. Each county has set up an experimental point of exploiting hilly land and this not only turned waste hilly land into green-land but realize the effect of land exploitation. (4) With industries as supports and the integrated urban-rural development as a direction, a healthy urban development has been brought forth. The strategy taken by Yuxi is "to establish the city ecologically, to prosperous the city with tobacco, to strengthen the city with industry, to stabilize the city with agriculture, and to harmonize the city with culture (生態立市、煙草興市、工業強市、農業穩市、文化和市)" and the thought of economic development is "three superiorities and one specialty (三優一特)", in order to set up solid industrial basis of urbanization. (5) To adjust rationally the spatial layout of cities and towns and to improve the structure of urban system in order to further promotes accumulative and radioactive functions of urbanization. For solving the problem of regional incoordination, imbalance, and unsustainability, it has tried to quicken the construction of infrastructure, to strengthen the interactive development of "two wings (兩翼)", and to push forward rational division of labor. (6) To improve public services and the quality and function of urbanization. Yuxi City has reckoned up the construction of infrastructure regarding transportation, hydrology, energy and communication. At present, Yuxi has the rate of population served by tap-water reached 99%, that of waste-water treatment 71%, that of garbage disposal 97%, that of garbage harmlessness treatment 61%, and the per capita area of park and green-land reached 15.6 m². Moreover, facilities of education, culture, and medical care have been improved continuously, the outlook of cities and towns has been changed greatly, and the urban carrying capacity has been strengthened uninterruptedly.

In addition, some countermeasures have also been proposed for solving the problems faced by Yuxi. (1) To highlight the core position of the City's center district and the urban agglomeration of "three lakes" in order to raise the accumulation and leading functions. (2) To push forward strategic adjustment of industrial structure and to promote the development of tertiary industry in order to provide dynamic and carrying capacity of urbanization. (3) To break the dilemma of investment, to innovate investment mechanism and system, and to create new platforms for loans in order to inject new hematopoiesis function (造血功能) in urbanization. (4) To enlarge the strength of land cleaning in rural and urban areas and to assure both exploitation and protection are proceeding at the same time in order to realize a balance of land-use and to provide a guarantee of healthy urbanization. (5) To push forward the program for absorbing peasants to work in cities in order to realize an integrated urban-rural development. And (6) to have the urban planning and management strengthened in order to raise the quality of cities and towns.[46]

---

[46] Hu Wei 胡偉, "Yuxi shi chengzhenhua fazhan mianlin de wenti ji duice 玉溪市城鎮化發展面臨的問題及對策 (The problems and countermeasures of urbanization in Yuxi city)," in Zhong-gong Yunnan shengwei dangxiao xuebao《中共雲南省委黨校學報》[The Journal of Yunnan Provincial Committee School of the CPC], Vol. 14, No. 4 (July 2013): 111-114.

3.5 A comparison of current situation of urbanization in Yunnan and China

Finally, we may have a glance of some indicators related to current situation of urbanization in Yunnan compared with that in China as a whole. Appendix Table 7 lists some indicators of urban public facilities which may reflect the current situation of urbanization. Thus we can see the population density in urban areas in Yunnan（4,029 persons/km²）is much higher than that in China as a whole （2,307 persons/km²）apparently due to the fact that Yunnan has high ratio of hilly lands. Yunnan has two indicators much lower than those in China: per capita water supply in cities（118.3 liter vs. 171.8 liter）and coverage rate of urban population with access to gas（66.46% vs. 93.15%）. Yunnan also has two indicators very close to those in China: percentage of green covered area（39.3% vs. 39.6%）and unit of public lavatories per 10,000 persons（2.79 vs. 2.89）. But for the other four indicators Yunnan's figures are somewhat lower than those in China but are quite close: the rate of urban population with access to tap water（94.32% vs. 97.16%）, per capita area of paved roads（11.92 m² vs. 14.39 m²）, per capita public green areas（10.43 m² vs. 12.26 m²）and unit public transportation vehicles per 10,000 persons（10.25 vs. 12.15）. In short, efforts are still needed in Yunnan to catching up at least the current national level or urban public facilities. I am sure that the people living in Yunnan and related authorities and organizations are well aware of these facts and will try their best to carrying out improvements.

Concluding Remarks

The above discussions may be summarized here in the following points:

（1）Yunnan's process of modern urbanization started in the late nineteenth century with some fluctuations in early stages, but since the 1990s the progress in urbanization increased steadily.

（2）Obviously, regional variations in the rate of urbanization are closely related to historical and environmental factors. Scholars have proposed many strategies for promoting urbanization in different regions in Yunnan with regional urban agglomerations.

（3）Many strategies have been proposed for keeping sustainable urban development in Yunnan with a particular emphasis on establishing cities and towns with special characteristics. Moreover, efforts have been made for solving serious environmental pollutions, such as the case of Lake Dianchi and the Gejiu tin mining.

（4）The construction of eco-city in Yuxi has gained some achievements so far, but more efforts are apparently needed for improving urban public facilities in Yunnan in the future.

試論中國近代合夥企業管理體制的發展

封越健*

　　按照〔美〕D.格林沃爾德主編《現代經濟詞典》的定義：合夥企業是「企業的一種組織形式，在這種組織形式中兩個或兩個以上的人對他們的貢獻（資本或力量）數量和可能得到的利潤的分配方法取得協議。」[1]合夥企業最基本的特徵可歸納為按契約成立、共同出資、共用損益的營利性經濟組織。中國的合夥經營歷史悠久。公司制企業傳入中國後，合夥企業仍是數量最多的一種企業組織形式。一九三〇年代有人說：「合夥組織在我國今日尚為商業組織中之最有勢力者」。[2]除了銀行、保險、鐵路、礦業、輪船航運、電力、自來水等一些行業外，很多行業的合夥企業數量都要超過公司企業。近代合夥企業不但數量眾多，而且有很多合夥企業長盛不衰，例如中藥業的北京同仁堂、上海雷允上，武漢葉開太，廣州陳李濟、何明性堂都有三百年以上的歷史，棉布業中的上海協大祥也經營數十年，等等。也有很多合夥企業做大做強，如興盛和、永昌祥、福春恒等商號，創業於雲南，活動於長江流域以至華南，以及印度、緬甸和東南亞各國。廣東江門煙絲莊號朱有蘭、廣恒、朱廣蘭和羅奇生均有數十年歷史，在香港、新加坡、馬來西亞、印尼設立多家分支機構，除銷售煙絲外，還種植胡椒、咖啡、橡膠，開採錫礦，

---

* 中國社會科學院經濟研究所研究員。

[1] 〔美〕D.格林沃爾德主編：《現代經濟詞典》（北京市：商務印書館，1981年），頁323。

[2] 劉朗泉：《中國商事法》（上海市：商務印書館，1937年），頁74。

經營生油、醬園等。[3]吉林世一堂國藥號從嘉慶年間開始合資經營，光緒四年（1878）以後於長春、哈爾濱、阿什河、營口、海參崴、齊齊哈爾、綏化、富錦、佳木斯、天津、上海等地設立分支機構十餘處，除國藥外，兼營皮張、綢緞、線麻、茶葉、元蘑、木耳等大宗產品和日用百貨、麵粉、石油等批發業務。[4]

　　古代合夥制的研究近百年來成果豐碩，[5]而近代合夥企業的研究成果不但遠遜於古代合夥制，也遠少於近代公司企業。近年來已出版多部研究近代公司企業的專著，論文更多。二○○○年前後在上海、天津出版了兩部專門研究中國近代企業組織的專著，有關合夥企業的內容均僅寥寥數百字。[6]李玉在研究北洋政府時期企業制度的專著中以一章的篇幅考察了這一時期的合夥經營機制，包括合夥契約格式、資本結構、合夥業務執行、合夥責任、清算解散，以及合夥股份變更方式。其中與本文有關的是合夥業務執行，作者認為合夥組織普遍表現出所有權與經營權分離的傾向，由股東共同執行業務的並不多見，常見的是推選個別股東或聘任夥外某人擔任經理。[7]至今沒有關於中國近代合夥企業的專著。專門研究近代合夥企業的論文也屈指可數。馬勇虎、李琳琦考察了晚清徽商合夥經營的股東構成、股權流轉和資本流向的新

---

[3] 文子熊：〈江門煙絲業五十年〉，收入廣東省政協文史資料研究委員會編印：《廣東文史資料》第20輯（1965年），頁36-41。

[4] 佚名：《吉林市參茸業（草）》（1959年9月12日油印本），頁6、9；楊寶第：〈吉林的參茸業〉，收入吉林市政協文史資料委員會編印：《吉林市文史資料》第6輯（1987年），頁82、83。

[5] 有關研究綜述參見劉秋根：《中國古代合夥制初探》（北京市：人民出版社，2007年），頁1-46。

[6] 沈祖煒主編：《近代中國企業：制度和發展》（上海市：上海社會科學院出版社，1999年），頁151；王處輝：《中國近代企業組織形態的變遷》（天津市：天津人民出版社，2001年），頁138-139、267-271。

[7] 《北洋政府時期企業制度結構史論》（北京市：社會科學文獻出版社，2007年），頁645-706。其中第二節曾以〈中國近代合夥股份產權變更方式管窺〉單獨發表，載劉蘭兮主編：《中國現代化過程中的企業發展》（福州市：福建人民出版社，2006年），頁67-83。

變化,以及影響經營利潤的社會因素和內部機制。[8]馮劍考察了近代天津合夥債務問題及國家和社會在無限責任與有限責任上的博弈。[9]劉蘭兮以民國時期上海協大祥綢布店的兩次改組為例,分析了合夥制下的產權關係及合夥商業組織的制度創新。[10]有些論文也涉及合夥企業。如馬木池在〈二十世紀初北部灣的雜貨經營〉一文中,分析北海貞泰號與亨泰號的股份組成,指出地緣與血緣因素仍占十分顯著的作用,並指出這兩個商號通過清盤、重埋新股的方式擴大資本。[11]溫振華〈清代臺灣漢人的企業精神〉考察了臺灣合股組織狀況及其優缺點。[12]

一些近代經濟史專著涉及合夥企業的經營活動,近代工商業的論著如《北京瑞蚨祥》、[13]《上海近代百貨商業史》、[14]《中國近代麵粉工業史》、[15]《中國近代造紙工業史》、[16]《中國近代繅絲工業史》、[17]《近代上海工業企業發展史

---

8 〈晚清徽商合夥經營實態研究——以徽商商業文書為中心的考察〉,《安徽師範大學學報》(人文社會科學版)2012年第4期。

9 〈艱難的轉變:近代天津民間合夥債務問題初探〉,載張利民主編:《城市史研究》第28輯(天津市:天津社會科學院出版社,2012年)。

10 〈淺論上海協大祥綢布店的兩次改組〉,載劉蘭兮、陳鋒主編:《中國經濟史論叢(2013年卷)》(武漢市:武漢出版社,2013年),頁291-301。

11 載馬木池編:《北海貞泰號:商業往來文書》(香港:華南研究出版社,2003年)。

12 載張炎憲、李筱峰、戴寶村主編:《臺灣史論文精選》(臺北市:玉山社出版公司,2008年),上冊。

13 中國科學院經濟研究所、中央工商行政管理局資本主義改造研究室編著:《北京瑞蚨祥》(北京市:三聯書店,1959年)。

14 上海百貨公司、上海社會科學院經濟研究所、上海市工商行政管理局編著:《上海近代百貨商業史》(上海市:上海社會科學院出版社,1988年)。

15 上海市糧食局、上海市工商行政管理局、上海市社會科學院經濟研究所經濟史研究室編:《中國近代麵粉工業史》(北京市:中華書局,1987年)。

16 上海社會科學院經濟研究所、輕工業發展戰略研究中心編著:《中國近代造紙工業史》(上海市:上海社會科學院出版社,1989年)。

17 上海社會科學院經濟研究所、上海市絲綢進出口公司編,徐新吾主編:《中國近代繅絲工業史》(上海市:上海人民出版社,1990年)。

論》[18]、《山西票號史》[19]等等；區域經濟與城市經濟的論著如《艱難的轉軌歷程──近代華北經濟與社會發展研究》[20]、《近代武漢城市史》[21]等等；地方商人的論著如《近代雲南商人與商人資本》、[22]《晉商興衰史》、[23]《明清山西商人研究》、[24]《晉商研究》、[25]《清代竹塹地區的在地商人及其活動網路》[26]等等，但涉及合夥企業的內容都很簡單，有的論著對合夥企業評價較低。另據介紹，臺灣學者有關近代商業貿易的論著也涉及合夥企業，如雷慧兒《中國東北的大豆貿易》、范毅軍《對外貿易與韓江流域的經濟變遷（1863-1931）》、張淑芬《近代四川盆地對外貿易與工商業變遷（1873-1913）》、李和承《清末民初中國東北民族資本中聯號的研究（1860-1931）》，均涉及所研究地區的合夥企業。[27]

　　國外學者對中國近代合夥企業也有論述。日本學者今堀誠二主要利用合夥契約範本考察清末民初合夥諸問題，包括東夥分化形態、合夥結成與解散、資本變動、店鋪改組與買賣、店鋪構成，還考察了農村合夥的一些問

---

[18] 黃漢民、陸興龍著：《近代上海工業企業發展史論》（上海市：上海財經大學出版社，2000年），頁36、38-42。

[19] 黃鑒暉：《山西票號史》（太原市：山西經濟出版社，1992年第一版，2002年修訂版）。

[20] 苑書義、任恒俊、董叢林：《艱難的轉軌歷程──近代華北經濟與社會發展研究》（北京市：人民出版社，1997年），頁247。

[21] 皮明庥主編：《近代武漢城市史》（北京市：中國社會科學出版社，1993年），頁400。

[22] 羅群：《近代雲南商人與商人資本》（昆明市：雲南大學出版社，2004年）。

[23] 張正明：《晉商興衰史》（太原市：山西古籍出版社，1996年）。

[24] 黃鑒暉：《明清山西商人研究》（太原市：山西經濟出版社，2002年）。

[25] 劉建生等著：《晉商研究》（太原市：山西人民出版社，2005年）。

[26] 林玉茹：《清代竹塹地區的在地商人及其活動網路》（臺北市：聯經出版事業公司，2000年）。

[27] 以上均為臺灣師範大學歷史研究所一九八〇至一九八二年碩士論文，筆者很遺憾未能獲讀這幾部論文，相關介紹參見林滿紅：〈口岸貿易與近代中國──臺灣最近有關研究之回顧〉，載中央研究院近代史研究所編輯發行：《近代中國區域史研討會論文集》（1986年），下冊，頁907。

題。[28]美國學者曾小萍研究了自貢鹽業中的合夥制度，分析其投資結構、管理組織、合夥的分裂與重建、生產資料和利潤的分配、無限責任、股權、合夥合同、鹽業資本家等等，並比較了西方的合夥。[29]加拉德以一些合夥契約範本和實例分析了晚清民國時期的商業合夥契約內容，並比較了美國的合夥契約。[30]

由以上綜述可見，近代合夥企業的研究還相當薄弱。進入近代以後，作為古老的資本組織方式，合夥企業能夠保持強盛的生命力，它如何適應變化巨大的社會經濟條件？有什麼發展變化？管理體制是企業的核心問題，本文擬對近代合夥企業管理體制的發展變化作些探討，以見合夥企業在近代社會經濟條件下的發展，敬請批評指正。[31]

一　近代合夥企業的經營管理體制

清代前期合夥商號經營體制已分為合夥人負責經營、合夥人分擔經營和代理經營三種方式，表現出所有權與經營權結合與分離的不同形態。[32]近代合夥企業的經營體制也存在這三種形式，並且有所發展。

28　今堀誠二：《中國封建社會の構成》（東京都：勁草書房，1991 年），頁 695-1088。

29　曾小萍：〈自貢鹽場多重所有制的管理〉，載曾小萍、歐中坦、加拉德編：《早期近代中國的契約與產權》（杭州市：浙江大學出版社，2011 年），頁 215-251；曾小萍：《自貢商人——近代早期中國的企業家》（南京市：江蘇人民出版社，2014 年）。

30　加拉德：〈晚清和民國時期的商業合夥契約——範例和模式〉，載《早期近代中國的契約與產權》，頁 307-328。

31　需要說明的是，本文沒有涉及一些學者論述的自貢鹽業合夥經營，一則自貢鹽業的經營較為複雜，二則自貢鹽業是否合夥制學界尚有不同意見，如彭久松、陳然認為自貢鹽場實行契約股份制，絕非合夥制，參見《中國契約股份制》（成都市：成都科技大學出版社，1994 年）。

32　封越健：〈商人資本組織與經營體制〉，方行、經君健、魏金玉主編：《中國經濟通史·清代經濟卷》（北京市：經濟日報出版社，2000 年），中冊，頁 1302-1305。

（一） 合夥人共同執行業務，又可分為共同管理、分工負責和正副 經理負責制三種方式

1. 共同管理，合夥人之間並無分工。如光緒十三年四月謝盛和等五人合夥在黃山源開設義盛號，合同規定：「日後行內生意務要用心合意辦理……於行內有事大家俱要幫做。」[33]民國二十五年，侯慧康、麥友雲兩人合夥開辦孝感糖果廠，合同第一條規定：「侯、麥兩人為孝感糖果廠創辦人兼股東，所有該廠一切任務概歸侯、麥兩人負責」，第四條又強調：「廠內事無大小概由侯、麥負責（見第一項），但侯、麥兩人所擔任的工作或有輕重之分，則須由兩人各個量力進行，絕對不能以出力多寡爭論。」[34]民國三十年馮洪、蓮鏡榮合辦環球公司，雖名為公司，但合夥議據聲明：「本公司為合夥經營」，同時規定：「馮、蓮兩君同在公司內受職，兩人有同等權力，所有公司大小事務概須得兩方同意始可進行。將來工作雖有輕重之分，但權利義務絕對平均。」[35]

2. 合夥人分工負責。光緒二十六年成都曹少森、李鼎三、宓辰甫三人合夥創辦庚鼎藥房，曹少森出身商人家庭，經管全店事務；李鼎三是雙流縣有名外科醫生，負責製藥；宓辰甫是文人，負責照料門市和編寫藥品說明，三人同心協力，苦心經營。[36]民國八年成立的上海明錩機器廠，三位合夥人各有分工，馬金山聯繫慎昌洋行，趙雙全聯繫怡和洋行，吳賢章則專接德商洋行業務。[37]鐵嶺義和堂藥店的前身人和堂由王老茂、張老亭、田在心創辦，三人既是經理又是夥計，田在心在本店經營，王老茂下鄉，張老亭進城，分別到城

---

[33] 光緒十三年四月謝盛和等合夥開設義盛號合同，中國社會科學院經濟研究所藏「屯溪資料」，編號：B176.21。

[34] 民國二十五年二月侯慧康、麥友雲合辦孝感糖果廠合同，上海市檔案館藏Q225-3-52。

[35] 民國三十年四月馮洪、蓮鏡榮合辦環球公司合夥議據，上海市檔案館藏Q225-3-52。

[36] 葉若虛、姜夢弼：〈成都老藥鋪庚鼎藥房始末記〉，安冠英、韓淑芳、潘惜晨編：《中華百年老藥鋪》（北京市：中國文史出版社，1993年），頁523。

[37] 上海市工商行政管理局、上海市第一機電工業局機器工業史料組編：《上海民族機器工業》（北京市：中華書局，1979年第2版），上冊，頁253。

鄉各地進行賣藥活動。[38]

　　3.正副經理負責制，一位合夥人擔任經理，其他合夥人為副經理或協理協助經營管理。舊式商號中稱為掌櫃或執事、管事、司理者，與經理職權無異。[39]如清末甘肅涼州商業習慣：「甲與乙合資各若干，今將共營某行生理，某為頭掌，某為二掌」。[40]同治年間，河南溫縣人李某與郤陽人行培德合夥開設寶雞誠順和國藥店，行培德任經理、李某任副經理，兩人各有具體分工，分總管、業務、會計、外交等各司其職。[41]光緒二十六年上海胡德培源來冶坊、周舜卿新昌冶坊合併成立新源來冶坊，推舉胡家為經理，胡德培之第三子胡怡卿熟悉鐵鍋生產技術，專門掌握生產；周家為協理，掌握銀錢經濟。[42]

（二）　合夥人之一或數人管理，數人管理也有分工負責與正副經理負責兩種方式

　　1.合夥人之一負責管理。廣州銀號多為集股營業，一般設經理一人，多由股東擔任。[43]廣東典當業「司理多為股東所兼任……負全部管理之責，無論營業上事務上均受其支配。」[44]寧波典當業設總上一人，總理一切事務，「類皆由股東任之」。[45]其他如光緒三十一年臺灣鳳山街李角、陳捵吉、林川捍三人

38　董玉書：〈義和堂藥店百年興衰記〉，《中華百年老藥鋪》，頁119。

39　在廣東一些行業中，掌櫃僅負責掌管錢財，並非經理。見黃曦暉：〈廣州市土什木業見聞〉，廣東省政協文化和文史資料委員會編：《廣東文史資料精編‧下編‧第3卷‧清末民國時期經濟篇》（北京市：中國文史出版社，2008年），下冊，頁48、56。

40　〔清〕佚名：《武威縣民情風俗》，國家圖書館分館編：《清代邊疆史料抄稿本彙編》（北京市：線裝書局，2003年），頁208。

41　羅樹人：〈寶雞誠順和國藥店〉，《中華百年老藥鋪》，頁478、479。

42　《上海民族機器工業》，上冊，頁22。

43　伍文龍：〈1921-1935年廣州銀號瑣談〉，廣東省政協文史資料研究委員會編：《廣東文史資料》第20輯，頁188-189。廣州只有很少銀號設副經理。又廣州銀號有掌櫃，係銀號普通職員，與其他地方商號相當與經理之掌櫃不同。

44　區季鸞：《廣東之典當業》（廣州市：國立中山大學經濟調查處，1934年），頁4。

45　宓公幹：《典當論》（上海市：商務印書館，1936年），頁209。

合夥重建振寶裕商店糕餅鋪並砂糖商,「公同議舉李角為主理人,所有店中出入帳項、物品買辦以及雇退店夥,一切聽主理人主權。」[46]民國十三年劉鴻生、湧記號、劉吉生、義泰興號、趙文煥、胡海泉、戚錫峰七家開設義泰興白蓮涇棧房,公舉劉吉生為經理,「全棧事務營業用人等悉歸主裁」。[47]

工業企業中,如民國三十六年孔永卿、汪鴻福合夥開設上海大同染織廠,合夥議據規定:「本廠廠務由甲方(即孔永卿)負責經營,並有權進退一切員工」。[48]同年,袁惠慶等八人合夥創辦大陸毛紡織廠,合夥議據規定:公推袁惠慶為經理,「經理對外代表本廠,對內主持業務及職工進退與一切有關事宜」。[49]民國三十年張自立、曾養甫、燕春台集資在江西省樂平縣開採煤礦,「合夥人中得推定一人,依從全體合夥人之意見執行本合夥事業對內對外一切事務」。[50]

家族合夥企業一般由長輩或推舉管事經營。如瀘州皮仁仁堂藥鋪為乾嘉之際皮啟龍創設,後來演變為家族合夥企業,原先長輩為當然的管事人,清末以後由推舉出來的管事負責管理。[51]長沙勞九芝堂藥鋪從嘉慶元年(1796)四大房形成後實行「值年制」,每房選一人為值年負責經營,經理即由四個值年中互推,三年改選一次。[52]

清代前期不少家族合夥商號採取輪流經營的方式。[53]近代有的家族合夥企業延續了這種方式。重慶伍舒芳膏藥店康熙年間由伍宏憲開辦,長子伍思本

---

[46] 臺灣銀行經濟研究室編印:《臺灣私法商事編》(臺北市:臺灣銀行,1961年),頁119。

[47] 上海社會科學院經濟研究所中國企業史資料中心藏劉鴻記帳房檔案,卷號12-001。

[48] 民國三十六年三月大同染織廠合夥議據,上海市檔案館藏Q90-1-12-2。

[49] 民國三十六年大陸毛紡織廠合夥議據,上海市檔案館藏Q199-43-13。

[50] 民國三十年張自立、曾養甫、燕春台合夥契約,江西省檔案館藏J045-2-00332(1)-001。

[51] 皮德年:〈瀘州皮仁仁堂藥鋪〉,《中華百年老藥鋪》,頁535-536。

[52] 湖南省、長沙市民建、工商聯史料工作組:〈長沙老店──勞九芝堂藥鋪〉,《中華百年老藥鋪》,頁407。

[53] 封越健:〈商人資本組織與經營體制〉,方行、經君健、魏金玉主編:《中國經濟通史・清代經濟卷》,中冊,頁1303。

經營道門口店，次子伍思恒經營魚市口店。伍宏憲遺囑兩房子孫在本房所屬店內輪流值年管理。但道光年間道門口店並未實行輪流值年，由長兄一人管理達十七年之久。結果遭受虧損，弟兄三人於道光十七年（1837）訂立敦義分關，規定：「從此之後，逐年輪流承開，弟兄各守例規，三房子孫永遠遵守，不准違反例規」。這一制度一直延續到一九四九年後。[54] 但這種輪流經營存在爭權奪利、不顧企業的弊病。正如乾隆時徽商吳中孚指出，「輪年如同打劫，獨任尚顧門面」，「無論兄弟合夥共開一行，若輪流管事各要顧己囊私，不如獨自開行，尚圖下年，凡事寬議以顧門面」。[55] 伍舒芳膏藥店的輪流承開制後來也出現了類似的不良後果。

有的合夥企業係兩家企業合夥組織，則由其中一家負責管理。如慶豐紡織漂染整理股份有限公司（甲方）與建安實業股份有限公司（乙方）合夥在常熟經營家庭紡織工業社，契約規定：「特指定乙方為管理人，凡本社營業方針、業務、事務、人事、會計及其他一應事宜悉由管理人主辦之」。[56] 民國三十二年金城銀行與南洋企業公司合夥在無錫經營農具廠，規定由合夥人代表會「委託南洋企業公司管理經營，根據代表會所決定之業務方針處理」。[57]

2. 合夥人之數人分工管理者。同治十一年張蓉棠、倪仁毅、源昌義、趙國屏、彭菊亭、錢藹山在蘇州合開恒隆義號紙鋪，「店內銀錢進出並用人出進及各店坊一切帳目等情，統歸彭菊亭、錢藹山經理秉公酌辦，不得私徇」，[58] 係由股東二人經理。光緒八年臺灣林新發、馬長發、汪耀記、石謨記、王在記五人合開錦榮發布匹生理，石謨記、王在記分別為內外當事，

---

54 伍敬輿、伍儀訓、伍儀勤：〈歷史悠久的伍舒芳膏藥店〉，《中華百年老藥鋪》，頁497、498。

55 吳中孚：《商賈便覽》（乾隆五十七年〔1792〕刻本），卷1。

56 建安實業股份有限公司與慶豐紡織漂染整理股份有限公司關於經營家庭紡織工業社合夥契約（時間殘缺），上海檔案館藏Q371-1-78-1。

57 民國三十二年七月金城銀行與南洋企業公司經營經營農具廠合夥契約，上海市檔案館藏Q373-1-607。

58 滿鐵上海事務所調查室編：《中支慣行調查參考資料》第1輯（上海市：南滿洲鐵道株式會社調查部，1941年），頁341。

「當內事王在記調停設法,當外事石謨記,二人每月薪水均得八元;出郊採貨,無分大小,共相調停。」[59]廣州同德布店創辦於清光緒十九年,廣州陳、李、伍姓三人和一群布販水客戶合夥開設,店務由陳、李、伍三人主持。[60]

3. 實行正副經理負責制度,有的還有協理或襄理。咸豐五年(1855)暢昌遠、三合堂、暢昌光、武榮光、王時恩合夥在北京西直門內開設聚豐泰糧店,其中武榮光、王時恩既有錢股,又分別頂身力俸一俸二厘、一俸,[61]可知武榮光、王時恩既是股東又是經營者,而由其頂身力多少,可推知武、王分別為大掌櫃、二掌櫃。民國十九年張治本、陳崇道、徐之平、李芝山、尤天笙、穆永剛合夥開設上海久大桐油號,推舉張治本為經理,陳崇道為副經理,合夥議據規定:營業方針、夥友任免概由經理作主,副經理襄助。[62]民國二十九年林世良、紀子和等九人合夥組織華聯行,議據規定「本行對內對外各項事務由經協理共同負擔」,推舉股東林世良、紀子和分任經理、協理。[63]

工業企業中,如民國三十年元旦吳寶山、陳甫山、鄧玉泉等合夥開辦西安西京建中機器製造廠,經理吳寶山,副經理陳甫山、鄧玉泉均係股東。[64]民國三十六年二月羅立群等四人合夥在上海開辦中國飛輪製線廠,合夥議據規定:股東何寶驊、李瑞耀分任經理、協理,「號中生意來往、銀錢出入及夥友調動等情均歸經理秉公辦理」,而協理則「襄助經理一切事務」。[65]

工廠除經理外另有廠長。如民國三十一年春宋達軒等六人合夥開辦益大

---

[59] 《臺灣私法商事編》,頁99。

[60] 陳國康:〈廣州同德布店與夏布出口〉,廣州市政協文史資料研究委員會編印:《廣州文史資料》第14輯(1965年),頁45。

[61] 張傳璽主編:《中國歷代契約會編考釋》(北京市:北京大學出版社,1995年),下冊,頁1614。

[62] 滿鐵上海事務所調查室編:《中支慣行調查參考資料》第3輯(上海市:南滿洲鐵道株式會社調查部,1943年),頁225。

[63] 滿鐵上海事務所調查室編:《中支慣行調查參考資料》第2輯(上海市:南滿洲鐵道株式會社調查部,1942年),頁307。

[64] 陳真、姚洛編:《中國近代工業史資料》(北京市:三聯書店,1957年),第1輯,頁258-259。

[65] 民國三十六年二月中國飛輪制線廠合夥議據,上海市檔案館藏Q199-34-46。

機器廠，股東張銘三、張梅山分任經理、廠長。[66]經理與廠長的分工，據民國二十九年成立的蘇州民生煤基廠合夥議據規定，經理負責全廠業務計畫事項、進貨出貨事項、職員任免事項，廠長負責工廠監工事項、工人停雇事項、工作報告事項。該廠經理徐莘甫、廠長孫積昌均係股東。[67]

（三） 合夥人不參與業務，雇請經理負責。這也有經理一人負責經營及經副經理或協理經營兩種。

1. 雇用經理一人經營。如同治三年（1864）黃詩記、黃書記、聯美號、黃潛記、吳安記合夥於廈門建立聯昌號豐記，「交與黃青龍官專手管掌貿易各事宜」；五年黃詩記、黃書記、勝義號、黃敏記、黃潛記、林文記於廈門開張錦昌號，「交與王盛舍專手掌管貿易各事宜」，均是為了「任事歸於一人，權有專屬」。[68]光緒二十年陳善記、趙士記、王月記在上海英租界後馬路開設德日茶葉鋪，公議邀程昌盛為經理，「店中各務股東概不過問，由經理人調度一切以專責成」。[69]光緒三十一年湖南陳明亮、張種純、蔣存仁夥開義豐紙號，合同規定：「我等三人均不進店，店事公擇妥人經理，不得私雇。」[70]民國十六年劉鴻生、劉吉生、王榮先在江陰合股開設生泰恒煤號，公聘陸韞華經理號事。[71]

上述聯昌號豐記、錦昌號和德日茶葉鋪說雇用經理的原因是為了事權專一，但這不能充分解釋外聘經理的原因，因為合夥人之一負責經營也能做到事權專一。外雇經理的另一重要原因是為了避免合夥人內部爭權奪利。據當

---

66 陳真、姚洛編：《中國近代工業史資料》第1輯，頁259。

67 《中支慣行調查參考資料》第3輯，頁365。

68 陳盛明輯：〈晚清泉州「觀口黃」置業契約選〉，《中國社會經濟史研究》1985年第3期，頁105、106。

69 東亞同文會：《支那經濟全書》，第4輯（東京市：丸善株式會社，1907年四版），頁308-309。

70 湖南調查局：《湖南商事習慣報告書》（宣統三年〔1911〕），頁7a。

71 上海社會科學院經濟研究所中國企業史資料中心藏劉鴻記帳房檔案，卷號12-001。

年行業中人說，江門煙絲行業最大的四家莊號羅奇生、朱廣蘭、朱有蘭和廣恒的司理都是外雇而非股東擔任，其原因是家族中人擔任司理等主要職員，會形成分贓式的派工，勢必造成矛盾，互相牽制。[72]重慶桐君閣藥廠一九二四年成為許、連兩家合夥，但許氏始終為經理一職爭奪不已，一九三九年五月後改為聘請資方代理人擔任經理，才算平息爭端。[73]寧波名聞遐邇的壽全齋國藥號王氏家族股東之間明爭暗鬥經年不休，直至一九二六年北伐戰爭起後，衝突才暫告妥協，開始聘請外人任經理。[74]

家族合夥企業在初期由家族成員負責經營，但後來也出現雇用經理經營的現象。如杭州葉種德堂國藥號係葉氏家族各房合夥投資，嘉慶十三年（1808）創辦後歷由葉譜山及其後人經營，光緒年間葉譜山第四代葉鴻年因揮霍巨金以致店基空虛，改聘外姓沈吉慶為經理。[75]

不過由於習慣不同，經理職權也不同。如武漢合資經營紗號經理由股東聘任者，有的經理綜管店內一切，但有的則只管業務經營，而另由股東中推出一人為監督，總攬店內一切大權。[76]

2. 雇用正副經理或協理負責經營。清末調查湖南習慣，「習例經理人自獨力自行經理暨合夥兼充經理而外，皆係雇用性質」，「經理人受號主之委任，管理號中一切事務，俗稱管事，其幫同管理者稱副管事（票號、京貨號及河南幫藥材號類稱管事曰掌櫃，稱副管事曰二掌櫃）。」[77]上海錢莊一般設有經理，並有協理、襄理作為經理助手，大多非股東擔任。山西票號總號管理人員也非股東自任，有大掌櫃、二掌櫃、三掌櫃等，或稱總經理、協理、

---

[72] 文子熊：〈江門煙絲業五十年〉，《廣東文史資料》第20輯，頁50。

[73] 陳席璋：〈重慶桐君閣藥廠的今昔觀〉，四川省政協、四川省省志編輯委員會編印：《四川文史資料選輯》第4輯（1962年），頁66-67。

[74] 丁金林、陳燕璋：〈壽全齋國藥號〉，寧波市政協文史資料研究委員會編：《寧波文史資料》第6輯（杭州市：浙江人民出版社，1987年），頁110。

[75] 杭州市民建、工商聯文史組：〈杭州葉種德堂國藥號〉，《中華百年老藥鋪》，頁250。

[76] 周新民、程霖軒：〈武漢棉紗商業之興衰〉，武漢市政協文史資料研究委員會編印：《武漢工商經濟史料》第1輯（1983年），頁18。

[77] 湖南調查局：《湖南商事習慣報告書》，頁23a。

襄理等，大掌櫃（總經理）總理統籌全號內外事務，二、三掌櫃分工協助大掌櫃。

國藥號中，吉林幾家合夥的參茸國藥號均採取東股投資西股經營方式，經理、副經理（西方）是資方代理人，經理是掌握企業經營的全權代表，統一管轄企業的經營、財務、人事等重大業務，資方非到帳期無權過問（實際也不去過問）企業的經營情況。[78]其他商業中，如民國三十三年陸恒源芷記等十二人（記）合夥經營松江同泰公記醬園，聘任俞軼平為經理，金寶安為協理，均非股東，「凡處理本園對內對外一切經常事務，所有經濟之調度，職工之進退，會計帳務之管理，均由經協理全權辦理之。如遇重大事項應取決於股東會議後辦理之。」[79]

有的合夥企業雇用兩位經營者，但並未區分正副。如民國十八年柳運光、孫瑞夫、東來順、胡亦農、徐唯、趙錫純、于功業等七家合夥開設隆昌東記當鋪，由「趙大苗、買業三二人承領東本，經理鋪務各項事件、任用同人等項」，「以後鋪內所有大小事件、同人辛金股份等，均由二人經理分派辦理。又兼以上所訂各項條件，均由二人擔負完全責任，遇有他故，不得任意推委〔？諉〕商訂」。兩人的身股也相同，「作負〔？身〕股每人貳成，共四成」，可見兩人並無正副之分。[80]

（四）合夥人與夥外人共同經營

如同治二年鄧德陞、張作相、武榮光、武吉榮等在北京西直門內大街設立聚泰成糧店，其中武榮光既有錢股又有人力俸，而武榮吉僅有人力俸並非股東，兩者的人力俸均為一俸。[81]可見該糧店由股東武榮光與非股東武榮吉共

---

[78] 佚名：《吉林市參茸業（草）》（1959 年 9 月 12 日油印本），頁 27、28。

[79] 民國三十三年九月陸恒源芷記等合作經營同泰公記醬園合夥議據，上海市奉賢區檔案館藏 86-1-89-4。

[80] 傅為群：《近代民間金融圖志》（上海市：上海書店出版社，2007 年），頁 8-9 圖版。

[81] 張傳璽主編：《中國歷代契約會編考釋》，下冊，頁 1615。

同經營。光緒四年無錫同信昌改組,由彭榮記、顧藻生、王闇如、張略愚四人合夥,股東王闇如與非股東惠俊卿同任經理。民國八年同信昌再次改組,由楊叔鼎、張聽訓、彭祖壽、徐攸廷、卜霞卿合夥,公舉股東卜霞卿為總經理,協理孫燦庭、夏松泉則非股東。[82]民國三十一年袁河清等十八人合夥成立杭州五源銀號,公推股東袁河清為經理,「秉承董事長意旨處理號內經營業務,並進出銀錢及管理人事之職責」,另由董事會聘任協理一人襄理二人,「秉承董事長意旨,輔助經理處理號內一切業務」。[83]

有的合夥企業由股東任經理,夥外人為副經理,但由副經理實際負責經營。如民國年間寧波惠安當股權為林家多房所有。其業務管理的「總上」職位一直由林氏家人擔任,但副總上施基承一向受林氏族人委託,掌握該當全權。[84]

(五)總經理經理負責制

如民國四年施載春等十三人合股開設杭州胡慶餘堂雪記藥鋪,合同議據規定,由股東中公舉總理一人,協理二人,「凡堂中夥友進出,款項存欠以及各房各櫃各司務並進貨等事,隨時由經理、司賬商承總協理辦理,其重要事務尤須總理許可方生效力」,「所有堂中一切重要事務須由總協理商承辦理」。公聘非股東馮挺五、魏洪範為經理、副經理,「凡本堂夥友進退、營業進行、貨物賣買、款項往來及其他一切事由經理、副經理掌管之」。[85]總理、協理之地位、權力高於經、副理。一九一四年胡慶餘堂雪記設立上海分號,以杭州店為總管理處,先後以馮挺五、魏洪範為滬杭總經理,另委任

---

[82] 《中支慣行調查參考資料》第1輯,頁344、348。

[83] 《中支慣行調查參考資料》第3輯,頁218。

[84] 朱裕湘:〈惠安、豐長當店〉,寧波市政協文史資料委員會編:《寧波文史資料》第6輯,頁172。

[85] 《上海市國藥商業史料》附錄。按:本書為油印本,編印者、出版時間均不詳。原封面已失落,今題據內容所擬。

協理兩人分駐兩地管理。[86]民國三十五年上海姚濬甫、姚永耀、姚永輝、周梅根合夥設立華成德記五金電料號，合夥議據規定：公推姚永耀為總經理，姚濬甫、周梅根為經理，姚永輝為副經理，「本號各職員之任免以及日常各項事務之處理，均由經、副理辦理之。如遇有疑難大事，應會同總經理商決之。」[87]同年陳希陶等五人在上海合夥創設大江化學製藥廠，公推股東陳希陶、陸修浩分任總經理、經理，規定「本廠一切行政人事業務由經理秉承總經理意旨全權處理」。[88]從上述事例可見，擔任總經理者既有股東，也有非股東，掌握企業最高決策權，經副理則負責具體經營管理。

二　近代合夥企業的治理結構

在現代企業中，面對所有權與經營權分離造成的內部人控制問題，企業治理結構逐漸形成並不斷發展完善。如上所述，中國近代合夥企業中，所有權與經營權的分離已經相當普遍，自然也會出現內部人控制問題，合夥企業的經理手握經營大權，損害股東和企業的利益，如清末湖南調查商事習慣稱：由於經理人營私舞弊、虧空騰挪，以致商號「收歇甚而倒閉者多矣」。[89]面對內部人控制問題，中國近代合夥企業逐步形成了股東會、董事會、監理等一系列企業治理結構。

86　杭州胡慶餘堂製藥廠、杭州市民建、工商聯：〈杭州胡慶餘堂企業史〉，浙江省政協文史資料研究委員會編印：《浙江文史資料選輯》第3輯（1962年），頁21。一九二〇年總經理魏洪範病故後，不再設總經理，上海、杭州兩店協理都升為經理。

87　民國三十五年十二月姚翠金等人合夥開設華成清記五金電料號合夥契約，上海檔案館藏Q459-1-617-3。

88　民國三十五年四月大江化學製藥廠合夥議據，上海市檔案館藏Q90-1-11-9。

89　湖南調查局：《湖南商事習慣報告書》，頁21b。

（一）股東會

　　傳統合夥企業中，合夥契約大多規定：「店中事務，歸經理人秉公商辦，如有緊要事務，須邀集股東妥商，然後施行」，[90]並無制度化的股東會議。

　　合夥企業的股東會最早產生於何時，尚不能確知。據回憶材料，晚清時期的一些家族曾為其家族合夥企業事務召開子孫會議，這種子孫會議亦即股東會議。如溫州葉同仁國藥店光緒十一年因六房股東葉仰曾任經理時佔用店款兩千元，族長為此召開子孫大會，決議今後族內股東一律不得兼任經理，並明定經理、副經理、帳房、放帳（負責賒銷）、批帳（負責銷貨）為「五公座」，分掌店棧經濟大權。[91]瀘州皮仁仁堂藥鋪最高權力機構是家庭會議，只要幾個家長商量同意就可以舉行。藥鋪日常工作由負責人處理，重大事情需經過家庭會議。[92]又如成都陳同仁堂每年年終召開一次股東大會（平時有特殊情況亦可召開），由族中長輩主持，推選來年擔任職務的管事，並公佈一年帳目及盈虧情況，請大家審議。[93]由於記載缺乏，葉同仁堂和皮仁仁堂的家族會議是否制度化不得而知。成都陳同仁堂的股東大會已經定期召開，有制度化的傾向，只是這一制度何時形成已不能確知。據記載，寧波壽全齋國藥號在二十世紀初由於家族矛盾日趨尖銳而成立了股東會，[94]這應該是一種制度化的股東會。但在家族合夥企業中，由於家族統治，股東會中股東權利可能會受到影響。如成都陳同仁堂股東大會，從未有人敢對帳簿提出異議，股東有股而無權。[95]

---

[90] 光緒三十四年上海新祥鐵店（新祥機器廠）興隆議據，《上海民族機器工業》，上冊，頁211。

[91] 楊明潛：〈溫州古老國藥店葉同仁發跡史〉，浙江省政協文史資料研究委員會編：《浙江文史資料選輯》第11輯（杭州市：浙江人民出版社，1979年），頁197-198。

[92] 皮德年：〈瀘州皮仁仁堂藥鋪〉，《中華百年老藥鋪》，頁541。

[93] 姜夢弼、汪一江：〈綿延近兩百年的成都陳同仁堂〉，《中華百年老藥鋪》，頁507。

[94] 丁金林、陳燕璋：〈壽全齋國藥號〉，寧波市政協文史資料研究委員會編：《寧波文史資料》第6輯，頁110。

[95] 姜夢弼、汪一江：〈綿延近兩百年的成都陳同仁堂〉，《中華百年老藥鋪》，頁507-

　　據清末調查，湖南合股商號習慣，「有關於號內重大事務，各號主集議。意見不同時，習例由股份最多者決定。如股份相等，由年齡居長且熟悉商情者決定」，[96]這應該已經屬於股東會了，並且已形成一定的議事規則。民國時期合夥契約格式已經有股東會的規定：「每年開股東會議一次，凡號中有應興革事宜，須於會議時共同討論修改之」。另一份合夥契約格式十二條規定中有三條涉及股東會：「至每結算時，經理得召集股東會議，報告營業狀況及計畫對後業務方針」；「本行如遇非常事件，經理人得召集臨時股東會公決之」；「股東欲增加資本，推廣營業，須召集股東會議，得其多數同意方得增添之（若有特殊情形者不在此限）。」[97]有的合夥契約格式還規定股東會表決方式：「店中遇有重大失誤須經立合同人三分之二出席之會議行之，以出席員三分之二之同意為決議。」[98]合夥契約格式中股東會的規定，說明當時合夥企業中股東會已經很普遍並且制度化了，定有開會時間、討論內容等。

　　目前所見最早正式規定股東會制度的合夥契約為前引民國四年胡慶餘堂雪記合夥議據，規定：「股東會議時，所有公決之條件暨公舉之總協理等以及一切議決進行事務，均遵照股東會簽字之決議為憑，不得違背，以昭鄭重」，明確股東會決議為企業最高決策。又如民國二十九年林世良等創辦的華聯行合夥議據中規定：每月底召集合夥人會議一次，報告帳冊並討論營業改進之方針。雖然該行各項事務由經協理共同負責，但「重大之營業方針以及應舉廢之要事須由合夥人共同會議方能執行生效」，「本行如營業擴充擬增添職員時，得由會議通過准許」。[99]民國三十四年上海集豐麵粉廠合夥議據規定：「本廠每年農曆正月間召開股東會壹次，報告營業狀況，分致紅帳，

　　508。

96　湖南調查局：《湖南商事習慣報告書》，頁22a。

97　《中支慣行調查參考資料》第2輯，頁311、310。

98　吳瑞書編輯，許石庵校閱：《契約程式大全》（上海市：中央書店，1933年三版），頁28。

99　《中支慣行調查參考資料》第2輯，頁307、308。

並派給官紅利。」[100] 民國時期杭州某廠合股議據規定，本廠股東常年大會每年農曆正月二十日召開一次，討論本年度業務方針，並由經協理報告上年度營業狀況。本廠屆期是否繼續或擴充，亦在股東常年大會上決定。如遇必要時得由經、協理或股東一人通知經協理召開臨時股東會議決議之。[101]

由上述史料可知，至晚在民國初年合夥企業中的股東會已經制度化，開會期限有一月一次、一年一次等，會議內容包括選舉經理等管理人員、報告營業狀況、分派利潤，以及討論業務方針等。當然，合夥解散亦須經股東會全體同意。如民國三十一年杭州徐德昌南貨號及醬園、南京天民池浴堂、蘇州大康粉麩號的清算結束或解散啟事均聲明「經股東會決議」或「全體股東決議解散」。[102] 如遇必要，並可召集臨時股東會議。

股東會一般由出資人組成。有的股東會由合夥人和享受身股的職員組成。如綏化的錦和盛藥店始建於咸豐元年，由財股和人股組成股東會。[103]

股東會均有會議記錄，大多分為報告事項與議決事項兩部分。今舉民國三十六年一月十四日上海通益花紗工廠第五次股東合夥人會議會議記錄為例。此次會議正屆新年，會議重要議題為報告上年度會計結算及盈餘分配情況：

出席　　何千里
　　　　郭企青
　　　　馬子彝
　　　　吳申伯
　　　　馮雋生
　　　　顧新華

---

[100] 上海社會科學院經濟研究所中國企業史資料研究中心藏正信會計師律師事務所檔案，13-507。

[101] 《中支慣行調查參考資料》第3輯，頁221。

[102] 《浙江日報》民國31年1月7日、《民國日報》民國31年1月8日、《江蘇日報》民國31年2月24日，轉見《中支慣行調查參考資料》第2輯，頁318、320。

[103] 李靜時、黃士偉：〈百年藥店錦和盛〉，《中華百年老藥鋪》，頁167。

甘助予（顧新華代）

余駿聲

報告事項：

一、馮經理報告卅五年度會計決算如左：

純益：一五六九六九四一・八六元，

提公債金10%，一五六九六九四・一九元，

提所得稅30%，四七〇九〇八二・五六元，

提官利周息20%，五〇〇〇〇〇〇元，

淨餘：四四一八一六五・一一元。

以上報告經監理馬子彝君稽核無誤，並經全體合夥人通過准予備案。

議決事項：

一、卅五年盈餘照合夥議據分配如左：

　　甲、淨餘四四一八一六五・五八元，

　　　　股東得70%，計三〇九二七一五・五八元，

　　　　職員得30%，計一三二五四四九・五三元。

　　乙、職員部分紅利分配，業由馮經理擬具分配表，提請大會通過

　　　　如擬發給。

　　丙、合夥人酬勞金，按照第四次會議記錄，於股東紅利內撥出

　　　　十四分之一作為股東紅利酬勞金，按合夥人平均分配之。

二、本工廠資本金原為法幣三仟萬元，分為五拾股，每股法幣六拾萬

　　元。茲決自本年度二月廿一日起，增為法幣壹億元，仍分為五拾

　　股，每股法幣弍百萬元。除原額三千萬元外，其應增資本柒仟萬

　　元，照各合夥人原出資額比例增加之。所增資金柒仟萬元現金一

　　次收足。

各股東所認股本如左：

何千里君認拾股計法幣貳仟萬元，

郭企青君認拾股計法幣貳仟萬元，

吳申伯君認五股計法幣壹仟萬元，

馮雋生君認五股計法幣壹仟萬元，

余駿聲君認五股計法幣壹仟萬元，

甘助予君認五股計法幣壹仟萬元，

顧新華君認五股計法幣壹仟萬元，

馬子彝君認五股計法幣壹仟萬元，

以上共五拾股，合計資本法幣壹億元。[104]

（二）董事和董事會制度

　　傳統宗族／家族組織中，存在以族長為核心的祠堂，處理宗族／家族大事。在家族合夥企業中，有的家族祠堂起到了董事會的作用。如前述慈溪葉氏家族創辦的溫州葉同仁國藥店，葉氏家族在原籍有家廟「崇敬堂」（後簡稱「公堂」），逐漸形成一套比較完整的制度，應用到企業中去。太平天國戰爭結束之後，訂立了由「公堂」管理企業的一些制度，把企業的人事、財務、經營等大權都抓在手裡，包括企業重要人員的去就調動、企業結算制度和每年純利數、企業買賣田產和大筆現款的動用、丸散膏丹的配料及其品種、規格等，都由公堂決定。光緒年間，公堂又訂立管理制度（店規）十條，在店內懸牌公佈執行。[105]常德聶振茂藥號從清後期開始，其經營決策和人事更替的主宰，都受命於江西原籍的宗族決策機構淵源堂。因淵源堂尊長輩的權威逐漸動搖，股東內訌加劇，抗戰勝利後，經族人反覆醞釀，決定將長輩的權力，改為由五大房各推一人集體協商族務的辦法。[106]葉氏家族的公堂、聶家起先的淵源堂和後來五房各推一人協商，都相當於董事會。民國年間，家族合夥企業也有正式成立董事會。聶振茂藥號民國三十六年因家族

---

[104] 通益花紗工廠股東會會議錄，上海市檔案館藏Q372-1-71。

[105] 楊明潛：〈溫州古老國藥店葉同仁發跡史〉，浙江省政協文史資料研究委員會編：《浙江文史資料選輯》第11輯，頁195、197、198-199。

[106] 聶慶鈞：〈常德聶振茂藥號〉，《中華百年老藥鋪》，頁419-421。

內訌加劇，同時部分股東退股，改組為新記聶振茂，股東會議決定成立董事會，董事會成員打破五大房各推一人的界限，投票選舉董事五人，互推董事長。[107]寧波壽全齋國藥號在一九三一年也成立董事會。

筆者所見最早明確設置董事的合夥企業為胡慶餘堂雪記藥店，前引民國四年胡慶餘堂雪記議據規定：由股東中選任董事五人，「凡堂中辦事營業進行須隨時督察」，任期以三年為限。據說胡慶餘堂雪記也有董事會和董事長、常務董事等組織和職位，不過名目不同。[108]其他一些合夥企業也有成立董事會的。

董事會制度較為完備的是民國三十一年成立的杭州五源銀號。其合夥議據規定，由股東會議決採用董事制；設董事五人並互推董事長一人，任期兩年，得連選連任。首屆選出的五人董事全為股東。董事長為董事會主席，每月十日召集董事會常會一次，商議號內業務，董事會決議合夥一切事務，訂定營業規則；遇有特殊情形時得召集股東會議。開會時得邀請經、協、襄理列席；董事會並可聘請顧問二人，得列席董事會議。經理由董事會從股東中推選，而協理一人、襄理二人由董事會聘任，經理、襄理均秉承董事長意旨處理號內經營業務，並進出銀錢及管理人事之職責，董事長有管理督察號內銀錢帳目、查點庫存及職員考勤之權，負有策進一切業務之職責。[109]由此觀之，董事會實際為五源銀號最高決策機構。

（三）股東代表和監理、監察等

清末湖南調查商事習慣稱：由於經理人營私舞弊、虧空騰挪，以致商號「收歇甚而倒閉者多矣」，因此「邇來招股營業者規定股東多人中特派一人為總稽查，又或另派查帳人」，「是為合夥號主之良法。」[110]民國初年調查，山

---

[107] 聶慶鈞：〈常德聶振茂藥號〉，《中華百年老藥鋪》，頁421。
[108]《上海市國藥商業史料》（油印本），頁26。
[109]《中支慣行調查參考資料》第3輯，頁218-219。
[110] 湖南調查局：《湖南商事習慣報告書》，頁21b。

西大同習慣,「二人以上開設之商號,得於諸財股中擇一信用較著熟悉商情者,監督營業,檢查帳簿,謂之書名人」。[111]這些記載說明,正是在所有權與經營權分離的情況下,近代合夥企業設置了股東代表、監理、監察等職務。

一些合夥企業設有股東代表。如光緒元年創辦的長沙北協盛藥店股東中推選總代表一人,每年一換。股東有事找總代表商議,平日不得過問店事,妨礙經理職權。[112]民國三十六年成立的上海通益花紗工廠合夥議據對合夥人代表職責有較為全面的規定,合夥人代表負對內對外一切權責,包括:召集股東會議並為股東會主席;為全體合夥人代表對外簽訂契約,如因事不能親自辦理時得指定股東代理;推薦聘任或罷免經理、副經理、襄理,並提請股東會通過;監督考核業務事務上一切重要措施。[113]民國三十一年成立的聯貿行規定:「本行為便利促進業務,在股東會閉會期間推定朱文熊股東為本行股東代表,負責處決本行一切重要事項」。[114]由上述事例看來,股東代表權力甚大。但瀋陽天益堂藥店雖設股東代表一人,地位並不重要,大權掌握在股東監理手中。[115]

監理多由股東兼任。監理最早亦見於前引民國四年胡慶餘堂雪記議據。雖同為監理,但各合夥企業的監理職權不大一樣。前引胡慶餘堂雪記合夥議據規定,從股東中公舉監理二人,任期三年,凡夥友有不正當之行為或隱戢舞弊等情,得隨時質問經理、司賬,並得隨時檢閱簿據,報告總協理,邀集股東開臨時會公決辦法。民國三十一年成立的杭州文俊記紙行,監理與總經理、經理、協理均由股東擔任,職權與總經理、經理、協理無異,職員酬勞、進退、召集股東會議等事項均由監理與總經理、經協理一起進行,惟帳

---

[111] 吳桂辰等編纂,周東白校訂:《中國商業習慣大全》(上海市:世界書局,1923年),〈第七類合夥營業之習慣〉,頁3。

[112] 張德文:〈北協盛藥店〉,《中華百年老藥鋪》,頁411。

[113] 上海社會科學院經濟研究所中國企業史資料研究中心藏正信會計師律師事務所檔案13-120。

[114] 民國三十一年一月李戴三等夥設聯貿行合夥股單據,上海市檔案館藏Q373-1-597。

[115] 張志民:〈回憶天益堂藥店〉,《中華百年老藥鋪》,頁114。

冊各股東「得隨時會同監理查閱」。[116]而瀋陽天益堂藥店民國二十六年起增設股東監理一人，常年駐櫃，決定和處理企業的重大事宜，以及有關經理、副經理的任用和掌櫃的去留，人員的調轉升遷，機構設置和關閉，經營範圍，分號經理的任命和利潤分配等，並有授權經理和副經理負責藥店的日常經營管理的權力，[117]實際上掌握了企業大權。民國年間杭州某廠合股議據規定，監理兩人由股東擔任，其職責包括審核每年農曆六月底小決算會計報告表；如遇資金不敷，經協理得商請監理籌措之；如欲兼營其他商品，經協理商須得監理同意。[118]上海錢莊在經理之上有時設有股東委派的監理或督理，但均無實權，只處於參預的地位。[119]個別錢莊的督理雖不至純粹空頭名義，亦不過與經理處於同樣地位，如光緒十一年咸泰錢莊改為協源錢莊，原經理林敦安改任督理，合同規定：「進出往來放款現換各事以及各友去留」，均歸督理林敦安與經理沈文燦匯商主裁，「以歸責任」。[120]但也有說這種督理雖無職權和位置，「乃專密察經理之行為，及參預莊中重要事件者，遇必要時，隨時報告股東」。[121]

有的合夥企業有監察一職。長沙勞九芝堂從每房各選一人為監察，負責審核帳目，三年一任。[122]民國十八年大生一、二、三廠及朱友仁等十人（記）合夥成立大孚紗布經紀號，合夥議據規定：推舉股東吳蘊齋為監察人，「隨時監察號內一切事項，及查核各項賬籍報告股東」。[123]民國三十四年上海集豐

[116]《中支慣行調查參考資料》第3輯，頁223。

[117] 張志民：〈回憶天益堂藥店〉，《中華百年老藥鋪》，頁114、107。

[118]《中支慣行調查參考資料》第3輯，頁220-221。

[119] 郭孝先：〈上海的錢莊〉，轉見中國人民銀行上海市分行：《上海錢莊史料》（上海市：上海人民出版社，1978年），頁479。

[120]《上海錢莊史料》，頁461、465。

[121] 戴藹廬：《生意經》（上海市：現代書局，1929年），頁48。

[122] 湖南省、長沙市民建、工商聯史料工作組：〈長沙老店——勞九芝堂藥鋪〉，《中華百年老藥鋪》，頁407。

[123] 民國十八年一月吳味記等組織大孚紗布經記號合夥合同，上海市檔案館藏Q372-1-454。

麵粉廠為張為民等十三人（記）合夥開辦，任周幼卿為監察，有管理全部職工勤惰以及審核經理年終營業報告之權。[124] 上述勞九芝堂、大孚紗布經紀號的監察均由股東擔任，集豐麵粉廠的監察不清楚是否股東。大致看來，審核帳目、營業狀況為監察重要職責。

有的企業設有稽察員，其職責當與監理或監察相同。民國二十年上海張俊華、許鶴翔等五人合夥投資建立升隆鐵工廠，合夥議據規定：「推張俊華、許鶴翔兩君為稽察員，逐日得查閱帳目，隨時商酌全廠事務」。[125]

有的企業同時設監理和監察。民國十年培昌號、義泰興、劉鴻生、徐玉生、劉吉生合股組織聯義煤號，在經理之外公推股東劉吉生為監理，「監理一切並對於銀行錢莊支取銀錢負簽字之責」，又公推股東丁福憐、徐玉生為監察，「監察全號一切事宜」，[126] 兩者分工不甚清楚，大概監理側重銀錢進出。

民國年間北京典當業有「總管」，其職位與經理並行或位處經理之上，受股東委託監督一切對內對外事務，並負有監督帳簿責任。其他對外交際，內謀發展，籌畫資金流動，報告股東營業狀況等事，皆為總管應盡之職。實際起到監理作用，但不干預營業。[127]

部分國藥號有瞭高先生一職，有的相當於其他企業中的監督或監察。如杭州葉種德堂國藥號設瞭高先生一職，其權力可以監督各部門、檢查倉庫、監督領料配製。門市各部專櫃負責人頭櫃不在時，瞭高先生亦常臨察看櫃上情況。[128]

---

[124] 上海社會科學院經濟研究所中國企業史資料研究中心藏正信會計師律師事務所檔案，13-507。

[125] 民國二十年十月張俊華等合夥投資建立升隆鐵工廠的合同，上海檔案館藏Q459-1-499-4。

[126] 上海社會科學院經濟研究所中國企業史資料研究中心藏劉鴻記帳房檔案，卷號15-023。

[127] 中國聯合準備銀行調查室：《北京典當業之概況》（北京市：和記印書館，1940年），頁11；宓公幹：《典當論》，頁82。

[128] 杭州市民建、工商聯文史組：〈杭州葉種德堂國藥號〉，《中華百年老藥鋪》，頁251。

三 小結

　　合夥業務一般由合夥人共同執行，也可由其中一人或數人執行。民國十八年十一月公佈的《中華民國民法》「債編」第六百七十一條對合夥事務的執行有如下規定：

> 合夥人之事務，除契約另有訂定外，由合夥人全體共同執行之。
>
> 合夥之事務，如約定由合夥人中數人執行者，由該數人共同執行之。
>
> 合夥之通常事務，得由有執行權之各合夥人單獨執行之。但其他有執
>
> 行權之合夥人中任何一人，對於該合夥人之行為，有異議時應停止該
>
> 事務之執行。

民國時期的法學家或經濟學家解釋這一法律的意思為，合夥企業一般應由所有合夥人共同執行或約定由其中數人共同執行，通常事務得由各合夥人單獨執行。[129]《大清民律草案》第八〇二條和《民國民法草案》第六六〇、六六二條規定與此相似。[130]

　　但在實際經濟實踐中，合夥企業的經營體制並非如此簡單。從上文可見，近代合夥企業經營體制比清代前期有所發展，除清代前期已經存在的合夥人負責經營、合夥人分擔經營和代理經營三種方式外，還出現了正副經理負責制度、總經理經理負責制。而近代合夥企業管理體制最大的發展變化是在實行經理經營制的合夥企業中，出現了股東會、董事（會）、股東代表、監理、監察等治理結構，這不但是清代前期所無，而且與合夥企業的一般經營體制不同，也不見於近代幾部民法，是中國近代合夥企業的重大制度創新。

　　近代合夥企業管理體制的發展，一方面是由於企業發展所致，另一方面

---

[129] 朱方、吳瑞書：《工商法律大全集詳解》（上海市：政法學社，1930年），頁131；劉朗泉：《中國商事法》，頁76；王澹如：《企業組織》（上海市：中華書局，1936年），頁27。

[130] 楊立新點校：《大清民律草案民國民法草案》（長春市：吉林人民出版社，2002年），頁103、292。

也是由於近代社會經濟的刺激，譬如經理、董事、監理等名詞顯然是受到外來公司制度的影響。另外，值得注意的是，傳統宗族制度在合夥企業股東會、董事會制度形成中的作用。

試論近代中國市場經濟的初步發展與體現

朱蔭貴[*]

　　傳統中國以農立國，農業和家庭手工業相結合以家庭為單位的自然經濟體制綿延了數千年。十九世紀中葉後西力東來，大機器工業產品和生產方式進入中國，強烈震撼和衝擊著中國原有的自然經濟體制，衝擊和改變著中國人的生產生活方式。在此過程中，中國原有的經濟結構和生產體制逐漸解體，一種不同於以往長期存在的小生產方式而依靠市場進行產品和要素交換的新型經濟結構，也就是依託大機器工業化的生產方式在近代中國悄然興起，並逐漸成長壯大，這就是近代中國市場經濟體制的誕生和發展。

　　市場經濟[1]體制，根本和外在的特點是通過市場進行交換和資源優化配置的一種經濟體制，是一種與以往經濟結構有本質不同的新型經濟體制，本質與工業化聯繫在一起，是大機器時代的產物。這種經濟體制能夠成立和發揮作用，必須具有一系列配套的能夠保障市場成功配置資源的前提條件和規則。以下的幾方面尤為不可欠缺：1. 有一系列能夠保障市場配置資源順利進行而又為參與市場配置資源的各方所接受和遵守的法律規章。2. 能夠使參與市場交易的人、財、物能夠順利快速流動的交通工具和通道的存在。3. 具有

---

[*] 上海復旦大學歷史系教授。

[1] 關於市場經濟，定義很多，有人認為封建社會中就存在市場經濟。但正如合股制不等於股份制一樣，真正意義上的市場經濟應該與社會化大市場聯繫在一起，也就是說，市場經濟是社會化的商品經濟，是市場在資源配置中起基礎性作用的經濟。市場經濟具有平等性、競爭性、法制性、開放性等一般特徵。市場經濟是實現資源優化配置的一種有效形式。

交易各方融通、匯兌和資金決算的金融體系。4. 市場經濟伴隨著工業時代和生產社會化的到來而誕生，因此還需要大機器製造業有一定的發展，在量上要有一定規模，在質上要達到一定層次。

也就是說，市場經濟從內在來說，是經濟體制從農業時代過渡到工業時代的產物，是大機器工業有所發展以後反映出來的經濟特徵和要求。筆者認為，近代中國是一個巨變的社會，儘管外在環境動盪、貫穿著國內外戰爭和種種不利因素，可伴隨著大機器工業的誕生和發展，市場經濟仍然經歷了萌芽和逐漸成長的過程。簡言之，筆者認為，晚清洋務運動和十九世紀末期的「清末新政」，是市場經濟誕生和萌芽的時期，此後有所發展，到一九三七年抗戰全面爆發時為止，中國市場經濟的輪廓已基本完成，儘管還不夠成熟，但已經基本成型。

以下，筆者將對此問題進行論述，把自己近年來的認識和思考提出來與大家探討，以達到拋磚引玉和對此問題進行深入追索的目的。

一　此前學術界對此問題的有關回顧

在探討近代是否存在市場經濟體制之前，有必要梳理和回顧一下此前學術界對此問題的認識。

整理前人研究成果，中國經濟史學界此前以「市場經濟」為題進行的研究成果極少，但以「市場」、「民族市場」、「統一市場」、「全國性市場」等等的研究成果卻相當多，[2] 此前學術界在二十世紀六○年代和八○至九○年代

2　以「市場經濟」為題的研究成果只有郭庠林、張立英《近代中國市場經濟研究》（上海市：上海財經大學出版社，1999年）和葉世昌、施正康《中國近代市場經濟思想》（上海市：復旦大學出版社，1998年），後者研究的是思想。前者雖研究的是近代中國的市場經濟，可對近代中國市場經濟的前提、標誌、外在和內在表現並等沒有給出明確的看法和標誌。關於市場方面的成果則相當多，尤其是探討清代市場的研究成果相對集中，具體情況可參見牛貫傑《17-19世紀中國的市場與經濟發展》（合肥市：黃山書社，2008年）的第一章和書後所附〈參考文獻〉。

對「市場」問題進行過相對集中的大討論，研究的對象集中於清代，也就是近代之前的市場和與之相關的各種問題。研究市場問題的領軍人物吳承明先生在回顧自己的研究經歷時談到，他是從一九八一年開始注意從事市場和商業史的研究的，「先是從商路、商鎮、主要商品的運銷和大商人資本等方面，分別考察了明代、清代和近代的國內市場；九〇年代，又從人口、物價、財政、商稅、貨幣等問題上，考察了十六至十七世紀和十八至十九世紀上葉的中國市場」，並將最終的落腳點放在「現代化因素」考察上，也就是「用市場和商業來研究現代化因素的產生和發展，符合這時期需求牽動生產的歷史情況」。推動吳承明先生進行這種轉變的動因，是他認為清代經濟史研究的視角，應該從原來的「資本主義萌芽」轉換為「市場發展」。這樣一可解決「資本主義萌芽」資料稀疏難以做宏觀考察的弊端；二是代之以「現代化即市場經濟」的預設前提，可以解決「現代化即資本主義化」的理論矛盾，從「實現現代化不一定必須經過資本主義社會」出發，推理證明為何中國能夠「由半封建社會進入社會主義」。吳承明先生認為，「任何一個國家或民族，遲早總會由傳統社會進入現代社會，但是，正像歷史上有的國家或民族沒有經過奴隸制社會、有的沒有經過封建社會那樣，實現現代化也不一定必須經過資本主義社會」。中國就是「由半封建社會進入社會主義的。但進入社會主義後，仍然要建立市場經濟體制，才能實現現代化」。[3]

　　學術界對清代經濟和市場的分析研究中，出現不少觀點和流派，其中就有「兩種截然相反的看法」，一派持保守的悲觀態度，認為清代經濟深受「內卷化」威脅，從而「較多討論的是長江三角洲怎麼未經歷根本性的經濟突破，而對這一地區如何取得經濟成就，則談得較少」；另一派則持樂觀態度，認為「明清中國與歐洲有著類似的經濟成長的動力」，表現為「有效的市場機制的繼續擴大」。[4]然而這兩派對於清代市場出現巨大發展這一背景並

3　吳承明：〈中國的現代化：市場與社會（代序）〉，《中國的現代化：市場與社會》（北京市：三聯書店，2001 年），頁 7-9。

4　王國斌：《轉變的中國——歷史變遷與歐洲經驗的侷限》（南京市：江蘇人民出版社，1998 年），頁 20-21。

沒有分歧。

在對前人研究進行總結分析後，李伯重的研究具有總結和歸納性。他認為，清代前期中國已形成一個整合良好的「全國市場」。這個全國市場形成的基礎有以下五方面：

首先是政治環境的改善。明清時期，中國內地極少存在貿易障礙，內地與邊疆之間的貿易限制在清代逐漸減弱乃至消失。一套標準的度量衡制度已在全國普遍通用，幣制也逐漸統一為「白銀化」。此外，政府很少干預國內貿易，相反到常常鼓勵糧食和其他一些商品的長途貿易。

其次是交通運輸的發展。水運方面，到十九世紀中期，中國水域航行船隻超過二十萬艘，總載量達四、五百萬噸。陸運方面，到十九世紀初，一個由十二條商業幹道組成的陸運網已形成。這些幹道不僅將所有內地省分和大多數主要城市連接起來，且將蒙古、新疆、西藏、青海等邊疆地區同內地相連。

第三是地區專業化與勞動分工的發展。中國在十九世紀前已形成三大經濟地帶：東部發達地帶、中部發展中地帶和西部不發達地帶。具體而言，東部發達地帶從中部發展中地帶和西部不發達地帶獲得糧食、肥料、礦產品、木材和多種原料，同時向後兩地帶提供製成品、資金、技術、人力乃至財政支援。以此地域分工為基礎，中國形成一個以長江三角洲為核心、上述三大地帶為腹地的經濟整體。

第四是商人集團與商人資本的成長。商幫出現於十六世紀後期，在以後的幾個世紀中迅速發展。這些商幫全都從事長途貿易，創建了各自的跨地區商業網。其中徽商和晉商所建立的商業網，幾乎涵蓋全國。商業資本也迅速集中到大商人手中。

第五是農村商業化與工業化。中國許多農村出現商業化與工業化的趨勢，這是此時期中國經濟發展最顯著的特點之一。十九世紀初期，超過六分之一的中國人口必須通過市場來獲得口糧。這些人口包括一千多萬戶從事經濟作物種植的農戶。中國一半以上的農戶不織布，必須從市場上購買所需要的棉布。一些西方學者甚至認為：與近代早期西歐相比，明清中國的農村可

能是「過度商業化」和「過度工業化」。

李伯重認為，這時候全國市場形成的標誌有四：

一是商品流動。商品流動中，跨地區貿易是關鍵。一五〇〇年至一八四〇年，中國的跨地區貿易增長非常迅速。若以鈔關稅收為參數，長途貿易量增長了三十九倍之多。跨地區貿易的商品，無論在品種還是數量上都大為增加，同時市場上的工業品總值超過了農業品。長途貿易量所占的比重有可能在百分之三十左右。以近代以前標準來看，這些比重都相當高。

第二是勞力流動。十七世紀以後，經濟移民逐漸成為主流。大多數移民從人口稠密、經濟發達的東部地區，流向人口較少、經濟較落後的中部、西部以及東北和臺灣。東部地區的城鎮也從附近農村和國內其他地區吸收數量可觀的移民。如從十七世紀初期到十九世紀中期的兩百多年中，長江三角洲的城市化水準大約提高了一倍，從百分之十增加到了百分之二十，使該地區成為當時世界人口最為稠密的地區。

第三是資金流動。十八世紀，中國出現了帳局、錢莊、票號等從事資金轉移的金融機構。到十九世紀初期，晉商已建立起全國性的金融網。

第四是資訊流動。在三個多世紀中，有兩種商業情報收集方式在中國商人集團中得到普遍運用。一種主要用於晉商中間，晉商票號通常實行聯號制，總號設於山西原籍，外地重要城市廣設分號。總號與分號間進行頻繁的資訊交流，以掌握各地市場動向。另一種則多為徽商採用，主要通過宗族紐帶收集商業情報。大商人常常借祭祀等機會召集在各地經商的族人集會，交流各種資訊。至於眾多獨立經營的中小商人，多借助商人會館進行商業資訊交流，至十九世紀初期，會館遍及全國主要城市甚至若干市鎮。[5]

在眾多的研究成果中，都認可一個事實，就是清代全國性的市場已經確立，這個確立的標誌，是城鄉市場網絡體系的形成。這個城鄉市場網絡體系的形成過程，實際上也就是市場機制的逐漸形成過程。因此，「十九世紀中

5　李伯重：〈中國全國市場的形成：1500-1840 年〉，載於《清華大學學報》（哲社版）1999 年第 4 期。

葉外國資本主義的入侵,並非創建了一個新的市場體系,不過是利用和部分改造中國原有的市場體系來為之服務。鴉片戰爭後,帝國主義列強選擇的通商口岸都是原來重要的流通樞紐,其洋貨傾銷和原料掠奪也都利用了中國原有的市場網絡──從城市直至農村集市。[6]

以上這些研究,討論了市場、市場機制、市場網絡等等,但可能因中國尚未正式進入大機器工業時代的緣故,因而討論中並未涉及市場經濟。

十九世紀中葉西方列強通過堅船利炮打入中國後,中國被捲入世界經濟的發展潮流中,被動和主動的開始了工業化的進程。大機器工業在中國土地上誕生,資產階級、無產階級、資本主義在中國社會中出現,也因此,出現了認為應以代表市場發展的資本主義經濟為中國近代經濟史研究中心線索的看法,典型者如上海社科院經濟所丁日初先生就認為:「應以資本主義經濟的發展作為中國經濟史研究的中心線索」。他認為在近代中國,資本主義是新興的、先進的生產方式,顯著的發展了社會生產力,初步奠定了國家現代化的經濟基礎,並促進了政治和文化方面現代化的進展。他說:「資本主義經濟在近代國民經濟中始終不佔優勢,然而,他影響傳統經濟,決定著中國經濟的發展方向,所以成為近代中國國民經濟中的領導成分。就像工人階級雖然在全國人口中所占的比重很小,但他卻成為新民主主義革命的領導力量一樣」。[7]

以上所舉的這些研究,對理論和學理方面的探討較多,實證性的研究較少。時段上也主要集中在清代西方資本主義列強進入中國之前,探討的主要是市場的是否形成和市場的形成路徑、水準、地方性市場還是全國性市場等問題上。西方資本主義進入中國後,關注的重點又集中在是否應該以資本主義發展為中國近代經濟史研究的中心線索上,等等。對市場經濟本身特別是在近代中國到底有沒有市場經濟,如果有的話,具體表現如何以及特點是什

6　許檀:〈明清時期城鄉市場網路體系的形成及意義〉,載於《中國社會科學》2000年第3期。

7　丁日初:《近代中國的現代化與資本家階級》(昆明市:雲南人民出版社,1994年),頁8-9。

麼的關注和分析很少或基本沒有涉及，因此筆者嘗試在此進行一些粗線條的歸納和分析。

二　近代中國市場經濟的初步發展及表現

在一九四九年前的整個近代，中國共經歷了三個政權時期：晚清政府、民國北京政府和南京政府。晚清政府時期的洋務運動開啟了中國大機器工業興辦的大門，一九〇〇年後晚清政府實行的新政鼓勵民間興辦企業「實業救國」。可洋務運動時期政府沒有放開民間興辦企業的限制，也無相應的法律規章保障，一九〇〇年後的晚清新政存在的時間很短，大機器工業的真正興起和實質性的轉折發生，是從一九一一年的辛亥革命推翻晚清政府才開始的。

首先，辛亥革命給中國社會各階層發展經濟提供了法律保障。辛亥革命之後制定頒佈的中華民國《臨時約法》規定，國家主權屬於國民全體，「人民有保有財產，及營業之自由」。這是中國第一次以近代國家憲法——根本大法的形式宣佈中國國民的權利，破除了國民從事社會經濟活動的枷鎖，為社會經濟活動的發展提供了法律保障。此後，被任命為民國政府農林工商（後改為農商）總長的張謇，在一九一三至一九一五年的任期內，主持全國農林、工商政務，編訂頒佈有關工商礦業、農林業、漁牧業等的政策法規二十餘種。這些政策法規涉及社會經濟生活的各方面。特別是在保護民族幼稚工業，招商頂辦官營企業，統一度量衡制度，統一鑄幣權，改組商會、減免稅厘以及引進外資，興辦實業等方面，制定和頒佈了一系列的法律法規，初步構築了近代中國工商實業方面的法律體系，這是辛亥革命前從未出現過的現象。許多法律法規和施行細則都填補了此前中國工商法律的空白，對中國民族工商實業和社會經濟的發展，提供了法律制度的保障。

在民國政府提倡鼓勵興辦實業和法律法規的保障下，各種實業團體紛紛成立。近代中國經濟開始了迅速發展的一段時期，這是辛亥革命帶來的第二個大的變化。據不完全統計，僅民國元年宣告成立的實業團體就達四十

餘個；截止一九一五年十二月，遍佈全國各省區的此類實業團體達一○七個。[8] 這些實業團體的行業以及旨趣雖然各有不同，但振興實業，強國富民卻是共同的目標。在輿論宣傳和社團組織的影響推動下，中國出現了興辦實業的熱潮。據農商部的統計，僅僅在一九一二年和一九一三年，中國新成立的工廠數就分別達到二○○一家和一二四九家。到一九一六年全國的工廠數達一六九五七家，一九一八年全國工廠資本數達一億五千萬元以上。[9]

此後，隨著第一次世界大戰爆發，中國經濟迎來了難得的發展機遇，這期間中國經濟發展進程中最為引人注目的現象，是一批民間資本企業集團的快速崛起。也因此，這段時期被中外研究者稱為中國資產階級發展的黃金時代。[10]

在這些中國民間資本企業集團的崛起方式中，有首先從事一種行業，取得成效後逐步擴展，最終形成橫跨紡織、燃料、建材、採礦、火柴、運輸、金融等多種行業進行多元生產和經營的大型企業集團，如大生、周學熙、劉鴻生企業集團等；有重點投資於麵粉、紡織兩業，並使兩業齊頭並進，最終形成較大規模的資本企業集團，如榮家資本企業集團；有重點投資於某一行業並兼及其他行業的企業集團，如以紡織行業為主的裕大華企業集團、以煙草行業為主的南洋兄弟煙草企業集團、以輪船運輸業為主的民生企業集團和以化工行業為主的范旭東企業集團及吳蘊初企業集團等；還有從經營商業入手，然後投資於工業而發展起來的企業集團，如郭氏家族的永安紡織企業集團等。

這些企業集團發展迅速，大多數起步於清末民初，發展於第一次世界大

8　參見虞和平：〈論辛亥革命後的實業救國熱潮〉，載《貴州社會科學》1983 年第 2 期；章開沅、羅福惠主編：《比較中的審視：中國早期現代化研究》（杭州市：浙江人民出版社，1993 年），頁 194。

9　楊銓：〈五十年來中國之工業〉，轉引自陳真編：《中國近代工業史資料》第 1 輯（北京市：三聯書店，1957 年），頁 10、14。

10　這方面的研究成果很多，代表者如吳承明、江泰新主編：《中國企業史·近代卷》（北京市：企業管理出版社，2004 年），頁 390；又如法國學者白吉爾著，張富強等譯：《中國資產階級的黃金時代（1911-1937）》（上海市：上海人民出版社，1994 年）等。

戰爆發時期：如張謇大生企業集團中的骨幹企業大生紗廠一八九五年起步一八九九年投產；孫多鑫、孫多森的通孚豐企業集團的阜豐麵粉廠起步於一八九八年；榮家企業集團的保興麵粉廠起步於一九〇一年；周學熙企業集團接辦啟新洋灰公司為一九〇六年；范旭東永久黃化工企業集團的第一家企業久大精鹽公司成立於一九一四年；郭樂、郭泉兄弟創辦的永安企業集團起家的永安百貨公司一九〇七成立於香港，一九一八年進入上海；劉鴻生企業集團中的第一家企業蘇州鴻生火柴廠創辦於一九二〇年，等等。經過第一次世界大戰時期的發展，到三〇年代，大部分中國民間資本企業集團已經形成。

這些企業集團的另一個特點是規模大，在各自的行業裡都有相當影響。這裡可以舉幾個統計數字以見一斑：一九一九年，周學熙企業集團中啟新洋灰公司一個企業的銷量就佔國產水泥總銷量的百分之一百。[11]一九二四年，啟新洋灰公司的資本額佔全國水泥業資本總額的百分之五十五點七，佔全國水泥業生產能力總數的百分之三十三點六二，佔國產水泥業生產能力的百分之四十三點四；[12]一九三〇年，劉鴻生企業集團的大中華火柴公司在中國火柴市場上的生產比重佔百分之二十二點四三，銷售比重佔百分之二十二點二五；[13]一九三二年，榮家企業在除東北以外的全國紡織和麵粉行業中的地位是：紗錠數佔百分之十九點九，線錠數佔百分之二十九點五，布機數佔百分之二十八點一，綿紗產量佔百分之十八點四，棉布產量佔百分之二十九點三，工人數佔百分之十七點五。茂新和福新麵粉廠在全國麵粉系統中所佔比重為：資本數佔百分之三十五點三，粉磨數佔百分之三十點七，麵粉生產能力佔百分之三十一點九，當年實際麵粉產量佔百分之三十點七，工人數佔百

---

[11] 南開大學經濟研究所南開大學經濟系編：《啟新洋灰公司史料》（北京市：三聯書店，1963年），頁158。

[12] 上海社會科學院經濟研究所編：《劉鴻生企業史料》（上海市：上海人民出版社，1981年），上冊，頁169。（以下簡稱《劉鴻生企業史料》）。

[13] 《劉鴻生企業史料》（上海市：上海人民出版社，1981年），上冊，頁154。

分之二十三點四。[14]如加上孫多森、孫多鑫兄弟經營的通孚豐集團所屬的阜豐麵粉集團的生產能力，則榮家企業集團的茂新、福新系統加上孫家的阜豐系統，兩家麵粉企業的生產能力就佔到全國除東北外麵粉生產能力的百分之四十以上。[15]

這些企業集團的資本一般都在數千萬元，如大生企業集團在一九一四至一九二一年期間在企業方面的投資總額達到一二四四點三萬兩，如果再加上鹽墾公司的投資，「則大生資本集團所控制的資金總計達二四八〇餘萬兩。」[16]且這些企業集團的資本增長速度都很快，榮家企業集團一九二三年全部企業的自有資本為一〇四一萬元，可僅過十年，到一九三二年時就增加到二九一三萬餘元，較一九二三年時增加了百分之一七九點八。[17]劉鴻生企業集團一九二〇年創辦第一家企業蘇州鴻生火柴廠時投入資本只有十二萬元，此後歷經十餘年，到一九三一年時企業投資（包括公司股票、合資股份和船舶碼頭三項），已達七百四十多萬元。[18]

這些民間資本企業集團的崛起和發展，無論在量上還是在質上，都達到了一定的層次，是近代中國工業化的重要標誌和最主要的構成部分，典型的體現了中國近代工業化發展進程中的某些重要特點。

交通運輸和電訊企業在這期間也有了明顯發展。在鐵路傳入中國之前，中國的交通狀況十分落後，受到地理和自然條件的限制，傳統運輸方式中成本較低的水運只能在東部河湖水網和沿海地區有較大作用。沒有水路運輸條

---

[14] 上海社會科學院經濟研究所編：《榮家企業史料》（上海市：上海人民出版社，1980年），上冊，頁285、286。（以下簡稱《榮家企業史料》）。

[15] 據上海市糧食局、上海社科院經濟所等編《中國近代麵粉工業史》（北京市：中華書局，1987年），一九三六年時日生產能力達五一五九九包，「占全國民族資本麵粉工廠的日生產能力452218萬包的11.3%」。（頁201）

[16] 大生企業編寫組編：《大生系統企業史》（南京市：江蘇古籍出版社，1990年），頁109。

[17] 《榮家企業史料》（上海市：上海人民出版社，1980年），上冊，頁269。

[18] 「據劉鴻記帳房資料整理統計」，轉引自馬伯煌：〈劉鴻生的企業投資與經營〉，載《社會科學》1980年第5期。另見《劉鴻生企業史料》〈前言〉。

件的陸地主要依靠人力和畜力進行運輸，但這些運輸方式速度慢、運量小、成本高，還要考慮人、畜的消費，即便僅僅維持搬運者的最低生存需要，運費仍然很高。據估計，在二十世紀二〇年代，鐵路運輸運費每噸公里不到零點零一五元，而手推獨輪車或平板車的運費至少要高十倍，至於人力肩挑背馱運輸的費用則高出二十至三十倍。[19]

　　到一九一一年為止，中國修建好的鐵路有九六一八公里，一九三七年時達到二萬一千多公里，機車一九一二年時為六百輛，一九三六年達一二四三輛，客車一九一二年一〇六七輛，一九三六年二〇四七輛，貨車一九一二年八三三五輛，一九三六年一五四八二輛。[20]根據二十世紀三〇年代的統計，東北三省的鐵路佔全國已成路線的百分之四十二，長江以北佔百分之三十二，江南佔百分之二十二，還有百分之四的鐵路在臺灣。[21]

　　這期間同樣是中國輪船航運業快速發展的時期，一九一三年時中國輪船總計八九四隻一四一〇五五噸，一九二四年發展到二七八一隻四八三五二六噸，十二年中平均每年淨增輪船一五七隻二八五三九噸。[22]一九三五年時輪船增加到三九八五隻七十一萬餘噸，比一九二八年淨增二六三三隻四十二萬餘噸，八年中平均每年淨增輪船三二九隻五三四二五噸，大大超過了一九一三至一九二四年的記錄。另據一九三六年對全國五百總噸以上輪船公司的調查，有成立年份記載的六十四家，其中一九二七年以後成立的四十二家。擁有輪船八十一隻一六五一一四噸，平均每隻輪船二〇三八噸。在這四十二家輪船公司中，有資本記載的二十四家，資本總額為五七八五〇〇〇元，平均每家公司資本二十四點一萬元。[23]超過了一九二一至一九二六年的十八點六

---

19 〔美〕亞瑟・恩・楊格著，陳澤憲、陳霞飛譯：《1927至1937年中國財政經濟情況》（北京市：中國社會科學出版社，1981年），頁351。

20 嚴中平等編：《中國近代經濟史統計資料選輯》（北京市：科學出版社，1957年），頁180、194-195。

21 Albert Feuerwerker, *The Chinese Economy, 1912-1949* (Michigan, 1968), p. 44.

22 汪敬虞主編：《中國近代經濟史：1895-1927》（北京市：人民出版社，2000年），下冊，頁2079，表56。

23 參見《航業年鑑》（《航業月刊》第四卷第十二期擴大號）（1937年8月15日），第一

萬元。[24]

　　據調查，到一九三六年時，中國已擁有五千噸以上的大中型輪船公司二十七家。其中，擁有萬噸以上的輪船公司十四家，除原有的招商局、政記、民生、三北、鴻安、寧興等公司外，新成立的大中型輪船公司佔了大部分。值得注意的是，一九三〇年後分別有五家萬噸以上的輪船公司問世，共有輪船二十二隻七八三五八噸，船均三五六一噸，[25]明顯朝著大型化方向發展。這些輪船公司遍佈中國的江河湖海航線，抑制和初步奪回了被外國輪船公司控制的中國航權。

　　本時期在輪船航運業的發展和經營方面，值得注意的還有：

　　全國性的航業管理組織——航政局得以成立。長期以來，中國輪船公司成立、船舶檢驗、頒發船舶證照、考檢船員及引水人、管理港務等項工作，以及沿海沿江航行工事的設立修理等等，均由外國人執掌大權的海關一手獨攬。這不僅導致主權旁落，而且執掌大權的外國洋員常常對華商進行種種壓制和刁難，以至「本國船隻出入於本國港灣，幾若身處異國，而洋商之船舶，則反可通融辦理，不受法律之限制，獨得優越之地位。其間接摧殘本國航業，直接保護外國航業，固不待言而曉也」。[26]在有識之士的一再呼籲以及抵制外貨、收回利權運動的推動下，自一九三三至一九三四年起，從海關收回了航業管理權，建立了交通部直屬的上海、天津、廣州、漢口和哈爾濱五大航政局，統管全國航政工作，長期旁落的航政主權得以收回。

　　在官方收回航政主權的同時，民間以「維持增進同業之公共利益及矯正營業之弊害，發展交通為宗旨」[27]的輪船業同業公會，也紛紛成立，或在原有基礎上改組重建。一時間，上海天津青島三市以及江蘇、浙江、安徽、江

編，頁 259-265。

24　參見許滌新、吳承明主編：《中國資本主義發展史（第三卷）》，頁169。

25　上引均見《航業年鑒》（《航業月刊》第四卷第十二期擴大號）（1937年8月15日），第一編，頁259-265。

26　王洸：《中國航業》（上海市：商務印書館，1934年），頁102。

27　《航業年鑒》（《航業月刊》第四卷第十二期擴大號），第二編，頁57。

西、湖北、湖南、四川、山東、福建、廣東、廣西等省先後成立的航業公會達四十多個。[28]

當時的中國輪船公司幾乎全都成了航業公會的會員。航業公會在規範航業秩序、保護航商利益和促進航業發展等方面，也發揮了一定的作用。

公路一九三六年達一一七三九六公里，汽車六二〇〇一輛。民航航線達一一八四一公里，飛機二十七架；郵路五八四八一六公里，郵政局所七二六九〇個；電信局所一二七二個，從業人員二〇七〇四人。[29]公路和民航都是在這期間發展起來的。

辛亥革命後中國經濟中出現較大變化的另一領域是金融業。這裡以代表新式金融機構的銀行業為例進行說明。中國第一家銀行是成立於一八九七年的中國通商銀行，到一九一一年辛亥革命爆發時銀行總數只有七家，資本總數為二一五六萬元。辛亥革命後，僅中華民國元年一年間成立的銀行數就達到十四家。[30]此後到一九二〇年，不算各種原因倒閉的銀行，實存的銀行數目達一〇三家，一九二五年更達一五八家。銀行資本總數一九二〇年增長到八八〇八萬元，到一九二五年達到一六九一四萬元。一九二〇年銀行業的總資本數是一九一二年的二倍多，一九二五年更是達到一九一二年的將近八倍。[31]到一九三七年為止，中國的銀行總行數達到一六四家，資本達到四億一千多萬元。[32]中國銀行業的發展，在相當程度上抑制了外國銀行在華勢

---

[28] 《航業年鑑》（《航業月刊》第四卷第十二期擴大號），第二編，頁3-5。

[29] 許滌新、吳承明主編：《中國資本主義發展史（第三卷）》（北京市：人民出版社，1993年），頁626-627。另一說一九三五年輪船達三八九五隻，六七五一七二噸，見嚴中平等編：《中國近代經濟史統計資料選輯》（北京市：科學出版社，1957年），頁227。

[30] 中國銀行經濟研究室編：《全國銀行年鑑》（上海市：中國銀行經濟研究室，1937年），頁A 7-8。

[31] 參見唐傳泗、黃漢民：〈試論1927年以前的中國銀行業〉，載《中國近代經濟史研究資料》（上海市：上海社會科學出版社，1985年）。

[32] 沈雷春編：《中國金融年鑑》（臺北市：文海出版社，1979年影印民國二十八年版），頁114。

力的活動。

在銀行業快速發展的同時，證券、保險、信託業也都得到相應的發展，近代中國的金融業整體形成了初步的體系，與此期新式大機器企業的發展相互呼應，出現了一種新的氣象。與此同時，經過一九三三年的「廢兩改元」和一九三五年的「法幣改革」，此前中國極為混亂的幣制基本得到統一。這時，經過多年的努力，到一九三四年為止，中國的關稅主權也基本得以收回。這些都為大範圍的商品流通、市場擴展和市場經濟的發展奠定了基礎。

以上這些，是近代中國市場經濟發展的基礎和外在表現。下面，我們進一步從經濟要素市場化的角度再進行一些分析。

三　經濟要素分析：以資本市場和勞動力市場為例

近代中國從傳統社會向工業化社會的轉型中，需要大量的資金，可是近代中國缺乏資本原始積累，那麼，資金問題究竟如何解決？方法當然不止一種，其中通過資本市場尋求貸款是重要的一種。這裡，我們就以民間資本市場為例進行考察，通過這種考察，能夠進而觀察和瞭解近代中國市場經濟發展的狀況。此處以近代南通大生企業集團的龍頭企業——大生紗廠的狀況為典型進行觀察：

大生紗廠興辦時，股本籌集十分困難，不得不從一開始就不斷向近代中國各金融機構和各方面尋求貸款。大生紗廠從一八九五年籌辦，直至一八九九年才得以開機，「前後五載，閱月四十有四，集股不足二十五萬」。[33] 在興辦過程中還曾因股本難招資金缺乏幾次面臨夭折的艱難處境。[34]

---

[33] 《大生紡織公司年鑒》，84頁。另可參見拙文〈從大生紗廠看中國早期股份制企業的特點〉，刊登於《中國經濟史研究》2001年3期。

[34] 大生一廠在招股集資中的種種艱難情狀，一九〇七年大生一廠在召開第一次股東常會會議時，張謇向各位股東作了回顧，並以經歷「四險」的方式作了總結。見張季直先生事業史編纂處編：《大生紡織公司年鑒（1895-1947）》（南京市：江蘇人民出版社，1998年），頁78-86。

也因此，大生的歷屆帳略中，均有記載向各方尋求及獲得貸款的「調匯」[35]欄目，現將大生一廠從開辦的第一屆到二十四屆的「調匯」款目列表於下：

表一　大生一廠前二十四屆帳略中「調匯」情況表

單位：規元兩

年份	資本數	調匯數	各年支出調匯利息數	調匯數占資本總數百分比	調匯本利支出在總支出中所占百分比
光緒二十五年第一屆	445100	124910.4	8656.1	28.1	
光緒二十六年第二屆	519400	163619.4	15529.8	31.5	7.05
光緒二十七年第三屆	569500	296514.2	19057.1	52.1	7.38
光緒二十八年第四屆	787500	165023.2	33934.7	21.0	12.24
光緒二十九年第五屆	1130000	594230.1	60712.6	52.6	18.12
光緒三十年第六屆	1130000	558397.6	82164.6	49.4	16.04
光緒三十一年第七屆	1130000	651499.1	81826.8	57.7	15.61
光緒三十二年第八屆	1130000	1036131.6	152489.4	91.7	23.52
光緒三十三年第九屆	1130000	1017249.0	123950.0	90.0	22.11
光緒三十四年第十屆	1130000	1178045.3	105495.7	104.3	19.92
宣統元年第十一屆	1130000	1503957.4	107019.0	133.0	18.19
宣統二年第十二屆	1130000	1282153.6	108185.7	113.5	19.53
宣統三年第十三屆	1130000	861146.1	101774.0	76.2	19.05
民國元年第十四屆	1130000	915578.7	97300.0	81.2	18.32
民國二年第十五屆	1130000	1129361.9	99954.0	99.9	17.94

---

[35]「調匯」是大生紗廠向外籌借資金的一種說法。如大生分廠第一屆說略中有：「（1907年）八月開股東會，十月開董事局會，議增股本二十萬兩，以利經營，而入股者僅六萬餘，不能不別為調匯以應用，而拆息洋厘之大，為近年所未有。若因此縮手不調，則更非工商營業之法……」的說法。一九〇八年九月十五日大生分廠股東會議事錄中也有：「調匯有二法：一、各股東群力調助；一、將本廠機器房屋作抵押，可得鉅款營運」的記載。見張季直先生事業史編纂處編：《大生紡織公司年鑑（1895-1947）》（南京市：江蘇人民出版社，1998年），頁109、115。

民國三年第十六屆	1130000	979384.8	122095.8	86.7	19.65
民國四年第十七屆	2000000	1833312.6	136290.4	91.7	22.84
民國五年第十八屆	2000000	1836574.5	197599.7	91.8	22.19
民國六年第十九屆	2000000	2757621.2	263018.6	137.9	21.34
民國七年第二十屆	2000000	2545334.9	348687.6	127.3	26.10
民國八年第二十一屆	2000000	2547592.4	398681.4	127.4	23.97
民國九年第二十二屆	2500000	2986145.5	445931.5	119.4	26.38
民國十年第二十三屆	2500000	4016602.9	584770.1	160.1	29.07
民國十一年第二十四屆	2500000	見說明1	1002745.7	372.3	43.82
合計		36026509.6	4744732		

說明：

1. 該屆帳略中沒有出現「調匯」借入的款項數字，但有「借入抵押款（二廠押款在內）規銀3973750.8兩」和「存借入信用款規銀1360902.2兩」的記載，兩者合計共5334653兩（該數字見《大生企業檔案資料選編》，頁152）。

2. 原帳略小數點後為三位，本表保留一位元，一位元後數字四捨五入。

3.「調匯數占資本總數百分比」一欄數字為筆者計算。

資料來源：資本數見《大生企業系統檔案選編》（南京大學出版社，1987年版），頁159-161。「調匯利」數和「支出調匯利息數」見《大生企業系統檔案選編》各屆帳略（頁2-146）。「調匯利支出在總支出中所占百分比」一欄數位見《大生系統企業史》頁150-151間插表。

從表一中可見，大生紗廠從第一屆開車生產始，就有了向外尋求和獲取貸款「調匯」的記載。這些通過資本市場籌集的資金，幫助大生紗廠站穩了腳跟並有了此後的發展。當然，通過資本市場籌集流動資金，利息不會是一個小數，一九二二年僅籌還借款調匯的支出，就佔了大生紗廠總支出的將近一半。為此，設法尋求到貸款特別是利息更低的貸款，就是這些企業尋求的目標了。

表二是大生三廠通過資本市場尋求資金的借貸表。

　　張謇在江蘇海門創辦的大生第三紡織公司籌建於一九一四年，因第一次世界大戰影響，向英國訂購的機器設備等不能按期交貨，建廠開車時已到紡織業進入蕭條期的一九二一年。因歐戰影響，「工食物料較戰前已昂，機價亦重議增加」[36]之故，一九二二年該廠召開創立會時，議決再加股一百萬兩，一九二三年張謇在股東會議上說，因加股「交者寥寥，而營運需款，為救急計，以廠押款一百萬兩」。[37]這是大生第三紡織公司與上海永聚錢莊訂立的第一次借款。

表二　大生第三紡織公司向錢莊銀行借款明細表

融資行莊	借款期限	融資金額	到期日期	利率	抵押品
上海永聚錢莊	1年	規銀100萬兩	1924年陰曆9月底	月息1.5%	地基、房屋、機器、生財
上海永聚錢莊	1年	規銀100萬兩	1925年陰曆9月底	月息1.5%	地基、房屋、機器、生財
上海永聚錢莊	1年	規銀100萬兩	1926年陰曆9月底	月息1.5%	地基、房屋、機器、生財
上海永聚錢莊	1年	規銀100萬兩	1927年陰曆9月底	月息1.5%	地基、房屋、機器、生財
上海永聚錢莊	1年	規銀75萬兩	1928年陰曆9月底	月息1.5%	地基、房屋、機器、生財
上海永聚錢莊	1年	規銀65萬兩	1929年陰曆9月底	月息1%	地基、房屋、機器、生財
上海商業儲蓄銀行	1年	規銀130萬兩（定期）	1930年10月2日	月息9厘	棉花、製造品、物料

---

[36] 南通市檔案館、南京大學、江蘇省社科院合編：《大生企業系統檔案選編‧紡織編Ⅰ》（南京市：南京大學出版社，1987年），頁429。

[37] 南通市檔案館、張謇研究中心合編：《大生集團檔案資料選編‧紡織編Ⅲ》（北京市：方志出版社，2004年），頁353-354。

	1年	規銀20萬兩（活期）	1930年10月2日		棉花、製造品、物料
上海商業儲蓄銀行	1年	規銀70萬兩	1932年10月2日		地基、房屋、機器、生財
上海商業儲蓄銀行（95%）江蘇銀行（5%）	1年	國幣100萬元	1937年3月31日	月息9厘	地基、房屋、機器、生財
江蘇銀行	2年	國幣53萬4千元	1939年7月1日	月息8厘5	廠屋、紡錠、布機

資料來源：南通市檔案館、張謇研究中心合編：《大生集團檔案資料選編》，第Ⅲ卷，方志出版社2004年版，頁510-513。第Ⅳ卷，方志出版社2006年版，頁565-569，570-572，573-575，622-625，634-636。

　　表二中記載了大生三廠尋求貸款時當時資本市場如利率、抵押物等基本的狀況。值得注意的是，大生第三紡織公司向永聚錢莊的融資借款連續進行了六年後改換為上海商業儲蓄銀行。一九三〇年大生三廠獲取貸款的對象從永聚錢莊改變成上海商業儲蓄銀行時，抵押物沒有大的變化，只是利息有所減低，這從一個方面證實了大生三廠在改換獲取貸款的金融機構時，上海商業儲蓄銀行利率比永聚錢莊低應該是最主要的原因。此後江蘇銀行取代上海商業儲蓄銀行繼續給大生三廠抵押貸款，利息由月息九厘降低到八厘五，改換銀行的原因應該也是一樣。可見，抵押物大體一樣，貸款時間一樣，在這樣的情況下改換融資對象，只能從利率降低的角度才能獲得解釋。這種事例證明這時的資本要素市場是隨著市場的情況變化而變化，而企業也根據金融市場的變化情況尋找對自己最有利的方式進行融資。

　　據日本人一九一〇年的一份調查，中國二十三個主要城市金融機構的放款利率如表三所示：

表三　中國各地金融機構放款利率

主要地區	放款利率 （年利‧厘）	主要地區	放款利率 （年利‧厘）
平均	12.5-14.8	湘潭	6.0-7.2
營口	9.6	沙市	12.0
北京	6.6-12.0	宜昌	12.0-18.0
天津	8.4-9.6	重慶	10.0-12.0
芝罘	10.0-20.0	南昌	11.0
上海	7.2-9.6	寧波	6.0-8.4
漢口	9.6	福州	8.0-20.0
鎮江	8.4-9.6	廈門	10.0-25.0
南京	12.0	汕頭	12.0
蕪湖	12.0	溫州	15.0-30.0
九江	9.6-18.0	廣州	18.0-36.0
長沙	9.6-11.0	梧州	12.0-15.0

資料來源：《支那經濟報告書》1910年50號。轉引自汪敬虞編：《中國近代工業史資料》第二輯（北京市：科學出版社，1957年版），頁1016。

　　決定上表各地利率的因素可能多種多樣，但它們同時證明了近代中國資本市場上金融機構的放款利率是自由的，是根據市場上的各種因素而發生調整變化的。

　　下面，我們再來看看近代中國經濟要素中的勞動力市場。

　　勞動力市場是任何一個近現代國家市場經濟的重要組成部分。隨著近代大機器產業的誕生和發展，近代中國產業勞動力市場也與時俱進，得到發展。據張國輝先生研究，洋務運動時期從一八六五年至一八九二年設立的十四家重點產業企業中，產業工人的數字不到二萬人。[38] 此後，隨著中華民國

---

[38] 張國輝：《洋務運動與近代中國企業》（北京市：中國社會科學出版社，1979年），頁375統計表。

建立，近代產業數量有了明顯增長，到一九三三年，上海等十二個城市中的
工廠數和雇傭工人數可見下表：

表四　一九三三年十二個城市工廠和工人數統計表

城市名	工廠數	百分比	工人數	百分比
上海	3485	36	245948	53
天津	1224	13	34769	8
北平	1171	12	17928	4
廣州	1104	11	32131	7
南京	687	7	9853	2
漢口	497	5	24992	5
重慶	415	4	12938	3
福州	366	4	3853	1
無錫	315	3	63764	14
汕頭	175	2	4555	1
青島	140	1	9457	2
西安	100	1	1505	
合計	9679	100	461693	100

資料來源：嚴中平：《中國近代經濟史統計資料選輯》（北京市：科學出版社，
1957 年版），頁 106。

　　從上表可見，一九三三年比起晚清時期，中國的產業和產業工人數量，
都有了極大的增長，這還不包括根據工廠法雇用三十人以下的工廠數沒有統
計在內。這時，近代勞動力市場與明清時期相比已經有了極大改變，首先是
勞動力可以自由處置和支配自身的勞動力，將其當做商品出賣；其次，勞動
力可以自由流動，尤其是城鄉之間的流動越加頻繁；其三，各行業各地區的
勞動力價格隨時間和地區的不同有所整合和差異。加上二十世紀三〇年代南
京政府頒行了一系列勞動契約等法律法規，標誌著近代勞動契約制度得到了
初步的建立。這種建立是通過中華民國憲法、勞動法典、單行的勞動法（如

勞動契約法、工廠法、破產法、礦場法、最低工資法等）等法律和部門規章制度等建立起來的。這些法律規章使得這時期的勞動力市場走向規範和進步，例如二〇年代末南京政府經過中央政治會議討論通過，又經立法院勞工法起草委員會通過的《工廠檢查法》第六章的題目就叫「工作契約的終了」，具體規定了勞動契約期滿後勞資雙方的處理辦法，如「第二十六條：凡有定期之工作契約期滿時，必須雙方同意，方得續約；第二十七條：凡無定期之工作契約，如工廠欲終止契約者，應於事前預告工人」[39]等規定，就是勞動力市場走向市場化的標誌。

　　如以上分析可見，法律法規的漸成體系，近代大機器製造業的興起，鐵路輪船為標誌的現代交通運輸工具的發展，郵政電訊業提供的快速資訊服務和銀行業為首的金融融資結算體系的建立，以及資本市場和勞動力市場等的發育發展等等，一方面構建了中國近代市場經濟體系的基礎，另一方面也是中國近代市場經濟發展的外在表現、構架和標誌。這些現象都可以證明一個事實：近代中國的經濟體制，是在朝著近代市場經濟轉型，在二十世紀三〇年代歷經前期的積澱和發展後，已經得到初步成型和有了一定的發展。

---

[39] 中國第二歷史檔案館整理：《立法院公報》第14期（南京市：南京出版社，1989年），轉引自林蟲：〈近代中國勞動力市場的工資差異與制度變遷〉（上海市：上海財經大學博士論文，2015年）。

論左宗棠用兵新疆對關外軍糧的籌措

張偉保*

一 前言

晚清國勢傾頹，自太平天國起事以來，內憂外患接踵而至。經十多年的努力後，內部動亂終於暫時粗安。然英、俄兩國在中亞正展開全面競賽。影響所及，中國西北邊境面對著嚴重的威脅。其中，尤以新疆形勢最為嚴峻。事實上，在一八六〇年代中葉開始，因陝甘民變的影響，新疆地區出現大量的反清活動。其後，阿古柏及俄國利用清朝內顧不閒，乘機不斷侵佔新疆的大部分領土。面對陝甘民變的不斷擴大，清政府無法也無力兼顧遠離中原的西部疆域。因此，直至左宗棠於一八七三年底將甘肅西端的肅州（酒泉）收復後，出兵新疆的時機才逐漸成熟。

可是，經歷了十多年的動盪戰亂，陝、甘地區已極為荒涼殘破，要使它成為大軍出關的後勤補給基地，究屬難以承擔的任務。左宗棠自一八六六年從閩浙總督調任陝甘總督後，便一直肩負平定民變和西捻軍的重要工作。差不多用了八年的時間，才將大亂平定。即使是較接近內地的陝、甘地區，要籌措大軍的糧餉實已極感困艱。若再倚靠百廢待舉的甘肅籌運大量糧餉出關，以當日條件而論，其實是一個不可能的任務。然而，左宗棠憑著早年對經世之學的留心及平定太平天國、西捻軍和回民動亂的經驗，在短短三年內，訂定緩進急戰的戰略，收復了除伊犁地區外新疆的全部領土。這個非比

---

* 澳門大學教育學院副教授。

尋常的成績,關鍵之一是出關軍糧能否順利籌措?這個問題,正是本文嘗試探究的重點。

二　南路籌措軍糧的困難

　　出兵天山的路線,一般是由蘭州經河西走廊,離開玉門後便進入戈壁,輾轉到達哈密。從哈密西行,沿著天山南麓,經吐魯番、辟展、喀嗾沙爾、庫車、阿克蘇直達喀什噶爾。另一路線則由哈密北上,跨越天山而到達巴里坤。沿著天山北麓從巴里坤向西行,經古城(奇臺)、阜康、米泉到達烏魯木齊。至於較西的伊犁,則可從喀什噶爾北上或烏魯木齊西進均可。當時朝廷根據道光年間平定張格爾的路線,決定將後路糧臺設於肅州(酒泉)[1],將糧食運經玉門出關,穿越戈壁至哈密,再用大車將糧食翻過天山送達巴里坤。再以巴里坤為基地把軍糧運往古城,以便向佔據烏魯木齊的白彥虎進攻。

　　然而,當時甘肅省實際已無法承擔大糧軍糧的徵發或採買。原來,在左宗棠管治陝甘之前,甘肅軍隊的給養,一向是由地方捐派,人民苦累不堪。例如楊占鰲在甘州,規定每正糧一石,捐糧五斗五升,捐錢三串。所以左宗棠到任後便改為採買,以減輕百姓的負擔。[2]由於經歷長期戰禍,自肅州至玉門一帶,「經過村堡悉成瓦礫,地畝荒廢;其遺黎力能自耕者不過十之一二,餘俱流離顛沛」,故所需軍糧,必須由內地「加緊灌運出關,俾能

---

[1] 《左宗棠全集‧奏稿六》(長沙市:嶽麓書社,1992年)第1823號載:現在大軍陸續出關,所有後路轉餉各事宜關係緊要。從前關外用兵,均在肅州安設糧臺,由重臣督率經理。本日(同治十三年八月二十五日)已明降諭旨,令左宗棠督辦糧餉、轉運一切事宜;並令袁保恆幫辦,移紮肅州。該大臣等當統籌全局,將關外各軍應需糧餉源源接濟,俾前敵將帥得以一意進取,迅赴戎機,毋任稍有匱乏,致茲貽誤。左宗棠駐紮蘭州,遇有緊要事件,並著隨時赴肅籌辦。袁保恆原辦西征糧臺各事,仍著妥籌兼願。

[2] 秦翰才:《左宗棠在西北》(長沙市:嶽麓書社,1984年),頁107。

前進」。[3]

事實上，為了紓解甘肅省百姓的慘況，早在同治年十三年（1874）二月十六日，左宗棠已向朝廷上奏，因「甘肅頻年被賊蹂躪，農業久荒，積欠錢糧無從征解，伏願天恩概予豁免，以速招徠。」他指出：

> 竊查甘肅自逆回煽亂以來，十餘年戎馬縱橫，小民轉側干戈之中，慘難言狀，其被災情形，實有甚於各省者。各省所被賊禍，髮逆、捻逆均自外來；甘肅回亂，則禍由中出。緣其地本回、民雜外，到處皆然。無事時，漢民並城而居，非有此疆爾界之別也。一旦禍作，花門（按：指回民）別為氣類，里社頓起戈矛，殺掠恣行，無地可避。又加之陝回以隴境為淵藪，藉以安頓眷屬，伺便焚劫，靡處不到，所至均有甘回導引，恍若舊遊。即間有被災稍輕之處，亦遷徙頻仍，廢時失業，鋒鏑餘生，多藉草子、沙蓬勉資過度。
>
> 茲幸關內肅清，流亡漸集，亟應勸農耕墾，期復先疇。所有同治十三年以前舊欠錢糧，地畝久荒，糧何由出？小民元氣久虧，膏脂罄竭。當此清理田畝，廣事招徠之時，正如瘡羽初蘇，難堪驚擾。若復追呼逋賦，徒啟吏胥詐索之端，小民觀望徘徊，情所難免，其於招墾事宜，尤有關礙。且現查各處新集難民，散給子粒，其中遇有居民存糧堪資借用者，亦已由官勸諭通融出借，廣備子種，秋後計息取還。若仍逐一搜求，則難民借給子種亦苦無出。據藩、臬兩司詳請奏明，懇恩概於豁免前來。[4]

因此，左宗棠為了日後招撫民眾的準備，懇請朝廷「准將甘肅省同治十三年以前實欠在民地丁、正耗等項錢糧、草束以及番糧、番莘，並向隨地丁額徵課程等項雜賦，概予豁免⋯⋯如蒙俞允，應俟奉到諭旨，刊刻謄黃，遍行曉諭，務使周知，不准吏胥絲毫弊索。庶民隱悉呈，招徠較易，於時

---

[3] 《左宗棠全集·奏稿六》，第1749號。

[4] 《左宗棠全集·奏稿六》，第1744號。

局大有裨補。」朝廷對左氏的請求迅速予以批准，在三月初十日的上諭中指出「甘肅地方被賊蹂躪多年，地畝久荒，糧租無出，閭閻情形困苦。加恩著將甘肅省同治十三年以前實久在民地丁、正耗等項錢糧、草束以及番糧、番草，並向隨地丁額徵課程等項雜賦，概予豁免，以紓民力。」[5]由此可見，甘省的殘破已為朝廷所深悉。左宗棠也曾在「上年親赴肅州督視軍情，見甘、涼、肅一帶難民絡繹。時屆嚴寒，尚多赤身裸體，流轉道途。」[6]此類記載在《奏稿》中多次出現，反映甘省地方的殘破情形。因此，以甘肅為出關軍糧的籌措的後勤補給基地，實際上是非常困難的。

除了籌辦軍糧不易外，長距離運輸所涉及的人力物力也極難處理。當時由左宗棠負責供應軍糧的部隊包括金順、張曜、額爾慶額、明春等共約兩萬人。左氏指出：

> 以糧料價值、轉運腳費而言，計由涼、甘採運肅州，由肅州轉運玉門、安西州，所需民運騾駄只腳價、員弁人夫薪糧、牲畜草料、口袋、什物、局費，一切均勻攤算，每糧百斤，約需銀十一兩七錢上下。料價稍減而腳價則一，運道近則腳價猶少，運道遠則腳價增多。現籌出關轉運，腳價多於糧價數倍者，兵燹之後，人物凋殘，絲毫不能借資民力，與承平時迴異，無論孑遺之民尚須官賑、賑糧尚須官運也。[7]

以上的估算只是從涼州（武威）、甘州（張腋）經肅州出玉門、安西州而已。如需運至哈密，則腳價更將急增。就採買軍糧而論，左宗棠曾經分析了肅州的實際狀況。他說：

> 肅州克復後，籌辦採糧、轉運，新舊兩屆共計已墊價腳實銀三百數十萬兩。糧可供至本年見新（按：指新一年的收成），運腳則由涼運

---

5 《左宗棠全集·奏稿六》，第1744號。
6 《左宗棠全集·奏稿六》，第1779號。
7 《左宗棠全集·奏稿六》，第1747號。

甘，由甘運肅，由肅運安西，由安西運哈密，約尚短實銀數十萬兩。
部章雖准作正開銷，而仍只取給於臣軍之餉，計又佔去一年應得實銀
之數。是欲求如常年通融敷衍，苟顧目前，而亦有所不能。況關外糧
運愈遠愈費，甘肅全局應圖漸復舊制，經費又將有增無減也。[8]

由於從甘省經玉門出關，需經交通條件極為惡劣的荒漠沙磧之區，到達
當日仍為清政府控制的哈密，已逾一九〇〇里。如再需跨越天山，經巴里坤
進入古城（奇臺），距離亦約為一五〇〇里。[9] 如此計算，運費是糧價的十四
倍以上。即使如此，左宗棠曾計算搬運人員在運輸途中所需的口糧，指出：

> 肅州，安西越哈密，二十四站，計程雖止二千二百餘里，而道路綿
> 長，又多戈壁。車馱駝隻只須就水草柴薪之便，憩息牧飲，不能按站
> 而行。中間人畜疲乏，又須停住養息。即催趲迫促，斷非三十餘日不
> 能到巴。計每騾一頭，日須啖料八斤，一車一夫，口食日須兩斤。蘭
> 州以西，料豆缺產，餵養用青稞、大麥、粟穀等充之。畜食之料，即
> 人之糧也。車行三十餘日，計一車運載之糧，至多不過六百斤。兩騾
> 餵養，即耗去五百數十斤。車夫口食，亦須六七十斤。而車糧已罄，
> 安有餘糧達巴里坤乎？即達巴里坤，而車騾之餵養，車夫之口食，又
> 將安出？此不謂之虛糜不得也。[10]

由此可見，由南路運糧出關，如需供數萬軍隊的口糧，實非可行之策。[11]

---

8 《左宗棠全集·奏稿六》，第1887號。

9 又據張其昀《中國區域志·乙編》（臺北市：華崗出版社，1967年）第二冊載：「由
　　歸綏構貫戈壁經哈密直達迪化（即烏魯木齊），全長2,490公里。」（頁397）又同書
　　載：「奇臺在迪化之東約二百里。」（頁398）

10 秦翰才：《左文襄公在西北》，頁113。

11 至於從甘肅購買糧食，據秦翰才說：「（左公）以為河西久經兵燹，田畝還多荒廢，
　　現在每年採買這樣大量糧食（按：文襄公歷年在河西採買的數量：同治十二年是十六
　　萬三千餘石，十三年是十九萬石，光緒元年是十二萬二千石，都以市斗計算〔即每石
　　為三百斤〕。），實在已比承平時個甘肅省應徵田賦還多，所以後來關外統兵大員
　　（按：指景廉）還要向河西加採，文襄公堅決不應。……及至肅州收復，便忙把一部

到了同治年十三年（1874）七月，朝廷命「景廉為欽差大臣，金順為幫辦大臣」，以統一西征軍隊的指揮權，並以「後路大軍皆以轉輸不靈，停留於安（西）、玉（門）等處」，再次督促左宗棠「設法速為轉運」。同時，朝廷為改善征西餉項的籌備，強調「刻下大軍陸續西行，餉需不容稍緩，著戶部速籌有著之款，源源撥解，毋令停兵待餉，致誤軍機」。[12] 然而，即使面對朝廷的不斷催迫，直至當年年底，大軍出關仍屬紙上的規劃，並沒有出現實質性的移動。與此同時，由於日本出兵侵臺，觸發了海防、塞防的爭議，終於導致朝廷改變了原先倚靠景廉等滿洲貴族收復新疆的安排。

三　左宗棠海防、塞防兼籌的提出

一八七四年四月，由於日本出兵侵臺，造成海防問題的進一步惡化。南北洋大臣及福州船政總辦均以日本的威脅而提出加強海防的建議，並以西北用兵協餉鉅大，建議集中資源於海防，西北國防則以承認阿古柏政權作為安定邊境的方法。事實上，由於平定陝甘民變的軍費，基本上是倚靠沿海較富庶的省份以協餉的方式而獲得。現在日本的威脅不但使沿海省份的海防經費急增，也必將引致原來對已多所拖欠西北用兵的協餉益形緊絀。

因此，海防論者提出，因「中國目前力量不及兼顧西域，可否令西路將領但嚴守現有邊界，不必急圖進取。」其中直接以海防取代塞防的建議，是由北洋大臣、直隸總督李鴻章提出，在眾多的海防論者中最具影響力。李氏在回應海防問題時，認為陝、甘民變既經平定，而新疆是極為偏遠的地區，每年中央政府需要從各省調撥數百萬兩到新疆，不很值得。現在用兵新疆，出關部隊的開支必將更為龐大。因此，他建議清政府在列強環伺的形勢下，還是集中能力鞏固海防。相反地，對於偏遠的新疆，他認為既然難以收復，

分大軍開到寧夏一帶就食。」見《左文襄公在西北》，頁108。

[12] 《左宗棠全集·奏稿六》（長沙市：嶽麓書社，1992年），第1802號。

實在是棄不足惜，更可省卻大量軍費以充當海防經費。[13]

在朝廷緊急徵詢沿海各省大吏後，最後密諭陝、甘總督左宗棠通籌海防塞防全局並關外兵事糧運。在光緒元年（1875年）三月七日，左宗棠在〈復陳海防塞防及關外剿撫糧運情形折〉中，全盤分析了當日的中外形勢。他首先表明海防、塞防必須兼籌。他說：「竊維時事之宜籌，謨謀之宜定者，東則海防，西則塞防，二者並重。今之論海防者，以目前不遑專顧西域，且宜嚴守邊界，不必急圖進取，請以停撤之餉勻濟海防；論塞防者，以俄人狡焉思逞，宜以全力注重西征，西北無虞，東南自固。」[14]左氏主要批評了海防論者的短視態度，極力反對「停撤出關之餉，勻作海防」的主張，認為「無論烏魯木齊未復，無撤兵之理，即烏魯木齊已復，定議畫地而守，以徵兵作戍兵，為固圉計而乘障防秋，星羅棋布，地可縮而兵不可減，兵無增而餉不能缺。非合東南財賦通融挹注，何以重邊鎮而嚴內外之防？是塞防可因時制宜，而兵餉仍難遽言裁減也。」況且，「停兵節餉，自撤藩籬，則我退寸而寇進尺，不獨隴右堪虞，即北路科布多、烏里雅蘇臺等處，恐亦未能晏然。是停兵節餉，於海防未必有益，於邊塞則大有所妨」。[15]事實上，左宗棠深感新疆既為中國西北門戶，戰略地位極為重要，新疆一失，西藏與蒙古將大受壓力，英、俄兩國絕不因此而停止其擴張政策。同時，左氏認為阿古柏政權實力有限，雖有英、俄在幕後支持，但兩者利益並不一致。因此，對阿古柏用兵並不一定引致英、俄的直接干涉。此外，新疆是前朝花上很大的氣力才控制下來，不能輕言放棄。[16]

其時，朝中意見參差，不少官員認同李鴻章為首的「集中海防」的主張。只有文祥贊同左宗棠力的「海、塞兼籌」主張，並堅決表示：「老臣以為宗棠之言深謀遠慮，上承先皇高宗之遺志，下惠子孫萬代，請陛下決

---

13 〈籌議海防摺〉，《李鴻章全集》（海口市：海南出版社，1997年），第2冊，頁829。

14 按：疆臣主張海防者以李鴻章為代表，塞防者以王文韶為代表。

15 《左宗棠全集‧奏稿六》，第1887號：〈復陳海防塞防及關外剿撫糧運情形折〉。

16 《左宗棠全集‧奏稿六》，第1887號：〈復陳海防塞防及關外剿撫糧運情形折〉。

策。」[17]最後，由慈禧太后議決[18]，不但接受其海防塞防兼重的主張，更讓左宗棠這位漢族官員全權負責收復新疆的工作。

四　關於肅州設置後路糧臺的爭論

清廷深感新疆作為國家西北屏障的戰略地位，認識到加強西北塞防以抵禦沙俄進一步入侵的緊迫性，決意派遣左宗棠取代滿洲貴族景廉等人，並全力支持儘快出兵西征，以避免新疆的長期淪陷。光緒元年三月二十八日，朝廷改派左宗棠以欽差大臣督辦新疆軍務，全權負責收復新疆的工作。這個改變對收復新疆的部署踏出了最重要的一步。上諭同意左宗棠以「此時即擬停兵節餉，於海防未必有益，於邊塞大有所妨」，「所見甚是」。同時，朝廷同時委任獲得左氏推薦的金順為「烏魯木齊都統」，以替代「調補正白旗漢軍都統」的景廉；又安排與左宗棠意見相左的袁保恆「回京供職」，反映朝廷對左氏的全力支持。[19]

年逾六十四歲的左宗棠憑著無比的勇氣，毅然承擔這項重大使命。左宗棠的被任命，是打破了清代的祖宗家法。自從乾隆帝征服回疆以來，該區的管治權均被滿洲貴族獨佔，絕不容許漢族官員插手。現在，無論是烏魯木齊都統景廉、寧夏將軍穆圖善等滿洲貴族，均無法成功收復新疆。朝廷最終決定委派成功平定陝甘回亂的左宗棠出關主持軍務。

首先最需注意的，仍是對於用兵新疆的糧食籌措。而事實上，關於運糧

---

[17] 引文見維基百科「左宗棠」條，網址：http://zh.wikipedia.org/zh-hk/%E5%B7%A6%E5%AE%97%E6%A3%A0，2010年6月8日摘錄。

[18] 沈渭濱教授認為最終決策人是慈禧太后，參見〈左宗棠收復新疆內幕：慈禧是真正決策者〉，星島環球網：http://www.stnn.cc:82/arts/200907/t20090708_1059789.html，2010年6月7日摘錄。保按：我們也可以從左氏的奏摺和上諭的積極回應，證明由慈禧太后控制的朝廷，對左宗棠用兵新疆的工作，可說是完全支持的。有關奏摺及上諭請參看附表一：〈左宗棠為出兵新疆而涉及糧餉的奏摺與朝廷的支持〉。

[19] 《左宗棠全集．奏稿六》，第1890號：〈諭左宗棠以欽差大臣督辦新疆軍務金順仍幫辦軍務〉。

路線，必須配合進兵路線。當時，左宗棠已決定先收復天山北路的烏魯木齊為首要目標，並獲朝廷同意。[20]因此，左氏強調「自來軍行北路，用北路之糧，無由關內運濟北路者。」他又指出：「今肅、甘、涼運安西，由安西運哈密，已為從前承平時所難，若尚責其逾天山運巴里坤，更由巴里坤運古城，勞費固不必言，試思關內之糧，除人畜食用無論，騾之與駝能運至哈密者幾何？能運至古城、巴里坤者更幾何也？……臣前稱軍糧僅可運至哈密，尚有餘糧供軍計之，且指負多食少之駝而言，非指車騾也。景廉但知烏（里雅蘇台）、科（布多）之糧艱運，不知肅州之糧可採可運，而無可供前敵之軍，翻〔反？〕不如北路駝運勞費相當，免耗糧草，究有可供前敵之軍。」[21]

這個爭論，源自朝廷於同治十三年中決定出兵新疆時，曾命令景廉為欽差大臣，金順為幫辦大臣，負責辦理新疆軍務。同年九月，派左宗棠督辦糧餉轉運事宜，袁保恆作為幫辦。袁保恆隨即著手把安西糧臺從西安移設肅州，並擬用大車運糧出關。[22]至光緒元年二月，朝廷再次收到景廉的奏摺，「稱：北路烏、科城無糧可采，仍應在肅州設立總台，安西、哈密、巴里坤設立分台，等語。」並認為「此次該都統所稱糧臺宜通籌宜設肅州，並應另設分台，係屬實在情形。即著左宗棠懍遵二月初三日諭旨，一併籌畫，迅速具奏。」[23]仍舊對左宗棠的想法予以否定。

因此，為了確保出關軍糧的籌措，左宗棠根據實地調查，將運糧的具體細節為朝廷詳加說明。他指出：

> 甘、涼與肅各稱腴郡，亂後人少地荒，物產銷耗，關外安、玉、敦則

---

[20] 《左宗棠全集・奏稿六》，第1890號：〈諭左宗棠以欽差大臣督辦新疆軍務金順仍幫辦軍務〉。

[21] 《左宗棠全集・奏稿六》，第1887號：〈復陳海防塞防及關外剿撫糧運情形折〉。

[22] 秦翰才：《左文襄公在西北》（長沙市：嶽麓書社，1984年），頁113。

[23] 朝廷於光緒元年二月十四日及十七日根據景廉的奏摺，連續發出上諭指示左宗棠在肅州設後路糧臺，反映當時軍機大臣仍未贊同左氏的觀點。見《左宗棠全集・奏稿六》，第1872號：〈諭左宗棠妥籌速奏移設糧臺一切事宜〉和第1873號：〈諭左宗棠籌辦肅州糧臺及關外屯政〉。

尤甚焉。今採買至十九萬石，抵承平時全省一年額賦，猶疑其尚可加採！奪民食以餉軍，民盡而軍食將從何出乎？

以挽運言之：南騾負糧多，而飼養所耗亦多；駝負糧少，而飼養所耗亦少。以所運程途計之：車行三十日，而所負之糧盡，駝行三十日，而所負之糧尚可稍餘，以濟待餉之軍。駝行內地及戈壁，日耗糧三斤；若行邊外，則食草不必食料，所省尤多。自來軍行北路，用北路之糧，無由關內運濟北路者。今〔由〕肅、甘、涼運安西，由安西運哈密，已為從前承平時所難，若尚責其逾天山運巴里坤，更由巴里坤運古城，勞費固不必言，試思關內之糧，除人畜食用，無論騾之與駝，能運至哈密者幾何？能運至古城、巴里坤者更幾何也？於是為之說者曰：蓋易長運為短運？蓋於肅州、玉門、安西、馬蓬井、哈密建倉廠，備起卸軍糧之用？建廠店、開井、積草、儲薪、歇駝騾，備轉般更替之用？現於灰燼、沙礫之間勉為之，已據報有成效。無如糧運不能捨駝與騾，駝、騾往返行住，均不能停餵養。以騾、駝所運之糧餵所運之騾、駝，非往多而返則少，行多而住則少，一轉所耗如是，數轉所耗亦如是，並非長遠耗多，短運耗少也。臣前稱軍糧僅可運至哈密者，只就運至哈密尚有餘糧供軍計之，且指負多食少之駝而言，非指車騾也。景廉但知烏、科之糧難運，不知肅州之糧可採可運而無可供前敵之軍，翻不如北路駝運費相當，免耗糧草，究有可供前敵之軍。西路用兵，肅州、哈密原有設糧臺成案，大都集餉調車馱，就北路採糧，運北路濟軍。岳鍾琪由四川、甘肅調駐巴里坤，其初不知地形，故有南路設糧臺辦糧十四個月之議，旋即停止。人力所限，地實為之，今豈必異於古？[24]

故此，左氏在小心計算糧餉的籌措後，認為此種安排實無法讓軍隊獲得糧食，並直接影響軍隊的前進。同時，對袁保恆移糧臺於肅州的行動，他也

---

[24] 《左宗棠全集・奏稿六》，第1887號：〈復陳海防塞防及關外剿撫糧運情形折〉。

表示反對。然袁氏仍固執己見,「立意牴牾,意圖牽率。」[25]

此外,左氏也特別指出:「自來軍行北路,用北路之糧,無由關內運濟北路者。」[26]據左氏的研究:「從前西路用兵,肅州、哈密均曾立糧臺,而運糧逾天山,濟西路之北者,實止岳鍾琪一人,旋以車馱煩費,自議停止。後此,查郎阿議開山修道以通糧運,而迄未舉行。此外,則無可考。當豐亨豫大之時,不慮無財辦運,不慮無駝騾應調,承辦諸員不乏敏幹之才。而顧未主此策者,非因此道勞費太甚;盡存畏難之心,實緣所運不敵所耗,糧之可到前敵供軍食者少也。」[27]反映左氏勤於考查檔案文獻,以作為辯論的依據。[28]

為了解決出關兵員的軍食問題,左宗棠必須於北路另覓新途,以解決軍糧運輸至巴里坤的問題。同時,他對北路烏、科二城不屬產糧區域,亦有所瞭解。他根據多方調查,終於發現一條新的運輸路線。他向朝廷說:「北路商旅往來均問途烏、科……南有一捷路,由歸化城、包頭而西,不經烏、科,不由四路,別有間道可達巴里坤。自包頭向西稍北至蛇太、大巴,共十餘站,其間為烏、科及歸化各城,所屬蒙地無台站而有屯莊,蒙漢雜處,自為聚落,產糧之地頗多,雇駝亦易。由大巴西北十六站抵巴里坤,則無台站、無屯莊。計程以駝行一日為一站,自歸化城起,駝行三十餘日可抵巴里坤,遂呼為三十餘站。所經之地屬何城管轄,無從確悉,但稱烏、科。實則近時商旅赴西路者,均以此路為徑捷,未嘗繞道烏、科兩城也。」[29]

---

[25] 《左宗棠全集・奏稿六》,第1871號:〈復陳移設糧臺轉運事宜折〉;第1888號:〈遵旨密陳片〉。在前一折,左氏又批評「袁保恆預存想當然之見,求成必不行之事,竟至牽強往迹,傅會其說,臣實所未喻也。」表示兩人難以再合作。

[26] 《左宗棠全集・奏稿六》,第1887號:〈復陳海防塞防及關外剿撫糧運情形折〉。

[27] 《左宗棠全集・奏稿六》,第1888號:〈遵旨密陳片〉。

[28] 此類文獻,卷帙異常繁重。讀者可參看清代方略館編:《清代方略全書》(北京市:北京圖書館出版社,2006年),全二百冊。

[29] 《左宗棠全集・奏稿六》,第1887號:〈復陳海防塞防及關外剿撫糧運情形折〉。值得注意的是,在左氏具折時,袁保恆曾親至其官衙洽商,「稱:近又查有寧夏附近採糧經阿拉善旗地界運巴里坤一路,似亦可行,擬旬內由蘭州親赴寧夏察看。」左氏亦予以採納。見《左宗棠全集・奏稿六》,第1889號:〈袁保恆復商各條片〉。

無論如何,朝廷終於作出決定,即任命左宗棠督辦新疆軍務。與此同時,朝廷作了相應的人事調動,以確保左氏的工作能順利展開。其中,金順代替景廉為烏魯木齊都統,是由左宗棠推薦。不久,為加強對後路糧臺的管理,左氏向朝廷要求劉典和楊昌濬趕赴西北,亦很快獲得朝廷的同意。[30]

五 左宗棠多方籌措出兵新疆的軍糧

當左宗棠被任命為督辦新疆軍務時,便決定採取「緩進急戰」方略,以保證出關軍隊的糧食供應。對於如何組織北路的糧食供應,經左宗棠的全面考量和實地調查,總結出以下幾個途徑[31]:

一、在哈密、巴里坤、古城地區屯田。屯田方面以駐紮在哈密的張曜部隊為最早。據左宗棠向朝廷報稱:「張曜在哈密辦屯墾水利,事必躬親,不惜勞瘁。據報墾荒地一萬九千餘畝,可獲糧數千石。」[32]屯田的主要作用是減輕長距離糧食運輸,並對日後軍轉民用作準備。但是,由於人力的缺乏,開荒、墾地、引水、選種、種植均需要較多的投放,故只能作補充的輔助用途。[33]光緒元年六月,左宗棠稱:「臣現委知府銜甘肅候補同知丁鶚等赴巴里坤,又委布政使銜甘肅即補道陶兆熊等赴古城,辦理採糧、開墾及收支事宜。」[34]光緒元年六月,左宗棠總結屯田方面的工作時,認為收到相當的成效。他說:

---

30 其中,劉典正鄉居,而楊昌濬以涉楊乃武案被褫職。《清史稿》卷二四一〈劉典本傳〉載:「(同治)五年,宗棠徙督陝、甘,起典甘肅按察使,旋賜三品卿,佐軍事……七年,詔署陝西巡撫……光緒元年,復命佐宗棠軍務,典辭以疾,詔罷其行。時譚鍾麟督西征餉事,力言司左軍後路非典莫屬。朝旨乃趣赴甘。」《清史稿》卷二三四〈楊昌濬傳〉載:「坐餘杭葛畢氏案褫職」,所指即楊乃武案。

31 這方面的研究以秦翰才《左文襄公在西北》最為詳細,本節多參考其說法,再加以補充。

32 《左宗棠全集‧奏稿》,第1943號。

33 秦翰才:《左文襄公在西北》,頁108-109。

34 《左宗棠全集‧奏稿》,第1943號。

歷代之論邊防，莫不以開屯為首務。或辦之用兵之時，以省轉饋；或辦之事定之後，以規久遠。要之，得人則有益軍情，不得其人則虛糜經費。且西北治地開荒，尤資水利。就窪瀦水，障之令深；引渠既田，灑之令普。既需人工，尤資器具。而哈密土質善滲，土工、石工外，別有毛氈包裹之工，為他處所罕見。既需多籌器具，又需廣備氈條。開墾之先，所費既巨。臣於張曜安西進屯哈密時，已津貼過運腳等銀五萬餘兩，購辦氈條、價腳銀約九萬一千餘兩。張曜躬率所部，殫力經營，而後得著成效。以後踵而行之，固此奧區，保綏戎潘，可成數十百年無窮之利。現復經畫巴里坤，收召飢兵一千三百餘兵，每月給餉銀三千兩，配以矛杆、槍炮、子藥，俾其復成勁旅。復委甘肅同知丁鶚等裏辦屯墾事務，兼收包、歸、寧夏所解軍糧。惟巴里坤地當天山頂畔，氣候凝寒，舊設天時、地利、人和等廠久已荒廢。屯務雖興，恐暫尚難供客軍坐食也。由巴城而西北七站，地勢沃衍，天氣漸和。由此而古城迤西一帶，更稱膏腴上壤。景廉所辦公屯、私屯外，餘荒甚多。若兵民盡力耕墾事宜，隨時馳稟核奪。此籌哈密、巴里坤、古城糧運、屯墾情形也。[35]

左氏言「得人則有益軍情，不得其人則虛糜經費」，真是千古不易之論。[36]

二、廣籌糧運。上文提及由歸化、包頭向西北走的一條進入天山北路巴里坤的商路。這條路線因不屬官道，故歷來缺乏清晰的記錄。左氏指出此路約可分為兩段：前段「自包頭向西稍北，至射台、大巴，共十餘站。其間烏、科及歸化各城所屬蒙地，無台站而有屯莊，蒙漢雜處，自為聚落，產糈之地頗多，雇駝亦易。」後段則屬荒漠，「以駝行一日為一站」計算，總共

---

[35] 《左宗棠全集・奏稿》，第1943號。

[36] 按：清末蒙古地區牧地放墾因所托非人，導致「兩盟痛心」，實為殷鑑。參看拙稿〈民族主義之經濟基礎──清末民初的西北〉，收於張偉保、趙善軒、羅志強合著：《經濟與政治之間──中國經濟史專題研究》（廈門市：廈門大學出版社，2010年），頁168-175。

由大巴西北十六站抵巴里坤。其間「無台站、無屯莊」。他更指出:「近時商旅赴西路者,均以此路為徑捷未嘗邆道烏、科兩城也。」[37]

據張其昀分析,由關內前往烏魯木辦主要有兩路:「一由大道⋯⋯蘭州出嘉峪關經西安,踰星星峽,經哈密,過嶺至鎮西(即巴里坤),經奇臺而至迪化(即烏魯木齊)⋯⋯是為南路;一由商道,自歸綏,經蒙古草地,而至鎮西迪化,是為北路。」[38]據了解,歸、包糧食取道北緯四十二至四十四度間的草原地帶向西前進,運到巴里坤。同時,在烏里雅蘇臺和科布多一帶的糧食,也盡量採買。[39]左宗棠用兵新疆的方略是先北後南,故以運糧於北路之巴里坤、古城子(奇臺)為優先。

其實,早在平定陝甘回民的過程中,左宗棠對糧食轉運已極為著重,並嘗試從邊外的歸綏一帶採買糧食,以供軍食。例如,在同治八年正月十九日,左宗棠曾與西安將軍庫克泰吉、署陝西巡撫劉典會銜,懇請朝廷發款購糧。在〈請敕部撥餉採買糧石〉中,左氏提出:

> 陝省用兵以籌糧為要,兵燹以後亦惟籌糧為難。現時大兵雲集,自延、鄜迤南以至汧、隴,各軍所需糧食、草料,或就地採辦,或由外省購運來陝,車駝夫馬絡繹載途,勞費萬狀;延、鄜各屬迤北迄沿邊,如金順、劉山松、劉厚基、成定康、郭寶昌等所部兵勇馬步五十六營,餉糧既急,轉運尤艱。北山以內,兵燹連年,土地荒廢過多,無糧可辦,勢不能不於山西沿河一帶設局採購,以期徑捷。然延、綏北境如膚施、安塞、保安、安定、定邊、靖邊各縣,地接邊荒,道險具遠,即由山西採運轉輸,亦苦鞭長莫及。因思榆林邊外,東至綏遠城,西至花馬池,中間附近邊牆之包頭、磴口等處,民人向來墾種水地,產糧最多,客商隨處開設牛牯,囤積售賣,以為常業,聞金順等頻年軍糧即取給於此。⋯⋯合無仰懇天恩,敕下戶部迅撥庫

---

37 《左宗棠全集·奏稿》,第1887號。

38 張其昀:《中國區域志·乙編》(臺北市:華崗出版社,1967年),第2冊,頁397。

39 秦翰才:《左文襄公在西北》,頁109。

款現銀十萬，徑解綏遠城；敕綏遠城將軍安定，速派幹員，分赴各牛
犋，定購糧石，相度地里遠近，解交副都統金順，轉發成定康，為賑
撫安插之用。庶幾無數殘黎得沐皇仁，稍延殘喘。此時距秋成之期
甚遠，安輯之後，尚需為籌口食，籌牛種耕具，俾其各安耕鑿，永
為良民。[40]

　　這是左宗棠首次採買歸綏糧食以供陝北軍糧。到了擔任欽差大臣、督辦
新疆軍務後，便大力開發這條糧食供應鏈，以減輕陝西籌糧出關的壓力。原
來，糧食宜就地籌措，以省運費。可是，不論是河西地區或玉門關附近，糧
食生產因長期戰禍而無從著手。左氏對在肅州大量採買軍糧是不贊同的。原
因是當地受戰爭的影響，土地荒蕪，人口流徙，糧食供應緊絀，若在當地
大量購買，必然使價格急漲，人民生活困難，直接影響該區的戰後重建工
作。[41]左宗棠在平定陝甘民變後，十分注重安撫百姓的工作，故對當地大量採
買軍糧的做法，必然做成「奪民食以餉軍」的問題。他問：「民盡而軍食將
從何而出？」否定了這種竭澤而漁的方法。

　　因此，為了確保軍糧的供應，左宗棠在歸化設了一個西征採運總局，又
分別在包頭、寧夏設立兩個分局，以便處理好西北軍糧的採買工作。據左宗
棠報稱：

北局設於歸化，分局設於包頭，飭升用知府、前署綏德直隸州知之陳
瑞芝，提督銜兵蕭兆元司之。雇民駝轉運。計自三月杪至五月，據報
陸續運計四十餘萬斤至巴里坤，每百斤牽合銀八兩內外。袁保恆前奏
寧夏採運，臣飭署寧夏鎮總兵，記名提督譚拔萃，寧夏府知府李宗賓
接辦。現據報已雇駝數百，先由察罕廟試行；如果此路通利，再為加
辦。察看漠北素產健駝，又便水利，惜久未開運，倉卒應募者少。又

---

40 《左宗棠全集・奏稿》，第1097號。

41 《左傳》哀公元年四月逢滑說：「臣聞國之興也，視民如傷，是其福也；其亡也，以民
　　為土芥，是其禍也。」

駝隻每以拉差為苦，疑沮不前。臣現飭巴里坤鎮、鎮迪道嚴行示禁，冀聞風踵至，運道暢行，庶餉饋可通，亦收節省之益。

最後，西征糧臺也不再移至肅州，而由朝廷命令「左宗棠責成陝西藩司經理，應行奏催及咨行各省事件，雖由陝西巡撫核辦。關外轉移事宜，即在哈密、巴里坤各處設立糧餉分局，由左宗棠派員經營。」[42]直至光緒二年六月初，從歸、包購運軍糧共「採運五百餘萬斤，合之寧夏採運，幾及七百餘萬斤，陸續解巴里坤存儲」[43]，對北疆用兵提供了堅實的保障。

除此之外，在關外就地採買和委託俄人索思諾福齊在邊境採買，都可以減輕長途運輸糧食的壓力。關於就地採買，據左氏的統計，「巴里坤可買一萬餘石，古城子可買五六千石，南山可買七八千石，濟木薩（漢金滿城，今孚運縣）一帶可買七八千石，烏魯木齊北路可買八九千石。」[44]對保證軍隊糧食供應也產生積極貢獻。

至於俄人代購運糧食一事，左宗棠在光緒元年六月向朝廷上奏，指有俄國遊歷官索思諾福齊自稱：「俄國在山諾爾地方產糧甚多，駝隻亦健，距中國古城地方不遠。如中國需用糧食，伊可代率，送至古城交收。由俄起運，須護運兵弁，均由山諾爾派撥，其兵費一併攤入糧腳價內，每百斤須銀七兩五錢。如年豐糧多，駝腳不貴，則價尚可減也。比即與定議，書立合約，計年內可運古城糧二百萬斤。明年春夏可運足三百萬斤。」[45]據秦翰才的分析，「俄人願代採買五百萬斤，包運到古城子，價款和運價統共每一百斤只需銀七兩五錢。」[46]

當然，南路由肅州至哈密一路，雖如上文所言，運路較遠且運費極昂，然因「肅局存現糧三萬餘石，安西局存現糧一百數十萬斤，哈密局除張曜各

---

[42] 《左宗棠全集·奏稿》，第1943號：〈督辦新疆軍務敬陳籌畫情形折〉。

[43] 《左宗棠全集·奏稿》，第2087號：〈北路運糧情形並委副都統喜勝督辦歸包局務〉。

[44] 秦翰才：《左文襄公在西北》，頁109。

[45] 《左宗棠全集·奏稿》，第1943號：〈督辦新疆軍務敬陳籌畫情形折〉。

[46] 秦翰才：《左文襄公在西北》，頁109。

營外，存現糧一百三十萬斤，現正趕緊灌運……現據甘、涼、肅各廳州縣稟報：今歲夏雨優渥，冀獲豐稔。將來新糧市價有減無增，車駝之受雇者亦日多一日，轉運較從前稍易。此南路籌糧情形也。」故仍有相當的重要性。然而，左宗棠在報告南路糧運情形時指出：「南路糧運多艱……轉肅州、安西存糧，越哈密、巴里坤徑抵古城，蓋已費不勝計、勞無以加矣」的靡費情況。因此他仍強調「用兵西北，宜採運西北之糧，可斷而知也。」[47]

由於北疆在光緒二年六月，劉錦棠的軍隊迅速收復烏魯木齊大部分地區。因此，到了北疆陸續恢復秩序，左氏便能夠集中就地採買，而歸、包、寧夏一路的採運遂予以停止。[48]

六　結論

晚清國力不振，憂患迭至，對新疆的控制似無法保持。因此，當日本侵入臺灣，觸發海防、塞防之爭，竟有疆臣主張放棄新疆的怪異主張。朝廷原來並不以此為正論，然主持新疆軍務的滿洲貴族，對恢復新疆統治可說是一籌莫展。朝廷在同治十三年多次嚴催部隊出關，結果因軍食無著，大部分軍隊只能駐紮在玉門、安西、寧夏一帶。時任陝甘總督的左宗棠，在奉朝廷〈密諭左宗棠通籌海防塞防全局並關外兵事糧運〉事，具奏表明海防、塞防必須兼籌的意見。[49]

在文祥的支持和慈禧太后的贊同下，左宗棠以欽差大臣、督辦新疆軍務全權負責收復新疆的工作。其中，由於新疆的地理位置遠離中原產糧區，故左氏的工作重點是保障出關軍隊的糧食供給。左氏在獲得朝廷的支持後，便

---

47 按：計劃中天山南路的進軍路線也是由哈密向西進發，故仍需廣儲軍糧於哈密，以備日後用兵所需；引文見《左宗棠全集·奏稿》，第1943號、第2087號。

48 《左宗棠全集·奏稿》，第2125號：〈停撤歸化包頭寧夏採運片〉。此奏上距第2087號〈北路運糧情形並委副都統喜勝督辦歸包局務〉僅三個多月，反映軍隊已能在北疆成功就地採購糧食和「古城、巴里坤」的屯墾工作的成果。

49 參看《左宗棠全集·奏稿》，第1863、1887、1888號。

著手精簡軍隊數目，加強訓練，並多方籌措軍糧，其中包括南路（由肅州至古城）、北路（由歸、包、寧夏到巴里坤、古城）兩條運糧路線；也包括屯田收穫（哈密、巴里坤、古城一帶）和俄人代購（從邊境運至古城）等方法。通過兼籌並顧，終於為軍隊迅速收復烏魯木齊提供了必要條件。

由北路在光緒二年（1876）年八月迅速收復古牧地和烏魯木齊後，出關軍隊的糧食便能陸續在疆北採買，大大減輕長距離運輸的龐大開支。有學者指出，在收復北疆以後，左宗棠「在古城子採糧一千萬斤，備運六百萬斤；在河西運糧六百萬斤到哈密。吐魯番收復以後，文襄公又命吐魯番採存九百萬斤，一面把後路採存一千萬斤，分別從烏魯木齊和哈密遞運到吐魯番，再節節轉送到阿克蘇為止。阿克蘇以上，差不多完全就地給養了。」[50]至此，用兵新疆的措籌關外軍糧的需要便完滿結束了。晚清國勢積弱不振，左宗棠能在兩三年內順利收復新疆的大部分領土，對維護中國的領土完整貢獻巨大。而有效籌措關外軍糧，並配合「緩進急戰」方略，終於讓左宗棠成功克服重重困難，穩定了中國大西北的邊防。

---

[50] 秦翰才：《左文襄公在西北》，頁111。

附表一　左宗棠為出兵新疆而涉及糧餉的奏摺與朝廷的支持

日期	左宗棠糧運兼籌方面的奏摺	《左宗棠全集·奏稿》編號	日期	上諭中有關文件	《左宗棠全集·奏稿》編號
（同治十三年）			17/1/1874（同治十三年）	諭全榮、左宗棠等妥籌糧運，嚴飭各軍迅速西進剿賊且杜俄人隱患	1741
16/2	請豁免甘省積欠錢糧折	1744	10/3	諭將甘肅省同治十三年以前積欠錢糧概予豁免	1745
16/2	出關各軍餉數及糧料運腳仍請敕部會議折	1747			
16/2	健銳軍月餉請暫交金順分撥片	1748			
16/2	嵩武軍開抵玉門片	1749	18/3	諭金順克期西進古城，左宗棠隨時兼顧糧運並緝拿黎獻部潰變在逃各犯	1763
			2/4	諭左宗棠仍由關內籌解金順等軍糧石	1769
			12/7	諭景廉等迅速西進會剿，左宗棠速為轉運口糧	1802
			25/8	諭左宗棠等仍隨時勻濟穆圖善部月餉並接濟關外各軍糧餉	1823
4/10	辦理出關諸軍餉數及糧運情形折	1824			

4/10	出關各軍運腳難拘定例並墊付金張兩軍糧價實數片	1828			
4/10	餉源頓涸籌借洋款折	1829			
4/10	山西應協嵩武軍駝干銀兩請歸山西糧臺搭解片	1825	15/10	諭左宗棠等商辦出關各軍餉項糧運，鮑源深按月撥解張曜軍駝干銀兩	1827
3/11	敬籌移設糧臺辦理採運一切事宜折	1838			
3/11	附陳開屯實在情形片	1839			
3/11	（張曜）嵩武軍進駐哈密墾荒片	1840			
（光緒元年）			25/1/1875（光緒元年）	諭左宗棠實力籌辦後路糧運，景廉、金順妥商調軍迅復烏（魯木齊）城	1862
			3/2/1875	密諭左宗棠通籌海防塞防全局並關外兵事糧運	1863
3/2	復陳移設糧臺轉運事宜折	1871	14/2	諭左宗棠妥籌速奏移設糧臺並一切事宜	1872
			27/2	諭左宗棠籌辦肅州糧臺及關外屯政	1873
7/3	復陳海防塞防及關外剿撫糧運情形折	1887			
7/3	遵旨密陳片	1888			

7/3	袁保恆復商各條片	1889	28/3	諭左宗棠以欽差大臣督辦新疆，軍務金順仍幫辦軍務	1890
7/3	籌借洋款片	1891	--	軍機大臣奉旨：「該衙門速議具奏。」欽此。	1891附件
			4/4	諭左宗棠等悉心統籌穆圖善部裁撤事宜，著穆圖善檄調吉黑馬隊來京	1894
			18/5	諭左宗棠、金順通籌西征軍務，各省關迅速掃數撥解所欠協餉	
			9/6	諭左宗棠、金順等會商分路進兵迅速轉運，悉心採辦關內外軍糧	
28/6	督辦新疆軍務敬陳籌劃情形折	1943			
28/6	俄國遊歷官過境據實陳明折	1944			
28/6	請簡派大員幫辦陝甘軍務折	1945	9/7	諭左宗棠等籌辦新疆糧運兵事屯墾事宜並已派劉典幫辦陝甘軍務	1946
25/8	軍餉支拙請速籌解濟折	1969			
25/8	關外新疆軍餉仍請歸戶部核撥折	1970			
25/8	請敕各省勻濟餉需片	1971			
25/8	請敕山西劃撥科城台費片	1972			

25/8	請敕兩江迅解老湘全軍月餉片	1973			
25/8	請敕福建迅解協甘欠餉片	1974	7/9	諭左宗棠妥速區畫關外軍餉事宜	1975
			11/10	諭各省關速解西征年終滿餉及歷欠月餉，否則即由左宗棠等指名嚴參	2002
			15/11	諭金順、左宗棠等防匪紛竄訓練隊伍迅圖進剿	2003
14/12	餉源涸竭擬續借大批洋款權濟急需折	2004			
14/12	籌借洋款懇照台防辦法片	2005			
3/1/1876（光緒二年）	哈密辦事大臣裁拼營伍請敕撥專餉折	2007			
3/1	新疆北路台站應由烏科等處大臣安設片	2008			
3/1	請敕催山東等省應解塔城專餉片（附：軍機大臣……已奉有寄信諭旨，令裕祿等如數籌撥矣。）	2009	7/1	諭各將軍督撫限期提解欠餉源源清解協餉並准左宗棠籌借洋款	2014
			7/2	諭左宗棠通盤妥籌西征軍餉事 附：沈葆楨、吳元炳折片	2027
21/2	會報抵蘭出關日期折	2038			
21/2	新疆賊勢大概片	2039			

21/2	復陳借用洋款並催解協餉折	2040	1/3	諭左宗棠等為肅清西路以竟全功，加恩允准籌備一千萬兩款項	2041
			9/3	諭戶部並各將軍督撫各省提撥銀三百萬兩務當依限赴解左宗棠軍營；部撥二百萬兩改於議撥海防經費內扣還	2044
13/4	馳抵肅州各軍分起出關折	2066			
13/4	欽奉恩諭擬緩借洋款折	2068	26/4	諭左宗棠等督師西進扼箚北路防敵紛竄並相明額爾慶額等進攻失利情形	2069
3/6	出關諸軍進至古城留防要隘折	2083			
3/6	復陳杜賊紛竄情形折	2084	17/6	諭左宗棠、金順等籌妥攻城防剿事宜並認真查辦吉爾洪額	2085
6/6	北路運糧情形並委副都統喜勝督辦歸包局務	2087	16/6	諭左宗棠等飭軍迅拔瑪納斯並規取各城；戶部及各省關迅速籌解金營軍餉	2088
18/7	會師攻拔古牧地堅巢克復烏魯木齊迪化州城大概情形折	2094	3/8	諭左宗棠查明克復烏魯木齊等城應行獎恤各員具奏並著查明白彥虎下落	2095
1/8	請敕部查催各省協餉折	2104			

			16/8	論左宗棠金順等通籌烏魯木齊各城善後及進規南路事宜	2105
			26/8	論金順等督軍奮拔瑪納斯南城，左宗棠先行酌撥所缺餉需	2108
17/9	搜剿竄賊佈置後路進規南路折	2121			
17/9	籌調客軍以資厚集折	2122			
17/9	籌畫俄人交涉事務片	2123	30/9	論左宗棠飭令劉錦棠等約期進取南路，檄語金順軍出關並主持辦理俄人交涉事宜	2124
17/9	停撤歸化包頭寧夏採運片	2125		軍機大臣奉旨：「知道了」。欽此	2125附件
11/11	請裁汰北路征軍折	2142	25/11	論左宗棠、金順妥行裁併金順各營並復核榮全請獎折片，劉錦棠等軍俟春融進軍南路	2147
11/11	進規南路師期片	2146	25/11	論戶部發銀並於協濟各省酌提鉅款接濟金順軍	2143
6/3/1877（光緒三年）	請敕各省關將本年協餉提前速解折	2178	21/3	論沈葆楨等迅速提前合解四百萬兩西征協餉	2179
29/3	復陳移屯實邊折	2192			
25/4	懇敕撥部款暫濟急需片	2211	10/5	論左裳棠密速奏聞統籌大局底定全疆方略	2212
26/5	陳明借定洋款折	2225			

16/6	逆酋帕夏仰藥自斃折	2228			
16/6	遵旨統籌全局折	2229	2/7	諭左宗棠即飭各軍克日西進掃蕩白彥虎等並通籌新疆建省等全局事宜	2230
19/7	官軍克期進剿應防賊蹤紛竄折	2240	4/8	諭左宗棠、金順等督飭各軍探明白彥虎行蹤嚴加堵剿	2241
16/8	查明息借洋款情形折				
1/9	復陳回疆事宜折		16/9	諭左宗棠督飭各軍速圖規復喀什噶爾並限時察辦英人交涉事宜	
14/10	進規新疆南路專復喀喇沙爾庫車兩城現指阿克蘇折	2277			
5/11	窮追回夷連復阿克蘇烏什兩城請獎恤出力陣亡各員弁折	2289	21/11	諭獎恤連復阿克蘇烏什兩城出力陣亡各將士 諭左宗棠、金順等務心設法擒拿白文虎並次第攻克西四城	2290 2291
（光緒四年）			4/1/1878（光緒四年）	諭左宗棠等令官軍相機規復喀什噶爾並設法兜捕伯克胡里、白文虎以竟全功	22310

鄭觀應與漢陽鐵廠

鄭潤培*

　　張之洞創辦的漢陽鐵廠，自開辦以來，花費多而收效少。甲午戰爭中，北洋海軍覆沒，打擊了主持官辦軍事企業的官員，使以軍事企業為主的洋務政策，不得不改變。光緒二十一年（1895），皇帝斥責洋務派的軍事工業不當。為了整頓這些官辦企業，使它們可以發揮應有的效用，更為了減輕中央財政的負擔，清廷把國營企業盡快招商承辦。張之洞正在為找尋合適的燃料而動員上下，卻苦於經費貧乏，難於施行。清廷既有意把官辦企業招商，張之洞自然樂於推行，好減輕所受的壓力。

　　光緒二十二年（1896）三月，漢廠由官辦一變為官督商辦的企業。張之洞奏請委派盛宣懷督辦漢陽鐵廠。到了六月，便奏定〈鐵廠招商承辦議定章程〉[1]，對招商的工作，作出具體的規定。盛宣懷接辦漢廠，負責招商的工作。他任用鄭觀應（1842-1922）為總辦，駐在廠內，負起「聯絡上下官商之情，稽查華洋員匠之弊」。不但作為官商之間的橋樑，更有整頓和管理鐵廠的責任。[2]鄭觀應到廠後，留心廠務，先後三次提出整頓的方法，無論在燃料、生產及管理的問題，都提出改革的意見。[3]

---

* 　澳門大學教育學院助理教授。

1 　見王樹枏編：《張文襄公全集・奏議》（以下簡稱《張集》）（臺北縣：文海出版
　　社，《近代中國史料叢刊》636-645，648-655，659-664，670-673），奏議，卷44，頁
　　2-13，總頁3167-3190，〈鐵廠招商承辦議定章程摺〉（光緒二十二年五月十六日）。

2 　鄭觀應：〈稟兩湖督憲張香帥為漢陽鐵廠事〉，見夏東元編：《鄭觀應集》（上海市：
　　上海人民出版社，1988年），下冊，頁1036-1037；《盛世危言後編》（臺北市：大通
　　書局，收入《近代史料叢書彙編》第一輯，卷13。

3 　鄭觀應提出的意見有三稿，一是〈鐵廠籌略事宜十八條〉（光緒二十二年五月三十

　　盛宣懷雖然總理漢廠事務，但大多以對外事務為主，確立鐵廠的發展方向和整體利益，而廠內的事則交由鄭觀應負責。鄭觀應出任總辦之職，上任後對廠內燃料、生產、工匠、物料管理等各種問題，提出解決的方法。[4]可是由於廠內人事關係複雜，司事人員有些是湖北候補官員，有些跟督辦有師生之誼，使他的行事受到掣肘和排擠，終於在光緒二十三年（1897）六月由盛春頤接管。雖然鄭觀應在鐵廠的時間不多，不過由於他對洋務企業的經驗，他一向有關注鐵廠的運作情況，所以在接辦的短短一年內，已對廠內的問題作出調控和改革。

　　盛氏與鄭觀應憑著對洋務企業的經驗和知識，引進新的經營觀念，接受各方面對廠方的發展意見，使漢廠的經營規劃，日漸走上軌道。可惜的是，鐵廠受到焦炭及不合適的機器所限制，未能大力發展。直到日後把這些問題解決，鐵廠的經營才大有起色。整體來說，鄭觀應對漢陽鐵廠的改革可從三方面來看。

一　管理問題

　　當時漢廠要解決的問題很多，例如缺乏焦炭、生鐵廠的產品質素欠佳、鋼軌廠又未能確定開煉鋼軌的重量等。要解決這些問題，並非在短時間內可以成功。比較容易進行的，便是改善廠內的管理，提高工人的工作效率，減少人為的錯誤和浪費，所以盛宣懷十分支持他向這方面展開整頓。到了光緒二十三年（1897）六月鄭觀應離職，由盛春頤接任總辦，鄭氏大概已把散漫、無秩序的廠務，初步整頓起來。

日），見陳旭麓、顧廷龍、汪熙主編：《漢冶萍公司（一）——盛宣懷檔案資料選輯之四》（以下簡稱《漢冶萍一》）（上海市：上海人民出版社，1984年），頁106-108。二是〈籌辦廠四十八條事宜〉（無日期），見《盛世危言後編》，卷13，頁3-12。三是〈鐵廠次第籌辦張本六十條〉（光緒二十二年七月二十七日），見《漢冶萍一》，頁183-194。

[4] 〈鄭觀應：鐵廠籌備事宜十八條〉，《漢冶萍一》，頁105。

鄭觀應對鐵廠管理方面的整頓，大概從華匠及洋匠兩方面來看。

（一）華匠方面

官辦時期的漢廠，工人的聘用是採用包工制形式。所謂包工制，便是包頭從資方承攬工程和包攬工人的招募和雇用。這種制度的好處，一可方便管理。工人的事由包工頭負責，不用雇主操心。二是工資的預計清楚，開支可藉此減低。資方付出一筆費用或權益後，一切經營和管理的事，便由承包者負責，資方可以依約收取應得的利益。最先被外資企業使用，跟著便在中國的礦業、營造、碼頭等企業流行起來。[5]

包工制在實際運用時，也按情況分有不同的辦法。官辦時的鐵廠，採用支付費用的包工形式；招商承辦後的漢廠，在馬鞍山煤礦的開發時，則採用出讓權益的形式。商人自籌費用辦理馬鞍山煤礦，每月運一千噸生煤到漢廠卻不領煤價，只收運費。所得的權益，便是可把送往漢廠以外的煤，自行定價出售，不受限制。[6]

漢廠的工人，在包工制下，工作並不積極。原因是廠方的管理階層，沒有嚴密考查承包工作表現。承包者也沒有用心指導工人，把工人正確地組織起來，只是虛報工人數目，從中騙取工資漁利。例如馬鞍山煤礦，據官辦時期的報導，并中出煤由洋匠包與工頭，按每一煤車作二百四十文算。包工以少報多，半車算一車，隨意混報，洋匠卻不查點，使開支增加。物料儲存庫沒有設立稽考制度，各匠可隨意領取物料，很多工匠便把物料領取來轉賣賺錢。晚上，工人可以在工場範圍隨便出入，有些工人在晚上偷取工場物料圖利，故此物料常常失竊。[7]

鄭觀應接辦漢廠後，首先著手整頓華匠。他先裁減工作表現欠佳的工

5　郭士浩編：《舊中國開灤煤礦工人狀況》（北京市：人民出版社，1985年），頁39-40。

6　〈鍾天緯致盛宣懷函〉（光緒十八年十二月十七日），《漢冶萍一》，頁45；〈何培根：包辦馬鞍山礦務條陳〉，同書，頁384。

7　〈汪鍾奇：馬鞍山煤礦章程〉，《漢冶萍一》，頁92-93。

人，節省廠方的管理費用和工資開支。他考慮到華工匠頭常依附洋匠勢力，而且華匠的表現一向是憑洋匠來評估，所以為了順利進行裁減華匠的工作，便請盛宣懷直接向洋匠總管德培（Gust Toppe）要求配合。結果得到德培贊成，不但同意協助裁減華匠。並表示等到華匠技術成熟時，可再刪減洋匠，節省經費。[8]對於仍然留職，沒有辭退的工人，則嚴加查察，防止冒領薪金、虛報工數等情形。又每匠發簿一本，登記每日用物收支量，以防止濫用物料，一切用品皆要憑單收發。[9]

其次，鄭觀應很著意提高工人的工作效率。他提出多種方法來增加華匠對工作的積極性。（1）公佈多項規則，使工人有所依據。例如有關工時、工食、工物處理和工作規則的廠規三十條。[10]有關廠方鐵路使用規則的增訂、漢陽鐵路火車賣票章程和大冶鐵路巡丁章程等。[11]（2）下令董事、司事等管理人員嚴格執行廠規，加強管理。要求董事考查工人，做到「先司事到廠，後司事出廠」及「自稽查夜工及巡查」的地步。[12]（3）洋匠有權管理華匠，使洋匠可以從工作中，判別華匠優劣，與董事共同決定華匠的升降去留。[13]（4）增加工食，按年資及技術高下來釐定工食高下，使工人安心在廠工作。而且重金招聘持有外國機器執照的華匠充任廠內副總管，又派員往外國受訓，提高工人技術水平。[14]

華匠的編制，大概以匠目做領導，其下設有各組匠頭分管工匠。工匠按技術分為一等、二等、三等。下設小工，負責打掃、挑炭等工作。匠目以上便是總管、總監和總辦等管理階層，負責整體的管理工作。[15]

---

8 〈德培致盛宣懷函〉（光緒二十二年四月十五日），《漢冶萍一》，頁72。

9 〈許寅輝：鋼廠說略〉（光緒二十三年三月），《漢冶萍一》，頁497-499。

10 〈漢陽鐵廠廠規〉（光緒二十三年七月初八日），《漢冶萍一》，頁176-178。

11 鄭觀應：《盛世危言後編》，卷13，頁15-19。

12 〈許寅輝：鋼廠說略〉（光緒二十三年三月），《漢冶萍一》，頁497-499。

13 鄭觀應：《盛世危言後編》，卷13，頁14。

14 鄭觀應：《盛世危言後編》，卷13，頁14。又〈許寅輝：鋼鐵說略〉（光緒二十三年三月），《漢冶萍一》，頁497。〈鄭觀應：鐵廠籌略事宜十八條〉，同書，頁106-107。

15 〈德培致鄭觀應函〉（光緒二十二年八月十一日），《漢冶萍一》，頁214-215；〈漢陽鐵

　　華匠的工作散漫，和管理組織鬆弛有密切關係。建廠初期，事務繁多，大量的機器、物料先後運來，洋匠亦相繼到達。光緒十六年（1890），張之洞在武昌設立鐵政局，委派布政使鄧華熙，按察使覺羅允成，鹽法道瞿廷韶，督糧道惲祖翼及湖北候補道蔡錫勇等總辦局務，蔡錫勇為總辦，趙渭清、徐建寅為會辦，主持一切。又派王廷珍和蔡國楨為總監工，協助廠務。下設委員分司各職，負責各部門管理的工作，主要有稽查勤惰、會計收支、考核物料，收管外國機器和調和在廠洋匠各部。[16] 廠內以總辦為最高負責人，下設會辦與提調多人，原意是協助總辦，減輕總辦的壓力，可是會辦與提調的聘用與否並不是由總辦決定，而是直屬湖廣總督。換言之，會辦與提調名義上是總辦之下，實際權力可不受總辦控制，變成與總辦互相牽制。其下雖然設有委員、司事分理各務，但這些職位，都是由一些現職官員擔任或兼任。雖然他們在廠內的組織上，職責與地位都低於總辦與會辦，但來自民間的總辦與會辦卻不想太責難這些委員，以免委員日後利用官員的身分來找自己麻煩。

　　官辦時期的漢廠，一切的決定權，最終握在張之洞手中，職員全部都是經他委派出任。往往把官場的一套方法，用在管理漢廠的行政上。受委派的人，通常有三方面的來源。[17] 一般的職位，多是由湖北省內官員升任。[18] 他們大多缺乏明確的工作範圍和權限，每行一事，必定十位、八位同時進行，以致事權不一。這些人對漢廠的工作並不瞭解，又缺乏有關的知識和工作熱

廠廠規〉（光緒二十二年七月八日），同書，頁176。

[16] 〈札委王令廷珍往漢陽鐵廠總監工由〉（光緒十七年八月二十五日），《督楚公牘》（抄本），引自孫毓棠編：《中國近代工業史資料・第一輯》（北京市：科學出版社，1957年），下冊，頁783。又〈添派蔡令國楨充煉鐵廠總監工由〉（光緒十八年六月二十四日），《督楚公牘》（抄本），同書，頁785。《漢冶萍誌》，頁103。

[17] 蘇雲峰嘗指出：「漢陽鐵廠的負責人，主要來源有三：一是張之洞的幕僚；二是湖北省內可以升任的官員；三是曾經從事西洋工業的人。」見Su Yun-Feng, "The Role of the Government in the Emergence of Heavy Industry in China (1865-1911)",《中央研究院近代史研究所集刊》第8期（1979年10月），頁197。

[18] 〈鍾天緯致盛宣懷函〉（光緒十六年十二月二十九日），《漢冶萍一》，頁25。

情。例如馬鞍山煤礦，局內設有委員三十多人，負責管理及處理山上一切事情，可是卻竟然沒有人在河邊主持重要的收煤工作，延誤煉焦的工作，[19]而且對於供應煤商送來的貨，一概兼收，不加查察分辨貨色。[20]他們在廠中，後多掛名支薪，總辦不認識他們，甚至大家連面也沒見過。他們對華匠的工作，很少理會。廠務弛廢，生產效率自然偏低。每逢督辦到廠一次，全廠必須懸燈結綵，陳設一新，廠員衣冠整齊地列隊歡迎。酒席賞耗的花費，列入公司帳內，公私不分。[21]

盛宣懷接辦後開始加強管理，把廠內事務分為總銀錢所、支應所、煤炭所、鋼鐵所、翻譯所、監工所、材料所、案牘所、轉運所、磚石所、工程所和巡查所十二部門，各部門負有專責，初步建立一個管理系統。[22]為了使鄭觀應安心駐在廠內，就任總辦之職，他向鄭觀應保證保留招商局的地位，並支持鄭氏在漢廠的一切政策和設施。

廠內的董事中，亦有瞭解洋務，提出改革鐵廠的意見。例如許寅輝針對貝色麻鋼廠、鋼軌廠的弊病，要求整頓；繆熔提出九點改善馬鞍山煤務的意見；談汝康分析鋼鐵鐵失利的原因，並說出四項解決的方法。不過，官場習氣仍充斥廠中。鄭觀應的改革行動，自然引起這些掛名支薪、無心廠務的人不滿。他們有些由官員兼任，有些通過人事關係入職，特別多的是盛宣懷的親信，所以往往敢對鄭觀應的行事，採取不合作的態度。[23]

另方面，總辦的權力畢竟有限，使改革更感困難。按官督商辦章程，

---

[19] 〈汪鍾奇致盛宣懷函〉（光緒二十二年六月十八日），《漢冶萍一》，頁144。

[20] 〈繆熔關於焦煤條陳〉（光緒二十二年八月六日），《漢冶萍一》，頁203。

[21] 汪敬虞編：《中國近代工業史資料・第二輯》（北京市：科學出版社，1957年），上冊，頁474。

[22] 〈盛宣懷：招商章程八條〉（光緒二十二年三月下旬），《漢冶萍一》，頁69。

[23] 汪熙：〈論晚清的官督商辦〉，收入《洋務運動論文選》（北京市：人民出版社，1985年），頁233。Albert Feverwerker, "China's Nineteenth Century Industrialization: The Case of the Hanyehping Coal and Iron-Company Limited," in *The Economic Development of China and Japan,* ed. C. D. Cowan (George Allen & Unwin Ltd, 1964), p. 98. 及鄭觀應：《盛世危言後編》，卷9，頁82。

官與商都有各自的職責,「官司稽查、彈壓;商管銀錢出入、製煉、籌銷各事。一切用人選匠,酌劑盈虛,均由商人主持」。[24]可是實行起來,官商之間卻產生衝突。因為鐵廠既有官款在內,為了確保官方的利益,鐵政局便派委員分駐廠內各處,負起稽查商辦的情形。例如鐵廠內、大冶鐵山、興國州錳礦、大冶鐵路等,都各派一二名委員專司彈壓地方,稽查開煤、出鐵、行事、運礦銷售煤鐵各數目價值,以及出入用款等,按月稟報鐵政局。讓鐵政局把資料與鐵廠商局所呈報的情形相對照,以收監察之效。這些委員的薪水不支商款,由督辦稟派出任,屬於官方駐在廠內各處的代表,不隸屬於總辦之下。[25]

另方面,廠內商董是由股東公舉出來辦事,代表著商人在廠內的利益,也是不隸於總辦之下。換言之,總辦、商董、委員,大家都是處於同一地位上。廠內重要地方,例如大冶鐵礦、馬鞍山煤礦,派一個委員,一個商董,互相牽制。[26]這樣一來,便形成官、商兩套管理系統同時存在。當有紛爭或遇到決議事情時,總辦只能居間調停,提供意見,一切仍依賴督辦的決定。

雖然鄭觀應得到盛宣懷全力支持,把廠務辦好,可是受到上述條件限制,發揮不到他應有的力量,使得華匠管理依然百病叢生。有被辭退後再度任職,或離職後換個姓名再回來充任工匠等事發生。後來,馬鞍山煤礦發生工頭帶同大量散工工資逃走事件,引致工人騷亂,要由漢廠派董事領款來解決。[27]可見管理困難。結果,鄭觀應便以病為藉口,堅辭廠職,把漢廠交由盛春頤總辦。[28]

---

[24] 〈漢陽鐵廠官督商辦章程〉第十三條,《漢冶萍一》,頁59。

[25] 〈漢陽鐵廠官督商辦章程〉第十條、第十一條,《漢冶萍一》,頁59。〈鐵廠招商承辦議定章程摺〉(光緒二十二年五月十六日),《張集》,奏議,卷44,頁12下,總頁3188。

[26] 〈鐵廠招商承辦議定章程摺〉(光緒二十二年五月十六日),《張集》,奏議,卷44,頁12上,總頁3187。

[27] 〈張世鄂致鄭觀應函〉(光緒二十二年五月初四),《漢冶萍一》,頁79。汪鍾奇:〈馬鞍山煤礦章程〉,同書,頁93-94。〈盛春頤等致盛宣懷函〉(光緒二十三年七月初三),同書,頁613。〈鄭慶麟上鄭觀應函〉同書,頁590-591。

[28] 夏東元:《鄭觀應傳》,頁158-159。

（二）洋匠方面

煉鋼製軌的工程，在中國是前所未有的事，所以必須依賴洋人的技術，才可以進行。設立鐵廠之初，張之洞已通過駐外使節，聘請洋匠來華，負責技術方面的工作。官督商辦時，招聘的工作，與以前沒有大分別。不過，洋匠的來源，不再侷限於在歐洲聘請來，亦有從南洋或上海一帶招來。[29]

光緒二十二年（1896）四月，洋總督德培向盛宣懷報告全廠洋工技師及洋匠有三十人，大部分負責技術性的工作，特別關注的是煉鋼製軌的事。[30]

洋匠通過使節與漢廠訂立合同，除了月薪外，還有房屋、醫療、旅費津貼及回國川資，假如因工傷亡，還有賠償，條件十分優厚。不過，良好的待遇並不能為漢廠招來出色的洋匠，他們的表現常令人失望。例如任職洋總管的德培，連生產成本也估計不出，並且與化鐵爐和熟鐵爐的洋匠不和，導致熟鐵停工。[31]

洋匠的表現欠佳，主要有下列各種因素：

（1）沒有嚴格挑選，以致洋匠擔任不稱職之位。例如德培未曾做過總管又缺乏這方面的認識，卻被任為鐵廠總管；雇來製磚匠，卻發現只懂製造貝色麻磚，不懂造其他火磚，而大冶之火泥並不適合造火磚，以致浪費人力、財力。[32]

---

[29] 〈漢陽鐵廠官督商辦章程〉第十條載：「惟總管、幫管、洋匠首關係緊要……應稟明督憲電請出使大臣代募，以免誤用非人。」見《漢冶萍一》，頁59。又鄭觀應〈鐵廠次第籌辦張本六十條〉載：「查本廠洋人原擬不由外國請來，或由上海或由安南請來者，期滿三年，亦復給其返國資。」同書，頁190

[30] 〈德培致盛宣懷函〉（光緒二十二年四月二十日），《漢冶萍一》，頁74-75。又〈漢廠洋工師、洋匠名單〉，同書，頁362-363。當時任職的洋匠共有三十人，在途和空懸的職位未算在內。到十二月十八日，廠內洋匠只有二十五人。

[31] 〈鄭觀應：鐵廠籌略事宜十八條〉，《漢冶萍一》，頁107。又〈盛宣懷致惲祖翼函〉（光緒二十二年六月十三日），同書，頁134。

[32] 《中國近代工業史資料·第一輯》，下冊，頁782。〈鄭觀應致盛宣懷函〉（光緒二十二年五月十四日），《漢冶萍一》，頁84。

　　（2）洋總管的任期短，發揮不了領導洋匠的作用。自光緒十六年
（1890）薛福成在英國雇亨納利賀生（Henery Hobson）任總監工，其後有白
乃富、德培、堪納第（Hennedy），至光緒二十三年（1897）九月卜聶任總
管之職，其間七年，共換五人。其他洋匠，多是受高薪吸引而來，期限一到
便回國。他們並沒有為中國工業化提供幫助之心，只求取優厚待遇，工作敷
衍了事。

　　（3）洋匠的國籍不同，工作互不協調。漢廠的機器設備，有些購自英
國，有些購自比利時，[33] 故此初期的洋匠便在兩國招聘。到官督商辦時，廠內
的洋匠仍以英國及比利時人為多。[34] 他們辦起事來互不合作，互不協調，甚至
工作時運用的計算單位也各不相同，影響工作表現。

　　（4）管理制度的流弊。洋匠在鐵廠內，不但負責技術方面的工作，還有
用人的行政權。例如馬鞍山煤礦的洋匠，可以有權管理華匠，更換工頭，甚
至把工事包與工頭進行。[35] 按照洋匠與廠方所訂的合同，所有洋匠都是隸屬洋
總管之下，而洋總管只是在督辦之下，直接向督辦負責。廠內總辦與洋總管
的地位對等，所有洋匠的去留，都要由兩人商議好才能進行。[36] 洋匠負責廠內
生產技術，地位重要；加上具有行政用人的權力，而制度上沒有職位可以在
廠內管轄他們，所以形成無人監管其工作。有些匠目便依賴洋人這種特殊地
位來收取利益，薦用熟人任工匠，而洋匠亦藉此重索工價，對於廠務，並不
用心。[37]

---

33 〈籌設鍊鐵廠摺〉（光緒十五年八月二十六日），《張集》，奏議，卷27，頁3上，總頁
　　2061。薛福成：《出使日記續刻》，卷4，頁66下、67上。

34 〈鄭觀應致盛宣懷〉（光緒二十三年四月十六）云：「本廠匠人，德、比各半」，《漢冶
　　萍一》，頁514。又 Su Yun-Feng "The Role of the Government in the Emergence of Heavy
　　Industry in China" 一文表六載一八九〇至一八九七年，漢陽鐵廠有外國人六十四人，
　　其中英國十三人，德國十人，美國一人，比利時四十人。（頁204）

35 〈汪鍾奇：馬鞍山煤礦章程〉，《漢冶萍一》頁92-93。

36 〈德培辦事條規〉，《漢冶萍一》，頁80；〈漢陽鐵廠與堪納第合同〉，同書，頁510。

37 〈談汝康：統合二十二年度鋼廠商辦成本說帖〉載：「德培…只知樹立私黨以長聲勢，
　　至鋼廠如何整作，則非所計也。每日來廠一、二次，怒容冷面，令人難堪。」《漢冶

洋匠在漢廠工作，為了顯示自己的才能，表示自己的地位重要性，常常多雇員工，多購機器。有些把機器拆改或者以各種藉口，推搪自己辦事不力之處。例如堪納第名為改造新式炒熟鐵爐，卻只將舊爐拆改重裝，式樣照舊，花費二千餘兩，並沒有實際改造。卜聶造軌，初時以受洋總管掣肘為理由，不能竭盡所長，使產品不精。當他總攬全權，升任總管時，出品反不如前，產品更多不合規格。[38]

他們的表現，在官辦漢廠時，沒有受到太多非議。但到商人接辦時，便對他們的表現不滿。不單鄭觀應，其他如董事談汝康、徐慶沅等人，都是議裁減洋匠。

鄭觀應等人主張減省洋匠，是基於下列一些原因。

（1）洋匠薪金過高。董事徐慶沅估計，以每日出生鐵五十五噸，成鋼軌四十八噸四來算，洋人薪水九五〇〇兩，佔總生產成本五六二六兩之百分之十七。[39] 又董事談汝康計算貝色麻鋼廠時，發現洋匠薪水、盤川等總共二九六二〇點五兩，佔總開支八二九五一七點三四四兩約百分之四。計算馬丁廠洋匠工食、盤川共六九二六兩，佔總開支三四七〇六點三兩約百分之二十。平均每月鋼軌廠洋匠費用約三千兩，貝色麻鋼廠約千餘兩，馬丁廠約千兩。[40] 洋匠的薪水高，是造成鋼廠產品成本高的原因之一。

（2）洋匠要求加薪。漢廠招商承辦章程中，訂明以前雇用之洋匠，合同未滿期的，均須留用，合同滿後，應留應換，由商局決定。在這個轉變時期，有些洋匠突然提出辭職回國，要脅另訂合同，提高薪金。例如管理大冶火車之洋匠李希德，要求把每月薪水由四十一鎊加至七十五鎊；馬鞍山洋匠科納，要求每月加十鎊。他們聲明在新合同未訂定之前，一切工作，暫時放

萍一》，頁460。又〈許寅輝：鋼廠說略〉（光緒二十三年二月），同書，頁497-498。

[38] 〈盛春頤：堪納第辦事情形摺〉（光緒二十三年八月初二），《漢冶萍一》，頁640；〈盛宣懷致卜聶函〉（光緒二十三年九月初六），同書，頁676；〈盛春頤致盛宣懷函〉（光緒二十三年九月十一日），同書，頁681-682。

[39] 〈徐慶沅致盛宣懷函〉（光緒二十二年五月二十七日），《漢冶萍一》，頁100-101。

[40] 〈談汝康：給合二十二年度鋼廠商辦成本說帖〉，《漢冶萍一》，頁460-464。

下。漢廠在這種情況下，只好答允加薪。不過廠方另作打算，把不稱職或合約期滿的洋匠辭退，以省開支，彌補加薪的損失。[41]

（3）對洋匠的需求減少。自漢廠在光緒二十二年（1896）四月招商承辦，經過八個多月，總計貝色麻鋼只生產二十多天；鋼軌只造了四十多天；馬丁鋼亦只工作六十多天。由於燃料等問題未能解決，使廠方不能大量生產，洋匠的需求自然減少。[42]另方面，在廠的洋匠人數，原任職三十人，董事彭脫估計只需十四人便足夠應付日夜工作，比利時考甫鏗廠亦提出只要十五人，亦可應付廠內生產工作，顯示過往廠內的洋匠，實可減省。[43]

裁減洋匠，無疑可以節省工錢，減輕成本。可是華匠方面，當時並沒有技術人員可以取代洋匠地位，一切生產工程，機器操作，仍然依重洋匠。就如化鐵爐箱損壞，除了洋匠呂柏外，廠內沒有華匠可以修理，這便造成洋匠在廠內的特殊地位，廠方也不便大量辭退他們。[44]而由洋匠所引起的管理問題，仍然未能解決。

官督商辦企業，既缺乏系統與專門組織，行事又不如西方企業般有條理，[45]所以廠內人員的工作效率很低。這種積習，自官辦企業開始，便積存下來。漢廠的情形亦如是，廠內官場習性積弊日深，人事關係分佈在每一角落。鄭觀應要改革廠務，加強管理，無疑是向這種積弊挑戰，在勢力單薄的情形下，終於失敗。

鄭觀應主理廠務，正值招商承辦之初，一切業務，極須改革。除他之外，也有一批董事紛紛陳述改善之道。雖然漢廠的成敗，燃料、機器、資金

---

[41] 〈鄭觀應：查勘大冶礦務節略〉（光緒二十二年五月二十三日），《漢冶萍一》，頁90。及〈汪鍾奇致盛宣懷函〉（光緒二十二年五月二十三日）。

[42] 〈徐慶沅致盛宣懷函〉（光緒二十二年五月二十七日），《漢冶萍一》，頁100-101。

[43] 〈彭脫致盛宣懷函〉（光緒二十二年六月二十五日），《漢冶萍一》，頁159。〈漢陽鐵廠應用洋人名單〉（光緒二十三年二月初三日），同書，頁412。

[44] 〈張贊宸致盛宣懷、鄭觀應函〉（光緒二十二年十一月十九日），《漢冶萍一》，頁331-332。

[45] Albert Feverwerker, China's Early Industrialization-Sheng-Hsuan-Huai and Mandarin Enterprise (Harvard University Press, 1958), p. 11.

的因素十分重要，但是廠內工作人員的質素，更是不可忽略。故此鄭觀應請辭，對廠方來說是一大損失，只會使廠內人員的腐敗與混亂繼續下去。

廠務混亂最大得益者是洋匠。他們雖然犯了不少錯誤，使廠方受到損失，[46]可是並沒有受到責罰，仍然受到器重。更因為往外國受訓的華匠在廠內表現欠佳，洋匠的地位得以保持，甚至可以取得廠方分利的賞獎。[47]這種情形下，漢廠便要在長期依賴洋匠技術的情況下發展。中國的鋼鐵工業，只輸入機器設備而未能把技術移植過來，是造成停滯不前的原因。

二　燃料方面

官督商辦之初，燃料成為漢廠急切解決的問題。燃料方面，可以分為動力煤和焦炭兩類。因為化鐵、煉鋼都必須要用焦炭來燃燒，才能成功提煉，所以焦炭的供應充裕與否，直接影響鐵廠的成敗。動力煤方面，品質要求較寬，多數用於各廠的汽爐燃料。張之洞主持漢廠時，並沒有確切估計月中需用的焦炭和煤數，只籠統地估計每月約用三百噸。[48]到盛宣懷接辦後，才全面計算廠中需用的焦炭和煤數。就用煤而言，漢廠所開採的煤礦中，亦有合用，而向附近地區購買，也方便可行，所以沒有出現供應匱乏的情形。但焦炭的情況則有不同，焦炭雖由煤提煉而成，可是，並非所有煤都合適煉焦的。漢廠需求大量焦炭，供應上便出現困難。

光緒二十二年十一月（1896年12月），鄭觀應上任後，就焦炭的供應做調查，核計廠中記錄的焦炭數目。從廠方預計的焦炭數量來看，顯然是供應多於需求，鐵廠在的焦炭供應表面上沒有問題。（見下表一）

---

[46] Su Yun-Feng，前引文，p. 208.

[47] 〈漢陽鐵廠與堪納第合同〉，《漢冶萍一》，頁510-511。

[48] 〈湖北鐵政局所置機器、廠屋計各項工程清單〉，《漢冶萍一》，頁31-39。

表一　核計需求焦炭數目

單位：噸

需求		供應	
（1）化鐵爐	6,175	(1)已存廠之焦炭	3,000
（2）貝色麻鋼廠	1,050	(2)雖未到廠，準能作用	2,370
		(3)預籌之數	2,000
總數	7,275	總數	7,370

核計日期：由光緒二十二年（1896）十一月初六至光緒二十三年二月初十日，
　　　　　共95天。

資料來源：《漢冶萍一》，頁299。

　　不過，從表中雖然可見供應量大於需求量九十五噸多，但這是把存廠的焦炭三千噸加上估計收到的焦炭二三七〇噸及預計可籌辦到的二千噸數字而成，實際當時存廠的焦炭，只有三千噸，其餘四三七〇噸都只是預計之數，不一定可靠。尤其是當中屬於預籌之數的二千噸，更不一定可以收到。可見廠中焦炭缺乏的情形，十分嚴重。

　　鄭觀應同時注意到焦炭的來源問題，並對此做統計分析。

表二　核計焦炭數目

單位：噸

焦炭來源	總計	百分比％
開平	3,770	51.53
萍鄉	1,180	16.01
馬鞍山	550	7.46
漢廠磚窰	370	5.02
郴州	400	5.43
西洋	1,100	14.93
合計	7,370	100

資料來源：《漢冶萍一》，頁299。

　　從表中可以明顯地看出漢廠的焦炭供應最多者，是開平，佔總數百分之五十一點五三；其次是萍鄉，兩地距離漢廠都很遠，而距離漢廠較近的馬鞍山、郴州和廠中磚窰，供應卻很少。反映出在鄰近一帶探礦煉焦的工作，沒有成功，漢廠需要從遠處運焦炭來應用。西洋焦炭佔百分之十四點九三，居第三位，又顯示出開平和萍鄉兩地的焦炭供應數量，仍然未能滿足漢廠需求，使漢廠要向外國訂購大量焦炭。從生產成本來說，無論開平、萍鄉或西洋焦炭，距離漢廠遠，運輸的費用都很大，結果使鐵廠的生產成本增加。

　　鄭觀應明白開平焦炭最為重要，佔焦炭供應總量百分之五十一點五三，較其他地方供應為多的主要原因，是開平焦炭質量合適，屬上等，而且現成可購。但他也瞭解，長久訂購開平焦炭，終不適宜。主要的原因有二：（1）價錢貴：開焦訂價雖每噸八兩五錢，但焦炭要在上海轉運入廠，把焦價加上運輸費用、添購麻袋等雜費，費用增至每噸十二兩二錢多。[49]（2）運輸困難：漢廠與開平距離很遠，要依賴水路運輸，船隻先把貨物運至上海，再轉運至漢廠使用。轉折運輸不但費時，而且每到冬季，北方河道結冰，天津封河，開平焦炭便要停運三個月之久。[50]這樣一來，勢使每月平均運輸量增加，但運輸力量有限，結果造成開焦常常供應不足的情況。

　　鄭觀應核計焦炭供應中，西洋焦炭佔百分之十四點九三。這些一一〇〇噸之英國焦炭，是鄭氏與上海瑞記洋行訂購的。[51]經試用後，火力卻不及開平焦炭，[52]而焦炭的價錢，更由每噸十六兩五錢，漲至二十二兩之多，甚不適

---

[49] 盛宣懷：〈上王夔帥書〉（光緒二十三年六月廿三日），見北京大學歷史系近代史教研室整理：《盛宣懷未刊信稿》（以下稱《未刊信稿》）（北京市：中華書局，1960年），頁23；又〈鄭觀應致盛宣懷函一〉（光緒二十二年五月初十日），《漢冶萍一》，頁58。

[50] 《天津港史》（北京市：人民交通出版社，1986年），頁129、148-150。〈鄭觀應致盛宣懷函〉（光緒二十二年五月二十八日）載：「開平每月訂交一千二百噸，天津封河即不能運。」《漢冶萍一》，頁102。

[51] 〈鄭觀應致盛宣懷函〉（光緒二十二年十一月十二日），《漢冶萍一》，頁307。

[52] 〈鄭觀應致盛宣懷函〉（光緒二十三年三月二十三日），《漢冶萍一》，頁487。

宜。[53]在鄭觀應訂購英焦之前，早在光緒二十二年（1896）五月，日本寄來二號焦炭樣本，以每噸價約八兩五錢向漢廠推銷。可是，試用後發覺日本煤火力不耐久，易燃，只能合輪船生火之用。[54]而日本焦炭方面，「質美而鬆，不勝壓力」，也不適宜，就是把日本煤與萍鄉煤各半混合來用之焦炭，亦「色枯灰重，不能合用」。[55]

距離漢廠較近的郴州煤，原本可合適煉焦，可是煤礦經營者運來的煤卻混雜次等煤在其中，變為不能煉焦。[56]而原來估計馬鞍山的煤合適煉焦，所以一度大規模投資，建立煉焦系統，可是後來發覺焦炭是可以煉成，但這些焦炭不合煉鋼之用。鄭觀應要解決山上數十座焦爐形同廢物的問題，主張用「萍七馬三」和「萍馬各半」之法，把萍鄉煤運至馬鞍山與山上之煤合煉，希望不使焦爐白費。[57]結果，煉出來的焦炭仍不合化爐之用，焦爐只好停開，山上專出生煤，以供漢廠機器之用。

至於漢廠磚窰方面，漢廠成立之初，本設有煉焦部門，內設焦炭爐五十座，與及煉焦之各種機器，[58]準備利用各處運來之煤，自行煉焦應用。但漢廠購入之焦炭爐，生產的焦炭很少。一方面是焦炭爐的款式舊，生產力低。[59]另方面是漢廠本身所在地並沒有煤出產，要依賴其他地方輸入煤來煉焦。張之洞設立漢廠之初，本打算利用湖南出產的煤來煉焦，後來由於運輸成本高、煤質雜而改變主意，改在大冶附近一帶勘查合適煤礦。可是，經過勘查後，並沒有足夠的煤，供應漢廠煉焦。鄭觀應一度派盧洪昶往湖南長沙設局，選取塊煤及無磺之湖南煤，運往漢廠或馬鞍山煉焦。[60]但長沙並非產煤的地方，

---

53 〈鄭觀應致盛宣懷函〉（光緒二十三年九月二日），《漢冶萍一》，頁669。
54 〈汪應度收發股辦理情形摺〉，《漢冶萍一》，頁202。
55 〈繆熔關於焦煤條陳〉（光緒二十二年八月六日），《漢冶萍一》，頁203。
56 〈汪應度收發股辦理情形摺〉，《漢冶萍一》，頁202。
57 〈鄭觀應致盛宣懷函〉（光緒二十二年六月十九日），《漢冶萍一》，頁145、146。
58 〈湖北鐵政局所置機器、廠屋計各項工程清單〉，《漢冶萍一》，頁36。
59 〈鄭觀應致盛宣懷函〉（光緒二十二年六月十九日），《漢冶萍一》，頁145、146。
60 〈鄭觀應：鐵廠籌備事宜十八條〉，《漢冶萍一》，頁105；〈鄭觀應致盛宣懷函〉（光緒二十二年六月初三日），同書，頁111。

亦非煤炭總匯之地，所以收煤不多。加上鄰近一帶交通不便，就是煤產良多之處，也因運輸困難而使供應不足。盧洪昶因此主張就產地自煉焦，然後運廠使用，以減費用。[61]

為了解決焦炭問題，鄭觀應接納盧洪昶所言，讓各產煤地自煉焦運廠應用；另方面，鄭氏仍然購煤運廠，自行煉焦，以免荒廢焦爐。後來他接納了德培意見，認為運煤到廠煉焦，一省水腳；二不會碰碎成屑，減低成效；三可把所餘炭氣，用於鍋爐。[62]最後，他決定利用萍鄉的煤來煉焦，[63]而且把漢廠的焦炭爐。重新改造，[64]以增加出焦數量。此後，漢廠煉焦多少，便要視乎萍煤的供應了。

至於萍鄉出產的煤，查明可用，炭質亦稱上等。唯一的缺點，是含磷較多，但只要鐵礦磷少，則萍焦便可以大量採用。化鐵爐用萍焦時，爐內可以按常配合礦料，出鐵自多，合乎廠中要求。[65]不過，萍鄉煤礦的開發有一定的困難。（1）運輸困難：萍鄉對外運煤，以水運為主。由萍鄉至湘潭，水路五百餘里。最少的估計，也有二百七十里路程。如果再把湘潭至漢廠的路程算進來，大概一千五百三十里遠。在整段水路中，由萍鄉至湘潭，水壩多達一二〇餘座。所以在運送貨物時，轉折費時，十分不便。（2）生產技術欠佳：開採煤礦，礦內多出現積水或煤氣。使工作受阻。當地人用土法開挖，雖然利用多挖洞來通泄煤氣，但效果並不理想，礦內仍時有煤氣聚積。至於礦內積水，則無法解決。每到沒法可施時，便放棄舊礦，另挖新井，所以煤窿多但出煤量少。

萍鄉的生產條件欠佳，但煤質卻可用，所以鄭觀應主張派礦師前往勘

---

[61] 〈盧洪昶致盛宣懷函〉（光緒二十二年六月十五日），《漢冶萍一》，頁142。

[62] 〈盛宣懷致鄭觀應函〉（光緒二十二年八月十四日），《漢冶萍一》，頁220；〈德培致盛宣懷函〉（光緒二十二年四月十五日），同書，頁71-72。

[63] 〈盧洪昶致盛宣懷函〉（光緒二十二年六月十五日），《漢冶萍一》，頁141-142。

[64] 〈汪應度收發股辦理情形摺〉，《漢冶萍一》，頁202；〈鄭觀應核計焦炭數目單〉，同書，頁299。

[65] 〈呂柏致盛宣懷函〉，《漢冶萍一》，頁444。

查，計畫大力開發，改善生產。[66]可是，這件事受到當地百姓反對，萍鄉童生及有匿名者，呈文表示害怕洋人開礦生事，破壞風水和傳教，聲明合力執械手刃洋人。這使當地縣令不得不諭令釋疑，就勘礦、開礦、風水、傳教四事，向百姓詳加開導，並加派人員保護礦師，才能使勘查事情得以完成。[67]到光緒二十二年（1896）十月，礦師馬克斯就利用西洋開採方法辦理萍鄉煤礦、改善運輸等計畫、費用等，做出完整報告，使漢廠日後得以依據施行。[68]

三　生產方面

漢陽鐵廠內分煉生鐵、煉熟鐵、煉貝色麻鋼（Bessemer Steel）、煉西門士馬丁鋼（Siemens Martin Steel）、造鋼軌、造鐵貨六大廠和機器、鑄鐵、打鐵、造魚片鉤釘四小廠，其中重要的是煉生鐵、煉熟鐵、煉貝色麻鋼和西門士馬丁鋼四個廠。其餘各廠的設施，都是分別待這四個廠生產後，才進行加工，製作合適的產品。這四個廠中，又以煉生鐵廠為最重要。因為煉生鐵是鋼鐵工業的根本，一切鋼鐵產品，都是先由煉生鐵開始，然後通過煉鋼和其他製作產品的工序，才把用品生產出來。

生鐵的產量少，品質不穩定。為了增加化鐵爐的產量，改善產品質素，化鐵爐總管呂柏建議增添化鐵爐座，每座日產一五〇噸，使全廠化鐵爐增至四座。他又主張把現有的兩座化鐵爐添配吹風機、考伯爐、鍋爐等件，投資

---

[66] 盛宣懷〈湖北鐵廠改歸商辦並陳造軌採煤情形摺〉（光緒二十四年三月）載：「江西萍鄉焦煤，久經試用，最合化鐵，但土法開採，淺嘗輒止，運道艱阻，人力難施。」見《愚齋存稿》（臺北縣：文海出版社，1975年，《中國近代史料叢刊續編》122-126），卷2，奏疏二，頁13；又〈鄭觀應：鐵廠籌備事宜十八條〉載：「擬囑承辦者及所派之員與馬克斯，賴倫兩礦師赴萍鄉詳勘，設法大舉，總期於河水未涸之前源源多運，用資接濟。」見《漢冶萍一》，頁105。

[67] 〈萍鄉縣匿名書函、童生揭帖、聯合公稟及萍鄉縣匿名呈文〉（光緒二十二年八月初二日），《漢冶萍一》，頁230-233；〈萍鄉縣顧令諭令〉，同書，頁234-238。

[68] 〈馬克斯：萍鄉採運情形並籌改用西法辦理節略〉（光緒二十二年十月），《漢冶萍一》，頁277。

十二萬多兩。他的提議，因為需要動用大量金錢，鄭觀應考慮到當時廠方的經濟能力，未能全部答應，只是同意加添部分設備，提高現有化鐵爐的效能。[69]鐵廠由於經費不足，只開動一化鐵爐，加上上述幾項因素，使生鐵成本高達每噸二十兩。[70]

熟鐵廠的產品缺乏銷路，一是成本重，二是廠方只生產出大批熟鐵條，未能依照市面流行的鐵貨鍛製。沒有迎合消費者的要求，產品自然賣不出去。

為了維持熟鐵廠的經營，廠內開始針對流行的熟鐵貨和釘鐵來進行生產，並計畫在上海銷售，爭取當地每年價值八、九十萬兩熟鐵的市場。[71]至於生產成本方面，在總辦鄭觀應的主持下，鐵廠把熟鐵爐改造，以節省用煤。經過改進後，大約省煤百分之四十，使成本得以減輕。[72]後來，熟鐵廠的經營方式亦加以變更，改為招商承包，以合作方式生產，光緒二十二年（1896）七月，歸徐慶沅承辦。他首先裁減部分外洋工匠，減低成本。繼而加強管理，增加效率。熟鐵條的成本由每噸一一五點八八兩減至六十點二六兩，減低百分之四十八。不久，成本再降至每噸五十點二五兩，較最初減低百分之五十七。[73]

漢陽鐵廠的貝色麻鋼（又稱轉爐煉鋼），主要用來鑄造鋼軌。可是籌建鐵廠時，由於主持者對鋼軌的使用情況未能掌握，所以廠內只準備了生產六十磅和七十磅重量的鋼軌。所謂軌軸，就是鋼軸的模子，利用不同模子，

---

[69] 〈鄭觀應致盛宣懷函〉（光緒二十二年十月二十四日），《漢冶萍一》，頁270；〈鄭觀應致盛宣懷函〉（光緒二十二年十月二十七日），同書，頁275；〈密楷致盛宣懷函〉（光緒二十三年二月中旬），同書，頁449。

[70] 〈鄭觀應致盛宣懷函〉（光緒二十二年二月初五日），《漢冶萍一》，頁413。

[71] 〈德培致盛宣懷函〉（光緒二十二年五月二十六日），《漢冶萍一》，頁98；〈盛宣懷致徐慶沅函〉（光緒二十二年八月十四日），同書，頁218。

[72] 〈鄭觀應：鐵廠次第籌辦張本六十條〉，《漢冶萍一》，頁187；〈盛宣懷致徐慶沅函〉（光緒二十二年八月十四日），同書，頁217；〈盛宣懷致鄭觀應函〉（光緒二十二年八月上旬），同書，頁212。

[73] 〈盛宣懷致克虜伯廠函〉（光緒二十三年上旬），《漢冶萍一》，頁475。

可以生產不同重量、形式的鋼軌。鐵廠購置的軌軸，只是聊備一格，數量方面並不足夠應付大量生產，而且損壞之後，也沒有技術人員修理。光緒二十二年（1896）五月，蘇滬鐵路曾經擬定每一公尺長的路軌，重量為七十二磅，預算向漢陽鐵廠訂購，鐵廠也因沒有合適的軌軸，不能接受訂單。[74]

要生產合適的鋼軌，必須有足夠的軌軸。鐵廠總辦鄭觀應先後向英國梯山廠訂購多對軌軸，以應需要，並且聘請洋匠來廠負責條理工作，確保生產。光緒二十三年（1897）二月，開始可以接受盧漢鐵路的訂單，軋造六十磅鋼軌一千噸。又答允承造吳淞鐵路需要的鋼軌、魚尾鋼片、螺絲釘、枕木釘等。煉鋼亦隨之由每日八、九爐增至十爐。[75]

西門士馬丁鋼（又稱平爐煉鋼），主要設立來生產槍炮用的鋼料。馬丁爐的特點，是可以利用各種成分不同的廢鋼鐵為原料，又可以用劣質焦炭冶煉。廠內的馬丁爐，主要利用貝色麻鋼製煉鋼軌時的廢料來做原料，其次便用生鐵。可是貝鋼的開煉既少，製煉鋼軌不多，而生鐵的產量也不足夠，所以馬丁爐的原料便成問題。[76]

鄭觀應對馬丁爐的原料問題解決不了，所以馬丁爐開煉的時間很少。總計光緒二十二年（1896）四月十一日起至是年底止，只在九月七日開爐至十一月十五日，工作僅有六十餘天，總共煉出鋼筒五五九噸。而生產量少，產品價格便高，銷路未能開展。由於原料及銷路都未達理想，馬丁爐終於在光緒二十三年（1897）正月停止生產，以節省開支。

---

[74] 〈鄭觀應致盛宣懷函〉（光緒二十二年五月三十日），《漢冶萍一》，頁105。〈鄭觀應致盛宣懷函〉（光緒二十二年六月初三日），同書，頁111。鄭觀應：〈鐵廠次第籌辦張本六十條〉，同書，頁188。

[75] 〈盛宣懷致鄭觀應函〉（光緒二十三年二月十七日），《漢冶萍一》，頁441-442。〈盛宣懷致鄭觀應函〉（光緒二十三年二月二十四日），同書，頁452。〈許寅輝：鋼廠說略〉（光緒二十三年三月），同書，頁498。

[76] 〈鄭觀應致盛宣懷函二〉（光緒二十二年五月初十），《漢冶萍一》，頁81。〈德培致盛宣懷函〉（光緒二十二年五月二十六日），同書，頁98。

四　結語

漢陽鐵廠在光緒二十二年（1896）三月，由官辦一變為官督商辦的企業，鄭觀應（1842-1922）聘為總辦開始，到了光緒二十三年（1897）六月，鄭觀應離職，由盛春頤接任總辦，時間只有一年多。鄭觀應雖然沒有營辦鐵廠的經驗，但他憑著個人在營運洋務的經驗，加上對漢廠問題的關注，已然把握到漢廠的營運問題所在。他針對廠內的經營組織、燃料及生產問題，做出不同的應變改革，亦取得一定的成效。

鄭觀應離職時，經營組織、燃料及生產問題雖然未能完全解決，而且，限於鐵廠的生產條件、生產技術及管理層對這方面的認識，問題亦不可能在短期內得到解決。但鄭氏在這段時間內總算把握了廠方營運問題重點，做出改革決定，一使廠方由官辦至官督商辦順行過度，二是開拓了日後廠方經營改革之先。如果鄭氏可以在漢廠任職總辦多些時間，廠方的經營可能更早見成效。

香（中）山商人和近代中國

黎志剛*

一　引言

　　中（香）山縣位於珠江三角洲下游，為東、西、北三江出口之處，「四面環海」，界連新安、東莞、新會、順德、新寧（臺山）和番禺六縣。境內山環水抱，河道網織，島嶼羅列。據宋代樂史《太平寰宇記》載：「東莞縣香山（當時香山隸屬東莞縣管治）在縣南，隔海三百里，地多神仙花卉」。這種「地瀕海洋」的地理環境，會增強居民嚮往對外發展。道光《香山縣志》序中指出：「廣州濱海縣七，而香山獨斗出海中，勃鬱靈淑之氣，與南溟奇甸爭雄，宜其代有偉人。節義、文章、科名、仕宦駸駸日盛，且戶口殷繁，駕出他邑而上，洵廣屬之沃土奧區也」。

　　香山縣境南部的澳門，於明嘉靖三十二年（1553年）後被葡萄牙人所佔，從一個小漁村發展成一中西往來的重要通道。不僅外來「夷商」在澳門屯積貨物，外來傳教士（特別是耶穌會教士）也在這裡落腳，促使香山縣民有近水樓臺的便利。在十六世紀中葉到十七世紀初，澳門成為一重要的國際貿易港，澳門在國際貿易的地位比廣州、長崎、馬尼拉和巴達維亞更為重要。[1] 當時澳門的國際航線有五條，分別是：（一）廣州—澳門—印度—歐洲航線；（二）廣州—澳門—日本長崎航線；（三）廣州—澳門—馬尼拉—拉

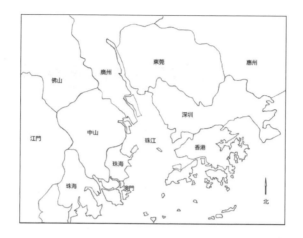

丁美洲航線；（四）澳門─大小選他群島航線；（五）澳門─歐美航線。由
於澳門是在香山境內，澳門的發展對香山經濟有一定助力。到清代，澳門依
然扮演主要中外貿易橋樑，為香山商人製造很多機會。

在中國近代史上，香山縣人才鼎盛。早期官派留美幼童中，大部分來自
香山。由於中外接觸利便，增強該地區商民之視野，開拓他們辦事信心。自
鴉片戰爭後，中國開放五口通商，洋貨湧至。香山縣接近港澳，得風氣之
先，因此不少香山人在外從事商業活動。

在近代中國經濟轉型過程中，香山商人扮演一舉足輕重的角色。十九世
紀六、七〇年代流寓上海的香山商人，對中國近代航運、地產、工、礦企業
作出重大貢獻。二十世紀初，一群僑居在澳大利亞的香山商人，在香港、
上海、天津、廣州及星架坡等地，創辦大型百貨公司。香山商人也興辦保
險、金山莊、銀號、銀行、紡織、娛樂及其他新式企業。在世界各地，香山
藉華商在北美、南美、東南亞、東北，特別是大洋洲的香山華商創建一些
大、小型工商企業，是一群具有開創性的商人群體。學界有廣東人的太平洋
（Cantonese Pacific）網路的說法，而香山人在這一太平洋區域裡對運輸、商
貿、慈善和社區聯繫中有舉足輕重之角色。

中山市是中國當代有名的僑鄉，有華僑八十多萬人，分佈在港、澳、臺

和九十多個國家和地區。[2]中山華商在各地商貿活動十分活躍。在澳洲黃金海岸中山華商也積極參加當地唐人街的興建[3]，他們在世界各地都廣設同鄉會和商業組織，參加僑居地的慈善及社區活動。[4]

　　本文參考歷代刊行的《香山縣志》[5]、《香山鄉土志》、《中山文史》[6]、《申報》、《香港華字日報》和其他報刊雜誌、廣肇公所檔案和徵信錄、新南威爾斯州中華商會檔案、東華三院和其他已經出版的有關香山和澳門的檔案資料，香山及後來中山縣商人的文集及回憶錄，近人研究香山和中山縣之成果，來探討這地區商人的商業網絡、經營手法和商貿活動，並探討他們如何促進中國工、商業的發展，有助於我們加深對華商、商業組織的認識和暸解。

二　香山商人的經濟活動

　　由於地緣關係，在香山縣前山及唐家灣地區一帶的香山人多有與外人接觸的機會。在靠近澳門的香山地區產生了一批熟悉洋務[7]和善於營利的買

2　中山市地方誌編纂委員會編：《中山市志》（廣州市：廣東人民出版社，1997年）；廣東省珠海市地方誌編纂委員會編：《珠海市志》（珠海市：珠海出版社，2001年）。

3　參見City of Gold Coast, Gold Coast Chinatown (2013); Gold Coast Chinese Club Inc., Dragon Boat Festival and Chinese Festival GALA 2012; Gold Coast Chinese Club Inc., Gold Coast Chinese Festival Gala 2013; Gold Coast Chinese Club Inc., Gold Coast Chinese Festival Gala 2014; Gold Coast Chinese Club Inc., Gold Coast Chinese Festival GALA 2015.

4　參見毛迪：〈原籍安葬：香山縣的慈善組織及慈善網絡（1880—1930）〉，「首屆嶺南歷史文化研究年會」論文（佛山市：中山大學嶺南文化研究院，2015年11月21、22日）。

5　例如厲式金修，汪文炳、張丕基纂：《民國香山縣志續編》，收入《中國地方志集成‧廣東府縣志輯》（上海市：上海書店，2003年），第32輯。

6　廣東省中山市文史委員會：《中山文史》。

7　《民國香山縣志續編》，卷11，〈列傳〉，頁19-40，收入《文獻》，第7冊，頁2387-2433。

辦，新式商人和賭商。

在十九世紀中葉香山人被看作為「買辦」的同義詞。[8]根據郝延平、汪敬虞、聶寶璋及劉廣京等的研究，早期買辦商人絕大多數是廣東人。[9]直到十九世紀七〇年代初期，王韜記載，上海的洋行買辦，「半皆粵人為之。」[10]更明確的說法應是香山人。

費正清（John King Fairbank）在《中國沿岸的貿易和外交》一書中所指「廣州化的上海」（The Cantonization of Shanghai）的主角，就是曾任買辦的香山翠微村人吳健彰。[11]吳氏早年到澳門販賣為業，後到廣州波斯洋行當僕役，深得洋行大班信任。該洋行販賣煙土和名貴皮革，吳氏曾經因機智而發大財。他後來從買辦而轉業為官，因他通曉英語而被任命為蘇松太兵備道，記名按察使兼江海關監督。[12]太平軍小刀會事件時被參，說他參加外國人的商業投機。[13]被撤職後他挾巨資回里，廣置莊園田宅，曾被香山縣地方政府參劾，因而破產。身為香山人的容閎，曾被寶順洋行（Dent & Co.）之經理賞

---

[8] 李燕編：《買辦文化》（北京市：中國經濟出版社，1995年），頁105。

[9] Hao Yen-p'ing, *The Comprador in Nineteenth Century China; Bridge between East and West* (Cambridge: Harvard University Press, 1970)；汪敬虞：《唐廷樞研究》（北京市：中國社會科學出版社，1983年），頁1；劉廣京：〈唐廷樞之買辦時代〉，《清華學報》新第2卷第2期（1961年6月），頁143-183；黃逸峰、姜鐸、唐傳泗、陳絳：《舊中國的買辦階級》（上海市：人民出版社，1982年）；嚴中平編：《中國近代經濟史，1840-1894》（北京市：人民出版社，1989年），上冊，頁367-420；許滌新、吳承明編：《中國資本主義發展史》，第二卷：舊民主主義革命時期的中國資本主義（北京市：人民出版社，1990年），頁134-180；聶寶璋：《中國買辦資產階級的發生》（北京市：中國社會科學出版社，1984年）。

[10] 王韜：《瀛壖雜誌》（上海市：上海古籍出版社，1989年），卷1，頁8；又參考聶寶璋：《中國買辦資產階級的發生》，頁11。

[11] John King Fairbank, *Trade and Diplomacy on the China Coast: The Opening of the Treaty Ports, 1842-1854* (Stanford:Stanford University Press, 1969), pp. 393-409.

[12] 李大節：〈吳健彰其人〉，《珠海文史》第3輯（珠海市：珠海市政協文史組，1984年），頁54-56。

[13] 上海社會科學院歷史研究所編：《上海小刀會起義史料匯編》（上海市：上海人民出版社，1958年），頁203。

識，欲委任為日本長崎分公司之買辦。[14]

　　然而，不少香山買辦為時人所器重。著名香山買辦有北嶺的徐潤、唐家灣的唐景星、三鄉的鄭觀應、前山的劉世吉及掌管太古洋行六十年的三代華人買辦莫仕揚、莫藻泉、莫幹生、莫應港祖孫。[15]他們不僅從事買辦工作，並投資於鴉片、絲茶貿易、股票、房地產及近代新式企業。在香港、上海進行大規模商業活動。

　　唐景星和徐潤在一八七三年初，受李鴻章委任為中國第一家新式公司——輪船招商局的總、會辦，他們在上海是頗有名望的社會賢達。他們對《申報》有業務往來，因此《申報》有一段為香山商人的整體描述：

　　　　所謂細崽者，此跟班類耳。香山小民從業於此，亦謀生一路，即如他處人亦均有之，如貿辦者，此生意人X耳。西方既來他方貿易，該方規矩皆不能悉，故賴本地人引導，而華人方從事於是也，即細崽亦不可謂之洋奴，何況買辦手。蓋西人之奴，必賣身之人，而後有此稱也。西人既賴中人為事，猶之華人亦有待洋人作事，如海關炮局是也。此類洋人，豈可亦謂為賤役乎？夫西人通商之事，於國計為大事。而上海〔一〕處〔則〕更甚，無之，而此處為一區區小魚鄉也，香山人奏效於此役也，功莫大焉，亦非上海諸人所宜實也。夫人類各有分，如士農工賣是也。欲較量其上下，則以其所行所為之大小，仔細而求之，乃商人之數，更為大矣，吾不知有何貽笑士人之處也。士人有高有低，以其所行所為，尚有不如商人者，若商人原而諒

14　容閎：《西學東漸記》，頁41-42。《重修香山縣志》，卷22，頁87，收入《文獻》，第6冊，頁1957。

15　莫氏家族的買辦事業，可參看麥國良：〈掌管太古洋行六十年的三代華人買辦——莫仕揚、莫藻泉、莫幹生、莫應港祖孫〉，《中山文史》第20輯（中山市：政協廣東省中山市委員會文史委員會，1990年），頁67-72；莫應港：〈英商太古洋行廣州分行〉，收入《廣州的洋行與租界》（《廣州文史資料》第四十四輯）（廣州市：廣東人民出版社，1992年），頁71-90；莫華釗、梁元生、胡波、侯傑編：《買辦與近代中西文化交流》（廣州市：廣東經濟出版社，2014年）。

之可也。然香山人自為商賈者，已屬多處，即如中國四方茶葉生意大宗，皆香山商人操之，乃有一小縣之人，能興理此大業，而遂敝之其可乎。吾故謂天下各縣之人，若能如香山人大奏功效，實中國之大幸矣。即或嘉之過份，不亦可乎。然聞有人被輕，則稍過份以慰之，似亦無妨。況香山人大有功於通商之事者乎。[16]

　除買辦之外，香山地區又盛產賭商。根據近人研究，香山有很多著名賭商。例如何漢威和Carl Smith所研究的承辦粵省第三屆闈姓的宏豐公司之大股東「劉學詢、劉渭川、韋玉、韋荿均是香山縣前山人，且有買辦經驗。劉渭川的家族在十九世紀八〇年代曾擔任沙宣洋行的買辦，到過加拿大溫哥華學習海事商業，後擔任滙豐銀行買辦。韋玉、韋荿的父親是有利銀行貿辦，他們投資香港地產，並任滙豐銀行及大東電報局的買辦。」[17]

　上述賭商雖用「公司」名義，但經營賭業的風險十分巨大。廣東政府也嚴厲推行禁賭政策，所以賭商常被視為不法商人。[18]此外，在香山地區賭博盛行，《香山縣志》載有：「奸民重利，放債引誘富家子弟賭蕩號日，引子賬文。」[19]

　在近代香山商人群中，最早在上海經營大型企業的要算唐景星和徐潤。他們對招商局的經營方式可作為我們瞭解部分香山人士的投資行為。徐潤的伯父徐鈺亭在上海任寶順洋行的買辦。一八五二年徐潤十四歲隨其四叔徐瑞珩到上海寶順洋行工作，後充任該行買辦。一八七三年他在招商局任會辦，與唐景星合力籌集商股，一八七四年時，其中約一半股本是從他及其親友處所籌集而來。徐氏並與唐景星等合創仁和水險及濟和水火險公司及開平煤礦務局等新式企業。到十九世紀八〇年代，他成為上海首富。郝延平指出，徐

---

[16]《申報》，1874年1月21日。

[17] Carl Smith, *Christians: Elites, Middlemen and the Church in Hong Kong* (Hong Kong: Oxford University Press, 1985)；何漢威：〈清末廣東的賭商〉，《中央研究院歷史語言研究所集刊》第67本第1分（1996年3月），頁72-74。

[18] 何漢威：〈清末廣東的賭商〉，頁65-67。

[19]《香山縣志續編》，卷10，〈宦績〉，頁2，收入《文獻》，第7冊，頁2354。

潤在一八八三年的資產相當於三十一萬六千個中國農民的年收入，他的資產
淨估，相當於八萬二千一百五十個農民的資產。[20] 表一是徐潤在一八八三年
投資情況。徐氏本來看準上海的地產市道，至一八八三年他共購有上海土地
二九○○畝，另擁有蓋建房產的土地三二○畝，但由於一八八三年的上海
金融風潮使他損手爛腳。他後來交出全部地產所有權和股票，以償還總額
二百五十萬兩的欠債。[21]

表一　徐潤投資狀況（1883年11月）

資產	（兩）
房地產	2236940
股票	426912
當鋪	348571
應收股票擔保賬款	397000
合計	3409423
負債	
錢莊貸款	1052500
股票擔保貸款	419920
房地產擔保貸款	720118
私人貸款	329709
合計	2522247
資產淨值	887176

資料來源：徐潤：《徐愚齋自敍年譜》，頁2、5、34-35。轉引自郝延平著，陳
潮、陳任譯：《中國近代商業革命》（上海市：上海人民出版社，1991年），頁307。

---

[20] Hao Yen-p'ing, *The Commercial Revolution in Nineteenth-century China'the Rise of Sino-Western Mercantile Capitalism* (Berkeley: University of California Press, 1986), p. 272.

[21] Hao Yen-p'ing, *The Commercial Revolution in Nineteenth-century China'the Rise of Sino-Western Mercantile Capitalism* (Berkeley: University of California Press, 1986), p. 272-273。又參考徐潤：《徐愚齋自敍年譜》；又參考劉廣京：〈一八八三年上海金融風潮〉，《復旦學報》（社會科學版）1983年第3期，頁94-102。

　　招商局在唐景星及徐潤時代，可說是黃金時代。輪船招商局於一八七七年以銀二百二十萬兩，購買美國旗昌輪船公司（The Shanghai Navigation Company）輪船十八艘及其所有產業。創業不足五年，即擁有輪船三十艘，雄踞當時東北亞的航運界，與英國太古和怡和輪船公司雄踞於中國水域之上，鼎足三分，在中國航運史上開拓新的一頁。[22]

三　移民和在上海企業的經營

　　香山縣位於珠江三角洲下游，地瀕海洋，是中外接觸的重要通道，該地人民遠涉重洋致富的例子很多。早在南宋寶祐年間（1253-1258），進士黃敬齋奉令出使安南，在國外十數年與在國外香山三鄉平嵐林姓女子結親，這是香山人在海外最早的記錄。明初洪武二十六年（1393），香山縣海商吳添進就已通番。[23] 依據翁佳音的研究，香山商人在十六世紀前就有在臺灣活動。一八○○年，程世帝、鮑志、鮑華、鄭某等十多個香山縣僑民乘坐二艘帆船經過月餘的航程，抵達檳榔嶼，其後有香山僑民陳某於一八○二年在檳城建立「香邑公司」，成為香山僑民在東南亞地區最早建立的同鄉會館。[24] 近百年來，香山各鄉的村民很早就移民海外，到新加坡、檀香山、三藩市、加拿大、墨西哥、秘魯、古巴、日本、紐西蘭、千里達、澳洲、香港和澳門等六十多個地區發展，經過多年拓殖，產生很多著名僑商。他們有的在僑居地

---

[22] 參見張後銓編：《招商局史：近代部分》（北京市：人民交通出版社，1988 年）；Liu Kwang-Chmg, *Anglo-American Steamship Rivalry in China*, 1862-1874 (Cambridge: Harvard University Press, 1962).

[23] 杜臻：《閩粵巡視紀略》，〈香山〉。轉引自黃啟臣：〈明清廣東商幫的形成及其經營方式〉，明清廣東省社會經濟研究會編：《十四世紀以來廣東社會經濟的發展》（廣州市：廣東高等教育出版社，1992 年），頁 128。

[24] 馬來西亞中山會館聯合會：《首屆國際中山會館懇親會紀念特刊》（1996 年 9 月 14 日及 15 日），頁 49：又參考吳華：《馬來西亞華族會館史略》（新加坡：東南亞研究所出版，1980 年）；高民川：〈中山市華僑大事記〉，《中山文史》第 20 輯，頁 8；Cheun Hoe Yow, *Guangdong and Chinese Diaspora* (New York: Routledge, 2013), p. 48.

成為首富，並組織同鄉會社。[25]有些僑民回到中國投資，促進中國經濟發展的步伐。[26]

　　香山地區的僑民除早期乘坐帆船到東南亞地區之外，多以「契約勞工」方式被「賣豬仔」到海外。有些可能是受騙而被「帶進豬仔館」[27]，但很多到美國及澳洲的僑民是自願到海外創業。[28]他們不是「豬仔」或苦力（coolie）。他們大多與中國移民頭目簽訂契約，在三至五年內以無償工作來贖身。「豬仔」的命運是種非人生活，真可以用「浮動地獄」（Float Heli）來形容。[29]下面將討論澳洲香山籍僑民的移民和創業。

　　第一代到澳洲墾荒的香山人多以上述「契約勞工」（indentured labor）方式來到澳洲。香山縣曹邊鄉的梁坤和（1833-1908）到澳洲謀生的經歷是一典型例子。一八四九年八月他年僅十六歲，因家境清貧和喪失雙親，到澳洲掘金，抱著發財希望。他命運比較好，到岸後先到昆士蘭州羅便臣的農場作三年合約勞工。其後與同鄉友人一起到維多利亞蜊（朋地穀〔Bendigo〕）掘金。在澳洲艱苦創業時歷盡風險，有時「黃金夢、夢成空」。[30]

　　從淘金時代開始，各地都有排華暴動，澳洲和美國加州更有反華聯盟

---

[25] 中山市華僑歷史學會、中山市歸國華僑聯合會編：《中山旅外僑團》（澳門：國際港澳出版社，2004 年）；中山市外事僑務局編印：《中山華僑志》（2011 年）；胡波：《走出伶仃洋》（廣州市：廣東人民出版社，2012 年）；韓延星：〈旅外僑團與海外中山人的文化認同──基於中山旅外僑團變遷的歷史分析〉。

[26] 參看趙紅英、張春旺、巫秋玉編：《華僑史概要》（北京市：中國華僑出版社，2015 年）；中山僑商會編：《成立週年紀念特刊》（香港：中山僑商會，1969 年）；黎志剛：〈近代廣東香山商人的商業網絡〉，「第七屆中國海洋發展史國際研討會」論文（臺北市：中央研究院中山人文社會科學研究所，1997 年 5 月 1-3 日）。

[27] 〈香山縣人李阿達供〉，陳翰笙主編：《華工出國史料匯編》，第一輯：中國官文書選輯（北京市：中華書局，1984 年），頁 808。

[28] June Mei, "Socioeconomic Origins of Emigration: Guandong to California, 1850 to 1882," in *Labor Immigration Under Capitalism: Asian Workers in the United States before World War II,* ed. Lucie Cheng & Edna Bonacich (Berkeley: University of California Press，1984), p. 220.

[29] 李承基：《第二故鄉》（作者自印本，1997 年），頁 3-4。

[30] 李承基：《第二故鄉》，頁 21。

（Anti-Chmese League）的組織。一八六〇年代開始，世界各地相繼制定排華法案，在澳洲，各州政府都立例不准華人領取採金執照，這樣使許多中國僑民轉業。

梁坤和離開朋地穀金礦區後，在一八五八年決定在澳洲昆士蘭州的湯士威盧（Townsville）近郊處定居，集合一批香山同鄉四至五百人在昆士蘭州墾殖玉蜀黍、馬鈴薯等，並移植香蕉，由於出產品質優良的香蕉而暢銷昆士蘭各地。[31] 與一般華僑移民模式相似，第一代香山僑民先到僑民地創業，站穩陣腳後，會把家族、宗族、鄰里帶到僑居地發展。梁氏在事業成功後，對同村的香山人十分照顧。他們的運氣比第一代好。

第二代澳洲香山商人以郭樂（1874-1956）和馬應彪（1860-1944）之成就最為彪炳。馬應彪是香山縣沙湧鄉人。他的父親馬在明以「契約勞工」方式到澳洲淘金。馬應彪在二十歲時前往澳洲淘金，後轉營菜業。馬氏於一八九〇年先後開設永生、永泰、生泰果欄。郭樂是香山縣竹秀園村人。一八九二年郭樂離開家鄉遠赴雪梨，在菜園當雇工。郭樂的長兄郭炳輝在墨爾本當幫工，雖不能對郭樂有直接照顧，但也起了橋樑作用。五年後，雪梨有一家華商開辦的「永安棧果欄」，因經營不善，有意出讓。郭樂於一八九七年八月與同鄉歐陽慶民、梁創、馬祖星、彭容坤等合資澳幣一千四百鎊承辦永安果欄。初創時，永安果欄只是售賣蔬菜和生果的攤位，並兼營一些中國的土特產及雜貨。這些經驗對永安百貨業日後發展有所幫助。

由於採購上需要，郭樂到盛產香蕉的斐濟（Fiji）島拓展業務，並在昆士蘭州及新南威爾斯州北部的Coffs Harbour經營水果貿易，生意蒸蒸日上。一九〇二年與沙湧鄉馬應彪所開辦的永生、永泰果欄合併，在斐濟首府瓦埠（Suva）建立「生安泰果欄」，由郭樂的弟弟郭泉主理。「生安泰」的店名中「生」代表「永生果欄」；「安」代表「永安果攔」；「泰」代表「永泰果

---

[31] 李承基：《第二故鄉》，頁46-53。

欄」；當時「生安泰果欄」[32]購入香蕉園三五〇英畝，作為種植香蕉的園地，僱用一千多名員工，每月可運二萬串香蕉到雪梨，獲利甚豐。[33]上述的昆省富商梁坤和也樂意幫助馬應彪和郭樂的果欄事業之發展。梁氏把昆士蘭香蕉代理權交由「生安泰」代理，這對馬氏和郭氏家族以後的發展有很大幫助。

馬應彪和郭樂等雖然是比較幸運的第二代香山籍澳洲移民，他們回到中國發展。馬應彪於一八九四年在香港開辦永昌泰金山莊，營辦出入口貨品。其他香山商人也辦有不同的錢莊、銀號和銀樓，如鉅源銀樓、祥盛銀樓、三多銀樓、真真銀樓、大生銀樓、大來銀樓、天成銀樓、永安銀樓、國生銀樓、寶生銀樓、廣興銀樓、時興銀樓、宏興銀樓。[34]馬氏在雪梨時曾注意到澳洲百貨公司以明碼實價為原則，經營便利，馬氏力倡組織「不二價」的百貨公司，以改香港商場的積習。馬氏等對澳洲地區的百貨業十分留心，他以雪梨的百貨公司為模範，一九〇〇年馬應彪、馬煥彪、蔡興、郭標、馬永燦和黃煥南等集資二點五萬港元，由馬應彪司理，創辦先施公司。在香港皇后大道中一七二號購買一幢三層店，大加裝飾，又從鄉間招來男女二十五人，

---

[32] C. F. Yong, The New Gold Mountain, pp. 46, 48-57, 77-78; Mei-fen Kuo, *Making Chinese Australia: Urban Elites, Newspapers and the Formation of Chinese-Australian Identity*, 1892-1912 (Monash University Press, 2013), pp. 106-112.

[33] 新南威爾斯州中華商會檔案，File No: Wellington K. K. Chan, "The Origins and Early Years of the Wing On Company Group in Australia, Fiji' Hong Kong and Shanghai: Organization and Strategy of a New Enterprise." in *Chinese Business Enterprise in Asia, ed. Rajeswary Ampalavanar Brown* (London: Routledge, 1995), pp. 80-95; Wellington K. K. Chan, "Personal Styles, Cultural Values and Management: The Sincere and Wing On Companies in Shanghai and Hong Kong," *Business History Review vol.* 70 (Summer, 1996): 141-166; Wellington K. K. Chan, "Chinese Business Networking and the Pacific Rim: The Family Finn's Roles Past and Present," *The Journal of American-East Asian Relations 1* (Summer, 1992): 171-190; Yen Ching-Hwang, "The Wing On Company in Hong Kong and Shanghai: A Case Study of Modem Overseas Chinese Enterprise, 1907-1949," in Proceedings of Conference in Eighty Years History of the Republic of China, vol. IV (Taipei, 1991), pp. 77-117；孔令仁：〈郭樂、郭順〉，《中國近代企業的開拓者》（濟南市：山東人民出版社，1991年），頁262-263。

[34] 中研院藏「經濟部卷宗」，18-23-01-23-24-015。

訓練他們待客有禮。由於業務蒸蒸日上，一九〇七年向香港政府註冊為股份有限公司。[35]首先他們提出「始創不二價，統辦環球貨」為口號，在當時是一革命性做法。

《先施公司二十五周年紀念刊》點出馬氏經營的觀點：「蓋營藥之道，首貴於誠實，倘未能以誠實實施於人，斷難得人信任。又以先施二字，英文為Sincere亦有誠實之意，音義相同，故本此宗旨，首創不二價。」[36]先施公司之營業創新尚有：居舖是星期日休息，購物必發收據和僱用女售貨員來售賣商品，這在當時人心中是一標奇立異的手法。部分股東並以僱用女工和星期日休息來作為口實，要求清盤結業。但上述的經營方式不單沒有虧本，反使先施公司獲利甚豐。先施香港成功的基礎上，於二十世紀初先後在廣州、上海、新加坡及南寧等地開設分店，還在倫敦設辦莊，也興辦保險、銀行業、化妝品等業務。

在僑寓外地的香山人中，澳洲地區的僑商成就最為彪炳。自一八四二年至一九四九年海外華僑在中國的投資以東南亞及澳洲華僑為最多。根據林金枝的研究，澳洲華僑在上海總投資額佔百分之三十點零五，當中絕大部分是香山人的投資。[37]從百貨業來說，二十世紀初年港、穗、滬均有「四大公司」。香港的四大公司是指上述馬應彪在一九〇〇年創立的「先施」、蔡興、蔡昌所創辦的「大新」，郭樂、郭泉（1879-1966）所開辦的；「永安」及陳少霞創辦的「中華」。廣州的四大百貨公司是指上述香港的「永安」、「大新」及一九一〇年黃在揚、黃在朝所創立的「真光」及「光商」。上海的四大公司是指「先施」、「永安」、「大新」和劉錫基及李敏周所創辦的上海

35 上海社會科學院經濟研究所等編著：《上海近代百貨商業史》（上海市：上海社會科學院出版社，1988年）；林金枝：《近代華僑投資國內金業概論》（廈門市：廈門大學出版社，1988年），頁248-250。

36 上海社會科學院經濟研究所等編著：《上海近代百貨商業史》（上海市：上海社會科學院出版社，1988年）；林金枝：《近代華僑投資國內金業概論》（廈門市：廈門大學出版社，1988年），頁248-250。又見《先施公司二十五周年紀念冊（1900-1924）》。

37 林金枝編著：《近代華僑投資國內企業史資料選輯（上海卷）》（廈門市：廈門大學出版社，1994年）。

「新新」百貨公司。這些公司創辦者均為澳洲籍的香山企業家。[38] 這些公司也創辦旅館、舞廳、酒樓、娛樂場所、保險公司、銀行及其他企業。比較大規模的企業還有郭樂及郭順等在一九二一年六月集資六百萬港元創設的永安紡織公司。他們的事業在中國開花結果。

　　總括而言，香山地區的移民在國外飽受各項挑戰，此外他們在外地接觸新鮮事物，也有利他們在中國創業時的視野。在國外的痛苦經驗，往往轉化成創新的本錢，對他們的事業有不少幫助。一旦他們找到正常、穩定的企業機會，他們也會善於利用這些機會。

四　網絡是香山商人減低風險的經驗

　　人事安排方面，我們可看出一個現象，香山人的企業中，股東和中級以上的行政人員，絕大多數是來自香山地區或創辦人的同村兄弟。在永安紗廠及其他香山人辦的企業中，分公司的主管也來自香山地區。基層的員工則來自本地。[39] 這種人事網絡在香山人辦的企業中，非常普遍。

　　一般學者認為中國式管理與血緣及地緣有很大關聯，香山地區商人也不例外。他們往往在商業活動中借重親族，特別是兄弟、叔伯、子姪、同宗、同姓和左鄰右里，互相提攜、互相扶掖、這種親族情懷、鄉情互助的方式，不僅源於個人感情關係，亦建基於減低交易成本（transaction cost）的考慮，[40] 亦即同宗同姓的血緣關係是可以信賴的。當他們要創辦企業時，首先會安排其兄弟及子姪到主管企業中擔任基本幹部，親族也在資本融通上給創辦者有力支持。例如，輪船招商局早期集資過程中，唐景星、徐潤及鄭觀應的很多親友，成為招商局的股東和商董。永安公司的創辦人郭樂在其永安果欄

---

[38] 麥國良：〈香山籍人創辦的四大公司〉，《中山文史》第17輯（1989年11月12日）。

[39] 李承基先生面談記錄（一），1997年3月27日；及中研院藏「經濟部卷宗」中有六十至七十個有關中山商人的檔案。

[40] Robert A. Pollark, "A Transaction Cost Approach to Families and Households," *Journal of Economic Literature 23* (June 1985): p.583.

生意興旺時,將其三弟郭泉、四弟郭葵、五弟郭浩、六弟郭順從家鄉竹秀園村接到雪梨襄助他的業務。[41]永安集團的員工也多來自香山縣竹秀園村。當新新公司創辦時,李敏周「正在上海春風得意,事業鼎盛之際,希望自己嫡系子侄同來發展。」他親自回到家鄉石岐召集其子侄李道生、李道謙、李道成到上海。他也任命其侄兒李若陶擔任新公司的主要經理。[42]在股東名冊中,他年幼的兒子李承基也在股東名單之內。這種人事上的安排是有保險作用存在。

在商場中,網絡是創造寶本的泉源。換句話說,網絡即資本(Network as Capital)。香山人對商業網絡十分重視。香山商人也熱心社會公益,例如他們參加同鄉會活動。唐景星和徐潤是廣肇公所的創辦人。上海四大百貨公司的主管在廣肇公所、廣肇公學、廣肇醫院、廣東公學、廣東同鄉會、粵商俱樂部以及嶺南大學等都有支助。香港的香山商人對保良局及東華三院均極力支助。他們對香山地區的社會事務及教育均有贊助。他們也結交政界人物,以增強其社會聲望和文化表徵的寶本(symbolic capital)。這些社會關係有時會達到「路路通」的效果。總括來說,香山人在其進行冒險活動的同時,特別關注人事上的安排及網絡的重視。這些經驗不僅有助於他們自己業務的擴展,也促進一些新創的商業制度在近代中國出現。

五　結語

本文就中(香)山商人經濟活動和移民經驗來探討香山商人的網絡和商業經營的關係。在歷史和地理的特殊因素下,香山人很早就與外人接觸。澳門更成為該地鄉民冒險犯難的基地和護符。在這一環境中孕育出很多傑出的企業家。香山地區盛產傑出的買辦、賭商和商人。招商局的唐景星和徐潤即為當中的佼佼者。他們經營新式企業的大膽作風,可以引證其勇於承擔風險

---

[41] 黎志剛:《李承基先生訪問紀錄》(臺北市:中央研究院近代史研究所,2000年),頁22。

[42] 李承基:《第二故鄉》,頁174-175。

的特性。從華商心理來考察，香山地區移民的驚險經歷也可幫助他們在創辦新式企業時的果斷和勇氣，有敢為天下先的企業家風範。因此香山地區盛產勇於承擔風險的傑出企業家。從整體來說，近代中（香）山縣企業家帶動了中國和上海工、商業的現代化，從航運、百貨業、紡織到保險業，中山商人實成為不可忽視的現代中國企業家群。他們對中國和上海的現代化貢獻極大。網絡是中山商人減低風險的經驗特性。

二十世紀初期俄羅斯對滿洲地區製粉業的投資，1900-1930年 [*]

陳計堯 [**]

一 引言

　　列國對中國投資研究，從一九三〇年代初期雷麥（C. F. Remer）開始，就一直受到重視，並在一九四〇年代初成為日本官方研究機構調查計畫之一。[1] 二戰後，無論是在中國抑或是在歐美學界，仍然對於近代中國外資的歷

---

[*] 本文的完成，得到中華民國科技部補助專題研究計畫「近代滿洲地區麵粉業中、外資經營之比較研究（1900-1930）」（MOST-103-2410-H-006-023），特此致謝。資料收集方面須感謝日本東京大學經濟學部圖書館、東京大學東洋文化研究所圖書館，以及多年前曾經利用的大分大學經濟學部教育研究支援室、北海道大學附屬圖書館、山口大學附屬圖書館等。臺灣方面，中央研究院各相關研究所、東海大學、臺灣大學與成功大學等機關之圖書館，也典藏相當豐富的資料，使本研究更加完備。中國方面，上海社會科學院經濟研究所中國企業史資料研究中心所藏「企業史、行業史資料」，也為本文提供重要的線索。另外，本文對於製粉業的關懷，除了本人過去對於該產業發展與經營史的研究之外，亦蒙中央研究院已故王業鍵院士所提供寶貴意見，惜王院士於二〇一四年辭世，甚感遺憾，特以此稿向王院士致敬。

[**] 成功大學歷史學系副教授。

[1] C. F. Remer, *Foreign Investments in China* (New York: Macmillan, 1933)；東亞研究所編：《諸外國の對支投資——第一調查委員會報告書》（東京都：東亞研究所，1942-1943年）。本文中關於一九四五年第二次世界大戰結束以前的中資、日資或其他外資企業、銀行，皆用日文舊漢字來表記。

史及其意義做出多番宏觀的討論。[2]除了從宏觀角度審視近代中國外資問題之外，學界從一九三〇年代以降即對外資在中國投資的問題，做過多項個案分析。有的個案以國家類別進行，其中又以英、美、日三國的調查最多。[3]有的個案以個別國籍的企業或產業，進行深入的

---

[2] 吳承明編：《帝國主義在舊中國的投資》（北京市：中國史學社，1956年）；Chi-ming Hou, *Foreign Investment and Economic Development in China,* 1840-1937 (Cambridge, Mass.: Harvard University Press, 1965); Albert Feuerwerker, *The Foreign Establishment in China in the Early Twentieth Century* (Michigan Papers in Chinese Studies, No.29) (Ann Arbor: Center for Chinese Studies, the University of Michigan, 1976).

[3] 英國方面，因為在雷麥的著作中已經有詳細論述，Chi-ming Hou 與吳承明也有相當的篇幅論述。故要到二十世紀後期才有專為英國部分通論性的研究，如 J. Osterhammel, "British Business in China, 1860s-1950s", in R. P. T. Davenport-Hines and G. Jones, eds., *British Business in Asia since 1860* (Cambridge: Cambridge University Press, 1989), pp.189-216; 尚有石井摩耶子：《近代中國とイギリス資本── 19世紀後半のジャーデイン・マセソン商會を中心に》（東京都：東京大学出版會，1998年）；美國方面，情況與英國類似，除了雷麥之外，主要是吳翎君：《美國大企業與近代中國的國際化》（臺北市：聯經出版公司，2012年）；M. Wilkins, "The Impacts of American Multinational Enterprise on American-Chinese Economic Relations, 1786-1949", in E. R. May and J. K. Fairbank, eds., *America's China Trade in Historical Perspective: the Chinese and American Performance* (Cambridge, Mass.: The Committee on American-East Asian Relations of the Department of History in collaboration with the Council on East Asian Studies, Harvard University, 1986), pp.259-292; 關於日本方面，最早的是樋口弘：《日本の對支投資研究》（東京市：生活社，1939年）。到二十世紀後期又有杜恂誠：《日本在舊中國的投資》（上海市：上海社會科學院出版社，1986年）。

研究，當中又以前述的英、美、日為主，涵蓋的產業從工礦[4]、鐵路[5]

---

[4] 關於工礦方面，例如：Sherman Cochran, *Big Business in China: Sino-foreign Rivalry in the Cigarette Industry*, 1890-1939 (Cambridge, Mass.: Harvard University Press, 1980); Sherman Cochran, "Commercial Penetration and Economic Imperialism in China: An American Cigarette Company's Entrance into the Market", in Ernest R. May and John K. Fairbank eds., *America's China Trade in Historical Perspective: The Chinese and American Performance*, pp.151-203; Sherman Cochran, "Japan's Capture of China's Market for Imported Cotton Textiles Before World War I: The Role of Mitsui Trading Company", in The Institute of Economics, Academia Sinica, comp., *The Second Conference on Modern Chinese Economic History, January 5-7,* 1989 (III) (Taipei: The Institute of Economics, Academia Sinica, 1989), pp.809-841; Zhang Zhongli, "The Development of Foreign Enterprises in Old China and Its Characteristics --- The Case of the British-American Tobacco Company", in Editorial Board of SASS PAPERS of Shanghai Academy of Social Sciences, ed., *SASS Papers* (Shanghai: The Publishing House of Shanghai Academy of Social Sciences, 1986), pp.132-172; Howard Cox, *The Global Cigarette: Origins and Evolution of British American Tobacco*, 1880-1945 (Oxford: Oxford University Press, 2000); Peter Duus, "Zaikabō: Japanese Cotton Mills in China, 1895-1937", in *Peter Duus, Ramon H. Myers, and Mark R. Peattie, eds., The Japanese Informal Empire in China, 1895-1937* (Princeton, N.J.: Princeton University Press, 1989), pp.65-100; Takeshi Abe, "The Chinese Market for Japanese Cotton Textile Goods, 1914-30" in Kaoru Sugihara, ed., *Japan, China, and the Growth of the Asian International Economy, 1850-1949* (Oxford: Oxford University Press, 2005), pp.73-100; Patrick Brodie, *Crescent Over Cathay: China and ICI, 1898 to 1956* (Hong Kong: Oxford University Press, 1990)；森時彥編著：《在華紡と中國社會》（京都府：京都大學學術出版會，2005年）；高村直助：《近代日本綿業と中國》（東京都：東京大學出版會，1982年）；西川博史：《日本帝國主義と綿業》（京都府：ミネルヴァ書房，1987年）。

[5] 關於鐵道方面，參見Ramon H. Myers, "Japanese Imperialism in Manchuria: The South Manchuria Railway Company, 1906-1933", in Peter Duus, Ramon H. Myers, and Mark R. Peattie, eds., *The Japanese Informal Empire in China, 1895-1937*, pp. 101-132; Matsusaka Yoshihisa, *Japanese Imperialism and the South Manchurian Railway Company, 1904-1914* (Ann Arbor, Michigan: U.M.I. Dissertation Service, 1993); 原田正義：《滿鐵》（東京都：岩波書店，1981年）。

到貿易[6]與銀行[7]等。可以說，對於以英、美、日三國為主的近代中國的外資問題，過去已經累積相當程度的學術成果。

這些豐碩的研究成果，常關注所謂的「中、外」經濟關係，對於外國資

---

[6] 關於貿易方面，例如：Jardine, Matheson & Company, Jardine, *Matheson & Company, An Historical Sketch; Being an Account to Show the Circumstances in which the Company Came into Being and How it was Consolidated Over the Last Century* (Hong Kong: Jardine, Matheson & Company, 1960); Unknown author, *Butterfield & Swire, 1867-1957: A Short History Reprinted from the Blue Funnel Bulletin of January 1957* (S. l.: s. n., 1957); *Stephanie Jones, Two Centuries of Overseas Trading: The Origins and Growth of the Inchcape Group* (London: Macmillan, 1986); Robert Blake, *Jardine Matheson: Traders of the Far East* (London: Weidenfeld & Nicolson, 1999); 坂本雅子：《財閥と帝國主義──三井物 と中國》（京都府：ミネルヴァ書房，2003年）。

[7] 銀行方面，例如：Compton MacKenzie, *Realms of Silver: One Hundred Years of Banking in the East* (London: Routledge & Kegan Paul, 1954); Charles Rosner, *Wayfoong: The Hong Kong and Shanghai Banking Corporation: A Study of East Asia's Transformation, Political, Financial and Economic, During the Last Hundred Years* (London: Faber, 1965); Frank H. H. King, ed., Eastern Banking: *Essays in the History of the Hongkong and Shanghai Banking Corporation* (London: Athlone Press, 1983); Frank H.H. King, et al., *The Hongkong Bank in Late Imperial China, 1864-1902: On an Even Keel* (Cambridge: Cambridge University Press, 1987); Frank H. H. King with David J.S. King and Catherine E. King, *The Hongkong Bank in the Period of Imperialism and War, 1895-1918: Wayfoong, The Focus of Wealth* (Cambridge: Cambridge University Press, 1988); Frank H.H. King with Catherine E. King and David J.S. King, *The Hongkong Bank Between the Wars and The Bank Interned, 1919-1945: Return from Grandeur* (Cambridge: Cambridge University Press, 1988); Frank H.H. King, *The Hongkong Bank in the Period of Development and Nationalism, 1941-1984: From Regional Bank to Multinational Group* (Cambridge: Cambridge University Press, 1991); Christopher Cook, *The Lion and the Dragon: British Voices from the China Coast* (London: Elm Tree Books, 1985); Peter Starr, *Citibank: A Century in Asia* (Singapore: Editions Didier Millet, 2002); Y.C. Jao & Frank H.H. King, *Money in Hong Kong: Historical Perspective and Contemporary Analysis* (Hong Kong: Centre of Asian Studies, University of Hong Kong, 1990); Geoffrey Jones, *British Multinational Banking, 1830-1990* (Oxford: Clarendon Press, 1993); 土方晉：《橫濱正金銀行》（東京都：教育社，1980年）；郭予慶：《近代日本銀行在華金融活動──橫濱正金銀行（1894-1919）》（北京市：人民出版社，2007年）。

本在中國競爭力的問題，提出多種論述。其中，部分學者認為在中國外資仗
靠政治力量（「帝國」武力或「治外法權」）而取得經營優勢，因而使他們
在中國的投資造成所謂「利權外流」，資源也因此被「搾取」，中國的民族
工業也因此受限發展。但也有學者在「中、外競爭」的基礎上，探討中國商
人與外國商人之間在經營結構與策略上的差異，從中檢驗前述有關經營與政
治力之間的關聯，甚至有學者論證中國商人透過關係網絡以整合資源，並足
以與外國籍商人競爭。不過，過去研究對於英、美、日以外其他對中國輸出
資本的國家以及他們在中國的企業經營研究甚少[8]，也對於「失敗」的個案甚
少討論，以至於對外資的歷史多為「成功」故事，對於競爭問題中的諸多方
面，均缺乏相當的討論。[9]故此，本文企圖透過探討俄羅斯對二十世紀初期滿
洲地區（即所謂「東三省」）製粉業（麵粉業）的投資，以瞭解眾多在中國
經營的外國籍企業，在中國市場所面對的問題。

關於滿洲製粉業的發展，過去的研究成果雖然不少，但多以中資、日資
為主，尤其是「滿洲國」建立以後為主，對於一九三一年以前的狀況又多以

---

[8] Frans-Paul van der Putten 對於荷資的研究可算是近年的一項突破，見 Frans-Paul van der Putten, *Corporate Behaviour and Political Risk: Dutch Companies in China*, 1903-1941 (Leiden: Research School of Asian, African and Amerindian Studies, Leiden University, 2001).

[9] 例如，高家龍（Sherman Cochran）對於瑞典火柴在中國產銷的探討，對於我們瞭解外資在中國市場上的網絡問題，提供多元的思考。見 Sherman Cochran, *Encountering Chinese Networks: Western, Japanese and Chinese Corporations in China, 1880-1937* (Berkeley: University of California Press, 2000); Sherman Cochran, "Losing Money Abroad: The Swedish Match Company in China during the 1930s", in *Business and Economic History, Second Series*, Vol. 16 (1987), pp. 83-91; and Sherman Cochran, "Three Roads into Shanghai's Market: Japanese, Western and Chinese Companies in the Match Trade, 1895-1937", in Frederic Wakeman, Jr. & Wen-hsin Yeh, eds., *Shanghai Sojourners* (China Research Monograph, No.40)(Berkeley, California: Center for Chinese Studies, Institute of East Asian Studies, University of California, Berkeley, 1992), pp.35-75. 而本人對於日本在中國製粉業投資的探討，也是少數研究「失敗」例子之一。見陳計堯著、楊素霞譯：〈日本製粉業の対中国投資〉，富澤芳亞、久保亨、萩原充編：《近代中國を生きた日系企業》（大阪：大阪大學出版會，2011年），頁245-262。

「經濟侵略」作為論述，又或以滿洲製粉業整體發展史，或個別企業行號的「社史」（尤其是日資）的方式論述，對於中、日資以外的資本與企業，甚少討論。[10]本人也有從糧食（麥粉與米穀）貿易與商業組織變遷的關聯性進行探討，推論「滿洲地區雖然擁有天然資源與合適的氣候，更有過去被認為的雄厚資本的外資（先是俄資，後有日資）進行生產投資，卻沒有企業組織上的突破。」[11]但對於個別國家如俄羅斯資本在滿洲的經營情況，需要進一步的論證，本文正嘗試對這一個問題提出答案。

俄羅斯商人可說是在滿洲當地最先投資製粉業的，並引起中國商人相仿效。俄資從一九〇〇年開始即帶領滿洲地區製粉業，總生產力為一九二〇年以前全滿洲之冠，到一九二〇年代逐漸為日資與中資後來居上，甚至出現倒閉、轉賣等情形，轉賣的對象多為中資商人，其中不乏原本移居俄羅斯的華商，也有少數英、美、日銀行或商人接手經營或暫時收購而待價而沽。到底俄資在滿洲經營製粉業整體發展，透露俄商在中國投資何種的問題？雖然相關資料甚為匱乏，主要是一些二十世紀初的日本調查機構方面的資料外，[12]

---

[10] 中資方面，參見上海市糧食局、上海市工商行政管理局、上海社會科學院經濟研究所經濟史研究室：《中國近代麵粉工業史》（北京市：中華書局，1987年）；杜恂誠：《日本在舊中國的投資》，頁234-241；日資方面，參見中島常雄編：〈製粉工業〉，中島常雄編：《現代日本產業發達史：18食品》（東京都：現代日本產業發達史研究會，1967年），頁1-88；本宮一男：〈両大戰間期における製粉業独占体制〉，《社会経済史学》，第五十一卷第三號（1985年），頁29-58；泉三義：《日本製粉業論》（東京都：泉三義，2004年）；鈴木邦夫編著：《滿洲企業史研究》（東京都：日本經濟評論社，2007年），頁599-604；陳計堯：〈日本製粉業の対中國投資〉；「社史」方面，例如：日本製粉社史委員會編纂：《日本製粉株式会社七十年史》（東京都：日本製粉株式會社，1968年）；創立一百周年記念誌編纂委員會事務局編：《日本製粉社史——近代製粉120年の軌跡》（東京都：日本製粉株式會社，2001年）；日清製粉株式會社編：《日清製粉株式會社七十年史》（東京都：日清製粉株式會社，1970年）。

[11] 陳計堯：〈近代滿洲地區米穀與麥粉貿易及其商業組織變遷（1864-約1930年）〉，《社會システム研究》第30號（2015年3月），頁1-35，引文見頁24。

[12] 這方面最重要者，參見南滿洲鐵道株式會社庶務部調查課編：《滿洲に於ける製粉業》（大連市：滿蒙文化協會，1924年）。

以及一九五〇、一九六〇年代中國對製粉產業的調查，[13] 但仍值得作初步的討論。

二　俄羅斯工業化與滿洲

其實，俄羅斯在十九世紀末進入滿洲以前，也才剛剛啟動工業化不久。俄羅斯的手工業雖然在十九世紀已然有相當的發展，但以蒸氣作為動力來源的工業革命卻要在十九世紀中後期才展開。當時的發展首先是因為俄羅斯需要開發連接聖彼德堡與莫斯科雙都的鐵路而使金屬製造業得到刺激，後來也讓紡織業成為重要產業，當中外資與外國技術尤為重要。在十九世紀後期雖然不斷因為經濟波動而不時有衰退現象，但到了一八九〇年代開始，更多的外國資本（尤其是法國資本）透過外債的方式流入俄羅斯帝國，再透過俄羅斯帝國銀行與其他銀行體系，使俄國工業，先是國營企業部分（尤其是鐵路、鋼鐵與礦業），然後是其他與消費品有關的私營製造業，均有更大的發展。[14] 不過，直到一九〇〇年為止，製粉業並非俄國主要的工業產業，與同時代的美國形成強烈的對比。[15]

對於包含滿洲在內的廣大東北亞大陸，在一八九〇年代以前並沒有受到

---

[13] 中國科學院經濟研究所、中央工商行政管理局資本主義經濟改造研究室編：《舊中國機製麵粉工業統計資料》（北京市：中華書局，1966 年）；哈爾濱市工商聯合會：《哈爾濱製粉業史料》（上海社會科學院經濟研究所中國企業史資料研究中心所藏「企業史、行業史資料」，第 19 卷）。

[14] Roger Portal, "The Industrialization of Russia", in H. J. Habakkuk and M. Postan, eds., *The Cambridge Economic History of Europe, Volume VI: The Industrial Revolutions and After: Incomes, Population and Technological Change (II)* (Cambridge: Cambridge University Press, 1966), pp.801-872, particularly pp. 801-863; 劉祖熙：《改革和革命——俄國現代化研究（1861-1917）》（北京市：北京大學出版社，2001 年），頁 87-154。

[15] Roger Portal, "The Industrialization of Russia", pp. 836-841. 關於美國的部分，製粉業在一八六〇年仍佔美國重要製造業的第四位，見 Douglass North, "Industrialization in the United States", in H. J. Habakkuk and M. Postan, eds., *The Cambridge Economic History of Europe, Volume VI*, pp.673-705, particularly p.682.

俄羅斯工業化的影響，因為對俄羅斯來說當地也只是一大片的新進領土。在日本海邊的薩哈林島，也只是一個置放流放者的地方。[16]雖然，俄羅斯在一八五八至一八六〇年經過談判與條約，取得在滿洲東方的新土地（烏蘇里江省分），[17]但對於遠東地區（尤其是烏蘇里江省分）並未因此立即的積極經營，雖然採取補貼殖民者的方式，鼓勵新的殖墾人口到俄國遠東地區，但成效有限。[18]

對俄國而言，歐洲與近東地區一直被視為重要關懷，但俄國在巴爾幹半島問題上雖經「俄─土戰爭」（1877-1878）的勝利，最終還是在一八八七年底放棄干預保加利亞問題，從此才改變對遠東地區的看法。此外，在一八八〇年代朝鮮半島的內亂、清帝國開放關內人口移民滿洲以及日本在東北亞的崛起，使俄羅斯帝國更積極地經營它的遠東領土。[19]在一八九一年俄國決定修建西伯利亞鐵路，要從莫斯科連接到海參崴。[20]雖然，鐵路全線通車是二十世紀初的事情，但因鐵路的太平洋線與歐洲線是同時進行修建，對遠東的影響更形重要。在一八九四至一八九五年的「清日戰爭」後，俄國又進一步拉攏清帝國，並逾一八九六年與清廷簽訂修築「東清鐵路」（後稱「中東鐵路」）以連接西伯利亞鐵路，成為進入滿洲地區的正式起點。[21]

俄羅斯之所以能投資遠東，尚有一個重要的背景，就是利用外債取得資本，再用於企業或鐵路的投資。在一八九五年，俄國更在法國的合作下成立「華俄道勝銀行」，作為對遠東經貿的金融工具，第一任行長正是沙皇尼古拉斯二世的導師與好友烏赫托姆斯基親王。[22]透過這一家銀行，俄國在滿洲興建

---

16 安德魯・羅曼諾夫著，商務印書館翻譯組譯：《俄國的遠東政策，1881-1904》（北京市：商務印書館，1977 年），頁 12。

17 R. K. I・奎斯特德著，陳霞飛譯：《一八五七～一八六〇年俄國在遠東的擴張》（北京市：商務印書館，1979 年）。

18 安德魯・羅曼諾夫：《俄國的遠東政策》，頁 1-16。

19 安德魯・羅曼諾夫：《俄國的遠東政策》，頁 16-43。

20 安德魯・羅曼諾夫：《俄國的遠東政策》，頁 45。

21 安德魯・羅曼諾夫：《俄國的遠東政策》，頁 90。

22 關於銀行成立年份與法國的合作，見 C. F. Remer, *Foreign Investments in China*, pp.556-

「東清鐵路」，也經營其他工礦農林企業。[23] 雖然，製粉業是否能直接從華俄道勝銀行取得資本，我們不得而知，但在二十世紀初期該銀行在滿洲就有七家分行[24]，代表著有大量的俄國通貨（金盧布）流通至滿洲。

至於近代滿洲地區從一八六〇年開港以來，因條約關係而逐漸允許外國籍商人經商、貿易，其中大豆與相關商品成為主要的滿洲產品。[25] 在一八九五馬關條約之後，因條約允許外國籍商人可在清帝國內投資設立工廠，除了帶動大豆相關產業的工業發展之外，也展開滿洲地區其他產業之工業化。尤其是對正在進行大移民運動的滿洲來說，製粉工業甚為重要，其中又以俄羅斯資本為最先。[26]

三　規模的變化

俄羅斯在滿洲投資的第一家製粉廠，建立於一九〇〇年的哈爾濱，「由東清鐵路創辦」，名為「滿洲製粉公司」（The First Manchurian Flour Milling Company）。[27] 它不但是俄羅斯在滿洲第一家製粉廠，更是全滿洲的第一家。

---

557. 關於第一任行長，見安德魯・羅曼諾夫：《俄國的遠東政策》，頁49-50。

[23] Б・阿瓦林著，北京對外貿易學院俄語教室教研室譯：《帝國主義在滿洲》（北京市：商務印書館，1980年），頁81-82。

[24] C. F. Remer, *Foreign Investments in China*, p.558.

[25] 關於近代滿洲大豆貿易，見駒井德三：《滿洲大豆論》（札幌：東北帝國大學農科大學內カメラ會，1912年）；拓殖局：《大豆ニ關スル調查》（東京市：拓殖局，1911年）；滿洲特產中央會：《歐洲に於ける滿洲大豆其の他の取引事情》（新京市：滿洲特產中央會，1936年）；神戶商工會議所編：《滿洲の大豆》（神戶市：神戶商工會議所，1943年）；雷慧兒：《東北的豆貨貿易（一九〇七～一九三一年）》（臺北市：國立臺灣師範大學歷史研究所，1981年）；Norman Shaw, *The Soya Bean of Manchuria* (China Imperial Maritime Customs Special Series, No. 31) (Shanghai: Statistical Department of the Inspectorate General of Customs, 1911).

[26] 孔經緯主編：《清代東北地區經濟史》（哈爾濱市：黑龍江人民出版社，1990年），頁410-413；上海市糧食局、上海市工商行政管理局、上海社會科學院經濟研究所經濟史研究室編：《中國近代麵粉工業史》，頁228-253。

[27] Chinese Eastern Railway Printing Office, *North Manchuria and the Chinese Eastern Railway*

這一家製粉廠除了供應東清鐵路本身需要外，也得到俄國在該年六月推出的一項鼓勵糧食政策的刺激，俄國一方面提高對遠東地區食糧採購的價格，另一方面對從滿洲陸路進口的農糧予以免稅，使得滿洲出口小麥或麥粉往俄羅斯遠東地區成為有利可圖。[28] 從此，也奠定哈爾濱作為俄羅斯在滿洲製粉業投資的中心地位。

從「滿洲製粉公司」開始，陸續建立更多的俄資製粉廠，地點也幾乎集中在哈爾濱。表一顯示從一九〇〇年至日俄戰爭結束的一九〇五年，滿洲俄資製粉廠的概況。在這五年中，共有十三家製粉廠成立，資本額據估計共約二八五點七萬元，在一九〇五年總生產力估計約計每日三九二九〇包。根據原資料所示，其中兩家（滿洲製粉公司、松花江麵粉製造公司）就由東清鐵路出資建造。[29] 一九〇三年東清鐵路交接，開始經營相關的事業（如煤礦業）[30]，也同時需要更多人力，可能也刺激新的製粉廠開設，該年共有六家成立。

表一　俄羅斯在滿洲新開設製粉廠（1900-1905）

年份	名稱	地點	資本額	日生產力（包）
1900	滿洲製粉公司	哈爾濱	41.3萬元	2450
1902	松花江麵粉製造公司	哈爾濱	50萬元	14700
	葛瓦列夫斯基	哈爾濱	20萬元	5200
1903	斯基庫爾斯基	哈爾濱	8萬元	445

(Harbin: Chinese Eastern Railway Printing Office, 1924), p. 232; 上海市糧食局、上海市工商行政管理局、上海社會科學院經濟研究所經濟史研究室編：《中國近代麵粉工業史》，頁518；中國科學院經濟研究所、中央工商行政管理局資本主義經濟改造研究室編：《舊中國機製麵粉工業統計資料》，頁272。

[28] 安德魯・羅曼諾夫：《俄國的遠東政策》，頁212-213。

[29] 上海市糧食局、上海市工商行政管理局、上海社會科學院經濟研究所經濟史研究室合編：《中國近代麵粉工業史》，頁518；中國科學院經濟研究所、中央工商行政管理局資本主義經濟改造研究室編：《舊中國機製麵粉工業統計資料》，頁272。

[30] B・阿瓦林著：《帝國主義在滿洲》，頁93-95。

	地烈金製粉廠	哈爾濱	40萬元	1860
	東方公司	哈爾濱	10萬元*	550*
	德丘果夫製粉廠	哈爾濱	10.7萬元	625
	東洋製粉廠	哈爾濱	6.4萬元*	400*
	一面坡麵粉公司	一面坡	10.7萬元	1540
1904	俄羅斯製粉公司	哈爾濱	40萬元*	4200
	依薩耶夫麵粉廠	哈爾濱	8.6萬元	310
1905	雙城堡麵粉公司	雙城堡	25萬元	4410
	麗坊麵粉公司	哈爾濱	15萬元	2600

備註：＊號為原資料估算數

資料來源：上海市糧食局、上海市工商行政管理局、上海社會科學院經濟研究所經濟史研究室合編：《中國近代麵粉工業史》（北京市：中華書局，1987年），頁518-519；中國科學院經濟研究所、中央工商行政管理局資本主義經濟改造研究室編：《舊中國機製麵粉工業統計資料》（北京市：中華書局，1966年），頁272-273。

　　在一九〇四至一九〇五年爆發的日俄戰爭，可能也成為俄國在滿洲製粉業的契機，戰爭期間的兩年仍有四家製粉廠建立。不過，在東清鐵路、華俄道勝銀行、法國籍商人的背後，可能存在複雜的財經關係。由東清鐵路出資的兩家製粉廠，其中的「松花江麵粉製造公司」據說在「未開張，即由私人購去，一九〇四年又由法商永勝公司購去」。[31]關於「永勝公司」的國籍問題，眾說紛紜。日本方面的調查指出它是俄人所有，但中國方面的資料卻顯示是法國人。在這裡，我們暫時採用最低的估算方式，把「永勝」放在法商方面研究，待日後有更多的資料時再行修訂。[32]如果把這一家購下投資額最大

---

31 上海市糧食局、上海市工商行政管理局、上海社會科學院經濟研究所經濟史研究室合編：《中國近代麵粉工業史》，頁518。

32 日本方面的資料，見南滿洲鐵道株式會社庶務部調查課編：《滿洲に於ける製粉業》，頁89；橫濱正金銀行調查課：《哈爾賓を中心としたる北滿洲特產物》（哈爾濱市：

的俄資製粉廠扣除在列，俄商在滿洲製粉業投資的資本額與生產力將降低，
但仍然是在滿洲製粉業佔領導地位，讓其他國籍的商人也紛紛投入製粉業。[33]

　　日俄戰爭之後，俄羅斯在滿洲製粉業的投資並未因戰敗而退出。表二顯
示，單戰爭結束後的一九〇六年，成立七家製粉廠，資本額估計約共二八五
點五萬元，日生產力為三〇八五七包，但其中「棉格闊夫火磨」、「南方公
司」與「什祖林斯基」在成立不久即與一九〇五以前成立的「葛瓦列夫斯
基」製粉廠合併為「滿洲製造麵粉聯合股份有限公司」。[34]若扣除合併後的新
公司，一九〇六年仍增加資本額估計達到一五五點五萬元，每日生產力估計
約一九八三七包。表二的調查資料也顯示，在一九〇七年以前存在五家製粉
廠，但內容不甚清楚，資本額估計約共一三四萬元，每日生產力估計共計
一九三五六包。若加上這五家製粉廠，新增製粉廠的資本額估計約二八九點
五萬元，每日生產力估計約三九一九三包。

表二　俄羅斯在滿洲新開設製粉廠（1906-1913）

年份	名稱	地點	資本額	日生產力（包）
1906	棉格闊夫火磨	海林	20萬元*	2000*
	衣木攝涅茨基製粉工廠	阿什河	15萬元	1860
	南方公司	雙城堡	20萬元	2980
	羅巴且輔製粉廠	哈爾濱	7.5萬元	342
	什祖林斯基	哈爾濱	43萬元	5210

横濱正金銀行調查課，1931年），頁114。中國方面資料，見施復侯：〈三十年來之
中國麵粉業〉，茂新福新申新總公司編：《茂新福新申新總公司三十週紀念刊》（上海
市：茂新福新申新總公司，1929年），無頁碼；吳承洛：《今世中國實業通誌》（上海
市：商務印書館，1929年），下冊，頁6-10。

[33] 關於俄資在滿洲的領導地位，參見孔經緯主編：《清代東北地區經濟史》，頁410-
413；上海市糧食局、上海市工商行政管理局、上海社會科學院經濟研究所經濟史研究
室編：《中國近代麵粉工業史》，頁228-253。

[34] 上海市糧食局、上海市工商行政管理局、上海社會科學院經濟研究所經濟史研究室合
編：《中國近代麵粉工業史》，頁518-519。

	松加力麵粉廠	哈爾濱	50萬元*	7445
	滿洲製造麵粉聯合股份有限公司	哈爾濱	130萬元	11020
1907	克朗德涅夫	哈爾濱	8萬元	744
1907前	？	齊齊哈爾	10萬元	1490
1907前	？	寧古塔	10萬元	1490
1907前	？	吉林	15萬元	3720
1907前	吐爾金麵粉廠	哈爾濱	50萬元*	7445
1907前	諾瓦斯基麵粉廠	哈爾濱	49萬元*	5211
	古麗雅夫麵粉廠	富拉爾基	5.3萬元	298
1908	帕屋雷西土科及知力金麵粉廠	哈爾濱	8.6萬元	445
	吉克滿塔麵粉廠	哈爾濱	6.4萬元	298
	尤撒達麵粉廠	海林	6.4萬元	370
1909	依爾科茨克麵粉廠	哈爾濱	43萬元	2345
	圖魯卡斯麵粉廠	哈爾濱	43萬元	2345
	尼基那亞麵粉廠	哈爾濱	8.6萬元	445
1910	奧麥公司麵粉廠	哈爾濱	10.7萬元	633
	金諾斯基及麥開里麵粉廠	哈爾濱	6.4萬元	298
	米揚可夫麵粉廠	寬城子	8.6萬元	44
1911	高列諾夫麵粉廠	哈爾濱	5.4萬元	226
	馬諾克思麵粉廠（日俄）	哈爾濱	6萬元	745
1912	燒夫（磨斯啟茨庫）麵粉廠	哈爾濱	10.7萬元	625
	撒母索諾維克麵粉廠	哈爾濱	6.4萬元	298
	索斯金麵粉廠	哈爾濱	10萬元	2570
1913	缶沙德金麵粉廠（中俄）	哈爾濱	10.8萬元	1146

備註：＊號為原資料估算數

資料來源：上海市糧食局、上海市工商行政管理局、上海社會科學院經濟研究所經濟史研究室合編：《中國近代麵粉工業史》（北京市：中華書局，1987年），頁519-521；中國科學院經濟研究所、中央工商行政管理局資本主義經濟改造研究室編：《舊中國機製麵粉工業統計資料》（北京市：中華書局，1966年），頁273-275。

　　這樣的快速成長立即面臨泡沫化現象，因為在接下來的一九〇七至一九一三年之間，新增十七家俄資製粉廠（含一家日俄、一家中俄資製粉廠）的總資本額估計共二〇四點三萬元，每日總生產力估計共一三八七五包。這種情況，明顯地與一九〇六年的最低水平不能同日而語。若再扣除一九一三年售予營口中國商人「西義順」的「依爾科茨克麵粉廠」，以及在同一年售予英商的「索斯金麵粉廠」[35]，俄羅斯在一九〇七年至第一次世界大戰以前的滿洲製粉廠投資就更為減少。

　　在第一次世界大戰爆發的一九一四年以後，俄羅斯在滿洲製粉業的新投資大不如前。如表三所示，從一九一四年到一九二〇年代，在超過十年的時間裡，只有四家新的俄資製粉廠設立，資本額估計約一八八萬元，每日生產力約只七七四〇包。有趣的是，四家之中有三家正是在俄羅斯參與第一次世界大戰、經歷革命與內戰的年代，可能為逃避戰亂與動亂而遷移到滿洲。更重要的是，根據原調查資料，這四家製粉廠之中，二家都在建立後不久賣與滿洲的中國商人，而且時間點也還是在俄羅斯革命與內戰時期。這當中如果不是存在詐騙行為的話，就是在滿洲的俄羅斯商人對於逐漸逼近的共產政權甚為恐懼。至於另一家是在俄國政局大定後建立，但也在一九二六年停業。[36]

---

[35] 上海市糧食局、上海市工商行政管理局、上海社會科學院經濟研究所經濟史研究室合編：《中國近代麵粉工業史》，頁521。

[36] 中國科學院經濟研究所、中央工商行政管理局資本主義經濟改造研究室編：《舊中國機製麵粉工業統計資料》，頁275-276；上海市糧食局、上海市工商行政管理局、上海社會科學院經濟研究所經濟史研究室合編：《中國近代麵粉工業史》，頁522-523。

表三　俄羅斯在滿洲新開設製粉廠（1914-1930）

年份	名稱	地點	資本額	日生產力（包）
1916	布爾扎夫休般磨坊	哈爾濱	120萬元	1840
1918	黑河火磨	哈爾濱	30萬元	2940
1919	布爾茄夫西斯基	哈爾濱	30萬元	1860
1921	西伯利亞製粉公司（中俄）	哈爾濱	8萬元	1100

資料來源：中國科學院經濟研究所、中央工商行政管理局資本主義經濟改造研究室編：《舊中國機製麵粉工業統計資料》，頁275-276；上海市糧食局、上海市工商行政管理局、上海社會科學院經濟研究所經濟史研究室合編：《中國近代麵粉工業史》，頁522-523。

　　除了新增製粉廠數目的下降，俄商在滿洲製粉業的投資極為不順利。表四的「第一部分」根據前述個案資料製成，尚有更多的俄資製粉廠情況不明，但從中可知除了一九〇六年「滿洲製造麵粉聯合股份有限公司」的合併案以及「西伯利亞製粉公司」之外，大部分俄商轉售工廠予滿洲的中國商人，只有兩家售予歐美商人。其他的製粉廠全轉售東北亞的幾種不同的中國商人，「廣源盛」與「雙合盛」原是在海參崴的華僑，「西義順」與「萬福廣」為滿洲的中國商人，至於「東興」則是滿洲軍閥張作霖利用當地的金融機構所控制。[37]到一九三〇年為止，在滿洲的俄資製粉廠不是停業就是早已轉售他人，只剩下「法商永勝公司」一家仍然被日本的調查單位認定為俄資，繼續在哈爾濱經營。[38]最終，「永勝」也在「一九三一年歸美商花旗銀行所有」，並在一九三〇年代轉售日商。[39]

---

[37] 上海市糧食局、上海市工商行政管理局、上海社會科學院經濟研究所經濟史研究室合編：《中國近代麵粉工業史》，頁234-237；哈爾濱市工商聯合會：《哈爾濱製粉業史料》，頁4-7。

[38] 橫濱正金銀行調查課：《哈爾賓を中心としたる北滿洲特產物》，頁114。

[39] 上海市糧食局、上海市工商行政管理局、上海社會科學院經濟研究所經濟史研究室合編：《中國近代麵粉工業史》，頁519；哈爾濱市工商聯合會：《哈爾濱製粉業史料》，

　　另一種可能包含轉售行為的，是所謂的「合辦企業」。對於合辦情形的
出現，雷麥提出其原因與一九一七年的俄羅斯革命有關，因為留在滿洲的俄
羅斯人在國籍身分上出現轉變，頓時消失「治外法權」，需要以跨國合辦的
方式以保障財產。[40]不過，這種情況並沒有在製粉業發生，因為所有的合辦
企業，如「馬諾克思麵粉廠」（日俄）與「缶沙德金麵粉廠」（中俄）等，
均是在一九一四年以前發生。至於轉售予他人的原俄資製粉廠，全發生在
一九一四年以前。至於在一九一七年與一九二〇年分別轉售的「布爾扎夫休
般磨坊」與「黑河火磨」經營權也是在接手的中國商人手中。[41]但有更多的俄
資製粉廠，卻直接倒閉而消失在調查資料中。

表四　俄羅斯在滿洲製粉業的演變（1900-1930）

（第一部分）史料註明演變情況者			
年份	名稱	演變	企業壽命（年）
1900	滿洲製粉公司	1908年華僑張伯揚購買改名為廣源盛火磨	8
1902	松花江麵粉製造公司	1904年為法商永勝公司購去	2
	葛瓦列夫斯基	1906年改為滿洲製粉聯合股份公司	4
1903	地烈金製粉廠	1915年由雙合盛購去，改名為雙合盛製粉廠	12
1905	雙城堡麵粉公司	1916年由華商雙合盛購去，改名為雙城堡製粉廠	11
1906	棉格闊夫火磨	1906年改組為「滿洲製造麵粉聯合股份有限公司」	0

　　頁21。

40　C. F. Remer, *Foreign Investments in China*, p.599.

41　上海市糧食局、上海市工商行政管理局、上海社會科學院經濟研究所經濟史研究室合
　　編：《中國近代麵粉工業史》，頁234-237。

	南方公司	1906年改組為「滿洲製造麵粉聯合股份有限公司」	0
	什祖林斯基	1906年改組為「滿洲製造麵粉聯合股份有限公司」	0
1909	依爾科茨克麵粉廠	1913年華商營口「西義順」買進，改為「西義順火磨」	4
1912	索斯金麵粉廠	1913年售給英商	1
1916	布爾扎夫休般磨坊	1917年由華商購買改為萬福廣麵粉廠	1
1918	黑河火磨	1920年華商東興火磨買去	2
1921	西伯利亞製粉公司	1926年停業	5

（第二部分）1919年調查已不存在		
年份	名稱	企業壽命（年）
1903	東方公司	16
	德丘果夫製粉廠	16
	東洋製粉廠	16
1904	依薩耶夫麵粉廠	15
1905	麗坊麵粉公司	14
1906	衣木攝涅茨基製粉工廠	13
	松加力麵粉廠	13
	滿洲製造麵粉聯合股份有限公司	13
1907	克朗德涅夫	12
1907前	？	12
1907前	？	12
1907前	？	12
1907前	吐爾金麵粉廠	12
1907前	諾瓦斯基麵粉廠	12
1908	帕屋雷西土科及知力金麵粉廠	11
1909	圖魯卡斯麵粉廠	10
1910	奧麥公司麵粉廠	9

	米揚可夫麵粉廠	9
1911	馬諾克思麵粉廠（日俄）	8
	燒夫（磨斯啟茨庫）麵粉廠	8
1913	缶沙德金麵粉廠（中俄）	6
1919	布爾茄夫西斯基	0

（第三部分）1923年調查已不存在		
年份	名稱	企業壽命（年）
1903	斯基庫爾斯基	20
1903	一面坡麵粉公司	20
1904	俄羅斯製粉公司	19
1906	羅巴且輔製粉廠	17
1907	古麗雅夫麵粉廠	16
1908	吉克滿塔麵粉廠	15
	尤撒達麵粉廠	15
1909	尼基那亞麵粉廠	14
1910	金諾斯基及麥開里麵粉廠	13
1911	高列諾夫麵粉廠	12
	撒母索諾維克麵粉廠	12

資料來源：上海市糧食局、上海市工商行政管理局、上海社會科學院經濟研究所經濟史研究室合編：《中國近代麵粉工業史》（北京市：中華書局，1987年），頁 518-523；陳計堯著、楊素霞譯：〈日本製粉業の対中国投資〉，富澤芳亞、久保亨、萩原充編：《近代中国を生きた日系企業》（大阪府：大阪大學出版會，2011年），頁 245-262；南滿洲鐵道株式會社庶務部調查課編：《滿洲に於ける製粉業》（大連市：滿蒙文化協會，1924年），頁 91、133-153；安原美佐雄：《支那の工業と原料，第一卷，下》（上海市：上海日本人實業協會，1919年），頁 637-638。

　　在滿洲的俄資製粉廠經營從「泡沫化」到「失敗」，也可以從表四的企

業壽命來觀察。我們先利用表一至表三所有戰後中國方面的統計所做的調查，清查原資料有關明確資料說明的俄資製粉廠之企業壽命，作成「第一部分」，再加上利用「滿鐵」調查單位分別在一九一九年與一九二三年所做的調查資料，作成「第二部分」與「第三部分」。在第一部分中的十三家製粉廠，只有二家存活超過十年，其他的均壽命短促，甚至有不到一年者。當然有少數因為合併的關係而繼續用新的樣貌出現，但大多以轉售終了。全部十三家來說，平均壽命只有三點八五年。在「第二部分」一九一九年的調查中，共有二十二家俄資製粉廠消失，它們可能的平均企業壽命為十一點三二年。至於「第三部分」一九二三年的調查中，另有十一家工廠消失，它們可能的平均企業壽命則為十五點七二年。顯示在總共四十六家俄商製粉廠裡，平均只有十年的企業壽命，當然這可能也因為調查的時間點的關係而得到「展延」。

簡言之，俄羅斯在滿洲製粉業的投資，從作為滿洲製粉業的開創者，成為產業的領導者，到最後退出滿洲市場，其產能也基本上被在地中國商人所承接，使得外資與滿洲中國商人資本在生產力上產生「黃金交叉」。但這種衰退的現象，與在一九〇〇年代初期透過東清鐵路投資製粉業時的情況，實不可同日而語。

四 俄資 vs. 日資、中資：投資 vs. 貿易

若把在滿洲俄資製粉廠的成長與衰退，放置在滿洲整體外資製粉業的發展上，我們可以看到俄羅斯商人所投資的製粉廠的整體重要性。根據本人的研究，日本在中國製粉業的投資雖然一度成為中國最大的製粉業外資，但最終從一九二〇年代中期開始也面臨失敗。與俄羅斯的差別是，日本對中國的麥粉出口在一九二〇年代中期開始轉為大量，取代了在中國製造的投資。[42] 所以，日本在中國製粉業的投資，可說的若干程度上轉為直接貿易的替代。我

---

[42] 陳計堯著、楊素霞譯：〈日本製粉業の対中国投資〉，頁247-252。

們若把滿洲俄資製粉廠的消長與中、俄麥粉貿易加以考慮，也可以對於俄商在滿洲投資製粉業得到更進一步的瞭解。

先就俄資與其他國籍資本在滿洲投資的情況分析。圖一是根據前述各表有關俄資的調查資料（不包括「永勝公司」），加上日資、中資的調查資料所做成的估算，其中重要的部分是把每個年度的製粉廠產能因應新增、停業或轉售而增減。根據圖一的估算，在一九〇〇年代俄資製粉廠可以說是在滿洲製粉業佔壓倒性的地位。不過，到該十年的末期開始，俄資的產能並未進一步提升，一直維持在日產五萬至七萬包的水平。但這種局面很快也就被打破，因為曾經與俄羅斯在滿洲競爭的日商資本，也在第一次世界大戰以後漸漸地趕上。

不過，俄商所面臨的毀滅性趨勢，並非他們獨自面對。圖一的估算也顯示，在滿洲的日資製粉廠在一九二〇年代同樣地面臨困境，雖然在一九一八至一九一九年的轉折中超越俄資而成為滿洲製粉業最大的外資，但最終還是在一九二〇年代末期一樣地退出滿洲市場。另一方面，雖然在滿洲的中資製粉業基本上承接著外資（俄資與日資）原有的產能，但一九二〇年代後半的發展顯示，在滿洲的製粉業整體上產能是停滯的，只能維持在日產量十萬包至十四萬包的水平，未再突破一戰末期時的產能。

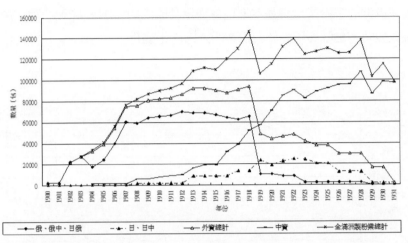

圖一　滿洲中、外製粉廠日生產力估算（1900-1931）

資料來源：上海市糧食局、上海市工商行政管理局、上海社會科學院經濟研
究所經濟史研究室合編：《中國近代麵粉工業史》（北京市：中華書局，1987
年），頁518-523；陳計堯著，楊素霞譯：〈日本製粉業の対中国投資〉，富澤芳
亞、久保亨、萩原充編：《近代中國を生きた日系企業》（大阪府：大阪大學出
版會，2011年），頁245-262；南滿洲鐵道株式會社庶務部調查課編：《滿洲に於
ける製粉業》（大連市：滿蒙文化協會，1924年），頁91、133-153；安原美佐
雄：《支那の工業と原料，第一卷，下》（上海市：上海日本人實業協會，1919
年），頁637-638；滿洲輸入組合聯合會商業研究部：《滿洲に於ける小麥粉》
（大連市：滿洲輸入組合聯合會商業研究部，1937年），頁6；滿鐵調查課：《 洲政
治經濟事情・昭和四年》（大連市：南滿洲鐵道株式會社，1930年），頁152-160。

　　若再把俄羅斯投資滿洲製粉業的問題，放在中國麥粉貿易的脈絡上，會
發現俄羅斯與滿洲製粉業更深層的關係。圖二利用中國海關貿易年報的資
料，彙整俄國與中國之間的麥粉貿易，而這些往俄國出口的中國麥粉也絕大
部分來自滿洲各港口，當中顯示俄國絕大部分是從中國進口麥粉而非對中國

輸出。但在滿洲俄資製粉業衰退的同時，輸往俄國的麥粉出口也下滑，表示
俄資在滿洲的製粉業投資基本上是為滿足其國內的需求，當俄國國內需求的
情況改變時，也就導致滿洲製粉業的動向產生變化。

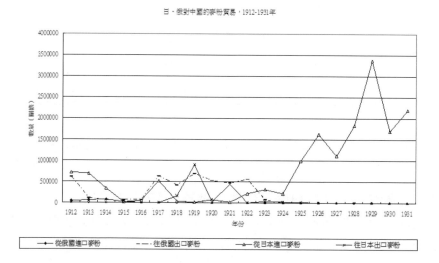

日、俄對中國的麥粉貿易，1912-1931年

圖二　日、俄對中國的麥粉貿易，1912-1931年

資料來源：Inspectorate General of the Chinese Maritime Customs, *Returns of Trade at the Treaty Ports in China for the Year, 1912-1931* (Shanghai: Inspectorate General of the Chinese Maritime Customs, 1913-1932), Manchurian Ports.

相對地，圖二中也有顯示日本與中國之間的麥粉貿易，其中並不一定與
滿洲港口有直接關係，只是日本在中國的製粉業投資也與俄羅斯一樣的以滿
洲最多，這些貿易的變化與日本的製粉業投資有直接關係。這方面，明顯與
俄羅斯的製粉業投資有分別。

五 結論

　　綜合上述的分析，我們又如何理解俄羅斯商人在滿洲製粉業「失敗的」投資與經營？在一九二〇年代初期，「滿鐵」的調查單位曾經做出調查，提出隨著俄羅斯革命後在一九二二年其遠東地區實施對麥粉進口加稅，使得本已膨脹的滿洲麥粉生產一時失去一個重要的鄰近市場。[43]其後，在一九三〇年代初期日本的橫濱正金銀行也調查俄羅斯退出滿洲製粉市場因為數個原因，包括貨幣（金盧布）與銀行（華俄道勝銀行）問題、俄國對遠東關稅政策改變、以及東清鐵路的收費提高。[44]這些在歷史當下的因素，表面上呼應過去研究的一種觀察，即俄資在滿洲的製粉業投資基本上是為滿足其國內的需求，當俄國國內需求的情況改變時，也就影響在滿洲俄資製粉業的動向。

　　另一方面，因為滿洲製粉業尚包括日本、中國、法國等其他國籍的製粉商，俄商面對俄國政經環境的變化就等於全滿洲製粉業的問題。其他國籍商人又如何面對？我們又該如何理解非俄商製粉廠對俄國麥粉市場的經營與反應？因為滿洲地區的多重外來移民的關係，也使得外資在滿洲投資的意義，必須更審慎地瞭解。

　　更重要的問題是，這些短線的困難雖然可能導致俄資製粉廠短暫的挫敗，但俄商製粉廠轉售其他國籍商人的情況跨越時代，從日俄戰爭前後、經歷一戰前後與革命、內戰等事件，政治問題從未中斷，但俄商卻也在不同的時代展現出短線的投資經營型態。到底俄資企業本身對於經營有多大程度的投入？面對一時的問題與困難時，俄商到底又如何因應？是否有長期經營的打算？我們對於俄商的背景幾乎一無所有，有研究者指出在俄羅斯國內的製粉業大多為猶太人經營，[45]我們也無法得知到滿洲的俄資製粉廠商又有多少猶

---

[43] 參見南滿洲鐵道株式會社庶務部調查課編：《滿洲に於ける製粉業》，頁306。

[44] 橫濱正金銀行調查課：《哈爾賓を中心としたる北滿洲特產物》，頁109。

[45] Arcadius Kahan, 'Notes on Jewish Entrepreneurship in Tsarist Russia', in Gregory Guroff and Fred V. Carstensen, eds., *Entrepreneurship in Imperial Russia and the Soviet Union* (Princeton, N.J.: Princeton University Press, 1983), pp.104-124, particularly 116.

太人存在。[46]到底俄商的經營手法從何而來？如何評估這種手法？更重要的問題是，俄羅斯的製粉廠又何以在約三十年的時間裡，出現企業壽命短促的現象？到底是大環境（革命、經濟衰退與政策改變）所造成的？抑或是企業家個別的因素？還是經營制度的缺陷？這些問題，因為缺乏更詳盡的資料而無法得知，但可以肯定的是將會涉及到俄羅斯帝國主義以外的更多更複雜的問題，是我們日後需要更進一步探討的課題。

值得注意的是，「滿鐵」的調查單位也曾經提出外來麥粉（北美洲與上海）對滿洲製粉業的壓力。[47]滿洲地區麥粉貿易的情況在一九二〇年代產生變化，麥粉進口明顯的遞增，同時滿洲地區的製粉業總生產力，無論是外資抑或是中資，也大約在一九二〇年代初期出現停滯狀況。這當中一方面代表著從中國其他通商口岸（尤其是從上海及長江下游地區）與其他國家進口的麥粉在滿洲地區逐漸具有競爭力，或者是滿洲本土和外資製粉業逐漸失去其競爭力。[48]其中，又因為外資作為滿洲地區製粉業最大的部分，而滿洲本土資本雖然有擴充，但充其量是在替代當地外資的位置而已，所以在滿外資的經營問題也就成為關鍵，外資的轉變一方面提供滿洲本地新的投資機會，同時也

---

[46] 關於俄僑在哈爾濱的歷史，目前並沒有相關的資訊，見石方、劉爽、高凌：《哈爾濱俄僑史》（哈爾濱市：黑龍江人民出版社，2003 年）。

[47] 參見南滿洲鐵道株式會社庶務部調查課編：《滿洲に於ける製粉業》，頁 305；南滿洲鐵道株式會社庶務部調查課譯：《北滿洲と東支鉄道 下》（大連市：南滿洲鐵道株式會社庶務部調查課，1923 年），頁 29-30。

[48] 關於長江下游的部分，見 Kai Yiu Chan, "The Rice and Wheat Flour Market Economies in the Lower Yangzi, 1900-1936", in Billy K.L. So and Ramon H. Myers, *Treaty Port Economy in Modern China: Empirical Studies of Institutional Change and Economic Performance* (Berkeley, California: Institute of East Asian Studies, University of California, Berkeley, 2011), pp.75-95; the same author, "Transformation of the Grain Market in Modern Shanghai: A Comparative Study of the Rice and Flour Trade, 1900-1936", *East Asian Economic Review*（東アジア經濟研究：京都大學大學院經濟學研究科付屬上海センター研究年報）(Shanghai Center for Economic Research, Graduate School of Economics, Kyoto University), Vol.1, 2006 (March 2007), pp.111-135. 關於廣東的部分，見陳計堯：〈廣東糧食貿易及其經營（1900-1937）：米穀與麥粉〉，陳明錄、饒美蛟主編：《嶺南近代史論：廣東與粵港關係 1900-1938》（香港：商務印書館，2010 年），頁 221-238。

象徵中國其他地區的製粉業的轉變。

　　當然，在滿洲的俄商除了與其他在滿洲的其他國籍企業競爭之外，其他事務如資金的募集與融通、經營組織上的改進以及各部門之間的協調等，也影響到他們在當地經營製粉廠。不過，由於篇幅的關係與資料的限制，我們只好留待日後另文討論。

參考文獻

第一部分：中、日文書籍、論文與檔案

Β・阿瓦林著　北京對外貿易學院俄語教室教研室譯　《帝國主義在滿洲》　北京市　商務印書館　1980年

R. K. I・奎斯特德著　陳霞飛譯　《一八五七～一八六〇年俄國在遠東的擴張》　北京市　商務印書館　1979年

吳翎君　《美國大企業與近代中國的國際化》　臺北市　聯經出版事業公司　2012年

吳承明編　《帝國主義在舊中國的投資》　北京市　中國史學社　1956年

吳承洛　《今世中國實業通誌》　上下冊　上海市　商務印書館　1929年

安原美佐雄　《支那の工業と原料，第一卷，下》　上海市　上海日本人實業協會　1919年

安德魯・羅曼諾夫著　商務印書館翻譯組譯　《俄國的遠東政策 1881-1904》　北京市　商務印書館　1977年

郭予慶　《近代日本銀行在華金融活動──橫濱正金銀行（1894-1919）》　北京市　人民出版社　2007年

駒井德三　《滿洲大豆論》　札幌東北帝國大學農科大學內カメラ會　1912年

原田正義　《滿鐵》　東京都　岩波書店　1981年

孔經緯主編　《清代東北地區經濟史》　哈爾濱市　黑龍江人民出版社　1990年

高村直助　《近代日本綿業と中國》　東京都　東京大學出版會　1982年

坂本雁子　《財閥と帝國主義──三井物産と中國》　京都　ミネルヴァ書房　2003年

施復侯　〈三十年來之中國麵粉業〉茂新福新申新總公司編　《茂新福新申新總公司三十週紀念刊》　上海市　茂新福新申新總公司　1929年

　　　　無頁碼

上海市糧食局、上海市工商行政管理局、上海社會科學院經濟研究所經濟史
　　　　研究室編　《中國近代麵粉工業史》　北京市　中華書局　1987年

森時彦編著　《在華紡と中國社會》　京都府　京都大學學術出版會　2005年

神戶商工會議所編　《滿洲の大豆》　神戶市　神戶商工會議所　1943年

西川博史　《日本帝國主義と綿業》　京都府　ミネルヴァ書房　1987年

石井摩耶子　《近代中國とイギリス資本──19世紀後半のジャーデイン・
　　　　マセソン商會を中心に》　東京都　東京大學出版會　1998年

石方、劉爽、高凌　《哈爾濱俄僑史》　哈爾濱市　黑龍江人民出版社　2003
　　　　年

泉三義　《日本製粉業論》　東京都　泉三義　2004年

創立100周年記念誌編纂委員會事務局編　《日本製粉社史──近代製粉
　　　　120年の軌跡》　東京都　日本製粉株式會社　2001年

拓殖局　《大豆ニ關スル調查》　東京市　拓殖局　1911年

中島常雄編　〈製粉工業〉　中島常雄編　《現代日本產業發達史：18食品》
　　　　東京都　現代日本產業發達史研究會　1967年　頁1-88

中島常雄編　《現代日本產業發達史：18食品》　東京都　現代日本產業發達
　　　　史研究會　1967年

中國科學院經濟研究所、中央工商行政管理局資本主義經濟改造研究室編
　　　　《舊中國機製麵粉工業統計資料》　北京市　中華書局　1966年

陳計堯　〈近代滿洲地區米穀與麥粉貿易及其商業組織變遷（1864-約1930
　　　　年）〉《社會システム研究》　第30號　2015年3月　頁1-35

陳計堯　〈廣東糧食貿易及其經營（1900-1937）：米穀與麥粉〉　陳明銶、饒
　　　　美蛟主編　《嶺南近代史論：廣東與粵港關係1900-1938》　香港商
　　　　務印書館　2010年　頁221-238

陳計堯著、楊素霞譯　〈日本製粉業の対中國投資〉　富澤芳亞、久保亨、萩
　　　　原充編　《近代中國を生きた日系企業》　大阪府　大阪大學出版會
　　　　2011年　頁245-262

陳明銶、饒美蛟主編　《嶺南近代史論：廣東與粵港關係1900-1938》　香港
　　　　商務印書館　2010年

杜恂誠　《日本在舊中國的投資》　上海市　上海社會科學院出版社1986年

土方晉　《橫濱正金銀行》　東京都　教育社　1980年

東亞研究所編　《諸外國の對支投資──第一調查委員會報告書》　東京都
　　　　東亞研究所　1942-1943年

南滿洲鐵道株式會社庶務部調查課編　《滿洲に於ける製粉業》　大連市　滿
　　　　蒙文化協會　1924年

南滿洲鐵道株式會社庶務部調查課譯　《北満洲と東支鉄道・下 》　大連市
　　　　南滿洲鐵道株式會社庶務部調查課　1923年

日清製粉株式會社編　《日清製粉株式會社七十年史》　東京都　日清製粉株
　　　　式會社　1970年

日本製粉社史委員會編纂　《日本製粉株式会社七十年史》　東京都　日本製
　　　　粉株式會社　1968年

樋口弘　《日本の對支投資研究》　東京市　生活社　1939年

富澤芳亞、久保亨、萩原充編　《近代中國を生きた日系企業》　大阪府　大
　　　　阪大學出版會　2011年

本宮一男〈兩大戦間期における製粉業独占体制〉《社会経済史学》　第51
　　　　卷第3號　1985年　頁29-58

茂新福新申新總公司編　《茂新福新申新總公司三十週紀念刊》　上海市　茂
　　　　新福新申新總公司　1929年

雷慧兒　《東北的豆貨貿易（一九〇七～一九三一年）》　臺北市　臺灣師範大
　　　　學歷史研究所　1981年

劉祖熙　《改革和革命──俄國現代化研究（1861-1917）》　北京市　北京大
　　　　學出版社　2001年

鈴木邦夫編著　《滿洲企業史研究》　東京都　日本經濟評論社　2007年

哈爾濱市工商聯合會　《哈爾濱製粉業史料》　上海市　社會科學院經濟研究
　　　　所中國企業史資料研究中心所藏「企業史、行業史資料」　第19卷

滿洲特產中央會 《歐洲に於ける滿洲大豆其の他の取引事情》 新京市 滿
　　洲特產中央會 1936年
滿洲輸入組合聯合會商業研究部 《滿洲に於ける小麥粉》 大連市 滿洲輸
　　入組合聯合會商業研究部 1937年
滿鐵調查課 《 洲政治經濟事情・昭和四年》 大連市 南滿洲鐵道株式會
　　社 1930年
橫濱正金銀行調查課 《哈爾賓を中心としたる北滿洲特產物》 哈爾濱市
　　橫濱正金銀行調查課 1931年

第二部分：英文書籍、論文

Abe, Takeshi, "The Chinese Market for Japanese Cotton Textile Goods, 1914-
　　30" in Kaoru Sugihara, ed., *Japan, China, and the Growth of the Asian
　　International Economy, 1850-1949* (Oxford: Oxford University Press,
　　2005), pp.73-100.

Blake, Robert, *Jardine Matheson: Traders of the Far East* (London: Weidenfeld &
　　Nicolson, 1999).

Brodie, Patrick, *Crescent Over Cathay: China and ICI, 1898 to 1956* (Hong Kong:
　　Oxford University Press, 1990).

Chan, Kai Yiu, "The Rice and Wheat Flour Market Economies in the Lower
　　Yangzi, 1900-1936", in Billy K.L. So and Ramon H. Myers, *Treaty
　　Port Economy in Modern China: Empirical Studies of Institutional
　　Change and Economic Performance* (Berkeley, California: Institute of
　　East Asian Studies, University of California, Berkeley, 2011), pp.75-95.

Chan, Kai Yiu, "Transformation of the Grain Market in Modern Shanghai: A
　　Comparative Study of the Rice and Flour Trade, 1900-1936", *East
　　Asian Economic Review*（東アジア經濟研究：京都大學大學院
　　經濟學研究科付屬上海センター研究年報）(Shanghai Center for

Economic Research, Graduate School of Economics, Kyoto University), Vol.1, 2006 (March 2007), pp.111-135.

Chinese Eastern Railway Printing Office, *North Manchuria and the Chinese Eastern Railway* (Harbin: Chinese Eastern Railway Printing Office, 1924).

Cochran, Sherman, "Commercial Penetration and Economic Imperialism in China: An American Cigarette Company's Entrance into the Market", in Ernest R. May and John K. Fairbank eds., *America's China Trade in Historical Perspective: The Chinese and American Performance*, pp.151-203.

Cochran, Sherman, "Japan's Capture of China's Market for Imported Cotton Textiles Before World War I: The Role of Mitsui Trading Company", in The Institute of Economics, Academia Sinica, comp., *The Second Conference on Modern Chinese Economic History, January 5-7, 1989* (III) (Taipei: The Institute of Economics, Academia Sinica, 1989), pp.809-841.

Cochran, Sherman, "Losing Money Abroad: The Swedish Match Company in China during the 1930s", in *Business and Economic History, Second Series*, Vol. 16 (1987), pp. 83-91.

Cochran, Sherman, "Three Roads into Shanghai's Market: Japanese, Western and Chinese Companies in the Match Trade, 1895-1937", in Frederic Wakeman, Jr. & Wen-hsin Yeh, eds., *Shanghai Sojourners* (China Research Monograph, No.40)(Berkeley, California: Center for Chinese Studies, Institute of East Asian Studies, University of California, Berkeley, 1992), pp.35-75.

Cochran, Sherman, *Big Business in China: Sino-foreign Rivalry in the Cigarette Industry, 1890-1939* (Cambridge, Mass.: Harvard University Press, 1980).

Cochran, Sherman, *Encountering Chinese Networks: Western, Japanese and*

Chinese Corporations in China, 1880-1937 (Berkeley: University of California Press, 2000).

Cook, Christopher, The Lion and the Dragon: British Voices from the China Coast (London: Elm Tree Books, 1985).

Cox, Howard, The Global Cigarette: Origins and Evolution of British American Tobacco, 1880-1945 (Oxford: Oxford University Press, 2000).

Duus, Peter, "Zaikabō: Japanese Cotton Mills in China, 1895-1937" , in Peter Duus, Ramon H. Myers, and Mark R. Peattie, eds., The Japanese Informal Empire in China, 1895-1937 (Princeton, N.J.: Princeton University Press, 1989), pp.65-100.

Duus, Peter, Ramon H. Myers, and Mark R. Peattie, eds., The Japanese Informal Empire in China, 1895-1937 (Princeton, N.J.: Princeton University Press, 1989).

Feuerwerker, Albert, The Foreign Establishment in China in the Early Twentieth Century (Michigan Papers in Chinese Studies, No.29)(Ann Arbor: Center for Chinese Studies, the University of Michigan, 1976).

Guroff, Gregory and Fred V. Carstensen, eds., Entrepreneurship in Imperial Russia and the Soviet Union (Princeton, N.J.: Princeton University Press, 1983).

Habakkuk, H. J. and M. Postan, eds., The Cambridge Economic History of Europe, Volume VI: The Industrial Revolutions and After: Incomes, Population and Technological Change (II) (Cambridge: Cambridge University Press, 1966).

Hou, Chi-ming, Foreign Investment and Economic Development in China, 1840-1937 (Cambridge, Mass.: Harvard University Press, 1965).

Inspectorate General of the Chinese Maritime Customs, Returns of Trade at the Treaty Ports in China for the Year, 1912-1931 (Shanghai: Inspectorate General of the Chinese Maritime Customs, 1913-1932), Manchurian

Ports.

Jao, Y. C. & Frank H. H. King, *Money in Hong Kong: Historical Perspective and Contemporary Analysis* (Hong Kong: Centre of Asian Studies, University of Hong Kong, 1990).

Jardine, Matheson & Company, *Jardine, Matheson & Company, An Historical Sketch; Being an Account to Show the Circumstances in which the Company Came into Being and How it was Consolidated Over the Last Century* (Hong Kong: Jardine, Matheson & Company, 1960).

Jones, Geoffrey, *British Multinational Banking, 1830-1990* (Oxford: Clarendon Press, 1993).

Jones, Stephanie, *Two Centuries of Overseas Trading: The Origins and Growth of the Inchcape* Group (London: Macmillan, 1986).

Kahan, Arcadius, "Notes on Jewish Entrepreneurship in Tsarist Russia", in Gregory Guroff and Fred V. Carstensen, eds., *Entrepreneurship in Imperial Russia and the Soviet* Union (Princeton, N.J.: Princeton University Press, 1983), pp.104-124.

King, Frank H. H., ed., *Eastern Banking: Essays in the History of the Hongkong and Shanghai Banking Corporation* (London: Athlone Press, 1983).

King, Frank H. H., et al., *The Hongkong Bank in Late Imperial China, 1864-1902: On an Even Keel* (Cambridge: Cambridge University Press, 1987).

King, Frank H. H., *The Hongkong Bank in the Period of Development and Nationalism, 1941-1984: From Regional Bank to Multinational Group* (Cambridge: Cambridge University Press, 1991).

King, Frank H. H., with Catherine E. King and David J. S. King, *The Hongkong Bank Between the Wars and The Bank Interned, 1919-1945: Return from Grandeur* (Cambridge: Cambridge University Press, 1988).

King, Frank H. H., with David J. S. King and Catherine E. King, *The Hongkong Bank in the Period of Imperialism and War, 1895-1918: Wayfoong, The*

Focus of Wealth (Cambridge: Cambridge University Press, 1988).

MacKenzie, Compton, *Realms of Silver: One Hundred Years of Banking in the East* (London: Routledge & Kegan Paul, 1954).

May, Ernest R and J. K. Fairbank, eds., *America's China Trade in Historical Perspective: the Chinese and American Performance*, (Cambridge, Mass.: The Committee on American-East Asian Relations of the Department of History in collaboration with the Council on East Asian Studies, Harvard University, 1986).

Myers, Ramon H., "Japanese Imperialism in Manchuria: The South Manchuria Railway Company, 1906-1933", in Peter Duus, Ramon H. Myers, and Mark R. Peattie, eds., *The Japanese Informal Empire in China, 1895-1937* (Princeton, N. J.: Princeton University Press, 1989), pp. 101-132.

North, Douglass, "Industrialization in the United States", in H. J. Habakkuk and M. Postan, eds., *The Cambridge Economic History of Europe, Volume VI: The Industrial Revolutions and After: Incomes, Population and Technological Change (II)* (Cambridge: Cambridge University Press, 1966), pp.673-705.

Osterhammel, J., "British Business in China, 1860s-1950s", in R.P.T. Davenport-Hines and G. Jones, eds., *British Business in Asia since 1860* (Cambridge: Cambridge University Press, 1989), pp.189-216.

Portal, Roger, "The Industrialization of Russia", in H. J. Habakkuk and M. Postan, eds., *The Cambridge Economic History of Europe, Volume VI: The Industrial Revolutions and After: Incomes, Population and Technological Change (II)* (Cambridge: Cambridge University Press, 1966), pp.801-872.

Putten, Frans-Paul van der, *Corporate Behaviour and Political Risk: Dutch Companies in China, 1903-1941* (Leiden: Research School of Asian, African and Amerindian Studies, Leiden University, 2001).

Remer, C. F., *Foreign Investments in China* (New York: Macmillan, 1933).

Rosner, Charles, W*ayfoong: The Hong Kong and Shanghai Banking Corporation: A Study of East Asia's Transformation, Political, Financial and Economic, During the Last Hundred Years* (London: Faber, 1965).

Shaw, Norman, *The Soya Bean of Manchuria* (China Imperial Maritime Customs Special Series, No. 31) (Shanghai: Statistical Department of the Inspectorate General of Customs, 1911).

So, Billy K. L. and Ramon H. Myers, *Treaty Port Economy in Modern China: Empirical Studies of Institutional Change and Economic Performance* (Berkeley, California: Institute of East Asian Studies, University of California, Berkeley, 2011).

Starr, Peter *Citibank: A Century in Asia* (Singapore: Editions Didier Millet, 2002).

The Institute of Economics, Academia Sinica, comp., *The Second Conference on Modern Chinese Economic History, January 5-7, 1989* (Taipei: The Institute of Economics, Academia Sinica, 1989), 3 vols.

Unknown author, *Butterfield & Swire, 1867-1957: A Short History Reprinted from the Blue Funnel Bulletin of January 1957* (S. l.: s. n., 1957).

Wakeman, Frederic, Jr. & Wen-hsin Yeh, eds., *Shanghai Sojourners* (China Research Monograph, No.40)(Berkeley, California: Center for Chinese Studies, Institute of East Asian Studies, University of California, Berkeley, 1992).

Wilkins, M., "The Impacts of American Multinational Enterprise on American-Chinese Economic Relations, 1786-1949", in Ernest R May and J.K. Fairbank, eds., *America's China Trade in Historical Perspective: the Chinese and American* Performance, (Cambridge, Mass.: The Committee on American-East Asian Relations of the Department of History in collaboration with the Council on East Asian Studies, Harvard University, 1986), pp.259-292.

Yoshihisa, Matsusaka, *Japanese Imperialism and the South Manchurian Railway Company,* 1904-1914 (Ann Arbor, Michigan: U.M.I. Dissertation Service, 1993).

Zhang Zhongli, "The Development of Foreign Enterprises in Old China and Its Characteristics — The Case of the British-American Tobacco Company", in Editorial Board of SASS PAPERS of Shanghai Academy of Social Sciences, ed., *SASS Papers* (Shanghai: The Publishing House of Shanghai Academy of Social Sciences, 1986), pp.132-172.

論民國時期浙江嘉興地區輪船航路網[*]

松浦章[**]

一　緒言

　　正如「南船北馬」所言，中國的江南地區自古以來水路網發達，用船走水路要比走陸路更加方便。因此人們一直以來多利用木造帆船，十九世紀末，隨著近代輪船即蒸汽船的出現，情況有所變化，成立了許多輪船公司。[1]

　　特別是關於中國內河的輪船航運，在日本領事報告中的〈運河的小蒸汽運漕業〉中如實記載如下：

> 根據光緒二十四年、即明治三十一年的內河章程，在運河開設小蒸汽船的航行後，持有英美國籍及清國的招商局的小型輪船等在運河投入運營歷經七年，到了今年，之前加入美國籍的戴生昌轉為本邦（日本）國籍，此成為本邦加入運營運河航運的嚆矢，之後大東汽船公司也從初夏開始經營此段航路。[2]

---

　[*] 本文譯者：許曉，浙江工商大學日本語言文化學院二〇一三級翻譯碩士；校閱：孔穎，浙江工商大學日本語言文化學院副教授。

[**] 松浦章（MATSUURA, Akira 1947-），關西大學文學部教授。

[1] 參照松浦章：《近代日本中國台灣航路の研究》（大阪府：清文堂出版，2005年），頁3-7。

[2] 〈鎮江清江浦間運河狀況〉（明治38年10月30日附在上海帝國領事館報告），《通商彙纂》明治38年第71號（1905年），頁32。

即光緒二十四年（1898），清朝允許小型蒸汽船在運河等內陸河川航行。最初開始運營航運業的是英國籍與美國籍的航運業者，與此同時，清朝的輪船招商局也開始了小型蒸汽船的航運。之後，戴生昌及日本的大東汽船也實行了同一經營計畫。於是，輪船招商局及戴生昌與大東汽船在內河輪船航運上展開了激烈競爭。[3]

最細緻地記載了從清末到中華人民共和國成立前為止的有關中國輪船航運業的情況的著作，可謂是樊百川的《中國輪船航運業的興起》一書[4]。樊百川從清代的帆船航運開始，詳細論述了外國輪船進入中國及之後中國各地輪船航運業的興起，以及招商局輪船的創設與中國內河的中小輪船航運業的抬頭與興亡等。但中國國土遼闊，仍然留有許多需要論證的問題。

因此本稿試以浙江省的嘉興地區為中心，考察江南地區水運發達的太湖南部地區的江蘇省及鄰接浙江省的水路網的輪船航運情況。

圖一　輪船招商總局舊址（上海外灘，攝於2009年9月22日）

二　清末輪船航運業的振興

在上海發行的報紙《滬報》第六十六號（光緒八年六月十九日，1882年

---

[3] 松浦章：〈清末大東汽船会社の江南内河就航について〉，《関西大学東西学術研究所紀要》第24輯（1991年3月），頁1-38。松浦章：《近代日本中国台湾航路の研究》，頁169-220。

[4] 樊百川：《中國輪船航運業的興起》（成都市：四川人民出版社，1985年）。

8月2日）上登載有一則題為〈論內河輪船有利無害〉的報導：

> ……如試辦內河輪船一事，固有利而未嘗有害也。……內河民船就江
> 蘇而論，不下數萬船戶水手，皆倚以生。今輪船，初雖搭客不裝貨，
> 後必裝載貨物，人皆貪其便，若各省行之，不奪數十萬民船之利，而
> 絕數百萬船戶水手之命乎。曰輪船之設，不欲與民船爭利也。……向
> 應江南鄉試，專坐民船，近年既有商輪，又有官輪，然乘輪船者，十
> 不過六七，仍有三四成雇用民船，即民船減去六七成雇戶。

即在江蘇省內的內陸河川，從事民船航行的船上勞動者——「水手」之數不
下數萬，他們皆以民船航行為生。但是，新出現的輪船成了民船的巨大競爭
對手。相對於民船，輪船更大且速度穩定，用輪船運輸貨物，不與旅客同時
搭載，非常便利，深受歡迎。這也意味著以民船航行為生的水手們的生業被
奪去。因此輪船數量增加、與民船進行競爭一事並不受人歡迎。而且考科舉
的考生以前皆搭乘民船趕考，但在一八八二年左右，有人開始搭乘在內河航
行的商業性輪船或官營輪船，利用輪船的人達到了六、七成。

在同一天的《滬報》第六十六號上還登載有一則題為〈西報論內河輪
船〉的報導：

> 上海華商，擬辦內河輪船一事，……查蘇州至滬，民船須四五日不
> 等，風苟不順，尚不止此數。苟用小輪船，則不過一日夜耳。此類齊
> 觀其利否，不待辨而自明矣。

由上可知，利用水路交通從蘇州去往上海，如果順風順水，民船四、五天便
可到達；如果逆風逆水，則需要更多的天數。但是搭乘小型輪船的話，一晝
夜便可到達。輪船的省時性和準時性正逐漸被廣泛認識。

到了十九世紀八〇年代，清朝的地方官吏也認識到輪船航運活動的價
值。安徽巡撫陳彝在光緒十四年（1886）三月二十五日的奏摺中這樣寫道：

> 查古今轉輸之法，用船最便，用車次之，用馬又次之，用人最拙，船

最小者，裝載猶以百十石計，車則至重不過二三千斤，騾馬馱載較車
行似速，而一騎所負不過百餘斤，人之所負，又僅及馬之半，此其大
較也。……江南、江西、廣東三省考官，悉由輪船行走其間，或用海
輪，或用江輪，或用內河輪船，分別酌定，一轉移間，實與疲氓大有
裨益。[5]

即在運輸的便利程度上，船運要勝過陸路的車、馬、人力等。即使是最小的
船也可以運輸一一〇石（約六點六噸）的貨物。而陸路的車最多不過裝載
二千至三千斤（約一點二至一點八噸）的貨物而已；一匹馬最多可運輸一百
斤（約六十公斤）的貨物。而人力可運輸的重量僅有馬的一半。因此，如果
在這些地區允許輪船通航的話，不僅可以給人們帶來很大的裨益，其所帶來
的經濟效果也是非常巨大的。

清末，輪船的便利性廣為人知以後，許多商輪公司、輪船業者如雨後春
筍般在各地水路網興起。明治四十年（光緒三十三年，1907）四月出版的
《支那經濟全書》中記載了當時的情況，如下：

上海、蘇州、杭州的輪船航行經營始於十七年前。之後，汽船公司
相繼興起。輪船公司間相互競爭，興廢無常，短則三個月，長則不過
三年即面臨倒閉。尤其是上海、蘇州間的航路以乘客為主，往來頗為
頻繁，且距離較近，因此小資本公司較多。而上海、杭州間的航路與
之相反，距離較遠，運輸主體與乘客相比多以貨物為主，因此相對有
實力的公司較多。[6]

即在十九世紀九〇年代（光緒十六年以後），連接江南的上海、蘇州、杭州
之間水路的輪船航運業興起，相繼創立了許多公司。尤其提到上海、蘇州之
間以乘客為運送對象的輪船公司多為小資本公司，因此許多公司在短期內便

---

[5] 《宮中檔光緒朝奏摺》，第3輯（臺北市：國立故宮博物院，1973年），頁749。

[6] 《支那經濟全書》，第3輯（東京市：東亞同文會，1907年），第三編水運，（乙）汽船
業，第五章〈蘇杭滬及蘇鎮航路〉，頁395。

遭遇停業，最長也不過堅持三年便即倒閉。

　　有關江南地區輪船公司林立的例子，根據清朝郵傳部的《郵傳部第一次統計表》光緒三十三年（1907）整理如下表一：

表一　光緒三十三年（1907）兩江商輪公司

公司名	航線	經營者	開業年月	所在地	船數	第三次
利　濟	江寧—鎮江	華商	光緒30年（1904）	上海	2	兩江
陸炳記	江寧—揚州	華商	光緒32年（1906）	上海	4	
升　記	江寧—蕪湖	華商	光緒32年（1906）	上海	3	
阜　陵	江寧—揚州	華商	光緒29年（1903）	上海	3	
慶東生	江寧—蕪湖	華商	光緒32年（1906）	上海	1	
江　安	江寧—蕪湖	華商	光緒33年（1907）	上海	1	
通　昌	江寧—六合	華商	光緒33年（1907）	上海	1	
美　利	江寧—揚州	華商	光緒33年（1907）	上海	1	
江　昌	江寧—蕪湖	華商	光緒33年（1907）	上海	1	
鑫森記	江寧—蕪湖	華商	光緒33年（1907）	上海	1	
公　泰	蕪湖—廬州—江寧	華商		蕪湖	4	
江　匯	蕪湖—廬州	華商		蕪湖	1	
泰　昌	蕪湖—安慶	華商		蕪湖	3	兩江、安徽
森　記	蕪湖—廬州—江寧	華商		蕪湖	3	
江　淮	蕪湖—廬州	華商		蕪湖	1	
源　豐	蕪湖—安慶	華商		蕪湖	2	兩江、安徽
普　濟	蕪湖—江寧	華商		蕪湖	1	
蕪廬航路	蕪湖—廬州	華商		蕪湖	2	
晋　新	蕪湖—寧國	華商		蕪湖	1	
久　源	蕪湖—江寧	華商		蕪湖	1	

江　安	蕪湖─江寧	華商		蕪湖	1	
普　安	蕪湖─江寧	華商		蕪湖	1	
未立名	蕪湖─廬州	華商		蕪湖	1	
無　名	蕪湖─巢縣	華商		蕪湖	1	
福　康	南昌─湖口─九江─饒州─吉安等處	華商	光緒32年（1906）6月	南昌	5	江西
道　生		華商	光緒32年（1906）8月	南昌	7	江西
祥　昌	南昌─九江	華商	光緒32年（1906）	南昌	4	江西
見　義	南昌─湖口─九江等處	華商	光緒33年（1907）3月	南昌	1	江西

備註：來源於《郵傳部統計表第一次》，光緒三十三年（1907）。上表中的「第三次」錄入的是宣統元年（1909）《郵傳部統計表第三次》上登載的商輪欄。

關於這些在江南內陸河川航行的輪船，日本方面光緒二十四年（明治三十一，1898）的領事報告──〈國內外商民在清國內河的小蒸汽船行駛許可一事〉中記載了「獲得執照、登記名號」的規定：

──自今日起，允許國內外各種蒸汽船在各省開設通商市場的各個內河港口自由進行往來貿易。

──非海洋航行的國內外各種蒸汽船或行駛在港內、或往來於內河的輪船，除了根據各自國家之規定領取的執照外，還需呈報稅務司，獲得執照。在執照上需填寫所有人的姓名、族籍及船名、船型和水手人員等。且該執照需每年更換一次。若發生所有人變更或停止貿易業的情況，需將該執照返還。第一次領取執照時需支付手續費海關銀十兩，每年更換時需交納二兩。

──此類小蒸汽船在海內行駛時，每次不必呈報海關。如若要進入內河，需在出港回港時呈報海關。且沒有執照的船隻一律不得進入內

河。

　—所有此類小蒸汽船必須掛起燈火，以防發生衝撞事故。水手的雇傭
　　和替換以及蒸汽機的檢查等需遵守各港口以往的規則。[7]

即清政府許可對外開放的通商港口與通商港口之間的輪船航路的運營。
經營航運時需獲得執照，且為便於管理，對執照的細節也有規定。在執照上
需開列營業者、船名、船型、船員人數等。雖然輪船航運基本上被限定於內
河水路，但如需在海路航行時，必須向海關申報。並且夜間航行時，船隻有
義務點亮燈火。

此後不久，該章程即被修正。在〈內外商民在清國各省內河的小蒸汽船
行駛章程修正一事〉中，第一條被修改如下：

　—自今日起，在清國內港（即內河港口），凡是在各通商口岸登記在
　　冊的各種國內外小蒸汽船在遵從以下規定的基礎上，允許其自由往
　　來，專門從事內河港口貿易。但不能超越清國邊界去往他處。內港
　　二字與煙臺條約第四條中的「內地」是同一含義。[8]

在之前的規定中，開港的只有通商市場，而修改後，國內外的小蒸汽船在通
商市場的基礎上，還可以在幾乎所有的內河港口靠岸和離岸。第二項及之後
的規定雖變動了若干字句，但含義幾乎與修改前相同，故在此省略不提。

另外，關於水路網發達的江南地區的內河輪船的情況，在登載日本領事
報告的《通商彙纂》第二五〇號明治三十五年（光緒二十八年，1902）十二
月六日的在上海帝國總領事館的報告——〈清國江蘇浙江內河輪船航路狀況
及招商局內河輪船公司設立的始末〉中記載詳細，詳情如下：

　　上海、蘇州、杭州的內河輪船航運經營始於距今十四年前，之後輪船

---

[7] 〈清國內河二內外商民ノ小汽船駛行許可ノ件〉（明治31年6月11日付在清國公使館報
　　告），《通商彙纂》明治31年第105號（1898年）。

[8] 〈清國各省內河二內外商民ノ小汽船駛行章程改正ノ件〉（明治31年7月29日付在清
　　國公使館報告），《通商彙纂》明治31年第110號（1898年）。

公司興起，相互競爭，興廢無常，短則三個月，長則不過三年即面臨倒閉。尤其是上海、蘇州間的航路以乘客為主，往來頗為頻繁，且距離較近，因此小資本公司較多。而上海、杭州間的航路與之相反，距離較遠，運輸主體與乘客相比多以貨物為主，因此相對有實力的公司較多。下面列舉曾出現過的公司名稱：同茂、興隆恒、邵順記、芝人富、人和、祥存、瑞生、吳楚記、高源祐、日新昌等。根據今年（明治三五）八月的調查，當時在上、蘇、杭三地間及其附近地區經營航運事業的輪船公司共計九家，公司名、資本、開始年月及航路的概要列舉如下。[9]

由上可知，從一八八八年（光緒十四年，明治二十一年）前後開始，在江南三角洲特別是在上海、蘇州、杭州間的內河相繼創設的經營內河航運的輪船公司有同茂、興隆恒、邵順記、芝人富、人和、祥存、瑞生、吳楚記、高源祐、日新昌等，這些公司興廢無常。將活躍於明治三十五年（光緒二十八年，1902）的輪船公司的規模整理為表2，具體如下：

表二　清國江蘇、浙江內河航行輪船公司船舶數表

輪船公司名		輪船			客船	
國籍	公司名	總船數	總噸數(t)	總馬力	總船數	總噸數(t)
日本	大東汽船株式會社	15艘〔5艘〕	191.32	299馬力	12艘	320.16（10艘）
清國	戴生昌輪船公司	25艘〔6艘〕	404.00（21艘）	406馬力（24艘）	7艘	194.00（6艘）
清國	利用輪船公司	11艘〔8艘〕	103.00（6艘）	111馬力（6艘）	3艘	94.00（3艘）
清國	泰昌輪船公司	2艘	26.00	35馬力		
清國	舛和輪船公司	2艘	25.00	29馬力		
清國	萃順昌輪船公司	2艘	30.00	32馬力		

---

[9] 《通商彙纂》第250號（1903年1月29日），頁40。

外國	老公茂輪船公司	3艘	81.00	73馬力		
清國	華勝輪船公司	3艘	58.00		2艘	48.00
清國	申昌輪船公司	2艘				
清國	豐和輪船公司	6艘			1艘	

備註：〔 〕內的船數是借入船隻

圖二　上海、杭州、蘇州間各航路略圖

資料來源：《通商匯纂》，明治35年（1902）1月10日發行第206號

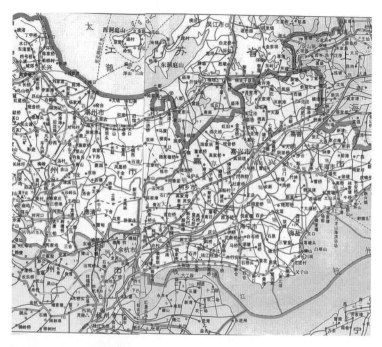

圖三　嘉興、湖州地區圖

資料來源：《滬寧杭地區實用地圖冊》（上海市：中華地圖學社，2000年1月），
頁71-72

三　以浙江省烏鎮為中心的輪船網

　　作為瞭解民國初期江南地區輪船網情況的資料，有記錄烏青鎮歷史的地
方志。烏青鎮位於浙江省北部，與江蘇省相接。從民國二十五年（1936）的
《烏青鎮志》卷二十一的〈輪船一覽表〉、〈快船一覽表〉、〈航船一覽表〉[10]中
可見當時江南航運的情況。在該書關於航運的起始部分中有如下記載：

　　　　航業　市集之繁盛，全恃交通之便利。吾鎮雖無鐵道公路之通達，但

---

[10] 三表各見《中國地方志集成·鄉鎮志專輯》（上海市：上海書店，1992年），第23
　　冊，頁594、594-595、595。

輪舟往來，快班船、舊式航船，逐日來往各埠。 經過者各有數起交通，亦屬便利，列航業各表如下。[11]

由此可知，在二十世紀三〇年代，位於太湖南部的烏青鎮的交通依賴於輪船的往來及舊式帆船的往來。

依據該書〈輪船一覽表〉，關於局名、航線、班期記載如下：

局名	航線	班期
招商局	菱湖、雙林、烏鎮、盛澤、平望、上海	每日一次
源通局	上海、平望、盛澤、烏鎮、雙林、菱湖	每日一次
通源局	嘉興、陶荳、濮院、桐鄉、爐頭、烏鎮、雙林、袁家匯、湖州每日來往一次	
通源局	雙林、烏鎮、爐頭、桐鄉、濮院、陶荳、嘉興	每日來往一次
王清記局	烏鎮、宗揚廟、石灣、石門、長安	每日來往一次
公大局	烏鎮、槤市、善練、石塚、袁家匯、湖州	每日來往一次
鴻大局	南潯、烏鎮、爐頭、桐鄉、屠甸鎮、硤石	每日來往一次
翔安局	德清、新市、槤市、烏鎮、嘉興	每日來往一次
寧新局	菱湖、雙林、南潯、震澤、嚴墓、烏鎮	每日來往一次

〈快船一覽表〉中還有如下記載：

船別	經由地點	班次
王店船	濮院	每日一次
湖州船	馬腰橫街	同上
震澤船	嚴墓	同上
湖州船	雙林、槤市	同上
嘉興船	新塍、槤市	同上
塘棲船	新市、槤市	同上
南潯船	烏鎮、爐頭、桐鄉、屠甸鎮、硤石	一來一往
長安船	南潯、烏鎮、爐頭、石灣、崇德	每日來往

---

[11] 《中國地方志集成・鄉鎮志專輯》，第23冊，頁594。

桐鄉船	爐頭	同上
崇德船	石灣	同上
硤石船	烏鎮、爐頭、桐鄉、屠甸鎮	隔日一次
善練船	梿市	每日一次
濮院船	石穀廟	同上
湖州瀨	馬腰橫街	每日一次

在〈航船一覽表〉中還記載有以下目的地：

船別	班期	船別	班期
上海船	十日一班	湖州船	同上
上海船	同上	梿市船	同上
蘇州船	七日一班	桐鄉船	同上
震澤船	每日一班	新市船	隔日一班
硤石船	同上	崇德船	同上
雙林船	同上	杭州船	四日一班
南潯船	同上	海寧船	每日一班
嘉興船	隔日一班	新塍船	同上
南潯船	每日一班	盛澤船	隔日一班

另外，關於位於烏青鎮以西、以大運河城市聞名的嘉興與其治下的平湖之間的水路網可見於《嘉興新志》上編。特別是以平湖為中心的水路網如下所示：

> 嘉興至平湖有航船二，逐日來回。
> 平湖至鐘埭航船一，逐日來回。
> 嘉善至平湖快班船，逐日來回。
> 平湖至楓涇快班船，逐日來回。
> 大通橋至平湖快班船，逐日來回。
> 徐婆寺至平湖快班船，逐日來回。
> 蘇州至平湖定班貨運航船一。

上海至平湖定班貨運航船一。[12]

將上述以烏青鎮與平湖為中心的水路網繪製成圖，可得圖一的〈杭嘉湖地區內河主要航路略圖〉。

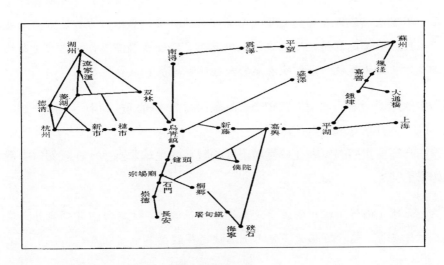

圖四　杭嘉湖地區內河主要航路略圖

備註：本圖主要參考民國《烏青鎮志》、《嘉興新志》的記錄及《全國交通營運線路里程示意圖（第二版）》（北京市：人民交通出版社，1983年）第三部分水運製成。

南潯與烏青鎮往來頻繁，其原因與南潯經濟富裕有關。明治三十八年（1905）的日本領事報告中有如下記載：

南潯位於江蘇浙江兩省交界，瀕臨太湖，市鎮左右跨與湖州府城相通的河道及通往烏鎮的運河的交匯處，船舶輻湊，商賈極其殷繁。此地素來為一市鎮，戶數僅五千餘戶，人口約兩萬有餘，但富豪巨團之

---

[12] 見浙江省社會科學院歷史研究所、浙江省社會科學院經濟研究所、嘉興市圖書館編：《嘉興府城鎮經濟史料類纂》（出版地、出版者不詳，1985年），頁277。

多，附近幾乎無地能及。如被稱為五大戶的龐、劉、張、邱及金氏就各有五六百萬元的資產，此外擁有百萬元資產者亦不在少數。其中，龐氏曾以自資投資建設日英學館，還設立了滋惠醫院，延聘本國女醫及助手一名。院內設備，除上海附近的二、三處醫院外，其他醫院遠不能及。最近又有創立洋式制絲公司的計畫，專心致力於地方的改良與振興。現寓居此地的本邦人中有兩名婦女在醫院工作，非常受到地方官紳的尊敬，來醫院看病的人也逐漸增多。

報告中敘述了南潯的地理位置和市鎮的經濟背景，特別提到南潯有龐、劉、張、邱、金五家當地代表性富豪。[13]

南潯經濟富裕的原因在於當地出產的豐富的生絲類產品。在該報告中還有如下記載：

此地（南潯）輸出的主要是大經絲、花經絲、生絲等，專門與外商進行交易，這些貨物大多經由上海被送往歐美各地。[14]

由此可知，南潯大量出產高品質的生絲類產品，且產品不只在中國國內，還出口到全世界。

關於南潯的經濟情況，在明治三十四年（1901）十一月二日的在杭州帝國領事報告──〈清國杭州南潯間航路視察覆命書〉中有如下記載：

南潯的主要產物是絲，一年的產量在二、三千包之間，絲的種類有細絲和粗絲，細絲大約七成，粗絲大約三成。細絲即花經絲，送往上海、香港及英商年嘩剌洋行。粗絲轉運至震澤及湖州，該地的絲質與菱湖、湖州產出的相比較為優良，適合做湖縐的原料。其價格與其他相比亦較貴，湖州的絲為每百兩三十四元，而南潯的絲為四十元。其

---

13 〈蘇州鎮江並杭州開ノ航路〉（明治38年2月22日附在蘇州帝国領事館報告），《通商彙纂》明治38年第16號（1905年），頁36。

14 〈蘇州鎮江並杭州開ノ航路〉，《通商彙纂》明治38年第16號（1905年），頁36。

原因大概在於太湖附近的水質優良。南潯的主要絲行如下：協大、震昌、瑞記、裕豐、祥源，包裝控制在八十斤至一百二十斤之間。送往上海後，大經絲送往法國，花經絲送往美國，生絲送往英國和法國。當地絲行設一個董事，由閔次顏擔任。雖說如此，但基本上還是在湖州絲業董事的管理之下。往上海運送的有一家被稱為絲裝船的船埠。有十餘艘船，承包一切業務，每艘船內外共可裝載一百包左右，如果順風，三日左右便可到達，歸途再搭載銀貨而回。[15]

即南潯的產物中最重要的是生絲。其中細絲佔百分之七十，粗絲佔百分之三十。細絲又稱花經絲，由在上海或香港的英國商人出口。另外，粗絲主要運往震澤和湖州，南潯生絲的絲質遠勝於菱湖和湖州出產的生絲的絲質。

湖州與南潯相同，也是出產高品質生絲之地：

湖州府距南潯約三十六哩，位於浙江省最北部，以江浙兩省的製絲中心著稱，人口約十萬有餘，商業極其繁盛，絲行鱗次櫛比，專門從事蠶絲經營。生絲每年的產量大約為五百包，多運往上海；另外，以粗絲織就的縮緬每年的產量約為十五、六萬匹，所謂湖縐即為此物。該區域地形稍低，如遇大雨，即遭水害，若逢旱災，則河水枯竭，行舟不便。[16]

由此可知，湖州自古以來也作為生產高品質生絲之地而聞名。

這裡提到船舶作為聯繫江南水鄉城市的重要交通工具而被廣泛利用。至清末以後，輪船迅速登場，不論是速度還是運輸量都優於以往的民船，輪船逐漸處於優勢地位。

---

15 〈清國杭州南潯間航路視察復命書〉（明治34年〔1901〕11月2日付的在杭州帝国領事報告），《通商彙纂》明治35年第206號，頁115-116。

16 〈蘇州鎮江並杭州開ノ航路〉，《通商彙纂》明治38年（1905）第16號，頁36-37。

四　以嘉興地區為中心的輪船網

下面以水路網路發達的大運河城市——嘉興為中心探討民國時期的輪船航路網。關於嘉興的經濟、地理情況，有登載於《通商彙纂》第一八五號的在杭州帝國領事館的報告，即明治三十三年（光緒二十六，1900）十月二十四日及十一月八日的〈清國浙江省嘉興〉。十月二十四日的報告如下：

> 嘉興位於浙江省中東部，與湖州相鄰，土地豐穰，民力富裕。古代秦時隸屬會稽，吳時稱為嘉禾，隋時屬於蘇州，及唐朝屬於杭州，五代時稱為秀州。宋朝再次更名為嘉禾，及元朝成為嘉興路，明朝始稱嘉興府，一直至今。府下有七縣。即嘉興、秀水、嘉善（位於嘉興府東北三十九里）、海鹽（東南六十八里）、石門（西南八十三里）、平湖（東南六十里）、桐鄉（西南四十八里）。[17]

由上可知，嘉興位於浙江省東部，自古以來以土壤肥沃而聞名。關於嘉興的交通工具在該報告中記載如下：

> 　交通工具……船舶即民船，其種類有客船、貨船及短距離行駛的靜舟等。大小船隻共計一千有餘，每日出入的船舶數在二百艘以上。
> 輪船公司有戴生昌及大東會社。大東會社於上月（九月）之前開辦有分公司，由清國的代理人經營。但為了開闢連結蘇杭申三地航運，新設支店，並派日本人常駐，積極開展業務。上述公司的輪船皆每日往來於杭蘇、蘇申之間，進行乘客與貨物的運輸。此外，翠順昌公司及合義公司運營往來於硤石與嘉興之間的航線。還有嘉興至上海的航路。從平湖縣至松江府的輪船隔日開船。嘉興、南潯間的輪船也是每隔一日往來。前面所詳細介紹的水路由於小蒸汽船可以自由往來，使得商業活動逐漸活躍，策劃輪船航運的人日漸增多，與此同時，依靠

---

[17]《通商彙纂》明治34年第185號（1901年），頁68。

舊式民船的運輸業由於速度緩慢，終將難逃優勝劣汰的結局。[18]

即在二十世紀初期，水路航運在嘉興的交通中佔重要地位。嘉興大致位於上海、杭州之間航路的中間位置，在當地航行的是自古以來的民船。當時，在嘉興停泊的舊式民船有一千多艘，船舶每日的出入量在二百艘以上。在這種情況下，小型輪船開始出現，並作為代替舊式民船的運輸工具航行於水路網中。

在十一月八日的報告中還有如下記載：

> 嘉興府位於大運河上游段距上海二百三十餘里處，距杭州城東北約二百四十里處，大致處於上海與杭州的中央。嘉興縣下轄七縣（嘉興縣、秀水縣、嘉善縣、海鹽縣、石門縣、平湖縣、桐鄉縣），南與杭州府、西與湖州府、北與江蘇省的蘇州府、東與同省的松江府相接，東南臨海，水路四通八達，其主要航路是上海、蘇州、杭州、平湖、硤石及錢塘江等，可謂是浙江省內河水路的中心點。船舶出入量大，在運河一線停泊的船隻常常不下七八百艘。另外，錢塘江是浙江省內河水路的幹線，從幹流至杭州的距離約為三百二十里，貫通安徽省。很多物產自古以來由寧波港運出，但自杭州開港以來，大半貨物便不經由寧波水路，而是從水運便利的杭州出發，再經由北運河運出。於是寧波逐年衰微而杭州逐漸繁榮，這一事實從海關報告中亦可看出。然而錢塘江與北運河的水平面不同，因此取道杭州利用運河水運時必須將貨物轉船。若將嘉興府開闢為通商港口，那麼運往錢塘江上游的貨物取道海寧州的硤石鎮時便可省去在陸地上搬運的麻煩，船舶的航行也更加便利。[19]

從嘉興到杭州、上海或到南潯等浙江省內各地的水路網完備，不論是從物流方面來看，還是從人員移動方面來看，嘉興都是最適合利用水路網的地方。

---

[18]《通商彙纂》第185號（1901年2月25日），頁70。

[19]《通商彙纂》明治34年第185號（1901年2月25日），頁71。

另外，關於嘉興府的水路狀況還有如下記載：

> 嘉興大致位於杭州、上海之間及杭州、蘇州之間的中央位置。其作為樞要地區，水路縱橫貫通，與商業貿易中的重要商品繭絲的著名產地湖州、南潯、震澤、蘇州及硤石鎮、海寗、平湖等地有水路相通，且這些水路幅廣水深，沒有障礙，小蒸汽船可以通行。土壤肥沃，土地平坦，僅東南的石門及桐鄉二縣有丘陵起伏。[20]

即嘉興府周邊的水路以嘉興為中心向各地呈放射狀發展，水路網發達，且該水路的水量適合輪船航行。因此小型輪船也可在此地航行。

杭州的浙江省檔案館中藏有浙江省各地的報紙，其中有一份名為《嘉興商報》的報紙。這份報紙僅保留下一張，且並不是整張報紙完整地保留了下來，只是留下一些碎片，但從其登載的〈嘉興往來各埠輪船一覽表〉也可窺見當時輪船網的一些情況。

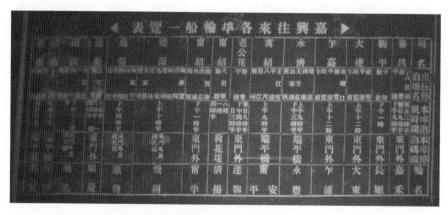

圖五　嘉興往來各埠輪船一覽表

資料來源：《嘉興商報》出版於中華民國十五年七月十八日、一九二六年七月十八日、陰曆六月初九。

---

20 《通商彙纂》明治 34 年第 185 號，頁 68。

表三　嘉興往來各埠輪船一覽表

局名	來往碇泊地名	本埠開船時間	本埠碇泊碼頭	輪名
泰昌	十八里橋 新豐 平湖	單日三點半 雙日九點半 下午九點半	東門外	嘉禾
新平	平湖 新倉	下午一點	東門外	長順
大建	新豐 平湖 虹霓 乍浦	上午十二點	東門外	大東
乍嘉	東柵口 新豐 平湖 虹霓 乍浦	上午十二點	東門外	乍浦
永濟	塘匯 楊廟 天壬 油車港 南匯	上午九點半 下午三點半	端平橋	
寧紹	王江涇 平望 八尺 吳江 蘇州	上午九點半	端平橋	寧安 寧平
老公茂	新豐 平湖	單日九點半 下午四點半 日三點半	東門外	達興
寧紹	九里匯 新塍	八點 一點 四點半	荷花堤	清揚

寧紹	餘賢塘 沈蕩 圩城 海鹽	下午一點半	東門外	寧孚
通源	陶家霓 濮院 桐鄉 爐頭 烏鎮 雙林 袁家匯 湖州	上午十點半	東門外及荷花堤	飛翔
通源	陶家霓 濮院 桐鄉 爐頭 烏鎮	下午四點半	東門外及荷花堤	順發
通源	王江涇 盛澤	十點半 六點半 四點半 一點	東門外	順慶
招商	王江涇 平望 梅墊 震澤 南潯	上午十二點半	東門外及端平橋	飛龍
招商	上海	時間不定	端平橋	恒升
招商	石門 崇福 杭州	時間不定	端平橋	利航

　　局名中的泰昌局應當是泰昌　記輪船轉運局。在《航業月刊》第三卷第
十二期中登載的「本會會員廣告之十」中有如下內容：

泰昌惠記輪船轉運局

地址　上海北蘇州路五七四號　　電話　四一三八二

經理　孫槐卿　所有船　五艘　永泰、永昌、永惠、永元、永和

源通輪船局

地址　上海北蘇州路四九四號　　電話　四○二一九

經理　俞子佩　所有船　七艘　源祥、源吉、源餘、源發、源通、源豐、源昌

寧紹內河輪船公司上海分公司

地址　北蘇州路天后宮橋西慶記輪船局　　電話　四○五六六

上海經理　嚴錦才　航滬輪船　二艘　寧泰、寧泰[21]

其中，泰昌輪局「航行長江蘇皖兩省及江蘇蘇浙內河線」[22]，即該公司是經營長江路線上的江蘇安徽兩省以及江蘇省的蘇州與浙江省之間的內陸輪船航路的公司。

　　寧紹局是寧紹輪船公司[23] 經營內河路線的分局。而寧紹輪船公司由寧波商人虞洽卿等創立，於一九○七年七月開設了上海、寧波間的輪船航路。寧紹局不僅經營上海、寧波間的航路，在江南地區的內河水路也開展了小型輪船的定期航行。

　　老公茂即為老公茂洋行（Ilbert & Co. Ltd.[24]），宣統元年（1909）當時，「英商老公茂添派輪船，試走烏鎮南潯二處。」[25]可見，老公茂是由英國商人

21　上海市輪船業同業公會編：《二十四年航業年鑑》（《航業月刊》第三卷第十二期擴大號）（上海市：上海市輪船業同業公會，1936年），頁10。

22　張心澂：《中國現代交通史》（上海市：良友圖書印刷公司，1931年），頁294。

23　松浦章：〈寧波商人虞洽卿による寧波・上海航路の開設——寧紹輪船公司の創業——〉，《東アジア海域交流史　現地調查研究～地域・環境・心性～》第2號（平成17年度～21年度□文部科學省特定領域研究—寧波を焦点とする學際的創生——現地調查研究部門，2008年12月），頁61-86。

24　黃光域編：《近代中國專名翻譯詞典》（成都市：四川人民出版社，2001年），頁171。

25　〈本部諮浙江巡撫分別准駁洋商慶記戴生昌老公茂職商施友桐等請添輪專駛內河文〉（宣統元年三月十四日），郵傳部圖書通譯局官報處編：《交通官報》第一期（宣統元

經營的輪船業公司，在烏鎮與南潯間試行輪船航運業。之後的二十多年間，老公茂一直是江南地區輪船航運業的一個組成部分。

招商局是負責輪船招商局內河航路的招商內河輪船公司。[26]根據宣統二年（1910）〈招商局申本部遵飭內河輪船局造送各項表式圖說懇准註冊給照並乞批示文〉中的「招商內河輪船股文公司」章程：

> 公司總號，設立地方，如有分號，一併列入，總公司設於上海，分公
> 司　於蘇州‧杭州‧湖州‧嘉興‧常州‧無錫‧鎮江‧揚州‧清江‧
> 楊莊‧臨淮關‧正陽關等處，其沿途經過之平望‧黎里‧蘆墟‧烏
> 鎮‧南潯‧震澤‧雙林‧菱湖‧泗安‧盛澤‧珠家閣‧青浦‧洞庭
> 山‧黃渡‧白鶴港‧蕩口‧甘露‧塘棲‧石門‧石門灣‧雙橋‧嘉
> 善‧丹陽‧奔牛‧新豐‧越河‧滸墅關‧橫林‧望亭‧呂城‧江陰‧
> 洛社‧宜興‧溧陽‧瓜洲‧邵伯‧高郵‧界首‧氾水‧平橋‧二浦‧
> 涇河‧寶應‧淮城‧板閘‧小河口岸大港、……等處均設局所。[27]

可知輪船招商局下屬有招商內河輪船局，從列舉的地名亦可知其從事的是大運河水路航運及江南地區水路網的航運業。

將〈嘉興往來各埠輪船一覽表〉按照航路整理後可得下圖。

年〔1909〕七月十五日出版），〈公牘一〉，咨札類，十五丁表。

[26]《招商局史（近代部分）》（北京市：人民交通出版社，1988年9月），頁255-258。

[27]〈招商局申本部遵飭內河輪船局造送各項表式圖說懇准註冊給照並乞批示文〉，郵傳部圖書通譯局官報處編：《交通官報》第十四期（宣統二年〔1910〕四月三十日出版、公牘二、稟呈類、十五丁里～十六丁表。

圖六　嘉興往來各埠輪船略圖

湖州—雙林—袁家匯—**烏鎮**

　　　　　┌桐鄉—爐頭┘　　┌梅墊—震澤—**南潯**

　　　濮院—陶家霓┌王江涇—平望—八尺—吳江—**蘇州**

　　　　　　│　├塘匯—楊廟—天壬莊—油車港—**南匯**

杭州—崇福—石門—**嘉　興**━━━━━**上海**

　　　　　　│　└新豐—平湖—虹霓—**乍浦**

　　　　　　└余賢塘—沈蕩—圩城—**海鹽**

綜上所述，從以嘉興為中心的水路網的記錄可以得知，二十世紀二〇年代，輪船進入以往的水路網中，形成了連接各地的交通網。

五　小結

綜上所述，輪船在十九世紀末進入中國後，不僅在沿海地區開展航運活動，還活躍於內陸河川的水路網中，各地開展定期航運的輪船航運業林立。這些輪船航運業即使在清朝瓦解後，仍然作為進行物流的運輸機關及人們移動的交通工具發揮著作用。依據一九二一年日本當時的調查，關於杭州與蘇州間的輪船航運業有如下記載：

> 此間（杭州蘇州之間）小蒸汽船業在大運河中最為興盛，航行需四小時，給杭州、蘇州兩大城市交通帶來很大便利。杭州、蘇州間雖有滬杭、滬寧兩條鐵路連接，但這是通過上海來保持聯繫，並不是直接聯繫。從杭州到上海所需時間約四小時，從上海到蘇州約二小時，且需在上海換乘。而大運河的小蒸汽船在價格方面也便宜許多。[28]

---

28 見谷光隆編：《東亞同文書院　大運河調查報告書》（東京都：汲古書院，1992年），所收「大正十年（1921）七月（第十五回）調查報告」，第三章「大運河水運ノ現

　　由此可知，在蘇杭之間的交通方式中，利用在大運河中航運量很大的杭州、蘇州間的輪船航運業要比利用新建的滬杭鐵路和滬寧鐵路節約很多時間。特別是以二十世紀二〇年代的嘉興為中心的輪船定期航行表——〈嘉興往來各埠輪船一覽表〉如實反映出除了上海、嘉興、杭州及利用大運河的幹線航路之外，從嘉興到浙江省北部的南潯與湖州、從嘉興到南部的平湖與乍浦、到西南部的石門與海鹽等支線的定期航路也已完備並投入航運之中。

　　狀」，第一節「大運河ノ汽船業」，「第一款　杭州、蘇州間」頁460。

從《卞白眉日記》看中國銀行家的危機管理

陳俊仁*

一 引言

中國的華資銀行業由清末興起至抗戰前夕的短短四十年間，憑著當日銀行領袖的創新、識見和努力，打破了外資銀行壟斷的局面，發展成金融業的中流砥柱。近今學者對中國銀行業歷史的研究成績裴然，但仍稍欠全面，在地域上，往往集中於上海；在銀行家方面則集中在一些居領導地位的銀行家，如張嘉璈、陳光甫及周作民等。抗戰前，天津是華北的金融中心，當地不少傑出的銀行家對銀行業曾作出巨大的貢獻。本文以一個天津銀行家的自述——《卞白眉日記》為中心，詳細分析中國銀行天津分行在卞白眉主理期間所經歷的幾次擠兌風潮，探討專業銀行家如何在政治和經濟動盪的年代，處理及預防金融危機。[1]

---

* 上海復旦大學歷史系博士生。

[1] 有關天津銀行史的主要研究成果有 Brett Sheehan（史瀚波）, Trust in Troubled Times: Money, Banks, and State-society Relations in Republican Tianjin (Cambridge, MA: Harvard University Press, 2003)，及 "Urban Identity and Urban Networks in Cosmopolitan Cities: Banks and Bankers in Tianjin, 1900-1937," in Remaking the Chinese city: modernity and national identity, 1900-1950, ed. Joseph W. Esherick (Honolulu: University of Hawai'i Press, 2000), pp. 47-64. 另有龔關：《近代天津金融業研究：1861-1936》（天津市：天津人民出版社，2007年）。有關一九二一年銀行擠兌的研究，有馬建標：〈謠言與金融危機：以1921年中交擠兌為中心〉，《史林》2010年第1期，頁27-41。

　　天津於一八六〇年成為通商口岸。一八八二年起，外商銀行陸續在天津設立分行，當中包括匯豐銀行、德華銀行、麥加利銀行、華俄道勝銀行、橫濱正金銀行及東方匯理銀行等，而中國第一家新式銀行——中國通商銀行亦於一八九八年在天津設立分行。到一九〇〇年庚子事變前夕，天津的銀號、票號和銀行已達三百餘家。民國建立後，華商銀行加速發展，鹽業、金城、大陸三家銀行先後在天津開設總行，中南銀行在津設分行，合稱「北四行」。到一九二七年，天津有官辦銀行三家、商業銀行十八家、外商銀行十三家。天津金融機構無論是數量、資力，經營規模，以及業務覆蓋範圍，都僅次於上海，成為華北最重要的金融中心。[2] 當地銀行業人才輩出，如孫多森、談丹崖及胡筆江等，而卞白眉更是其中的代表人物。

　　卞壽孫，字白眉，江蘇儀徵人，一八八四年生於湖北武昌，一八九九年考取秀才，一九〇六年入美國白朗大學，取得政治經濟學學士學位。卞氏一九一二年回國，十一月進入中國銀行，任總行發行局佐理，一九一四年三月調任會計處副總稽核、總稽核，一九一六年七月因反對總裁徐恩元而辭職。同年，卞氏應孫多森的邀請到天津中孚銀行任總稽核，一九一七年回中國銀行任總處顧問，一九一八年九月調任天津分行副經理，一九一九年十二月任天津分行行長，並於一九二八年當選為中行董事。一九三七年日軍佔領天津，一九三八年一月，卞氏因避免日軍向銀行苛索而離開天津，至香港主持天津分行駐港辦事處。[3] 由於卞白眉領導中國銀行天津分行近二十年，其間曾出任天津銀行公會會長。我們可以通過他的經歷，深入瞭解曾受西方經濟學訓練的中國銀行家處理金融危機的理念和手法。

---

[2]　郭鳳岐總編纂：《天津通志·金融志》（天津市：天津社會科學院出版社，1995 年），〈綜述〉。

[3]　中國銀行行史編輯委員會編：《中國銀行行史（1912-1949 年）》（北京市：中國金融出版社，1995 年），頁 901-902。

二　一九二○及一九二一年擠兌風潮

　　民國時期，中國的紙幣實行多元發行制。銀行得到政府的批准後，可以自行印發紙幣流通市面。一九三五年法幣改革以前，在天津發行可兌換紙幣的銀行，除中央、中國、交通三家國家銀行以外，還有中南、浙江興業、河北省（直隸省）銀行及東三省官銀號等二十家商業及地方銀行。一九三五年法幣發行時，天津發行的紙幣共七五二四萬元，佔全國總發行額百分之十三，僅次於上海，居全國第二位。[4]可是，中國銀行天津分行卻曾在法幣改革前，在卞白眉領導下經歷過幾次擠兌風潮。

　　一九二○及一九二一年，中國銀行天津分行曾出現兩次擠兌，遠因是一九一六年的「京鈔」停兌風潮。是年袁世凱稱帝，西南討袁戰爭爆發後，北京政府唯有依賴中國、交通兩行濫發紙幣，並強行動用中交兩行現金準備，應付龐大的軍費。中交兩行兌換能力削弱後，京津等地便發生擠兌中交鈔票的風潮。五月間北京政府宣佈中交兩行鈔票停止兌現，由於各地反對，這一命令未被普遍執行，停兌範圍主要限於流通在京津地區的「京鈔」。「京鈔」停兌後，仍繼續發行及在市面流通，立即大幅貶值，引起社會上極大騷動。一九一八年起政府陸續發行公債，用以收回「京鈔」，但人們對中行鈔票的兌現能力仍然存疑，「京鈔」問題要到一九二一年才全部解決。

　　前車可鑒，卞白眉一九一九年出任天津分行行長後，對津行發鈔的風險管理非常留心。一九二○年三月，他已在日記中提及中行總處增加領取天津分行發行的鈔票，但卻沒有按規定交足現金準備，「跡近駕空，只好變其於手腕應付之」[5]，以確保津行的信用。作好充分準備，對突如其來的危機才可應付裕如。天津於一九二○年六月謠傳中國、交通、邊業銀行將停兌，津行一日兌出三十餘萬。翌日，有朝鮮、日人到津行查詢兌現事，傳譯人語言不

<hr>

4　前引《天津通志・金融志》第一篇，第二章。

5　中國人民政治協商會議天津市委員會文史資料委員會、中國銀行股份有限公司天津市分行編：《卞白眉日記》（以下簡稱《日記》）（天津市：天津古籍出版社，2008年），第1卷，頁89，1920年3月1日所記。

清，來者不得要領，後津行答允照辦，他們才欣然離去，是日再兌出三十餘萬。因津行早準備充足現銀，風潮兩日便後平息。[6]

六月風潮之後，是一段較為平靜的日子。然而，在政治動盪的年代，銀行家不可稍有鬆懈，要時刻警惕危機的重現。作為專業銀行家，卞白眉仍然緊守崗位。他在一九二一年初，曾表示擔憂公眾對北洋政府的財政失去信心。[7]結果，如他所料，因北洋政府嚴重依賴銀行支持財政，兩次墊借軍餉共四八〇萬元，公債基金又七百萬元，加之原不兌現鈔票調換的存單陸續到期，到一九二一年十一月十五日，北京交通銀行出現擠兌，同日稍後北京中國銀行亦有擠兌。[8]

據當時天津《益世報》載，謠言某國因見中國在太平洋會議後，外交形勢稍好，便故意挑起事端，謂中交兩行將要停止兌現，目的是在中國造成恐慌。[9]此處所謂某國，當時輿論一般認為是日本。擠兌消息由北京傳到天津，十一日十六日早上天津市面開始動盪，商家互通消息，交通銀行出現兌現人潮。謠言廣傳後，凡存該兩行鈔票者，紛紛持票兌現，一時間兩行門前擁擠，而代兌的商號亦告停兌。中行一直維持正常兌現，但交行恐發生意外，自下午起暫行停兌。

十一月十六日一天，中行天津分行的客戶提款和櫃位兌現即達一百餘萬元。雖然津行正面對擠兌風潮，但同日北京中行仍從津行運走十七萬元。卞

---

[6] 《日記》，第1卷，頁97-98，1920年6月7日至10日所記。

[7] 馬建標前引文，頁39。

[8] 中國銀行北京分行編：《北京的中國銀行（1914-1949年）》（天津市：中國金融出版社，1989年），頁69。

[9] 天津市地方誌編修委員會辦公室、天津圖書館編：《益世報天津資料點校彙編（一）》（天津市：天津社會科學院出版社，1999年），頁891。有關擠兌源於北京的記載，《日記》與《益世報》相同。另有一說法認為擠兌是十一月十二日始於天津中交兩行，然後波及北京、濟南、漢口、上海等地，見前引《中國銀行行史（1912-1949年）》，頁773及馬建標文，有關史實有待進一步查考。有關散播謠言者，馬建標前引文有詳細的論述，除了日本，英國人及舊交通系要人葉恭綽亦可能是謠言的源頭，本文不贅。

白眉當時面對如此危急艱鉅的情況，立即採取果斷的應急措施：自十一月十七日起限制每人只能兌十元；通知各代理發行銀行補足六成現金準備；商請中行上海分行運一五○萬現銀來天津，其中五十萬元於十一月二十一日運到；[10] 與三津磨房公會商妥預存現洋五萬元，並通知全市一千三百多家米麵鋪，收到中國銀行鈔券，保證兌現。風潮期間，磨房商號共代收中交鈔票約十五萬元，中行佔七萬餘元，經津行兌換。[11] 與此同時，由銀行公會電北洋政府國務院，飭令天津海關照收中、交兩行鈔票；海關稅務司允將六厘公債基金提前撥來備用；此外還催收鹽稅餘款十多萬元；[12] 上海官鹽團籌款一二○萬元，於十一月二十二日運到天津，撥二十五萬元予中行。到十一月二十五日，經過各方面的協助，兩行準備漸覺充足，擠兌者已見減少。十二月一日津行完全取消限制兌換的規定，但當天只兌現十六萬餘元。卞白眉以多管齊下的方式平息了津行這次風潮。至於交行天津分行，則遲於翌年一月六日才完全兌現。[13]

三　一九三五年擠兌風潮

一九二一年的風潮後，津行踏入平穩發展的時期，直至一九三五年，才遇上另一場重大的擠兌風潮。一九三五年一月底，卞白眉談到現銀流通問題時表示，農曆年前，各方用銀較多，但天津存銀尚可應付。其後，上海方面有現銀運到天津，以資調劑。[14] 不久，由於國際白銀價格高漲，有商人枉顧政府的禁令，私運現洋出關。是年三月底至四月中，天津中外各銀行所存現銀

---

[10]　前引《益世報天津資料點校彙編（一）》，頁891。

[11]　前引《益世報天津資料點校彙編（一）》，頁892。

[12]　政協天津市委員會文史資料委員會：《近代天津九大銀行家》（天津市：天津人民出版社，2004年），頁174-175。

[13]　《日記》，第1卷，頁168-169，1921年11月15日至12月1日所記；前引《益世報天津資料點校彙編（一）》，頁891。

[14]　前引《益世報天津資料點校彙編（三）》，頁956。

由六千萬兩以上減至三千五百萬兩，淨外流達五分之二。這些現銀不但是一般商人收購，由陸路經津東私運至關外，再由朝鮮轉運出國，甚至外國銀行亦半公開地大批吸收，然後外運。中央、中國及交通銀行天津分行奉財政部令，協商解決辦法。三分行行長更與省主席商討對策，而天津外商銀行則聲稱久未運現。[15]

至四月中，天津銀行界及政府對兌現及私運問題日漸關注，並開始籌謀對策，商討防止私運現洋方法。卞白眉雖早注意及此，但津行籌謀加強準備尚未見成果。[16]五月一日起，大量日、俄人到津行兌現。五月二日，津行用拖延辦法，兌現略少。五月八日，大量朝鮮人到交通銀行天津分行兌現，並略有衝突，市政府欲採取登記兌現的辦法，但因卞氏反對而沒有推行。到十三日，又有大量朝鮮人到中行北平支行兌現。五月十五日，日本當局出告示協助禁止私運，北平、天津兌現數目減少。至六月中，朝鮮人到北平支行兌現又增。中行北平分行於一九二五年四月改為北平支行，歸天津分行管轄，[17]故卞白眉需同時處理北平的擠兌。

當時一般認為是次風潮是日軍圖謀進侵華北的前奏。日本當局為擾亂金融秩序，唆使日本浪人和朝鮮人一面武裝走私，一面以走私所得鈔票兌換現洋。[18]湧向中國銀行天津分行的擠兌者，除了日本人和朝鮮人外，還有少數俄人。卞白眉除了向總處要求預備足夠的現洋外，還通令華北各地分支行大量吸收現洋存款，源源運來平津，使庫存實力大大增強，抵擋兌現的壓力。與此同時，又通過當局與日本方面交涉，限制朝鮮人兌現。雙管齊下，[19]終於初步平息了平津兩市的擠兌風潮，但兌現私運之事間有出現，直至同年十一月四日政府實行法幣政策，紙幣改為不兌現，才徹底解決擠兌的危機。

---

[15] 前引《益世報天津資料點校彙編（三）》，頁958。

[16] 《日記》，第2卷，頁284-285，1935年4月14日至30日所記。

[17] 前引《中國銀行行史（1912-1949年）》，頁777。

[18] 《日記》，第2卷，頁287、290、292，1935年5月21日、6月18日及7月11日所記。

[19] 前引《近代天津九大銀行家》，頁174-175。

四　擠兌風潮的比較分析與危機處理

　　津行前後三次金融風潮有何異同？為什麼同樣是涉及日韓人的擠兌，一九二〇年的事件在四日內解決，而一九三五年的風潮卻反覆延伸多月？當中又反映出什麼問題呢？簡單而言，一九二〇年及一九二一年兩次擠兌風潮的起因是中行鈔票的持有人懷疑中行的信用，只要銀行儲存足夠銀元以備兌換紙幣，人們不再懷疑中行的兌現能力，風潮便自然平息。當然，解決擠兌所需的時間則視乎人們對銀行的信心及銀行的準備而定。在一九二〇年的事件中，兩日共兌出六十餘萬，但由於津行在事前準備充足，所以事件在四日便內解決。然而，一九二一年風潮的首日已兌出一百餘萬，而且津行在風潮發生前要不斷地應付來自各方面，包括中行總處的需索，在準備不足的情況下，事件約於兩周內解決。

　　相對於一九二〇及一九二一年兩次風潮，一九三五年的風潮在產生原因及處理方面均有極大差異。商人為賺取差價，從銀行合法兌換白銀，再非法走私出境。只要地方政府不能有效打擊走私，銀行擠兌的危機便一直存在。加上當時日本已佔領東三省，它差使日韓人通過其轄區，走私白銀，實在易如反掌，一方面可以圖利，另一方面則擾亂中國的金融。在是年年中數月內，估計天津私運出口的白銀達一千五百萬元以上。[20]直至是年十一月推行法幣政策，才杜絕了銀行擠兌的危機。

　　一個危機涉及的利益相關者愈多，解決的難度便愈大，而需時亦愈長。在一九三五年風潮的處理上，各有關方面的博奕遠較一九二一年時複雜。涉及一九二一年風潮的主要是政府及金融機構，包括天津銀行公會、中行總處、津行及滬行等。雖然它們有各自的利益考慮，但大家的共同目標是早日平息風潮，並為此採取了實質的措施。

　　可是，在一九三五年風潮中，中央政府及津行固然希望儘快結束擠兌，但總處對協助平、津兩行猶豫不決，事發近兩月後才決定津行可先挪用儲蓄

---

[20]　前引《益世報天津資料點校彙編（三）》，頁964。

部應解總處的款項，[21]並建議津行採取津券津兌（只兌換津行所發鈔票）的
辦法，表面上減低津行的兌換壓力，實質亦舒緩津行對總處的要求。卞白眉
認為此議可行，但遭到北四行一致反對。[22]雖然他在日記中沒有提及北四行反
對的理由，但估計是由於這次風潮矛頭直指中、交兩行，沒有波及北四行，
四行準備庫兌現如常，其兌券行市比中交者為高，所以一派事不關己的態
度，[23]充分表露出天津銀行業的內部矛盾，而理應作為「最後借款人」的中央
銀行亦沒有任何實質協助。

　　除了上述各機構，在弈局中還出現了日本當局、地方政府及租界工部
局。卞白眉據從各方面收到的消息推斷，日方是這次風潮的幕後推動者，但
它偶爾亦擺出協助平息風潮的姿態，如發出告示，表示竭力協助禁止私運白
銀，[24]又應北平市長袁良的邀請，派出憲兵監視日、韓人兌換。卞白眉及中行
對此大力反對，認為要想抵禦外來壓力，唯一的辦法就是充實儲備的實力，
限制或監視兌現，反而顯示銀行兌現能力不足。可是，袁良認為此舉可以維
持社會治安，又能避免引起外交糾紛，而銀行業界中亦有贊成袁良者。[25]地
方政府視此為治安事件，只想大事化小，實無意理會卞氏的反對。可是，治
安政策在執行上亦有偏差。韓人秩序由日警負責，日警不在時便容易起哄，
而國人則被員警干涉，幾乎無法兌換，中行人員通融處理，員警亦加以干
涉。[26]由於津行位於法租界內，津行要求法工部局維持兌換的秩序，但工部局
亦挽日警同到行，用意與袁良同出一轍。[27]此外，北平市政府與日方商妥，限
制韓人每人兌三十元，國人則勸其緩兌。卞白眉認為此安排等於限制兌現，
亦極力反對。[28]地方政府直接插手銀行事務，反映銀行業界的互助機制失效。

---

21 《日記》，第2卷，頁291，1935年6月29日所記。
22 《日記》，第2卷，頁290，1935年6月18日及23日所記。
23 《日記》，第2卷，頁292，1935年7月8日及9日所記。
24 《日記》，第2卷，頁287，1935年5月15日所記。
25 《日記》，第2卷，頁290-291，1935年6月21日及25日所記。
26 《日記》，第2卷，頁291-292，1935年6月30日及7月3日所記。
27 《日記》，第2卷，頁295-296，1935年8月13日及25日所記。
28 《日記》，第2卷，頁291，1935年6月26日所記。

學者史瀚波認為，從一九一六年到一九三七年，政府在提升社會公眾信任銀行和政府所制定的金融政策方面的作用逐漸增強。與此同時，地方精英由於不能有效地採取對策，團結一致應付危機，隨著時間的推移，他們在金融方面的影響力及獨立性便逐漸減弱。一九三一年至一九三七年一系列危機事件及一九三五年國民政府統一貨幣發行，使不少銀行和銀行家被迫迫靠攏政府，接受國民黨的控制。[29]然而，就本文上述的分析，並非所有銀行家都會完全依附政府，卞白眉便是顯著的例子。

在平穩的日子中，卞氏對政府採取相對合作的態度，不時會滿足政府和銀行上層的苛索，但他總是把銀行包括紙幣的信譽放在首位。公眾對銀行的信心是他所要捍衛的底線。即使到了一九三五年中，面對國民政府對銀行業尤其是中國銀行的控制日增，日軍侵華形勢險峻，他仍以他的專業知識和判斷，盡力化解金融風潮，推進銀行業務，抗拒官僚干預，只是他覺得這一年「國事、行務變遷極多，從事其中，煞費心力」[30]。

五　新式銀行的風險管理

最好的危機管理是減低風險、預防危機的出現。根據當代銀行學的研究，個別銀行的擠兌可以通過非線性機制的作用，將擠兌信號按幾何級數擴展，極易導致整個銀行界的危機。由於資訊的不對稱，使銀行債權人包括存戶無法判斷某家銀行的償付能力。受到謠言影響，他們在寧可信其有的心態下，只有投入到擠提的人潮中。因此，建立資訊披露制度，透過充分而真實地公佈銀行的經營資訊，強化公眾對銀行的信心，是預防銀行風潮的有效措施。[31]在紙幣及金屬貨幣可互相兌換的年代，銀行債權人亦包括銀行鈔票的持

29　史瀚波前引書，頁177-187。

30　《日記》，第2卷，頁308，1935年12月31日所記。

31　李義奇：〈防範化解銀行擠兌風險的對策研究〉，《河南社會科學》第9卷第6期（2001年11月），頁42-46。河南金融管理幹部學院課題組：〈銀行擠兌風潮的防範與平息對策〉，《財經科學》2000年第5期（2000年9月），頁40-43。

有人。建立紙幣使用者對銀行兌現能力的信心，減低擠兌的風險，正是民國初期專業銀行家努力的目標。

在卞白眉的管理下，津行一直努力維持津鈔的幣信。在一九二一年擠兌風潮期間，梁啟超曾在天津南開大學演講為津行闢謠，指津行有五成以上的準備金。[32]雖然上述津行準備金額屬實，津行實力應無可置疑，但如果銀行在擠兌時才公佈相關資訊，是否能即時取信於公眾，確成疑問。卞白眉汲取是次擠兌的教訓，明白幣信可以通過資訊公開，加以鞏固。為了強化津行紙幣發行準備的透明度，遏止謠言的滋長，他在擠兌風潮平息後，立即提出發行準備檢查制度，實行發行公開，請官商各界到行檢查，並每星期將庫存現金及有價證券的數目登報公佈。[33]

紙幣發行準備金的公開稽核及公佈，在中國銀行業史上可說是劃時代的創舉。據學者史瀚波的研究，中、交天津分行是唯一早在一九二一年便實行發行準備公開的分行，兩行其他分行要到一九二八年才實行此措施。[34]卞白眉確有過人的創新能力和膽識，重大危機過後，能深刻反省危機的成因，並提出創新的措施，以預防危機再現。影響所及，天津商會在一九二二年一月致函天津銀行公會，要求所有發鈔銀行均實施發行準備檢查制度。雖然銀行公會亦同意，但最終只有中交兩行能夠落實。[35]

其實，中行在方針制度上早有維持幣信的安排。一九一七年十一月，中行總管理處指示各地分行，發行紙幣應維持相當的獨立性。到一九二〇年八月，為保證發行準備的安全，決定建立分區制度，指定上海、天津、漢口三分行為「集中發行區域行」，代總處行使發行職能。[36]上述安排目的是在鈔票

---

[32] 馬建標前引文，頁32。

[33] 龔關：〈1920年代中後期天津銀行擠兌風潮〉，《歷史教學》（高校版）2007年第6期，頁48。另見前引《益世報天津資料點校彙編（一）》，頁909。由一九二三年初起，《益世報》上有津行定期公佈的發行準備及存款業務數位。

[34] 史瀚波前引書，頁94。

[35] 龔關前引書，頁240-241。

[36] 前引《中國銀行行史（1912-1949年）》頁768、771-772。

分散發行的情況下，一方面加強個別有實力分行的權力和責任，另一方面，相對獨立的區域行可以互相扶助，避免某些城市或區域的金融風波直接擴散全國。這些方針制度顯然在一九二一年並未對津行的幣信起到正面的作用。

卞白眉明白津行是一區之首，責任重大，所以他認為「暢兌之後，雖景象尚好，然善後一切事宜，正多難辦之處，未敢遽抱樂觀。為全行大局計，殷憂難已」，所以在其後的一段時間儘量減少向客戶還款，並曾拒絕向總處及其他分行運送現洋。為此，卞白眉開罪了總處及一些分行。他覺得「彼等淺見，以為津已完全恢復，徒欲集款自保，不知實狀並非如此。若各方不加體諒，安而復危，不知其影響全域者又當如何」，又謂「此間之事均我自為政」。[37] 其實，卞白眉早在一九二〇年在業務和人事管理權[38]、軍方借款[39]，以及撥款予總處周轉等問題上[40]，意見常與總處相左。他在一九二一年十一月十三日，即風潮發生前已寫好辭呈，至十一月三十日向總處辭職。風潮平息後，卞氏得到輿論的一致讚賞，總處也沒有處理卞氏的辭職。[41]

汲取一九二一年擠兌的教訓，中行內部切實討論如何落實及強化一九二〇年決定推行的分區制度。到一九二二年初，滬行已為此擬有章程及辦事細則，於全區事務另立專處辦理，津行亦大致採取滬行的辦法。[42] 再者，中行總處在一九二三年中召開分行聯席會議時，決定設立業務委員會，由分行經理任委員，每年舉行會議一次，決定當年業務方針，同時使分行瞭解總處與政府之關係。總處不經分行同意，不能隨便挪用分行資金，以防總處遷就政府而牽累分行。[43] 這是中行內部政策的大變化，雖然此項政策曾否全面落實，尚待研究，但政策的提出確顯出中行領導層的識見。替權力核心定下權限，是

---

[37] 《日記》，第1卷，頁169-171，1921年12月3日至20日所記。

[38] 《日記》，第1卷，頁89，1920年3月1日所記。

[39] 《日記》，第1卷，頁104，1920年8月6日所記。

[40] 《日記》，第1卷，頁160、167，1921年9月14日及11月8日所記。

[41] 《日記》，第1卷，頁169，1921年11月30日所記。

[42] 《日記》，第1卷，頁187，1922年2月23日所記。

[43] 前引《中國銀行行史（1912-1949年）》，頁775。

中行邁向風險管理制度化的一大步，相信卞白眉的擇善固執和全域觀，是促成中行優化其權力架構及內部管治的重要原因之一。

史瀚波認為中交兩行因為有龐大的分行網路，容許它們把有問題的分行隔離，而有實力的分行可協助較弱的分行，並把鈔票的發行集中在相對安全的通商口岸。這些制度上的安排，有助解決一九一六及一九二一年的擠兌風潮。[44] 然而，歸根究柢，實力和發鈔準備才是銀行預防和平息擠兌的最重要因素。一九二一年的風潮中，滬行給津行很大的支持。中行的分行制度經過多年的發展，到三〇年代理應已趨成熟，但在一九三五年的風潮中，其他分行對津行的支援反而顯得薄弱，足以證明分行網路並非行之有效的風險管理制度。再者，卞白眉於一九三二年中曾一度與張嘉璈討論，把津行變成滬行的分支機構，或津魯合併，[45] 反映要有足夠的實力才能發揮分行制度的優點，但津行作為華北之首，卻不足以獨力應付當前的政治經濟狀況。

在一九二一年的風潮平息後，卞白眉認為如果政府動機純正，計畫周詳，為理順各種金融問題，即使清理中交兩行，另行成立中央銀行，亦是正確的做法。[46] 中央銀行的其中一個功能是作為銀行業的後盾，必要時為個別銀行承擔風險。可是，國民政府於一九二八年成立的中央銀行，遲遲未能成為銀行業的領導者。中央銀行的不足充分反映在一九三五年的風潮中。

在缺乏政府支援的情況下，銀行業界互助曾經在風險管理方面發揮一定的作用。在天津，中交兩行在銀行公會協調下，一直擔當銀行界「最後借款人」（lender of last resort）的角色。卞白眉自一九二〇年三月起擔任天津銀行公會會長，共十五年之久。[47] 在他的領導下，公會曾在一九二八、一九二九年一些小規模的擠兌風潮中，發揮了很大的作用。它帶領中、交及北四行集合款項，為其他有困難的小型銀行作準備，平息了這兩年先後出現的中華匯

---

[44] 史瀚波前引書，頁179。

[45]《日記》，第2卷，頁184，1932年5月17日所記。

[46]《日記》，第1卷，頁177、178，1922年1月1日及1月6日所記。

[47] 史瀚波前引書，頁81。

業、華威、勸業、農商及農工等銀行的擠兌風潮。[48]到了一九三五年初，天津銀行公會在國民政府新定的商會規條下進行改選，卞白眉依例不能三度連任會長。[49]越接近日軍侵略華北的日子，天津銀行業的經營環境日趨複雜。影響所及，天津銀行界在一九三五年的風潮中，不再發揮以往的互助精神。北四行對中行擠兌袖手旁觀，反映業界互助制度缺乏堅實的基礎，具體作用隨著客觀形勢及因應個別事件而變化。

除了上述各種銀行風險管理的制度及措施外，我們不可忽視人的因素在風險管理上所起的作用。在個人層面，銀行家的學識、思想、個性、經歷和行為往往對銀行的風險管理有重要的影響。以卞白眉為例，他是美國白朗大學政治經濟學學士。回國後，他對西方銀行知識仍甚為留意，[50]並以所學分析中國銀行業的問題。他曾見一九一四年政府公佈殖民銀行條例中，其營業範圍有以不動產為抵押借款一條，認為「各國經驗所得，學理所識，凡發行銀行不宜從事不動產，今反此為之」，更有「亡中國者必今之所謂理財家」的感歎。[51]接受西方經濟學教育的中國銀行家對中國銀行業的風險管理，自然另有一番見解。

早在一九一六年京鈔風潮前，他便在日記中自述謂「國家多事，銀行氣運亦不得不隨為轉移，予位卑俸薄而責任加重。國家銀行幾等於我之銀行。君子以氣節自重，歲寒然後知松柏後凋，所謂食人之祿，忠人之事，正其時矣」。[52]他經歷了一九一六年京鈔風潮，又處理過一九二〇、一九二一年的津行擠兌風潮，吸收了不少危機處理的經驗，對銀行的風險管理更見重視。他在一九二二年一月寄信給兒子，「告以去年擠兌時所經歷之危狀及

48 龔關前引文，頁49。

49 史瀚波前引書，頁160。

50 一九一四年一月五日，卞氏很高興從英倫購得《銀行簿記》一書，見《日記》，第1卷，頁7。及後，他又研究東西簿記的異同，見《日記》，第1卷，頁13。

51 《日記》，第1卷，頁13，1914年3月9日所記。

52 《日記》，第1卷，頁55，1916年2月5日所記。

目前辦理善後之苦狀」，[53] 可見一九二一年的擠兌對他有深刻的影響，他甚至把他一九二二年的日記標名為《思痛盦日記》。[54] 他又謂「吾家人物雖才具不見開展，然均謹小慎微，視公事如己事，吾儕後輩均宜永守此家聲也」，[55] 他到一九三二年更直接把當年的日記定名為《慎微齋日記》。[56] 卞白眉為人忠誠奉公，謹小慎微，並常以此為座右銘，告誡行中人員，他特別在一九二五及一九二八年元旦津行團拜致辭時，勸勉行員勿作投機生意，要忠實處理行款，以免虧空。[57] 卞白眉的個性及經歷充分說明為何他對銀行的風險管理如此執著。

由於卞白眉忠誠謹慎的個性，他龐大的人際網路便成為了他的情報和預警系統，對銀行的危機處理有莫大的幫助。先說他的人際網路，從他因一九一六年京鈔事件而辭職一事，可見他是剛直不阿的人，但同時他又是一個交遊廣闊的銀行家，在一周之中往往有多次的宴請聚會。以一九二〇年卞白眉主理津行的第一年為例，除親友外，他與銀行界同人有星期日午餐會，又與中行同人多有交遊。他接觸的包括天津中外政界、軍方人士、中外銀行業界及工商行號等。他又與其他三十餘人成立公餘交際社，並成為中英美聯合會董事，這兩個團體及其會址便成為他日後的社交平臺。[58]

就危機處理而言，人際網路往往可以產生警鐘的作用，讓銀行家早識危險，加以預防規避。例如一九二一年十一月津行擠兌風潮前，中行總處稽核居逸鴻自北京致函卞白眉，謂「市面將有風潮，亟需設法防範」，[59] 卞白眉得

---

[53] 《日記》，第1卷，頁177，1922年1月1日所記。

[54] 《日記》，第1卷，頁176。

[55] 《日記》，第1卷，頁193，1922年4月9日所記。

[56] 《日記》，第1卷，頁227。

[57] 《日記》，第1卷，該兩日所記。

[58] 一九二〇年《日記》曾提及與卞白眉飲宴聚會的政界包括天津官紳、奉系軍人、鹽務處、交通部直轄機關、曹省長及日本領事等；銀行界包括三井、正金、朝鮮、花旗、中孚、東三省、直隸、交通、聚誠興、鹽業、浙江興業、商業、察哈爾及大生等；工商界包括合太和號、啟新、久大范旭東及穆藕初等。見《日記》，第1卷，頁85-119。

[59] 《日記》，第1卷，頁164，1921年10月16日所記。

此預報，便多了一個月的時間準備應付風潮的來臨。又如一九三五年三、四月，當中行上下正為改組及張公權去留之事而紛擾不休時，交通銀行天津分行嚴均甫於四月十二日向卞氏提議，函請政府阻止私運現洋出口。[60]結果由私運現洋而引起的擠兌風潮，即在五月一日揭開序幕。

六　結語

　　學者程麟蓀綜合分析九位民國時期的著名銀行家（不包括卞白眉）後，認為中國主要的銀行家是一群熊彼得所謂的「企業家」，他們極具創新精神，把中國新式銀行業帶上高速發展的道路。[61]不過，我們在上面看過卞白眉的經歷後不得不指出，當時部分中國銀行家的危機處理能力，與他們的創新能力同樣出眾。在急劇轉變的政治經濟形勢中，他們一方面成功建立新式銀行的制度和業務，另一方面化解了不時出現的大小危機，讓銀行茁壯成長。

　　中國第一家本土銀行於一八九七年創辦，到一九三六年中國有一六四家銀行，[62]但銀行的數目隨著政治和經濟的變化而大幅波動。據統計，在晚清最後的十四年，共有三十三家銀行成立，但當中有十五家後來倒閉，而在北洋時期（1912-1925）新設銀行有二五七家，卻有一一五家倒閉，倒閉率為百分之四十五，[63]可見當日的銀行業實為一高風險的行業。如果專業銀行家欠缺管理風險、處理危機的能力，辛苦建立的銀行早被政治金融風潮所淹沒。

　　在金融的領域，專業的銀行家可以在動盪的局面中化危為機，為銀行建立良好的聲譽及堅實的基礎，卞白眉就是很好的例子。可是，作為一個銀行

---

60 《日記》，第2卷，頁284，1935年4月12日所記。

61 Linsun Cheng（程麟蓀），*Banking in Modern China: Entrepreneurs, Professional Managers, and the Development of Chinese Banks, 1897-1937* (Cambridge, Cambridge University Press, 2003), p. 211.

62 程麟蓀前引書，頁250。

63 陳俊仁：〈中國近代（1897-1927）銀行史之研究——清末民初本國銀行業發展的整體分析〉（香港：新亞研究所碩士論文，1990年），頁97。

家，卞白眉要處理的不單是銀行的業務，還要處理與政府的關係、涉及社會治安和政治外交的各種金融事件。當日銀行家們遊走在金融與政治之間，他們面對的困境和危機處理能力，在歷次金融風潮中表露無遺。他們透過各種方法包括集中資源、團結業界力量、抗拒官僚干預等，平息金融風潮，又建立各種制度，以分散及減低風險。他們更利用自己的人際網路，為銀行收集訊息，處理危機。雖然他們建立的制度及人際網路並非預防金融危機的萬應靈丹，但對銀行業的發展有其積極的作用。

後記

上世紀八〇年代末，我在香港新亞研究所唸碩士，當決定以銀行為論文題目時，指導教授全漢昇老師要我先讀王業鍵老師的《中國近代貨幣與銀行的演進（1644-1937）》。從學長處得知王老師乃全師早年的學生，這是我認識王老師之始。我的論文於一九九〇年夏天寫成，校方邀得王老師擔任論文口試的校外委員，令我既驚且喜。口試時，他對我這個小師弟毫不客氣，多番詰問，讓我差點招架不住。其後，他把五頁紙交給我，當中寫滿他的評語，我一直保存至今。考試後，我陪同王老師到大陸省親，有機會聽他說起年青時的經歷，又目睹他與離散四十年的大陸親人重逢，實在令人感慨。碩士畢業後，我一直沒有機會與王老師見面。二〇一三年春，王老師來香港擔任「全漢昇講座」的主講嘉賓，我們闊別二十多年，終於再見。王老師雖然視力欠佳，但思考敏捷，對香港社會經濟情況，尤感興趣。相聚兩天，談笑甚歡。想不到一年多後，王老師遽然離世，憶之悵甚。當年，我以銀行為題的碩士論文由王老師口試，今天正好以一篇關於銀行家的文章，附刊於此，以為紀念。

戰前中日實業公司對華通訊業的投資

陳慈玉[*]

一　前言

　　大抵言之，戰前日本對中國的投資，可分為兩種性質，一為直接的經濟性投資，一為間接的貸款投資；貸款投資的對象有中央政府、各地方政府和民間等，至於經濟性投資的方式，則可細分為日人獨資和中日合資兩大項。自從一八七一年中日通商條約簽訂以來，日人即開始投資於中國的貿易業、航運業和銀行業，但由於本身的經濟發展落後、資本累積不多，所以在日俄戰爭（1904-1905）之前，尚未能貸款給中國，產業投資的規模亦不大。日俄戰爭以後，以漢冶萍公司為主的礦業投資才出現，且逐漸成為日本對中國投資之重要一環。[1]

　　關於列強對中國借款和投資的研究，C.F. Remer 的 *Foreign Investment in China*[2] 可說是第二次世界大戰以前的代表作，不僅提供後人研究列強對華投資的重要資料，而且他對投資方式的分類——分為「直接投資」與「中國政府外債」兩項，也成為對投資方式分類的一指標。他舉出外資對中國經濟發展貢獻不多的原因有：中國傳統家族主義的社會結構欠缺接受外資的能力，

---

[*]　中央研究院近代史研究所研究員。

[1]　東亞研究所編：《日本の對支投資》（東京市：東亞研究所，1942 年），頁 2-4、163-164；杜恂誠：《日本在舊中國的投資》（上海市：上海社會科學院出版社，1986 年），頁 145。

[2]　C.F. Remer, *Foreign Investment in China* (N.Y.: The Macmillan Co., 1933).

列強野心所引起的政治性衝突，中國政府對經濟活動的無力等。在日本對華投資方面，他注重棉紡業、南滿洲鐵道株式會社（以下簡稱「滿鐵」）和漢冶萍公司借款，並未言及日本資本輸出的「國家主導性」和「外資依存性」等特徵。至於樋口弘的《日本の對支投資研究》[3]，深受Remer的影響，以數據顯示日本的對華投資，再與列強相比較，指出日本借款的特徵為：對中國中央政府貸款的金額佔有相當的比重，並且其中約半數來自國家資本，重要貸款之所以能締結是由於使日本資本家和銀行家認為是國家所需，超越本身的利害的緣故，而大部分締結於一九一六至一九一九年，此與他國相異。他亦強調主要對中國投資者是日本的特殊銀行、公司和大財閥，極少聯合壟斷性的投資，但留在中國的日本人中，卻有三分之一為資金薄弱的獨立資本關係者。再者，他雖把對中國的投資區分為：（1）直接事業投資；（2）合辦事業投資；（3）對華貸款；（4）政府借款；（5）公共性文化事業投資等項，但又把鐵路借款、通信借款、礦業借款等，與合辦事業投資一起置於「間接事業投資」項目下，也剔除了對滿鐵的投資部分。

一九四二年東亞研究所出版的《日本の對支投資》，大抵以一九三六年和一九三八年為兩個基準期，區分為「對華經濟性投資」和「對華借款」兩大項，依事業部門和區域，各計算出在中國關內投資額，並根據此數值探討一九三六年以前的投資趨勢，和一九三六到一九三八年為止的變化。該書指出：以往日本對華關內投資以國家資本的貸款和棉業資本的投資紡紗業為主，但一九三六年到一九三八年間，直接和合辦事業投資激增，集中於華北和蒙疆。總之，戰前日本學界對中國借款的研究，皆認為政府資金在投資資金中的比重極大，即使直接的債權者中，特殊銀行和公司亦扮演相當重要的角色，因此「國家主導性」的色彩濃厚，而第一次世界大戰以前，由於日本尚未累積大量資本，故投資的資金中對歐美的依存性頗大。但是他們並未探討借款政策和當時日本對華政策整體的關聯，亦未深究「直接投資」與「間接投資」的關係。

3　樋口弘：《日本の對支投資研究》（東京市：慶應書房，1940年）。

　　第二次世界大戰以後，日本學者在西原借款、製鐵原料借款方面的研究很有成績；而對滿鐵和在華紡紗工廠（在華紡）等直接投資的研究亦頗豐富。換言之，針對戰前所提出的調查資料，以及「國家主導性」和「外資依存性」兩大特徵，戰後不但進行個別的實證分析，並且新闢了「在華紡」和滿鐵史研究的課題，以及財閥史料的整理和研究。在製鐵原料借款方面，日本學者的興趣仍然集中於漢冶萍公司，他們的觀點和中國學者大抵一致，皆認為日本為了獲得鐵礦資源，不斷地貸款給該公司。亦即意欲擴大利潤的日本民間資本，配合加強重工業建設的「國策」，一再地貸款給漢冶萍，以確保能獲得低廉的礦石。至於侯繼明的 *Foreign Investment and Economic Development in China, 1840-1937*，[4] 指出外人大抵投資在與貿易（尤其是出口）有關的領域，並且大部分集中於沿海城市，其數額雖然相對的不大，但對於國內經濟有重要的貢獻，尤其是技術移轉方面。他較不注意通訊事業或礦業的投資問題。

　　再者，國家資本輸出研究會所編的《日本の資本輸出——對中國借款の研究》，[5] 實證分析了第二次世界大戰以前日本對華貸款的具體內容和特質，強調日本在資本主義的累積結構及變化的過程中，面對列強的鐵路投資和中國利權回收運動時，日本「政府資金」的對華貸款之侷限性。該書分門別類整理了二十世紀前半期日本債權的統計，有益於今後的更深入的研究。根據此統計，該書也探討了「民間借款」和九一八事變後對中國佔領區（東北、華北）的直接投資。換言之，投資方式（直接或間接）的決定與當時的政治軍事形勢息息相關。

　　本論文擬利用近代史研究所、日本外交史料館以及三井文庫所藏的檔案資料，以及該公司歷年的營業報告書，論述在日本對華通訊業投資中，中日實業公司所扮演的角色。首先探討該公司的出現契機，其次分析該公司的投

4　Hou Chi-ming, *Foreign Investment and Economic Development in China, 1840-1937* (Cambridge: Harvard University Press, 1965).

5　國家資本輸出研究會編：《日本の資本輸出——對中國借款の研究》（東京都：多賀出版株式會社，1986年）。

資事業內容，並以該公司對北洋政府交通部電話借款為例，分析此類投資的
性質。

二　中日實業公司的出現

中日實業公司的前身是中國興業公司，後者則是辛亥革命後日本資助孫
中山的一種手段。

（一）孫中山與中國興業株式會社

早在武昌起義之後，革命派臨時政府財政短絀，而最早於該年十二月
經由黃興之手從三井財閥取得三十萬兩的組織經費的貸款。[6]在辛亥革命爆發
後，孫文自美國歸來抵達上海。三井物產上海支店長藤瀨政次郎與孫文會
面，孫氏即表達了希望能經由三井物產購入武器及向其借貸從事政治活動的
資金。藤瀨向董事山本條太郎[7]報告此一消息，山本在接到此消息後，以漢
冶萍公司中日合辦化為條件向橫濱正金銀行洽談資金融通事宜。恰巧當時為
漢冶萍公司大股東的清朝郵傳部尚書盛宣懷，在山本的幫助下亡命日本，盛
宣懷在此窮途沒路之際不得不打算接受已成懸案的合併案，但因中國輿論的
反對而作罷。而日方在訂契約前已經先支付的兩百萬元則流入到革命派口

6　國家資本輸出研究會編：《日本の資本輸出——對中國借款の研究》，頁194。

7　山本條太郎（1867-1936）出身越前，一八八二年起進入三井物產服務，一八八八年
　　派駐上海支店，一八九四年代理上海支店長。此後陸續任職大阪支店次長、東京本店
　　理事等職，一九〇九年擔任三井物產常務董事，然一九一四年因西門子事件辭職並
　　遭法院判決有罪。一九一九年創立日支紡織會社，一九二〇年起擔任眾議院議員，
　　一九二七年出任滿鐵社長。見秦郁彥編：《日本近現代人物履歷事典》（東京都：東
　　京大學出版會，2002年），頁612；上田正昭監修：《日本人名大辭典》（東京都：講
　　談社，2001年），頁1006。

袋，革命派又拿這筆錢向三井購買兵器。此計畫是在井上馨[8]的推動下實現的。[9]

孫文又提出振興實業與社會改革的理念，主張設法積極引進外資和向國外借款。一九一二年八、九月間，他與袁世凱會談十三次後，終於答應於一九一三年二月出任北京臨時政府全國鐵路總辦。他在公開演講中，表示為了計畫於十年間敷設二十萬里的鐵路，並建設新都市、振興農業、開發礦業與發展工業，因此必須引進外資才有可能實現。[10]孫氏原本打算赴美求援，但上海三井物產分公司的森恪[11]與之進行交涉後，孫文在森恪的說服下，轉而贊成設立中日合辦之投資會社的必要性，所以同意赴日。因此，孫文就於一九一三年二月赴美途中順便到訪日本，並在山本條太郎等人的介紹下，與

8　井上馨（1836-1915）出身長州藩，一八六三年赴英留學後主張開國倒幕，一八六八年明治政府成立後歷任大藏大丞、大藏少輔、大藏大輔等職。一八七四年離開政府，與益田孝成立先收會社。一八七五年起先後派赴朝鮮、英國從事外交及經濟考察工作。一八八四年授予伯爵，翌年伊藤博文內閣中擔任外務大臣，其後陸續擔任農商務大臣、內務大臣、大藏大臣等要職，一九〇四年受封侯爵。見秦郁彥編：《日本近現代人物履歷事典》，頁67；上田正昭監修：《日本人名大辭典》，頁215。

9　國家資本輸出研究會編：《日本の資本輸出——對中國借款の研究》，頁194，表示為五百萬元，但實際上因中國方面輿論的反對，所以並沒有成立契約，日方只預先支付了二百萬元。見姜克實：〈辛亥革命と犬養毅（一）——借款工作と軍資金——〉，《岡山大學文學部紀要》第61號（2014年7月），頁59-60。作者感謝姜克實教授惠賜此論文。

10　孫文：〈歡迎外資與門戶開放〉，一九一二年九月在北京迎賓館之演講，收入胡漢民編：《總理全集》（上海市：民智書局，1930年），第2集，頁92-95；孫文：〈建設之兩大要務〉，一九一二年十一月在安慶之演講，收入胡漢民編：《總理全集》，第2集，頁142-145；野澤豐：〈民國初期の政治過程と日本の對華投資——とくに中日實業會社の設立をめぐって——〉，《史學研究》（東京）第16期（1958年3月），頁7。

11　森恪（1882-1932）出身大阪府，一九〇一年東京商工中學畢業後至三井物產上海支店任職，其後擔任天津支店店長，積極推動日本對華投資，並曾兼任上海印刷、滿州採炭社長。一九二〇年離開三井投身政界，當選五屆眾議員，一九二七年田中義一內閣出任外務省政務次官、一九三一年犬養毅內閣出任書記官長，晚年主張脫離國際聯盟及提出大東亞共榮圈之構想。見日本工業俱樂部編：《日本の実業家：近代日本を創つた経済人伝記目錄》（東京都：日外アソシエーツ株式会社，2003年），頁295-296；上田正昭監修：《日本人名大辞典》，頁1910。

日本政商界元老澀澤榮一結識。[12]

　　孫文赴日後，與日本實業界人士洽談合資成立中國興業株式會社，森
恪、高木陸郎、[13]尾崎敬義等三井物產關係密切的人士指出，對三井而言，中
國興業的成立是三井對中國革命援助之階段性成果。[14]而在中國南北妥協逐步
統一之際，日方必須尋求新的投資運作方式，並且成立於一九〇九年的東亞
興業會社，由於是外資的緣故，受到當時中國法令的重重限制。因此日方認
為成立中日合辦形式的投資機構來統籌，將會較便於相關事業的擴張。[15]

　　其實，森恪等人也是在日本政府的指示下，進行這次的協商。大藏省
次官（財政部次長）勝田主計[16]於一九一三年二月十八日給澀澤榮一的信函

---

[12] 〈森恪致高木陸郎函〉（1913 年 2 月），日本外務省外交史料館藏《中日實業會社關係
　　雜纂》，檔號 1-7-10-029；《東京日日新聞》，1913 年 2 月 13 日；野澤豐：〈民國初期
　　の政治過程と日本の對華投資——とくに中日實業會社の設立をめぐって——〉，頁
　　2；國家資本輸出研究會編：《日本の資本輸出——對中國借款の研究》，頁 194；片
　　桐庸夫：《民間交流のパイオニア——澀沢栄一の国民外交》（東京都：藤原書店，
　　1913 年），頁 139-141。又，澀沢栄一（1840-1931），明治至大正時代的實業家，早年
　　曾赴歐洲見識西洋近代產業與財政制度。明治以後任職大藏省，參與建立財政、金融
　　制度。明治六年（1873）辭官後參與第一國立銀行、王子製紙、大阪紡織等實業的設
　　立，退休後並從事社會工作，著有《德川慶喜公傳》。見上田正昭監修：《日本人名
　　大辞典》，頁 925。

[13] 高木陸郎（1880-1959）出身越前，一八九七年東京商工中學畢業後加入三井物產，
　　一八九九年通過三井內部的中國實習生考試派駐南京。庚子事變之際，以日本陸軍翻
　　譯的身分參軍前往北京。一九〇一年起陸續擔任三井物產上海、漢口支店特派員，
　　一九一〇年為漢冶萍公司日本代表。一九一四年起出任東亞通商會社社長，一九一八
　　年任職南滿礦業會社，並於一九二二年起同時擔任該社社長與中日實業副總裁。戰時
　　擔任大政翼贊與亞總本部本部長，戰後於一九五一年出任日本國土開發會社社長。
　　見秦郁彥編：《日本近現代人物履歷事典》，頁 298。

[14] 山浦貫一：《森恪》（東京都：高山書院，1943 年），頁 197；野澤豐：〈民國初期的政
　　治過程と日本的對華投資——とくに中日實業會社の設立をめぐって——〉，頁 7。

[15] 山浦貫一：《森恪》，頁 201-212；野澤豐：〈民國初期的政治過程と日本的對華投
　　資——とくに中日實業會社の設立をめぐって——〉，頁 7。

[16] 勝田主計（1869-1948）出身愛媛縣，一八九五年帝國大學法科大學政治科畢業，進入
　　大藏省主稅局服務，翌年文官高等考試及格。歷任橫濱稅關、函館稅關等職，一九〇

中，表達出日本政府支持的立場。他委託澀澤榮一代表日方資本家進行談
判，要求澀澤盡力與孫文合作，也告訴澀澤政府在表面上雖不能與此事發生
關係，但將在背後予以援助。日本政府希望合辦公司的主要任務是對華事業
之投資，特別重視貸款扶助新公司成立，藉此取得在華的利權；而且資本來
源不僅是日本國內資本，也希望能引進外國資本參與。[17]

　　該計畫的執行，在三井物產董事山本條太郎指揮下，森恪一方面通過勝
田主計運作政府部門，另方面積極與孫文接洽。經由三井財閥相關人物的策
劃，中國興業的成立計畫順利執行，至一九一三年三月一日，日本重要企業
集團，如日本銀行、橫濱正金銀行、興業銀行，以及三菱、三井、大倉、
古河等財閥皆同意參與該計畫。三月三日，澀澤榮一、益田孝、[18]大倉喜八

　　三年擔任大藏省理財局國債課長，一九〇七年擔任理財局長。一九一二年出任大藏次
　　官，一九一五年出任朝鮮銀行總裁，一九一六年寺內正毅內閣及一九二四年清浦奎吾
　　內閣兩度擔任大藏大臣，藏相任內多次主持對華借款。見秦郁彥編：《日本近現代人
　　物履歷事典》，頁270-271；上田正昭監修：《日本人名大辞典》，頁969。

17　野口米次郎：《中日實業株式會社三十年史》（東京都：中日實業株式會社，1943
　　年），頁26-27；山浦貫一編：《森恪》，頁206-207。柳澤遊：〈中日實業會社の設立
　　過程とその活動──1910年代日本帝國主義の中國進出についての一考察──〉，
　　《經友論集》（東京）第17號（1976年9月），頁25-26。

18　益田孝（1848-1938）出身於新瀉縣佐渡島幕府金山奉行家庭，曾參與一八六三年幕
　　府訪歐使節團。明治維新後曾與井上馨等成立先收會社於橫濱經商，一八七六年先收
　　會社解散後，加入新成立的三井物產成擔任社長。一八八九從伊藤博文處接手三池煤
　　礦，成立三井礦山，至一九〇一年三井合名會社成立後出任理事長，對三井的發展有
　　極大貢獻。見日本工業俱樂部編：《日本の実業家：近代日本を創つた經濟人伝記目
　　錄》，頁263-265；上田正昭監修：《日本人名大辞典》，頁1740。

郎、[19]山本條太郎、孫文（戴傳賢[20]擔任翻譯）召開聚會，討論中國興業的宗旨及其營業目標。在該次會議中決定章程草案，第三條中特別指明，未來公司將以各種企業的調查、規劃、仲介及投資等為主；第四條則說明公司資本額為五百萬日圓，中日各半；第八條規定日本得引進他國資金參與。不過該會議中有爭議的部分在於中國興業究竟適用中日雙方何者的法律？孫文堅持必須以中國的法律為主。但孫文於五日離開東京後，二十日宋教仁被刺，不久中國就發生二次革命，所以日方經過兩次發起人會議討論，最終決定依照日本商法的規範成立公司。[21]

---

[19] 大倉喜八郎（1837-1928）出身越後，一八六七年在江戶開設槍械店鋪，戊辰戰爭中支援新政府軍火獲得鉅利。一八七三年成立大倉組商會後，從事貿易業，在牡丹社事件及甲午戰爭中皆擔任御用商人。一八九八年成立大倉商業學校（今東京經濟大學），一八九九年擔任東京商業會議所副會長，一九〇五年成立本溪湖煤鐵公司，同時也經營東京電燈事業、臺灣製糖業等，逐步建立大倉財閥的事業版圖。一九一五年受封男爵。見秦郁彥編：《日本近現代人物履歷事典》，頁111；上田正昭監修：《日本人名大辭典》，頁241。

[20] 戴傳賢（1890-1949）字季陶，號天仇，四川漢州人。一九〇五年赴日留學，一九〇九年返國興辦報業，宣傳革命主張。一九一二年擔任孫文機要秘書，翌年二次革命失敗後逃亡日本。一九一七年隨孫文成立護法軍政府，陸續在廣州政府中擔任要角，一九二八年北伐完成後擔任考試院長長達二十年，任內推動成立中央政治學校、西北農林專科學校等教育機構。劉紹唐主編：《民國人物小傳》，第1冊（臺北市：傳記文學出版社，1981年），頁278-279。

[21] 〈中國興業公司設立二關スル協議會筆記〉（1913年3月3日），日本外務省外交史料館藏《中日實業會社關係雜纂》，檔號1-7-10-029；〈井上準之助致阿部守太郎函〉，日本外務省外交史料館藏《中日實業會社關係雜纂》，檔號1-7-10-029；〈阿部守太郎致在北京伊集院公使及在上海有吉總領事函〉（1913年3月7日），日本外務省外交史料館藏《中日實業會社關係雜纂》，檔號1-7-10-029；〈澀澤榮一致阿部守太郎函〉（1913年5月5日），日本外務省外交史料館藏《中日實業會社關係雜纂》，檔號1-7-10-029；〈中日實業有限公司節略〉（1929年6月26日），中央研究院近代史研究所藏《實業部檔案》，檔號17-23-01-72-31-003，中日實業有限公司節略；野口米次郎：《中日實業株式會社三十年史》，頁26；野澤豐：〈民國初期の政治過程と日本の對華投資——とくに中日實業會社の設立をめぐって——〉，頁8。又，井上準之助（1869-1932）出生於大分，一八九六年東京帝國大學法科大學英法科畢業，隨即任職日本銀行。曾任日本銀行大阪支店店長、本店營業局長，一九一一年轉任橫濱正金銀行，

　　中國興業於一九一三年八月十一日正式成立，總裁為孫文，副總裁（代表董事）為倉知鐵吉、[22] 專任董事為尾崎敬義。因為已經爆發第二次革命，所以孫文等人無法參加股東大會。因此中國興業可說實際上由日本方面主導成立的。而早在五月，北京袁世凱政府即表示對此案的關心，並在七月派遣前外交總長孫寶琦與前駐日大使李盛鐸等人，赴日瞭解中日合辦事業籌備的過程，但並未積極參與。[23]

　　從當時中國興業的股東名單中，可以看到日本方面集結了對華投資十分積極的大財閥，而公司的經營階層則由精通對華事務的外交官倉知鐵吉、三井職員尾崎敬義、森恪等擔任，至於同樣在成立過程中大力奔走的高木陸

一九一三年擔任橫濱正金銀行總裁，一九一九年擔任日本銀行總裁。一九二三年第二次山本權兵衛內閣出任大藏大臣，東京大地震時期主持賑災及災後重建。一九二七年金融恐慌時期再度出任日本銀行總裁，一九二九年復任藏相，推動緊縮政策。一九三二年遭血盟團員小沼正暗殺。見日本工業俱樂部編：《日本の実業家：近代日本を創った經濟人伝記目錄》，頁44-45；上田正昭監修：《日本人名大辭典》，頁217。阿部守太郎（1872-1913）出生於大分，一八九六年東京帝國大學法科大學政治學科畢業，隨即進入大藏省主計局任職並通過文官高等考試。一八九七年擔任外務省書記官，歷任參事、秘書、書記等，先後派任英國與中國。一九一二年擔任外務省政務局長兼取調局長，一九一三年發生南京事件，駐軍南京的張勳殺害三名日本僑民、掠奪日人財產，阿部守太郎採溫和處理，但事後遭激進份子岡田滿暗殺，卒後追贈特命全權公使。見秦郁彥編：《日本近現代人物履歷事典》，頁20；上田正昭監修：《日本人名大辭典》，頁70。

22　倉知鐵吉（1871-1944）出身於石川縣，一八九四年東京帝國大學法科大學法律學科畢業後進入內務省土木局任職，一八九六年通過文官高等試驗，隨後轉任外務省，歷任參事、德國公使館書記官，一九〇八年擔任外務省政務局長，參與日韓合併工作。一九一二年擔任外務次官，一九一三年以後為貴族院議員，並於一九一三至一九二二年擔任中日實業公司副總裁。見秦郁彥編：《日本近現代人物履歷事典》，頁199；上田正昭監修：《日本人名大辭典》，頁693。

23　〈北京公使館致牧野外務大臣電〉（1913年5月20日），日本外務省外交史料館藏《中日實業會社關係雜纂》，檔號1-7-10-029；〈牧野外務大臣致北京伊集院公使電〉（1913年5月27日），日本外務省外交史料館藏《中日實業會社關係雜纂》，檔號1-7-10-029；〈伊集院公使致牧野外務大臣電〉（1913年6月20日），日本外務省外交史料館藏《中日實業會社關係雜纂》，檔號1-7-10-029。

郎，卻因規劃出任漢冶萍公司之職務，而辭去中國興業的管理工作。[24]

　　同時，日本政府與財界也關心中國政情發展對此公司前途的影響。

（二）三井財閥與中日實業公司

　　由於二次革命中的失敗，中國方面的董事王一亭、[25]印錫璋[26]乃提出辭呈。為此，森恪乃於九月十五日赴上海與周金箴、[27]朱葆三、[28]印錫璋召開會

---

[24] 野口米次郎：《中日實業株式會社三十年史》，頁41-46；柳澤遊：〈中日實業會社の設立過程とその活動──1910年代日本帝國主義の中國進出についての一考察──〉，頁27。森恪在中國興業成立過程中十分積極奔走，使得雖然他同時擔任的三井物產天津分行行長的職務，然而許多訪客在天津分行中無法找到人，甚至因此致電東京總部投訴，見山浦貫一編：《森恪》，頁212。

[25] 王一亭（1867-1938）本名王震，字一亭，浙江吳興人。十三歲即進入上海著名商人李平書的錢莊當學徒，復任職於李氏經營的天餘號經營海運業務，升至經理。一九〇七年日清汽船會社成立後，擔任上海支店買辦，陸續與三井、三菱等有商務往來。一九一〇年加入同盟會，一九一三年二次革命期間王震大力支持陳其美，隨後遭北京政府通緝，藏匿於英租界中。一九二二年後復出擔任中國商業儲蓄銀行董事長、中國佛教會會長等職，長期從事繪畫藝術與賑災事業。劉紹唐主編：《民國人物小傳》，第10冊（臺北市：傳記文學出版社，1988年），頁35-43。

[26] 印錫璋（1864-1915）本名印有模，字錫璋，江蘇嘉定人。早年隨父親在上海布店學習經商，一八八三年起陸續在滬開辦紗廠及農場，一九〇七年入股商務印書館，一九〇九年與日本合作擴充商務印書館設備，致力推動出版工作。一九一四年擔任商務印書館總經理，大量編譯各類書籍，翌年病逝於日本。吳成平主編：《上海名人辭典》（上海市：上海辭書出版社，2000年），頁75。

[27] 周金箴（1847-？），亦名周晉鑣，浙江海定人，曾創辦四明銀行、華洋華興保險公司、通久源軋花廠等企業，一九〇二年上海商業會議公所成立時擔任協理，一九〇八年任上海商務總會會長，一九一二年擔任上海總商會總理。見吳成平主編：《上海名人辭典》，頁335。

[28] 朱葆三（1848-1926）原名佩珍，字葆三，浙江定海人。一八六一年遷居上海進入五金行擔任學徒，一八七八年開設慎裕五金號經營五金機械進口生意，此後陸續參與中孚銀行、東方輪船公司、華興水火保險公司、和豐紗廠、廣州自來水公司及漢口既濟水電公司等新式事業。辛亥革命前後朱葆三主持的寧商總會成為革命黨人藏身處，一九一二年並成立中華銀行支持南京臨時政府經費，一九一五年擔任上海總商會

議，會議決定接受孫文、張靜江、[29]王一亭、沈縵雲[30]之辭呈，暫時由印錫
璋、周金箴、朱葆三擔任中國方面的董事。[31]十月，日本方面由外務省次官
（外交次長）松井慶四郎、政務局長小池張造以及大藏省次官勝田主計等人
拍板定案，決定改組中國興業，並將中國方面的合作對象改為北京政府。[32]隨
即，日方派遣倉知鐵吉赴北京協商，經過冗長交涉，雙方決定改組公司。[33]改
組後的中日實業株式會社，於一九一四年四月二十五日召開股東大會，中方

總理，晚年從事賑災救濟事業及興辦學校。劉紹唐主編：《民國人物小傳》，第 14 冊
（臺北市：傳記文學出版社，1992 年），頁 49-54。

[29] 張靜江（1877-1950）本名人傑，字靜江，浙江吳興人，家族為江南巨富，一八九六年
捐江蘇候補道，一九〇一年以駐法公使孫寶琦商務隨員的身分赴法。一九〇二年起於
巴黎經營古玩及茶業生意，並資助革命運動。辛亥革命後返國，先後支持孫文發動二
次革命、組織中華革命黨及廣州國民政府等，一九二六年中山艦事件後擔任中央執行
委員會代理主席。一九二八年擔任國民政府建設委員會委員長，任內主持多處電廠、
無線電臺、淮南煤礦、江南汽車公司、鐵公路及電信建設等。劉紹唐主編：《民國人
物小傳》，第 1 冊，頁 165-167。

[30] 沈縵雲（1868-1915）本名沈懋昭，字縵雲，江蘇無錫人，一八八九年舉人。家族原
先在無錫經商，一九〇六年至上海創辦信成商業儲蓄銀行，其後參與上海的商人組
織。一九一〇年加入同盟會資助革命活動，辛亥革命發生後參與組織中華銀行，籌募
南京臨時政府經費，其後為協助孫文的實業計畫成立中華實業銀行。一九一三年二次
革命發生後舉家逃亡大連，於一九一五年遭毒斃。見李新總編：《中華民國史人物傳》
（北京市：中華書局，2011 年），第 5 卷，頁 3038-3043。

[31] 野口米次郎：《中日實業株式會社三十年史》，頁 59-61。

[32] 〈阿部政務局長致澀澤男爵函〉（1913 年 9 月 1 日），日本外務省外交史料館藏《中日
實業會社關係雜纂》，檔號 1-7-10-029；〈山座公使致牧野外務大臣電〉（1913 年 9 月
18 日），日本外務省外交史料館藏《中日實業會社關係雜纂》，檔號 1-7-10-029；〈倉
知鐵吉致松井外務次官函〉（1913 年 9 月 22 日），日本外務省外交史料館藏《中日實
業會社關係雜纂》，檔號 1-7-10-029；野口米次郎：《中日實業株式會社三十年史》，
頁 64-65；柳澤遊：〈中日實業會社の設立過程とその活動——1910 年代日本帝國主
義の中國進出についての一考察——〉，頁 28-29。

[33] 詳見野澤豐：〈民國初期の政治過程と日本の對華投資——とくに中日實業會社の設
立をめぐって——〉，頁 10-16。

股東除了印錫璋、朱葆三、周金箴留任外，新加入張謇、[34]楊士琦[35]等北京政府關係密切的人士。中日實業總裁由楊士琦出任，專務董事為孫多森。[36]改組完成後，澀澤榮一隨即於五月出發訪華，先前往中日實業公司業務重心的長江流域訪問，隨後赴北京與袁世凱等政要會談。由於澀澤大動作走訪英國勢力範圍的華中地區，因此引起當時在華外國媒體的注意，認為這是日本資本進入中國的信號。澀澤訪華時所發表的談話，強調中日共同開發利源，這應是日方資本家希望經由對華投資達到的目的。[37]

---

[34] 張謇（1853-1926）字季直，江蘇南通人，一八九四年狀元。一八九五年因父喪回家鄉經營實業，先後成立大生紗廠、廣生榨油公司、復興麵粉公司、通海墾牧公司等多家新式企業。一九〇五年後陸續創辦復旦公學以及多家教育機構，並長期擔任江蘇省教育會長。一九〇九年擔任江蘇諮議局長，一九一二年南京臨時政府成立後擔任實業總長，其後出任北京政府熊希齡內閣工商、農林總長，袁世凱稱帝時尊稱為嵩山四友。劉紹唐主編：《民國人物小傳》，第1冊，頁160-162。

[35] 楊士琦（1862-1918），字杏城，安徽泗州人。一八八二年舉人，曾擔任李鴻章幕僚，參與八國聯軍議和。一九〇一年李鴻章逝世後改投袁世凱幕僚，負責洋務及辦理招商局、電報局等事業，為袁氏之智囊。一九一一年袁世凱內閣成立後擔任郵傳部大臣，參與對南軍議和。一九一四年袁世凱廢除國務院改設政事堂，以楊士琦為政事堂左丞，與國務卿徐世昌、右丞錢能訓分掌行政事務，多次協助袁氏打擊政敵、推動洪憲帝制。袁氏逝世後楊士琦失勢，移居上海以終。劉紹唐主編：《民國人物小傳》，第8冊（臺北市：傳記文學出版社，1987年），頁404-413。

[36] 孫多森（1867-1919），字蔭庭，安徽壽州人，一八八五年秀才。一八九八年與其兄孫多鑫在上海創辦阜豐麵粉公司，稍後投身袁世凱幕府，與周學熙合作相繼經營啟新洋灰、灤州礦務公司及北京自來水公司等事業。一九一三年出任中國銀行總裁，同年二次革命發生，孫多森先被指派為安徽都督，但旋遭軟禁於都督府，革命平息後擔任赴日實業考察專使，一九一四年與日本共同創辦中日實業公司。一九一四年袁世凱政府成立通惠實業特種公司，孫多森為籌辦人，陸續在各地成立新式企業、創辦中孚銀行等機構壯大經營事業，在一戰期間發展興旺。見李新總編：《中華民國史人物傳》，第5卷，頁3281-3284。

[37] 〈澀沢ノ中国訪問ニ関シ報告ノ件〉（1914年5月29日），《日本外交文書》大正三年第二冊（東京都：外務省，1965年），頁617-620；"BARON SHIBUSAWA IN CHINA," *THE NORTH CHINA HERALD*, volume 128. issue 2439 (1914/MAY/09).「北華捷報線上典藏資料庫」（North China Herald Online）：http://nch.primarysourcesonline.nl/nch/，2014年8月8日索檢；野澤豐：〈民國初期の政治過程と日本の對華投資——と

在這些參與投資行動的日本財經界中，最積極的就是三井財閥，其中心為三井物產會社。該會社早於一八七六年即因為要販賣三池煤炭到中國而在上海開設分公司，次年又在天津設立辦事處，二十年後（馬關條約後）將辦事處升格為分公司，可說是日本在華北從事貿易業的先驅。[38]三井同時表現出對華投資的企圖心，在一九〇四年和橫濱正金銀行共同經由日本興業銀行，貸款三百萬日圓給大冶鐵礦，以確保鐵礦石能持續供給八幡製鐵所（一八九七年開始營運）。[39]

一九一〇年三井財閥更進一步派遣三井銀行職員尾崎敬義赴中國考察，一九一一年尾崎在股東會上，提出「對支放資論」（對華投資論）的考察報告，認為應聯合日本銀行業及資本家，加強對華貸款，經由政治介入的方式來提高在經濟領域的影響力。[40]尾崎敬義特別指出，對華貸款的目的在於投資鐵路、工礦業部門，以進一步獲取利權；尾崎同時也在結論指出，對東亞興業會社的改造迫在眉睫，因為東亞興業是日資獨資公司，處處受到中國法律的限制，故成立中日合辦事業是當務之急。[41]蓋成立於一九〇九年的東亞興業，曾為日本政府對華投資的唯一機構，創設之初亦參與江西南潯鐵路修築，並引介大倉財閥承包工程，這是日本參與中國鐵路修築之始。由於東亞興業並非中日合辦公司，故受制於中國法令，而大倉財閥也僅能成立子公司「久樂公司」承接工程。對於這些限制，日方一直苦思對策，其解決之道便是成立中日雙方合資公司。[42]

くに中日實業會社の設立をめぐって——〉，頁16；野口米次郎：《中日實業株式會社三十年史》，頁101-102；柳澤遊：〈中日實業會社の設立過程とその活動——1910年代日本帝國主義の中國進出についての一考察——〉，頁29。

38 東亞研究所編：《日本の對支投資》，頁3、10。三菱商會則更早在一八七五年設立上海分公司，橫濱正金銀行直到一八九三年才開設分行於上海，見東亞研究所編：《日本の對支投資》，頁4。

39 東亞研究所編：《日本の對支投資》，頁9-10。

40 山浦貫一編：《森恪》，頁198-199。

41 山浦貫一編：《森恪》，頁200。

42 山浦貫一編：《森恪》，頁201。

　　尾崎敬義的主張提出後，隨即經由其密友高木陸郎而獲得森恪的支持，三人形成提倡中日合辦事業運動的緊密小組。高木陸郎任職於旭公司，該公司乃三井物產於一九一一年成立的對華事業機構，致力於中國礦產調查，其參與人員皆為推動合辦事業運動的人士，因此中日實業成立後，旭公司業務自然合併進入新公司；[43] 森恪此時則是三井物產天津分行長，三人無疑都是三井系統的人馬。在他們的推動下，先將尾崎的報告印送當時內閣總理桂太郎、外務省、大藏省、軍部各部門要人，以及小村壽太郎、井上馨等政界要人，並分送澀澤榮一、大倉喜八郎等民間有力人士，故引起各界重視。政府部門也認同成立合辦事業的主張，遂加速計畫進行。在具體分工上，日本國內由山本條太郎、高木陸郎二人負責奔走聯繫；尾崎敬義負責聯絡大藏省勝田主計等人士；森恪則常駐中國，負責與中國方面重要人士接觸。合辦事業運動於是形成三級結構：

第一級	第二級	第三級
	山本條太郎	
益田孝	勝田主計	尾崎敬義
澀澤榮一	小村壽太郎	高木陸郎
	其他民間有力人士	森恪

具體的基礎工作可說由森恪等三人負責。[44]

　　旭公司在首相桂太郎的支持下，於一九一一年派出兩組大規模礦山調查

---

[43] 山浦貫一編：《森恪》，頁 204-206。

[44] 山浦貫一編：《森恪》，頁 202-203。野口米次郎：《中日實業株式會社三十年史》，頁 12-13；柳澤遊：〈中日實業會社の設立過程とその活動──1910 年代日本帝國主義の中國進出についての一考察──〉，頁 23。又，小村壽太郎（1855-1911）出身宮崎，一八七四年進入東京開成學校法學科，翌年取得文部省美國留學生資格，赴美進入哈佛大學法律系，一八七八年畢業歸國後先進入司法省任職，一八八七改任職於外務省，歷任翻譯局次長、局長、駐華公使館參事、代理駐華公使等，一八九四年擔任外務省政務局長，陸續任駐朝、駐美公使。一九〇一年為外務大臣，日俄戰爭後擔任議和全權代表，簽訂普茲茅斯條約，並於翌年出任駐英大使。一九一一年受封侯爵，擔任貴族院議員。見秦郁彥編：《日本近現代人物履歷事典》，頁 250；上田正昭監修：《日本人名大辭典》，頁 791。

隊前往中國。第一隊前往湖南的調查隊，由礦山局技師杉本五十鈴帶領，調查結果以銻礦最為重要；第二隊調查隊前往浙江、安徽、江蘇、江西及湖北等處，以煤礦為主要調查對象。[45]旭公司的調查具有重要意義，是當時日本政府具體訂定方針，由財閥大規模執行對華調查的開端。[46]後來乃發生前述與孫文接觸，進而成立中國興業會社的舉動，又因中國政情的變化，改組中國興業為中日實業株式會社，而旭公司的指導者也成為後來中日實業的骨幹社員。

中日實業在一九一四年六月正式在完成農商部登記，取得了中日雙方的法人資格。七月北京政府正式公告中日實業的章程，不過楊士琦出任總裁的任命卻飽受各界批評，被迫辭去中日實業總裁的職務，改由李士偉接任。[47]袁世凱政府採取表面上支持，實際上抵制的作法，使得初期中日實業的業務進展有限。甚至北京政府在一九一五年初成立國營的通惠特種公司，向中國、交通、鹽業三銀行募集二五〇萬元之資本額，並安排孫多森擔任臨時總裁，於同年九月二十六日正式成立，[48]企圖引進西方資本，俾便與中日實業公司對抗。

---

45 野口米次郎：《中日實業株式會社三十年史》，頁14；柳澤遊：〈中日實業會社の設立過程とその活動──1910年代日本帝國主義の中國進出についての一考察──〉，頁23。

46 山浦貫一編：《森恪》，頁202；柳澤遊：〈中日實業會社の設立過程とその活動──1910年代日本帝國主義の中國進出についての一考察──〉，頁24。

47 〈楊士琦中日實業会社總裁辞任ニ関スル件〉（1914年7月25日），《日本外交文書》大正三年第二冊，頁625-628；野澤豐：〈民國初期の政治過程と日本の對華投資──とくに中日實業會社の設立をめぐって──〉，頁16。又，李士偉（1883-1927）字伯芝，河北永年人。一九〇一年赴日本早稻田大學經濟科就讀，一九〇六年畢業後歸國加入袁世凱幕府任直隸總督秘書。其後擔任北洋師範學校學監、井陘礦務局督辦、合興礦業公司總辦、啟新洋灰公司及北京自業水廠董事、中國工業銀行總裁等職，協助袁氏興辦新式實業。民國成立後先擔任總統府財政顧問，一九一五年出任中國銀行及中日實業公司總裁，一九二一年擔任財政總長。見徐友春主編：《民國人物大辭典》，增訂版（石家莊市：河北人民出版社，2007年），頁448。

48 〈通惠公司ノ營業開始ニ関シ報告ノ件〉（1915年9月30日），《日本外交文書》大正四年第二冊（東京都：外務省，1966年），頁397；國家資本輸出研究會編：《日本の資本輸出──對中國借款の研究》，頁195-196。此一事件的背景，日本大隈內閣對

由於中國政治形勢與日本政府政策之改變，以及中國方面幹部的不斷更替，此一時期中日實業公司無重要成就可言。到一九一六年黎元洪繼任大總統以後，北京政府親日派勢力提高，各種大小借款陸續簽訂，中日實業的業務才長足有進步。[49]

即使如此，在三井財閥森恪等人的強勢運作下，希望日本政府採取更具企圖心的外交方針以促進中日經濟合作，因此中日實業會社的辦事處，實際上成為日本政府向中國提出廿一條要求的參謀本部，即使是日本駐華公使館也無法掌握森恪等人的意向。[50]取得中國合法法人地位的中日實業，則成為日本以結合企業聯合團與國家資金的模式來投資國外的典範。

三　中日實業公司的投資事業分析

中日實業公司成立後，即從一九一三年開始派遣技師到長江沿岸調查礦山，並在一九一五年取得武昌漢口電信局設備標案；次年投資河南彰德電燈公司；一九一九年更設立資金二千萬圓的東亞勸業株式會社，俾便開發華北地區的農業。如表一所示，該公司也對土地投資、金融業、棉業、製紙業等有興趣，更計畫發展東北漁撈業，可說是企圖從事多元化經營。

袁世凱政策的改變。該內閣反對袁世凱的帝制計畫，並且還公然在閣議上決定援助民間之南方派的反袁行動計畫。

49　山浦貫一編：《森恪》，頁226。

50　山浦貫一編：《森恪》，頁370-371；野澤豐：〈民國初期の政治過程と日本の對華投資——とくに中日實業會社の設立をめぐって——〉，頁17；柳澤遊：〈中日實業會社の設立過程とその活動——1910年代日本帝國主義の中國進出についての一考察——〉，頁30。至於有關中國政府的態度和輿論的反應，相關研究相當豐富，在此不擬贅言。

表一　中日實業公司投資事業活動一覽表（1913-1943）

產業		投資年代
礦業	1913	派遣技師調查長江沿岸礦山。
	1914	安徽繁昌鐵礦、懷寧煤礦、江西樂平、餘干煤礦等洽談開發計畫。與中國政府簽訂鑄幣用銅礦購買契約。
	1915	派遣技師調查華中各地金、銀、鐵、硫化鐵、亞鉛、煤等礦產。與安徽繁昌鐵礦締結契約，取得江西樂平煤礦、安徽懷寧煤礦採掘許可。
	1916	派遣技師調查長江流域各省煤礦，安徽懷寧煤礦探勘發現無煙煤，與奉天復興煤礦締結借款契約，河南豫昌煤礦開始探勘。投資安徽繁昌鐵礦輕便鐵道、荻港建設費。成立東洋製鐵株式會社。取得安徽懷寧大凸山煤礦、江西餘干煤礦採掘權，惟二者最終並未正式開採。
	1918	繁昌鐵礦10月正式輸出礦石，成立東洋運礦株式會社。成立長沙辦事處及化學分析所擴張湘省業務；與直隸井陘的正豐、民興煤礦公司洽談由日方專賣並設立製作所。取得陝西延長油田探勘權。貸款湖北省蒲圻縣開源煤礦25萬圓，但因中國排日風潮影響，開採中斷。
	1920	繁昌鐵礦石改輸往八幡製鐵所。
	1922	除繁昌鐵礦外，各處礦山採取處理擔保品及收回債權等措施。
	1924	因銻礦價格高漲，加速調查湖南銻礦資源，貸款新化線錫礦山、和記銻礦煉化廠總計26萬圓。
	1925	與湖南裕甡錳礦公司合資成立龍山銻礦公司。
	1934	東洋製鐵株式會社解散。
	1937	抗戰爆發，繁昌鐵礦中止開採。
	1938	華中礦業株式會社開始探勘繁昌附近之三山鐵礦。
	1939	繁昌鐵礦專賣權專移給華中礦業株式會社。
	1941	調查河北、河南、山東、蒙疆等地之煤礦；冀東之重石礦；各地螢石礦等資源。

	1942	訂定河北武安煤礦年產15萬噸採掘計畫，探勘山東莒縣煤礦，取得河北密雲鎢礦採掘許可。
	1943	河北武安煤礦、山東莒縣煤礦取得採掘許可，但受限於游擊隊攻擊，無法開採。設立山東螢石統治會社，開發山東省蓬萊縣譚家溝之螢石礦。
電氣事業	1916	投資河南彰德電燈公司。
	1917	派員調查華中地區電氣事業概況，貸款予湖南衡州、浙江嘉善、鎮海、平湖等電燈公司，並推薦技師協助經營。
	1918	投資浙江紹興、嘉興、江蘇清江埔、淮安、振泰、利淮、普明、河南洛陽、江西景德鎮、湖北沙市、湖南湘潭、安徽盧州、山東博山等電燈公司。電燈事業已累積17件約164萬圓借款。
	1919	與支那興業株式會社合資成立中華電業株式會社，資本300萬圓，8月收購中華電信全額股份。
	1920	中華電業株式會社改名為中國工商株式會社。
	1921	中國工商株式會社除電力事業外，兼營營造業。
	1937	與山東省主席韓復榘合資組成魯東電力株式會社，6月正式成立，但隨即因抗戰爆發中止。
電信事業	1915	取得武昌漢口電信局設備標案。
	1916	取得北京電話局擴建工程、交通部電話借款。
	1917	武漢電話局工程完工。
	1918	交通部電話借款1000萬圓。
	1919	投資300萬圓成立中華電氣製作所，生產各類電信材料。
	1920	中華電氣製作所浦東工廠動工。
	1921	中華電氣製作所浦東工廠年竣工，翌年投產。
	1928	電話借款債權經與國民政府交涉爭取後，由交通部繼承。
	1931	電話借款經張學良交涉，聘用日人擔任北京電話局會計主任。
	1933	由天津電話局協助支付電話借款利息。

	1935	交通部電話借款締結新約，在住友電線製造所、古河電氣工業株式會社加入電信材料借款，三井物產武漢電話材料費等一併整理的條件下，犧牲原契約利益，改訂新約。青島電話局電話增設計畫優先採購日方產品。
農業	1919	成立東亞勸業株式會社，資本金2000萬圓，以開發華北農業為目的。
	1921	以大倉組、東洋拓殖及中日實業為核心改組東亞勸業，承擔東北及朝鮮土地開發事業。
	1939	向日軍華北方面軍參謀長山下奉文遞交計畫書，希望以開發華北土地改良事業、促進農業發展為主要業務。10月臨時股東大會中正式變更公司營業目的。調查天津茶淀、軍糧城、河北涿縣及冀東各處土地。
	1940	以茶淀、軍糧城等處5.8萬畝土地組織華北農事試驗場，進行灌溉工程、招募農民等工作。
	1941	華北農事試驗場移交華北墾業有限公司。戰前山東實業界款借款計畫，規劃用於鄒平、滋陽等縣之農地開發計畫。
	1942	山東實業借款還款計畫改於昌邑縣進行開發。
	1943	山東昌邑縣農場開發計畫陸續完成灌溉工程，引進農民進行耕作，但受到游擊隊威脅。
其他事業	1913	出資5萬圓參與三井、大倉、三菱、臺銀等組成的浦口土地組合，開發津浦鐵路終點站附近的土地。
	1915	成立滿蒙調查會，針對南滿州及東蒙工商業、礦產、農業活動等進行調查。與湖南興業銀行等成立中日銀行，資本100萬圓，總行設於長沙。
	1917	山東省實業借款150萬圓。成立東洋鹽業株式會社、華中匯業銀行。12月通過直隸水災借款，貸與中國政府500萬圓。
	1918	山東省實業借款增貸350萬圓，以膠濟鐵路貨物稅及其他稅收擔保。

	1919	投資100萬圓成立中國棉業株式會社、500萬圓成立東亞土木企業株式會社（大連）、100萬圓成立長江硝子工業株式會社（長沙）。貸款財政部漢口紙廠70萬圓，至1925年再追加100萬圓。
	1920	中國棉業株式會社於河南鄭州設立工廠，並於江蘇海州、天津及陝西等處考察棉花種植場。
	1921	中國棉業株式會社鄭州工廠停工。與德商合作成立禮豐洋行，拓展中國內地業務。
	1925	購置2艘機動漁船，計畫發展東北漁撈業。
	1927	終止東北捕魚事業。

資料來源：據野口米次郎：《中日實業株式會社三十年史》（東京都：中日實業株式會社，1943年），頁134-206；歷年營業報告書之「業務報告」整理。

從表一的投資活動中，可以明顯看出其投資重心首在礦業，其次是通訊和電力事業，並且有時也與其他財閥如三井、大倉、三菱以及臺灣銀行合資。但是就投資金額（即貸款）而言，有如表二所示，通訊業是最大宗。

表二　中日實業公司對華貸款一覽表

契約年	借款名稱	金額	債務人	用途	債務人別	利率(%)	償還期限	資金來源
1912	湖南省豐記公司借款	¥70,000	豐記公司	礦業	民間	8.00	-	
1915	安徽省裕繁鐵礦公司借款-1	Y200,000	裕繁鐵礦公司	礦業	民間	6.00	-	
1916	安徽省裕繁鐵礦公司借款-2	¥1,711,724	裕繁鐵礦公司	礦業	民間	6.00	40年	
1916	奉天省復興煤礦公司借款	Y10,000	復興煤礦公司	礦業	民間	9.60	1年	

1916	武漢電話借款	L92,281	中央政府交通部	通信	中央政府	7.00	2年6個月	三井物產（92,281兩）
1916	交通部電話借款-1	¥1,000,000	中央政府交通部	通信	中央政府	8.40	2年	
1916	交通部電話借款-2	¥1,000,000	中央政府交通部	通信	中央政府	8.40	2年	
1916	交通部電話借款-3	¥1,000,000	中央政府交通部	通信	中央政府	8.40	2年	
1916	湖南省彰德中興電燈公司借款	¥50,000	中興電燈公司	電力	民間	10.00	5年	
1916	漢口造紙廠借款-1	¥2,000,000	中央政府	其他	中央政府	8.40	2年	臺銀、第百銀（各100萬円）
1917	湖南省志記和記銻礦精煉廠借款	L50,000	志記和記銻礦精煉廠	礦業	民間	9.00	1年	
1917	安平炭礦公司借款	Y3,000	安平炭礦公司	礦業	民間	9.60	6個月	
1917	浙江省嘉善光華電燈公司借款	¥50,000	光華電燈公司	電力	民間	9.00	7年	臺銀（5萬円）
1917	浙江省鎮海華明電燈公司借款	¥60,000	華明電燈公司	電力	民間	9.00	7年	臺銀（6萬円）
1917	浙江省平湖電燈公司借款	¥60,000	平湖電燈公司	電力	民間	9.00	6年	臺銀（6萬円）
1917	湖南省衡州泰記電燈公司借款	¥105,000	泰記電燈公司	電力	民間	9.00	6年	臺銀（10.5萬円）
1917	上海申新紡織公司借款	¥400,000	申新紡織公司	其他	民間	8.50	6個月	

1917	天津華新紡織公司借款	¥500,000	華新紡織公司	其他	民間	8.50	2年	臺銀、朝鮮銀行（各17萬円）、興業銀行（16萬円）
1918	湖南省長沙開源礦務公司借款	¥255,000	開源礦務公司	礦業	民間	9.00	5年	
1918	湖南省長沙謝重齋借款	¥450,000	謝重齋	礦業	民間	9.00	5年	
1918	交通部電話擴張借款	¥10,000,000	中央政府交通部	通信	中央政府	8.00	3年	臺銀、鮮銀、興銀（各200萬円）、古河、住友（各150萬円）、第一銀（100萬円）/臺銀（8萬円）
1918	浙江省嘉興永明電燈公司借款	¥80,000	永明電燈公司	電力	民間	9.00	4年1個月	
1918	湖南省湘潭大明電燈公司借款	¥370,000	大明電燈公司	電力	民間	9.00	9年	臺銀（37萬円）
1918	湖南省洛陽電燈公司借款	¥180,000	洛陽電燈公司	電力	民間	9.00	7年	臺銀（18萬円）
1918	湖北省沙市普照電燈公司借款	¥175,000	普照電燈公司	電力	民間	9.00	5年	臺銀（17.5萬円）
1918	江蘇省泰縣振泰電燈公司借款	¥57,000	振泰電燈公司	電力	民間	9.00	5年	臺銀（5.7萬円）
1918	江西省景德鎮電燈公司借款	¥400,000	景德鎮電燈公司	電力	民間	9.00	7年	臺銀（40萬円）
1918	安徽省盧州明新電燈公司借款	¥100,000	明新電燈公司	電力	民間	9.00	5年	臺銀（10萬円）

1918	江蘇省青江浦振淮電燈公司借款	¥135,000	振淮、利淮電燈公司	電力	民間	9.00	7年	臺銀（13.5萬円）
1918	山東省博山電燈公司借款-1	¥140,000	博山電燈公司	電力	民間	9.00	7年	鮮銀（14萬円）
1918	江蘇省淮安普明電燈公司借款	¥170,000	淮安電燈公司	電力	民間	9.00	8年	臺銀（17萬円）
1918	浙江省紹興華光電燈公司借款	¥60,000	華光電燈公司	電力	民間	9.50	3年	臺銀（6萬円）
1918	山東省實業借款	¥3,500,000	山東省政府	其他	地方政府	10.32	6個月	興銀（118萬円）、臺銀、鮮銀（各116萬円）
1919	博山輕便鐵道借款	¥300,000	華孚商業銀行	鐵道	民間	10.00	5年	アジア煙草（30萬円）
1919	江西省集成百煉煤礦公司借款	¥11,720	集成百煉煤礦公司	礦業	民間	-	-	
1919	電話材料費（應收帳款）借款	¥1,180,334	中央政府交通部	通信	中央政府	8.00	3年	
1919	電線類應收帳款	¥3,401,000	中央政府交通部	通信	中央政府	8.00	3年3個月	住友、古河（340萬円）
1919	山東省博山電燈公司借款-2	¥130,000	博山電燈公司	電力	民間	9.00	6年2個月	鮮銀（13萬円）
1919	漢口造紙廠借款-2	¥516,484	中央政府	其他	中央政府	8.00	4年	三菱商事（提供機械設備）
1919	漢口造紙廠借款-3	¥400,000	中央政府	其他	中央政府	10.80	4年	臺銀（25萬円）、鮮銀（15萬円）
1919	湖南省長江硝子公司借款	¥80,018	長江硝子公司	其他	民間	11.00	1年6個月	

1920	湖南省大源公司借款	¥10,000	大源公司	礦業	民間	-	-	
1920	安徽省裕繁公司借款-3	Y330,000	裕繁公司	礦業	民間	6.00	40年	
1920	安徽省裕繁公司借款-4	¥2,500,000	裕繁公司	礦業	民間	6.00	35年	東洋製鐵（224萬円）
1920	安徽省裕繁公司借款-5	¥1,500,000	裕繁公司	礦業	民間	7.50	15年	大藏省預金部（150萬円）
1920	財政部紡織借款	¥10,000,000	中央政府財政部	其他	中央政府	10.80	2年	在阪紡績業者（300萬円）
1921	兵器運送費預付款	Y91,449	中央政府財政部	軍事	中央政府	8.00	7個月	
1921	安徽省裕繁公司借款-6	¥1,500,000	裕繁公司	礦業	民間	7.00	15年	中日實業社債（120萬円）
1922	奉天省中和興業公司借款	¥26,174	中和興業公司	礦業	民間	7.20	-	
1923	安徽省裕繁公司借款-7	¥3,250,000	裕繁公司	礦業	民間	6.00	17年	大藏省預金部（325萬円）
總計	¥49,613,757	總件數	50件					

說明：1. ¥代表日圓、Y代表中國元、L代表中國兩。Y=¥、L=1.5¥。

　　　2. 僅限新成立的貸款。

資料來源：坂本雅子，〈對中國投資機關の特質〉，國家資本輸出研究會編：《日本の資本輸出──對中國借款の研究》（東京都：多賀出版，1986年），頁173-211；〈使途別對中國債權統計〉，《日本の資本輸出──對中國借款の研究》，頁364-408；台湾銀行史編纂室編：《臺灣銀行史》（東京都：台湾銀行史編纂室，1964年），頁324-365。

　　再就此表加以分析，製成表三和圖一、圖二，可看出投資金額中，通訊業雖然只有七件，但佔有總金額的百分之三十五點五六比重；相形之下，十六件礦業的貸款只佔總金額的百分之二十三點九一；而電力事業雖數量最

多（十七件），金額比重卻僅百分之四點六八而已，此乃因為投資的大多是小型的電燈公司之故。

其次，如果依照債務人的性質來分析，五十件貸款案中，中央政府雖只有十二件，金額比重卻高達百分之六十一點七八，三十七件的民間單位則都是小額貸款，因此比重只有前者之半，地方政府僅山東省實業借款而已。由此可知該公司與當時中央政府的緊密關係。

進一步自投資年代觀之，幾乎是集中在一九一〇年代後期（1916-1920），共有四十四件，金額高達四四四七六一三四日圓，佔總金額的百分之八十九點六四強。或可說是該公司對華投資的黃金時期。

表三　中日實業公司對華貸款分類表

依用途別				
用途	件數	佔總件數%	金額（日圓）	佔總金額%
通訊	7	14	17,642,855	35.56
礦業	16	32	11,860,951	23.91
電力	17	34	2,322,000	4.68
鐵道	1	2	300,000	0.60
軍事	1	2	91,449	0.18
其他	8	16	17,396,502	35.06
依債務人別				
債務人	件數	佔總件數%	金額（日圓）	佔總金額%
中央政府	12	24	30,650,788	61.78
民間	37	74	15,462,969	31.17
地方政府	1	2	3,500,000	7.05
依年代別				
年代	件數	佔總件數%	金額（日圓）	佔總金額%
1912	1	2	70,000	0.14
1915	1	2	200,000	0.40
1916	8	16	6,833,245	13.77

1917	8	16	1,211,333	2.44
1918	15	30	16,072,000	32.39
1919	8	16	6,019,556	12.13
1920	5	10	14,340,000	28.90
1921	2	4	1,591,449	3.21
1922	1	2	26,174	0.05
1923	1	2	3,250,000	6.55
總件數		50件	總金額	¥49,613,757

說明：依表二金額，Y=¥、L=1.5¥，換算為日圓（¥）。

資料來源：表二。

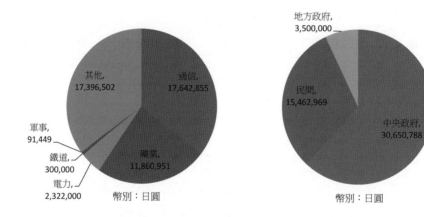

圖一　中日實業公司對華貸款用途與債務人比例圖

資料來源：表3。

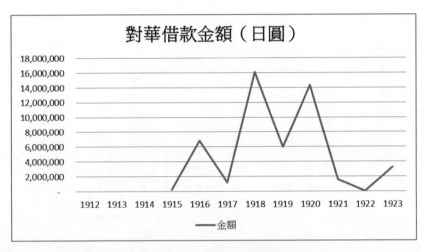

圖二　中日實業公司對華貸款用歷年金額變化圖

資料來源：表三

　　至於該公司成立之後總體的營業利潤，我們以圖三表示。可觀察到其利潤並不大，甚至出現虧損的現象。如前所言，它的事業範圍包括礦業、交通與電力通訊業、農業、棉業等的投資，由於相關資訊不齊全，因此我們只能評估其整體表現。

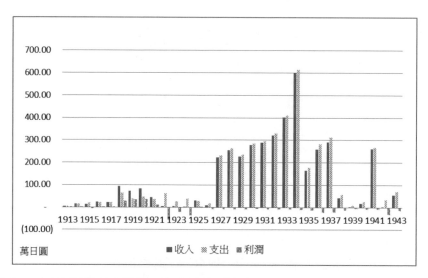

圖三　中日實業公司歷年收支變化圖（1913-1943）

說明：統計年度1913-1938年為4月1日至翌年3月31日；1939年為該年4月1日
至12月31日；1939-1943年為該年1月1日至12月31日。

資料來源：中日實業公司歷年營業報告書。

　　從圖三可看出以一九二二年為分期，此前是主要營利期，但是一九二二
年以後則多半呈現虧損狀態。就其收入與支出情形而論，公司財務狀況可分
為四期：首先是一九一〇年代收入明顯大於支出，因此維持顯著的營利；
第二期是一九二〇年代前半，自一九二二年至一九二六年間收入部分大為
滑落，但是支出部分並未同步減少，故可謂虧損最為嚴重的時期；第三期
是一九二七年至一九三七年之間，此時收入增長，但支出也相應增長，每
年虧損穩定維持在八萬至十三萬日圓之間；第四期則是中日戰爭爆發後，
一九三八年中日實業公司收入大幅減少，雖然支出也減低，但是仍然產生不
少虧損，顯見戰爭對公司經營的影響。

　　進而言之，從圖四也可以發現，資產成長最快的年代是在一九二〇年以
前，此後在一九二〇年代初期停頓，自一九二六年以後以每年百分之五左右
的速度穩定增加，但在一九三〇年代中期以後成長趨緩，甚至在戰爭期間略

為減少，此趨勢與前述的變化情形一致。再者，從資產與放貸金額比例可以
瞭解到該公司確實是以投資為目的。除了創業初期的一九一四至一九一五年
之間因公司草創的緣故，故放貸金額佔資產比例明顯較低外，一九一六年以
後放貸金額佔資產比重大幅提升，在一九一○年代末期至一九二○年代初期
所占比重最大，一度達到近百分之九十，同時這也是上述利潤最高的年代，
由此可知此時是公司業務發展最迅速的時期。但一九二○年代中期以後，放
款金額佔資產比重逐漸降低，至一九三○年代維持在百分之五十五左右，而
由放貸金額成長指數來看，一九二五年以後增加已逐步趨緩，顯見中日實業
公司經營投資停滯，使收支情況呈現連年虧損。

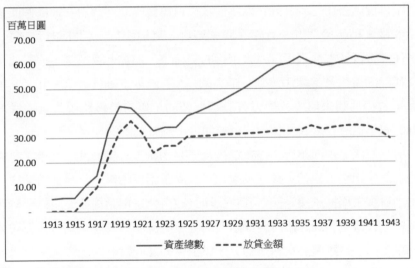

圖四　中日實業公司資產與放貸金額變化圖（1913-1943）

說明：統計年度 1913-1938 年為 4 月 1 日至翌年 3 月 31 日；1939 年為該年 4 月 1 日
至 12 月 31 日；1939-1943 年為該年 1 月 1 日至 12 月 31 日。

資料來源：中日實業公司歷年營業報告書。

　　其盈虧應與它投資重心的通訊事業有關。

四　對通訊事業的投資

　　二十世紀初期日本開始積極投資中國之際，發現到已有規模可觀的歐美資本進入中國的鐵道、礦山及海運事業等部門，相形之下，電信事業尚未被歐美勢力獨佔，因此成為日本對華投資的重要目標。中日實業公司正式成立以後，除了繼承往昔對煤鐵礦的投資成果以及開拓新標的外，更積極設法經由政府管道介入中國的電信事業。

1　交通部電話借款

　　中日實業公司先於一九一六年借款三百萬圓給北洋政府交通部俾便擴充電話設備，稍後於一九一九年在興業銀行、臺灣銀行、朝鮮銀行、第一銀行、住友銀行及古河銀行等六大銀行的支持下，追加七百萬圓，使對北洋政府交通部的電信貸款總額達到一千萬圓。[51]不過，該筆貸款至一九二三年已孳息一六〇萬圓未償，故雙方簽訂延長契約，以吉長鐵路收入為擔保，至一九二五年簽訂二度延長契約，再追加二十點五萬圓的利息。[52]

　　另一方面，古河銀行、住友銀行及三井物產等，於一九一九年左右所簽訂的上海、南京、蘇州、鎮江及揚州等五處電話局的電信材料採購契約，一併由中日實業概括承接。該年底該公司又取得北京電話局擴充設備及材料採購契約、天津電話局建設材料採購契約、上海至漢口長途電話材料契約，以及北京至南京長途電話材料契約等，以上各約連同舊有的上海南京等處電話局材料契約，合計達三四〇點二萬圓。此外，還有一九一六年三井物產所取得的漢口及武昌兩電話局的建設及材料購買契約，共七萬餘英鎊。中日實業所經手的這些電信材料採購貸款，中方大抵以交通部所屬國有財產以及中國國內電話事業的營業權為擔保，當時可說是除了東亞興業及中華匯業銀行等

51　野口米次郎編：《中日實業株式會社三十年史》，頁183。
52　野口米次郎編：《中日實業株式會社三十年史》，頁169。

兩筆電話貸款外，日本對華最重要的電信事業投資。[53]

不過一九二七年北伐成功以後，南京政府拒絕繼續償還這些借款，導致累積巨額利息。經過中日實業公司與南京政府多方交涉，雙方於一九三五年締結整理協定，日方答應把交通部電信貸款、各地電話局貸款等合併減免鉅額的本金及利息，新協定之總額降為二九三○萬圓，約定由南京政府按月償還八萬圓。至一九三七年抗戰爆發前，南京政府均依約如期償還。其後，日人成立「南京維新政府」，於一九三九年六月開始按月繼續支付八萬圓給中日實業公司。[54]

2 武漢電話工程

武漢地區的電話工程之爭取則顯現出中日實業公司與西方企業競爭的過程。一九一四年北洋政府交通部收購漢口電話公司及租界內的德國電話公司，於一九一五年正式成立漢口電話局，並計畫建立漢口與武昌、漢陽等地的長距離通訊系統。該計畫推出後，吸引Western、Edison、Standard等西方大廠爭取，日方的三井、古河、住友及沖商會等也表達高度興趣，最後日方由中日實業公司代表投標，其內容包括電信機械設備約三十五萬圓、電線約三十五萬圓、建築工程約三十萬圓，總計為一百萬圓。[55]

由於中日實業是中日合辦的特殊公司，特別由總裁李士偉與交通部電政司溝通，希望由中日實業承攬該案，最終該公司於一九一六年取得武漢電話擴建工程的標案。[56]

當時由中日實業所代表的日本財閥中，對該工程準備最充分的是三井。三井為了進行漢口、武昌間電話架設工程的評估，已聘請原日本遞信省技師五十嵐秀助擔任顧問，並完成工程預算書。中日雙方簽訂契約後，五十嵐即前往漢口擔任技術指導，三井派出專員擔任一般事務處理，而中日實業亦派

53　野口米次郎編：《中日實業株式會社三十年史》，頁169-170。

54　野口米次郎編：《中日實業株式會社三十年史》，頁170-171。

55　野口米次郎編：《中日實業株式會社三十年史》，頁184-185。

56　野口米次郎編：《中日實業株式會社三十年史》，頁185。

員前往協助。根據三井與中日實業之約定,該工程係由中日實業代表,三井不得單獨行動;該案之損失風險由中日實業承擔,而工程費用則由三井出資,實際工程亦由三井負責;中日實業僅出資契約額之百分之一。武漢電話擴建工程自一九一六年動工後,一九一七年漢口及漢陽工程完工,一九一八年初武昌工程亦告竣工。[57]

3　中華電氣製作所

中華電氣製作所是中日實業公司為了對華電信投資所成立的,主要負責生產各項電話設備。原先,在一戰爆發前中國的通訊設備主要由丹麥、瑞典及德國等輸入,一戰爆發後美國資本進入中國,與北洋政府交通部合作成立了中國電氣公司,並在法令中規定交通部需要優先採購該公司的設備。[58]然而於一九一九年日本取得前述總額高達一千萬圓的電信貸款契約後,也希望能插足於電信設備製造事業,於是在契約中特別規定:交通部以獎勵國貨為目的,與日本合辦生產電線、電纜等為主的工廠;交通部應給予該工廠原料取得及產品銷售等之保護獎勵;該工廠須以低於時價的價格供應通訊設備給中國;交通部則必須優先購買該工廠產品等條目。[59]

基於合約所訂,中日實業聯合住友與古河兩財閥,以資本金三百萬圓(後減資為一五〇萬圓)成立中華電氣製作所,中日雙方持股各半,中方董事由交通部電政司長等官員擔任;日方董事則由中日實業、住友和古河派員擔任。中華電氣的總部和工廠皆設於上海,另外在北京與東京設立辦事處。[60]中華電氣製作所的工廠雖早在一九二一年底已完工,不過因為經濟不景氣、中國政情不安等因素,公司經營進度有限;另一方面,政權轉移後,中國方面的官方董事無法相應變動;並且排日風潮及勞工運動日熾,上海工廠也面臨著無法開工的窘境。至一九二六年與交通部的董事協議後,不得不決

57　野口米次郎編:《中日實業株式會社三十年史》,頁186-187。

58　野口米次郎編:《中日實業株式會社三十年史》,頁182-183。

59　野口米次郎編:《中日實業株式會社三十年史》,頁183。

60　野口米次郎編:《中日實業株式會社三十年史》,頁183-184。

定關閉中華電氣製作所的工廠，[61]意味著中日實業公司該次投資的失敗。

五　結論

　　自甲午戰爭以來至今一百二十年間，中日之間外交衝突不少，經濟糾葛不斷，中日實業公司的成立與經營適足以顯現出此現象，該公司在關內的地位可與關外的滿鐵相提並論，但是做為一企業，其經營表現卻遠不如滿鐵。[62]這或許是因為日本掌控了中國滿蒙，滿鐵比較容易推行其經濟政策的緣故，而且一九三〇年以前的中國滿蒙地區比關內相對穩定，象徵殖民地政策走向的滿鐵乃得以和日本民間公司互相合作，在不同的產業領域中發展。[63]換言之，日本在華投資的成敗與否與當時中日外交關係息息相關，此現象一百二十年來都沒有改變。

　　中日實業公司是日本國家資本企圖介入中國礦業、電信業與電力事業等部門的手段，關於該公司中政府角色的舉足輕重，我們以表四來說明：

表四　中日實業公司中的國家資金表（1924）

金融機關名稱	金額（日圓）	比率（%）		比率（%）	
A.日本政府（經由正金銀行）	4,631,571	A/F	14.3	A/E	16.4
B.日本興業銀行	3,503,162	B/F	10.8	B/E	12.4
C.臺灣銀行	6,355,637	C/F	19.6	C/E	22.5
D.朝鮮銀行	5,066,392	D/F	15.6	D/E	17.9

---

[61] 野口米次郎編：《中日實業株式會社三十年史》，頁184。

[62] 參見陳慈玉：〈撫順炭鉱と満鉄の経営，1917-1945年〉，收入富澤芳亞、久保亨、荻原充編：《近代中国を生きた日系企業》（大阪府：大阪大學出版會，2011年），頁171-195。

[63] 參見〈二戰結束前東北的基礎工業與日本（1905-1945）〉，收入吳淑鳳、薛月順、張世瑛編：《近代國家的型塑：中華民國建國一百年國際學術討論會論文集》（臺北市：國史館，2013年），頁361-396。

| E.借入總金額 | 28,297,852 | E/F | | 87.1 | (A+B+C+D)/E | 69.2 |
| F.投資餘額 | 32,477,452 | (A+B+C+D)/F | | 60.2 | - | - |

說明：F. 為 1925 年 6 月底的投資餘額。

資料來源：

1.〈漢冶萍及對支事業會社現狀及將來〉，大藏省財政史室編：《昭和財政史資料──震災から準戰時財政まで》（東京都：日本マイクロ写真，1984 年），卷 61。

2.〈債權者別對中國債權統計〉，國家資本輸出研究會編：《日本の資本輸出──對中國借款の研究》，頁 310-317。

從表四中可以發現到日本政府部門以及經由特殊金融機構的出資高佔「借入總金額」的百分之六十九點二，至於借入總金額的來源，可見諸表五：

表五　中日實業公司借貸表（1924）

單位：日圓

借入	金額	貸出	金額
日本政府（正金銀行）	4,631,571	交通部電話借款	10,000,000
日本興業銀行	3,503,162	同利払借款	1,690,294
臺灣銀行	6,355,637	山東省實業借款	3,500,000
朝鮮銀行	5,066,392	漢口造紙廠借款	1,094,518
住友銀行	1,777,372	博山輕便鐵道借款	394,756
古河銀行	1,742,372	電燈公司借款	3,367,732
第一銀行	1,161,581	裕繁公司借款	6,831,571
十五銀行	48,500	開源公司炭礦	415,945
北京東方匯理銀行	105,275	湖南省銻礦山	757,587
上海浙江銀行	30,344	鳳冠山炭礦	110,000
中華匯業銀行	19,866	長江硝子借款	551,063
各銀行透支借款	107,828	其他	225,452
高砂信託會社	50,000		

勸業信託	15,000		
住友合資	58,418		
三井物產	700		
三菱商事	227,652		
倉岡商會	1,000		
東洋拓殖	378,757		
古河電工	89,371		
亞細亞菸草	41,406		
東洋製鐵	2,585,439		
東亞土木	89,018		
浦口土地組合	47,547		
個人	101,644		
其他	62,000		
合計	28,297,852	合計	28,938,918

資料來源：〈漢冶萍及對支事業會社現狀及將來〉，大藏省財政史室編：《昭和財政史資料——震災から準戰時財政まで》，卷61。

此表中可看出當年三井物產的投資額非常少，雖然三井財閥是催生中日實業公司的主角，三井合名會社也在該公司籌備時擁有一千股的股權（每股一百日圓，共五萬股），[64] 但因為三井物產的著眼點是在商品交易所帶來的利潤，並非該公司的投資事宜。中日實業公司在一九一〇年代業已確立其經營規模，此時正逢第一次世界大戰期間歐洲資本退出中國市場，故國內企業對資本之需求或許也是中日實業得以快速成長的原因之一。到一九二〇年代前半，中國政情依然不穩定，反日浪潮仍舊洶湧，日本國內經濟也不景氣，難免影響了民間資本的在華投資行為。到一九二七年以後雖然中國政局較為明

---

[64] 〈中日實業公司第貳回營業報告書〉，日本外務省外交史料館藏《本邦各国間合辦会社関係雑件　日支間ノ部　中日実業株式會社関係》，檔號B-E-2-1-1-4-1-8；野口米次郎：《中日實業株式會社三十年史》，頁34。

朗，但是一九二九年底又發生了世界經濟大蕭條，日本經濟亦受波及，陷入
「昭和恐慌」的泥沼。為求解決困境，乃在一九三〇年代初期擴大在中國東
北的發展，致使國民政府與日本多次衝突摩擦，因此關內的中日實業公司投
資成長率甚低，不復擁有創業初期的榮景。

參考文獻

一　檔案、史料彙編及報紙

中央研究院近代史研究所藏　〈中日實業有限公司節略〉《實業部檔案》　檔
　　　號 17-23-01-72-31-003
《日本外交文書》　大正三年第二冊東京外務省　1965 年
《日本外交文書》　大正四年第二冊東京外務省　1966 年
胡漢民編　《總理全集》　第二集上海市民智書局　1930 年
《東京日日新聞》　1913 年
中日實業公司歷年營業報告書　1913-1943
日本外務省外交史料館藏　《本邦各国間合辦会社関係雜件　日支間ノ部
　　　　　中日　業株式會社関係》　檔號 B-E-2-1-1-4-1-8
日本外務省外交史料館藏　《中日實業會社關係雜纂》　檔號 1-7-10-029
North China Herald, 1914. "North China Herald Online"　北華捷報線上典藏資
　　　料庫 http://nch.primarysourcesonline.nl/nch/　2014 年 8 月 8 日索檢

二　專著

上田正昭監修　《日本人名大辞典》　東京　講談社　2001 年
大蔵省財政史室編　《昭和財政史資料──震災から準戦時財政まで》　東京
　　　　日本マイクロ写真　1984 年
山浦貫一　《森恪》　東京高山書院　1943 年
日本工業倶樂部編　《日本の実業家：近代日本を創つた経済人伝記目録》
　　　　東京　日外アソシェ-ツ株式会社　2003 年
片桐庸夫　《民間交流のパイオニア──澀沢栄一の国民外交》　東京　藤原
　　　書店　1913 年

吳成平主編 《上海名人辭典》 上海市 上海辭書出版社 2000年

李新總編 《中華民國史人物傳》 北京市 中華書局 2011年

杜恂誠 《日本在舊中國的投資》 上海市 上海社會科學院出版社 1986年

東亞研究所編 《日本の對支投資》 東京 東亞研究所 1942年

徐友春主編 《民國人物大辭典》增訂版 石家莊市 河北人民出版社
　　　　2007年

秦郁彥編 《日本近現代人物履歷事典》 東京 東京 大學出版會 2002年

國家資本輸出研究會編 《日本の資本輸出──對中國借款の研究》 東京
　　　　多賀出版株式會社 1986年

野口米次郎 《中日實業株式會社三十年史》 東京 中日實業株式會社
　　　　1943年

劉紹唐主編 《民國人物小傳》 第一冊 臺北市 傳記文學出版社 1981年

劉紹唐主編 《民國人物小傳》 第八冊 臺北市 傳記文學出版社 1987年

劉紹唐主編 《民國人物小傳》 第十冊 臺北市 傳記文學出版社 1988年

劉紹唐主編 《民國人物小傳》 第十四冊 臺北市 傳記文學出版社 1992
　　　　年

樋口弘 《日本の對支投資研究》 東京 慶應書房 1940年

Hou, Chi-ming. *Foreign Investment and Economic Development in China, 1840-
　　　　1937*, Cambridge: Harvard University Press, 1965.

Remer, C.F. *Foreign Investment in China*, N.Y.: The Macmillan Co., 1933.

三 論文

陳慈玉 〈二戰結束前東北的基礎工業與日本（1905-1945）〉 收入吳淑鳳、
　　　　薛月順、張世瑛編 《近代國家的型塑：中華民國建國一百年國際
　　　　學術討論會論文集》 臺北市 國史館 2013年 頁361-396

陳慈玉 〈撫順炭鉱と満鉄の経営，1917-1945年〉 收入富澤芳亞、久保
　　　　亨、荻原充編 《近代中国を生きた日系企業》 大阪 大阪大学出

版会　2011年　頁171-195

野澤豐　〈民國初期の政治過程と日本の對華投資──とくに中日實業會社の設立をめぐって──〉《史學研究》（東京）　第16期　1958年3月　頁1-20

柳澤遊　〈中日實業會社の設立過程とその活動── 1910年代日本帝國主義の中國進出についての一考察──〉《經友論集》　第17號　1976年9月　頁19-38

姜克實　〈辛亥革命と犬養毅（一）──借款工作と軍資金──〉《岡山大學文學部紀要》　第61號　2014年7月　頁55-64

水井、農業與戰爭

——日偽時期華北地區鑿井增產淺析

戴建兵*、侯林**

目前史學界對抗日戰爭時期日本侵佔區的農業生產研究主要著力於農村合作社與棉麥等農產品統制及掠奪等方面,對農田水利事業雖有提及,但研究關注度不夠。本文對日偽在華北地區的鑿井增產計畫加以全面梳理,並在此基礎上側重闡釋太平洋戰爭爆發後大規模鑿井計畫實施的原因和結果及其特點。棉花和小麥這兩種戰略物資的增產是鑿井增產計畫的目標,也是本文討論的重點。文中所指的華北地區主要是日偽政權佔領的河北、山東、山西、河南北部及江蘇北部地方。

一 鑿井的原因

(一)氣候的影響

水是生命之源,也是農業發展之基礎,「中國農民之長期的威脅是水……在北方的大部分地區,水量適否,不僅是農業繁枯的條件,而且是農

*戴建兵,河北師範大學教授。
**侯林,淮安信息職業技術學院講師。

業生死的條件」[1]。華北屬於旱作農業區，該區域地形、光熱等條件適於棉、麥及多種農作物的生產，但華北區域氣候條件也有不利於農業生產的因素，主要表現在兩方面：一是雨量偏少，河北南部、河南北部和山東西北部地勢低平，且是山東丘陵地的「雨影區」，使其成為華北平原上突出多旱區域；[2]另一方面是一年中各季雨量分佈不均（見表一），北方春季普遍少雨，大部分地區三至五月降水量佔全年降水量的百分之十，加上春季氣溫升高快，多風，蒸發增加，很容易形成春旱。[3]而春季正是華北地區冬小麥抽穗拔節、灌漿的關鍵時期，也是棉花、雜穀、高粱等作物播種和出苗階段，春季雨量的多少很大程度決定了一年作物的產量。華北不僅雨量分佈不均，而且雨量年際變化率也存在極大的差異性，華北地區約為百分之三十五，而雨量年際變化率百分之二十五則作物已受傷害，若達百分之四十則無收穫而言。[4]雨量的不足與不均制約了農作物生長。一九三九年華北地區因春旱嚴重影響棉花的播種與生長，河北省因春旱棉田種植面積大減，播種後又久未降雨，因旱枯死約五十萬畝，佔總面積百分之十二；山東省棉花也因春季旱情影響棉花生產；而山西省春季興雨，棉花可以勉強種植，但出苗後天氣酷旱，廢棄棉田七萬餘畝；河南省因春季旱災，秋季水災，棉田廢棄達六十多萬畝，佔種植面積百分之二十四。[5]可見，灌溉用水的不足已經成為限制農業增產的首要因素。

---

[1] 應廉耕、陳道：《以水為中心的華北農業》（北平市：北京大學出版部，1934年），〈序〉，頁2。

[2] 中國農業科學院農業氣象研究室編：《北方抗旱技術》（北京市：農業出版社，1980年），頁24。

[3] 中國農業科學院農業氣象研究室編：《北方抗旱技術》（北京市：農業出版社，1980年），頁20。

[4] 竺可楨：〈華北之乾旱及其前因後果〉，《竺可楨文集》（北京市：科學出版社，1979年），頁181。

[5] 馬仲起：〈近年來華北棉產之概況〉，《中聯銀行月刊》第5卷第3期（1943年），頁69-70。

表一　華北各季雨量統計[6]

季節	月份	雨量	佔全年%
春季	3-5月	81	13.7
夏季	6-8月	384	64.9
秋季	9-11月	82	13.8
冬季	12-2月	45	7.6

　　水分充足不僅影響著華北地區農作物的播種和生長，也決定了農作物獲取養分的能力，李希霍芬（Ferdinand von Richthofen）認為該區域的黃土地質只有在水分充足的時候，才能具有「自行肥效」的能力。[7]

　　華北氣候乾燥多風，水分蒸發量大，降水量小且季節分佈不均，且泉塘溝渠較少，水成為制約華北農業發展的瓶頸。正如竺可楨先生所說：「要在春季雨量不那麼可靠的華北地區提高小麥單位面積產量，充分的灌溉是首要的。」[8]

（二）侵華戰爭的物資需求

　　太平洋戰爭前，日本對華北地區農業採取「中日滿農業一元」政策，日本、偽滿、華北三地根據地理條件分工合作，相互補充。換言之，日本國內足用之農作物，「中」、「滿」應採抑制方針；日本國內有所不足之農作物，「中」、「滿」則應全力擴充增產，在此方針指導下，華北應以增產棉花及羊毛為中心，尤以棉花為主要增產對象。[9]「七七事變」以後，大量的日本僑民

6　鄭會欣：《戰前及淪陷期間華北經濟調查》（天津市：天津古籍出版社，2010年），下冊，頁9。

7　冀朝鼎著，朱詩鼇譯：《中國歷史上的基本經濟區與水利事業的發展》（北京市：中國社會科學出版社，1981年），頁17。

8　竺可楨：〈論中國氣候的幾個特點及其糧食作物生產的關係〉，《竺可楨文集》（北京市：科學出版社，1979年），頁463。

9　章伯鋒、莊建平主編：《抗日戰爭》（成都市：四川大學出版社，1997年），第6卷，頁651。

遷居到華北地區，對農業資源開始大肆掠奪。華北地區具有種植棉花所需要的優越自然環境，且每畝平均產量高於其他地區，所以，日本侵略者高度重視棉花的掠奪，以此支持日本棉紡織業及相關產業的發展。

一九四一年十二月太平洋戰爭爆發後，日本棉花的外來供給全部斷絕，尤其是一九四二年七月日本在中途島戰役中失敗，日本侵略者進一步調整農業經濟政策，加強對華北地區戰略物質的掠奪和統制。其華北方面軍參謀部在一九四二年九月編成的《華北資源要覽》中就說過：「華北的棉花，由於從第三國輸入棉花的途徑已被完全斷絕，它成了日本紡織業所必須的重要來源。另外，由南方各地購進必要物資需以棉紗布匹等交換，因此，對華北棉花的需要就越發增大了。」[10]

在日本對華北棉花需求大增之際，華北糧食供應也出現了緊缺的局面。抗日戰爭前華北的糧食供應一直不能自給自足，不足部分主要依靠澳洲、美國、加拿大等國輸入。隨著中日戰爭規模的不斷擴大，糧食消耗越來越大，前線士兵和後方協助作戰的勞工數量急劇增加，勞動強度和工作時間的延長也需要消耗更多的糧食。當時華北糧食需求情況，主食的自給率（生產對需要的百分比），可推斷如下：麵粉為百分之五十四，雜糧為百分之九十八，軍用大米為百分之二十[11]。日軍除了保證軍隊糧食的供應外，華北地區的城市及農村的民食也非常緊張，在一九四二年十二月二十八日倫敦路透社電訊云：「據北平來客談……華人多已瀕於饑餓之境，雖日本及傀儡政府官吏，亦已貧乏不堪，乃至要求辭職」，「今日華北敵佔區糧荒問題的嚴重，已遠不止岡村寧次在上一年冬天所承認的『華北糧食尚缺三分之一』的數目」[12]。

糧棉產量的不足已經威脅到日軍的戰略物資供應，沒有充足的糧棉供

---

[10] 日本防衛廳戰史室編：《華北治安戰》（天津市：天津人民出版社，1982年），下冊，頁116-117。

[11] 日本防衛廳戰史室編：《華北治安戰》（天津市：天津人民出版社，1982年），下冊，頁58。

[12] 〈敵寇對華北佔領區糧食、人力、耕地的掠奪與破壞〉，《晉察冀日報》，1943年3月9日。

應，佔領區的統治秩序將嚴重混亂，並將影響日本國內經濟，所以日軍開始
大力實施糧棉增產計畫。但隨著戰爭規模的不斷擴大，日偽統治區耕地面積
的日漸縮小，生產條件的日漸惡化，加上外來糧棉輸入管道的斷絕，需求突
然增大，只有通過增加糧棉單位面積產量才能繼續維持戰爭物資的供應，最
有效的方法就是實施灌溉。

實際上，整修泉塘溝渠灌溉農田更為便利，但華北地區地表水資源不足
且分佈面積較小，大清河、滹沱河等地表水灌溉工程實施起來工程量較大，
工期較長，日本侵略者急於短期提高農作物的產量以供應戰爭的需求，沒有
資金和時間實施大型的河渠灌溉工程、增加耕地面積、防除病蟲害、推廣優
良品種等農業增產措施。「雖有種種方法，但考慮華北棉作地帶內之地形，
以及時局下之資材勞力工事（時）費，工事（時）期間等狀況，其最簡單易
適切者，厥用華北古來之鑿井方法」[13]，鑿井灌溉相對投資少、見效更快，糧
棉增產效果更加明顯（見表二），推行起來更易控制。

表二　河北省定縣農作物灌溉栽培及其收穫量表[14]

單位：斤／畝

作物	每畝產量		灌溉增收	
	灌溉地	非灌溉地	增收量	增收%
棉花	100斤	60斤	40斤	67
小麥	6鬥	3鬥	3鬥	100
粟	10鬥	6鬥	4鬥	67

注：定縣農業試驗場試驗結果。

---

[13] 〈民國三十年度第一次鑿井事業計畫〉，《華北棉產彙報》第3卷第4期（1940年）。

[14] 應廉耕、陳道：《以水為中心的華北農業》（北平市：北京大學出版部，1948年），頁
78。

日偽政權根據華北特有的地理環境和氣候狀況及自身掠奪的需要，在泉塘溝渠等地表水缺乏的地區，積極推廣鑿井灌溉增產計畫，提高戰爭急需的糧棉等戰略物資產量，一方面繼續實施華北兵站基地的計畫；另一方面解決華北地區的糧食供需矛盾，穩定華北佔領區的的統治秩序。

二　華北地區鑿井計畫的實施

（一）太平洋戰爭前的鑿井

太平洋戰爭爆發前，華北日偽政權為促進農業增產已開始貸放鑿井資金，提倡農戶鑿井，主要由華北棉產改進會與華北交通公司等機構發放貸款，實施鑿井。主要為提高棉花產量，華北地區的鑿井事業主要由華北政務委員會、華北棉產改進會、華北交通公司等推廣實施，主要針對棉田鑿井灌溉發放貸款和資金補助，引導農戶擴大種植日本急需的棉花，甚至不顧百姓的食糧問題，強制擴大棉花灌溉田面積。一九四一年初春，邯鄲偽棉產改進會得知農戶在去年貸款鑿井的耕地上種植小麥後，要求全部毀掉小麥，最後決定大面積種植小麥的耕地中間套種棉花，三、五畝的小面積麥田毀掉小麥種植棉花。[15]

為了提高棉花的產量，一九四〇年華北棉產改進會鑿大小井二六二七眼，一九四一年鑿二七五〇眼。同年，偽華北政務委員會也撥款四十萬元，在河北、山東、山西、河南鑿成大小井各六一七眼。[16]華北交通公司針對鐵路周邊愛護村的旱情，預定實施鑿井十年計畫，自一九四〇年起，在北京、天津、濟南鐵路局所屬愛護村之鐵路、公路、航路兩旁依次實施鑿井，每年鑿井五百眼，十年完成[17]。其他機構如河北省公署為提倡鑿井灌田以便種棉，特

---

[15] 康恒印：〈日偽對河北棉花的掠奪─────以冀南道為例〉，《邢臺學院學報》2007 年第 1 期。

[16] 曾業英：〈日偽統治下的華北農村經濟〉，《近現代史研究》1998 年第 3 期。

[17] 〈華北鐵路沿線之鑿井工作〉，《華北棉產彙報》第 2 卷第 8 期（1940 年）；《庸報》，

籌款七萬元，貸於二十八縣棉農，每縣貸款二千五百元。[18]華北日偽政權僅對棉花農業戰略物資實施鑿井貸款計畫，並且對貸款條件嚴格限制。一九四〇年六月，河北省貸予各縣鑿井補助費暫行辦法規定：貸款主旨為提倡鑿井灌田以便種棉，貸款要領包括：貸款以種棉為限，每戶種棉在十畝以上者得鑿二井，可領借鑿井費一百元，每井貸予五十元等。[19]這與打井總費用相差甚遠，還通過各種抵押擔保才能貸款，種種限制條件制約了鑿井事業的推廣。據一九四〇年調查統計，華北各省已經鑿井四五七四二二眼，計河北省二二〇七五四眼，山東省一九〇九五〇眼，山西省一九五九〇眼，河南省一八〇四三眼，北京市二一二四眼，天津市二十二眼，青島市五九三九眼。[20]

一九四一年華北日偽政權制定了〈華北生產力擴充計畫〉，計畫本年由華北棉產改進會及華北交通愛路科組織實施鑿井約三千眼。一九四二年則以一六五二〇眼為目標，其計畫灌溉面積四十萬畝，將對棉花、小麥、粟、高粱、玉蜀黍各種農作物加以灌溉。[21]一九四一年華北棉產改進會在北京召集山東、河南、山西三省各分會指導科長及北京、天津、滄縣、保定、邯鄲各指導區主任就推廣棉田面積，秋季實施鑿井及明年鑿井計畫進行協議，一九四一年計畫鑿井五千三百眼，第一次所鑿二千八百眼本月即可完成，第二次所鑿二千五百眼中天津河北山東三省各為一千眼，河南省四百五十眼，山西省五十眼。[22]因為戰爭的因素，統計資料不足，不能準確統計鑿井數目，

1940 年 7 月 27 日。

[18] 〈冀提倡鑿井灌田防旱〉，《華北棉產彙報》，第 2 卷第 12 期（1940 年）；《庸報》，1940 年 8 月 30 日。

[19] 河北省公報，河北省檔案館藏，檔號：654-1-72。

[20] 趙君實：〈華北食糧增產問題之探討〉，《東亞經濟》第 1 卷第 1 期（1942 年 9 月）。《三十三年度華北經濟年史》第三章第一節〈華北農業概況〉部分，《中聯銀行月刊》第 9 卷第 1-6 期合刊（1945 年 6 月）。

[21] 〈華北農產力擴充計畫〉，《中聯銀行月刊》第 1 卷第 1 期（1941 年），收入殷夢霞、李強選編：《民國金融史料彙編》（北京市：國家圖書館出版社，2011 年），第 103 冊，頁 191-192。

[22] 〈華北棉產改進會生產棉花處理對策〉，《中聯銀行月刊》第 2 卷第 1 期（1941 年），《民國金融史料彙編》，第 105 冊，頁 483-484。

但可知太平洋戰爭爆發前，華北地區的日偽政權已經開始實施鑿井計畫，並且每年逐漸增加鑿井數量，但每年計畫仍也不足一萬眼，根本不能滿足農業生產需要，並且各機構的鑿井計畫主要針對棉花增產，更加限制了農業的全面發展。

（二）太平洋戰爭後的鑿井

一九四一年七月日本海外資產被凍結，尤其是太平洋戰爭中日本中途島戰役的失敗，日軍開始由戰略進攻轉為戰略防禦，外來糧棉輸入華北地區的通道斷絕。日本開始調整華北地區的農業政策，不僅重視棉花的生產與掠奪，更加重視糧食增產，保證該區域糧棉的自給自足，「可以太平洋戰爭為界，劃分為前後兩個階段：戰爭爆發前，主要重視棉花，戰爭爆發後是棉花、食糧並舉，即重視棉花，又重視食糧。」[23]一九四四年農作物分類增產鑿井計畫表中，小麥及雜穀鑿井數量佔了三分之二，棉田鑿井數量僅佔了三分之一。

一九四二年一月十五日，華北方面第四軍高級參謀西村乙嗣大佐在日本政務關係軍官集會上重點談到了「確定糧食對策的緊迫性」，指出太平洋戰爭爆發給華北糧食對管區外的依存性帶來了致命的打擊，日「華」軍官民必須向著自立自營、建立糧食自給態勢的方向前進。[24]日軍認為，「在水脈的有無、已有水井的分佈情況、流水利用方便與否等方面，各地的實際情況將有所不同；而且僅靠鑿井也並不能解決目前的糧食問題，但是就華北而言，確信此乃最為快捷，並可以普遍實施的手段。」[25]因此，把鑿井作為糧食增產對策之重點。在此次會議上，依〈華北緊急糧食對策綱要〉及〈華北緊急增產實施綱要〉，為糧食增產決定立即鑿井二十萬眼，到本年四月底最少鑿井四萬眼，至六月底鑿八萬眼，其餘到一九四三年三月底全部完成。華北政務委

---

[23] 曾業英：〈日偽統治下的華北農村經濟〉，《近現代史研究》1998年第3期。

[24] 中央檔案館等合編：《華北經濟掠奪》（北京市：中華書局，2004年），頁740-741。

[25] 中央檔案館等合編：《華北經濟掠奪》（北京市：中華書局，2004年），頁744。

員會為支援打井工作，無償供給燒磚用煤，並發放貸款。[26]此次鑿井以華北合作事業總會、華北交通公司及華北棉產改進會三機關為實施團體，預定一九四三年三月鑿竣。由合作社分擔其鑿井分配眼數及資金支出狀況（見表三）：

表三　一九四二年日偽華北各地鑿井分配眼數及資金支出狀況[27]

省名	分配井數（眼）	特別資金（圓）	普通資金（圓）
河北省	86,400	4,320,000	1,000
河南省	15,000	750，000	500
山東省	35,000	1,750,000	——
山西省	12,000	550，000	750
青島地區	900	45,000	——
共計	149,300	7,415,000	2,250

　　據一九四二年九月統計，二十萬眼水井計畫已鑿成十四點八三萬眼；計河北省八點六四萬眼，山東省三點五萬眼，河南省一點五萬眼，山西省一點一萬眼，青島九百眼。[28]而據中國聯合銀行一九四二年統計，一九四二年鑿井一四八九○○眼，每眼無利貸予五十元，合計放出一○三一五○○○元鑿井資金，佔中國聯合銀行全年放款總額的百分之二十八點七，並每眼免費配給燒磚用煤一噸。[29]因為沒有準確的官方統計數字可以參考，已開鑿數量有一定的差別，如青田在〈中國合作運動年表（續）〉中提到至一九四二年統計河北、河南、山東、山西、蘇淮特區鑿井工作計共已完成一六三五五九眼，未

---

[26] 日本防衛廳戰史室編：《華北治安戰》（天津市：天津人民出版社，1982年），下冊，頁59。

[27] 方濟霈：〈華北之農業貸款問題〉，《中聯銀行月刊》第4卷第4期（1942年），《民國金融史料彙編》，第113冊，

[28] 青田：〈中國合作運動年表（續）〉，《華北合作》第9卷第3期（1943年）。

[29] 中聯銀行調查室：〈華北合作事業總會一年來之業績〉，《中聯銀行月刊》第4卷第6期（1942年），《民國金融史料彙編》，第114冊，頁231。

完成者三六四四一眼。[30]

　　華北政務委員會實業總署制定了一九四二年、一九四三年〈華北農業增產方策實施要領〉，其中〈民國三十二年華北農業增產方策實施要領〉重申：「為適應現在內外緊迫大勢，遂於華北食糧亟應力謀自給自足，同時對於棉花亦期在可能範圍內求其增產，本此方針，擬於本年五月底以前完成鑿井五十萬眼，其他如土地之改良、肥料之配給、病蟲害之防除以及養成多數農業技術員以配置各處徹底指導等事，一併籌畫，竭力推行，俾收實效。」[31]其中大井十萬眼，小井二十萬眼，自一月份實施，期望於五月底完成。預算鑿井經費共需五千五百萬元，其中貸借四千萬元，補助一千五百萬元，貸借部分由華北政務委員會令中國聯合準備銀行貸予華北合作事業總會，由華北政務委員會擔保，自第二年起分兩年平均償清，年息六厘。此貸借資金經合作社系統借與農民，小井每眼一百元，大井每眼二百元，自第二年起分兩年平均償清，年息三厘。補助部分由華北政務委員會支與華北合作事業總會，僅有一千萬元為鑿井補助金，其餘五百萬元中華北合作事業總會以三百萬元為上項借款利息補給費，以二百萬元為該項放款所需之斡旋經費。華北合作事業總會委託縣合作社聯合會交付農民補助，大井每眼補助五十元，小井每眼補助二十五元。[32]為鼓勵農戶發展鑿井灌溉，對於新完成的井戶，貸款補助抽水機一萬台及養畜二千頭。[33]其中抽水機融資五百元，一年固定五年償還，牲畜補助一百元。期望以此計畫小麥增產八十二萬三千擔，雜糧增產五十三萬七千擔，棉花增產十一萬二千擔。[34]

---

[30] 青田：〈中國合作運動年表（續）〉，《華北合作》第9卷第3期（1943年）。

[31] 〈華北政務委員會實業總署關於1942、1943年華北農業增產方案實施要領〉，北京市檔案館藏，檔號：J25-1-78。

[32] 王士花：《日偽統治時期的華北農村》（北京市：社會科學文獻出版社，2008年），頁52-53。

[33] 介如：〈華北產業開發之展望〉，《中聯銀行月刊》第5卷第5期（1943年），《民國金融史料彙編》，第116冊，頁33。

[34] 介如：〈華北產業開發之展望〉，《中聯銀行月刊》第5卷第5期（1943年），《民國金融史料彙編》，第116冊，頁34。

一九四四年初，日本趁著華北偽政權搞所謂「第二次促進華北新建設」之機，再次提出農業增產計畫。在河北、山東、河南三省制定一五三個重點縣，作為其實施增產計畫的重點劫掠糧棉地區。其計畫撥款九九五萬元，新鑿井五萬眼，其中為小麥增產打井四〇〇二七眼，為增產棉花打井九九七三眼；重修舊井十萬眼，其中為小麥增產修井六六〇七三眼，為棉花增產修井三三九二六眼；擬設自噴深井三十個，揚水機一萬台。[35]

表四　一九四四年河北、山東、山西、河南四省作物分類增產鑿井計畫表[36]

省名	作物名	鑿井		既設井改修（眼）	自流井
		大井（眼）	小井（眼）		
河北省	小麥	5767	3284	20643	17
	雜穀	2534	1421	6160	——
	棉花	6489	2037	30212	
山東省	小麥	3573	12275	10644	2
	雜穀	728	2366	3583	——
	棉花	599	353	1571	
山西省	小麥	3085	724	6060	4
	雜穀	724	250	1586	——
	棉花	171	26	322	4
河南省	小麥	2978	——	6820	3
	雜穀	612		1360	
	棉花	1910	——	3820	
合計	小麥	15403	16283	44167	26
	雜穀	4598	4037	12689	——
	棉花	9169	2416	35935	4

[35] 《華北建設年史》，頁215-224，轉引自居之芬、張利民主編：《日本在華北經濟統制掠奪史》（天津市：天津古籍出版社，1997年），頁334。

[36] 鄭會欣主編：《戰前及淪陷期間華北經濟調查》（天津市：天津古籍出版社，2010年），下冊，頁355。

從上表得知，隨著日軍戰場的潰敗，糧食供需矛盾日趨嚴重，一九四四年華北地區計畫鑿井五八六五六眼，其中用於灌溉小麥井共三一六八六眼，佔總數的百分之五十四；灌溉雜穀井八六三五眼，佔總數的百分之十四點七；灌溉棉花井一八三三八眼，佔總數的百分之三十一點三。灌溉小麥的井數佔了計畫的一半以上，而灌溉棉花的井數僅佔三分之一，開鑿水井灌溉亦有棉花種植向糧食種植傾斜，反映了日軍糧食供應問題的緊張程度。經過一九四二年、一九四三年兩次大規模的鑿井增產計畫，雖然取得一些成績，但並沒有達到日軍預想的效果。

三　鑿井灌溉增產計畫的特點

（一）各省市縣分佈不均

從一九四二年、一九四四年的鑿井計畫中，我們可以看出各省鑿井分配眼數由多到少依次是河北省、山東省、河南省、山西省。這樣的分佈特點與該區域的社會治安環境、地理環境、農作物種類、鑿井灌溉氛圍等有著密切的聯繫。

第一，日偽政權主要在華北所謂的「模範區」及合作社地區推廣水利開發、糧食增產等活動，標榜通過「通過種種社會實驗，把這裡建設成新中國建設的理想之鄉」[37]。這些「模範區」主要有北平地區、石家莊地區、保定地區、順德地區、蘇北地區、太原地區、山西省南部地區（見表五），其中河北省是日偽在華北統治的核心區域，「模範區」及合作社數量均大於其他地區，故河北省的鑿井計畫要高於其他省分。

37　福田政雄：〈華北合作社運動史〉，《華北合作》第 8 卷第 1 期（1942 年），頁 18。

表五　一九四一年華北淪陷區農村合作社組織狀況 [38]

地區	縣聯社數	鄉村單位社員數	社員數
河北省	88	6640	618074
山東省	44	428	236954
山西省	61	484	186814
河南省	26	980	89278
蘇北區	2	20	6592
北京	4	145	6507
青島	—— ——	4	14365
合計	225	8701	1158584

　　第二，地理環境影響鑿井推廣的範圍。河北與山東耕地面積佔了華北地區耕地一半以上，且處華北平原地帶，地下水位往往較淺，易於開鑿，如河北省灌溉井的分佈主要位於平漢線一帶，這裡靠近太行山麓，水源豐富，水質也佳，再則交通發達，自然環境又適於種棉，沿平漢線各地區水井灌溉面積約佔耕地面積百分之六十以上。其次南皮、豐潤、三河等縣灌溉井均很發達。而平谷、平山等縣地下水位低，衡水、深縣等地水質不良，則灌溉井較少。山東省的灌溉井，大都分佈在泰山山系之扇形沖積地帶，而黃河兩岸的沖積平原分佈較少，主要由於水質不良。[39] 河南省灌溉井主要分佈在彰德、淇縣、汲縣等豫北平原地帶，而山西省山多地少，灌溉源主要依靠山泉溝渠等，鑿井灌溉農田較為困難。華北平原還有一些地區地下水位較淺或者排水不利，存在大量鹽鹼地，該區域灌溉易使耕田鹽鹼化，也不適宜發展鑿井灌溉。

　　第三，鑿井數量與農戶的經濟條件相互促進。鑿井需要較大的開支，即

---

[38] 王士花：《日偽統治時期的華北農村》（北京市：社會科學文獻出版社，2008年），頁151。

[39] 應廉耕、陳道：《以水為中心的華北農業》（北平市：北京大學出版部，1948年），頁56。

使一般農戶知道鑿井灌溉的種種好處，但迫於經濟壓力無法實施。據調查一九四〇年打一口二十至三十英尺深的井要花三百元左右。一個有四十畝地富裕農民一年的收益約為六百元，這筆收益的四分之三通常要用在日常消費上。[40] 一般農民根本無能力開鑿水井和購買水車等用具，那水井主要是哪些農戶擁有呢？據滿鐵一九三九年對山東省泰安縣澇窪村的調查，我們可以瞭解華北地區農村水井所屬情況。

表六　山東省泰安縣澇窪村各種農戶所有水井表[41]

	自耕農		半自耕農		兼農		農外		合計	
	井數	%	井數	%	井數	%	井數	%	井數	%
水車性	8	80%	2	20%	——	——	——	——	10	100%
轆轤性	26	70%	5	13%	2	6%	4	11%	37	100%
菜園井	10	66%	4	22%	2	11%	2	11%	18	100%
合計	44	68%	11	17%	4	6%	6	9%	65	100%

注：1. 據滿鐵北支經濟調查所〈泰安縣澇窪村鑿井灌溉實態調查報告〉，1939年11月。

2. 水車井灌溉面積最大可灌11.55市畝，轆轤井次之，平均每井可灌5.47市畝，菜園井為菜園中之小井，灌溉面積極小，專供栽培蔬菜及飲水之用，平均每井僅灌田0.57市畝。

3. 全村共108戶，其中自耕農52戶，半自耕農22戶，佃戶6戶，兼農11戶，戶外17戶。

4. 佃農中無一戶有鑿井者。

由上表可知，擁有井數最多的是自耕農，佔總井數量的百分之六十四，尤其

---

[40] 《中國農村慣行調查》，頁257，提供了富裕農民劉家的家庭收支。轉引自〔美〕馬若孟：《中國農民經濟：河北和山東的農民發展（1890-1949年）》（南京市：江蘇人民出版社），頁73。

[41] 兼農指兼種果木園藝，農業以外者指飲用井而言。

是需要投資較大的水車井更是如此，自耕農佔了百分之八十；水井以轆轤井數量最多，幾乎佔了水井總數的百分之六十，這與農民的經濟實力是相互對應的，雖然水車灌溉效率要高於轆轤，但他們沒有購買水車設備的資金。擁有井數隨著土地面積和資產狀況而減少，從滿鐵對河南彰德縣的調查也可以反映出來。

表七　河南省彰德縣宋村農戶田畝數及每戶平均所有井數表[42]

農戶田畝數	10畝以下	11-20畝	21-30畝	31-50畝	51-100畝
每戶平均所有井數（個）	—	0.15	0.75	1.00	1.71

從上表可知，十畝以下的農戶沒有井，如果欲求農田灌溉，只能依靠多家合作鑿井而達到灌溉目的。

此外，一般種植棉花等經濟作物的農戶更願意投資打井，因為棉花的商品化程度高於其他作物，收益較高，且日偽政府也重點扶持棉田鑿井事業，棉田灌溉面積增加則種棉的農戶收益也相應提高，再拿一部分利潤去投資水井灌溉，形成棉田經濟發展的良性循環。而佃農和一些耕地面積較少的農戶沒有經濟實力打井，靠天吃飯，糧棉產量不能保證。由於水井灌溉的不斷推廣，華北農村各階級農戶的貧富差循環距越來越大，窮者越窮，富者越富。

第四，各地農民對鑿井灌溉態度相差甚大。由於自然環境及對鑿井灌溉投資收益情況認識不同，政府對農戶宣傳導向活動十分重要，可以減少灌溉推廣的阻力，讓農民自願全力發展鑿井灌溉事業，政府及其他機關亦應積極協助。例如華洋義賑會曾在河北香河和定縣開始提倡新式鑿井，國民政府機關協助調查及資金貸款，隨後臨近諸縣紛紛效法，河北西河區一帶成為鑿井事業的中心。邯鄲區鑿井灌溉風氣最為普遍，一九四〇年，趙縣灌溉田已佔全縣總耕地百分之九十五，為河北省全省之冠。此外，定縣、獲鹿、高邑全

---

[42] 南滿洲鐵道株式會社調查部編：《北支農村概況調查報告——彰德縣第一區宋村及侯七里店》（東京市：日本評論社，1940年），頁113。

縣地區及內邱、邯鄲、元氏各縣一部分地區也可灌溉。該區農民均以鑿井為耕種第一要務，古語云「有田即有井」，為最好形容該區農田水利之詞。[43]據一九四六年調查，邯鄲縣有三千眼水井，定縣為二四五八二眼，正定為二萬眼[44]。而另外一些地區卻沒有鑿井灌溉的習慣，尚未打破靠天吃飯的思想，如東光區「願蓋三間房不鑿一眼井」為當地俗語，其主因為該區水質不良，若以井水灌溉則耕地過幾年即變為堿土。[45]所以，在地下水資源條件相同，但灌溉之風盛行的地區，鑿井灌溉事業亦非常發達，因為農戶自願積極配合發展農田水利事業。

（二）水井所屬權與使用方式多樣化

鑿井對於農戶來說是一項巨大的開銷，與農戶擁有土地數量和經濟實力緊密相關，雖然日偽政權對鑿井進行貸款補助，但補助資金與實際所用資金相差甚大，且貸款時還附帶有一些限制條件，例如地契抵押、殷實鋪保等，耕地數量與資產較小的農戶根本無能力貸款鑿井。一些小資產農戶，因戰爭多遷居城鎮，對發展農田水利事業淡然，普通農民則無能力負擔鑿井費用，水井多為地主和自耕農擁有。

其他農戶怎麼使用水井灌溉？又是如何管理和使用呢？據《中國農村慣行調查》記載，對於灌溉用井的使用，因受井的水量及位置的制約，使用者主要限於該井所在地的主人或他的佃農，出租地上的井由該塊地的所有者挖掘及維修，這塊地附近的同一地主的佃戶也可使用該井，另外，其他的依賴於該井的人也可使用，並且所有使用該井的人不需要向井的主人給予任何謝禮。但在水量小的時候或者用水高峰期，使用者就會有先後順序，首先是井

---

[43] 華北棉產改進會調查科編：《各區水利調查報告》（1939年），頁12。

[44] 鄭會欣主編：《戰前及淪陷期間華北經濟調查》（天津市：天津古籍出版社，2010年），下冊，頁352-353。

[45] 華北棉產改進會調查科編：《各區水利調查報告》（1939年），頁21。

的所有者或其該地上的佃農，其次才是其他人。[46]而一些地區卻是共同打井，共同使用，據在河南省彰德縣宋村的調查：「灌溉井的准使用權，作為掘井時無償提供勞動力的報酬。在掘井時，無論是誰在鑿井，附近有耕地的農民會無償提供勞力，這是當地一直以來的習慣，報酬是這些無償提供勞力的人可以免費使用該井，這也是當地的習慣。」[47]水井的共同使用規則沒有一定條例限制，「井之共同使用關係，全憑道義觀念維繫」。[48]自有井無償借與他人使用，並不收取任何費用，此種水井管理使用習俗是農村同族相互幫忙的體現。

表八　山東省泰安縣澇窪村水井利用方式表[49]

單位：市畝

	井數	灌溉面積	每井灌溉面積	井數%	面積%
自家專用	30	128.67	4.29	46	36
除自用外亦供給他家之用	16	32.35	4.37	25	20
		37.73			
		70.08			
共有共用	19	157.68	8.30	29	44
合計	65	426.51	5.48	100	100

注：據滿鐵北支經濟調查所〈泰安縣澇窪村鑿井灌溉實態調查報告〉，1939 年 11 月。

---

[46] 中國農村慣行調查刊行會編：《中國農村慣行調查》，第 3 卷（東京都：岩波書店，1955 年），頁 365。

[47] 鞍田純：《華北農業の課題と實態》（北平市：新民印書館，1945 年），頁 173。

[48] 仰松：〈增產聲中之鑿井灌溉問題〉，《中國聯合銀行月刊》第 4 卷 4 期（1942 年），《民國金融史料彙編》，第 113 冊，頁 63。

[49] 應廉耕、陳道：《以水為中心的華北農業》（北平市：北京大學出版社，1948 年），頁 58。

如上表所示，由於鑿井資金的制約和氣候乾旱，而農戶對灌溉用井使用的迫切性，水井的共用率達到百分之五十四，灌溉面積佔百分之六十，說明水井共用在華北農村是一種普遍現象。水井的共同開鑿與使用說明了村民良好的鄰里關係，也反映了鑿井的難度，一戶獨立完成難度較大，需要多戶合作開鑿。

據統計，日偽侵佔華北期間，沒有發生嚴重的自然災害，雖然日偽政權試圖通過大規模推廣鑿井灌溉、防止病蟲害、改良土地等方面擴充農業生產力，卻沒有收到期待的糧棉自給自足與以戰養戰目標，各種農產品產量不斷下降，始終未恢復到戰前水準。究其根源，日軍把農業增產與侵華戰爭緊密相連，以犧牲人民的利益來服務戰爭作為最高目的。總之，日本侵略者對華北地區瘋狂掠奪和戰爭對生產諸要素的破壞，是日偽通過大規模鑿井灌溉計畫期望糧棉增產計畫失敗的最主要原因，農業增產沒有達到預期的目的，相反使農村經濟陷入破產的境地。

這一時期大規模的鑿井對華北環境產生了較大影響，是人類生產用水向地下水索取的一個重要節點。

地下水是存在於地表以下岩（土）層空隙中的各種不同形式水的統稱。地下水主要來源於大氣降水和地表水的入滲補給；同時以各種方式回歸大氣，是地球上水循環的重要過程，地下水系統是自然界水循環大系統的重要亞系統。當前地下水以其穩定的供水條件、良好的水質，而成為農業灌溉、工礦企業以及城市生活用水的重要水源，成為人類社會必不可少的重要水資源，尤其是在地表缺水的乾旱、半乾旱地區，地下水更是主要水源。[50]

古代地下水主要用於人類生活。「古者穿地取水，以瓶引汲，謂之為井。」到了上個世紀二、三〇年代華北地區從河流遍佈、時發澇災，到三〇

---

50 據統計，一九七九年黃河流域平原區的淺層地下水利用率達百分之四十八點六，海河、灤河流域更高達百分之八十七點四。一九八八年全國二百七十多萬眼機井的實際抽水量為五二九點二乘以一〇八立方米，機井的開採能力則超過八〇〇乘以一〇八立方米。

年代大規模地進行鑿泉，以利於農業發展[51]。使農業生產用水從地上水轉向了地下水的開發。

從環境變遷的角度來看，日本侵略者在華北的鑿井計畫及活動對華北地區的環境變遷起到了十分重要的的作用。上個世紀三〇年代日本開始大規模地鑿井，使用更廣泛的地下水為農業生產服務、為戰爭服務。泉水的自流與井水的開鑿是人類使用地下水有分水嶺意義的價值取向，特別是日本一九三九年在河北打下了第一眼機井，更是拉開了索取地下水的新篇章。[52] 從而使以生產為名義的為人類生存或貪婪索取提供了更大的資源空間和技術手段，其環境史意義不可低估。

四　餘論

佛洛伊德在《夢的解析》中說，成年人的思維意識很多都能在兒時的夢境中找到。

我的故鄉在唐山陡河邊上，河上有英國人建立的站著雅典娜神像的白水泥老橋墩，河邊是高大的柳樹，河裡是飄搖的水草，河蟹、河蝦、水鳥也曾相伴。實際上我們這代人都經歷過「波光瀲瀲，小河淌淌，蘆花飄蕩，野鴨翻飛，呱呱雞鳴叫，青蛙合聲傳唱，河邊密密匝匝的蒿草，渠邊葉綠冠黃的蒲公英，路邊藍紫花朵的馬蘭」的時代，⋯⋯幸好我們還經歷過自然的美好時代，這確實是一個值得解析的夢。

今天我們已經很難想像古代河北的水。當年大禹治水止於隆堯，大陸澤、寧晉泊浩淼千里，漁鷗翔集；河北縣名多有鹿，巨鹿、獲鹿、束鹿，定

---

[51] 相關三〇年代河南北部和河北的鑿泉活動可見：梁建章《鑿泉淺說》、陳臨之《豫北鑿泉報告》、梁式堂《鑿泉淺說問答》、《河北省農田水利委員會第一屆籌辦鑿泉成績書》、《河北省農田水利委員會第二屆籌辦鑿泉成績書》。

[52] 一九三九年，日本侵略軍在石家莊（今河北省農科院經濟作物所試驗場內）鑿鋼管機井一眼，是全省修建最早的機井，現配套三英寸潛水電泵，出水正常。見趙士舜主編：《石家莊地區水利志》（石家莊市：河北人民出版社，2000 年），頁26。

是水草豐美之地。明朝時天津還是水世界，北京城裡還進去過老虎，明成祖在真定戰役時也曾在滹沱河邊遇見過老虎，而康熙帝從真定去五臺山禮佛的路上也打死過老虎，而今天華北虎早已消亡，水是構架高端動物生存基礎。

佔海河流域面積百分之六十的河北原本有幾百條河流，子牙河系、大清河系、永定河系、漳衛南運河系等六大水系的幾十條河流穿境而過。上世紀五〇年代京津冀地區所有的河流都有水，河北竟然還有三千一百公里的河道通航運，以天津為中心碼頭溝通河南、山東、北京及境內保定、邯鄲、邢臺、石家莊、唐山等城市，坐船從天津沿子牙河、運河一直可到河南安陽。一年有一百八十至三百天的通航時間。到七〇年代，河道少水而且經常斷流，到一九八〇年通航僅剩二十九公里。上世紀年代每年流入河北的水量為三三五億立方米，而河北用水只有四十億立方米，人稱河北是水銀行。上世紀五〇年代河北省面積六點六七平方公里以上的窪澱共一點一〇八萬平方公里，六〇年代河北僅平原濕地就有三十多處，窪澱皆水，佔全省土地總面積的百分之五點九。今天除白洋澱等幾處需要引黃河等處補水的濕地外，餘均乾涸。

從一九六五年至今，九十多萬眼機井鑿入河北大地，一九八四年後由於地表水資源減少，人們開始超量開採地下水。每年超採地下水五十億噸，累計超採一千多億噸！超採形成海河流域九萬平方公里世界罕見、全國最大的地下水位降落漏斗沉降區！平原地下水埋深已幾十米，衡水一帶三百至四百米，滄州、邯鄲一些地區五百至六百米！由此造成地面沉降、地裂、海水倒灌入侵等一系列環境地質問題。

本世紀之初，河北省已屬典型的資源型缺水省分，多年平均水資源總量二〇五億立方米，人均只有三〇四立方米，畝均只有二一〇立方米，僅為全國平均值的七分之一和九分之一。

水並不僅僅是沒了，關鍵是剩下的還被污染了。河北省四十二條河流一百三十多個監測斷面有百分之七十五為五類或劣五類水質，無水體使用功能，保定府河、石家莊洨河、邢臺牛尾河、邯鄲滏陽河均為排污河道。

水污染不僅從城市向農村漫延，全省十四座大中水庫中近百分之八十總

氮超標，呈富營養化趨勢；而且還從地面向地下滲透，工業廢水不處理或處理不達標就排入河體，劇毒工業廢水直接向地下排汙，固體有害廢棄物長期堆置自地面滲透，均汙及地下原始水資源，逐年擴散、深化。幾年前河北就已是三分之二機井不符合飲用水標準，全省長期飲用含氟量超過國家飲用水標準三至五倍人口高達九四〇萬人，五七〇萬人患上與氟相關的疾病。

所有這一切除了自然的變遷，亞洲季風的定期變化外，近現代大多是我們經濟活動的結果。我們要解決我們的生產問題、吃飯喝水的問題。最早我們利用地表水生產和生活，當由於季風等原因長期乾旱時，我們開始利用泉水進入農業生產領域，而水井多還是解決我們的生活問題。到了近代，當鑿泉解決不了農業生產的需求時，井水開始被我們利用於生產領域。抗日戰爭時，日本在華北推行十萬眼井計畫，而一九四二年日本人在石家莊打下了華北大地的第一口機井後，更是讓河北的地下水從此進入了萬劫不復的時代。

實際上我們真得看一看我們經濟社會的發展，從水的生態來看，我們又發展了什麼呢？

我們一直是在向有限的水資源進行無限的索取。小時候課本還教我們水不是商品，今天她早已是稀缺資源。

京津冀地區由於氣候變遷導致整個生態系統惡化，這固然是大自然規律作用的結果，但人類因自身欲望而以發展經濟為名的活動造成的溫室效應與氣候演化的關係密不可分；人口快速增長以及人類自身生存對自然資源的濫加開發利用甚至人為的破壞污染，正在形成了生態系統的惡性循環。

如果我們是水，我們怎樣看水的歷史？又怎樣看人類的發展史呢？

人類是異常自戀的動物，他們常說，水是生命之源。

孚中公司的經營特點與牟利手段

鄭會欣*

一　引言

　　抗戰勝利，百廢待舉，為了應付這突如其來的巨變，國民政府曾對戰時推行的財經政策進行重大修正，其中最明顯的改變就是取消戰時統制經濟，實施自由經濟，放鬆原本嚴格管制的外匯管理制度，開放外匯和黃金市場，鼓勵進出口貿易。當時主持國家財經大政方針的是行政院院長兼最高經濟委員會主任委員宋子文，他推行這一政策的初衷是想藉開放外匯市場和出售黃金來收回過量發行的貨幣，大量進口外國的商品，是為了解決物資供應不足、物價不斷上漲的局面，希望能在較短的時間內制止自抗戰中期即爆發並日益嚴重的通貨膨脹。然而事態的發展卻與當局的意願截然相反，開放金融市場導致國庫中在戰爭期間積存的大量外匯和黃金急劇外流，而自由輸入的後果則是大量美國商品傾銷中國（當時上海的市場號稱「無貨不美」），同時更造成國際收支嚴重失衡。開放外匯市場的政策實施不久，內戰就全面展開，緊接著上海這個中國最大的商業都市又爆發了金融恐慌，物價飛速上升，而且很快就波及全國。在這種形勢之下，國民政府不得不再次修改政策，一方面嚴格控制進口商品的輸入，同時對於外匯和黃金又重新加以管制，而主持財政方針的宋子文亦被迫辭職，黯然下臺。[1]

---

*　香港中文大學中國文化研究所研究員。

[1]　關於這一時期財政與貿易政策的演變可參閱拙文：〈從統制經濟到開放市場：論戰後

　　戰後初期國民政府推行開放外匯市場政策最突出的特點就是進口管制極鬆、外匯管理極濫以及外匯匯率極低，雖然此時國家業已大幅度提高了外匯的匯率，但進口商品的成本與國內物資不斷上漲的價格之間仍然存在很大的差距。由於這種「鼓勵輸入」和「低匯率」的政策對於經營進口貿易極為有利，眾多商人就充分利用兩者之間的差價大量進口商品，從中賺取超額利潤。因此戰後初期上海經營進出口業務的商行紛紛註冊，不但經營的公司行號數量劇增（最盛時竟高達三千多家），而且經營貨物的範圍也無限擴張，呈現出一派蓬勃興盛的畸形繁榮景象。

　　在這些經營進出口業的公司中，特別引人注目的是幾家具有特殊政治背景的公司，它們的數量雖然不多，但能量卻極大，活動更是異常活躍。從表面上看，它們與其他公司一樣，都是按照公司法成立的民營公司，然而其背後卻具有強大的政治勢力；它們往往與國家的政治權力結合在一起，享有種種特權，套購外匯，佔領市場，並從進出口貿易中贏得超額利潤。正是它們所具有的這種背景及其能量，當時社會和輿論形象地將其稱之為「官辦商行」，在這中間最著名的就是孔、宋家族直接經營的幾家公司，即孔令侃的揚子建業公司、宋子安的中國建設銀公司以及宋子良的孚中實業公司。

　　自上世紀八〇年代起，學術界開始對所謂國家資本和官僚資本進行熱烈的討論，[2] 目前對於這個問題的認識基本趨於一致，即認為不能簡單地將民國時期那些國家投資興辦的工礦企業、鐵道交通乃至於金融銀行歸之於官僚資本，而應按其資本來源視為國家資本，而官僚資本指的應該是那些官僚或其子女憑藉他們與政府間的特殊關係、同時又以私人名義創辦的企業或公司。

　　初期國民政府對外貿易政策的轉變及其原因〉，載《中央研究院近代史研究所集刊》第53輯（2006年），頁51-102。

2　關於官僚資本的傳統解釋可參閱黃逸平：〈民國經濟史研究述評〉，曾景忠編：《中華民國史研究述略》（北京市：中國社會科學出版社，1992年），頁10-11。而有關國家資本與官僚資本的爭論，可參閱鄭會欣：〈對「官僚資本」的再認識〉，《民國檔案》2003年第4期；李少兵、王莉：〈20世紀40年代以來中國大陸「四大家族官僚資本」問題研究〉，《史學月刊》2005年第3期。

然而長期以來，我們只是關注於那些國家資本創辦的大型國有企業，卻未能對這些官僚或其親屬個人經營的公司或企業進行深入的探討，本文主要依據大量的原始檔案，以孚中實業公司為個案，深入研究該公司的經營方式與謀利手段，由此可以看出這些具有政治背景的所謂民營公司，是如何依仗和利用政治權勢賺取超額利潤的。

二 孚中國際與孚中實業公司的成立

孚中公司的創辦人和實際掌權者是時任中國國貨銀行總經理的宋子良，他曾歷任外交部總務司司長、廣東省財政廳廳長、西南運輸處主任等職，同時身兼中央銀行理事以及多家銀行和公司、報館的董事，更重要的他還是行政院長宋子文的胞弟、國民政府主席蔣介石的內弟。宋子良具有這幾重身分，在政界和商界可謂遊刃有餘，辦起事來自然是得心應手，這從他倡議創辦公司到成立的過程中就可以看得出來。

關於孚中公司成立的背景及其過程筆者曾撰有專文加以論述，[3] 這裡只作一個簡單的介紹。

抗戰中期，宋子良一直在美國，他公開的身分是英美中三國戰後和平機構會議中方委員，負責籌辦戰後復興經濟、恢復生產的計畫，而他也充分利用這一有利的條件，四處接觸美國著名財團和商家，從而建立了廣泛的人脈網絡。因此抗日戰爭剛剛宣佈勝利，宋子良便搶灘登陸，迅速在美國籌備成立孚中實業公司，並策劃在國內設立分公司。

一九四五年八月十八日，正當日本剛剛宣佈無條件投降之際，遠在大洋彼岸的宋子良就以中國國貨銀行總經理的身分親筆致函交通銀行董事長錢新之、總經理趙棣華和金城銀行總經理戴自牧，提出以三行共同投資成立

3　詳見拙文〈戰後「官辦商行」的興起：以中國孚中實業公司的創立為例〉，刊於《中國經濟史研究》2009年第4期。

公司、獨家代理美國廠商、專門經營進口貿易的建議。[4] 這封信的內容十分重
要，它詳細地說明了宋子良創辦公司的意圖及其未來經營的範圍。

　　創立宗旨：在戰後急需各種商品、特別是工業設備、交通工具的關鍵時
刻，搶灘登陸，分別在美國和國內成立公司，獨家經銷美國廠商產品，最終
的目標是壟斷整個中國市場（包括東三省、臺灣和香港）。

　　經營範圍：主要經營國際貿易，興辦實業，特別注重的是交通工具及其
附屬業務，目前著重進口汽車、卡車和吉普車，同時計畫經銷出口原由國家
統購統銷的農礦產品。

　　發展計畫：公司成立初期主要承擔美國廠商在中國的獨家代理，然後在
中國設廠製造零件，成立裝配廠和修理廠，待到條件成熟，再與外商合資，
在中國建造汽車製造廠。

　　資本來源：全數資本由中國國貨銀行、交通銀行和金城銀行按三比二比
一的比例投資，不另招新股。

　　交通銀行董事長錢新之收到宋子良的來函後即委派該行有關部門進行討
論，經過認真研究，設計處對此計畫形成的結論是，新公司既能與美國廠家
訂立合同，獨家經銷其產品（主要是各種汽車），再由美國裝運機器到國內
設廠，製造一部分汽車零件，最終的目的是在國內設廠，製造全車，因此該
公司「計畫縝密，自屬穩妥」；而且交通事業原為本行經營的重要範圍，投
資汽車製造業自當贊助支持。[5] 錢新之隨即將此意見轉交金城銀行，總經理戴
自牧隨即表示：「敝處意見與尊所得簽呈結論相同，如何取決，自當隨同貴
行意旨辦理。」[6]

　　在得到交通、金城銀行的支持後，宋子良便積極在美國活動，十月
二十六日，宋子良由華盛頓發來電報，說明公司已在美國註冊就緒，為節省
資本稅起見，註冊資本額為美金六十萬元，先交半數，國貨銀行十五萬，交

---

[4] 〈宋子良等致錢新之等函〉（1945年8月18日），中國第二歷史檔案館藏《交通銀行檔
　　案》：三九八（2）/252。下文未注明檔案出處者，均藏自中國第二歷史檔案館。

[5] 〈交通銀行設計處呈〉（1945年9月7日），《交通銀行檔案》：三九八（2）/252。

[6] 〈戴自牧致錢新之函〉（1945年9月10日），《交通銀行檔案》：三九八（2）/252。

通十萬，金城五萬，擬推錢新之、戴自牧、孔祥熙、宋子良、席德懋、施濟元、鄧以誠、沈鶴年，再加錢新之指定一人為董事，並推孔祥熙為名譽董事長，錢新之為董事長，定於十一月一日開始營業；[7]十一月二十三日，孚中公司假紐約市華爾街一號公司總部召開成立大會。[8]至此，孚中國際公司（Fu Chung International Corporation）就算正式在美國成立了。

孚中國際公司成立之後，宋子良便立即委派公司董事沈鶴年回國，聯絡交通、金城銀行高層，籌備在國內登記註冊公司事宜。一九四六年一月二十九日，孔祥熙、錢新之等政經界大佬即在重慶聚會，正式發起成立中國孚中實業有限公司，並遵照公司法向當地政府申請，很快便獲重慶市社會局批准成立。二月十一日，錢新之等代表十六名股東（其中孔祥熙、宋子良等多位股東並不在重慶）於重慶市陝西路中國國貨銀行召開公司股東會，公推錢新之任主席。接著錢新之報告公司籌備經過，並討論通過公司章程及選舉董事和監察人等諸多事宜。[9]三月八日，錢新之等人向重慶市社會局呈文，稱「遵照公司法股份有限公司之規定，在重慶市地方發起設立中國孚中實業股份有限公司，資本總額定為國幣壹仟捌佰萬元」，而且所有股份已均由各發起人如數認足，要求該局驗資，並轉呈經濟部核准登記，發給執照。[10]呈文中並附有公司章程、股東名簿、董監事名單以及營業概算書等文件，其中公司章程中規定公司經營業務範圍真可謂包羅萬象，其中進口物資主要以工業原料、機器設備、化學物資和交通運輸工具為主，而出口物資則都是原貿易委員會所壟斷的統購統銷易貨產品，此外還涉及有關技術、修理以及工程各方面的業務。由此亦可看出孚中公司的野心之大，幾乎包攬了國家所有重要的

---

[7] 〈宋子良致錢新之電〉（1945年10月26日），《交通銀行檔案》：三九八（2）/252。

[8] 〈宋子良致趙棣華函〉（1945年12月1日），《交通銀行檔案》：三九八（2）/252。

[9] 〈中國孚中實業股份有限公司股東會決議錄〉（1945年2月11日），中央研究院近代史研究所檔案館藏經濟部檔案：18-23-01-77-31-015。

[10] 〈錢新之等為設立孚中實業公司致重慶市社會局呈〉（1946年3月8日），中央研究院近代史研究所檔案館藏經濟部檔案：18-23-01-77-31-015。

進出口業務。[11]

　　新成立的中國孚中實業股份有限公司（Fu Chung Corporation [China] Ltd）與之前在美國創立的孚中國際公司均由中國國貨、交通和金城三家銀行投資，不僅兩公司的董事和監察人相同，而且各行投資的比例亦完全一致。公司的董監事會成員共十六人，其中十三人為董事，中國國貨銀行七人，交通銀行四人，金城銀行二人，監察人則各行一人；公司名譽董事長孔祥熙、董事長錢新之、總經理宋子良、協理鄧以誠、施濟元、沈鶴年，而公司的股東也就是上述十六人，公司的資本則全部來自中國國貨、交通和金城三家銀行，所謂的股東及董事都是這三家銀行的高層領導。但這裡需要特別說明的是，孚中公司的原始股份並不是個人投資，而是銀行出資。[12]

　　孚中實業公司還未正式成立，宋子良等人便先人一步，抓緊時間在美國聯絡廠商，訂購汽車及其他進口物品；待到國內開放外匯和市場的政策剛一出台，一大批進口物資便堂而皇之、源源不斷地輸送到中國的市場，賺取到公司的第一桶金。

三　「官辦商行」引起公憤

　　一九四六年二月二十五日，國防最高委員會第一八四次常務會議通過了宋子文的一項臨時提案，制定了《進出口貿易暫行辦法》，[13] 並由行政院於

---

[11] 〈中國孚中實業有限股份公司章程〉共三十條，公司業務範圍為第三條。章程全文見中央研究院近代史研究所檔案館藏經濟部檔案：18-23-01-77-31-015。

[12] 譬如說，金城銀行的股份佔孚中公司總資本的六分之一，以後公司增資為三億元時，比例依然如此。因此在金城銀行投資統計表中也明顯標列：投資中國孚中實業公司五千萬元，孚中國際公司五萬美元。見《金城銀行史料》（上海市：上海人民出版社，1983年），頁837。關於公司股份的來源董事長錢新之也承認，孚中公司的所有資本「係由交通、金城及中國國貨銀行投資，並無私人股款，所由〔有〕董事、監察人，均係代表各銀行選出」。詳見〈錢新之答記者談話稿〉（1947年4月），上海市檔案館藏《交通銀行上海分行檔案》：Q55-2-152。

[13] 〈進出口貿易暫行辦法〉（1946年2月25日），《經濟部檔案》：四/34357。

三月一日正式公佈，根據這一辦法，除了列於附表乙的少數貨品外，絕大部分商品均可自由進口。與此同時政府又宣佈開放外匯市場，其主要內容就是放鬆對外匯和黃金的管制，三月四日中央銀行掛牌，美金電匯以二○二○元賣出，一九八○元買進，同時指定由廣東、匯豐等中外二十九家銀行及十六名外匯經記人經營進出口外匯業務；自三月八日起，由中央銀行在上海以明配和暗售兩種方式買賣黃金，每條（十兩）售價一六五萬元法幣。以此為標誌，國民政府「一變戰時統制貿易為平時自由貿易」，亦「為戰後中國開放對外貿易之始」。[14]

實行開放外匯市場和鼓勵進口貿易的最初幾個月，匯價和金價還比較平穩，買進和賣出之間的數額亦大體持平，物價上漲的趨勢也確實有所緩和。但是開放金融市場是以國家庫存的外匯和黃金為籌碼，而外匯和黃金的儲備畢竟有限，由於政府的決策者高估了法幣與美金的比價，他們所規定的固定匯率大抵均低於美金市價和中美購買力平價，導致外國商品如潮水般湧入國內市場，外匯儲備大量流出，入超急劇上升。進口與出口之間的比例在一九四六年一月開放金融市場前即已為二比一，實施之後的當月就上升到五比一，到了五月底更躍升到八比一。[15]根據海關報告，一九四六年一至六月上海進口貨物總值為三四七二六○○○四千元法幣，而出口貨物值僅為三四七九四四○○千元法幣，[16]進出口數額之比竟已高達十比一，外匯黑市的價格也隨之突飛猛漲。

在這種情形之下，中央銀行不得不於八月十九日調整匯率，將法幣貶值

[14] 經濟部統計處：〈三十五年中國對外貿易概述〉（1946年12月），載中國第二歷史檔案館編：《中華民國史檔案資料匯編》第五輯第三編（南京市：江蘇古籍出版社，2000年），財政經濟（六），頁600。

[15] 吳大明、黃宇乾、池廷熹編：《中國貿易年鑑（民國三十七年）》，收入沈雲龍主編：《近代中國史料叢刊》第72輯（臺北縣永和鎮：文海出版社，1971年），頁69；又見上海社會科學院經濟研究所等編著：《上海對外貿易》（上海市：上海社會科學院出版社，1989年），下冊，頁144。

[16] 轉引自左宗綸：〈中國當前對外貿易問題的探討〉，載粟寄滄主編：《經濟導報》（北平）第1卷第4期（1946年10月1日），頁5。

百分之六十，改為法幣三三五〇元對一美元，然而這一切措施並不能阻擋洶湧而來的進口狂潮，外匯的黑市價格仍高於官價百分之五十左右。[17]為了應付日益嚴重的經濟危機，十一月十七日國民政府公佈《修正進出口貿易暫行辦法》，[18]同時宣佈廢止三月一日頒布的《進出口貿易暫行辦法》。然而自開放外匯市場到公佈《修正辦法》的八個半月中，中央銀行和各指定銀行已售出外匯計美金三八一五二二四六一點一三元，英金一六七六一六六〇鎊，港幣二四三二五五八九點八八元，折合美金大約為四五五〇〇萬美元。[19]由於政府對進口商品採取極度放任的政策，「政府原存六百萬盎司之黃金，與九億以上之美金，大半消耗」。[20]

政府制訂《修正進出口貿易暫行辦法》的目的是為了擴大輸出、嚴格限制進口貨品，為此於最高經濟委員會之下設立輸入臨時管理委員會，對所有進口物品採取輸入許可證制度，並會同中央銀行外匯審核處等機構具體辦理輸入物品的許可和限額問題。然而這些措施對那些豪門資本來說不但沒有什麼阻礙，相反，他們倒可以利用特權，優先獲得進口額度，再套取官價外匯，從而賺取超額利潤。這些「官辦商行」的所做所為，激起了社會各界的強烈不滿，甚至在國民黨內部都掀起了一股「倒孔倒宋」的風潮。

在這場「倒宋」風潮中，以著名的歷史學家、國民參政會參政員傅斯年的抨擊最為嚴厲，他先後發表了〈這個樣子的宋子文非走開不可〉（《世紀評論》第1卷第7期〔1947年2月〕）、〈宋子文的失敗〉（《世紀評論》第1卷第8期〔1947年〕）、〈論豪門資本必須鏟除〉（《觀察》週刊第二卷第1期〔1947年3月〕）等一系列文章，指名道姓地攻擊宋子文官商不分、「公私

---

[17] 吳大明、黃宇乾、池廷熹編：《中國貿易年鑑（民國三十七年）》，頁444。
[18] 〈修正進出口貿易暫行辦法〉（1946年11月17日），《全國經濟委員會檔案》：四四（2）/15。
[19] 監察委員何漢文等呈：〈外匯使用及各公司營業報告情形報告書〉（1947年10月2日），《監察院檔案》：八/2040；又載中國人民銀行總行參事室編：《中華民國貨幣史資料》，第2輯（上海市：上海人民出版社，1991年），頁835。
[20] 賈士毅：《民國財政史三編》（臺北市：臺灣商務印書館，1964年），頁885。

不分」，「自己（包括其一群人）又是當局，又是『人民』」；傅斯年還指責宋子文具有「無限制的極狂蠻的支配慾」，具體表現為通過中國建設銀公司經營或收購戚墅堰電廠、首都電廠、既濟水電公司、淮南煤礦、鄱樂煤礦等工礦企業，變國營為「宋營」，因而提議立法院、國民參政會徹查孔、宋等「豪門」在國內外企業經營的內幕，包括營業範圍和外匯來源，並徵用孔、宋家族的財產。[21]

　　「官辦商行」利用特權申請配額、進口物資、套取外匯的行為引起經營進出口業務的上海商人強烈不滿，在華外商對此更是憤憤不平。一九四七年三月十三日，具有美資背景的上海《大美晚報》刊登了一條合眾社記者龍特爾的報道，披露了有關孚中公司等「官辦商行」利用特權套購外匯、大量進口奢侈品、獲得超額利潤的新聞：

> 中國國營商行頃購有價值數十萬美元之進口貨，而絕不受中美私人商行自去年十一月以來所受結匯限額及進口條例等限制。據悉，一統公司、中央信託局及中國供應局現正在將大量「奢侈品」搬運進口，如高價汽車、無線電機、冰箱及其他中國當局所嚴屬禁止進口之貨物，而私人商行數千件進口許可證及結匯之請求書，擬以急需之合法進口貨，如重工業器材等物，則為當局置之不理。又據航運界人士證實，此項奢侈品大部分為政府有關之商行所定購，供應私人買戶，且傳係為政府機關人員所定購獲利，以飽私囊。中國商界人士指稱，一統公司係中央信託局之代理人，以低價定購外國貨物，售予私人商行時，徵收佣金百分之二‧五；售予政府時，收佣金百分之一。中美商行因此獲利甚微，不敷開支，致難與「官辦」商行競爭。中美商人對於宋子良所主持之孚中公司、宋子安之中國建設銀公司及孔令侃之揚子建設[業]公司，皆可利用「特權」經營商業等情，尤多指摘之詞。例如孚中公司有代表一人，利用中國外交官之護照，現正在美國從事商業上之旅行，而一般有經驗之中國商界領袖欲赴美，則常不能獲得

21　參見吳景平：《宋子文評傳》（福州市：福建人民出版社，1992年），頁503-505。

准許。最近華盛頓與紐約之美國商行,對上述「特權」商行已曾向國務院提出抗議,指斥彼等利用政治及其他壓力,欲將外商排出中國,在華之美國商界領袖雖不願公開加以討論,但多數亦承認一月前所提抗議情形現仍存在,並認為改善之希望極微云。[22]

其後《文匯報》記者也證實了這一消息:

> 孚中公司曾有代表一人,在持外交官護照旅行,這條消息為《文匯報》記者證實,代表即宋子良氏,他曾獲得美國對華鋼鐵事出限額的90%。同時《文匯報》記者也證實了孚中獨家經營之威利吉普,進口已達萬輛,今年進口之新汽車也達千輛。[23]

儘管上述報導包含外商對於失去以往在中國傾銷商品佔據優越地位的強烈不滿,有些事實亦不乏誇張之辭,但應該說部分內容還是真實的,攻擊的對象則直指那些具有強大背景的「官辦商行」。

四 蔣介石下令調查

蔣介石看到這一報導後大為憤怒,他不僅在一份致財政部部長俞鴻鈞的電報中抄錄了上述報導的主要內容,還命令財政部迅速「會同經濟部遴派妥員,澈查具報」。財政部長俞鴻鈞自然不敢怠慢,隨即在電報上加批:「派姚主任會查具報,並洽經濟部。」[24]

緊接著,在四月二日召開的國民黨第六屆中央執行委員會第三次全體會議上,以黃宇人為首的一〇三名中央委員聯名提出「擬請懲治『金鈔風

---

[22] 轉引自〈何漢文等監察委員報告書〉(1947年10月1日),《監察院檔案》:八/2040。

[23] 《工商天地》第1卷第9期(1947年8月),轉引自交通銀行總行、中國第二歷史檔案館合編:《交通銀行史料》第一卷(1907-1949)(北京市:中國金融出版社,1995年),下冊,頁1579。

[24] 〈蔣介石致俞鴻鈞代電(侍宙字第60483號)及俞鴻鈞批〉(1947年3月19日),《財政部檔案》:三(2)/599。

潮』負責大員及澈查『官辦商行』賬目、沒收貪官污吏之財產,以肅官方,
而平民憤」的臨時動議,動議要求追究宋子文、貝祖詒等負責大員的責任,
不能僅以辭職、免職即為了事,因為這些大員「不但運用失宜,且抑有勾串
商人、操縱圖利之嫌」,因此應「依法提付懲戒」,並「從速查明議處,以
肅黨紀,而彰國法」。臨時動議還聲稱,一統公司、孚中公司、中國建設銀
公司、揚子建業公司等「官辦商行」,「皆有利用『特權』、結購鉅額外匯、
輸入大量奢侈品情事,致普通商人難與爭衡,外商並因此屢提抗議」,而且
「此類『官辦商行』又大抵為官僚資本之企業機構,其間不乏貪官污吏之財
產,盡為搜刮民脂民膏之所得」,因而要求有關部門「澈查此類『官辦商行』
之賬目」,一旦發現有「勾結貪官污吏之確鑿真實者,應即封閉其公司、沒
收其財產,以肅官方,而平民憤」。大會決議:「通過,交中央常會迅速切
實辦理。」隨後舉行的中央常會第六十三次會議亦作出決議:「除函中央監
察委員會外,並分函監察院、行政院迅速切實辦理。」[25]

　　在國內外輿論強烈抨擊和黨內抗議聲浪不斷高漲的巨大壓力下,行政院
秘書處奉院長諭:「官辦商行一節,交經濟部迅即切實辦理具報」。[26]財政部
亦遵奉蔣介石的指令,委派視察室主任姚曾廙率領視察余敦兆,會同經濟部
所派專員宋哲夫前往上海,調查上述公司自開放外匯市場後所購買的外匯數
額和進口貨物的詳情。五月二十日,調查組完成初步調查後,組長姚曾廙即
撰寫報告,呈送財政部部長俞鴻鈞及次長徐柏園、李儻。[27]同時視察室還為
財政部起草了答覆黃宇人等質詢的文字:「此案業經最高當局令交經濟、財
政兩部會同調查,惟須將上年三月四日以來施行『中央銀行管理外匯暫行辦
法』以來所有銷售外匯及海關進口情形全部檢查,頗費時日。現此案有關資

25 〈黃宇人等103人臨時動議〉(1947年4月2日),中國國民黨黨史委員會黨史館藏《中
　國國民黨中央執行委員會議檔案》:6.3/89。〈臨時動議〉及國民黨中央常會決議又見
　《經濟部檔案》:四/28233。
26 〈行政院秘書處交辦案件通知單(發服伍字第30217號)〉(1947年5月1日),《經濟
　部檔案》:四/28233。
27 〈財政部視察室主任姚曾廙簽呈〉(1947年5月20日),《財政部檔案》:三(2)/599。

料已蒐集齊全，正與經濟部、中央銀行及輸入臨時管理委員會依照法令逐項審核，一俟審查竣事，當即呈報最高當局依法處理。」[28]六月十四日，該調查報告經過整理，即以財政部部長俞鴻鈞和經濟部部長陳啟天的名義會呈國民政府主席蔣介石。[29]

這個會呈的內容大致分為四個部分。第一部分介紹了政府宣佈有關禁止奢侈品進口及限制結匯實施的日期，即一九四六年三月一日起，凡七人以下、廠價超出一千二百美金的汽車不准結匯，禁止進口；卡車自同年四月二十九日起，無線電機、冰箱自同年十一月二十五日起均禁止進口，同時亦不予結售結匯。第二部分主要是公佈國營商行（中央信託局和物資供應局）及孚中、揚子等「官辦商行」實際進貨情形。第三部分是有關中央銀行經售外匯的數目，自一九四六年三月四日政府開放外匯市場到同年十一月十七日修正進出口貿易辦法、強化管制進口的八個半月以來，中央銀行共售出美金三八一五五二四六一點一三元；在這之後到一九四七年二月十五日止，共售出外匯二○一一一○四○點八美元，接著就公佈中央信託局以及孚中、揚子等公司各自的的結匯數額。第四個部分陳報孚中公司總經理宋子良和協理沈鶴年確實持有外交護照，而且目前仍逗留在美國，但「是否從事商業活動，在國內無從調查」。

蔣介石看了財、經二部的調查報告後，仍下令繼續追查：

> 查本年三月十四日上海中外各報刊載合眾社通訊，謂中國營商行大
> 量輸入奢侈品，絕不受結匯限額及進口條例之限制，等語。經飭財
> 政、經濟兩部會同派員澈查去後，茲據該兩部六月十四日財視字第
> 二五九八號會呈澈查情形，附會呈報告書一件暨附件十類前來。經

---

[28] 〈財政部視察室擬黃參政員字人詢問案答覆文〉（1947 年 5 月 24 日），《財政部檔案》：三（2）/599。

[29] 〈財政部、經濟部會呈（財視字第 2598 號）〉（1947 年 6 月 14 日），《財政部檔案》：三（2）/599。另據財政部六月十六日致經濟部的公函稱，關於本案財政、經濟二部「已聯合派員調查，並由本部主稿，會同貴部呈覆，因時間匆促，僅具會稿一份，未能分存」云云。這就說明該會呈是由財政部撰寫的。見《經濟部檔案》：四/28233。

核：（一）中央信託局、物資供應局、孚中公司進口汽車中確有超出
規定限制，依法應禁輸入；又，孚中公司、揚子公司進口之無線電及
冰箱，亦有在法令限制輸入以後，何以主管機關竟予核發許可證，准
予進口？（二）行政院物資供應局進口汽車十三輛，其中「奧斯丁」
牌汽車五輛未經報關查驗，即行提出價讓，有無利用職權圖利情事，
及其餘八輛究竟作何用途？（三）孚中實業公司進口之吉普車，其結
匯在卅五年四月廿九日以後，依法應停止輸入，何以仍准進口並結售
外匯？以上各節仍有查究必要。茲檢發財政、經濟兩部會查報告書一
份暨附件，希分別澈查責任，切實嚴處具報。至孚中公司職員利用外
交護照一節，除另飭外交部將原發護照予以吊銷外，並希知照。中
正。巳儉一。侍宙。[30]

儘管蔣介石多次下令進行調查，但是因調查報告的內容極為機密，又涉及到
孔、宋親屬直接經辦的公司內幕，十分敏感，因此有關部門在未接到最高當
局指令之前，並不準備向任何報刊披露。沒想到一個月之後，《中央日報》
的記者通過特殊途徑取得報告，這一報告的主要內容才公之於天下。

五　公司的經營方式及其特點

　　一九四七年七月二十九日，南京《中央日報》第四版在居中的位置刊登
了一則新聞，標題並排分作三欄：「孚中暨揚子等公司　破壞進出口條例
財經兩部奉令查明」，披露「孚中、揚子等公司年來有破壞進出口管制條例
之情事發生」，為此「最高當局特令財政部、經濟部會同嚴查，頃已將全部
經過調查竣事，並由財、經二部會稿呈報」云云。該報記者並聲稱從財政部
方面得知調查報告的主要內容，其中最關鍵的部分就是涉及到孚中實業、揚
子建業及中國建設銀公司利用特權、套取大量外匯的內幕。據該報透露，
孚中、揚子公司在政府開放外匯市場這一階段中（1946年3月4日至11月17

---

[30]〈蔣介石代電〉（1947年6月28日），《輸出入委員會檔案》：四四七（2）/80。

日）共結購外匯三億三千多萬美元，差不多占同期中央銀行售出外匯總額的百分之八十八。兩天之後，還是這家報紙在同一版面又刊登了一則類似更正的啟事，說是前日的報道在孚中、揚子公司套匯的數額中漏記了小數點，從而將結購外匯的數額縮小了一百倍。四十多年後，兩位親身經歷此事的記者相繼撰寫回憶，又將此案提了出來，而且還說所謂小數點是陶希聖（時任國民黨中央宣傳部副部長兼《中央日報》主筆）想出來的高招，目的就是要化解民眾反對豪門資本的政治危機。[31] 然而，筆者根據當時開放外匯市場的政策內容以及進口貿易的實際情形，對此進行邏輯和常理的分析，認為三家公司無論如何也不可能套購國家接近九成的外匯；而經查閱當時財政部的大量原始檔案，更證實了我的這一判斷。由此而得出的結論是，無論這兩位記者是「無心之失」還是「有意為之」，小數點是確實存在的，並非事後補救。[32]

「官辦商行」利用特權，在經營進口貿易中賺取超額利潤的確是事實，但這些都必須要有充分的證據加以說明，而不應道聽途說、人云亦云，更不能以想當然的方式去進行編造，因為這些都是經不起歷史檢驗的。本文則是在查閱大量原始檔案的基礎上，以孚中公司的個案，對該公司的經營活動進行深入的分析，從中找出他們與政府間關連的真實證據。最後的結論是，雖然這些活動表面上看似乎都是「合法」的，然而卻不是一般公司所能做到的，因而可以說明，孚中公司等「官辦商行」確實與政府之間存在著非常密切的關係，這才是他們為何能夠從經營進出口貿易中獲得超額利潤的最重要原因。

---

[31] 漆敬堯：〈小數點的玄機化解一場政治風暴──獨家採訪宋孔家族利用特權結匯謀取暴利新聞的一段往事〉，載《傳記文學》第54卷第1期（1989年1月），頁63-68；陸鏗：《陸鏗回憶與懺悔錄》（臺北市：時報文化出版公司，1997年），頁159-180。

[32] 有關《中央日報》刊登孚中、揚子等公司套購外匯的新聞以及整個事件的背景與真相，可參閱筆者所撰之〈關於孚中、揚子公司套購外匯數目的爭論及其真相〉，載《中央研究院近代史研究所集刊》第61輯（2008年9月），頁61-95。

（一）關於套匯數目與申請配額的問題

　　首先我們應該瞭解，戰後國民政府對於外國商品的進口政策是有階段性的。自一九四六年三月財政部實施開放外匯市場的政策以來，國家對外匯的管制極為寬鬆，除了極少數禁止進口以及部分須向海關申報許可後方能進口的貨物外，大多數商品均可自由進口，凡是從事進出口行業的公司很容易申請結購外匯，既不需要什麼特殊的關照，也沒有任何數額上的限制。對於外匯加以管制是一九四六年十一月十七日公佈《修正進出口貿易暫行辦法》，嚴格限制進口、實施輸入限額辦法以後第二階段的事。也就是財政、經濟二部會呈中所說自一九四六年三月四日至十一月十七日中央銀行共售出外匯三八一五五二四六一點一三美元，其中孚中公司結購外匯數為是一五三七七八七點二三美元，除去自有及售出者外，淨購外匯一一一三三〇七點三一美元；而十一月十八日至一九四七年二月十五日這段期間售出外匯只有二〇一一一〇四〇點八美元，數額僅佔這兩段時期總額的百分之五。[33]在第一階段孚中公司結購的外匯雖然不是《中央日報》所披露的一億五千餘萬美元的巨大數字，但亦佔國家出售外匯總額的百分之零點四，這在有三千家進口公司結匯（這還包括中央信託局、物資供應局等專門從事進口貿易的國有商行以及具有進出口權的資源委員會、中國紡織公司等國家資本企業）同時購買外匯的情形之下，孚中公司可以結購如此數額的外匯，由此亦可看出公司經營規模之大了。儘管如此，因為這一階段結購外匯沒有什麼控制，一般來說，只要有資金便可前往中央銀行購買外匯，大家都有錢賺，中外商家對他們的行為並無反感。而真正出現矛盾是發生在政府嚴格管制外匯的第二段時間內，由於其他民營公司難以申請到進口額度，所以無法購買外匯乃至於進口外國商品；而此時孚中、揚子等這些「官辦商行」方顯示出其巨大的能量，他們利用特權，先從輸入臨時管理委員會那裡領取進口配額，再向中

---

[33] 〈財政部、經濟部會呈（財視字第2598號）〉（1947年6月14日），《財政部檔案》：三（2）/599。

央銀行套取大量外匯，進口外國商品，從中牟取暴利。因此，這才是外籍商號和那些沒有政治背景的國內進口商憤而攻擊的原因。儘管財政、經濟部避重就輕，他們所查核的只是第一階段出售外匯的數目，並未對第二階段孚中等「官辦商行」結購外匯的數額進行調查，但認真查閱原始檔案，還是可以從中發現一些問題的。

政府制訂《修正進出口貿易暫行辦法》的目的是為了擴大輸出、嚴格限制進口貨品，所以對所有進口物品採取輸入許可證制度，對於重要原料品的輸入在數量上還實行限額制度；同時在最高經濟委員會之下設立輸入臨時管理委員會，會同中央銀行外匯審核處等機構具體辦理輸入物品的許可和限額問題。然而這些措施只能阻擋一般進口商人的發財之道，對於那些豪門資本來說不但沒有什麼阻礙，相反倒為他們掃清了生意上的競爭對手，他們可以利用特權，優先獲得進口額度，再套取官價外匯，從而賺取超額利潤。

政府公佈這一修正辦法後立刻對上海的市場帶來強大的反響，精明的商人首先想到的是，由於日後進口貨將受到嚴格管制，市場上的外國商品必然日漸減少，價格自然就會大幅上升；第二個反應就是，此時法幣對美元的三三五〇官價匯率肯定要往上調整，黑市匯率一定會隨之而激升。因此他們想方設法，希望趁機多得到些進口許可證（配額），同時再從政府那兒以低價盡可能多套購些外匯。

新設立的輸入臨時管理委員會（後與輸出推廣委員會合併而成輸出入管理委員會，簡稱輸管會）主要任務是辦理有關商品的輸入限額和負責簽發輸入許可證，可是成立後相當長的一段時間內，該會的主要工作只是集中在辦理進口商登記審核、整理舊案和等待限額公佈等方面，對於一般進口商所申請的進口許可證（這個許可證後來被統稱為「公佈前許可證—Pre-zero Case」）基本上是擱置起來不予批復，直到一九四七年二月十六日政府公佈《經濟緊急措施方案》、同時又將匯率改為法幣一萬二千元對一美元時，所謂進口許可證才陸續批核下來。此時進口商批得的貨物雖然可以放行，但進口所用的外匯卻要按新的匯率向中央銀行結購，至於更多的進口商根本就拿不到許可證，當然也就無法結購到外匯。

當時在上海的其他進口商、特別是美國進口商對於「官辦商行」利用特權結購外匯、享有進口配額的現狀極為不滿，他們認為進口限額很多都配給了豪門資本，這是歧視外商、不給他們平等待遇的行為，因而曾聯名致電美國國務院，「表示於中國政府不予彼等便利情形下，美國政府對於中國政府之要求種種援助，亦應加以審慎考慮」。[34]上海英商公會會長凱斯里克也在年會上對於中國政府的輸入管制頗多指責，「一是統制商品分類的不合理，二是對於外商有歧視，三是辦理進口統制幹練人員的缺乏，四是豪門資本的獲得非法進口」。[35]

然而就在這段時期中，輸管會卻對那幾家具有強大政治背景的「官辦商行」簽發了大批進口許可證，這些公司再以此向中央銀行外匯審核處結購外匯。筆者曾對輸入臨時管理委員會檔案的申請書逐張進行統計，就以孚中公司來說，在這一階段輸管會向孚中公司簽發了二十八張進口許可證，其中批准進口並按當時的外匯牌價（一比三三五〇）結購的外匯總額為二五四五四七點五三美元，批准進口但需自備外匯的外匯額為一〇三二三八四點七六美元。[36]所以孚中公司獲得按官價結購外匯的比例就上升到國家這一時期出售外匯總額的百分之一點二七。

由此即可看出「官辦商行」如何利用與政府之間的關係，依仗特權謀取暴利的，從而顯示出他們的巨大能量，這可以從以下幾點得到證明。

其一，上述這些許可證均於一九四六年十一月二十日至一九四七年二月三日期間批出，而這一段時期正是政府放棄開放市場、轉而強化管制進口的階段，對於之前所有自由進口的物資改為實行管制進口，並對重要原料物資實施限額制。而且這一時期外匯的官方牌價是一比三三五〇，而在這之後外匯的官價一下就上升到一比一二〇〇〇，因此輸管會對於一般進口商申請許可證均暫停批復，然而孚中公司等「官辦商行」卻可以獲得大批進口許可

---

[34] 《大公報》（上海），1947 年 6 月 17 日。

[35] 《商報》，1947 年 7 月 2 日。

[36] 筆者根據〈輸入管理委員會非限額進口審核處公函〉（1947 年 8 月 9 日）附件逐一加以統計，這些申請及批復文件詳見《輸出入管理委員會檔案》：四四七/1949。

證，並進而以此向中央銀行以官價結購外匯，就這樣孚中公司便又「合法」地賺取了一大筆利潤。

其二，輸入臨時管理委員會為了控制外匯的結購，採取的是限額分配輸入的辦法。有些進口商為了獲得「公佈前許可證」，冒充已在國外訂購貨物，企圖以補報申請手續的方式追加進口數額。因此輸管會對於查驗進口商所提供的證件相當嚴格，除了要求交驗國外廠商的成交電報之外，還要提供國內開去的付款押匯銀行證明等文件，對於證件不全者，概予駁回。但是在輸管會留存的檔案中詳細查照，孚中公司所提供的所謂申請書附本所開列的國外發貨廠商，竟然都是其在國外的分公司——孚中國際公司的大名，而且所呈送的文件也都是紐約分公司的普通信箋，連一張成交電報都沒有，更不要說國內開去的付款押匯銀行的證明了。然而就是憑這些漏洞百出的文件，輸管會竟然全部放行，這對於一般進口商是絕對不可能通過的。

孚中、揚子公司這些「官辦商行」，就是通過這些「合法」的手段，堂而皇之地進口外國商品、賺取超額利潤。此時因實施強制管制進口制度，進口物資大幅下降，從而極大地刺激了市場上對進口物資的需求，其價格更是急劇上漲。據當時業內行家估計，這時進口每一美元外國商品，平均可以賺取兩美元的利潤，那麼孚中公司獲得約一二九萬美元數額的進口許可證，至少也有二六〇萬美元的賺頭了。

（二）關於汽車進口及其他物資

宋子良當初在籌建孚中公司時就曾強調，公司成立後的「營業範圍包含經營國際貿易及興辦實業，特別注重交通工具以及附屬業務」。因此進口汽車就成為公司最重要的經營內容。

實際情形也是這樣，公司成立後主要進口的貨物就是吉普車。[37] 早在抗戰

---

[37] 據財政、經濟二部的調查，孚中公司進口的貨物以吉普車及旅行車為主，共佔結購外匯數額的百分之五十。見〈財政部、經濟部會呈（財視字第2598號）〉（1947年6月

期間，宋子良就在美國活動，為戰後在中國搶灘登陸創造條件。他曾與美國著名的偉力斯公司（Willis-Overland Motors）訂立合同，聲明以五年為期，在中國境內（包括東三省、臺灣及香港）獨家經銷該公司的所有產品。宋子良認為有一種叫吉普車（Jeep）的車型特別適合在中國發展，因為它既小巧靈便，又經濟省油，每加侖汽油可行走三十英里，將來發展的希望甚大。因此宋子良創立孚中公司最重要的設想就是成為偉力斯公司在中國的總代銷商，待到經營一定規模後，再由美國裝運機器到中國設立工廠，先製造一部分零件及裝配，如獲得成功，則與美方合資在華設廠，製造全車，並由其技術協助，在各運輸要地廣設汽車修理供應處。[38]宋子良的野心很大，他想利用戰時與美國大財團的關係，成為其在中國貨物進口的總代理，並借重美國的資本和技術，在中國建立汽車製造廠，並進而壟斷中國的汽車工業。雖然他的這一目的並未能實現，然而卻從戰後初期進口汽車的經營中賺得了巨額利潤。

抗戰勝利後的最初一段時期，國家對於汽車進口既沒有限額，也沒有限價。然而當時輿論一致認為，進口客車主要是為有產階級、特別是為官僚財閥服務的奢侈品，因此要求嚴格控制進口。在社會強大壓力下，一九四六年三月四日公佈的《進出口貿易暫行辦法》規定，禁止出廠價格在一千二百美元以上、七座位以下之客車進口。然而這項規定中又有明顯的漏洞，本來吉普車按其性質應屬於客車類，但孚中公司就鑽這個空子，將吉普車列為貨車，並得到海關的同意，將其列入稅則號356-30，即「一公噸以下的輕便運貨卡車」，從而得以大量堂而皇之地輸入國內。[39]另外該辦法規定凡在一九四六年三月以前所訂的各項合同或已購進者「不在此限」。孚中公司又利用這一空隙，拿出與偉力斯公司所簽訂的包銷合同以及已售出的合同向海關交涉，結果批准進口七千輛吉普車，均按當時的官方外匯牌價二〇二〇元

14日），《財政部檔案》：三（2）/599。

[38] 〈宋子良等致錢新之等函〉（1945年8月18），《交通銀行檔案》：三九八（2）/252。

[39] 《交通銀行史料》第一卷，下冊，頁1580-1581。

結匯。這個數字相當龐大，據時任孚中實業公司協理的陸品琹後來回憶，當時在美國購買一輛吉普價格不超過四百美元，加上運費、關稅後，成本至多為八百美元，然而運到國內轉手即可以二千四百美元的價格售出，利潤實在是驚人。因此，孚中公司僅從經營汽車進口一項業務中就發了大財。[40]

其後，由於政府在國外訂購大批卡車，因此規定暫時停止其他商人輸入卡車。一九四六年四月二十日，行政院節伍字第一二五五四號訓令：「商人在國外訂購之卡車，除已在途者外，不准進口。」上海的江海關奉令於四月二十九日以五十一號布告，規定其他商家自四月二十九日起暫停輸入卡車。然而孚中公司卻於五月以後共進口了七三八輛汽車，這就引起其他商人的強烈不滿。為了使其進口合法，行政院又於五月十八日發布京伍巧代電，內稱「如四月二十九日以前向國外訂購之卡車，以現款或押匯付清購價，並向海關提出證明者，仍准進口」。經海關於五月二十三日以五十五號布告施行。後又經總稅務司往返請示結果，乃於十月九日再由海關以八十號布告宣佈：「凡在四月二十九日以前訂購、於此次布告前已起運在途者，權准通融進口。」[41]這就使得孚中公司進口汽車由非法變為合法，最高行政機關頒布的法令朝令夕改，屢屢變更，到底是為什麼？

其實答案很清楚，這完全是為了照顧「官辦商行」的利益。據海關的報單簽注，孚中公司進口的這批汽車時間分別為五月一日、九日、二十三日和六月二十二日，共進口一八九輛，係四月二十九日以前業已起運在途；而五月二十三日至一九四七年一月二十八日共進口吉普車五四九輛，則是四月二十九日以前業已訂購、並以現款或信用證付結購價，因此海關方面才按章核准進口云云。然而海關提供的單據只是一份抄件，說是原件已發還。但經調查該公司的結匯賬冊，僅有一九四六年四月十日和二十四日兩次訂購吉普車二百輛、共付定金美匯四萬九千美元的記錄，其餘吉普車價款美金

---

[40] 〈原孚中公司協理陸品琹訪問紀錄〉（1963 年 3 月），轉引自《經濟學術資料》（上海）1982 年第 8 期，頁 36；又見《交通銀行史料》第一卷，下冊，頁 1580。

[41] 〈何漢文等監察委員報告書〉（1947 年 10 月 1 日），《監察院檔案》：八/2040。

七六七二四〇點六八元都是在四月二十九日以後，而且大多是在八月份以後方陸續結匯的，所以調查部門認為，這些情況與公司及海關「所稱四月廿九日以前業已訂購一節不無可疑」。[42]

至於孚中公司於一九四六年度進口的旅行汽車一〇一輛，是得到政府所發給之配額，其中七十四輛為三至九月份額度，獲發 M.C.11-49 號許可證（6月22日發證），指定向中國銀行結匯美金五四〇二〇元，二十七輛係十至十二月份額度，指定向大通銀行（Chase Bank）結匯美金三八〇二一元，並以 M.C.11-101 號許可證（9月21日發證）報經海關查驗後進口的。[43]

據調查，孚中公司還向國外大量購買無線電設備，已進口一〇八箱，其中有無線電收音機六十件，內有四十件是在一九四七年一月十八日進口的。根據輸入臨時管理委員會一九四六年十一月十七日公布的《修正進出口貿易暫行辦法》，對於已訂貨而尚未進口的貨物均限定時間起運，顯然這是超出政府公佈限制進口日期之後的行為。但孚中公司卻辯稱，這是代中央航空公司所購置，供飛機航行及機場交通聯絡之用，並領有政府頒給的第252-14767-4498 號許可證，由海關正式查驗後進口，因此輸管會便認為「手續尚無不合，似可予以進口」。[44]

此外公司還曾代理美國西屋電器公司（Westing House）進口電機，售於臺灣電力公司發電機及水電設備，並為上海經緯紡織機器製造廠進口全套設備及其他一切零星機器。[45]

孚中公司大量進口汽車牟取暴利之事可算是當時的一大新聞，就連浙江大學校長竺可楨也從朋友口中得知孚中、揚子公司「均利用政府，大批購汽

---

[42] 〈財政、經濟兩部會查報告書〉（1947年6月14日），《輸出入委員會檔案》：四四七（2）/80。

[43] 〈輸入臨時管理委員會非限額進口審核處報告〉（1947年7月），《輸出入委員會檔案》：四四七/425。

[44] 〈何漢文等監察委員報告書〉（1947年10月1日），《監察院檔案》：八/2040。

[45] 《交通銀行史料》第一卷，下冊，頁1580。

車入國，其貪污情形直堪髮指也」。[46] 由此亦可見這些「官辦商行」在民眾中的形象如何了。

（三）關於與政府間的關係

宋子良和孚中公司依仗與政府間的特殊關係，不但套購外匯，進口緊俏物資，賺取超額利潤。一九四六年十一月，面對大量外匯流失、進口商品充斥於市的局勢，有關部門不得不嚴格控制進口商品的數量，對進口貨物實行申請配額制，一般商人申請很難獲准，但孚中公司等「官辦商行」卻可以通過特殊的渠道，輕易地取得進口商品的配額（即公佈前許可證，Pre Zero）。而且政府也經常提供種種方便，讓他們從中獲利。

一九四六年四月十一日，時任行政院長的宋子文在致中央銀行總裁貝祖詒的一份英文便箋上寫道：「宋子良代政府向加拿大政府購買四千七百噸之船隻三艘，價款加幣一、五七五、〇〇〇·〇〇元，已電席德懋（紐約中國銀行）先付宋子良加幣一五七、五〇〇·〇〇元，並於準備啟運時續付全部，囑付還席德懋。」中央銀行當即與席德懋接洽，結果於四月二十三日函財政部國庫署請准撥歸墊，並呈報行政院，但卷內未准國庫署歸墊及行政院關於購船全案之正式文卷，計三船共付加幣一五八〇〇二八點七八元，先墊加幣三十一萬元，折合國幣五六九二七二七二三點六元，於一九四六年四月二十三日函請國庫署撥還歸墊，七月十五日再付加幣一二七〇〇二八點七八元，折合國幣二五六五四五八一三五點六元，於七月二十日列入財政部欠賬內。[47]

除此之外，「官辦商行」還享有其他特權，令一般商人望其項背。據合眾社記者龍特爾披露：「孚中公司有代表一人，利用中國外交官之護照，現

---

[46] 見竺可楨一九四七年十月四日日記，《竺可楨全集》第10卷（上海市：上海科技教育出版社，2006年），頁549。

[47] 〈何漢文等監察委員報告書〉（1947年10月1日），《監察院檔案》：八/2040。

正在美國從事商業上之旅行,而一般有經驗之中國商界領袖欲赴美國,則常不能獲得准許。」[48]消息傳出,輿論為之大嘩。

這一報導並非空穴來風,經查外交部案卷,孚中公司現任總經理宋子良曾於一九四〇年七月三日領有外交部D-2067號外交護照,由行政院以派赴美國考察交通專使的名義出國,一九四六年九月十四日又將護照加簽赴美,現尚未回國。孚中公司現任協理沈鴻年則於一九四二年四月二十日以當時外交部長宋子文隨從秘書的身分,領有外交部D-2435號外交護照出國,一九四六年七月五日加簽赴美,目前仍在美國。而中國建設銀公司總經理宋子安亦於一九四一年十一月六日以軍事委員會侍從室侍從秘書的身分領有外交部D-2325號外交護照出國,現仍在紐約。[49]很明顯,宋子良、子安兄弟和沈鴻年當年出國或許確為公務所需而持有外交護照,但戰後他們的身分已經完全改變,所持外交護照卻仍能加簽,從而繼續使用這一特權,由此也可以看出他們與政府之間所具有的那種密切關係了。

正如上文所敘述的那樣,由於這些「官辦商行」所具有的巨大能量,他們才可能從輸管會中拿到配額,才能輕易地從中央銀行那裡申請到官價外匯,而海關等職能部門面對弄虛作假、漏洞百出的相關文件,竟也睜隻眼閉隻眼予以放行。當時的上海市市長吳國楨後來曾回憶說,按照政府的有關法令來說,這些豪門資本所做的一切確實沒有問題,一切都是合法的,因為法令本身就是他們自己制定的,這是因為「他們有影響力,一切都是在合法的範圍內做的」。比如,當時沒有人能得到外匯(因申請外匯需要審查),「但他們的人,即孔的人是控制財政部外匯管理委員會的,所以就能得到外匯。每個人都得先申請才能進口必要的貨物,但他們卻有優先進口權。因此,儘管他們的確從中國人民的血汗中發了大財,但一切仍然是合法行為」。[50]著名

---

[48] 轉引自〈何漢文等監察委員報告書〉(1947年10月1日),《監察院檔案》:八/2040。

[49] 〈財政、經濟兩部會查報告書〉(1947年6月14日),《輸出入委員會檔案》:四四七(2)/80;又見〈何漢文等監察委員報告書〉(1947年10月1日),《監察院檔案》:八/2040。

[50] 《吳國楨口述回憶──從上海市長到「臺灣省主席」(1946-1953年)》(上海市:上海

的經濟學家、曾任經濟部次長的何廉也回憶說：「如果沒有政府的幫助，沒有機會從政府手裡買進外匯，在這個當口任何企業肯定都是要覆滅的。可是在一九四五年到一九四七年這兩年期間，在宋子文的控制下，政府出售外匯時是差別對待的，和宋子文沒有聯繫的企業所有人幾乎沒有機會從政府手裡得到外匯，而與之有關係的人申請外匯就得到照顧。」[51]著名金融家、上海商業銀行總經理陳光甫對於管理外匯則有自己的看法，他認為那些外國專家覺得這種方法不錯，卻不瞭解中國的官僚政治，「管理外匯，愈管而資金愈逃避」，而「管理正好幫助政府中人方便，……好比唱戲人總想唱一齣好戲，不知政治經濟環境，死硬的做，弄得百姓難犬不安，可怕的學說！」[52]官辦商行正是利用與政府間的特殊關係，「合法」地獲得進口配額，再「合法」地套購外匯，從中賺取差價，但他們的這些行徑也激起眾怒，成為朝野攻擊的一致目標。

（四）牟利手段與轉移資產

孚中公司正是倚仗其所具有的強大政治背景，官商勾結，在政府實行限額制分配進口物資配額時，他們享受特權，獲得優待；在暫停分配進口配額時，又得到特殊批准，在某些禁止進口項目中得到「特殊進口權」，從而賺取巨額利潤。而一旦獲利後，他們即以國外分公司的名義，委託上海總公司代銷給佣的方法，迅速轉移國內資金，逃避稅收，逃匯套匯。

抗戰勝利後，宋子良首先是在國外成立孚中國際公司（Fu Chung International Corporation），其後不久又在國內設立孚中實業公司（Fu Chung Corporation [China] Ltd），這兩家公司均由中國國貨、交通和金城三家銀行投資，不僅董事和監察人相同，而且各行投資的比例亦完全一致。表面上

人民出版社，1999年），頁69。

[51] 何廉著、朱佑慈等譯：《何廉回憶錄》（北京市：中國文史出版社，1988年），頁280-281。

[52] 上海市檔案館編：《陳光甫日記》（上海市：上海書店出版社，2002年），頁205。

看，兩家公司並無上下級的隸屬關係，財政獨立，是一種兄弟公司平行的關係，[53]但實際上國內總公司的銷售業務反而是受國外分公司所委託代銷的，國內總公司僅僅收取佣金。

孚中實業公司雖然大部資本是由國有銀行投資設立的，公司的主要負責人又都與政界關係密切，但他們對於當時國內的局勢卻完全沒有信心，他們更洞悉法幣的真正價值及其內幕，因此公司的資產從來都不會長期停留在法幣的持有上，一有「頭寸」，就會千方百計將其兌換成外匯，再迅速存往國外，而設於紐約的孚中國際公司就是其轉移國內資金、逃稅套匯最好的地點。

據孚中公司協理陸品栞稱，設於紐約的孚中國際公司是設於上海的孚中實業公司的分公司，承銷偉力斯汽車合約亦係上海總公司署名，而實際上偉力斯汽車進口均由紐約分公司洽訂，總公司對車輛一項僅作為託銷貨物處理入賬，所有結匯、報關、提運等費，均記入紐約分公司往來賬戶，分公司僅付百分之十五的手續費給總公司，而且分公司的一切業務及財務均從不向總公司報告。專門負責對孚中公司進行調查的監察委員分析認為，這種現象可能會產生以下幾種弊端：一、隱匿利益，逃避國稅；（二）隱匿業務真實情況；（三）紐約分公司在美國經營業務既無報告及稽核，無從知悉該公司有無吸收僑匯。[54]

早在一九四七年四月國內「倒孔倒宋」的高潮中，遠在美國的公司總經理宋子良就已經意識到這個問題，他在致錢新之的信中說：「孚中公司雖因邇來國內經濟情形較差。滬市業務不及往昔，但此間成績則甚佳，差堪告慰。」[55]宋子良在總結一九四七年度公司贏利的原因時聲稱，「本公司雖屬初創，然所經理之廠商均屬世界聞名美國最大之製造家，且本公司辦事迅速有

53　關於兩公司的關係就如交通銀行在致美國一家公司的信中所說，是一種 "a sister organization" 的關係。見〈交通銀行致 A. F. Holden Company 函（英文）〉（1946 年 6 月 7 日），《交通銀行檔案》：三九八（2）/252。

54　〈何漢文等監察委員報告書〉（1947 年 10 月 1 日），《監察院檔案》：八/2040。

55　〈宋子良致錢新之函〉（1947 年 4 月 8 日），上海市檔案館藏交通銀行上海分行檔案：Q55-2-152。

律，推銷有力，頗有發展之可能」；他認為就是因為這一原因，引起原來獨佔中國市場的外商之嫉妒，以致「故捏造謠言，煽動社會，以亂視聽，達打倒本公司之目的」。由於政府實施進出口貿易限額，並對外匯加以管制，許多商人沒有辦法，只能以自備外匯向美國進口貨物運到上海，原以為政府會放寬進口管制，沒想到進口管制更加嚴格，以致蒙受重大損失。但孚中公司卻「得將已經客戶定貨及本公司自定之貨逐一漸漸解決，幸無損失」。其他公司血本無歸，孚中公司卻完好無損，按宋子良的解釋是因為「本公司絕不違令冒險，故未受分文損失」。[56]此中奧妙，令人回味。

　　根據孚中實業公司一九四七年度損益計算書披露，儘管公司本年度銷售方面虧損高達七十七億餘元，但年終結算，公司仍有純益三點一億元，這是因為公司另有八十餘億元的其他收益（其中兌換盈餘就高達五十五億餘元）。這也就是說雖然公司賬面上看是虧損了，但通過外匯匯兌之間的差價，公司仍有高額利潤可賺。[57]

六　結語

　　在中國，「官僚資本」是個耳熟能詳的名詞，尤其是從上個世紀四〇年代起，「官僚資本」便成為革命的對象，「官僚資本主義」更成為壓在中國人民頭上的三座大山之一（另兩座分別是帝國主義和封建主義），長期以來，沒有人懷疑（更確切地說應該是沒有人敢懷疑）它的正確性。然而進入八〇年代以後，有學者開始對它的內涵和定義提出質疑，並發表了新的見解，曾圍繞這一名詞展開過激烈的討論。目前絕大多數學者都不同程度地接受了以「國家資本」來代替以往將國營企業統稱為「官僚資本」的概念，因為這一提法內涵比較明確，不會將官僚私人的投資與國家（包括中央和地

---

56 〈宋子良報告三十六年度公司營業概況〉（1948 年 3 月 20 日），《交通銀行檔案》：三九八（2）/252。

57 〈孚中實業公司第二屆第三次董監聯席會議紀錄〉（1948 年 3 月 20 日），《交通銀行檔案》：三九八（2）/252。

方）投資的資本混淆在一起。但是應注意的是，官僚資本與一般的民族資本
存在重大的區別，他們不但掌握大量的資源，憑藉與政府之間的密切關係，
在經營活動中佔盡先機，而且，在一定的條件下，特別是在中國長期以來官
僚政治傳統的影響下，官僚可以通過手中所掌握的權力，以各種方式將國家
資本轉化為官僚私人的資本，通常這種轉化又往往都是以各種「合法」的途
徑加以實現的，而孚中公司的創立及其經營模式就正是其中的典型個案。

　　宋子良深知戰後百廢待舉，急需復興，而交通運輸又是恢復經濟的關
鍵，因此他早就對此加以注意。經過兩次世界大戰，美國業已成為全世界最
強大的國家，戰後世界各國的復興必須依靠美國的經濟力量；而交通銀行和
金城銀行既是國內久負盛名的銀行，又長期致力於投資交通運輸事業，聲名
卓著，若要在國內發展，極有必要將他們聯合在一起；更重要的則是，當時
交通銀行和國貨銀行都是國家銀行，而金城銀行則是一家民營銀行，這樣三
家銀行合作，既有國家銀行投資、又有商業銀行入股，既可享有國家資本的
勢力，又可以民營的面貌出現，在經濟上和人事上均無需向國有銀行請示報
告，其經營活動亦可不受監管，作為總經理的宋子良便可大權獨攬，計畫實
在是高明。因此後來國民黨內和輿論界將孚中公司稱之為「官辦商行」，這
個名詞也算是非常貼切的了。

　　孚中公司資本完全是由交通、金城和國貨三行投資，其營業性質並不
是從事生產建設事宜，而且還有利用其紐約分公司的名義逃避稅捐、隱藏
利潤的嫌疑。根據交通銀行的規定，該行不得經營各種工商事業，再根據
一九四六年三月行政院第七三六次會議通過、財政部四月十七日頒布的《財
政部管理銀行辦法》[58] 相關規定，「銀行不得為商店或他銀行、他公司之股
東，但經財政部之核准，投資於生產建設事業者，不在此限」（第十一條）；
「銀行不得直接經營工商事業，並不得囤積貨物或設置代理部、貿易部等機
構，或以信託部名義代客買賣貨物，或為其他投機買賣之行為」（第十二

---

[58] 〈財政部管理銀行辦法〉載中國第二歷史檔案館等編：《中華民國金融法規檔案資料選
　　編》（北京市：檔案出版社，1989年），上冊，頁697-700。

條），孚中公司即由三銀行聯合投資組成，所經營的業務亦並非生產事業，而純係進出口貿易，顯然是違背了國家頒布的有關法令。

抗戰勝利後宋子良利用他所擁有的特殊背景，搶灘登陸，在經營進口貿易中賺取巨額利潤。然而到了一九四八年，國民黨政權大勢已去，宋子文也早就退下政治舞台，在這種內外交困的形勢之下，孚中公司實在已無法在國內繼續經營，為了保存資產，公司高層遂決定結束營業。一九四八年十二月十五日下午，孚中實業公司於上海國際飯店召開股東大會，由董事長錢新之任主席，在代總經理施濟元報告公司營業概況之後進行討論，當討論公司清算結束案時達成決議：「本公司營業清淡，各股東無意繼續經營，決定本年十二月底止結束」；「本公司清算完竣後如有盈餘，應按股份派由各股東接收，至各股東投資之資本，則如數發還」，同時還委託會計師查核賬目，代向工商部申請解散。[59] 經立信會計師事務所審核，並代為呈報工商部，聲稱公司「為保存原有資本避免虧損起見，決予停業解散」。[60] 就這樣，戰後顯赫一時的「官辦商行」孚中公司便結束了國內的經營活動，資本悉數逃逸，而原本是由三家銀行投資的股份，亦被這些遠走高飛的股東據為己有了。[61]

孚中實業公司存在的時間雖然很短，但它卻為那些具有深厚背景的人賺取了大量財富，更成為民國歷史上官商勾結的一個重要案例。本文只是依據目前所掌握的一些史料，對其經營活動作出的初步探討，有望感興趣的學者對此進行深入的研究。

---

[59] 〈孚中國際公司臨時股東會會議錄〉（1948年12月15日），《經濟部檔案》：四/37051；又見上海市檔案館藏上海市社會局檔案：Q6-1-4766。

[60] 〈立信會計師事務所代呈工商部文〉（1949年4月2日），《經濟部檔案》：四/37051；又見上海市檔案館藏上海市社會局檔案：Q6-1-4766。

[61] 《交通銀行史料》第一卷，下冊，頁1581。

懷念王業鍵院士

林滿紅*

　　真正當中研院王院士的學生是一九七八年的事。是本院近史所的張朋園教授當師大歷史所所長時，邀請他到師大開中國近代經濟史的課；當時我是師大歷史所博士班的學生，選修了這門課。這門課上課的地點是臺大經濟系一樓約可以坐一百五十人的大教室，因為這門課是跟臺大經濟系與政大經濟系合開，那個教室總是坐得滿滿的。

　　一九七八年在臺灣的中華民國就要與美國斷交，外交處境越來越惡劣，但經濟仍比現在快速成長，經濟學界有較多的經費支援經濟史研究。本院經濟所的于宗先所長在一九七七年夏天召開第一屆經濟史國際學術會議，參與這次會議的學者，除了這時已由哈佛回院的劉翠溶教授之外，也包括王業鍵教授及侯繼明教授等從國外請來的華裔經濟史學，近史所正著手現代化區域研究的很多教授也參加這個會議。這個會議在當時研究院內最大的國際會議廳——蔡元培館——舉行，那裡有可容納約一百二十人的空間，也是座無虛席。這次會議的成果除了出版英文專書之外，臺灣媒體上也有頗多報導。師大歷史所博士班於一九七七年在本院近史所李國祁教授的領導下成立，中國近代經濟史研究為重點發展方向之一，王業鍵、侯繼明兩位教授先後被邀請給師大開中國近代經濟史的課，劉翠溶教授在臺大歷史系也開同樣的課，師大學生也被鼓勵前往旁聽。在臺灣的學術發展史上，經濟史研究因而一時風行。

　　王業鍵教授在就讀臺大經濟系期間，隨全漢昇教授學習中國經濟史。與

*　中央研究院近代史研究所研究員。

他一樣在臺大經濟系跟全教授研究中國經濟史的學生，還有陳昭南教授與施敏雄教授等。王業鍵教授在返臺參加經濟史會議前後，還停留在本院經濟所約有兩年的時間從事十八世紀中國的糧價研究。我在經濟所先是當施敏雄教授近代中國生絲貿易研究的助理，後來有一段時間也當王業鍵教授糧價研究的助理。那時候王業鍵教授全家住在本院六十一巷的老舊宿舍，我則因外子啟源的關係，也住在經濟所位於六十一巷的宿舍，我和王教授因此有較多的往來。王教授以他豪邁中帶著娟秀的毛筆字寫懷念母親的詩，以及他在經濟所謙謙君子的身影都是我有幸目睹的，他和師母一家的親切和煦也是我可以深深感受到的。

王業鍵教授之後返回美國 Kent State University 教書，我則在他、劉翠溶教授及李國祁教授的推薦下到了哈佛唸書。王業鍵教授在哈佛唸書時所師從的經濟系教授是 Dwight Perkins（柏金斯）教授，我只修了他一門課，一直指導我的是與張朋園老師有很多來往的歷史系 Philip A. Kuhn（孔飛力）教授，因此我的研究固然是經濟的底子一直都在，但歷史的成分也變得越來越濃厚。即使如此，我一直感受到王業鍵教授對我在以下兩方面的深遠影響：

1. 銀及貨幣史的研究：在臺灣有關中國銀或貨幣史的研究，是由全漢昇教授開始的，王業鍵教授與陳昭南教授都接續這方面研究。在跟王教授學習之前，我在臺大歷史研究所碩士班研究的課題是清末臺灣的對外貿易與社會經濟變遷。在哈佛期間，受人類學影響甚深的 Kuhn 教授，是美國中國史學界將 John K. Fairbank（費正清）教授注意的西力對近代中國衝擊的十九世紀下半葉以後的歷史，轉而注意十九世紀前期及之前中國自身發展動力的重要學者。我跟著將注意力由十九世紀後期移到前期，而 Kuhn 任教的近代中國史與我原本的研究最有交集的是政治經濟思想史。在選取博士論文題目時，原本不一定要與銀或貨幣有關，但受王教授與全教授的銀及貨幣研究影響，有關十九世紀前期的政治經濟思想的探討，我直接注意到這段期間一場在傳統中國最激烈的有關銀及貨幣的論戰。也受王教授與全教授影響，相對其他處理清代政治經濟思想史的學者，我更注意到現實經濟中銀及貨幣的發展及其與思想發展的關連。另一方面，晚期中華帝國大量使用的白銀是一種全球性

的通貨,在全教授與王教授這方面的研究的基礎之上,並且在近代中國史的外力衝擊或內在動力兩種相對的理論在學術演變的進程中,我的研究另外看到了全球史與中國史的關連與對照。

2. 清代的全國性及區域經濟關係的研究:王教授經常抱怨一般讀者在讀他在哈佛出的專書時,最常引用的是乾隆年間最主要的稅源——田賦,只佔國民所得約百分之二,而沒有注意到他提出的其他重點。該書包含經過很繁密統計的研究結果,其實顛覆了很多人以為傳統中國政府是大政府的誤解。而王教授要讀者特別留意的是他將世界經濟中已開發國家、開發中國家、未開發國家的概念,移到中國內部觀察中國不同地區的發展程度差異及政府透過公共財政在區際之間所做的安排。他往後的十八世紀糧價研究也極注意區域間的經濟整合程度,這與過去三、四十年間各國有關近代中國研究深受 G. W. Skinner(施堅雅)教授影響較為注意某地區內的發展是不同的。我有關清末本國鴉片區間貿易的研究,我指導學生研究清末的山西票商、清代乾隆年間的驛遞制度、乾隆年間的馬政及清朝政府對新疆的協餉,都是這種區間關係學術興趣的延展。

一九四九年王教授於十九歲時離開還滯留在福建的慈母隻身來臺,這是他一生隨時想到便哭的事。我在哈佛期間看到好不容易到那裡唸書的臺灣學生為著似是而非的歷史論述彼此對立,這是我一直感到心痛的事。為了化解我心中的痛,我在離開哈佛後,在繼續擴展中國史研究的同時,又回頭拓展我的臺灣對外商貿史的研究。經過二十多年的摸索,在最近我要交給國史館的「戰爭、和約與臺灣」的文章中,我驀然瞭解一九七八年王教授在我們中國近代經濟史課堂上的一個期末考題:一九三五年的法幣改革何以成功?又咸豐朝貨幣改革何以失敗?「戰爭、和約與臺灣」一文在討論為什麼結束中國與日本二次大戰的和平條約是由中央政府已經遷臺的中華民國政府簽訂時,指出抗日戰爭的各個勝利原因之中中華民國政府決定與英美合作是重要關鍵。這項合作要追溯到一九三五年開始並且也影響當前情況的不兌現紙幣制度推展。這個紙幣制度在中國對日作戰初期能在通貨膨脹幅度仍低的情況下換取作戰物資,在於美國以較好的價格購買中國收歸國有的白銀,中國再

以美元或英鎊支撐法幣的信用；之後來自美國與英國的借款也有幫助。沒有中華民國政府的開展與英美的合作，在一九三五年日本外相廣田弘毅所提出的三原則底下，中國可能全國都變成滿洲國。一九三五年以後中華民國政府與英美的貨幣合作是咸豐朝所沒有的。

　　王教授對我而言是一位不但能解答大問題，也是能提出大問題的學者。學界對他的追思，將不會止於今天的追思會。

二〇一四年八月二十日寫於參加王院士喪禮當天

與王業鍵老師相處的一些點滴

李其霖*

荒亂的時代

　　王老師出生於福建長汀縣濯田，父親是當地的縣長。國共內戰期間，塗炭生靈，民不聊生，閩西情況雖然稍好一些，但也無法擺脫亂世的到來。國民黨軍隊在逐漸敗退之後，王老師加入了青年軍，隨著中華民國軍隊來到臺灣。王老師回憶著說，當年他要離開家鄉時，糧食非常缺乏，根本找不到東西吃。當他的母親知道他要來臺灣時，想幫他準備一些糧食帶在身上，以便不時之需。但那個時候四處戰亂，難以準備食物，也就無法攜帶太多。師娘為了讓老師得以支撐多點時日，故準備了很多香蕉讓老師帶在身上，有些香蕉已經熟了馬上可以吃，有些還沒熟的就可以放得比較久，這樣無論在陸地或是船上，至少能夠填飽肚子，免於挨餓。老師每天吃著香蕉度日，就這樣從福建一路來到了臺灣。到了臺灣以後，老師再也不敢吃香蕉了，因為吃香蕉吃到怕了，而且看到香蕉就會想起那一段不堪回首的往事，便歷歷在目。

求學的歷程

　　到了臺灣之後，老師繼續升學，考取了國立臺灣大學經濟學系，畢業後繼續攻讀研究所。就讀碩士班期間表現良好，期間即受全漢昇教授推薦至中

---

* 淡江大學歷史學系助理教授。

央研究院歷史語言研究所工作，並於一九五八年以《清末的京奉鐵路》獲得碩士學位。在歷史語言研究所工作期間，與全漢昇一起研究雍正年間的米價，奠定了在清代經濟史研究的能量。爾後在全漢昇和費正清（John King Fairbank）的推薦下，一九六二年至哈佛大學東亞學系就讀。申請到哈佛大學時，當時王老師因為沒有旅費，無法至美國，還一度想放棄至就讀，但還好哈佛大學寄來旅費，老師方能成行。

老師剛到哈佛就讀時，覺得自己的英文很差，在上課時都不敢發問，也不敢和其他同學閒話家常。他的老師柏金斯（Dwight H Perkins）在課堂後把老師叫過來問：「Mr. Wang 你為什麼上課都不講話？」老師就說，因為我的英文不好，怕講了大家無法理解，所以我只能默默的聽，並減少發言。自從這一次被老師詢問之後，王老師更認真的學習英文，在這段日子裡，他翻破了好幾本英文字典。他說要把英文讀好讀熟，看字典、查字典是非常重要的事。因此，即便老師已經把大部分的書都捐給美國肯特州立大學（Kent State University），但在老師的家裡面還是可以看到英、日等國字典，老師還曾送我字典期望可以好好充實語言能力。

與老師結緣

我於二〇〇八年中央研究院院士會議時認識王老師，當時候我正在中央研究院人文社會科學中心海洋史專題研究中心博士培育計畫。有一天海洋史中心的研究員劉石吉老師打電話給我，問我要不要跟一個院士吃飯。我說，跟院士吃飯，我應該不適合吧。劉老師說那位院士（王先生）人很好，跟他吃飯沒有壓力，而劉老師也跟院士講了，院士也很歡迎和我一起吃飯。就這樣我跟劉老師等人一起到臺灣大學內所開設的餐廳吃飯，席間都是史學界有名的老師，當時我只是一名小小的博士生，在那種場合吃飯頗不自在的，那是我第一次與王老師見面。以前只聞其名，看其書，卻未見本尊。當天見面的感覺果然如劉石吉老師所言，王老師是一位非常和藹可親的老人家。（雖然老師已年過七十，但看起來身體非常好）。

聊天話家常

　　與老師結識之後，獲悉老師住北投，而我住淡水，因地利之近，我時常接到老師及師母來電至家裡吃飯，老師及師母待我如子，每次都準備很豐富的餐點讓我享受，師母的手藝不在話下，一瞬間就能準備一桌菜。吃完飯後，師母又準備很多水果，問我要吃哪一種，她可以切給我們吃。吃完了水果，老師又會問我要喝茶還是要喝咖啡，老師總是親自泡茶或咖啡給我，即便我想幫忙，老師都說他沒問題的（此時，老師的眼睛已有很大的問題，通常看書或電腦必須放大八倍才能看得到）。就這樣，我就時常到老師家吃飯，如果幾天沒去，老師也會打電話問我，你好像很久沒來了，自然趕緊到老師家。到老師家的次數，多到連大樓各當班的警衛都認識我了，我有特權，不用通報就可以上樓。

　　認識老師已經在我撰寫博士論文的最後階段，老師還跟我說，等你拿到博士學位，我找一家餐廳請你吃飯慶祝。其實，我除了常在老師家吃飯以外，老師家四周的餐廳，或是臺北其他的餐廳老師也都帶我吃過，我一直受到老師的照顧，實在是不好意思。其實還沒獲得博士學位之前，老師就已帶我到王品牛排吃飯，那是我第一次吃到那麼樣昂貴的牛排，老師應允他的承諾，讓我相當感動，當天非常的開心。

　　畢業以後在陳國棟老師的推荐下，我到國立臺灣師範大學環境教育研究所應徵博士後研究工作。與計畫主持人蔡慧敏教授懇談之後，獲得了第一份專職工作。有了正式工作之後，大部分到老師家的時間就只能利用下班時間或假日，才能到老師家與老師聊聊天。有時候，在星期天我也會到北投召會與師母的弟兄姐妹們一起唱詩歌。

王老師伉儷與我（2009年4月13日）

諸多之幫忙

　　老師是位和藹可親的人，在我獲得博士學位後找工作的期間，老師不厭其煩的給我鼓勵以及撰寫推薦信。但每次都讓老師們失望了，我無法錄取並非老師的推薦信不夠力，而是自己的努力不夠。但老師會安慰我，對我說，推薦信內容是很重要的，在美國，推薦信具有一定的份量，有好的推薦信，就能夠提高錄取的機會，可能是因為我已經退休，所以推薦信不具份量了。老師往往將責任往自己身上攬，讓我可以少點壓力，但我知道事實並非如此。還記得老師第一次幫我寫推薦信時，老師邊念著我邊打字，完稿後老師又用放大鏡校正了好幾次，不滿意的部分再繼續刪改增減無數次，看老師一點都不覺得煩，但我在旁邊已經是非常不好意思了。終於改完之後，老師還問我這樣好不好，有哪個地方需要加強，可以再看一看，隨時再做修正。其實，推薦信內容已經很完美了，各方面都有兼顧，老師真的很認真在幫我寫這封推薦信。但我還是辜負了老師的美意，無法很快的找到工作。自己也數

不清應徵了多少次的工作。每次應徵失敗，老師還會幫我修改推薦信內容，真不知如何是好，一直要麻煩老師。甚至有一回，老師已經去了美國，但他還是很辛苦的寫了推薦信寄回臺灣給我，真是感動非常。

生活與閒聊

老師的眼睛很早就有了問題，晚年更是一年比一年差，從我幫老師設定電腦就知道。老師已經年過七旬，但幾乎每天都使用電腦，然而電腦上的字體大小必須要放大很多倍才能閱讀。雖然使用電腦極為不易、辛苦，但電腦卻不離手，樂在其中，每天總是要使用電腦回信，閱讀新聞，作詩詞等，實在難以想像。但有時候我覺得老師一直看著電腦，對他眼睛的影響會更大，於是我就跟老師說，我在您的電腦上灌了很多歌，你可以開電腦聽歌很方便，不要一直工作。剛開始不清楚老師喜歡些什麼歌，輸入了很多奇怪的歌曲，老師都沒聽過，但慢慢的知道了老師喜歡聽有韻味的老歌，所以幫老師找了不少曲子，聽歌也因此成了另一種休閒。

因為眼睛不便，老師活動的範圍有限，但運動卻是不可或缺的。老師在吃完飯後，總是在他家中走來走去做運動，有時候會到北投捷運站旁的空地繞圈圈。老師不只一次跟我說過運動的重要，當下的身體狀況其實並不差，只是眼睛不好，容易有意外傷害發生，必要的運動還是要進行。看到老師只能在小房子裡繞圈圈或到捷運站繞圈圈，其實頗讓人感到不捨，但老師說這樣已經很滿足了。

其實老師也很喜歡到戶外走走，勝過只能在家附近繞圈圈，但老師很不希望麻煩別人。所以我一有空，也盡量帶老師到戶外走走，然而到戶外需要更加小心，路要平整，最好不要有太多階梯，否則過於危險。記得有一次帶老師去野柳，當時師母去了廣東，老師的小女兒Judy在旁陪伴。我就約老師和Judy去野柳玩，老師以前去過野柳，但印象中那邊的路並不好走，不知道為什麼我要帶他去那麼難走的地方。但其實在帶老師去之前，我已經先去看了地形，環境的規劃還滿適合行動不便的人觀覽。我知道老師喜歡聞一下

海洋的味道，呼吸新鮮的空氣，走出大自然。還好安排了這次的郊遊踏青，讓老師非常的開心。往後一有時間，都盡量帶老師到陽明山或北淡水附近走走，老師總是說，一直麻煩你很不好意思。但能常常跟老師一起走走、聊聊天，實在開心。

老師與小女兒 Judy（李其霖攝於 2011 年 3 月 6 日）

治學之嚴謹

　　清代糧價之研究是老師畢生最重要的研究之一，經濟史的研究相當辛苦，必須要很有耐心，耐得住性子，否則無法長久持續研究，老師的耐性讓我深刻體會。有一次我寫完一篇文章業已完成投稿，但要繳交中文及英文摘要，和老師討論很久完成了中文摘要，但在撰寫英文摘要時卻花費了很多時間。記得討論的過程從下午一直進行到凌晨，參與討論的有老師、Judy 和我。老師和 Judy 會因為使用哪個英文單字或文法而針鋒相對，但他們是對事不對人，據理力爭。父女也因為討論我的文章而差點吵架，讓我極不好意

老師與我（Judy 攝於 2011 年 3 月 6 日）

思。經過馬拉松的論戰後終於完成摘要，卻不見老師的疲憊，反而樂在其中。我想這是我見識到最能代表老師治學精神與耐性的事例。

老師時常會跟我討論功課、話學問，在與老師的言談之中，從而瞭解到他的老師學富五車，卻又是非常謙虛，時常說他很多都不知道，我怎麼知道那麼多，也看得出來老師不吝對年輕人鼓勵。雖然老師不是研究海洋史，但卻很喜歡跟我討論海洋史的相關論題，很多論題都深受老師的啟發，並且希望我多看一些西方的材料。他說中國人記錄海洋的資訊畢竟有限，研究海洋史還是得借助西方史料才行。又說海洋史的研究非常重要，但國內的教育卻不重視，西方各國正在積極的發展海洋史研究，但我們的海洋史研究已慢慢被邊緣化，實在可惜，鼓勵我要繼續往這方面發展。

參與的會議

　　自從二〇〇八年認識老師以後，二〇一〇年、二〇一二年、二〇一四年的院士會議老師都帶我參加。院士會議除了院士及院士家屬以外，未受邀者是無法參加的，但這幾次我都很榮幸能夠參與院士會議，並和那麼多的院士一起用餐。在會場上，我也跟我知道的院士打招呼，但他們當然不知道我是誰，這些院士看到我在這個場合一定也會覺得很奇怪，心裡想著這小子一定是混進來偷吃餐飲的。也因此，我總能獲得開會討論事項的第一手資訊，也是難得的經驗。

　　二〇一三年三月八日，王老師應香港中文大學之邀請，參加第二屆「全漢昇講座」，地點在香港中文大學行政樓祖堯堂進行，主持人是科大衛教授（David Faure），講題為「人口、田地和糧價變遷對清代財政及社會的影響」。老師為了帶我參加，還跟香港中文大學商議讓我參加這次演講，並幫我支付來回機票，使我有正式的機會可以聆聽老師論學。雖然老師這次的講題內容是以前的研究，並非新的作品。但據我所知，老師很認真的在準備演講事宜，在此時的眼睛狀況已經越來越差，身體其他部分也逐漸有了問題。為了準備這一次的講座，王老師不論是看材料，打字，都親力親為，讓人看了著實感動。雖然他的身體狀況已經不如以往了，還是很認真的要把事情做好，這樣的態度值得我們好好學習。

王老師最後一次參加院士會議（李其霖攝於2014年7月1日）

二〇一四年院士會議於活動中心與王老師合影（徐萌梅攝於2014年7月1日）

受到主感召

就我所知，老師並沒有特別的宗教信仰，從老師的藏書中，可以看到有關佛教、基督教等相關宗教之著作。老師對各種的宗教都是待之尊重，並無特別。我也曾經帶老師到法鼓山參拜，或參與教會唱詩歌。二〇一四年四月十三日，老師正式受洗成為基督徒。還記得老師受洗之前曾打電話給我，要我抽空與他分享這份喜悅，在接到這電話時有點意外，但也不知道原因。受洗當天老師非常愉悅的完成整個過程，讓人感動。後來我問老師為何信仰基督，老師就跟我說，有一天他看到基督，跟他聊了一些事，往後他就信仰基督了。老師信仰基督以後，教會的弟兄姐妹時常到老師家裡幫忙處理大小事，也讓老師在人生的晚期，身邊還是能夠圍繞著那麼多的朋友與其分享喜悅，這些朋友對老師的幫忙也都是盡心盡力，讓人敬佩。

天下無不散的宴席，我與老師相識雖然只有短短的七年時間，但卻讓我學習到很多事情的處理態度、治學態度、與人交往的態度等等。這些在書本上都無法學到，如今老師已經過往一年多，午夜夢迴還是時常想起跟老師一起的日子。想起老師喜歡吃雲絲捲、蔥油餅、烤鴨，還有喜歡喝很熱的咖啡和湯品。老師親切的樣子一直常留於我們心中，我們會永遠懷念您。

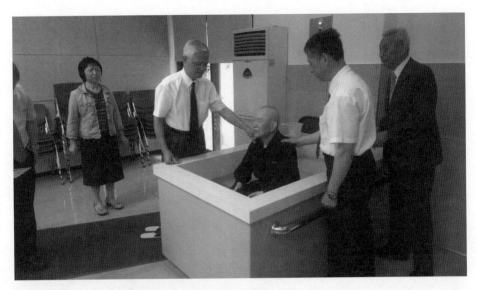

王老師受洗（李其霖攝於2014年4月13日）

受洗後慶生（李其霖攝於2014年4月13日）

憶吾師

謝美娥*

　　一路走來，我生命中出現兩位貴人，他們既是恩師，亦為業師，一是黃寬重老師，另為王業鍵院士。大學時代黃老師啟我學術之門，他教宋史，我卻走入藝術史。而從碩士班起，王老師引領我深探經濟史堂奧，歷博士班到任教於大學，師徒情誼二十年。二〇一四年八月十四日王老師辭世，我的悲傷和不捨難以言喻。今雖於紙間行句追念他，但內心所感，仍遠非言文可釋。

　　一九九四年秋，我的人生腳程接上四年前沒有走完的碩士生涯。當時未料到，在中正大學，將遇見一位影響我一生的貴人——王業鍵老師。重讀碩士班，多年前就已登堂的藝術史之路似難再入室，然而逐波於歷史之海，可以航向何處？定向未明之際，諮詢師長，他們「好心」提醒：王老師研究紮實，但以嚴格著稱，要在他門下畢業，實在很難，示意我算了吧！我答：難，我不怕！憑著無知的憨膽，立馬去敲王老師研究室的門。他笑容可掬，兩目炯炯，溫文儒雅中帶著些許威嚴剛毅之氣。我不知所云地對他講了一堆話，之後，似乎有那麼幾秒，空氣僵住了，心忖他大概在想如何讓我有臺階下，沒想到老師卻和藹親切地說：「只有學生拒絕老師，沒有老師拒絕學生。」就這樣，學生是零，而他願意從零開始，我當下感動不已。自那時起，他就一直引領著我走向經濟史的不歸路，從未放棄。

　　王老師對於學生問學之事，永遠認真以待，即便到他晚年連唯一可使用的一隻眼睛也保不住時，亦復如此。我的第一門經濟史，是他開的「西洋近

---

* 成功大學歷史系副教授。

代經濟史專題」。連續好幾堂課，我完全弄不懂他講授的內容，只得硬著頭皮去求救。老師覺得我的癥結在於無法跨越歷史學與經濟學的思考邏輯，開了一本他的老師邢慕寰院士的《通俗經濟講話》，說是初階入門，要我試試。無奈，駑鈍如我，一時之間還是一頭霧水！爾後，不知有多少回，不管在不在課堂上，為學生解惑，他總是不厭其煩。這門課，我第二次再修時，已是博士班學生，知道那是怎麼一回事了。我心中十分瞭然，沒有他多年不倦不悔的澆灌，種苗不會成長。

　　一九九五年春，王老師辭去中正大學教職與系主任一銜，轉任中央研究院經濟研究所，並主持「清代糧價的統計分析與歷史考察」。中正大學歷史系系主任一職，王老師只做了一個學期就走人，似與系內幾位資深教師總是企圖強勢主導（掌控）王老師的作為有關。依老師的個性，離開是非之地，才是明智的抉擇。「清代糧價的統計分析與歷史考察」為王老師任職中正大學期間獲得的一年期國科會（現稱科技部）專題研究計畫「清代全國各省之糧價統計分析」的延續，轉任中央研究院後，先後由該院的「主題研究計畫」項目與經濟研究所補助經費，為期四年餘（1996年7月至2000年12月）。王老師研究計畫的核心任務，是接續他在美國已建置但尚未完成的「清代糧價資料庫」，也就是將清代糧價清單上的糧價轉為可檢索的數據庫。資料庫的內容，除了他數十年蒐集的糧價清單外，原預計包括中國第一歷史檔案館出版的《宮中糧價單》微卷三二七卷，以及當時稱為「抄檔」的手抄本表格式糧價數據（存於中國社會科學院經濟研究所）。第一種，王老師已建入資料庫。《宮中糧價單》於一九九五年詢價（圖一），次年購入，須經過轉微卷為紙本、據紙本登錄、格式規格化、校正訛誤、與第一種資料庫合併等，每道工序的處理量都非常龐大。三二七卷中的蘇、浙、閩三省，因王老師原先蒐集已極完整，不鍵入資料庫。至於「抄檔」的建庫，則採臺灣付費、北京建檔方式進行。「抄檔」為手抄的表格樣式，抄自糧價清單，為一九三〇年代湯象龍領導的研究小組整理的道光朝以後的糧價。「抄檔」轉建為數據庫型式之前，有一段查訪的過程，為中正大學歷史系林燊祿老師居間穿梭。一九九八年王老師與典藏單位簽署協議，開始建檔，一九九九年四

月完成，暫時命名為「清代糧價數據庫」（圖二至圖四）。「抄檔」的糧價資料道光到光緒朝非常完整，可以補充「清代糧價資料庫」同一斷限缺少的月分，因此王老師很希望可以與他的前兩種糧價資料合併，然而受限於協議條文及其他因素，最終未能如願。二〇〇八年當我正為「清代糧價資料庫」的收尾工程努力（見下文）而校正「抄檔」時，我聯絡了中國社會科學院經濟研究所，他們告知「抄檔」即將出版為紙本，不與我方合作，此即二〇〇九年問世的《清代光至宣統間糧價表》。「清代糧價資料庫」建置過程中產生一個副產品，亦即為了將以中曆表示的糧價數據轉為西曆呈現，中央研究院計算中心開發出「兩千年中西曆轉換」資料庫，為學界添一美事。另外，中國第一歷史檔案館出版的《宮中硃批奏摺財政類》、《軍機處錄副奏摺：全國水利雨水自然災害資料》兩種微卷的購買經費，有相當的比例由王老師的研究計畫經費挹注，皆典藏於近代史研究所。

　　以「清代糧價資料庫」為中心，王老師的研究計畫同時開展不同層面的相關研究。例如統計分析，是與中正大學數理統計研究所的陳仁義老師合作，對「清代糧價資料庫」數據面的遺漏值、可靠性、時間數列分析模型及相關性進行統計分析。光是這一部分，先後計有十來篇碩士論文和期刊論文。至於歷史考察的關聯研究，包含1.人口統計與土地面積；2.政府功能：清代倉儲數量與分布；3.糧食豐嗇與糧食運輸路線；4.糧食供需、氣候變遷與糧價分析；5.市場整合等，每一項都以清代全國範圍為對象，我參與了其中的1、3、4項，研讀史料、製表、繪圖與撰寫分析結果。

　　王老師的研究計畫規模不小，聘請了十多個助理，我是其中之一。最初因碩士學分還沒修完，暫時在嘉義工作。一九九六年六月六日，老師寄來一封親筆信（圖五），簡短幾句話，鼓勵與肯定之語令我雀躍不已，讓我充滿著動力，更堅定於經濟史之路。不久我北上長住，暮鼓晨鐘於經濟研究所，直到二〇〇〇年。跟從老師做研究計畫期間，師徒合作撰寫了關於十八世紀糧食作物分布與輪作制度的論文兩篇。他教導我如何從清宮檔案與方志材料中那些極為零散的文字，判斷、篩選、整理出有用的訊息，建構十八世紀的農業圖像。他期望學生不單是老師工作上的助理，而是以計畫培養研究的基

礎，從他的研究計畫中發展學位論文。後來也真如他所願，我的碩士論文〈清代前期湖北的人口、商業化與農業經濟變遷〉，正是他研究計畫的延伸成果。從一九九五至二〇〇〇年期間最寶貴的體驗，特別是一九九六年起，跟在老師身邊，效法他的問學精神、做學問的態度和方法，這比在他的課上所學更直接、更豐富、更珍貴。他常笑著說，研究是很苦的，有如無期徒刑，也像Seven-Eleven，全年無休。我看到的王老師就是如此行健不息，一生貢獻於學術，沒有假日。或許無形中受他濡染，習慣長時間待在研究室。當我在中央研究院歷史語言研究所擔任博士候選人培育與博士後研究期間，乃至到成功大學任教後，研究室日夜點燈似乎是一件再自然不過的事。臺灣史前輩張勝彥老師於二〇一一年邀我合作纂修《臺灣全志・經濟志》，因申請標案的時限急迫，入夜來電找到我後，第一句話便說：「聽說晚上十點後打電話到研究室還可以找到妳，真的是這樣。」

一九九九年秋季，王老師重返臺灣師範大學歷史所開課，這是所長吳文星老師誠意拜訪而成功說服老師的結果，我在經濟研究所見過他親自來遞送聘書。說重返，是因為王老師一九九三年受聘中正大學以前，一直任教於美國肯特州立大學（Kent State University，圖六），期間為了蒐集糧價清單，曾數度回臺，在師大授過課。巧的是，一九九九年我考進該系攻讀博士。其實當初報考師大時，還不知數個月後老師會答應在師大開課。老師曾表示，如果我想進修博士，他希望我能出國，美國或日本，他都可以為我寫推薦信。然而思量再三，還是選擇在國內進修。從事後諸葛看來，這個抉擇是正確的。老師能再接教席，我喜出望外，首蒙其惠，又得以與他再續師徒之緣。

可是，世事總是難料！二〇〇一年初，他僅有的一眼（這時才知，他另一眼很早即弱視，作用不大）因藥物中毒造成眼睛黃斑部永久損害，繼而視網膜剝離。接下來有好長一段日子，除國內就醫外，老師的大女兒Anna是眼科醫學研究專家，帶他赴美求醫。有一次回國後，老師說他去了霍普金斯大學醫學院的附屬醫院（The Johns Hopkins Hospital）。這所頂尖醫院醫生的診斷，似乎可以讓老師信服。老師在臺灣就醫期間，我曾在他住院時前往照

顧，我強烈感受到他情緒極度的低 ，卻始終沉默不語。他生性寡言，平日只言人善，不語是非，亦不善表達心中悲苦的一面（例如他的前任夫人往見天主時）。眼睛瞬間出事，這突來的打擊，他一定很難熬。眼睛醫療告一段落之後，老師也有所調適，剛毅堅強的意志力讓他撐過低谷，藉著輔具，他又開始稍稍閱讀信件、看email。如果白天光線夠亮時，他就外出散散步。後來，竟還自行摸著路，坐捷運到師大教課一學期。

王老師的經濟史研究以清代糧價最具標竿，同時「清代糧價資料庫」的建置又是他畢生之願。我選擇進修博士，幸運地再度成為他的入室弟子，衷心期待能從博士論文啟程，傳承老師的清代糧價研究。當我向他提出以清代臺灣糧價為題目時，他非常高興。這個課題，他原本交給中興大學歷史系王 行老師進行，因我之故，他特地去信興大告知。清代糧價研究屬於計量經濟史，必須具備經濟學、統計學基礎，但是歷史學本科的養成沒有這兩者，所幸碩士生時期及早聽從老師苦口婆心的勸導，跨領域學習。當時中正大學聘請一位以量化研究著稱的黃紀老師，他開的「社會科學統計」很「有料」，我在他課上打下統計的入門基礎。至於經濟學，選擇旁聽經濟系的課。再經博士班三年，我準備好了，正想一展身手。此後，有四年的時間撰寫論文，而跟王老師討論清代糧價的經驗則很特別，我很難用文字精確形容，只能以自己攀登臺灣最高峰玉山的經驗為喻。排雲山莊是登山人攻頂前的暫歇處，要一窺玉山傲視群峰之美，得攻頂才行。要研究清代糧價，應具足的前置能力，若只夠登到排雲山莊是不行的，唯有攻頂，才得與王老師立於相同的學術樓層對話。跨領域所學，能應用於糧價研究，就是攻頂。

王老師治學嚴謹，批閱論文時，史料、數據、邏輯、字句等，向來皆逐一琢磨。但是眼疾之故，他無法字字盡閱，於是特意囑託中央研究院歷史語言研究所何漢威老師協助指導，何老師就是他的眼睛。此前，我獲選歷史語言研究所博士候選人培育時，何老師即是我在所內的指導老師。現再加上王老師的囑託，何老師也可說是我的論文指導老師。他盡心盡力，非常謙和，嚴謹之風，彷彿王老師，我受益匪淺。緣此，博士論文〈清中期臺灣糧價變動及其因素試析（1738-1850）〉才能順利的在二〇〇六年通過答辯。二〇

八年，我修改部分內容，出版為《清代臺灣米價研究》。

《清代臺灣米價研究》中使用的米價取自「清代糧價資料庫」，是資料庫裡屬於最早建置也最完整的蘇、浙、閩三省的一部分，可是整個資料庫還有其他各省糧價必須校核才能利用。然而資料庫的建置遲遲無望，無人、無力、也無經費，頗為感歎。此中原因，一方面是王老師意外遭逢眼疾，其後又從中央研究院退休，自經濟研究所轉任歷史語言研究所，然而僅是兼任研究員，行政上的推動使不上力。另方面則是協助技術支援的院內計算中心人事異動，無法持續維護資料庫，亦不願增加後續的技術支援。

二〇〇七年夏天，一位年輕人從美國來臺拜訪老師，他是王老師的摯友馬若孟（Ramon H. Myers）的高徒顏色（現為北京大學光華管理學院應用經濟學系教授）。眼見中央研究院是不可能再支援「清代糧價資料庫」的了，王老師打算交給馬若孟執行，顏色即唧其師命來臺，並順道向老師請益。老師交代我準備移交，我卻極力說服老師，希望讓資料庫留在臺灣。所謂「留」，是指把資料庫掛在臺灣的網站上。但老師有他的顧慮，中央研究院斷其技術奧援是其中重要的一個，他似乎感到失望，不想再麻煩他們。如今馬若孟已於二〇一五年十一月辭世，但我還依稀記起他出現在經濟研究所與老師談笑的身影，帶有美語腔調而獨特的中文發音「業鍵」不時從老師研究室傳來。

「清代糧價資料庫」移交顏色後，我以為此事就此劃下句點。誰想得到，王老師的貴人不久就出現了，真可謂柳暗花明。二〇〇七年秋，我到成功大學任教幾個月後，中央研究院近代史研究所所長陳永發院士來電，問我「清代糧價資料庫」的完成與糧價研究的重要性、資料庫停擺之前的狀況以及著手後續工程的可能性，更探詢如果可以把王老師的畢生心血──資料庫建置的最後一里路完成的話，是否我能幫忙。陳院士強調，經費不是問題，他開出可以支援的預算遠超出我的預估，還請副所長謝國興老師特地擇期南下瞭解細節。既然「清代糧價資料庫」有機會留在臺灣，並且就在它最適合待的地方（中央研究院）完成，更重要的是「東風」拂來，人力、物力一概具足，我當然義不容辭。一方面是資料庫的完成指日可待，另方面可能是顏

色那方一直未見進度，老師改變心意，欣然接受陳院士的提議，此即二〇〇八年三月開始進行的「中央研究院九十七年度利用數位典藏改善學術研究環境計畫」之「『清代糧價資料庫』的整理與建置」。陳院士邀請陳慈玉老師主持計畫，實務則由我執行，並隨時向王老師報告進度，依他的指示處理資料庫。那一年，無論風雨，我週週往返於臺南、臺北，可謂辛苦。然而令人欣慰的是，資料庫終於如期在二〇〇八年年底完成，並依照王老師的堅持，隔年立即上線公開，免費使用，嘉惠學界。「清代糧價資料庫」中的道光至宣統朝糧價，是王老師個人數十年蒐集的，沒有把「抄檔」合併進來。資料庫的完成與公開，對研究清代糧價而言，是一個重要的里程碑，研究者再也不必花上數年的工夫奔波於臺北、北京兩地，孜孜於糧價清單的抄錄，而是彈指之間數據立即到手，且糧價已轉為西曆，以 excel 格式呈現，便於統計。王老師畢生的學術心血和貢獻，以此為第一（圖七）。

　　或許是出於一種使命、傳承感吧！我對清代糧價研究執迷不悟，在成功大學提的升等專著《販運者多：十八世紀湖北的糧價與糧食市場（1738-1797）》，還是糧價。這似是自我設限，卻也可說是自我期許。這本專書研究糧食市場整合使用的量化方法，又較王老師、全漢昇院士更進一步，此即共整合分析（Cointegration Analysis）。共整合分析是時間數列的新貢獻，於計量經濟領域使用已有一段時間，晚近才用於清代糧食市場整合研究。我雖是第一個應用，但臺灣學界研究清代糧價的學者，五指都不能數盡，此種第一有什麼可稱道的。

　　王老師曾叮嚀，希望鼓勵研究生多多利用「清代糧價資料庫」。到成大任教後，遇機緣適宜，則盡力恪遵師命。我指導研究生，條件只有一個：以清代糧價為題。不過，別說糧價研究有多麼冷，就連經濟史也幾乎要變成「古董」了。個人的教學經驗告訴我，現在的研究生能讀懂經濟史著作者越加少見，更不用說閱讀帶一點計量內容的經濟史論著。慶幸的是，學生當中還是有「不怕死」的，他們不但能克服對數據的恐懼，每篇學位論文都使用「清代糧價資料庫」，每個題目也都是「首發」。

　　由於移住臺南，我無法常去臺北看王老師，更難在他身邊幫忙他日常生

活的種種。尤其二〇〇八年「清代糧價資料庫」一事完成後，我北上的頻率減少，而每次赴北都是為了蒐集研究資料，時間幾全花在臺灣大學、故宮博物院與中央研究院這幾處，南北往返總是匆匆。除了抽時間去看望王老師，更衷心盼望老師可以移駕臺南，特別是關於學習歷史的經驗談，可讓年輕學生們有所啟發。前輩典範就在眼前，不必求於夙昔。這個願望果然實現了！二〇一〇年系主任鄭永常老師策劃一系列的「王業鍵院士短期訪問」講座（9月27日至10月1日），包含一個專題演講「十八世紀至二十世紀初中國經濟發展初探」（圖八）、一個專題座談「如何提升碩博士生的訓練」與一場「近世中國與臺灣經濟史研究論壇」。 與論壇者，除王老師，本系有顧盼、高淑媛兩位老師及我等人，另還邀請何漢威老師（中央研究院歷史語言研究所）、 石吉老師（中央研究院人文社會科學中心）、賴建誠老師（清華大學經濟系）及林燊祿老師（中正大學歷史系）出席。趁此機會，我與外子陳竹義得以帶老師走遊一、二處臺南古蹟，小啖臺南小吃，讓他散散心（圖九）。

自從不住臺北後，我知道當時有一位博士後學者李其霖老師（現任教於淡江大學歷史系），能隨時機動協助王老師，令人放心。其中，王老師如需出門，經常由李老師接送。二〇一二年第四屆國際漢學會議舉行，王老師擔任我的評論人，一如往常，此次也是由李老師送他到會場。此外，可能從一九九三或一九九四年起，與王老師最能暢談、一路陪伴的人，應該是林燊祿老師。尤其在王老師眼疾之後以及生命最後這幾年，林老師經常北上探望，可說是他的摯友。

作為學生，我和王老師之間的師徒對話，長年來主要繞著學術研究，中國經濟史大家，例如全漢昇院士、何炳棣院士、郝延平院士等的研究，他一再提及，可是他不太談任何的人事關聯（從老師遺留的書信中略知點滴，見圖十、圖十一）。所以無論通電話或見面，他第一句話都是：「最近做什麼研究、寫什麼論文？」不過，到他往生前幾年，話題逐漸「鬆綁」。他會興高采烈地暢談書法，然後秀出他讚賞不已的各家帖子品評一番（圖十五之一、圖十五之二，眼已無依，握筆全憑感覺移動於字裡行間）。他屢次提到，魏碑「泰山經石峪金剛經」，他愛極了，還鼓勵女兒臨寫這款帖子。懷

素也是他時時讚揚的書法前賢，而朱熹的字，他就給了負面評價。這讓我想起王老師寫的字，他的硬筆字帶有行書、草書的韻味，除非他一筆一劃正楷的寫（圖十三之一、圖十三之二），否則實在太難辨認了。做他研究助理期間，因需閱讀他摘抄的史料卡片（圖十四），「猜猜看，這個字是什麼？」每每成為同儕間埋首書案的一大 趣，有如猜燈謎一般。

除了經濟史研究師承全漢昇院士之外，王老師非學術的那一面，很有人文底蘊，寫書法、品鑑書法只是其一。他與他另一位院士老師邢慕寰有著相似之處，閑談中經常提到邢院士，那便是中國古詩的賞味與創作。賞詩、寫詩，融於他的生活之中（圖十五之一、圖十五之二），是他生命重要的一部分。老師曾把他創作的幾則古詩印給我，無奈學生未具鑑賞古詩的眼力。這方面，外子陳竹義則具備了相當的素養，可以與老師起共鳴，兩人開心地聊上好一陣子。自從老師發現不僅書法、古詩，古代哲學典籍，甚至古今政治學與時事，外子都能跟他談上話後，當電話向老師問安時，他的第一句話已經轉為：「陳竹義最近怎麼樣啊？」

生命終會結束，然而可以為自己譜什麼樣的旋律作為終曲，向人世謝幕？王老師選擇信主。在他過逝前幾個月，他「受浸」（受洗）了（圖十六），這讓我感到不可思議。與老師相處較久的學生輩們都說他是無神論者，他對各門宗教抱持尊重、正面肯定、平等視之。他的家人有天主教徒，有召會的基督徒，但始終未曾聽他表示可能會信仰哪一門宗教。他一輩子走的是學術的路，在我的眼中，他走得鏗鏘有力，然而二〇一四年八月二十日「主內王業鍵弟兄安息聚會」中，屬於他最後一程的儀式，千言萬語的講述，「歷史學者王業鍵」這樣的角色完全消失，更遑論他活了一輩子做出的經濟史貢獻了。據其夫人徐萌梅女士之述，王老師夢見耶穌來到他夢中，頗受感召，因此真正信了主，堅持「受浸」。即便他的生命轉折如此出乎我們所料，二〇一四年九月中旬總統府專人送到王老師家的「王業鍵院士褒揚令」（圖十七）中寫著：

　　壯歲主持清代糧價統計分析與歷史考察計畫，集結海內外歷史檔案，

進化研究建置，完備「清代糧價資料庫」，徵引繁富，絕學千秋，允執中外清代經濟史研究牛耳。

總算彌補了告別式中只管述說「主內弟兄王業鍵」的言語之憾。我想，回到主的身邊的王老師，對於褒揚令文字言簡意賅的勾勒——「歷史學者王業鍵」、「經濟史的王業鍵」，應該會微笑點頭才是。而他的微笑，或許會像他一九九四年當選院士以來從不缺席每一屆院士會議一般（圖十八），也會像他年輕時正打算整裝赴美進修那樣（圖十九），溫和、謙恭之中帶著些些的靦腆。

　　我與老師相遇於他從美國退休回臺後的晚年，縱然有二十年之久，仍不能盡識他生命的方方面面。然而文字、言語有窮盡之時，感恩和懷念則無止境。

　　永懷王業鍵老師！

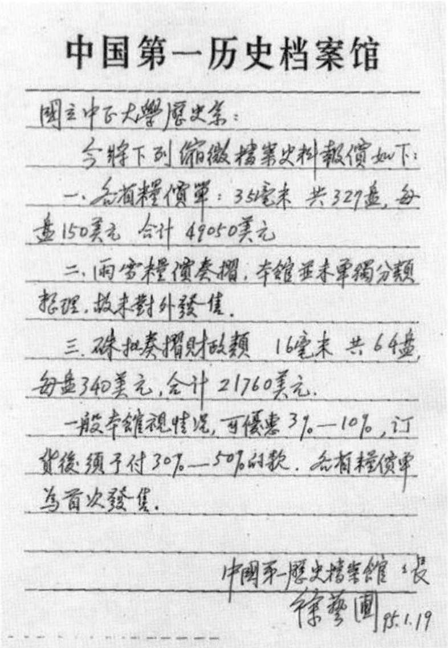

中国第一历史档案馆

國立中正大學歷史系：

今將下列縮微檔案史料報價如下：

一、宮中糧價單：35毫米 共327盘，每盘150美元 合计49050美元

二、雨雪糧價奏摺，本館並未單獨分類整理，故未對外發售。

三、硃批奏摺財政類 16毫米 共64盘，每盘340美元，合计21760美元。

一般本館視情況，可優惠3%—10%，订貨後須予付30%—50%的款。宮中糧價單為首次發售。

中國第一歷史檔案館 館長
徐藝圃 95.1.19

圖一　中國第一歷史檔案館館長徐藝圃教授電覆王業鍵院士（影本）關於《宮中糧價單》及相關微卷售價事（1995）

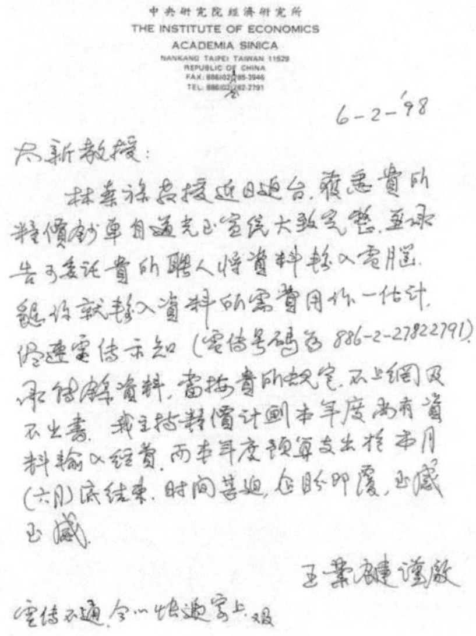

中央研究院經濟研究所
THE INSTITUTE OF ECONOMICS
ACADEMIA SINICA
NANKANG TAIPEI TAIWAN 11529
REPUBLIC OF CHINA

6-2-'98

太新教授：

林燊祿教授近日返台，獲悉貴所糧價鈔單自道光至宣統大致完整，至祈告可委託貴所聘人將資料輸入電腦，總將就輸入資料所需費用作一估計，俾速電傳示知（電傳號碼為886-2-27822791）。承售該資料，當按貴所規定，不上網及不出書。我主持糧價計劃本年度尚有資料輸入經費，而本年度預算支出於本月（六月）底結束，時間甚迫，企盼即覆，至感至感。

王業鍵謹啟

電傳不通，今以快遞寄上。鍵

圖二　王業鍵院士致中國社會科學院經濟研究所江太新教授信（影本）商議「抄檔」建檔費用（1998）

请林燊禄先生急转王业键教授！

中国社会科学院经济研究所
INSTITUTE OF ECONOMICS, CHINESE ACADEMY OF SOCIAL SCIENCES

王业键教授：

您好！

大札收悉！

关于道光至宣统年间粮价一事，所里已同意代为输入，输入费用，所里已请人做了预算，预算表随信附上。

道光至宣统粮价表总数约8千多页（流失部分，今年已追回入库）。

关于资料出口问题，所里已指派专人办理。

关于资料输入之事，所里已委派科研处办理，具体事项可直接与他们联系。

经济研究所电话为68032473.

科研处负责人：周济。

如有可能，请来经济所访问。

即致时候！

江太新 1998.6.9

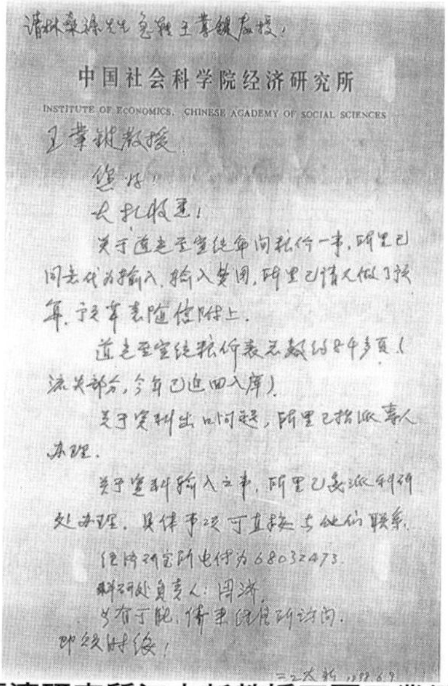

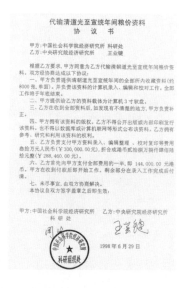

圖三　中國社會科學院經濟研究所江太新教授回覆王業鍵院士信（影本）有關「抄檔」建檔事（1998）

代输清道光至宣统年间粮价资料
协　议　书

甲方：中国社会科学院经济研究所 科研处
乙方：中央研究院经济研究所　　　王业键

根据乙方要求，甲方同意为乙方代输清朝道光至宣统年间粮价资料。双方经协商达成以下协议：

一、甲方负责提供清朝道光至宣统年间的全部所内收藏资料（约8000张，单面）。并负责该资料的计算机录入、编辑和校对工作。全部工作将于年底结束。

二、甲方提供给乙方的资料载体为计算机3寸软盘。

三、乙方在收到全部资料后，如发现有不清楚的地方，甲方负责补正。

四、甲方拥有该资料的版权。乙方不得公开出版或内部印刷发行该资料。也不得以数据库或计算机联网等形式公布该资料。乙方拥有参考、研究和利用该资料的权利。

五、乙方负责支付甲方资料录入、编辑整理、校对复印等费用叁拾万元人民币（￥300,000.00元），折合成港币贰拾捌万捌仟肆佰陆拾元整（￥288,460.00元）。

六、乙方首先向甲方支付全部费用的一半，即144,000.00元港币。甲方在收到付款后即开始工作。剩余部分在录入工作完成后付清。

七、未尽事宜，由双方协商解决。

本协议自双方签字盖章之后即生效：

甲方：中国社会科学院经济研究所　　乙方：中央研究院经济研究所
科研处

周济　　王业键

中国社会科学院经济研究所 科研组织处

1998年6月29日

圖四　王業鍵院士與中國社會科學院經濟研究所達成「抄檔」建檔協議書（影本）（1998）

圖五　王業鍵院士寫給謝美娥的信（1996）

圖六　王業鍵院士晚年重遊Kent State University與夫人合影（2012）

圖七　王業鍵院士編製的「清代糧價資料庫」網站檢索頁面：http://mhdb.
　　　mh.sinica.edu.tw/foodprice/

圖八　王業鍵院士二〇一〇年蒞成功大學歷史系演講（歷史系提供）

圖九　與夫人遊臺南孔廟留影（陳竹義攝）

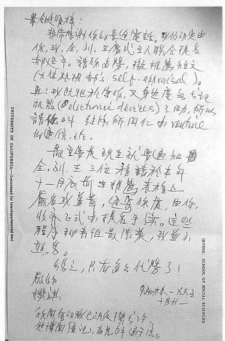

圖十　何炳棣院士寫給王業鍵院士的信，提議聯合提名郝延平為院士候選人
（1995）

圖十一　郝延平當選院士後寫給王業鍵院士的致謝函（1996）

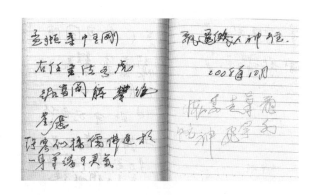

圖十二之一、圖十二之二

王業鍵院士「無我書室論書」品評各家書法（2008）

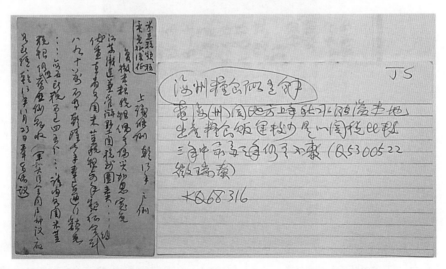

圖十三　王業鍵院士就讀臺灣大學經濟系三年級時的中國經濟史（全漢昇院士講授）筆記

圖十四　王業鍵院士的史料摘抄卡片

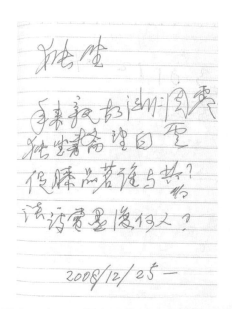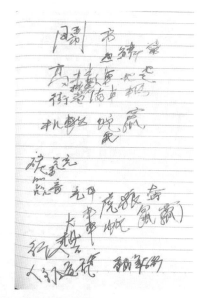

圖十五之一、圖十五之二　王業鍵院士詩作〈獨坐〉、〈鬧市〉（2008）

圖十六　王業鍵院士「受浸」玉照（2014）（王業鍵院士夫人徐萌梅女士提
　　　　供）

圖十七　總統府的王業鍵院士褒揚令（2014）（謝美娥攝）

圖十八　王業鍵院士生前參加的最後一次院士會議留影（2014）（王業鍵院
士夫人徐萌梅女士提供）

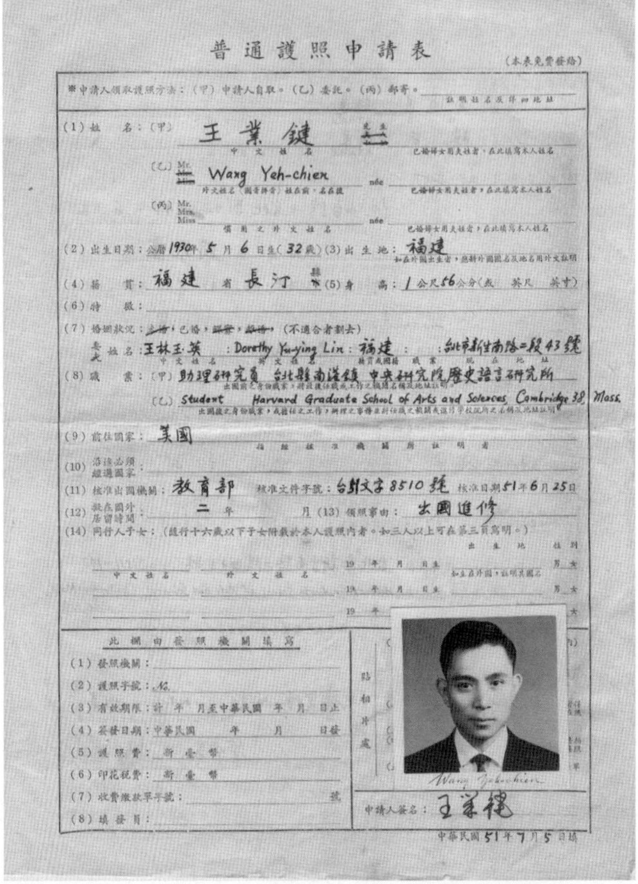

普通護照申請表

（本表免費發給）

※申請人領取護照方法：（甲）申請人自取。（乙）委託。（丙）郵寄。

註明姓名及詳細地址

(1) 姓　名：（甲）王業鍵 先生

中文姓名

（乙）Mr. Wang Yeh-chien

外文姓名（國音拼音）姓在前，名在後

（丙）Mr. Mrs. Miss　née

慣用之外文姓名　已婚婦女用夫姓者，在此填寫本人姓名

(2) 出生日期：公曆1930年5月6日生（32歲）(3) 出生地：福建

如在外國出生者，應將外國國名及地名用外文註明

(4) 籍　貫：福建省長汀縣 (5) 身　高：1公尺56公分（或　英尺　英寸）

(6) 特　徵：

(7) 婚姻狀況：未婚，已婚，鰥寡，離婚，（不適合者劃去）

妻夫姓名：王林玉英：Dorothy Yu-ying Lin：福建：　：台北市新生南路二段43號

中文姓名　外文姓名　籍貫或國籍　職業　現在地址

(8) 職　業：（甲）助理研究員　台北縣南港鎮　中央研究院歷史語言研究所

出國前之身份職業，請註明任職或工作之機關名稱及地址註明。

（乙）Student　Harvard Graduate School of Arts and Sciences, Cambridge 38, Mass.

(9) 前往國家：美國

(10) 沿途必須經過國家：

(11) 核准出國機關：教育部　核准文件字號：台(51)文字8510號　核准日期51年6月25日

(12) 擬在國外居留時間：二年　月 (13) 領照事由：出國進修

(14) 同行人子女：（隨行十六歲以下子女附載於本人護照內者。如三人以上可在第三頁寫明。）

中文姓名　外文姓名　19　年　月　日生　出生地　性別　男女

此欄由發照機關填寫

(1) 發照機關：

(2) 護照字號：No.

(3) 有效期限：計　年　月至中華民國　年　月　日止

(4) 簽發日期：中華民國　年　月　日發

(5) 護照費：新臺幣

(6) 印花稅費：新臺幣

(7) 收費繳款單字號：　號

(8) 填發員：

黏相片處

申請人簽名：王業鍵

中華民國51年7月5日填

圖十九　王業鍵院士玉照擬前往美國留學填的護照申請表（1962）

記王業鍵院士的指導

楊永漢*

　　一九八二年入讀新亞研究所，跟隨全漢昇老師學習經濟史。同學間經常提起幾位在經濟史上有卓越成就的學者，其中一位就是王業鍵教授。後來才知道，王教授是全老師在臺灣大學的學生。雖然從未見面，但已有親切感。

　　一九九二年，我正著手寫博士論文。某天，正在學校授課，校長忽然召見我說我的博士導師來電，要我立即到尖沙咀北京樓見一位重要人物。當時心情忐忑，緊張不已，也不知發生什麼事情。幸好校長體諒，容我立即離去。這次，就是我第一次見到王業鍵教授。

　　老師介紹王教授給我認識，第一句就是往後要多向王教授請益。王教授兩鬢微霜，衣服簡樸，腦子好像想著很多東西，不隨便說話。全老師和王教授都是寡言的人，話題都是環繞各人的近況。同場有小插曲，另一位同學要送禮給王教授。教授有點不客氣的埋怨同學送禮，認為這是不必要的舉措。還記得當時同學忙說「糟糕！不好意思！」由此可見，王教授對後輩學的要求與情誼，論學、治學是學者首要考慮的，其他不必掛心。

　　翌年夏天，王教授要到國內開會。全老師囑我一定要拜謁王教授，將論文奉上請益，並已邀請王教授作為我論文的校外委員。一聽之下，喜出望外，但想到自己的能力，又乍驚乍喜。當時我仍在設計遼餉收支圖表，內容未夠仔細，更加未細緻分析。這情況下見教授，真有點戰戰兢兢，也厚著顏的去見王教授。

　　我準時到達酒店，王老師已在酒店大堂相候。他一眼就認得我，寒暄幾

* 香港樹仁大學助理教授。

句，便開始看我的論文。王老師說，他需要更多時間看我的論文，今天只談談我撰寫論文的大概。我從選題、構思、參考資料、撰寫論文時所遇到的困難等都一一告訴王老師。老師忽然翻看我的參考書目，問了我幾個問題：「除了《度支奏議》外，還有哪些一手資料要參考？」我回答了《明實錄》、《萬曆會計錄》、《明會典》、《皇明世法錄》等。王老師再問：「那你主要參考哪幾位學者的著作？」我答了王毓銓《明代的軍屯》、朱慶永〈明末遼餉問題〉及郭松義〈明末三餉加派〉等。王老師再問：「你覺得幾位學者在研究這題目上，有何不足之處？你需要補充。」這問題真的問中要害，我好像是支吾應對，老師也不深究。回想當初寫碩士論文時，全老師也問過同樣的問題，就是「發現了什麼問題！」

其後，王老師在參考書目上指了幾本著作，要我說說這幾本書的內容及有否適用資料。這又是另一大的考驗，如果胡亂寫幾本參考書，這下就要出醜了。當然，勉強過了關。王老師點點頭，說遲些會再約見我。這次會面，王老師的幾個問題，已大概知道我的論文的方向和研究方式；而我，卻膽戰心驚。

過了一段日子，王老師再約我在他酒店的房間見面。他很欣賞我用圖表來表達數據，清晰易明；可是，卻缺乏對數據的詳細解釋和比較。當時，王老師提到，明末軍餉緊絀，與軍兵的人數有莫大的關係。論文只述明初軍兵數量，是不足夠的，晚明戰役軍士額數，亦應計算，最低限度也要估計一下數字。其次，王老師要求我多看清初的筆記資料，可分析到軍餉徵收的影響是否深遠。很慚愧，論文出版了，我也沒有加上數字。

另外一提的是，每次見過王老師，我都會通知何漢威先生，詳述談話內容。何先生是直接處理我論文的細節，要求甚高，幾次給何先生罵得「狗血淋頭」。當我告訴何先生王老師說我分析可更仔細時，何先生笑了起來說：「你真的捉到鹿，不懂脫角。花了那麼多時間看一手資料，卻分析不足！」到現在，還有點耿耿於懷。何先生也告訴我，王老師曾與他討論我的論文，希望我繼續研究三餉，弄清明末清初的稅收狀況，更可作橫向、直向的比較。橫向是可與其他國家比較，直向是不同朝代的比較。直至現在，我書架

仍保存著王老師親筆批改的論文。

　　每次與新亞同學見面，我都會問起老師近況。知道他眼疾加深，視力模糊，仍用放大鏡看書，聽後一陣心酸，但十分佩服老師對學術的堅執。

　　二〇一三年，中文大學舉辦第二屆「全漢昇講座」，邀請王老師任講者，題目是「人口、田地和糧價變遷對清代財政及社會的影響」。我當然是座上聽眾，看見王老師皤皤白髮，但風采依然。

　　演講會後，我和張偉保兄相約老師及王夫人翌日晚飯。參與飯局者，除張偉保夫婦外，還有陳慈玉教授、黎志剛兄及陳俊仁兄等。席上老師問我現在處理哪些課題，我告訴老師，剛寫了一篇有關明代社會宗教思想的論文。老師再問有沒有繼續研究三餉，我很慚愧的說，很多清代的資料還未看，下筆有點難。誰知老師安慰我，他也未必看完所有資料才下筆，可以一邊寫，一邊補充資料。我計畫再版有關遼餉的論文，再加練餉及剿餉，希望完整地研究三餉。王老師聽後很高興。想不到，這次是我們最後的聚餐。

　　二〇一四年八月十四日，王老師與世長辭。我們一群同學，或多或少都受到老師一絲不苟的治學精神所影響。蒙陳慈玉教授、何漢威教授的雅意，張偉保兄聯絡了幾位王門弟子及新亞師友，決定為王老師出版紀念論文集。由籌備至出版，超過一年的時間，每篇論文都有其獨特性。這也是我們身為後輩的，對老師表達的一份敬意。

附錄一
王業鍵院士學經歷暨著作目錄

學經歷

學歷
哈佛大學歷史與遠東語言博士（1969）

經歷
中央研究院歷史語言研究所助理員（1958.8-1959.7），助理研究員（1959.8-1962.12），兼任研究員（2003.7-2012.7），通信研究員（2012.8-2014.8）

國立臺灣師範大學歷史研究所兼任教授（2000.2-2000.7、2001.2-2001.7）

國立臺灣大學經濟系兼兼任教授（1995.8-1997.7）

中央研究院經濟研究所研究員（1995.2-2000.5），通信研究員（2000-2014）

國立中正大學歷史系教授（1994.2-1995.1）、系主任（1994.8-1995.1）

Kent State University, Assistant Professor（1968-1979）, Professor（1979-1994）

學術榮譽

Fellowship of Social Science Research Council（1972-1973, 1974, 1977-1978. 1979-1980）

Honorary Research Associate in East Asian Studies, Harvard University（1974-1975, 1977）

Fellowship of American Council of Learned Societies（1980）

Fulbright-Hays Fellowship（1980-1981）

Fellowship of the National Program for Advanced Research in China, National
　　　　Academy of Sciences（1982-1983）

Academician, Academia Sinica（1994）

著作

專書

《清代經濟史論文集》（臺北：稻鄉出版社，2003）。

《中國近代貨幣與銀行的演進，1644-1937》（臺北：中央研究院經濟研究
　　　　所，1981）。

An Estimate of the Land Tax Collection in China, 1753 and 1908（Cambridge:
　　　　East Asian Research Center, Harvard University, 1973）.

Land Taxation in Imperial China, 1750-1911（Cambridge: Harvard University
　　　　Press, 1973）.

論文

〈清雍正年間（1723-35）的米價〉，《中央研究院歷史語言研究所集刊》30
　　　　（1959）：157-185。（與全漢昇合著）

〈甲午戰爭以前的中國鐵路事業〉，《中央研究院歷史語言研究所集刊》，31
　　　　（1960）：167-189。

〈清中葉以前江浙的米價變動趨勢〉，《中央研究院歷史語言研究所集刊》外
　　　　編第4種（1960）：351-357。（與全漢昇合著）

〈工業革命時期英國的工人生活〉，《財政經濟月刊》10.5（1960）：18-23。

〈清雍正時期（1723-35）的財政改革〉，《中央研究院歷史語言研究所集刊》
　　　　32（1961）：47-75。

〈清代的人口變動〉，《中央研究院歷史語言研究所集刊》32（1961）：139-
　　　　180。（與全漢昇合著）

〈近代四川合江縣物價與工資的變動趨勢〉，《中央研究院歷史語言研究所集

刊》34上（1962）：265-274。（與全漢昇合著）

"The Impact of the Taiping Rebellion on Population in Southern Kiangsu," *Papers on China*, vol. 19（Cambridge: East Asian Research Center, Harvard University, 1965）, pp. 120-158.

"State Control or 'Laissez Faire': A Dichotomy in Confucian Tradition,"《思與言》6.1（1968）：58-66。

"The Fiscal Importance of the Land Tax During the Ch'ing Period," *The Journal of Asian Studies* 30.4（1971）：829-842.

"The Secular Trend of Prices during the Ch'ing Period（1644-1911），"《香港中文大學中國文化研究所學報》5.2（1972）：348-371。

〈清代經濟芻論〉，《食貨月刊》（復刊）2.11（1973）：1-10。

"Economic Depression and China's Monetary Reform in 1935,"《中國文化研究所學報》9.2（1977）：33-57。

〈傳統與近代中國經濟發展〉，《思與言》15.5（1978）：1-7。

〈近代中國農業的成長及其危機〉，《中央研究院近代史研究所集刊》7（1978）：355-370。

〈清代的糧價陳報制度〉，《故宮季刊》13.1（1978）：53-66。

〈美國學術界對於近代中國經濟史上二大問題重估〉，《中國論壇》5.10（1978）。

"The Growth and Decline of Native Banks in Shanghai," *Academia Economic Papers* 6.1（1978）：111-142.

〈近代銀行業的發展與舊中國工業化的資本問題〉，《山西財經學院學報》6（1983）：1-6。

〈明清經濟發展並論資本主義萌芽問題〉，《中國社會經濟史研究》1983.3：30-39。

〈清代糧價的長期變動（1763-1910）〉，《經濟論文》9.1（1981）：1-27。（與黃國樞合著）

〈全漢昇在中國經濟史研究上的重要貢獻〉，《食貨月刊》（復刊）14.11/12

（1985）：1-14。

"Food Supply in Eighteenth-Century Fukien," *Late Imperial China* 7.2（1986）：
80-117.

〈十八世紀福建的糧食供需與糧價分析〉，《中國社會經濟史研究》1987.2：
69-85。

〈十八世紀中國的輪作制度〉，《中國史學》（日本東京）8（1998）：65-88。
（與謝美娥、黃翔瑜合著）

〈清中葉東南沿海的糧食作物分布、糧食供需及糧價分析〉，《中央研究院歷
史語言研究所集刊》70.2（1999）：363-397。（與黃瑩玨合著）

〈清代中國氣候變化、自然災害與糧價的初步考察〉，《中國經濟史研究》
1999.1：3-18。（與黃瑩玨合著）

〈十八世紀蘇州米價的時間數列分析〉，《經濟論文》27.3（1999）：311-332。
（與陳仁義、胡翠華合著）

〈十八世紀東南沿海米價市場的整合性分析〉，《經濟論文叢刊》30.2
（2002）：151-173。（與陳仁義、周昭宏合著）

〈Market Integration in Eighteenth-Century China〉，收入劉翠溶、石守謙主
編，《經濟史、都市文化與物質文化——中央研究院第三屆國際漢
學會議論文集·歷史組》（臺北：中央研究院歷史語言研究所，
2002），頁119-139。（與陳仁義合著）

"China's Grain Trade Network in the Interwar Years, 1918-1936,"《中央研究院
近代史研究所集刊》39（2003）：153-223。（與陳計堯合著）

〈統計學在歷史研究上的應用：以清代糧價為例〉，《興大歷史學報》15
（2004.10）：11-38。（與陳仁義合著）

學術會議、演講論文

"Deflation in Early 19th Century China"（paper presented in Public Lecture
Series on Chinese Business History, University of Queensland,
Australia, August 24-31, 1996）.

"Deflation and Mass Peasant Uprisings in Mid-19th Century China"（paper presented in Annual Meeting of Economic History Associations, New Brunswick, New Jersey, USA, September 12-14, 1997）.

"Economic Development in China, 1644-1800"（paper presented in Co-author: Ramon H. Myers, Annual Meeting of the Association for Asian studies, Washington D. C., March 26-29, 1998）.

〈十八世紀中國糧食作物分布及輪作制度〉，上海：中國經濟史學年會，1998年9月21-22日。（與黃翔瑜、謝美娥合著）

專書（論文集）之一章

"Evolution of the Chinese Monetary System, 1633-1850," in *Modern Chinese Economic History,* ed. Chi-Ming Hou and Tzong-Shian Yu（Taipei: Institute of Economics, Academia Sinica, 1977）, pp. 425-452.

"The Sprouts of Capitalism in China," in *Ming and Qing Historical Studies in the People's Republic of China*, ed. Frederic Wakeman, Jr.（Berkeley: Institute of East Asian Studies, University of California, 1980）, pp. 96-103.

"Notes on the Sprouts of Capitalism," in *Chinese Social and Economic History from the Song to 1900*, ed. Albert Feuerwerker（Ann Arbor, Center for Chinese Studies, University of Michigan, 1982）, pp. 51-57.

王業鍵、黃國樞合著，〈十八世紀中國糧食供需的考察〉，《近代中國農村經濟史論文集》（臺北：中央研究院近代史研究所，1989），頁271-289。

"Food Supply and Grain Prices in the Eighteenth Century," in *China's Market Economy in Transition*, ed. Yung-san Lee and Ts'ui-jung Liu（Taipei: Institute of Economics, Academia Sinica, 1990）, pp. 167-203.

"Secular Trends of Rice Prices in the Yangzi Delta, 1638-1935," in *Chinese History in Economic Perspective*, ed. Thomas G. Rawski and Lillian M.

Li（Berkeley: University of California Press, 1992）, pp. 35-68.

〈十九世紀前期物價下落與太平天國革命〉,《世變、群體與個人──第一
屆全國歷史學學術討論會論文集》（臺北：國立臺灣大學歷史系,
1996）, 頁259-284。

王業鍵、黃翔瑜、謝美娥合著,〈十八世紀中國糧食作物的分布〉, 收入郝
延平、魏秀梅主編,《中國近世之傳統與蛻變》（臺北：中央研究
院近代史研究所, 1998）, 上冊, 頁283-308。

〈世界各國工業化類型與中國近代工業化的資本問題〉, 收入張偉保、黎華
標主編,《近代中國經濟史研討會1999論文集》（香港：新亞研究
所, 1999）, 頁1-14。

"Economic Developments, 1644-1800," Co-author: Ramon H. Myers, ed. Willard
J. Peterson, *The Cambridge History of China* vol. 9, part 1,（New York:
Cambridge University Press, 2002）, pp. 563-645.

主編之專書（論文集）

于宗先、王業鍵等編,《中國經濟發展史論文集》（臺北：聯經出版事業公
司, 1970；全2冊）。

學術書評

"Review of Ramon H. Myers, Agricultural Development in Hopei and Shantung,
1890-1949（Cambridge: Harvard University Press, 1970）,"《中國文
化研究所學報》4.2（1971）: 549-551。

"Review of Evelyn S. Rawski, Agricultural Change and the Peasant Economy of
South China（Cambridge: Harvard University Press, 1972）,"《中國文
化研究所學報》6.1（1973）: 351-354。

"Review of John Hicks, A Theory of Economic History（Oxford: Clarendon Press,
1969）,"《中國文化研究所學報》7.1（1974）: 397-400。

"Review of Han-Sheng Chuan and Richard A. Kraus, Mid-Ch'ing Rice Markets and Trade: An Essay in Price History（Cambridge：East Asian Research Center, Harvard University, 1975）,"《中國文化研究所學報》8.1（1976）: 382-384。Also a review in English, *Pacific Affairs* 48.4（1975-76）: 603-605.

"Review of Sarasin Viraphol, Tribute and Profit: Sino-Siamese Trade, 1652-1853（Cambridge: Council on East Asian Studies, Harvard University Press, 1977）," *Journal of Economic History* 39.2（1979）: 566-567.

"Review of T. S. Whelan, The Pawnshop in China（Ann Arbor, Center for Chinese Studies, University of Michigan, 1979）," *China Quarterly* 82（1980）: 351-352.

"Review of Cho-yun Hsu, Han Agriculture（Seattle: University of Washington, 1980）," *Journal of Economic History* 41.3（1981）: 685-606.

"Review of Peter C. Perdue, Exhausting the Earth: State and Peasant in Hunan, 1500-1850（Cambridge: Council on East Asian Studies, Harvard University, 1987）," *Journal of Asian Studies* 47.3（1988）: 612-613.

"Review of Kang Chao, Man and Land in Chinese History, an Economic Analysis（Stanford: Stanford University Press, 1986）," *Harvard Journal of Asiatic* Studies 51.1（1990）: 407-411.

"Review of James C. Shih, Chinese Rural Society in Transition: A Case Study of the LakeTai Area, 1368-1800（Berkeley: Center for Chinese Studies, University of California, 1992）," *Journal of Asian Studies* 53.3（1994）: 930-931.

附錄二
《清代經濟史論文集》自序

一九五五年我進入臺灣大學經濟研究所，蒙先師全漢昇教授指引，選擇專攻中國經濟史。卒業後又蒙他推薦，獲聘中央研究院歷史語言研究所。該所收藏清代文獻豐富，經年累月沉浸其中，從此與清代經濟史結上不解之緣。

在我求知過程中受益於師長和學界同行很多。其中三位我特別感激。最使我感念不忘的是先師全漢昇先生。他做學問勤謹，待人寬厚，在在足為後進楷模。幾十年來他的教導、鼓勵和提攜，是我求知途徑上的最大動力。何炳棣教授在他的巨著 *Studies on the Population of China, 1368-1953*（Cambridge, Mass: Harvard University Press, 1959）中指明，明清時期的「丁」是一個賦稅的單位，和當時人口沒有什麼關係。因此，以往學者以丁數估計人口是沒有史實根據的。他的發現使我深深感到，利用歷史上數字資料（尤其是官方資料）研究問題時，首先必須明瞭產生那些數字的制度及其運作情況。日後我研究清代田賦和糧價，田賦制度的變遷和糧價陳報制度的形成，便成為我注意的重點。

我在美國 Harvard University 進修期間，Dwight H. Perkins 教授計畫研究中國明清以來農業發展，邀我協助蒐集相關文獻及資料。在做他助理和在他指導下寫作博士論文期間，我不時有機會和他討論問題，向他請教，獲益匪淺。正如在他名著 *Agricultural Development in China, 1368-1968*（Chicago: Alding Publishing Co., 1969）所呈現的一樣，他的研究是問題導向，掌握到重點後，提出可能的答案，再收集歷史文獻去證實、修正或否定。他能提出關鍵性的問題，以簡馭繁，從紛繁複雜的史料中找出頭緒。他的思考和指導，對我啟發良多。

除了二本有關清代田賦的英文專著外，這部論文集包括絕大部分我過去

發表的論文。其中有些是和老師、同行、及學生合作寫成的。一生耕耘，能有多少成果？所謂成果，十、百年後能經得起考驗的又還剩多少？面對古往今來的歷史浪潮，寧不感個人的渺小！

　　一生研究，利用了很多圖書和檔案資料，得到許多保管文獻單位人員的合作和協助，中央研究院傅斯年圖書館、國立故宮博物文獻館、中國第一歷史檔案館、Harvard-Yenching Library 對我嘉惠尤多，十分感激。近年來林桑祿教授一再催促我把過去發表論文收集付梓重印，以供同行方便閱讀。沒有他不斷地鼓勵，這部書決無由問世。本書〈清代中國的財政制度〉一文承邱賢文博士依拙著 Land Taxation in Imperial China, 1750-1911（Cambridge, Mass: Harvard University Press, 1973）首章節譯而成。〈清代糧價陳報制度及其評價〉一文乃根據以前發表的一篇論文改寫及補充而成。此文改寫承謝美娥同學多方協助。論文集的編輯承何淑宜同學全力幫忙，并此致謝。這部論文集收集的中、英文論文，承各期刊及出版社慨允准予重印發表，也在此表我謝意。

王業鍵

二〇〇三年一月，臺北

附錄三
《清代田賦芻論》* 後記

高王淩 **

一本譯作的〈後記〉或〈前言〉一類文字，通常是由譯者或原書作者本人來寫。但眼下情況有所不同，王業鍵先生因此一再表示，要我來為他代筆。

我認識王先生已有很長時間，還是在八〇年代初期，王先生來第一歷史檔案館查找資料（清代糧價史料），也曾到人民大學講課。有一次李華老師請客，戴逸老師在座，記得我還提了一個為何人口增長先快後慢的問題，向王先生請教。那時我還是一個年輕的學生。

不過，我當時關注的重點，卻不在糧價及貨幣（這都是王先生的重頭研究），而是這部關於清代田賦（農業稅）的專著《清代田賦芻論》（Yeh-Chien Wang, *Land Taxation in Imperial China, 1750-1911*, Cambridge: Harvard University Press, 1973）。

當時，包產到戶已經推向全國，農村改革取得了階段性的成果，大家考慮的問題重點已不是包產到戶，而是「包產到戶以後」，並終於把解決農業稅（包括糧食和統購統銷）問題作為農村改革的「第二步」。在今天看來，這兩者也許是「不匹配」的，所謂「第二步」當另有所指，但當初的這一個決定卻也有很現實的一面。我和朋友高山等人遂打算翻譯清代田賦及明代財政（黃仁宇）這兩本書，以為改革的參照。

---

* 中譯本由人民出版社於二〇〇八年十一月出版。
** 中國人民大學歷史系教授。

於是就有了這一部書的譯稿。全書由高風、彭小華、王丹維、王吉林、李裕國和徐小冰分別譯出（按各章順序）。稿件在我手裡保存了很長時間，直到國家清史纂修工程上馬，這終於提供了一個出版機會，可以把它奉獻給大家了。

過去有糧食部門的老幹部讀了黃仁宇《萬曆十五年》以後說，怪不得明代亡了國，就是因為不放棄「實物稅」！讀了王先生的大作，我們也可以瞭解，歷史上為什麼要實行輕稅，以及這一傳統為什麼具有那麼悠久的影響（參見近年免除農業稅的決定）。

王業鍵先生，一九三〇年生，臺灣大學經濟學碩士，美國哈佛大學歷史及遠東語言博士，曾任美國俄亥俄肯特州立大學（Kent State University）教授、中研院經濟研究所研究員，並當選為中研院院士（1994-）。其成名作就是這本《清代田賦芻論》。

王先生一輩子治中國經濟史，後又側重清代糧價的研究。我曾經問到有關研究的進度，他的弟子回答，先生還在研究糧價史料的可靠性問題。並對《田賦》一書，說，我們都不敢翻譯這部著作。可見先生治學的嚴謹！

因此，我對譯稿也採取了比較謹慎的態度，專門寄給王先生，請他找人負責書稿的審校。在王先生的直接指導下，最終由他的學生黃瑩玨女士完成了這項工作。

在《清代經濟史論文集》（臺北市：稻鄉出版社，2003年）的〈自序〉裏，王先生寫道：

> 在我求知過程中受益於師長和學界同行很多。其中三位我特別感激。最使我感念不忘的是先師全漢昇先生。他做學問勤謹，待人寬厚，在在足為後進楷模。幾十年來他的教導、鼓勵和提攜，是我求知途徑上的最大動力。（按：實際上在全先生的《中國經濟史論叢》這一部著名的論文集裏，即收錄了多篇與王先生合作的文章。）

何炳棣教授在他的鉅著《中國人口研究，1368-1953》中指出，明清時期的「丁」是一個賦稅的單位，和當時的人口沒有什麼關聯。因此，以往學

者以丁數估計人口是沒有史實根據的。他的發現使我深深感到，利用歷史上
數字資料（尤其是官方資料）研究問題時，首先必須明瞭產生那些數字的制
度及其運作情況。日後我已經清代田賦和糧價，田賦制度的變遷和糧價陳報
制度的形成，便成為我注意的重點。（按：施堅雅G.W.Skinner教授告訴我，
葛劍雄準備翻譯何先生的這部大作，果然他實現了諾言；先是，我也組織翻
譯了其中〈丁的涵義〉一節，在清史研究所《清史譯文》第九期發表。王先
生早在一九八五年給我的一封信中，也寫道：我想讀了何炳棣的書後，「決
不至於再憑想像把清代的丁當作戶，或把丁數乘以五來估計人口」。）

他又寫道：

> 我在美國哈佛大學進修期間，珀金斯（Dwight H.Perkins）教授計畫
> 研究中國明清以來農業發展，邀我協助蒐集相關文獻及資料。在做他
> 助理和在他指導下寫作博士論文期間，我不時有機會和他討論問題，
> 向他請教，獲益匪淺。正如在他名著《中國農業的發展，1368-1968》
> 所呈現的一樣，他的研究是問題導向，掌握到重點後，提出可能的答
> 案，再收集歷史文獻去證實、修正或否定。他能提出關鍵性的問題，
> 以簡馭繁，從紛繁複雜的史料中找出頭緒。他的思考和指導，對我
> 啟發良多。（按：珀金斯先生的大作也早由已故教授伍丹戈譯成中文
> 出版；眾所周知，王業鍵先生的參加對此項研究起到極為重大的作
> 用。）

王先生是太謙虛了。實際上，他的《清代田賦芻論》已與以上那些著作
一起，成為「傳世之作」（用何炳棣先生的話來說）。這些開創性的根本性
的奠基之作，是我們學習清代經濟史的必讀書（今天在美國大學的研究院裏
仍是如此），是等閒不可邁過的。其中如王先生的著作，不但今天仍有很高
的引用率，今後恐怕也難得再出現了。

一九八七年在美國訪問期間，我曾到肯特去拜訪王先生。那幾天我就住
在先生家裡。因為聽眾很多，跟其他地方不同，我在肯特大學的講題是「中
國的農村改革」。王先生親自翻譯，先就給我很高評價，我很慚愧，說：王

先生才是我的老師！

　　因此，我很高興能為王業鍵先生寫這篇〈後記〉，以答謝他對我們中國經濟史研究所作出的貢獻，感謝他給我們的很多很多。

後記

　　王業鍵院士是一位溫文爾雅的中國經濟史專家，也是全漢昇老師最喜歡的學生。他自一九六九年在哈佛大學獲得博士學位後，長期在 Ohio 的 Kent State University 服務。退休後，王先生返回中央研究院經濟所工作，並曾擔任國立中正大學歷史系系主任。

　　二○一四年八月，王業鍵院士以八十五高齡在臺北仙逝。不久，獲馬英九總統明令褒揚。〈總統褒揚令〉全文為：

> 　　中央研究院院士王業鍵，槃才明敏，學粹志堅。少歲卒業國立臺灣大學經濟學系暨經濟研究所，嗣負笈遊美，追隨名家篤習，獲哈佛大學博士學位，邃密嚴謹，卓然有成。先後執教國內外知名大學暨應聘中研院研究員，潛心縷析撰述，浸淫人口遽增與糧食供應，深究政府經濟與國家財政；專攻永續商業化之貨幣金融，探索長期物價之糧價走勢，疇咨健筆，論著豐贍；涵濡啟沃，澤沾械樸。尤以《清代經濟史論文集》暨英文專書、論文等鴻篇，疏理明清以降田賦制度史料，輔鑾清初至近代銀行貨幣發展，擘肌分理，研精覃思；高文典冊，輝映士林。壯歲主持清代糧價統計分析與歷史考察計畫，集結海內外歷史檔案，進行量化研究建置，完備「清代糧價資料庫」，徵引繁富，絕學千秋，允執中外清代經濟史研究牛耳。綜其生平，育才具陶甄沾溉之功，績學兼博采摭實之美，龍門鹿洞，貽範杏壇；弘聲盛業，形史流光。遽聞溘然長辭，悼惜彌殷，應予明令褒揚，用示政府崇禮宿學之至意。

　　我們一班後輩除對王業鍵院士的逝世深感愴惋外，更希望出版一本論文集以為紀念，遂組織編輯委員會以開展工作，並獲得陳慈玉教授首肯，擔任紀念論文集之主編工作，而本書大題「承先啟後」則由何漢威教授提議。為

了更有效組稿，我們分別由楊永漢、張偉保負責香港、澳門和國內的聯絡，而陳計堯、謝美娥則負責臺灣和國外的聯絡。我們十分感謝各投稿人的熱烈支持，更感謝萬卷樓毅然承擔本書的出版工作，並提供優質的編輯服務。最後，我們能夠在王先生逝世二周年前夕順利完成整項工作，都感到十分欣慰。

《承先啟後——王業鍵院士紀念論文集》編委會　謹誌

二〇一六年七月

史學研究叢書·歷史文化叢刊 0602012

承先啟後——王業鍵院士紀念論文集

主　　編	陳慈玉	
責任編輯	邱詩倫	
特約校稿	林秋芬	
發 行 人	陳滿銘	
總 經 理	梁錦興	
總 編 輯	陳滿銘	
副總編輯	張晏瑞	
編 輯 所	萬卷樓圖書股份有限公司	
排　　版	游淑萍	
印　　刷	中茂分色製版印刷事業股份有限公司	
封面設計	百通科技股份有限公司	

發　　行　萬卷樓圖書股份有限公司

臺北市羅斯福路二段 41 號 6 樓之 3

電話 (02)23216565

傳真 (02)23218698

電郵 SERVICE@WANJUAN.COM.TW

大陸經銷　廈門外圖臺灣書店有限公司

電郵 JKB188@188.COM

香港經銷　香港聯合書刊物流有限公司

電話 (852)21502100

傳真 (852)23560735

ISBN 978-986-478-020-4

2016 年 11 月初版

定價：新臺幣 980 元

如何購買本書：

1. 劃撥購書，請透過以下郵政劃撥帳號：

　　帳號：15624015

　　戶名：萬卷樓圖書股份有限公司

2. 轉帳購書，請透過以下帳戶

　　合作金庫銀行 古亭分行

　　戶名：萬卷樓圖書股份有限公司

　　帳號：0877717092596

3. 網路購書，請透過萬卷樓網站

　　網址 WWW.WANJUAN.COM.TW

大量購書，請直接聯繫我們，將有專人為您服務。客服：(02)23216565 分機 10

如有缺頁、破損或裝訂錯誤，請寄回更換

國家圖書館出版品預行編目資料

承先啟後——王業鍵院士紀念論文集 / 陳慈玉主編.

-- 初版. -- 臺北市：萬卷樓, 2016.11

面；　公分.

ISBN 978-986-478-020-4(平裝)

1.經濟史　2.文集　3.中國

550.9207　　　　　　　　　　105012567